मटुक-जूली की डायरी

भाग एक

मटुक-जूली की डायरी

भाग एक

मटुक नाथ चौधरी
जूली

वाणी प्रकाशन

वाणी प्रकाशन
ज्ञान के विविध आयामों के प्रकाशक

वाणी प्रकाशन का 'लोगो' विख्यात चित्रकार मक़बूल फ़िदा हुसेन की कूची से

वाणी प्रकाशन, 4695, 21-ए, दरियागंज, नयी दिल्ली-110002
वाणी प्रकाशन, अशोक राजपथ (पटना कॉलेज के सामने), पटना (बिहार)

MATUK-JULI KI DIARY-1

by Matuk Nath Chaudhary
Juli

Diary

ISBN : 978-93-5000-170-7

प्रथम संस्करण

मूल्य : 395/-

वाणी प्रकाशन

फोन : 0091#11#23273167, 23275710

फैक्स : 0091#11#23275710

वेबसाइट : www.vaniprakashan.in

ई-मेल : vaniprakashan@gmail.com

vani_prakashan@yahoo.com

आर.टेक ऑफसेट प्रिंटर्स द्वारा दिल्ली-110095 में मुद्रित

समर्पण

पटना विश्वविद्यालय को समर्पित
ज़िसने बर्खास्त कर
विश्राम और सृजन का सुख
प्रदान किया

भाषाबद्ध करबि मैं सोई

पिछले कुछ सालों से हमारे साथ जो घटनाएँ घटती रही हैं, परिवेश की टकराहट से जो विचार और भाव उत्पन्न होते रहे हैं, उन्हें भाषाबद्ध करने का समय अब आ गया है. तुलसीदास के शब्दों में कहूँ—**भाषाबद्ध करबि मैं सोई.**

हमारे दैनंदिन जीवन में प्रतिदिन कुछ न कुछ घटता है. हम उससे प्रति संवेदित होते हैं. उस प्रतिसंवेदन को अपने ढंग से लिपिबद्ध करना डायरी है. मुझ जैसे अज्ञानी व्यक्ति को अगर लेखक बनना हो तो सबसे सुगम तरीका डायरी लिखना है. इसके लिए किसी पुस्तक की गहराई में उतरने की जरूरत नहीं है. व्यापक अध्ययन की मजबूरी नहीं है. केवल अंतः बाह्य परिस्थितियों के प्रति सजग रहने की आवश्यकता है. जो व्यक्ति जितना अधिक सजग होगा, उसकी डायरी उतनी मर्मस्पर्शी, यथार्थ और गहरी होगी.

डायरी का विषय कुछ भी हो सकता है. शर्त इतनी है कि विषयी उससे आंदोलित हो गया हो, क्योंकि डायरी विषय और विषयी का सीधा संबंध है. बालपन में स्कूल में डायरी की एक विचित्र रूढ़िबद्ध धारणा संस्कार रूप में बैठा दी गयी थी. मास्टर साहब का सख्त निर्देश था प्रतिदिन डायरी लिखकर लानी है. सभी लड़के सब दिन एक ही डायरी लिखा करते थे! कोई नहीं लिख पाया तो स्कूल में ही शिक्षक की मार के डर से हबड़-हबड़ किसी की कॉपी से उतार कर डायरी जमा कर दी. डायरी का थाक मास्टर साहब की टेबुल पर जमा होता. उन सबों पर घंटी लगने तक वे हस्ताक्षर करते रहते. इससे थोड़ा समय निकालकर जो लिखकर नहीं लाता था, उसकी खबर लेते थे. जिस समय वे सबकी कॉपियों पर हस्ताक्षर कर रहे होते, उस समय सभी बच्चे बातचीत, खेलकूद, चुट्टी काटना आदि खेलों में मगन रहते. कभी बहुत शोर होने लगता तो नजर उठाकर छड़ी पटकते हुए मास्टर साहब जोर से बोलते—ऐ हल्ला! क्षण भर के लिए सन्नाटा! फिर शिक्षक अपने काम में और बच्चे अपने काम में! प्रतिदिन हमलोग जो एक ही डायरी लिखते थे, उसका एक नमूना द्रष्टव्य है—

''मैं प्रातःकाल सोकर उठा. शौचादि क्रिया से निवृत्त होकर स्नान तथा जलपान किया.

दस बजे पढ़ने स्कूल गया...रात में खाना खाकर निद्रा देवी की गोद में सोने चला गया.'' उस समय माँ जैसी ममतामयी किसी स्त्री का चित्र 'निद्रा देवी'के रूप में मन में उभरता. इसीलिए तो निद्रा देवी की गोद में सोने चला जाता था! मास्टर साहब को भी कहाँ पता था कि निद्रा देवी की गोद में जाने का अर्थ ही सो जाना होता है. अलग से 'सोने' शब्द लिखने की जरूरत नहीं थी.

एक ही डायरी रोज लिखने के कारण वह याद हो गयी थी. बिना श्रम के पाँच मिनट में लिखकर जमा कर देते थे. सुचारु रूप से चल रहे इस काम में बाधा तब पड़ी जब उनकी जगह दूसरे मास्टर आ गये और उन्होंने फरमान जारी किया—'जो काम तुम रोज करते हो, उसे ही सच-सच डायरी में लिखना है.' यह आदेश रस-भंग था! बड़ी आफत हो गयी, क्योंकि जो मास्टर साहब कहते हैं नहीं करने के लिए वही तो हम रोज-रोज करते हैं! अगर उसे हम लिखते हैं तो मार पड़ती है और नहीं लिखते हैं तो मार पड़ती है—**दुहूँ भाँति उर दारुन दाहू!** जिस शिक्षा की बुनियाद उपर्युक्त प्रकार की डायरियाँ लिखवाकर डाली गयी हो, उसकी इमारत कितनी पक्की होगी!

तब से लेकर मुक्तिबोध की 'एक साहित्यिक की डायरी' तक डायरी के अनेक अर्थ समझ में आये. अब तो मन इसी बात पर स्थिर हो गया है कि जो मैं लिखता हूँ वही डायरी है, क्योंकि वस्तुनिष्ठ लेखों में भी मेरे जीवन में आये अनुभवों का संस्पर्श है.

जब से मैं 'डिसमिस' हुआ, तब से प्रतिदिन डायरी लिखने लगा और श्रीकांत प्रत्यूषजी की कृपा से वह 'सन्मार्ग' में छपने भी लगा. मैं लिखकर जूली को दिखाता. वह जो आवश्यक संशोधन और सुझाव देती उस पर विचार होता. फिर उसको अंतिम रूप दिया जाता. इस तरह मैंने देखा कि अगर उसके विचार इसमें नहीं आते तो डायरी का चेहरा कुछ और होता. कई बार तो ऐसा हुआ कि उसे कुछ बातें बिल्कुल पसंद नहीं आयीं. मैंने कहा, क्या ये जरूरी है कि जो तुम्हें पसंद आये वही ठीक हो! लेकिन उसके अड़ जाने पर दुबारा लिखा तो सचमुच उसे बेहतर पाया! इसलिए इस डायरी में जो कुछ मैंने लिखा है, वह केवल मेरी चीज नहीं है, उसमें जूली का भी योगदान है. इसके अलावा नौ लेख उनके भी इसमें शामिल कर लिये गये हैं. जैसे मेरे लेखों में उसका योगदान है, वैसे ही उसके लेखों में मेरा. ब्लू प्रिंट उसने तैयार किये, लेकिन उनमें आवश्यक संशोधन मैंने किया. ठीक उसी तरह जैसे मेरे ब्लू-प्रिंट में जरूरी संशोधन उसने किया. इस तरह जो भी लिखा जा रहा है, सोचा जा रहा है, उसमें दोनों का बराबर-बराबर हाथ है. हाँ, कम्पोजिंग कम्पलीट उन्हीं का है. वह काम मुझे नहीं आता. फिर प्रूफ-रीडिंग दोनों ने मिलकर किया है. इसलिए इन लेखों की अच्छाई-बुराई के लिए हम दोनों जिम्मेदार हैं.

इस पुस्तक के लेख बिल्कुल ताजे हैं. थोड़े पुराने लेख भी लिये गये हैं जिनकी

ताजगी अक्षुण्ण है. सभी रचनाओं के नीचे तिथि दी गयी है. जिनकी तिथि ठीक याद नहीं, वहाँ महीना दे दिया है और जिनके महीने का भी स्मरण नहीं, उनका साल दे दिया गया है.

पुस्तक दो खंडों में प्रकाशित हो रही है. एक खंड बहुत मोटा होकर बोझिल हो जाता. दोनों खंडों में कुल आठ अध्याय हैं. आठों अध्यायों की माला प्रेम के धागे में पिरोकर बनायी गयी है. प्रेम, सेक्स, नारी, शिक्षा, पुनर्चिंतन, निजी प्रसंग, राजनीति और विविध विषयों पर जो विचार इनमें आये हैं, सबके केन्द्र को स्पर्श करते हुए प्रेम ही गुजरता है. पुस्तक के दोनों भागों में विविध माध्यमों से प्रेम के ही उत्कर्ष को छूने की एक चेष्टा है.

जूली ने सुझाव दिया कि इन सभी अध्यायों के नाम काव्यात्मक होने चाहिए. सारे काव्यात्मक नाम हमें तुलसीदास में मिले—प्रेम नामक अध्याय के लिए नाम है **रामहि केवल प्रेमु पिआरा**, सेक्स के लिए **सब के हृदयँ मदन अभिलाषा,** नारी के लिए **कत बिधि सृजीं नारि जग माहीं**, शिक्षा के लिए **हरइ सिष्य धन सोक न हरई**, पुनर्चिंतन के लिए **सास्त्र सुचिंतित पुनि-पुनि देखिअ,** निजी प्रसंग के लिए **निज अनुभव अब कहउँ खगेसा,** राजनीति के लिए **जासु राजु प्रिय प्रजा दुखारी** और विविध के लिए **लागे बिटप मनोहर नाना.**

पिछले पाँच वर्षों में हमें अनेक अनुकूल-प्रतिकूल लोगों से मिलने का सौभाग्य मिला. उन सबों को इसमें समेट पाना तत्काल संभव नहीं हुआ. जल्द ही शेषांश पुस्तक के तीसरे भाग में आ सकता है.

अनेक लेखों का प्रश्नकर्ता भोलाराम मेरे ही व्यक्तित्व का एक हिस्सा है. प्रश्न में भी मैं हूँऔर उत्तर में भी मैं हूँ. लेकिन कभी-कभी बाहर से भी प्रश्न आये हैं जिनका समाहार भोलाराम में कर दिया गया है. बाहर से प्रश्न पूछने वालों में प्रमुख हैं मेरे परम प्रिय शिष्य सुमन कुमार. उनके प्रति आभार प्रकट करना जरूरी है.

हमने एक ब्लॉग बनाया—matukjuli.blogspot.com इसका नाम रखा **पिंजर प्रेम प्रकासिया**. यह नाम मुझे कबीर से मिला है. इस पर जो हमारी रचनाएँ प्रकाशित हुईं, उन पर गलत और सही कई टिप्पणियाँ आयीं. वे टिप्पणियाँ हमारे लिए प्रेरक रहीं और उनसे टिप्पणीकारों को भी समझने में मदद मिली. इसलिए उन अनेक टिप्पणीकारों के प्रति हम कृतज्ञता ज्ञापित करते हैं.

फोंट परिवर्तन और मैकअप में अभयजी ने श्रम किया है. उन्हें धन्यवाद! इसके प्रेरक पटना विश्वविद्यालय को तो यह समर्पित ही है—**त्वदीयं वस्तु गोविंदं तुभ्यमेव समर्पये!**

❖

अनुक्रम

रामहि केवल प्रेमु पिआरा

सब के हृदयँ मदन अभिलाषा

कत बिधि सृजीं नारि जग माहीं

सास्त्र सुचिंतित पुनि पुनि देखिअ

अध्याय : एक

रामहि केवल प्रेमु पिआरा

कहाँ हो प्रेम?

कार्ल मार्क्स ने कहा है–'दार्शनिकों ने संसार की व्याख्या भिन्न-भिन्न ढंग से की है, किन्तु असली काम उसे बदलना है.' इसी तर्ज पर मैं कहना चाहूँगा–दार्शनिकों ने प्रेम की व्याख्या भिन्न-भिन्न ढंग से की है, किन्तु असली काम उसे जीवन में उतारना है. प्रेम की अनंत व्याख्याओं का सागर मनुष्य के सामने लहरा रहा है और मनुष्य प्यासा है–**पानी बिच मीन पियासी!** क्यों? इसलिए कि अवधारणाओं का सागर नहीं, जीवन में उतरा प्रेम का एक कतरा ही मनुष्य को तृप्त कर सकता है. इसलिए क्या यह आवश्यक नहीं कि प्रेम पर ऊँची-ऊँची बातें करने के बदले जीवन में वह कैसे उतर सकता है, इसी पर थोड़ा विचार कर लें?

प्रेम का अक्षय स्रोत हमारा हृदय है. लेकिन उसका दरवाजा बंद है. उस पर संस्कारों, रूढ़ियों, मान्यताओं और मूढ़ताओं के भारी पत्थर रखे हुए हैं. इन पत्थरों को हटाना पड़ेगा. तभी प्रेम का झरना फूटेगा. इन पत्थरों को हटाने का एक ही औजार है समझदारी. समझ आते ही ये पत्थर लुप्त हो जाते हैं. समझ को लाने का रास्ता है सत्संग. तुलसीदास कहते हैं–**बिनु सत्संग बिबेक न होई.** सत्संग है क्या और वह कैसे प्राप्त होता है? सत्य या प्रेम पाये हुए पुरुष के पास होना सत्संग है. प्रश्न है पाये हुए पुरुष को कहाँ पाऊँ? तुलसी कहते हैं–**राम कृपा बिनु सुलभ न सोई.** सत्संग के लिए राम कृपा चाहिए. राम कृपा क्या है और वह कैसे प्राप्त होगी? इस पर तुलसी मौन हैं, क्योंकि उन्हें राम कृपा सुलभ हो चुकी थी.

अपने जीवन पर नजर डालें तो राम कृपा का स्रोत मिल जायेगा. स्रोत है–प्राणों की प्यास. प्यास बड़ी चीज है. यह हमें तड़पाती है, भटकाती है. तड़पन और भटकन जितनी तीव्र होती है, सत्संग उतना ही शीघ्र सुलभ हो जाता है. सत्संग उस दिन शुरू होता है जिस दिन सद्गुरु मिलते हैं. सद्गुरु सब दिन संसार में सुलभ रहते हैं. उनका शरीर से जीवित रहना जरूरी नहीं. मीरा के समक्ष कृष्ण जीवित नहीं थे. शिष्य जिस पल परिपक्व होता है उसी क्षण सद्गुरु प्रकट हो जाते हैं. वे तो हमेशा विद्यमान

ही हैं, लेकिन हमारी तैयारी नहीं है, इसीलिए वे अदृश्य हैं. उनकी पहचान की आँख प्यास से खुलती है और प्यास प्रकृति से मिलती है. प्रकृति का यह अवदान ही राम कृपा है. सभ्य समाज वह है जो इस प्यास को गति और दिशा दे, असभ्य वह है जो उसे दबाये और विकृत करे.

घर में एक शिशु ने जन्म लिया है. उसे भूख लगी है. प्रकृति ने माँ के स्तन को दूध से भर दिया है. जिस परमात्मा ने भूख दी उसी ने भोजन की व्यवस्था कर दी. उसे देखभाल चाहिए. प्रकृति ने माता-पिता के हृदय में ऐसा प्यार उमड़ा दिया कि शिशु का मल-मूत्र भी उनमें जुगुप्सा पैदा नहीं करता. माँ के प्यार की छाया मे बच्चा विकसित हो रहा है. अब वह बारह-चौदह का होने चला. प्रकृति ने उसकी देह और मन में एक नयी प्यास पैदा कर दी है. इस प्यास की पूर्ति अब माँ से नहीं होगी, पिता से नहीं होगी, भाई से नहीं होगी, बहन से नहीं होगी, समान देह वाले मित्र से नहीं होगी. उसे चाहिए अपने से विपरीत देह. अब दो देह मिलने के लिए मचलने लगी. यहीं से हमारे पारिवारिक-सामाजिक जीवन की भूल शुरू होती है. हमने उन दोनों विपरीत देहों को मिलने से रोक दिया है. रोकने की शुरुआत जब कभी हुई होगी तो शायद उसके कारण रहे होंगे. कुछ खतरे दिखाई पड़े होंगे. उन खतरों से उबरने की युक्ति खो गई है. इसलिए मिलने पर ही पाबंदी लग गई! यह तो ऐसा ही है कि रेल पर चढ़ने में दुर्घटना हो सकती है तो उस पर चढ़ो ही नहीं. नदी में उतरने से डूबने का डर है तो उसमें उतरो ही नहीं. सेक्स पर लगी पाबंदी इसी तरह की मूढ़ता का परिणाम है.

प्रेम के लिए सबसे बड़ा खतरा है समाज में प्रचलित धर्म का वह रूप जो जीवन विरोधी है, जो जीवन का निषेध करता है. जिसने संसार को परमात्मा के विपरीत घोषित कर दिया है, जिसने कामिनी और कांचन से परहेज करने की शिक्षा दी है, जिसने जीवन के आनंद को अस्वीकार कर दिया है, जिसने दमन को महिमामंडित किया है. इस जीवन-दृष्टि ने मनुष्य को तबाह कर दिया है. वह कामिनी और कांचन की तरफ भागता भी है और उसकी निंदा भी करता है. वह प्रेम का विरोध भी करता है और स्त्री पर लोलुप दृष्टि भी गड़ाए रखता है. उसके मानस की दुरभिसंधि को किसी शायर ने ठीक पकड़ा है—

हजवे मैंने तेरा ऐ शेख! भरम खोल दिया
तू तो मस्जिद में है, नियत तेरी मैखाने में है.

जिसमें हमें मजा आता है, हम उसी की बुराई करते हैं. शेख शराब की निंदा करता है, इससे शराब के प्रति उसके आकर्षण का ही राज उद्घाटित होता है. शायर कहता है—ऐ शेख! तेरी निंदा में ही तेरा राज छिपा है. तू मस्जिद में बैठा है और

तेरा मन शराबखाने में है. यह सही जीवन-दृष्टि नहीं है. जब 'सर्वं खलु इदं ब्रह्मं' है तो क्या कामिनी और कांचन में ब्रह्म नहीं है? गीता कहती है—जो कुछ भी गौरव और चारुता से युक्त है, उसे मेरे ही तेज के अंश से उत्पन्न समझो. तो क्या कामिनी की चारुता में परमात्मा का तेज नहीं है? चाँद तारों में सौन्दर्य देखें, किसी को कोई पीड़ा नहीं, फूलों में सौन्दर्य देखें कोई कष्ट नहीं. बस स्त्री भर का सौन्दर्य न देखें, उसमें बड़ी पीड़ा है! कांचन का विरोध करने के बावजूद दुनिया इसके पीछे भागी है बुरी तरह. मुट्ठी भर लोग इस तरह भागे कि उन्होंने शेष सृष्टि को कंगाल कर दिया. स्त्री के पीछे मनुष्य जिस तरह विक्षिप्त होकर दौड़ रहा है, उसका प्रमाण आज के अखबार, पत्रिका, विज्ञापन, सिनेमा और सीरियल में दिखाई पड़ने वाले स्त्रियों के अर्द्धनग्न शरीर दे रहे हैं. शायद ही कोई अखबार हो जिसमें स्त्रियों के उत्तेजक चित्र न छपते हों और मुख पृष्ठ के ऊपर उसकी एक झलक न दिखलाई जाती हो. जो समाज इन चित्रों को देखने में रस लेता है, वही इसका विरोध भी करता है. क्या विडंबना है!

कहानियों, उपन्यासों और फिल्मों के नकली प्रेम ने असली प्रेम के मार्ग में रोड़ा अटका दिया है. प्रेम मनुष्य के लिए किताबों में पढ़ने और परदे पर देखने की चीज हो गई; जीवन में उतारने की नहीं. लेकिन कहीं ओस के चाटने से प्यास बुझी है? मनुष्य प्यासा है और उस प्यास की तृप्ति बहुत गलत ढंग से कर रहा है. इधर एक अखबार के संपादकीय में मैंने पढ़ा कि नाबालिग लड़कियों का निकटतम संबंधियों द्वारा जितना यौन-शोषण भारत में होता है, उतना दुनिया में और कहीं नहीं. इस वर्जना ने मनुष्य को पशुतल से भी नीचे गिरा दिया है, क्योंकि समलैंगिकता, हस्तमैथुन, स्वप्नदोष पशुओं में नहीं पाया जाता है. यह परिणाम उस जीवन विरोधी दृष्टि की मान्यता से निकला है जिसने सांसारिक प्रेम को गलत करार दिया है. हमें सही दृष्टि अपनाते हुए संसार में ही प्रेम खोजना होगा, क्योंकि इश्क मजाजी ही अगर सहज ढंग से हो तो वह इश्क हकीकी बन जाती है.

जब हम किसी के प्रेम में पड़ते हैं तो एक नई घटना घटती है. प्रिय में हमें कुछ ऐसा दिखाई पड़ने लगता है जो इसके पहले नहीं दिखाई पड़ा था. इसी को कहते हैं प्रेम की आँखों का खुलना. लोग कहते हैं कि प्रेम अंधा होता है. लेकिन मेरा अनुभव ऐसा नहीं कहता. प्रेमी को पागल भी कहा जाता है. जहाँ तहाँ कुछ लोगों ने यह भी कहा कि 'होश' का संपादक बेहोश है! मेरा देखना है कि सारा संसार अंधा है, केवल प्रेमी के पास आँख होती है, क्योंकि उसे वह दिखाई पड़ने लगा है जो किसी दूसरे को दिखाई नहीं पड़ता है. प्रेमी पहली बार किसी साधारण आदमी में ऐसा कुछ देख लेता है जो असाधारण है और ईश्वर से तुलनीय है.

हम तो खुदा के कभी काइल न थे
उनको देखा तो खुदा याद आया

कम से कम एक व्यक्ति में खुदा या खुदा जैसा तो कुछ दिखाई पड़ा! महान सद्‌गुरु ऐसे दुर्लभ हसीन क्षणों का सदुपयोग कर लेने की सलाह देते हैं—'जो एक में दिखा वह सबमें दिख सकता है. इसके पहले कि तुम्हारा प्रेम धूमिल हो, प्रेम को पूजा बना लो.' पूजा तो जवानी की चीज है. बुढ़ापा खाक पूजा करेगा! प्रेम के मरने से पूजा नहीं होती, प्रेम के निखरने से होती है. जो एक में दिखा अगर वह सबमें दिखने लग जाए तो कहा जाएगा कि प्रेम पूजा बन गया. पूजा की ओर पहला कदम है प्रेम. इस प्रेम पर जो हमला करता है वह वास्तव में पूजा पैदा होने की संभावना को ही खत्म कर देना चाहता है. और प्रेम पैदा होता है वासना से. दिनकर कहते हैं—**देह प्रेम की जन्मभूमि है.** इसलिए जो वासना का विरोधी है, वह प्रेम का ही विरोधी है और आत्यंतिक रूप से पूजा का विरोधी है. विधि-विधान वाली पूजा पाखंड छोड़कर और कुछ भी नहीं है. पुजारी की आँख में अगर प्रेम का रस न हो, सबके प्रति समभाव न हो, तो कैसी पूजा? समाज में प्रचलित पूजा पद्धति हमारे अहंकार की सजावट है. उसमें भय, लोभ और प्रदर्शन की मिलावट है.

प्रेम एक प्राकृतिक घटना है. वह आज्ञा नहीं है. हमारे समाज में प्रचलित विवाह पद्धति प्रेम को आज्ञा समझती है. दो व्यक्तियों का बिना उनके हृदय का मिलन हुए विवाह कर दिया जाता है और आज्ञा दी जाती है—अब तुम लोग प्रेम चालू करो. प्रतिबंधों के घेरे छूटने से जो दो भूखे शरीरों का मिलन होता है, उसी को प्रेम कह दिया जाता है. कुछ ही दिनों में शरीर तृप्त हो जाते हैं. इसके बाद अन्य आकांक्षाएँ उठ खड़ी होती हैं और एक-दूसरे में तृप्ति खोजने लगती हैं. नहीं मिलने पर मुश्किलें खड़ी होती हैं. ज्यादातर पति-पत्नी अजनबी बन जाते हैं. लगता है, वे एक-दूसरे के लिए बने ही नहीं थे.

गलती कहाँ हुई? स्पष्ट है इन दोनों भावी जोड़ों को न पूछ कर हम पूछने चले गये थे पंडितों-पुरोहितों के पास, ज्योतिषियों के पास, कुंडलियों के पास, ग्रह-नक्षत्रों के पास, जाति-कुल-खानदान के पास, पैसों और पदों के पास. सही जोड़ी मिलती है, लड़के-लड़कियों के परस्पर परिचित होने से और उस पर हमने रोक लगा रखी है—**रोपै पेड़ बबूल का आम कहाँ तें होय.** आखिर युवा लड़के-लड़कियों के मिलने पर रोक के कुछ कारण तो होंगे? जरा हम उनकी पड़ताल कर लें. मेरी समझ में जो कारण देखने में आते हैं, उनमें कुछ को रखना चाहूँगा.

पहला कारण संभवतः यह है कि हम शरीर के प्रति अत्यधिक सजग हैं. हमने शरीर को जरूरत से ज्यादा महत्व दे रखा है. हमारी धारणा है कि युवाओं को मिलने

की अनुमति देने से शरीर अपावन हो जाएगा और विवाह के रूप में हमें चाहिए पावन शरीर -अनाघ्रात, अस्पर्शित! शरीर की पावनता की यह ईर्ष्याजनित ग्रंथि तभी मिट सकती है, जब मनुष्य शरीर के ऊपरी तल के मिलन का स्वाद चख ले और यह मिलने-जुलने से ही संभव हो सकता है. जो शरीर के मिलने पर रोक लगाकर मन के मिलने की छूट देना चाहते हैं, उन्हें शरीर और मन के तादात्म्य का कुछ भी पता नहीं. यह उसी तरह असंभव है जिस तरह पानी में उतारे बिना किसी को तैराकी सीखने का उपदेश देना!

दूसरा खतरा है—**जो भी करती प्रेम यहाँ पर माता बनना पड़ता है.** लोग कहते हैं कि प्रेम की छूट रहेगी तो लावारिस संतानों की संख्या में वृद्धि होगी. अगर प्रेमी-प्रेमिका अपनी संतान को छोड़कर भाग जायँ तो क्या होगा? दरअसल इस तरह की घटनाएँ वर्तमान समाज की देन हैं. जिस समाज की मैं कल्पना कर रहा हूँ, वहाँ ऐसी घटनाएँ नगण्य होंगी. उनके दो कारण हैं। एक, उन्हें प्रशिक्षण देना होगा कि वे जब तक चाहें बच्चा न पायें. दूसरा, प्रेम मिलन से उत्पन्न संतान के प्रति दम्पति का इतना अधिक अनुराग होता है कि उसे छोड़ने का प्रश्न नहीं उठता. बच्चे उनके प्रेमपूर्ण जीवन में और रस घोल देते हैं। इस कारण भी वे और अधिक जुड़ जाते है। लेकिन इस तरह आशंका उस परिस्थिति के लिए है, जब प्रेमी-प्रेमिका के संबंध में खटास आ जाए और बच्चे माता-पिता विहीन हो जायँ. ध्यातव्य है कि अभी देश में लाखों लावारिस बच्चे हैं, लाखों जनमते ही फेंक दिये जाते हैं; उनकी चिंता ऐसे लोगों को नहीं है. उन्हें तो केवल प्रेम टूटने से हुए अनाथ बच्चों की चिंता है! इक्की-दुक्की ऐसी घटनाएँ अगर घटें तो संतानों के लालन-पालन की जिम्मेदारी समाज और राष्ट्र पर होगी. मेरी कल्पना के समाज में संतान पैदा करने का अधिकार उन्हें ही मिलना चाहिए जो एक विशेष प्रशिक्षण से गुजर चुके हों. इस प्रशिक्षण में गहन प्रेम और ध्यान के अनुभवों से उन्हें गुजारने की व्यवस्था हो. ऋषि कहते है कि श्रेष्ठ आत्माएँ गहन प्रेम में डूबे दम्पति की कोख से जन्म लेने के लिए आकर्षित होती हैं. अगर इस दिशा में प्रयोग हो तो श्रेष्ठ मनुष्यों के जन्म की परिस्थिति तैयार हो सकेगी.

जिन्दगी की सारी कलाओं में सर्वश्रेष्ठ है प्रेम कला. इसे सीखना पड़ता है. प्रेम के लिए सबसे अधिक खतरनाक है, इसके इंतजार में बैठे रहना. कोई लड़की मिलेगी, कोई लड़का मिलेगा, तब प्यार शुरू होगा. इस भरोसे कभी प्यार शुरू नहीं हो पायेगा. जैसा कि समाज है, उसमें लड़का तो मडुवा का दोबर मिलता है, गली कूचे में बिलबिलाता चलता है, लड़की नहीं मिलती. प्यार के इंतजार में उम्र यूँ ही तमाम होती है. लंबे समय तक अगर आपको बिना प्रेम के जीने का अभ्यास हो गया हो तो विवाहोपरांत आप ठीक से प्यार नहीं कर पायेंगे, क्योंकि प्रेम न करने के अभ्यासी

हो चुके हैं. क्या कारण है कि हमारे समाज में अक्सर लड़कियाँ प्रेम-कला विहीन होती हैं? विवाह के पूर्व तक उन्हें अनेक तरह से प्रेम से बचा लिया जाता है. परिणामतः विवाह के बाद भी वे प्रेम से बच जाती हैं, क्योंकि उन्होंने प्रेम कला सीखी ही नहीं है. मैंने देखा है कि जिन लड़कियों ने कौमार्यास्था में प्रेम के कई फेरे लगाये, समाज में सुरघुन हुआ, कानाफूसी हुई. लोगों ने कल्पना की कि इनका वैवाहिक जीवन तब तबाह हो जाएगा, जब इनके पतियों को पता चलेगा. लेकिन मैं अचंभित हुआ यह देखकर कि आम लड़कियों से कई गुना अधिक प्यार उनके दाम्पत्य जीवन में था. प्रेम का अनुभव काम आया. दूसरा यह भी भय के मारे या समझ के आने से उनमें पूर्ण समर्पण पाया गया. यह समर्पण ही तो प्रेम है!

तो प्रेम एक अभ्यास है. प्रेम इंतजार नहीं है, आज्ञा नहीं है, भिक्षा नहीं है, सिर्फ दान है. जो भी पास हो उस पर प्रेम लुटा देना चाहिए. चाहे वह वृक्ष हो, पशु हो, पक्षी हो, मिट्टी हो, पहाड़ हो, नदी-नाला हो, भिखारी हो, स्त्री हो, पुरुष हो, कुछ भी हो. बस एक बार ऐसा प्रयोग करके देखना चाहिए. जो भी हम करें प्रेम से, बोलें तो प्रेम से, हँसे तो प्रेम से, चलें तो प्रेम से, खायें तो प्रेम से, पढ़े-लिखें तो प्रेम से. इस तरह हमें प्रेम का एक अभ्यास हो जाएगा और एक नई दुनिया उद्घाटित हो जायेगी. जो प्रेम की दुनिया होगी, सौन्दर्य की दुनिया होगी. महाकवि मिल्टन के बारे में पढ़ा है कि वे किसी वस्तु को ऐसे छूते थे जैसे उसमें कोई व्यक्तित्व हो. जूता भी उतारते थे तो प्रेम से भरपूर होकर. जूते को धन्यवाद देते—तुम्हारा मुझ पर बड़ा उपकार है. लेकिन हम वस्तु तो वस्तु आदमी को भी धन्यवाद नहीं देते. हमारे जीने का ढंग ही गलत है. अगर हम इसे बदल दें तो नया प्रेमपूर्ण जीवन मिल जाय.

प्रेम आग है, इसे जलाने की जरूरत है. एक बार जल जाए तो फिर इसकी लपट फैलने लगती है. इसी लपट से भयभीत कुछ लोग हमारे विरोध में खड़े हो गये हैं. दो अदना आदमियों के दिल से प्रेम की छोटी-सी चिनगारी छिटकी है और पूरा देश शोर में डूब गया है. डरे हुए लोगों के अंदर से चीख उठ रही है—अपने-अपने घरों को बचाओ, क्योंकि सबों के घर फूस के हैं. एक लुत्ती उड़ी कि साफ! लेकिन डर की कोई बात नहीं. जो कुछ कूड़ा करकट है, वही इस आग में भस्मीभूत होता है. जो कुछ सोना है, वह और अधिक दमक उठता है. प्रेम पथिक को भी विरोध देखकर घबराने की आवश्यकता नहीं है. मैंने गौर किया है, अधिकांश ऐसी ही स्त्रियाँ हमारे विरोध में हैं, जिनके पति गड़बड़ हैं और पत्नियों को उन पर भरोसा नहीं है. लेकिन जिनके पति ठीक हैं, पत्नी को पूरा भरोसा है वे हमारे समर्थन में हैं. अधिकांश कुमारिकाएँ मेरे पक्ष में हैं. बूढ़ों में तो ज्वार आ गया है. अधेड़ों की आँखें चमकने लगी हैं. युवाओं का दिल मचलने लगा है. सिर्फ रूढ़िवादियों के चेहेरों पर या तो

धुआँ उठ रहा है या हवाइयाँ उड़ रही हैं. प्रेम पथिक को संसार में असंख्य साथी और सहयोगी मिल जाते हैं. वे इस चिनगारी का स्वागत करते हैं और प्रेम से अपने दिलों को करीब ले आते हैं ताकि उनमें भी इश्क की आग लग जाए.

निष्कर्षतः कहना चाहूँगा कि प्रेम हमारे भीतर की चीज है, वह बाहर कहीं नहीं है. वह हमारे हृदयाकाश में उठने वाला मेघ है. उसे धरती पर मूसलाधार बरसने दें. उससे ऐसी धारा बह निकलेगी जिसमें जात-पाँत, कुल, धर्म, दहेज आदि बीमारियाँ बह जायेंगी. लेकिन हमेशा ध्यान में रखना होगा कि प्रेम दान है, माँग नहीं है. कवि जयशंकर प्रसाद जी इसका समर्थन करते हैं. वे कहते हैं—

पागल रे, वह मिलता है कब?
उसको तो देते ही हैं सब.

मायूस होने की बात नहीं है. देने से ही मिलता है. प्रेम के रसपान का यही सही मार्ग है.

❖

पी.के.राय मेमोरियल कॉलेज, धनबाद (विनोबा भावे विश्वविद्यालय, हजारीबाग) द्वारा 'ए फिलॉसफी ऑफ लव' विषय पर आयोजित राष्ट्रीय सेमिनार में दिनांक 6 जून, 2008 को पढ़ा गया आलेख.

प्रेम न चीन्हैं कोय!

अनुभव के मूलतः तीन तल होते हैं—काम (सेक्स), प्रेम और परम प्रेम. तीसरे तल को ईश्वरीय प्रेम, भक्ति या आध्यात्मिक प्रेम भी कहा जाता है. इस संबंध में खास बात यह है कि जो आदमी जिस तल पर जीता है, उसी तल की बात समझ पाता है. उससे भिन्न तल की बात ठीक-ठीक समझना लगभग असंभव है. अधिकांश मनुष्य काम-तल पर जीते हैं. इसलिए वे प्रेम नहीं समझ पाते. भक्ति को समझने की स्थिति तो प्रेम को समझने के बाद ही शुरू होती है.

प्रेम का दिव्य रूप तो हमें स्वीकार्य है, किन्तु उसके मानवीय रूप को लेकर असमंजस है. हम कहते हैं ईश्वर से प्रेम करो. लेकिन हम ईश्वर को कहाँ खोजेंगे? हम कहते हैं देश से प्रेम करो, लेकिन देश हमें कहाँ मिलेगा? जो भी मिलेंगे वे स्त्री-पुरुष होंगे. जो प्रेम का चरम रूप है, वहीं से हम आरंभ करना चाहते हैं! हम एक ही बार सीढ़ी के आखिरी पायदान पर पाँव रखना चाहते हैं! क्या यह संभव है? अगर यह संभव होता तो आज सभी भारतवासी प्रेमपूर्ण हो गये होते. लेकिन वे घृणा, क्रोध, द्वेष, प्रतिस्पर्द्धा, प्रतिशोध, ईर्ष्या, हिंसा आदि में डूबे हुए हैं. गलती कहाँ हुई है? जिस मिट्टी में प्रेम जन्म लेता है, उसे हमने अस्वीकार कर दिया. प्रेम की जन्मभूमि देह के प्रति हमने घृणा पैदा कर दी. शारीरिक प्रेम कहकर हमने उसकी उपेक्षा की. परिणाम हुआ—व्यक्तित्व का विघटन. मनुष्य दो टुकड़ों में बँट गया—भीतर और बाहर. प्रकृति ने स्त्री-पुरुष के प्रति पारस्परिक आकर्षण दिया. संस्कृति ने उस आकर्षण को गलत बताया. फलतः मनुष्य भीतर से प्रकृति और बाहर से संस्कृति है. उसका व्यक्तित्व दुहरा हो गया. जटिल व्यक्तित्व में प्रेम की संभावना नहीं होती. इसके लिए सरलता चाहिए. सरलता आती है प्रकृति की सहज स्वीकृति से. आज सरल व्यक्ति लुप्तप्राय प्रजाति हो गया! दुनिया में सारे उपद्रव जटिल व्यक्तियों के द्वारा होते हैं. ये सरल व्यक्तियों का शिकार करते हैं, जैसे जंगल में हिंसक पशु हिरण का शिकार करते हैं. जटिल व्यक्ति यानी अशांत व्यक्ति. अशांत व्यक्ति दूसरे को

शांत नहीं होने देता. जटिल व्यक्ति यानी दुखी व्यक्ति. दुखी व्यक्ति संसार को दुख के सिवा और क्या दे सकता है? सरल व्यक्ति प्रसन्न रहता है. संसार को देने के लिए उनके पास प्रसन्नता है, शांति है, आनंद है.

सरल व्यक्ति दो प्रकार के होते हैं—एक वे जिन्होंने सेक्स को सहज रूप में स्वीकार किया और उसी को जीवन का सत्य समझकर वहीं ठहर गये. दूसरे वे जिन्होंने काम के ताल-तलैया से प्रेम की नदी में छलांग लगा दी. प्रेम उच्चतर आनंद है. वह काम का ऊपरी तल है. जीवन का नियम है कि जो आदमी जिस तल पर जीता है, उसी तल पर बात समझता है. दूसरे तल की बात वह अपने तल पर लाकर ही समझता है और यहीं पर सब गुड़ गोबर हो जाता है; क्योंकि वह कृष्ण को भी अपने जैसा ही आदमी समझने की भूल कर बैठता है, जबकि कृष्ण मनुष्यता के चरम विकास हैं. मेरे समर्थक मित्र मुझसे कहते हैं—"आपने कोई गलत काम नहीं किया है. आपने वही किया है जो सब करते हैं. अंतर सिर्फ इतना है कि दूसरे छिपकर करते हैं और आपने डंके की चोट पर किया. आपने साहस का परिचय दिया. आपने सच कहकर पटना और बिहार का गौरव बढ़ाया." मैं ऐसे प्यारे मित्रों की बात सुनकर प्रसन्न होता हूँ. उनके प्रति मन ही मन कृतज्ञता ज्ञापित करता हूँ, यह जानते हुए भी कि मेरे मित्र ने मुझे अभी ठीक से समझा नहीं है. जब वे कहते हैं, आपने जो किया है, वह कौन नहीं करता है तो मेरी उनसे असहमति हो जाती है. मैं मौन रहता हूँ, क्योंकि मेरे तल पर आये बगैर वे मुझे नहीं समझ पायेंगे. मेरा बोलना वृथा होगा. फिर भी कभी-कभी किसी मित्र को कह देता हूँ, मैंने जो किया है, वह कहाँ कोई करता है? काम-लोलुपता विश्वविद्यालय में व्याप्त है, गंभीर प्रेम कहाँ है? यह भ्रम न हो कि सभी एक ही क्रिया में संलग्न होते हैं. काम में उतरते हैं सभी, लेकिन कामी और प्रेमी के उतरने में बड़ा भारी गुणात्मक फर्क हो जाता है. प्रेमी काम को गरिमा प्रदान करता है. काम के प्रति उनकी दृष्टि उतनी ही पावन होती है जितनी किसी मंदिर में पूजा के लिए प्रवेश करते हुए किसी सच्चे पुजारी की. उनकी साँसों में एक शांति, एक लय होती है. उनके तन-मन में समर्पण होता है. वह किसी का उपयोग नहीं कर रहा है, परस्पर अपने को लीन कर रहा है. वह कृतज्ञता से भरा होता है. कामियों में ठीक इसके विपरीत स्थिति होती है.

दूसरा बड़ा अंतर एक और है. कामी जितना ही भोगता है, उतना ही अतृप्त होता चला जाता है. प्रेमी तृप्त होता है; क्योंकि प्रेम काम को गलाता है, मिटाता है. दूसरे शब्दों में कहूँ, ज्यों-ज्यों आनंद उच्चतर होता जाता है, त्यों-त्यों निम्नतर सुख छूटता चला जाता है. जैसे दस हजार की नौकरी मिले तो सौ रुपये की नौकरी छूट जाती है.

प्रेम का सुख इतना बड़ा है और उसके अभाव का दुख इतना गहन है कि उसकी रक्षा के लिए साहस स्वयमेव आ जाता है. साहस प्रेम का सहचर है. प्रेमी विद्रोही

होता है, कामी नहीं हो सकता, क्योंकि विशुद्ध काम-सुख इतना बड़ा नहीं होता कि उसके लिए कोई खतरा मोल लिया जाय. धनवान कहेंगे वह तो कुछ पैसों में मिल जाता है, उसके लिए अपनी प्रतिष्ठा, पद, परिवार आदि क्यों गँवाया जाय? गँवाना तो प्रेमी भी नहीं चाहता है. लेकिन जहाँ चुनाव करना ही पड़ जाय, प्रेम के मुकाबले कुछ भी ऐसा नहीं है, जिसको चुना जा सके. इसलिए मैं अपने प्यारे समर्थकों से कहूँगा कि वे समझने की कोशिश करें कि जो मुझसे हुआ है और हो रहा है, वह कहाँ किसी से हो रहा है?

अभी तो जटिल प्रकृति वालों से समाज भरा है. वे काम की निंदा करते हैं. प्रेमियों को देखकर भड़कते हैं; यद्यपि इनके बीच आप अगर रहें तो पता चलेगा कि काम को छोड़कर ये और कोई चर्चा ही नहीं करते. ये उलटे ढंग से काम से जुड़े होते हैं. स्वस्थ व्यक्ति किसी की निंदा करते नहीं देखे जाते. वे अपने में मगन रहते हैं, जबकि रुग्ण व्यक्ति दूसरों के जीवन में रस लेते हैं.

जटिल प्रकृति के लोग भी दो प्रकार के होते हैं. पहले प्रकार के लोग उग्र, अधीर, ईर्ष्यालु आदि होते हैं. इनको असभ्य कह सकते हैं. दूसरे प्रकार के लोग उग्र नहीं होते, परहेजी होते हैं और धैर्य बनाये रखते हैं, लेकिन ईर्ष्या, द्वेष, अमर्ष उनमें भी उतना ही होता है. इनको सभ्य व्यक्ति कह सकते हैं. जो अधीर और उग्र होते हैं, वे सरल लोगों और खासकर प्रेमियों पर तल्ख टिप्पणियाँ करते हैं, देखकर हँसते हैं और अट्टाहास करते हैं. अगर अधिक असभ्य रहे तो डंडा चला देते हैं. अगर पावर में रहे तो फट से उसका उपयोग कर देते हैं. हमें ऐसे लोगों को झेलना पड़ा है और आगे भी झेलना पड़ेगा; क्योंकि प्रेम की यात्रा अनंत है, वह रुकने वाली नहीं है. इस मार्ग में गले में हार भी मिलेगा और मुख पर कालिख भी. लोग मार्ग में काँटे भी बिछायेंगे और पलक पाँवड़े भी. हमारी छाती छलनी होती रहेगी—चाहे किसी की मीठी बोली से या किसी की कड़वी बोली से या पीतल की गोली से. हमें सब स्वीकार्य है, क्योंकि यह मार्ग प्रभु की ओर जाता है.

यह गलत शिक्षा बंद होनी चाहिए कि परमात्मा से प्रेम करो. सही शिक्षा यह है कि जिससे भी आपका प्रेम होता है, वही परमात्मा है. परमात्मा से प्रेम नहीं होता, बल्कि प्रेम से परमात्मा होता है. तुलसी सच कहते हैं—**प्रेम तें प्रकट होहिं मैं जाना.**

निष्कर्ष यह कि सरल चित्त शोभन है, जटिल चित्त अशोभन. काम का स्वस्थ रूप शोभन है, रुग्ण रूप अशोभन. प्रेम शोभन है, उसका विरोध अशोभन. और विरोध के लिए तमाम गलत हथकंडे अपनाना परम अशोभन है.

मई, 2008

❖

प्रेम की शक्ति

प्रेम शब्द का जितना दुरुपयोग इस पृथ्वी पर हुआ है, उतना शायद ही किसी शब्द का हुआ हो. हम सोचते हैं कि हम प्रेम करते हैं, हम प्रेम में हैं. लेकिन अभी प्रेम हमसे दूर है. प्रेम हमारी संभावना है. प्रेम हमारे प्राणों की प्यास है. प्रेम हमारी खोज है. प्रेमी प्रेमिका में उसे हम खोजते जरूर हैं, लेकिन पाते हैं उसे अपने अंदर ही. पहले तो वह लोभ, मोह और आसक्ति के रूप में ही आता है. इससे लिपटी रहती है ईर्ष्या, घृणा, क्रोध, हिंसा. लेकिन ये सारे लक्षण अहंकार नामक मूल बीमारी के हैं. धीरे-धीरे जब हम प्रेम को निखारने की कला सीख लेते हैं तो वह परिशुद्ध होने लगता है और पूर्णतः परिशुद्ध होते ही चमक उठता है. अहंकार के विलय होने से प्रेम की उत्पत्ति होती है. अहंकार के विलीन होने का अर्थ है आत्मसत्ता का सर्वसत्ता में लीन हो जाना. जैसे बूंद सागर में लीन हो गयी है. बूँद की तुलना में सागर की शक्ति अथाह हो जाती है. ऐसे ही प्रेमी के पास अथाह शक्ति होती है. वह अपराजेय होता है. कृष्ण अपराजेय हैं. सुकरात अपराजेय हैं. जीसस अपराजेय हैं. मीरा अपराजेय हैं. गाँधी अपराजेय हैं. यद्यपि ये सभी प्रताड़ित हुए हैं, लेकिन पराजित नहीं. यही प्रेम की ताकत है.

सुकरात को जहर दिया गया. लेकिन क्या वे मरे? मीरा को विष का प्याला मिला. क्या मीरा मरी? जीसस को सूली लगी, गाँधी को गोली. लेकिन जीवन को मिटाकर भी प्रेम को मिटाया न जा सका. प्रेम को दबाया नहीं जा सकता. दबाने से वह और उभरता है. हजार-हजार गुना बलशाली होकर उभरता है. ताकत समाज के हाथ में होती है, सम्प्रदाय के हाथ में होती है, राज्य के हाथ में होती है. लेकिन प्रेम की कोमल चोट से साम्राज्य गिर जाते हैं. कौन-सा बल है प्रेमी के पास? देखने में तो वह बड़ा निर्बल मालूम होता है. लेकिन उस बूँद की शक्ति के पीछे सागर की शक्ति होती है. वहाँ व्यक्ति की नहीं, परमात्मा की शक्ति काम करती है—निर्बल के बल राम. प्रेमी का अर्थ है जो मिट गया. जिसने कहा—अब मैं नहीं तू ही

है. सर्व स्वीकार! तू मारेगा तो मरूँगा, जलायेगा तो जलूँगा. जितायेगा तो जीतूँगा, हरायेगा तो हारूँगा. इस सर्व स्वीकार से जीत निकल आती है.

प्राणों में पले प्रेम की पहली पहचान है कि उसमें कभी विरोधियों के प्रति दुर्भाव नहीं आता. उसे सरेआम झोंटा पकड़कर पीटा जायेगा लेकिन दुर्भावनाजन्य प्रतिक्रिया नहीं होगी. कालिख पोती जायेगी, फिर भी चेहरे पर मुस्कान होगी. उसे सूली पर लटकाया जायेगा. उस क्षण भी उसके मुँह से यही निकलेगा—हे प्रभु, इन्हें माफ कर देना, क्योंकि ये नहीं जानते कि क्या कर रहे हैं. ये दया योग्य हैं, दंड योग्य नहीं, क्योंकि भीतर कितना जला होगा, क्रोध में कितनी पीड़ा पाई होगी, हमें तकलीफ देने के पहले उन्होंने कितनी तकलीफ झेली होगी, कितने दिनों से गर्भ में गालियाँ ढो रहा होगा! यही सोचकर गाली देनेवालों पर दया आती है. प्रेम की सबसे बड़ी शक्ति यही सद्‌भाव है. जो प्रेम की कला जान गया वह गाली नहीं लेता. वह तो गुलाब का फूल चुन लेता है और उसके काँटों से बचकर निकल जाता है. ऐसी स्थिति में यह दुनिया उसके लिए एक नयी अर्थवत्ता से भर जाती है. किसी ने ठीक ही कहा है—

जमाने के गम प्यार में जल गये हैं
उम्मीदों के लाखों दीये जल गये हैं.

दुनिया में दो ही शक्तियाँ हैं—सृजन और विध्वंस. प्रेम सृजन है. क्रोध, ईर्ष्या और घृणा विध्वंस है. बुद्ध, सुकरात, कबीर, मीरा और गाँधी सृजन के प्रतीक हैं. सिकंदर, नेपोलियन, हिटलर, मुसोलिनी विध्वंस के. सृजन मूल शक्ति है. जो सृजन की शक्ति का अनुभव करने में नाकामयाब होते हैं, वे विध्वंस की शक्ति का अनुभव करने लगते हैं. कहते हैं हिटलर चित्रकार होना चाहता था. लेकिन आर्ट अकेडमी में उसका आवेदन अस्वीकृत हुआ. जीवन ऊर्जा विध्वंस में उलझ गयी. हमारे यहाँ जो आतंकवाद फल-फूल रहा है, क्या यह सच नहीं कि वह चोट खायी सृजन की ऊर्जा का ही भटकाव है? सुंदर समाज और सरकार वह है जो जीवन ऊर्जा को सृजन की ओर मोड़ दे.

प्रेम की शक्ति कच्चे धागे की शक्ति होती है. बहुत कोमल लेकिन बहुत मजबूत. लोहे की जंजीर आदमी तोड़ सकता है, लेकिन प्रेम का कच्चा धागा तोड़ने में नहीं बनता. गाया गया है—**एक डोर खींचे दूजा दौड़ा चला आये, कच्चे धागे में बँधा चला आये.** हुजूर कच्चे धागे में बाँधे चले आते हैं. सिर्फ प्रेमी और प्रेमिका ही नहीं, परमात्मा भी.

व्यक्ति प्रेमपूर्ण हो तो उसके चारों तरफ प्रेम की ही प्रतिध्वनि उठने लगती है. अगर किसी व्यक्ति ने परमात्मा को संपूर्ण मन से स्वीकार कर लिया है तो इस संसार

में उसके लिए कोई नुकसान नहीं है. मीरा के पास पिटारी में बंद एक जहरीला साँप भेजा गया. मीरा ने पिटारी खोली तो उसमें उसे कृष्ण ही दिखाई पड़े. उसने उसे गले से लगा लिया. साँप ने मीरा को नहीं काटा. दरअसल साँप मनुष्य के इतना दुष्ट नहीं होता. मीरा के प्रेमपूर्ण स्पर्श की तरंग साँप तक अवश्य पहुँच गयी होगी और उसे लगा होगा यह स्त्री काटने योग्य नहीं है. प्रेम की यह अद्‌भुत शक्ति है.

प्रेम में ही यह शक्ति है कि वह आदमी को मस्त और बेपरवा बना देता है. प्रेम रस में भींगा आदमी ही समझ सकता है कि जगत में न कोई कुछ दे सकता है, न छीन सकता है. यहाँ न यश का कोई मूल्य है, न अपयश में कोई नुकसान. इसलिए बड़े मजे से मीरा कहती है—

छाँड़ि दई कुल की काणि, कहा करिहै कोई

जो प्रेम में नहीं पड़ा है, वह समाज के विरोध में खड़ा नहीं हो पाएगा. वह समझौता कर लेगा. ऊपर-ऊपर समाज का नियम मानेगा, भीतर-भीतर अपना धंधा जारी रखेगा. प्रेमियों के लिए सारा जगत एक तरफ और प्रेम की एक बूँद दूसरी तरफ. यह बूँद उसके लिए संपूर्ण भौतिक चीजों से ज्यादा वजनी होगी.

राजनीति की बड़ी महिमा है. राजनीतिज्ञ बड़े शक्तिशाली माने जाते हैं. लेकिन यह निरा भ्रम है. राजनीतिज्ञों में सत्य बोलने का साहस नहीं होता. वे वही बोलते हैं जिसे लोग मानते हैं. राजनीतिज्ञ पहले पता कर लेते हैं कि लोगों की धारणा क्या है, लोग क्या सुनना चाहते हैं. उसी को वे बढ़ा-चढ़ाकर बोलते हैं. जो भीड़ कहती है, उसी को वे जोर से कहते हैं. कुशल राजनेता वे हैं जो भीड़ के बदलते मिजाज को समय से पहले पहचान ले. मैंने एक मजाक पढ़ा है—

"मुल्ला नसरुद्दीन एक दिन अपने गधे पर बैठकर भागा जा रहा था. बाजार से निकला तो लोगों ने पूछा : 'अरे! कहाँ जा रहे हो, नसरुद्दीन? उसने कहा : 'मुझ से मत पूछो, इस गधे से पूछो.' उन्होंने पूछा : 'हमने समझा नहीं कि गधे से क्यों पूछें!' उसने कहा कि मैं बहुत इसको चलाने की कोशिश करके हार चुका; हर जगह उपद्रव खड़ा कर देता है; बीच बाजार में अटक जाएगा, टस से मस नहीं होगा; भीड़ लग जाती है. तो मैंने एक राज सीख लिया : यह जिस तरफ जाता है मैं उसी तरफ जाने देता हूँ. इसमें कम से कम अपनी मालकियत तो कायम रहती है. लोगों को तो यह लगता है कि अहा, नसरुद्दीन का गधा बिलकुल आज्ञाकारी है. इससे किसी को कानोंकान खबर नहीं होती कि मेरे और इसके बीच कुछ झंझट है." राजनेता ऐसे ही होते हैं. भीड़ जिधर जा रही होती है, वे झट-से आगे खड़े हो जाते हैं. लेकिन कृष्ण या क्राइस्ट इस हिसाब से नहीं बोलते कि लोग क्या मानते

हैं. भीड़ के पास सत्य नहीं होता. सत्य सदा व्यक्ति के भीतर घटित होता है.

प्रेमी और संत आपके अनुसार नहीं बोलते. सत्य जैसा है वैसा ही बोलते हैं. इसलिए प्रेमियों से लोग से नाराज हो जाते हैं.

प्रेमी की शक्ति अहिंसा में निवास करती है. भगवान बुद्ध और महावीर के बाद आधुनिक युग के महान मानवतावादी राजनीतिक संत महात्मा गाँधी ने इसका सफल प्रयोग किया. लेकिन भगवान कृष्ण ने एक दूसरी दुनिया की तरफ भी इशारा किया है. उन्होंने बताया कि अगर जीवन के आनंद पर हमला हो तो उसे बचाने के लिए युद्ध को भी चुना जा सकता है. कृष्ण युद्धवादी नहीं हैं, उन्होंने पूरी कोशिश की कि युद्ध न हो. युद्ध को टालने और जीवन को बचाए रखने के लिए उन्होंने कोई कसर बाकी नहीं रखी. जब अधर्म की शक्तियाँ समझौते के लिए किसी भी तरह तैयार नहीं हुईं तो कृष्ण जीवन और धर्म के पक्ष में लड़ने को तैयार हो गए. कृष्ण महान प्रेमी हैं. युद्ध के मैदान में भी वे आनंदित और प्रफुल्लित हैं.

प्रेमी क्षणजीवी होते हैं. सभी आनंदवादी क्षणजीवी होते हैं. केवल दुखवादी लंबा हिसाब रखते हैं और इसी कारण दुखी रहते हैं. कृष्ण पहले से शुभ और अशुभ तय करके नहीं रखते, परिस्थिति पर छोड़ते हैं. युद्ध में हथियार उठाने का उनका ख्याल न था, लेकिन जब परिस्थिति आती है तो सुदर्शन चक्र हाथ में ले लेते हैं. इसलिए प्रेमियों का मार्ग केवल वह नहीं है जो गाँधी ने बतलाया है. मार्ग वह भी है और बहुत सुन्दर है जो कृष्ण ने दिखलाया है. व्यक्ति को देशकाल के हिसाब से मार्ग चुनना होता है.

प्रेम एक समग्र दृष्टि है. वह जीवन को टुकड़ों में देखकर नहीं चलता. वह कृष्ण और मुहम्मद की तरह मानवता की रक्षा के लिए हथियार भी उठाता है और अध्यात्म की खोजकर जीवन मुक्ति का मार्ग भी प्रशस्त करता है.

काम करने के दो ढंग हो सकते हैं. एक वह है जो कर्तव्य की तरह किया जाय और दूसरा वह जो प्रेमपूर्वक किया जाय. जो काम कर्तव्य मानकर किया जाता है, वह बोझ बन जाता है. उसमें ऊब होती है और आदमी उससे मुक्त होकर खुश होता है. लेकिन प्रेमपूर्वक किए गए काम के रस की कोई सीमा नहीं. उसके द्वारा उत्पादित वस्तु प्रेम की ऊर्जा से भरी होती है. एक स्वेटर बाजार से भी आता है और एक स्वेटर आपका कोई प्रिय भी बुनता है. दोनों की बुनावट में फर्क है. पहनने के आनंद में फर्क है. प्रेम से बुने गये स्वेटर के रेशे-रेशे से प्रेम की अनुभूति होती है. एक कहानी मैंने पढ़ी है.

एक संन्यासी हिमालय की यात्रा पर था. उसने देखा कि एक पहाड़ी लड़की अपने कंधे पर एक बड़े मोटे ताजे बच्चे को लेकर पहाड़ पर चढ़ रही थी. लड़की की उम्र मुश्किल से नौ साल होगी. और बच्चा बड़ा तगड़ा है. कम से कम चार साल का

होगा और भारी वजन. संन्यासी थक गया है. गर्मी है, धूप तेज है, पसीना-पसीना हो रहा है. वह भी अपने कंधे पर अपना थोड़ा बहुत जो भी बिस्तर वगैरह सामान है, बाँधे हुए है. लड़की के करीब पहुँचकर उसने कहा, 'बेटी, वजन बहुत है, थक गयी होगी. ' उस लड़की ने नजर उठाकर संन्यासी को देखा और कहा, 'स्वामी जी, वजन आप लिए हैं. यह मेरा छोटा भाई है.'

तराजू पर कोई फर्क नहीं पड़ेगा, बिस्तर में और छोटे भाई में? तराजू बराबर वजन बता देगा. लेकिन उस लड़की को वजन नहीं लगता. वजन तो होता ही है, लेकिन भाव वजन को काट देता है. प्रेम से किया गया कृत्य मनुष्य को निर्भार बनाए रखता है.

दुनिया में कई प्रकार की शक्तियाँ हैं—धन, पद, यश आदि. ये सारी शक्तियाँ मनुष्य के साथ ही खो जाती हैं. प्रेम की ही शक्ति ऐसी है जो मनुष्य के साथ जा सकती है. अगर मनुष्य का पूरा अहंकार समाप्त हो जाए तो सीधे परमात्मा से जुड़ जाता है और वह शाश्वत हो जाता है. देश और काल की सीमा टूट जाती है. समय की सीमा टूट जाने के कारण ही मीरा कृष्ण से प्रेम कर सकी थी. प्रेम की यात्रा अनंत है. यह एक जन्म से दूसरे जन्म तक भी चलती है. मृत्यु के साथ शरीर तो नष्ट हो जाता है लेकिन मन और आत्मा बची रहती है. प्रेम का संबंध इन्हीं से होता है. इसी कारण वह आगे तक यात्रा करता है. इस तरह हम देखते हैं कि प्रेम की शक्ति अतुलनीय है.

जूली

06.06.2008

❖

पी.के.मेमोरियल कॉलेज, धनबाद (विनोबा भावे विश्वविद्यालय, हजारीबाग) में 'अ फिलॉसफी ऑफ लव' विषय पर आयोजित राष्ट्रीय सेमिनार में आलेख पाठ

प्रेम के तीन रंग

प्रेम मुख्यतः तीन प्रकार का होता है. एक प्रेम मर्यादा में बँधा होता है, दूसरा मर्यादा में बिल्कुल नहीं बँधा होता है, पूर्णतः उच्छृंखल और तीसरा न बाह्य मर्यादा में बँधा होता है और न उच्छृंखल. उसकी एक मर्यादा होती जरूर है, लेकिन वह प्रेम के भीतर से निकलती है, किसी बाह्य बंधन से नहीं. मैं प्रेम के इस तीसरे प्रकार का समर्थक हूँ.

समाज के कुछ वर्चस्वधारी लोगों ने प्रेम को बाँधने की कोशिश की है. प्रेम किससे करना चाहिए, किससे नहीं करना चाहिए, इसका निर्धारण वे करते हैं. इस श्रेणी के लोगों में भी कई तरह के लोग हैं. जो लोग ज्यादा कड़े हैं वे कहते हैं कि विवाह के पूर्व प्रेम नहीं करना चाहिए. जो उससे भी कड़े हैं वे कहते हैं कि विवाह भी अपने मन से नहीं, बल्कि माता-पिता एवं अभिभावक की इच्छा से करना चाहिए. उनका सोचना है कि माता-पिता अनुभवी होते हैं, वे ही उसका हित अच्छी तरह साध सकते हैं. वह संतान बहुत सुशील और आज्ञाकारी मानी जाती है, जो अपने विवाह को माता-पिता की मर्जी पर छोड़ देती है. इस तरह हम देखते हैं कि इस मर्यादावादी प्रेम के अंदर भी कड़ाई की कई तहें हैं. इसे ही वे भारतीय संस्कृति वाला प्रेम कहते हैं.

लेकिन जैसे भूख-प्यास, शयन, श्वसन, धड़कन आदि मनुष्य के वश में नहीं है, उसी तरह प्रेम भी. वश में न रहने वाली चीज को वश में रखने की कोशिश से दो विवशताएँ पैदा होती हैं. पहली विवशता यह है कि भीतर-भीतर प्रेम चलता रहे और ऊपर-ऊपर मर्यादा. इसे मर्यादावादी प्रेम कहते हैं. दूसरे प्रकार की विवशता को प्रतिक्रिया कहना बेहतर होगा. इस कड़े बंधन की प्रतिक्रिया में एक उच्छृंखल और स्वेच्छाचारी प्रेम पैदा होता है. इसको हम उच्छृंखलतावादी प्रेम कह सकते हैं. गौर से देखने पर स्पष्ट हो जाता है कि इसका जनक मर्यादावादी प्रेम ही है. मूढ़ एवं सख्त बाप के बिगड़ैल बेटे से तुलनीय है उच्छृंखलतावादी प्रेम.

समाज में मर्यादावादी प्रेम ही चलता है. उच्छृंखलतावादियों की संख्या कम है. इन दोनों प्रकार के प्रेम में बहुत ज्यादा अंतर नहीं है. बस ढँके और खुले होने का फर्क है. मर्यादावादी लोग दिन-रात झाँप-पोत करने में लगे रहते हैं. बीच-बीच में संभालने के बाद भी अंदर की बात बाहर आ ही जाती है. मर्यादावादी उच्छृंखलतावादियों को आग्नेय दृष्टि से देखते हैं. उसे समाज भ्रष्ट करने वाला, पाश्चात्य संस्कृति का प्रचार करने वाला, अधम, पापी, जानवर और न जाने क्या-क्या कहते हैं.

तीसरे प्रकार का प्रेम इन दोनों से बिल्कुल भिन्न है. यह प्राकृतिक और उन्नयनशील है. यह प्रेम प्रकृति का अनुशासन मानता है, समाज का नहीं. उच्छृंखलतावादी प्रेम भी एक हद तक प्राकृतिक है, लेकिन पतनशील मर्यादावादी प्रेम जहाँ घुटन, कुंठा, समलैंगिकता, बलात्कार, स्त्रियों को अंदर-अंदर चटपटी निगाह से देखना, फब्तियाँ कसना, छेड़छाड़ करना आदि विकृतियों को पैदा करता है, वहाँ उच्छृंखलतावादी प्रेम घोर हताशा, अतृप्ति, शोषण, स्वास्थ्य-हानि एवं अन्य कई बीमारियों को लेकर चला आता है. ये दोनों प्रेम घिनौने हैं. इन दोनों को प्रेम कहना भी ठीक नहीं. अगर इन दोनों प्रकारों में किसी को कम खराब कहा जाए तो वह उच्छृंखलतावादी प्रेम ही है. कारण यह है कि अतिशय भोग के कारण आंशिक रूप से इसके भीतर एक तृप्ति और शांति भी रहती है. नर-नारी के अंगों से अधिक परिचित होने के कारण छेड़छाड़ और बलात्कार की घटनाएँ इनके द्वारा नहीं के बराबर होती हैं.

वास्तविक प्रेम तीसरे प्रकार का ही है. इसे विवेकपूर्ण प्रेम, होशपूर्ण प्रेम, संतुलित प्रेम आदि कहा जा सकता है. यह प्रेम सही ढंग से यात्रा करे तो परमात्मा तक पहुँच सकता है. यह प्रेम मँजते-निखरते एक दिन स्वयं परमात्मा हो जा सकता है. अब इस प्रेम के लक्षण पर नजर डालें. जैसा मैंने पहले कहा—यह प्रेम प्राकृतिक है. प्रकृति ने स्त्री और पुरुष को बनाया. दोनों के बीच आकर्षण दिया. इस आकर्षण को प्रेम में तबदील करने का भाव दिया. स्त्री और पुरुष अपने-अपने हार्मोनों में जितने ही पूर्ण होंगे, आकर्षण उतना ही प्रबल होगा. मर्यादावादी इस नैसर्गिक संबंध में अवांछित हस्तक्षेप करता है. वह कहता है अमुक को बहन समझो, अमुक को बेटी मानो, अमुक को माँ जानो. यानी जिससे तुम्हारा विवाह हो,उसको छोड़कर शेष स्त्रियों को मां, बहन और बेटी समझो. तर्क है कि इसके पालन से समाज में अराजकता नहीं आयेगी. सुव्यवस्था बनी रहेगी. वे कहते हैं कि पशु किसी से भी संबंध जोड़ लेता है, हम मनुष्य हैं. मनुष्य सिर्फ एक से संबंध जोड़ता है. जिससे आपका विवाह हो गया, वह आपका प्रथम और अंतिम संबंध हो गया. आप आदिम मनुष्य नहीं हैं जो किसी से संबंध जोड़ लेंगे. आप सभ्य मनुष्य हैं. समाज को चलाने के लिए कुछ

कानून-कायदे हैं. उनके अनुसार आपको चलना होगा.

मेरा कहना है कि पशुओं से आगे हम तभी होंगे, जब उनसे भी कुछ सीख लेंगे. हर पशु-पक्षी हमारे लिए एक प्रेरणा है. जिस तरह नीतिशास्त्र के द्वारा काग से चेष्टा, बक से ध्यान, श्वान से निद्रा आदि चीजें सीखने की शिक्षा दी जाती है, उसी तरह यौन जीवन के कुछ नियम भी हम उनसे सीख सकते हैं. आहार, निद्रा, भय, मैथुन आदि हममें और पशुओं में समान हैं. इसीलिए मनुष्य को पशु कहा गया है, यद्यपि वह विवेकशील पशु है. विवेक का अर्थ है कि मनुष्य पशु और परमात्मा के बीच का प्राणी है. काम से उत्पन्न प्रेम वह सीढ़ी है जिस पर आरूढ़ होकर वह परमात्मा की ऊँचाई छू सकता है.

गौर करने की चीज है कि मनुष्य को छोड़कर पशु, पक्षी और वनस्पति जगत में कहीं भी विवाह नहीं है. क्या यह नहीं कहा ज़ा सकता कि विवाह एक कृत्रिम और अप्राकृतिक परिघटना है? विवाह-प्रथा के पीछे अनेक कारण रहे होंगे. संभव है आदिम युग में बलशाली पुरुष एक से अधिक स्त्रियों को कब्जे में कर लेते होंगे. राजाओं की कहानियों में बहुपत्नीत्व के अनेक उदाहरण मिलते हैं. उनकी वजह से कुछ दुर्बल लोग बिना पत्नी के रह जाते होंगे. दुर्बलों के प्रति अन्याय न हो, इसलिए सामाजिक नियम बना होगा—एक पुरुष और एक स्त्री. इस नियम से मेरी असहमति नहीं है, लेकिन एक स्त्री और एक पुरुष किस तरह मिले, यह महत्वपूर्ण प्रश्न है. मर्यादावादी कहता है—पहले विवाह करो, तब प्रेम करो. मैं कहता हूँ पहले प्रेम करें, तब विवाह करें. मर्यादावादी कहता है—जैसा भी विवाह हो—सही अथवा गलत, मेल अथवा बेमेल—उसका निर्वाह करो. मेरा कहना है—जिससे आज प्रेम है, कल नहीं भी रह सकता है. तक क्या संबंध की लाश ढोते रहेंगे? शेष जीवन घुट-घुटकर जीऐंगे? अगर जीना चाहें, आपकी मर्जी, न जीना चाहें, आपकी स्वतंत्रता. आप दूसरा प्रेम खोज लें. मर्यादावादी कहता है—यह पाश्चात्य संस्कृति है. मैं कहता हूँ कि प्रेम मनुष्य मात्र की संस्कृति है. फर्क यह है कि पश्चिम में जड़ मान्यता के विरुद्ध विद्रोह पहले हुआ, भारत में धीरे-धीरे हो रहा है. मर्यादावादियों का प्रश्न है कि अगर पुरुष दूसरा प्रेम तलाशता है तो स्त्री का क्या होगा. मेरा कहना है कि स्त्री की पीड़ा मर्यादावादियों के कारण है, उन्होंने उसे घर में बंद कर पराश्रित बना दिया. उसे बंधन से मुक्त करना है. नारी को सुशिक्षा दें, उसे आत्मनिर्भर बनाएँ. उसे स्वतंत्रता दें, उसकी पीड़ा का मूल कारण अशिक्षा और पराधीनता है. जैसे सुशिक्षित और आत्मनिर्भर पुरुष को स्त्री मिल जाती है, उसी तरह ऐसी स्त्रियों को बहुत पुरुष भी मिल जाएँगे. पुरुष और स्त्री को एक-दूसरे का गुलाम मत बनाएँ. उनके प्रेम संबंध को बराबरी और स्वतंत्रता की जमीन पर पनपने दें. मर्यादावादी पत्नी को चरणों की दासी बनाकर अपने अहं की

तृप्ति को प्रेम समझने की भूल कर बैठता है.

मर्यादावादियों का प्रश्न है—बच्चों का क्या होगा? यह प्रश्न उन्हें उच्छृंखलतावादियों से पूछना चाहिए. जो पति-पत्नी केवल भोगवादी दृष्टि के कारण अलग हो जाते हैं, उन्हीं के बच्चे अनाथ हो जाते हैं. ऐसी परिस्थिति शुभ नहीं है. ऐसे में सरकार को बच्चों की जिम्मेदारी ले लेनी चाहिए या फिर उन मर्यादावादियों को ले लेनी चाहिए जो समाज सेवा का ढोल पीटते हैं.

तीसरी श्रेणी के प्रेमी सच्चे होते हैं. वे कभी बच्चों के प्रति अप्रेम की हालत में नहीं हो सकते. पति-पत्नी अलग रहकर भी बच्चों के प्रति स्नेहपूर्ण बने रहते हैं. उन्हें कभी भी भावनात्मक और आर्थिक दृष्टि से अभाव का एहसास नहीं होने देते हैं. लेकिन इस तरह की दुर्घटना की नौबत न आए, इसके लिए जरूरी है कि प्रेम जब तक परिपक्व न हो जाय, तब तक संतान उत्पन्न न करें. प्रेम कैसे परिपक्व होता है? वह परिपक्व होता है जीवन की अनेक परिस्थितियों में मिलकर काम करने से. कार्य-क्षेत्र में ही एक-दूसरे की पहचान प्रगाढ़ होती है. जीवन की विविध परिस्थितियों में एक साथ रहने से ही स्पष्ट होता है कि प्रेमी-प्रेमिका वास्तव में एक-दूसरे के लिये बने हैं या नहीं. छिपकर पार्कों, होटलों आदि स्थानों में मिलने के उपरांत झटपट विवाह कर लेने वाले जोड़ों के बिखरने की संभावना अधिक होती है.

यहाँ मर्यादावादी सवाल उठाते हैं कि इतने दिनों तक साथ रहने से स्वभावतः यौन-संबंध स्थापित होगा. बाद में नापसंदगी की अवस्था में लड़की को कौन पूछेगा? मर्यादावादी ही इस तरह का प्रश्न पूछ सकते हैं, क्योंकि वे अंदर से यौनवादी होते हैं. उनकी सारी नैतिकता यौन-संबंधों की बुनियाद पर खड़ी होती है. उनके जीवन और चिंतन के केन्द्र पर सेक्स होता है और उसी का ये विरोध भी करते हैं. अपनी इस विडंबना को शायद वे नहीं देख पाते हैं.

मर्यादावादी और उच्छृंखलतावादी मूलतः यौनवादी होते हैं और इसीलिए स्त्रियों की यौन पावनता पर बहुत जोर देते हैं. प्रथम बार स्त्री का शील-भंग करने का सुख उनके लिए सबसे महत्वपूर्ण घटना है. सच्चे प्रेमियों के लिए इन चीजों से ज्यादा महत्वपूर्ण भाव और विचारों का मेल होता है. यौन-शुचिता शरीरवादियों की माँग है, भाववादी विवेकी पुरुषों की नहीं.

मर्यादावादी और उच्छृंखलतावादी दोनों मानते हैं कि प्रेम अंधा होता है. इसके पीछे संभवतः उनकी यह धारणा काम करती है कि प्रेम में पड़ा हुआ व्यक्ति न केवल कुल, खानदान, जाति, संप्रदाय और प्रतिष्ठा दाँव पर रख देता है, वरन अपने भविष्य को भी. उपर्युक्त चीजें मर्यादावादियों की दृष्टि में रक्षणीय हैं, प्रेमियों की दृष्टि में बिल्कुल कचरा और त्याज्य. इस दृष्टि से प्रेम अवश्य अंधा होता है. लेकिन जो आँख

प्रेमी के पास होती है, वह दुर्लभ है. वह हृदय की आँख है जो मस्तिष्क और बुद्धि की आँख से ज्यादा गहरी होती है. प्रेमी का अर्थ होता है वह व्यक्ति जिसके हृदय की आँख खुल गई है. इन आँखों के बगैर आदमी अंधा है. प्रेम अंधा नहीं होता. वासना, क्रोध, घृणा, ईर्ष्या आदि अंधी होती है. जिस प्रेम में ये चीजें हावी हों, वह प्रेम अंधा होता है. बाबा तुलसीदास ठीक कहते हैं कि हृदय की आँख खुलने से दुख मिट जाते हैं.

उघरहिं बिमल बिलोचन ही के, मिटहिं दोष दुख भव रजनी के

हृदय की आँख यानी प्रगाढ़ भाव की आँख. इसी आँख से उन्हें पूरा रामचरित दिखाई पड़ा था. इसी आँख के कारण उन्हें पूरा जगत सियाराममय जान पड़ा था.

अंत में निवेदन है कि आप प्रेम शुरू करें. प्रेम के इंतजार में एक पल भी न रुकें. प्रेम खोजने के लिए कहीं जाना नहीं है. जो भी हमारे पास है उसके प्रति प्रेमपूर्ण हो जाना है. यह जरूरी नहीं कि प्रेम राम या कृष्ण से ही करें. सच्चाई तो यह है कि जिससे आप प्रेम करते हैं, वही आपके लिये राम और कृष्ण हो जाते हैं, सीता और राधा हो जाती हैं.

अप्रैल, 2007

❖

प्रेम, विवाह और समाज

प्रेम का क्षेत्र बहुत व्यापक है. परिवार से लेकर देश, दुनिया और ईश्वर तक. किन्तु प्रेम की बात करते ही सबसे पहले ध्यान स्त्री और पुरुष के प्रेम पर ही जाता है. समाज में सबसे ज्यादा उलझनें इसी को लेकर हैं. देश-प्रेम, विश्व-प्रेम और ईश्वर-प्रेम को लेकर कोई ज्यादा विवाद नहीं है, क्योंकि वे अमूर्त हैं. स्त्री-पुरुष का प्रेम ठोस रूप में सामने आता है. इसलिए हमेशा यह विवादों के घेरे में रहा है. हमारा प्रतिपाद्य विषय यही है.

किशोर वय में जब काम भावना का उदय होता है और विपरीत लिंग के प्रति आकर्षण की शुरुआत होती है, तभी से परिवार और समाज लड़के-लड़कियों के स्वतंत्रतापूर्वक मिलने-जुलने पर पाबंदी लगा देता है. उनके बीच सहज व्यवहार न हो, इसकी पूरी व्यवस्था है. लड़कियों के स्वतंत्रतापूर्वक घूमने -फिरने पर भी बंदिशें लग जाती हैं. लड़कों को अपना स्वर्णिम भविष्य सँवारने के लिए लड़कियों के पचड़े से दूर रहने की हिदायत दी जाती है. नतीजा, एक दूसरे के व्यक्तित्व को सही रूप में जानने-समझने की जगह एक अतृप्त लालसा दोनों में घर कर जाती है. स्वाभाविक है कि जिस चीज को दूर रखा जायेगा, उसके प्रति तीव्र आकर्षण होगा. बंदिशों के कारण आकर्षण गलत ढंग से मिलने का रास्ता तलाशेगा. लुक-छिप कर एक-दूसरे को देखना, स्मृतियों में हमेशा सेक्स का चिंतन चलते रहना, कुंठा-ग्रस्त होना, उदास हो जाना आदि इसके स्वाभाविक परिणाम होंगे. जरा-सा मौका मिलते ही बिना समझे बूझे प्रणय निवेदन कर बैठेंगे. उस मिलन को स्थायित्व प्रदान करने के लिए कहीं निरापद जगह में भाग जाने की चेष्टा करेंगे और मौका मिलते ही भाग जायेंगे. यहीं से शुरू होगा उनकी यातनाओं का दौर. इसी क्रम में अपहरण का मामला दर्ज होगा, पकड़े जाएँगे, रिमांड-होम में रखे जायेंगे, फिर अपने-अपने घरों में दोनों वापस भेज दिये जाएँगे-पुनर्मूषिको भव.

इस दूरी का दूरगामी परिणाम होता है, जो उनके आचरणों में प्रतिबिंबित होता

है. स्कूलों, कॉलेजों में प्रेम का विचित्र हाल है. कभी किसी से थोड़ी बातें हुईं, मुस्कुराहटों का आदान-प्रदान हुआ तो समझ बैठे कि प्रेम हो गया! कहीं फिल्मों की तर्ज पर एक नजर में प्यार हो जाता है, तो कहीं किसी की सूरत देखते ही उसे किसी भी तरह अपना लेने का जुनून सवार हो जाता है. कुछ लड़के अनेक लड़कियों से प्रणय-निवेदन करते नजर आते हैं. मौज-मस्ती का शगल है, जब जिसकी स्वीकृति मिल जाये. कहीं प्रेम-पंथ की कठिनाइयों को समझे बगैर कसमे-वादे किए जाते हैं और बाद में दबाव में आकर आज्ञाकारी बच्चे की तरह कुल-खानदान की इज्जत निभाते हुए अन्यत्र विवाह कर लिया जाता है और दूसरा पक्ष उसकी बेवफाई पर आठ-आठ आँसू रोता है. फिर प्रेम के दावे तत्क्षण घृणा में बदल जाते हैं!

प्रेम का एक अन्य रूप अखबारों के माध्यम से मालूम होता रहता है. कहीं पति ने प्रेमिका के साथ मिलकर पत्नी की हत्या कर दी, कहीं पत्नी ने प्रेमी के साथ मिलकर पति को मार डाला, कहीं किसी लड़के ने अपनी प्रेमिका को पाने में असफल रहने पर उसके चेहरे पर तेजाब फेंक दिया! न जाने कितने प्रसंग पढ़ने-सुनने को मिलते हैं, जिन्होंने प्रेम जैसी दुर्लभ नैसर्गिक घटना को घृणित हिंसा में तबदील कर दिया है. ये समर्पण विहीन, उच्छृंखलता से युक्त, अमानवीयता को बढ़ाने वाली घटनाएँ प्रेम कैसे हो सकती हैं?

कहीं अगर वास्तव में प्रेम की ज्योति फूटती है तो परिवार, समाज की ओर से कठोर घेराबंदी शुरू हो जाती है. जाति, धर्म, कुल, गोत्र, हैसियत आदि के घेरे में प्रेम का दम घुटने लगता है. परिवार में विशेषकर लड़कियों की भावनात्मक ब्लैकमेलिंग शुरू हो जाती है—'अब परिवार की इज्जत तुम्हारे हाथ में है', 'तुम ऐसा करोगी तो समाज में हमारी नाक कट जायेगी.' अगर परिवार में कुँवारी बहनें हैं तो कहा जाता है कि तुम्हारे इस गलत काम से उनकी शादी में मुश्किलें होंगी. गली-मुहल्ले की कई विचारशून्य स्त्रियाँ विशेष तौर पर ऐसी लड़कियों पर छींटाकशी करती नजर आती हैं. सवाल है कि ऐसी नाक किस काम की जो दो कौड़ी के रूढ़िवादी मूल्यों पर कट जाती हो! अगर इसी आधार पर दूसरी लड़कियों की शादी नहीं होती हो तो न हो. ऐसी सड़ी हुई मानसिकता वाले परिवार में विवाह कोई शुभ परिणाम लेकर नहीं आयेगा.

प्रेम के खतरे को भाँपते हुए समाज का एक बड़ा हिस्सा लड़के-लड़कियों की शादी समय से पूर्व कर देना ही श्रेयस्कर समझता है. विशेषकर लड़कियों के मामले में कहीं 'ऊँच-नीच हो गयी तो' वाली धारणा काम करती है. इसके पीछे सेक्स संबंधी पवित्रता की धारणा छिपी रहती है. हमने एक सामान्य, सहज, प्राकृतिक क्रिया-व्यापार को पवित्रता और अपवित्रता में विभाजित कर दिया है. एक ही कृत्य

विवाहोपरांत पवित्र हो जाता है और विवाह के पहले अपवित्र, पाप और कलंक! इस अतर्कपूर्ण संकीर्ण व्यवस्था ने समाज को अधिकाधिक कामुक बनाया है और मन लायक जीवन साथी चुनने में व्यवधान खड़ा कर दिया है. स्त्रियों के गुलाम होने का यह एक बड़ा कारण है क्योंकि पवित्र बने रहना उसका सबसे बड़ा गुण माना जाता है! वह उसकी 'इज्जत' है!

दो प्रेमियों की संतान यदि विवाह के पूर्व जन्म ले तो उसकी दुर्गति तय है. जायज-नाजायज जैसे क्रूर शब्द हैं उसके लिए. एक निर्दोष शिशु के लिए ऐसे शब्द! जायज-नाजायज की इस अविवेकपूर्ण अवधारणा के कारण न जाने कितनी भ्रूण-हत्याएँ होती हैं!

अब एक नजर वैध संतानों पर! जहाँ पति-पत्नी में दिन-रात कलह और कोहराम मचा हो, एक-दूसरे की अस्मिता और स्वतंत्रता के प्रति सम्मान का कोई भाव न हो, ऐसे प्रेमशून्य दम्पतियों को नये जीवन को जन्म देने का कोई अधिकार नहीं है. जो स्वयं प्रेमपूर्ण नहीं हो सकते, उन्हें एक शिशु के प्रेमपूर्ण लालन-पालन की जिम्मेदारी कैसे दी जा सकती है?

विवाह की परंपरा इतनी पुरानी और सुविधाजनक है कि विशेषकर स्त्री की मानसिक दशा ऐसी हो जाती है कि वह पति नामधारी व्यक्ति को ही अपना सर्वस्व समझने लगती है. तमाम सामाजिक-आर्थिक दिक्कतों के कारण नीरस, विकासशून्य संबंध भी निभाये जाते हैं . इस संबंध-निर्वाह को ही प्रेम समझ लिया जाता है. समय के अंतराल में एक साहचर्यगत लगाव हो ही जाता है. लेकिन यदि यही प्रेम होता तो परिवार नामक सदियों से चली आ रही संस्था पितृसत्तात्मक नहीं होती, क्योंकि प्रेम में दोनों पक्ष बराबर होते हैं. यदि यही प्रेम होता तो नारियों की दशा सुधारने के लिए तमाम आंदोलन नहीं चलाने पड़ते, क्योंकि प्रेम में स्वाभाविक रूप में दूसरे के विकास की चाहना होती है. यदि यही प्रेम होता तो समाज में वेश्यावृत्ति जैसी घृणित प्रथा नहीं होती, क्योंकि सिवाय प्रेम के कोई ऐसी शक्ति नहीं जो स्वाभाविक एकनिष्ठता उत्पन्न कर सके. यदि यही प्रेम होता तो जाति, कुल, गोत्र, दहेज जैसी तमाम खोखली रूढ़ियाँ नष्ट हो चुकी होतीं. अगर यही प्रेम होता तो पति-पत्नी एक-दूसरे के अन्यत्र संबंधों पर मूर्खतापूर्ण चौकीदारी नहीं करते, क्योंकि प्रेम हमेशा दूसरे पक्ष को स्वतंत्रता देता है. लेकिन जब समाज में झूठी प्रतिष्ठा के लिए किसी भी तरह संबंध निभा लेना ही मूल्यवान हो तो सामान्य आदमी विवाह का जुआ ढोने में ही सुख समझता है. उसकी स्थिति ठीक वैसी ही है जैसे किसी कैदी को वर्षों तक अँधेरी कोठरी में जंजीरों से बाँधकर रखा जाय तो वह उसी अवस्था का आदी हो जाता है और उसके भीतर विद्रोह की चेतना समाप्त हो जाती है.

एक ही सवाल बार-बार उठता है कि प्रेम विहीन विवाह का मोल क्या है? राम और सीता का विवाह इसलिए मूल्यवान है कि उन दोनों में प्रेम है. प्रेम के कारण ही वन के दुख उन्हें दुख नहीं मालूम पड़े. राम जब वन के क्लेश का वर्णन उनके सामने करते हैं तो सारे भय, विषाद और परिताप को सीता एक पंक्ति में खारिज कर देती हैं-

प्रभु बियोग लबलेस समाना.
सब मिलि होहिं न कृपा निधाना.

प्रेम ने वन के सारे दुखों को फीका कर दिया. फीका ही नहीं किया, जंगल में मंगल और मोद की सृष्टि की. राधा और कृष्ण के बीच कोई वैवाहिक संबंध नहीं था. ये दोनों भारतीय जनता के आराध्य हैं प्रेम के कारण. तो संबंध महत्वपूर्ण होता है प्रेम के कारण और इस प्रेम की प्रगाढ़ता के लिए दोनों पक्षों के बीच भावात्मक और बौद्धिक तल का एक होना जरूरी होता है. जहाँ-जहाँ भी उत्कृष्ट प्रेम के फूल खिले हैं, वहाँ-वहाँ ये दोनों चीजें अनिवार्यतः उपस्थित रही हैं. शिव अगर योगी हैं तो पार्वती भी तपस्विनी हैं. राम-सीता, कृष्ण-राधा, शिव-पार्वती की विलक्षण जोड़ी तल की एकता से पैदा हुई है. कल्पना कीजिए कि सीता का विवाह अगर रावण से हो गया होता तो उसका सारा व्यक्तित्व ही नष्ट हो गया होता. मंदोदरी कभी सुख से नहीं रह सकी!

विषम विवाह विवाहेतर संबंधों को जन्म देने का एक बड़ा कारण है. ऐसे संबंध पति-पत्नी के बीच भयंकर कष्ट का सूत्रपात करते हैं. गाली गलौज, मारपीट से लेकर केस मुकदमे तक की नौबत आती है. पति-पत्नी की मानसिक बनावट में यह बात गहराई से बैठी रहती है कि अमुक मेरे पति या मेरी पत्नी है, उन्हें सिर्फ मुझसे प्रेम करना चाहिए. इस एकाधिकार भावना में मनुष्य जलता रहता है. एक क्षण भी उदारतापूर्वक यह सोचने की जरूरत नहीं समझी जाती कि किसी के हृदय पर जबर्दस्ती अधिकार कैसे किया जा सकता है? किसी ने आपके लिए हृदय नहीं खोला तो बाहर से उसे खोलने का कोई उपाय नहीं है. दिनकर ठीक कहते हैं:—

बाहर साँकल नहीं जिसे तू खोल हृदय पा जाये,
इस मंदिर का द्वार सदा अंतःपुर से खुलता है.

यह भी स्वाभाविक है कि वैवाहिक संबंध के भीतर साथ रहते-रहते थोड़ा लगाव हो जाता है और उस व्यक्ति को अन्यत्र कदम बढ़ाते देख ईर्ष्या होती है. इस ईर्ष्या-लता में सामाजिक स्थिति और कानूनी व्यवस्था खाद-पानी का काम करती है. यह जहरीली लता इस कदर फैल सकती है कि उसकी जकड़न में कभी-कभी पूरा

परिवार ही नष्ट हो जाता है. समाज और कानून के पास दो अनचाहे व्यक्तियों को एक साथ रहने पर मजबूर करने का बल तो है, लेकिन दोनों के बीच प्रेम पैदा कैसे हो यह कला उसके पास नहीं है. वास्तविक शक्ति तो प्रेम कला है, जिसका अभाव समाज को झुलसा रहा है. सेक्स, प्रेम और विवाह से जुड़े सामाजिक ढाँचे में संपूर्ण क्रांति की जरूरत है. ऐसी स्थिति पैदा करने की जरूरत है जिससे प्रेम का वातावरण बने और उससे विवाह निकले. जब प्रेम हर कसौटी पर खरा उतरे तब विवाह हो. क्योंकि हजारों साल के इतिहास में हमने देखा कि परंपरागत विवाह से प्रेम नहीं निकल पाया है. प्रेम एक विरल घटना होकर रह गया है. प्रेमपूर्ण शारीरिक संबंध सुंदर है चाहे वह विवाह के भीतर हो या बाहर. सभी चाहते हैं कि हम किसी को प्रेम करें, कोई हमें प्रेम करे. लेकिन ऐसा नहीं हो पाता. क्यों? प्रेम की शीतल धारा को किस पत्थर ने रोक रखा है? प्रेम-धारा के मार्ग में अटके उस पत्थर को हटाना पड़ेगा. हम जरा उदार बनें, खुद प्रेम से जीयें और दूसरों को जीने दें. तभी यह जला हुआ जगत वृंदावन बन सकता है.

जूली
मई, 2006

❖

प्रेम और पूजा

'दारूम उलूम' नामक इस्लामिक संस्था से फतवा आया है कि हम भारत से प्रेम तो करते हैं, लेकिन उसकी पूजा नहीं कर सकते. कारण, 'वंदे मातरम्' नामक राष्ट्रगीत में भारत की तुलना ईश्वर से की गयी है और उसकी पूजा की बात की गयी है. यह इस्लाम के विरुद्ध है. वह एक अल्लाह की इबादत की इजाजत देता है.

मैं समझने की कोशिश करने लगा कि मुल्ला प्रेम किसको कह रहा है और पूजा किसको कह रहा है? भारत से प्रेम का क्या मतलब? क्या राष्ट्रगीत से प्रेम? राष्ट्रीय झंडे से प्रेम? भारत के नक्शे से प्रेम? देश-प्रेम का अर्थ क्या? मेरी समझ में देश-प्रेम का अर्थ है देश के एक-एक व्यक्ति से प्रेम, पशु-पक्षियों से प्रेम, वनस्पतियों से प्रेम, नदी-नालों, झरनों और पहाड़ों से प्रेम. लेकिन इतना विराट प्रेम एकाएक पैदा नहीं हो सकता. इतने बड़े प्रेम का बीज दो व्यक्तियों के प्रेम में निहित हो सकता है. वही प्रेम अगर सही दिशा में, सही ढंग से फैले तो देश-प्रेम में बदल सकता है. ऐसा देश-प्रेम जिनके भीतर आएगा, वह विश्व-प्रेम से कैसे बच पायेगा! विश्व-प्रेम अर्थात् समग्र से प्रेम अर्थात् परमात्मा से प्रेम. जो किसी व्यक्ति से प्रेम नहीं करता हो और देश-प्रेम की बात करता हो, उसे ठीक से देखिये, वह ढोंगी देश-प्रेमी होगा. इस्लाम के एकेश्वरवाद का अर्थ है कि ईश्वर एक है. यानी इस अनंत ब्रह्मांड में ईश्वर छोड़कर कुछ है ही नहीं-'सर्वं खलु इदं ब्रह्मं.' जो कुछ है, वह ब्रह्म है. जब अल्लाह एक है तो क्या भारत-भूमि उस अल्लाह से बाहर है? अगर अल्लाह बाहर है, तब तो वह छोटा हो गया? क्या वह केवल इस्लामिक देश में रहता है? मस्जिद में रहता है? तब तो वह और छोटा हो गया! **आदमी जितना छोटा होता है, उसका अल्लाह और परमात्मा भी उतना ही छोटा होता है.**

परमात्मा या अल्लाह का अवतरण कभी कृष्ण में, कभी क्राइस्ट में और कभी मुहम्मद में होता है. ऐसे जाग्रत व्यक्ति की आँखों में ईश्वर की आभा होती है. उनके शब्दों में संगीत होता है. उनके साथ होने में जीवन का आनंद है. लेकिन जब वह

परमात्मा सदृश व्यक्ति विदा हो जाता है, तब हम उन्हें गीता, बाइबिल और कुरान के शब्दों में खोजने लगते हैं. वहाँ धर्म नहीं धर्म की निशानी है. हम उसकी पूजा शुरू करते हैं. इस पूजा में हम कुछ भी दाँव पर नहीं लगाते. हमारा केवल सिर झुकता है, हृदय नहीं झुकता. पूजा हमारे लोभ का, भय का, अहंकार का विषय हो जाती है. हम बारिश के लोभ में नमाज अदा करने लगते हैं. दोजख के भय से सिजदा करते हैं. प्रतिष्ठा पाने के लिए और अपने को श्रेष्ठ दिखाने के लिए मंदिर-मस्जिद जाते हैं. बेईमानी को छिपाने के लिए प्रार्थना करते हैं. धर्म एक प्रचार हो जाता है. यह विज्ञापन की एक कला, शोषण का एक औजार बन जाता है.

वास्तविक प्रेम और पूजा एक ही चीज के दो छोर हैं. प्रेम आरंभ है, पूजा अंत. प्रेम ही निखरते-निखरते जब शुद्ध हो जाता है, तो पूजा में बदल जाता है. प्रेम का निखरना क्या है, जरा इसे समझने की कोशिश करें. प्रेम का आरंभ वासना से होता है. वासना अपने साथ कई गंदगियों को लेकर आती है. उनमें एक है ईर्ष्या. ईर्ष्या का मतलब है कि जिससे हम प्रेम करते हैं, वह अगर किसी और से प्रेम करने लगे तो आग लग जाती है. इस आग को बुझाने के लिए नासमझीवश हम हिंसा का सहारा लेते हैं. प्रिय पात्र को सताने लगते हैं. डरा-धमका कर, मार-कूट कर उस पर कब्जा करना चाहते हैं, या उसे नष्ट ही कर देना चाहते हैं. दूसरी बीमारी हिंसा हुई, तीसरी मिलकियत आदि. इस तरह अनेक बीमारियाँ पैदा हो जाती हैं और हम भारी कष्ट में पड़ जाते हैं. तब हम कहने लगते हैं कि प्रेम गलत है.

प्रेम गलत नहीं है, हमारे प्रेम करने का ढंग गलत है. प्रेम एक ऐसी ऊर्जा है जो आदमी की बनायी हुई नहीं है, यह परमात्मा की देन है. वासनात्मक प्रेम में भी हमें थोड़ी-सी परमात्मा की झाँकी मिल जाती है. उस प्रेम में भी क्षण भर हम इस मनःस्थिति में चले जाते हैं जब धन, देह आदि का मोह छूटने लगता है. क्षण भर के लिए हमें होश नहीं रहता. अहंकार घुलने लगता है. वह आनंद की घड़ी ही परमात्मा की झलक है. प्रेम हमारी आत्मा का भोजन है. जैसे शरीर भोजन के बिना नहीं जी सकता है, वैसे ही आत्मा प्रेम के बिना नहीं जी सकती. इसीलिए हम प्रेम पाने के लिए इतने व्याकुल रहते हैं.

देश के एक अरब से अधिक लोगों को अपने-अपने ढंग से प्रेम करने और प्रेमगीत या राष्ट्रगीत लिखने और गाने का हक है. इसके लिए कोई किसी पर दबाव नहीं डाल सकता. आपको 'वंदे मातरम्' में कमी दिखती है, मत गायें. आप अपना प्रिय राष्ट्रगीत खोजें या बनायें. लेकिन औपचारिक समारोह का एक नियम होता है, उस नियम का पालन करना शिष्टाचार है. मैं औपचारिक समारोह की गिनती जीवंत राष्ट्र-प्रेम में नहीं करता हूँ. लेकिन जब समूह में गाना हो तो लाखों गानों में एक

राष्ट्रगान चुनना होगा. अगर वर्तमान राष्ट्रगान पसंद न हो तो बहुमत से संविधान में परिवर्तन कर दें और नया गान चुन लें. जरूरी नहीं सालों साल एक ही गीत गाया जाय. लेकिन छोटी-छोटी बातों के लिए झगड़ा न करें. देश में अनेक जटिल समस्याएँ हैं, उन्हें दूर करने में वक्त लगायें, खुद समस्या न बनें. मैं यह बात इसलिए कह रहा हूँ कि दुनिया में दो ही बड़ी समस्याएँ हैं—गलत राजनेता और गलत धार्मिक लोग. धरती पर इतने खून इन्हीं के कारण बहे हैं. लादेन वगैरह इनकी तुलना में छोटे आतंकवादी हैं. हमारे भीतर जो प्रेम के नाम पर पाखंड और पूजा के नाम पर साम्प्रदायिकता छिपी हुई है, उन्हें पहचानें. उनके विदा होते ही देश की समस्याएँ विदा होंगी.

अंत में, प्रस्तुत है एक फिल्मी गीत. लड़की कहती है लड़का से—**मैं तुझसे मिलने आयी मंदिर जाने के बहाने. बाबुल से झूठ बोली, सखियों से झूठ बोली.** इस पर लड़का उसको असली बात समझाता है—**ओ भोली, तू झूठ कहाँ बोली, प्यार को ही पूजा कहते हैं, प्यार के ये दीवाने.** तो हे भाई, प्यार ही पूजा है. यह बात अच्छी तरह जान लीजिए, बस एक बार मेरा कहा मान लीजिए.

10.08.09

❖

सहजीवन का औचित्य

सहजीवन यानी बगैर विवाह के स्त्री-पुरुष का प्रेमपूर्वक साथ रहना. इस संबंध के जन्म के साथ ही अनेक आपत्तियाँ खड़ी हुई हैं. कहा जा रहा है कि बगैर विवाह के साथ रहना अनैतिक है और यह संबंध विवाह के पवित्र बंधन को कमजोर करेगा. यह संबंध स्थायी नहीं होता, इसलिए संबंध टूटने की स्थिति में उस स्त्री का क्या होगा? सहज़ीवन से उत्पन्न बच्चे नाजायज कहलाएँगे. संबंध टूटने के बाद उनका क्या होगा? कानूनी बंधन न रहने से लोग कई संबंध बनाएँगे. इससे अराजकता और उच्छृंखलता फैलेगी आदि. लेकिन अगर हम थोड़ा विचार करें तो पता चलेगा कि ये सारी आपत्तियाँ हवा-हवाई हैं.

विवाह-प्रथा जाति, दहेज, झूठी इज्जत, गैर-बराबरी, पराधीनता, आडंबर, पाखंड, मिलकियत जैसे भीषण दोषों से ग्रस्त है, फिर भी वह पवित्र और नैतिक है! वास्तव में अपने अंदरूनी रोगों से वह खोखली हो गयी है. विवाह संबंधों में जो स्थायित्व देखा जाता है, वह प्रायः कानूनी-सामाजिक दबावों के कारण है. इसलिए उसके स्थायित्व में कोई सौन्दर्य नहीं है. मुर्दा स्थायित्व से जीवंत क्षणिक संबंध भला! जब तक संबंध प्रेमपूर्ण और विकसनशील है तब तक ही उसके होने का अर्थ है. जब ऐसा न हो तो संबंध दुखदायी है.

सहजीवन को प्रायः आत्मनिर्भर स्त्री-पुरुष ही अपनाते हैं. इसलिए अलगाव की स्थिति में उन पर आर्थिक दबाव नहीं होता. सहजीवन में जब कोई साथी या साथिन आत्मनिर्भर न हो तो उसे दूसरे से गुजारे की रकम लेने की व्यवस्था होनी चाहिए.

सहजीवन प्रेम पर आधारित संबंध है. इसलिए प्रेम से उत्पन्न हुई संतान को वे स्वभावतः अधिक प्यार देंगे. अलगाव साथी से होता है, बच्चे से नहीं. अलगाव के बाद भी बच्चों को माता-पिता का प्यार मिलता रहता है. सुप्रीम कोर्ट ने उन बच्चों को आर्थिक अधिकार दिया है. इसलिए वे इस दृष्टि से उपेक्षित नहीं हो सकते. वैसे, ऐसी घटनाएँ विरल ही होंगी. जो इक्की-दुक्की घटनाओं में बच्चों के अनाथ होने का

सवाल उठाते हैं और सहजीवन का विरोध करते हैं, वे अभी समाज में लाखों की संख्या में मौजूद अनाथ बच्चों के लिए क्या सोचते हैं? वर्तमान में जी रहे उन अनाथ बच्चों की चिंता इन्हें नहीं है! पर कभी भविष्य में किसी दुर्लभ घटना में अलगाव के बाद अनाथ होने वाले बच्चों की कल्पना कर ये हाय तौबा मचाते हैं!

सामाजिक उच्छृंखलता का सवाल वे उठाते हैं जो पाखंड के समर्थक हैं, क्योंकि वैवाहिक जीवन में अंदर ही अंदर यौन उच्छृंखलता प्रवहमान है. छिपे रुस्तम विवाहेतर संबंधों की भरमार है. जो ऐसे संबंध भयवश या मौका नहीं मिलने के कारण नहीं बना पाते, उनकी लोलुपता समाज को परेशान करती रहती है. वेश्यावृत्ति के न जाने कितने तरीके हैं. चोरी छुपे का संबंध उन्हें सही लगता है. लेकिन सहजीवन में मनमाफिक साथी न मिलने पर अलगाव और उसके बाद अन्यत्र संबंध खोजना उन्हें गलत लगता है.

असली वफादारी गहन प्रेम से स्वयमेव आती है. सहजीवन के सहयात्री इसी प्रेम की तलाश करते हैं, क्योंकि वे जानते हैं कि अग्नि के समक्ष सात फेरों की रूढ़ि से प्रेम पैदा हो, यह जरूरी नहीं.

जूली

31.10.08

❖

सहजीवन-शास्त्र

प्रेम की जमीन पर ही सहजीवन का पौधा पनपता है. स्वतंत्रता, समानता और मित्रता इसे स्वस्थ और सुंदर बनाती है. आपसी समझ इसकी आयु बढ़ाती है.

वैवाहिक जीवन में भी एक प्रकार का प्रेम होता है, लेकिन आरंभ से ही नाना प्रकार के बंधनों में जकड़े होने के कारण वह पूर्ण विकास नहीं कर पाता. उस विकास की संभावना सहजीवन में है. स्वतंत्रताकामी लोग ही सहजीवन की कामना रखते हैं. इसलिए सहजीवन के प्रेम की पहली शर्त स्वतंत्रता है. स्वयं स्वतंत्र रहना और अपने जीवनसाथी अथवा साथिन को स्वतंत्रता प्रदान करना सहजीवन शास्त्र का पहला सूत्र है. स्वतंत्रता का अर्थ मनमानी नहीं है. अपने ही तंत्र या विवेक के शासन में होना स्वतंत्रता है. अपना और संसार का निरीक्षण ध्यानपूर्वक करने से विवेक जाग्रत होता है.

सहजीवन-शास्त्र का दूसरा सूत्र समानता है. परंपरागत विवाह प्रथा असमानता पर आधारित है. जैसे—लड़कों का अधिक पढ़ा-लिखा होना, उम्र में बड़ा होना, धन में अधिक होना, अधिक तीक्ष्ण बुद्धि का होना इत्यादि. दो असमानों में भी मेल होता है, पर वह मेल नौकर और मालिक जैसा होता है. मैं जब किशोर था तो मेरे एक मित्र की शादी हुई. उन्होंने सुहाग रात का जो वर्णन किया वह मेरे मानस में समा गया। ''मैं पलंग पर बैठा था. उधर से पत्नी आयी और झुककर मेरे चरणों का स्पर्श किया। मैंने उसे उठाकर गले से लगा लिया.'' इतना सुनते ही मैं रोमांचित हो गया था. आह, कहाँ एक नजर उठाकर देखने वाली लड़की भी नहीं मिलती है और कहाँ मित्र के चरणों में झुकी समर्पिता! उस उमर में मेरे मन में सुहाग-रात का कुछ ऐसा ही स्वप्न झूलने लगा था. थोड़ा बड़ा होने के बाद इसकी असमानता दिखने लगी. इसकी कमियाँ उजागर होने लगीं.

वास्तव में समानता का अर्थ धन, उम्र, विद्या आदि की समानता नहीं है. दोनों भिन्न वर्ण, जाति, रूप, बल, विद्या और धन के हो सकते हैं, लेकिन जिस जमीन पर वे खड़े होंगे वह जमीन सम होगी. दोनों के विकास के अवसर

समान होंगे. विवाह में पत्नी को विकास का अवसर न देकर सारे अवसर पति को प्रदान किये जाते हैं, जबकि सहजीवन में दोनों साथ साथ विकसित होते हैं. किसी के विकास के लिए किसी का विकास रोका नहीं जाता.

सहजीवन शास्त्र का तीसरा सूत्र मित्रता है. समानता से मित्रता का भाव विकसित होता है. दरअसल सहजीवन स्त्री-पुरुष की गहन मित्रता का ही नाम है. मित्र एक दूसरे के लिए हर क्षेत्र में खुले होते हैं. पति-पत्नी के संबंध में खुलेपन के बावजूद बहुत से छिपाव चलते रहते हैं. पति अपने जीवन का राज छिपाता है, पत्नी अपने जीवन का राज छिपाती है. सहजीवन में सब कुछ खुला-खुला रहता है. यह खुलापन संबंध की प्रगाढ़ता को अभिव्यक्त करता है. वे एक दूसरे के प्रति सहयोगपूर्ण होते हैं. तुलसी ने कहा है न—

निज दुख गिरि सम रजु करि जाना।
मित्रक दुख रजु मेरु समाना।।

अपना बड़ा दुख भी नगण्य होता है और मित्र का नगण्य दुख भी बड़ा दिखता है. यह बात तो दाम्पत्य जीवन में भी दिखती है. लेकिन एक अंतर है, वहाँ स्त्री जितनी इस भाव-दशा में रहती है, पुरुष नहीं रहते. मित्रता का अर्थ दो भिन्न और स्वतंत्र ताकतों का मिलकर एक महान ताकत हो जाना है, जिससे महान कर्म सुगमता से संपादित हों. मित्रता का अर्थ अटूट भरोसा है.

सहजीवन-शास्त्र का चौथा सूत्र समझ है. समझ न हो तो कोई संबंध न चले. दो भिन्न आदतें, भिन्न संस्कार, भिन्न परिवेश, भिन्न सौन्दर्य-बोध वाले व्यक्ति समझ के कारण ही साथ रह पायेंगे, वरना सेक्स आपूर्ति के बाद भागना चाहेंगे. एक दूसरे पर हावी होने की भावना सहजीवन की शत्रु है. किसी को अपने अनुसार नहीं चलाना है और न अपनी चाल के कारण किसी को ठेस पहुँचाना है. अगर दोनों के संस्कार और सौन्दर्य-बोध टकरायें तो शांति से बैठकर विचार करना चाहिए और सहमति का कोई विन्दु तलाशना चाहिए. इसी को समझ कहते हैं. एक दूसरे को समझने से समझ बढ़ती चली जाती है.

ऊपर हमने सहजीवन के चार सूत्रों पर विचार किया. विवाह संबंध वाले भी इन सूत्रों को अपना कर अपने वैवाहिक जीवन को सुखमय बना सकते हैं. पुराने विचार के कुछ लोग सहजीवन से घबराते या नफरत करते हैं, लेकिन सहजीवन वाले न किसी से घबराते हैं न किसी से नफरत करते हैं, क्योंकि वे तो प्यार करने वाले लोग हैं.

31.10.08

❖

कबहुँ न नाथ नींद भरि सोयो

काशीनाथ सिंह की संस्मरणात्मक पुस्तक 'घर का जोगी जोगड़ा' अद्भुत है. अत्यन्त स्नेह और तटस्थता के साथ लिखी गयी यह पुस्तक 'भायप भगति' का अनुपम उदाहरण है. इस पुस्तक में गुरुवर नामवर के जीवन के अनेक पहलुओं के साथ उनके विरस, बेमेल दाम्पत्य जीवन की भी एक झाँकी प्रस्तुत की गयी है. यहाँ इस पुस्तक के आधार पर अपने महान् गुरु के दाम्पत्य-जीवन को प्रस्तुत करने की ढिठाई कर रहा हूँ—**छमिहहिं सज्जन मोरि ढिठाई.**

सन् 1945 की बात है। नामवर बनारस के उदय प्रताप कॉलेज में हाई स्कूल के विद्यार्थी थे. उमर यही कोई 18-19 साल रही होगी और पिता ने उनकी शादी तय कर दी. काशीनाथ लिखते हैं—"नामवर को पता नहीं और पिताजी ने जबान दे दी. न पूछा-ताछा, न देखा-ताका. जबान दे दी, तो दे दी. नामवर बहुत आग-बबूला हुए, बहुत रोए-गाए, कोई रास्ता न देख भाग खड़े हुए. पिताजी ने सोचा—जवानी का जोश है, बीवी आ जायेगी तो सब ठीक हो जाएगा. यह बात उनके दिमाग में आ ही नहीं सकती थी कि वे अपनी जबान के ठीहे पर अपने बेटे को ही नहीं, दूसरे की बेटी को भी हलाल करने जा रहे हैं."

चिंतित और गुमसुम दुल्हे की शादी हो गयी. जिन घर की स्त्रियों ने नयी दुलहिन की तारीफ की उन्होंने ही यह भी महसूस किया कि 'मेल नहीं है, कहाँ अपने नामवर और कहाँ दुलहिन?'

इस तरह की शादी में लोग किसी को अच्छा और किसी को बुरा बताने या खोजने में लगे रहते हैं. लेकिन सवाल किसी के अच्छे या बुरे होने का नहीं है, किसी के महान या साधारण होने का नहीं है, सवाल तो मेल का है. मेल नहीं है तो दोनों ही महान हों तो भी क्या! विवाह की चली आ रही पुरानी परंपरा मेल मिलाने में प्रायः नाकामयाब रही है. इस परंपरा के अनुसार विरोध करने वाले बच्चे अमर्यादित कहे जाते हैं. इस विवाह में पति-पत्नी को एक दूसरे को ठीक-ठीक पहचानने में ही जवानी

निकल जाती है, प्रेम पनपने की बात तो दूर रही!

मैं सोचता हूँ कि क्या इस दुर्घटना से बचा नहीं जा सकता था? बचना मुश्किल है. परिवार और समाज की मर्यादा मानकर चलने वाले बच्चे के लिए तो असंभव! बचे थे रजनीश चंद्रमोहन, ओशो. उनके भी पिता उनके विवाह के लिए मचल रहे थे. उधर प्रखर और विनम्र पुत्र अपने तर्क बाणों से पिता की योजना को विफल कर रहे थे. अपनी प्रचंड प्रतिभा के बल पर उन्होंने आरंभ में ही अपने लिए विवाह की निरर्थकता को समझ लिया था. रोये-गाये तो नामवर भी. भाग भी गये थे, लेकिन ठीक से नहीं भागे थे. इसलिए पकड़ कर मँगाये गये और सही वक्त पर लगाम लगा दी गयी.

शादी के बाद लगभग दस साल तक पति रहे बनारस में और पत्नी रही पति के गाँव जीयनपुर में. इस बीच उनका दाम्पत्य जीवन कुछ इस प्रकार चला–''मुझे नहीं याद कि भैया ने कभी भौजी को दिन के उजाले में देखा हो. भौजी ने भी कभी देखा होगा तो घूँघट से ही. साल में एक दो बार ही सही, बनारस से घर आते वे. इतने बेहया भी नहीं थे गाँव की नजरों में कि औरत आ गयी तो जब-तब दौड़ा करें. भौजी दिन भर पूरा नहीं, तो आधा घूँघट में ही रहती हमेशा.''

बहुत सोच विचार करने के बाद नियति से समझौता करते हुए पति ने दस साल बाद पत्नी को साथ रखने का फैसला किया. पत्नी गाँव से बनारस लायी गयीं. उन्हें अनुकूल बनाने का प्रयास शुरू हुआ. ''एक दिन भैया ने भौजी से कहा, 'देखो, रसोई और झाड़ू बुहारू तो कोई भी कर सकता है लेकिन वह काफी नहीं है. बी.ए. ,एम.ए. होना जरूरी नहीं लेकिन जितनी पढ़ाई-लिखाई की है, वह बहुत कम है. मैं कल से किताबें ला रहा हूँ,उन्हें पढ़ा करो और बताया करो कि क्या समझा? कितना समझा? समझा भी कि नहीं समझा?''

और अब पति हो गए गुरु! काशी के शब्दों में–''मैं भैया को लंका से किताबें और पत्रिकाएँ लाते देखता था–बालपोथी, बेसिक रीडर, पंचतंत्र और महाभारत की कहानियाँ, बच्चों की पत्रिकाएँ, उन दिनों सचित्र रूसी कहानियों के अनुवाद आते थे बड़ी संख्या में, वे लाते थे. वे आते जाते देखते भी रहते थे कि किताबें पढ़ी भी जा रही हैं या नहीं.''

पत्नी शिष्या बन जाए, सबको स्वीकार है, स्वीकार ही नहीं सराहनीय भी है. लेकिन अगर शिष्या पत्नी बन जाय तो कुंठित कुवर्गों के बीच कोहराम मच जाता है. अजीब अन्तर्विरोध है! प्रेमियो, मैं साक्षी हूँ कि शिष्या अगर पत्नी या प्रेमिका बन जाय तो परमानंद है, क्योंकि वहाँ अनेक स्तरों पर मेल होता है, मगर पत्नी को शिष्या बनाना पड़े तो मजबूरी है, एक कामचलाऊ मेल बिठाने की चेष्टा. बुराई किसी में

नहीं है. पत्नी शिष्या बने आम बात है, शिष्या पत्नी बने एक दुर्लभ संयोग!

पति की गुरुआई डेढ़ साल तक जारी रही. पत्नी शिष्या नहीं बन पायी. क्या यह निष्कर्ष निकाला जाय कि जिसमें शिष्या बनने की क्षमता है, उसी में सुयोग्य पत्नी की भी संभावना है?

'बिरंचि सम' गुरु भी पत्नी को न पढ़ा पाये. ''भौजी बेबस थीं. उनकी कोई दिलचस्पी होती तब न! जहाँ वे किताबें, पत्रिकाएँ एक बार रख दी जातीं, वहीं पड़ी रहतीं. भौजी के अपने तर्क थे–'गाँव में इसके बिना काम नहीं चल रहा है सबका? मुहल्ले में ही किस औरत ने पढ़ा है? कोई नौकरी करनी है कि पढ़ो? झोंटा खोलकर बेशरम बेहया की तरह जो घूमती रहती हैं, वे अच्छी लगती हैं क्या?''

आय हो दैवा! हँसी तो रोके नहीं रुकती! याद आया एक वाकया। निराला ससुराल गये हैं. देह में रूह की मालिश की है. सुबास उठ रही है. रात में पत्नी आयीं. इत्र का विरोध किया. तेज खुशबू में नींद न आने की बात कही. निराला ने उन्हें उस मछुआरिन की कहानी सुनायी जिसे राजा के बाग में फूलों की मँहक से नींद नहीं आयी थी. जब मछली वाली टोकरी सिरहाने रखी, तब नींद आयी. इस व्यंग्य से मनोहरा देवी विचलित होकर कहती हैं–'तो क्या मैं रण्डी हूँ जो हर वक्त बनाव-सिंगार के पीछे पड़ी रहूँ.' और उठकर चली गयीं.

पति कोई साधारण गुरु नहीं हैं. हार नहीं मानी. एक कोशिश और की. पढ़े न सही कम से कम व्यवहार कुशल तो बने. माँ को बीच में रखते हुए कहा–''देख माँ, बहुत सी औरतें हैं जो लिखना पढ़ना नहीं जानती हैं. मान लो, मैं घर पर न रहूँ, काशी भी न रहे तो? कई तरह के लोग आते हैं. कुछ को कहना पड़ता है कि नहीं हैं, अमुक जगह गये हैं, इतनी देर या इतने दिन में आयेंगे. कुछ हो सकते हैं जिन्हें बिठाना पड़े,चाय के लिए पूछना पड़े, जब तक न आएँ बातें भी करनी पड़ सकती हैं. कहो उनसे, और कुछ नहीं तो कम से कम यही सीखें.''

अंतिम कोशिश भी बेकार गयी. पत्नी का जवाब सुनिये–''उठना बैठना, बोलना बतियाना कौन नहीं जानता? यहाँ कोई गूँगी बहरी, लूली लँगड़ी तो है नहीं. किससे किस माने में कम हैं वे. ये सब बहाने हैं.''

अंततः गुरु हार गए! दाम्पत्य जीवन में संतुलन बनाने की उनकी आखिरी कोशिश बेकार गयी. बेमेल विवाह में परेशान दोनों होते हैं, लेकिन पत्नी ज्यादा क्योंकि अक्सर पति जीने का विकल्प ढूँढ़ पाते हैं, पत्नी पिछड़ जाती है. पति ने दाम्पत्य जीवन से खत्म होती अपनी दिलचस्पी को साहित्य की एकांत साधना और लोकप्रेम की ओर उन्मुख कर दिया, पत्नी क्या करे? ऐसे संबंधों में प्रायः हर स्त्री की नियति उसे मन की उस दशा की ओर ले जाती है जहाँ गुरुमाता पहुँच गयी हैं–'इससे

तो अच्छा था कि मेरा ब्याह किसी खेतिहर या छोटी मोटी नौकरी वाले से कर दिया गया होता.'' और इसके बाद वे अपने माँ बाप को कोसना शुरू कर देती हैं.

माँ बेटे को जितना समझ पाती है, अक्सर पत्नी नहीं समझ पाती। नामवर की माँ बेटे की रुचि, रुझान, पसंद-नापसंद से अवगत थीं. 'वह यह भी जान गयी थीं कि बेटे को सिर्फ औरत की नहीं, साथी की जरूरत है.' इसलिए पत्नी को साथी बनाने की एक असफल कोशिश उन्होंने भी की—''वह जब जब गाँव से आती, भौजी को समझाने की कोशिश करती, उन्हें विभाग से आने वाली लड़कियों के बीच ले जाना चाहती, उनसे भेंट मुलाकात और बातचीत कराना चाहती जैसा कि भैया की गैरहाजिरी में वह खुद करती थीं—अकुंठ भाव से. लेकिन जाने किन कारणों से भौजी इस कोशिश का गलत अर्थ करती. उन्हें लगता कि यह अपने बेटे को समझाने के बजाय उल्टे उन्हीं को समझा रही हैं.''

माँ दो दर्दों के बीच से गुजर रही हैं. उन्हें बहू की चिंता है और उससे भी ज्यादा बेटे की . बाहर से आए बेटे के सूखे होंठ, बिखरे बाल और थके चेहरे को देख अपने को नहीं सँभाल पातीं, फफक पड़तीं.

पति की जोधपुर, दिल्ली आदि जहाँ भी नौकरी रही, एकाकी रहे और पत्नी छोटे भाई के साथ बनारस में. रिटायरमेंट के एक साल पूर्व विशेष परिस्थिति में पत्नी 109 उत्तराखंड, जे.एन.यू में पति के साथ रहने के लिए लायी गयीं. पति-पत्नी एक दूसरे के लिए अबूझ और असहाय थे. बेटी गीता दुभाषिया का काम करती थी. काशी कहते हैं—'भौजी जीवन में पहली बार संतुष्ट और तृप्त दिखीं.' अपने घर की मालकिन बनने का अहसास हुआ. लेकिन मिलकियत भी अधूरी! किचन की व्यवस्था कुशल रामदुलारे के हाथों में थी. मालकिन के लिए कौन-सा काम बचा? न पति से बात करने योग्य थीं न किसी बाहरी आदमी से. कामरहित आदमी के जिम्मे कौन-सा काम हो सकता है? काशी के शब्दों में—''भौजी किचेन और उसके बाहर किसी ऐसी चीज की खोज में रहती थीं जो गायब हो और गायब न हो तो ऐसी जगह हो जहाँ उसे नहीं होना चाहिए. संतुष्ट और तृप्त भौजी अनवरत एकालाप करती रहतीं -अभी तो यहीं था, कहाँ चला गया?''

किसी भी पति के लिए यह स्थिति झुँझलाहट पैदा करने वाली है, लेकिन जिनका उनसे कोई संबंध नहीं है, कोई अपेक्षा नहीं है, वह पत्नी की इस कारुणिक स्थिति पर रो देगा. अजनबीपन (एलिअॅनेशन) का जीवंत उदाहरण है यह अंश! न जाने कितने स्त्री-पुरुषों ने परंपरा और संस्कारों की बलिवेदी पर शहादत दी है. किसे चिंता है? लेकिन अगर कोई इस सीमा रेखा से बाहर होकर अपने को सुखी करना चाहता है तो समाज के लंपट ठेकेदार डंडा लेकर दौड़ पड़ते हैं!

मनुष्य की जो इच्छाएँ दमित रह जाती हैं, वे अवसर आने पर प्रकट होती हैं. विवेकी व्यक्तियों में वे सुन्दर रूप में बाहर आती हैं, अविवेकी में विकृत रूप में. कहा जाता है कि पुत्र रूप में पिता अपने को ही जन्म देता है. पुत्र विजय की शादी में गुरुदेव की दमित इच्छा आनंदविभोर उल्लास के रूप में प्रकट हुई—''उनकी दौड़ धूप,उछल कूद और सक्रियता देख सारे बाराती चकित थे. इतनी दिलचस्पी उन्होंने घर की बेटियों की शादी में भी नहीं ली थी. वे रात भर मंडप में बैठे रहे. पहली बार विवाह की सारी विधियाँ देखीं रात भर जग कर. नाइन और कहारिन से हँसी मजाक करते रहे. और जब बारात लौट कर घर आयी और औरतें दौड़ पड़ीं दुल्हन को देखने के लिए तो डाँट कर भगाया—'भीड़ मत लगाओ. भागो यहाँ से. छोड़ो दोनों को अकेले. आराम करने दो, आठ घंटे का सफर करके आये हैं.' यही नहीं उनके 'हनीमून' की व्यवस्था शिमला में पहले से करके आये थे.''

गुरुमाता की पीड़ा अधिक घनीभूत थी. इसलिए उनकी खुशी का विस्फोट और ज्यादा था. ''भैया क्या खुश होंगे जो भौजी थीं. जिन घुटनों से काम के नाम पर उठा बैठा नहीं जाता था, वे ही घुटने हफ्ते दस दिन से इस कमरे से उस कमरे में ऊपर नीचे नाच रहे थे. खुशी रोकते रोकते छलक छलक पड़ती थी. बहू ऐसी कि लाखों में एक. न गाँव में देखी थी, न शहर में ऐसी लड़की. भौजी अपनी देवरानियों के प्रति भी काफी कोमल और उदार हो गयी थीं. कोशिश कर रही थीं कि उनके मुँह से भरसक कोई ऐसी बात न निकले जिससे उन्हें ठेस लगे.''

लेकिन ये खुशियाँ ज्यादा दिनों तक नहीं चल सकीं, क्योंकि इनका आधार बेटे और बहू के मनोनुकूल रहने तक सीमित था. आनंद तो अपने भीतर उर्पाजन की चीज है. उस सुख क्या भरोसा जो दूसरों पर आश्रित हो—**मिला कहाँ वह सुख जिसका स्वप्न देख मैं जाग गया!**

बहुत सारे युवक इस देश में हैं जिनकी अनपढ़ बेमेल पत्नियाँ गाँवों में छूट जाती हैं और वे शहर में जीने लायक पढ़ी-लिखी मन माफिक पत्नियाँ खोज लेते हैं. गुरुदेव को पढ़ी लिखी मनमाफिक स्त्री की क्या कमी हो सकती थी? लेकिन नहीं खोजी. मर्यादावादी जो ठहरे! या जाने क्या सोचकर उन्होंने ऐसा नहीं किया. लेकिन ऐसा न कर भी क्या वे पत्नी को कभी सुख दे पाये? या खुद सुखी हो पाये? एक बार बहू के लिए चिंतित अपनी माँ से उन्होंने कहा था—''मैं उन्हें पति का सुख दूँ, चाहे न दूँ, दुख नहीं दूँगा. निश्चिंत रहो.'' दुख न देने का तात्पर्य क्या सौत के दुख से था? क्योंकि यही दुख उन्होंने नहीं दिया. शेष दुख तो अनचाहे भी उन्हें नियतिवश मिलते ही रहे. बेमेल ब्याह क्या चीज है! जिस स्त्री को एक साधारण खेतिहर या छोटी मोटी नौकरी वाला व्यक्ति भी सुख दे सकता था, उसे एक अत्यंत मानवीय और

महान् साहित्यकार भी नहीं दे सका!

इस जीवन में गुरुदेव को सब कुछ मिला लेकिन घर नहीं. घर तो घरनी-प्रेम से होता है. यह दर्द काशीनाथ जी द्वारा लिये गये एक इंटरव्यू में भी व्यक्त हुआ–"सचमुच का 'घर' तो अब भी सपना है और सपना ही रहेगा."

गुरुदेव को तुलसी की यह पंक्ति बहुत प्यारी लगती है–

डासत ही गयी बीति निसा सब कबहुँ न नाथ नींद भरि सोयो.

दिसम्बर, 2008

❖

मीरा का मर्म

मीरा का नाम आते ही हमलोग बड़े भावविभोर हो जाते हैं. उनके अद्‌भुत प्रेम की चर्चा शुरू हो जाती है. उनके गीत, उनकी मस्ती, उनकी भक्ति सब हमें अद्वितीय मालूम पड़ती है. आधुनिक स्त्री-विमर्श के लिए वह महान् प्रेरणा के रूप में दिखाई पड़ती है. मीरा के जीवन के वर्णनों से संबंधित अनेक किताबें हैं, राजस्थान में शोध-संस्थान है, पत्र-पत्रिकाओं में प्रकाशित निबंधों, गोष्ठियों आदि की तो कोई गिनती ही नहीं. लेकिन जरा दो मिनट ठहरकर सोचना चाहिए कि हम किस स्त्री की पूजा कर रहे हैं? उस स्त्री की जिसने अपने पति को पति नहीं माना! उस स्त्री की जिसने पति के रहते किसी अन्य पुरुष से प्रेम किया! उस स्त्री की जिसने प्रेम के नाम पर 'लोकलाज कुल की काणि' छोड़ दी! उस स्त्री की जो घर की दहलीज छोड़ गलियों में बावरी-सी साधु-संतों के संग नाची! क्या हम अपने घर-परिवार में ऐसी स्त्री को स्वीकार सकते हैं? क्या ऐसी स्त्री को हम परिवार-समाज को कलंकित करने वाली नहीं मानते? तब निश्चय ही हमें उन्हें आदर देने की भूल नहीं करनी चाहिए. ऐसा करना पाखंड होगा क्योंकि हम बिल्कुल ऐसे नहीं हैं. हम तो विवाह मात्र को सबसे बड़ा पुण्य समझते हैं जिसे हर कीमत पर निभाया जाना चाहिए. प्रेम तो हमारे लिए कुल-खानदान की इज्जत पर बट्टा लगाने वाला है. विवाहित व्यक्ति का प्रेम तो और भी बड़ा अपराध है! सारांश यह कि हम बहुत ही मान-मर्यादा वाले, हिसाबी-किताबी, सभ्य लोग हैं और मीरा जैसी स्वयं में मस्त, बेपरवाह और विद्रोही स्त्री से हमारी बिल्कुल पटरी नहीं बैठती. इसलिए जैसा कि मैंने पहले कहा हमें मीरा के बारे में बात बिल्कुल बंद कर देनी चाहिए और अगर करते हैं तो ठीक-ठीक समझना चाहिए कि मीरा क्या हैं? क्योंकि बिना समझ के कोई भी पूजा मात्र रूढ़ि होती है. उससे कोई रूपांतर नहीं घटित होता.

संसार का प्रत्येक महान व्यक्ति हमेशा अपनी बनाई राह पर चला है. उसने वह किया है जिसकी गवाही उसकी आत्मा ने दी है. मीरा की क्रांतिकारिता की

शुरूआत भी यहीं से होती है. कृष्ण से प्रेम उनका मूल स्वभाव था, इसलिए उन्होंने परवाह नहीं की कि वे भोजराज की पत्नी हैं और उन्हें उसी तरह जीना चाहिए. नहीं, मन जिसके रंग में रँगा हो उसे ही पति माना जाना चाहिए, दूसरा कोई पति कैसे हो सकता है? मीरा साफ कहती हैं–

मेरो तो गिरधर गोपाल, दूसरो न कोई
जाके सिर मोर मुकुट, मेरो पति सोई

यह विवाह के विरुद्ध प्रेम का उद्घोष है. प्रेम मूल्यवान है, उसके होने से ही संबंधों का मूल्य है. उसके बिना सब निष्प्राण है. जीवंत व्यक्ति जीवंतता को महत्व देता है. इसलिए मीरा-सी जीवंत स्त्री प्रेम को चुनती है. आज के तथाकथित आधुनिक महिला संगठनों को मीरा की इस असल आधुनिकता से सीख लेनी चाहिए जिनके लिए विवाह ही मात्र नैतिक होता है, उससे इतर प्रेम अनैतिक. संभवतः मीरा को वे इसलिए स्वीकारती हैं कि उनके कृष्ण तो भगवान थे. वे अगर सामान्य व्यक्ति होते तब बहुत संभव था कि यह प्रेम उनके गले नहीं उतरता. इसलिए इस बात पर विचार करना जरूरी है कि कृष्ण यदि सामान्य व्यक्ति होते तब क्या होता? तब क्या हम मीरा को स्वीकारते? शायद नहीं. इसलिए मुझे लगता है कि मीरा की सच्ची स्वीकृति तब होगी जब हम सही अर्थों में प्रेम को स्वीकृति देंगे. प्रेम को परम नैतिक मूल्य मानेंगे. उसे ही नैतिकता का आधार बनाएँगे. प्रेम का उत्सव मनाएँगे जैसे मीरा मनाती हैं. नाच उठती है अपने गिरधर के आगे–

पग बाँध घुंघर्‌या णाच्यां री

यह प्रतिदिन का नाच, यह उत्सव, यह आंतरिक मस्ती प्रेम का लक्षण है. हो सकता है कि सबके भीतर मीरा जितना प्रेम न हो पर शुरुआत तो हो सकती है. वे सागर हैं किंतु बूँद का भी स्वागत तो हो सकता है. लेकिन स्वागत कभी नहीं होता, होता है तो सिर्फ अपमान. मिलती है तो सिर्फ लांछना, बदलचलन कहलाने का पुरस्कार. मीरा गिरधर के हाथ बिक गयी थीं पर लोगों ने तो उन्हें बिगड़ी ही कहा–

मीरां गिरधर हाथ बिकाणी, लोग कह्यां बिगड़ी

उन्हें मारने के सारे इंतजाम किये गये. राणा ने विष का प्याला भेजा. आज भी हमारा समाज बदला नहीं है. आज भी प्रेमियों को मारने-सताने के सारे इंतजाम होते हैं! किंतु ऐसे ही इंतजामों के बीच मीरा की स्थिति क्या है? मीरा विष का प्याला पीती हैं और हँस पड़ती हैं–

बिख रो प्यालो राणा भेज्यां, पीवां मीरा हांसां री

अद्‌भुत है यह हँसी! जब भीतर गहनता में प्रेम बसा हो तो बाहर का विष कैसे

प्रभावकारी हो सकता है? जागतिक विष मीरा के प्रेम रसायन से मिलकर अमृत बन जाता है. यह सच्चे प्रेमी की भाव-दशा है. वहाँ सारी बाधाएँ प्रेम के पर्वत पर चढ़ने की सीढ़ी बन जाती हैं. बदनामी भी मीठी लगने लगती है–

राणाजी म्हाने या बदनामी लगे मीठी
कोई निन्दो, कोई बिन्दो, मैं चलूँगी चाल अनूठी

मीरा की बदनामी कितनी हुई होगी, इसका सिर्फ अनुमान किया जा सकता है. उनका संघर्ष चौतरफा था. उनके विरोध में राणा की राजसत्ता थी, सिसौदिया कुल की मर्यादा थी, पुरुष प्रभुत्व की सत्ता थी और सामंती समाज की रूढ़ियाँ भी. इनमें से कोई एक भी स्त्री की स्वतंत्र चेतना की हत्या करने में सक्षम है. फिर जहाँ चारों एकत्र हों वहाँ के आतंक का क्या कहना! मीरा ने इन सबका सामना किया और कई बार आगे बढ़कर इन्हें ललकारा भी–

सीसोद्यो रूठ्यो म्हांरो काई कर लेसी।
म्हें तो गुण गोविन्द का गास्यां, हो माई ।।

लोकलाज कुल मर्यादा की दुहाई देने वालों को उन्होंने बेबाक चुनौती दी–

लोकलाज कुल काण जगत की, दइ बहाय जस पाणी।
अपणे घर का परदा कर ले, मैं अबला बौराणी ।।

इतनी स्वतंत्र चेतना वाली मीरा प्रेम में गुलाम बन जाने को तैयार होती है–

म्हाणे चाकर राखो जी

प्रेम में गुलाम होने का रस है. यह हमारे सांसारिक संबंधों के ठीक विपरीत स्थिति है. हम अपने संबंधों में खुद मालिक होना चाहते हैं. किंतु प्रेमी अपनी मिलकियत दूसरे को सौंप देता है. वहाँ चेष्टा खुद दास बन जाने की होती है, दूसरे को दास बनाने की नहीं. इसलिए प्रेम स्वतः अहंकार से मुक्त करने लगता है. इस अहंकार से जितनी मात्रा में मुक्ति मिलती है, उतना ही प्रेम शिखर पर चढ़ता चला जाता है. प्रतिक्षण आनंद का क्षण हो जाता है. मीरा के घुँघरू ऐसे ही आनंद में बजे थे, उनके गीत ऐसे ही चरम प्रेम में फूटे थे जिसमें सारे विरोधों का कोलाहल दब गया. वैसे प्रेम-घुँघरू हम भी अपने पैरों में बाँध सकते हैं. उस बंधनहीन प्रेम के नृत्य में क्या हम झूमने को तैयार हैं? मीरा के घुँघरू हमें आज भी पुकार रहे हैं!

जूली
12.07.09

❖

मीरा, किंवदंतियाँ और ओशो

प्रायः सभी भक्त कवियों के जीवन के साथ चमत्कारिक घटनाएँ जुड़ी हुई हैं. भक्तिकाल की महान् कवयित्री मीराबाई के साथ भी ऐसा है. उनके संबंध में चार किंवदंतियाँ विशेष रूप से प्रचलित हैं. पहली, विष का प्याला पीकर भी वे नहीं मरीं. दूसरी, उन्हें मारने के लिए राणा द्वारा भेजा गया साँप शालिग्राम में परिवर्तित हो गया. तीसरी, काँटों भरी 'सूल-सेज' उनके लिए फूलों से भर गयी और चौथी, जीवन के अंत समय में वे कृष्ण की मूर्ति में समा गयीं. मीरा द्वारा रचित अनेक पदों में इन घटनाओं का जिक्र मिलता है. सामान्य दृष्टि से ये सभी घटनाएँ अविश्वसनीय मालूम पड़ती हैं. कुछ विद्वानों ने इनका ऐतिहासिक प्रमाण ढूँढने की चेष्टा की है. मसलन, 'मीराबाई का जीवन चरित्र' पुस्तक के रचयिता देवी प्रसाद 'मुंशिफ' ने उस मूर्ति को ढूँढ निकाला है, जिसमें मीरा समा गयी थीं. उनके अनुसार वह मूर्ति अब गुजरात के डाकोर इलाके के मंदिर में है और मीरा का चीर अब तक भगवत भक्तों को रणछोर जी की बगल में निकला हुआ दिखाई देता है.

जिन पदों में इन घटनाओं का उल्लेख है उन्हें प्रक्षिप्त सिद्ध करने की कोशिशें भी हुई हैं. उदाहरण के लिए, 'मीराँबाई' पुस्तक के रचयिता डॉ. श्रीकृष्ण लाल ने यह साबित करने की चेष्टा की है कि ऐसे ही दो पद 'मीरा मगन भई हरि के गुण गाय' और 'विष का प्याला भेजिया जी जावो मीरा पास' मीरा रचित नहीं हैं. वे लिखते हैं-''साँप पिटारा तथा सूल सेज का उल्लेख न तो नाभादास के छप्पय में है और न प्रियादास के कवित्तों में. नाभादास ने केवल एक ही छप्पय मीरा के संबंध में लिखा था, इसलिए संभव है कि स्थानाभाव के कारण वे इनका उल्लेख न कर पाये हों, परंतु प्रियादास को तो स्थान का अभाव न था. उन्होंने तो दस कवित्तों में कितनी ही बातों का उल्लेख किया है और यदि उनके समय में मीरा के पास 'साँप पिटारा' भेजने तथा उनको 'सूल सेज' पर सुलाने की कथा का प्रचार होता अथवा उपर्युक्त दोनों पद मीरा के ही लिखे होते तो वे इनका उल्लेख करना कभी न भूलते. फिर रघुराज सिंह रचित

'भक्तमाल' में जो विविध जनश्रुतियों का अत्यधिक विस्तार मिलता है, उसमें भी 'साँप पिटारा' और 'सूल सेज' का उल्लेख नहीं है. इससे यह बात निश्चित रूप से प्रमाणित हो जाती है कि उपर्युक्त दोनों पद मीरा की रचना नहीं हैं, वरन् मीरा की मृत्यु के बहुत दिनों के पश्चात प्रियादास के समय के उपरांत, जब भक्त मीरा के संबंध में नये-नये कथा-प्रसंगों और गीत तथा पदों की सृष्टि हो रही थी, उस समय उनके किसी भक्त ने इन पदों की रचना करके जनता में प्रचलित करा दिया, जो कालांतर में मीरा रचित माने जाने लगे.'' (पृ. 11) ऐतिहासिक प्रमाण के अभाव में इन घटनाओं को प्रायः किंवदंती माना जाता है. ऐसे में मीरा को पढ़ने वाले प्रत्येक पाठक के मन में यह सवाल उठता है कि इन घटनाओं को किस रूप में देखा जाए? इन्हें सच मानें या झूठ? या सच-झूठ से परे इनके भीतर कोई संकेत छिपा है? क्या हो सकता है इन किंवदंतियों का राज?

प्रथम बार ओशो ने इन किंवदंतियों का रहस्योद्घाटन किया है. 'पद घुँघरू बाँध' नामक पुस्तक में उनके दृष्टि-उन्मोचक शब्द देखने योग्य हैं—''इतिहास से मुझे प्रयोजन नहीं है. इतिहास से भी ज्यादा मूल्यवान है इन घटनाओं के पीछे छिपा मनस-तत्व, क्योंकि वही तुम समझो तो काम का है. और चमत्कार भी इनमें कुछ नहीं है. ये चमत्कार दिखाई पड़ते हैं, क्योंकि इनके पीछे का नियम हमारी समझ में नहीं आता. नियम सीधा-साफ है : तुम जैसे हो, करीब-करीब यह जगत तुम्हारे लिए वैसा ही हो जाता है. तुम अगर प्रेमपूर्ण हो तो प्रेम की प्रतिध्वनि उठती है. और तुमने अगर परमात्मा को सर्वांग मन से स्वीकार कर लिया है, सर्वांगीण रूप से—तो फिर इस जगत में कोई हानि तुम्हारे लिये नहीं है.''(पृ. 21)

मीरा के जीवन की सबसे प्रसिद्ध घटना है कि उन्होंने राणा द्वारा भेजा गया विष का प्याला पी लिया और नहीं मरी. विष उनके लिए अमृत हो गया—

जहर का प्याला राणा भेज्यो, अमृत दीन्ह बनाय

इसके पीछे छिपे राज को खोलते हुए ओशो कहते हैं—''मीरा ने देखा ही नहीं कि जहर है. सोचा ही नहीं कि जहर है, राणा ने भेजा है तो जो मिलता है, प्रभु ही भेजनेवाला है. राणा के पीछे भी वही भेजनेवाला है. उसके अतिरिक्त कोई भी नहीं है. तो अमृत ही होगा. वह अमृत मानकर पी गयी.

यह मान्यता इतना फर्क कर सकती है? तुम सम्मोहनविद् से पूछोगे तो वह कहेगा : 'हाँ'. और सम्मोहनविद् ही जानता है कि मनुष्य के मन के काम करने की प्रक्रिया क्या है. अगर किसी व्यक्ति को सम्मोहित कर दिया जाये और उसके हाथ में आग का अंगारा रख दिया जाये और सम्मोहित दशा में उससे कहा जाये कि ठंडा कंकड़ तुम्हारे हाथ में रखा है, तो आग का अंगारा भी उसे जलाता नहीं, क्योंकि उसका

मन इस बात को स्वीकार करता है कि ठंडा कंकड़ है. अंगार रखा रहता है हाथ पर, और चमत्कार घटित हो जाता है, हाथ जलता नहीं; इस पर हजारों प्रयोग हो गये हैं. इसी तरह तो लोग आग पर चलते हैं और जलते नहीं. वह भाव की दशा है.

और इससे उलटी बात भी हो जाती है. सम्मोहित व्यक्ति के हाथ में उठाकर एक कंकड़ रख दो—साधारण कंकड़, ठंडा कंकड़ और उससे कहो जलता हुआ कोयला रखा है तुम्हारे हाथ पर—वह एकदम फेंक देगा घबड़ाकर. वह बेहोश है. वह एकदम फेंक देगा घबड़ाकर. और चमत्कार तो यह है कि उसके हाथ पर फफोला आ जायेगा; जैसे कि वह जल गया. जलने के पूरे लक्षण हो जायेंगे. इन घटनाओं में, जो संतों के जीवन में भरी पड़ी हैं, मैं इसी मनोवैज्ञानिक सत्य की उद्घोषणा देखता हूँ. मीरा ने स्वीकार कर लिया जहर अमृत की तरह, तो अमृत हो गया. तुम जैसा जगत को स्वीकार कर लोगे, वैसा ही हो जाता है. यह जगत तुम्हारी स्वीकृति से निर्मित है. यह जगत तुम्हारी दृष्टि का फैलाव है.''(पृ.-20)

राणा द्वारा मीरा को पिटारे में साँप भेजने और साँप के शालिग्राम में परिवर्तित हो जाने को भी ओशो इसी दृष्टि से समझाते हैं—''तुमने कभी देखा, छोटे बच्चे हैं—और साँप मिल जाये तो उसे भी पकड़ लें! और एक आश्चर्य की बात है कि बच्चे अगर साँप को पकड़ लें तो साँप शायद ही काटे. बच्चे का भोलापन, वह दोस्ताना-साँप की भी समझ में आता है.

तुमने देखा, शराबी कभी-कभी साँप को पकड़ लें, नशे में बैठे हैं—वह मस्ती साँप की भी समझ में आती है. तो यह तो शराब परमात्मा की थी. और यह तो जो भोलापन था, परमात्मा से उतरा हुआ था. अगर साँप ने इसे समझा हो तो कुछ आश्चर्य नहीं है.

हम जब भी किसी को छूते हैं तो हमारी तरंगें शरीर की, खबर देती हैं—हमारे भाव की. तुमने देखा, तुम्हारा कोई हाथ पकड़ता है तो तुमने ख्याल किया है कि अलग-अलग लोगों के हाथों से अलग-अलग तरंगों का अनुभव होता है! कोई अगर प्रेम से पकड़ता है तो और तरह की ऊष्मा, गरमी—तुममें बहती हुई, उसकी जीवन-ऊर्जा तुममें प्रवेश करती हुई! कोई आदमी ऐसे ही पकड़ लेता है उपचार से तो ठंडा, मुर्दा हाथ! और वह जल्दी में है छुड़ाने की कि कब झंझट मिटे; एक उपचार था, पूरा कर दिया. या कोई आदमी दुश्मनी से पकड़ता है....तो तुमने फर्क देखा?

शायद तुमने ख्याल न किया हो, क्योंकि लोग बहुत संवेदनहीन हो गये हैं. लेकिन अगर थोड़ा ही ख्याल करोगे तो तुम समझ जाओगे : हर बात में फर्क होता है. अब तो वैज्ञानिक कहते हैं कि वृक्षों तक को तरंगों का पता चलता है. अगर कोई कुल्हाड़ी लेकर वृक्ष को काटने आता है तो वृक्ष के प्राण कँप जाते हैं. इसको अब नापने

के उपाय हैं. जैसे आदमी के हृदय पर कार्डियोग्राम लगा देते हैं—ऐसा ही कार्डियोग्राम वृक्ष से भी लग सकता है. पश्चिम में काफी शोध हो रही है. और जब कोई माली पानी की बाल्टी लेकर उंड़ेलने आता है तो वही वृक्ष आनंदित हो जाता है, पुलकित हो जाता है. अभी न तो कुल्हाड़ी जो लाया है, उसने काटा है वृक्ष को और न जो पानी लाया है, उसने पानी डाला है. पानी डालने के बाद वृक्ष अगर आनंदित होता तो भी हम समझते हैं कि चलो पानी डालने से हो रहा है, ठीक है; तृप्ति मिली होगी, प्यासा रहा होगा, जड़ें सूख रही होंगी. मगर पानी को आते ही देखकर, वृक्ष मस्त हो जाता है. आकाश में घिरे बादलों को देखकर, मोर ही नहीं नाचते, वृक्ष भी नाचते हैं. अब इसके वैज्ञानिक प्रमाण हैं.

तो कुछ आश्चर्य नहीं कि मीरा की वह मस्ती, वह मगन भाव साँप को समझ में आ गया हो.'' (पृ. 93-94)

तीसरी घटना है सूलों से भरी सेज का फूलों की सेज बन जाने की—

सूल सेज राणा भेजी दीज्यो मीरा सुलाय
साँझ भई मीरा सोवण लागी मानो फूल बिछाय

इसका मर्म उजागर करते हुए ओशो कहते हैं—''जीवन में अगर हमने परमात्मा का साथ पकड़ लिया तो हमारे लिये दुःख समाप्त हो गये. इतना ही सार अर्थ है इस बात का. ऐसा वस्तुतः हुआ या नहीं, इसमें मत पड़ना. इतना सार अर्थ है : इस जगत में परमात्मा के प्यारे को काँटे होते ही नहीं; फूल ही फूल हैं.'' (पृ. 94-95)

कहा जाता है कि मीरा अपने अंत समय में रणछोड़दास जी के के मंदिर में भगवान की मूर्ति में समा गयी थीं. किसी व्यक्ति का पत्थर की मूर्ति में समा जाना भौतिक दृष्टि से असंभव है. इसलिए मंदिर और मूर्ति खोजने में श्रम जाया करना निरर्थक है. जैसा कि ओशो कहते हैं—''ध्यान रखना, इसे तथ्य मानकर सोचने मत बैठ जाना. यह सत्य है और सत्य तथ्यों से बहुत भिन्न होते हैं. सत्य तथ्यों से बहुत ऊपर होते हैं. तथ्यों में रखा ही क्या है? दो कौड़ी की बातें हैं. तथ्य सीमा नहीं है सत्य की. तथ्य तो आदमी की छोटी-सी बुद्धि से जो समझ में आता है, उतने सत्य का टुकड़ा है; सत्य बहुत बड़ा है.'' (पृ.-23) कौन-सा सत्य निहित है इस प्रसंग में? ओशो बताते हैं कि इसका एक ही अर्थ है कि 'अंततः तुम्हारा प्रेम जिससे है वही तुम हो जाते हो. रुपये-पैसे का दीवाना धीरे-धीरे रुपये-पैसे जैसा ही हो जाता है. उसके चेहरे पर वही घिसे-पिटे रुपये की झलक आने लगती है. कामी आदमी के चेहरे पर काम की रुग्णता छा जाती है; एक घृणित भाव समा जाता है. राम के प्रेमी को राम घेर लेता है. तुम मीरा पर भरोसा नहीं करते मगर मैं मानता हूँ कि यह बात तो सभी

के संबंध में सच है. लोग वहीं समा जाते हैं जो उनका प्रेम है. कोई कामवासना में समा जाता है. कोई धन-वासना में समा जाता है. कोई अहंकार में समा जाता है. लोग वहीं समा जाते हैं. तुम्हारा प्रेम ही अंततः तुम्हारा घर बन जाता है.''(पृ 25)

स्पष्ट है कि ओशो के पास मीरा के जीवन को देखने की नितांत नवीन और वैज्ञानिक दृष्टि है. मीरा के जीवन से जुड़ी इन घटनाओं की ऐतिहासिकता सिद्ध करने में समय लगाना या उन्हें महज किंवदंती मानकर इनके पीछे छिपे अर्थ तलाशने की चेष्टा न करना—दोनों ही दृष्टियों से पाठक को कुछ हासिल नहीं होता. इससे मीरा को समझने में कोई मदद नही मिलती, जबकि ओशो की दृष्टि से उन्हें देखने पर मीरा से हमारा तादात्म्य होने लगता है. वे हमारे निकट आने लगती हैं. ओशो इन घटनाओं के काल-निर्धारण में माथापच्ची नहीं करते, वे इन घटनाओं के पीछे छिपे नियम से हमें परिचित कराते हैं. इन प्रतीक कथाओं का असली अर्थ खोलते हैं. उनके विश्लेषण से हमें ऐसे सार-सूत्र मिलते हैं जो हमारे जीवन के रूपांतरण में मदद करते हैं. मीरा के जीवन को जानने की यही सार्थक दृष्टि है.

जूली
सिंतबर, 2009

❖

अध्याय : दो

सब के हृदयँ मदन अभिलाषा

खुशवंत सिंह का सहज यौन-चित्रण

नैतिकता का संबंध नीति या नियम से है. जो बात नीतिसंगत हो, वह नैतिक है. नीतिसंगत अर्थात् नियमानुकूल. नियम कैसे बनता है? कहाँ से आता है? नियम दो जगहों से आता है—बाहर दृश्य-अदृश्य प्राकृतिक जगत से और भीतर अपने जीवन की गहराई से. बाहर और भीतर कहने के लिए दो हैं, वास्तव में दो हैं नहीं. सगुण-निर्गुण, साकार-निराकार एक ही सत्ता के दो रूप हैं. बाहर हम नजर डालते हैं तो देखते हैं कि यह सृष्टि वासना के वाहन पर सवार होकर चली आ रही है. भीतर नजर डालते हैं तो वहाँ भी वासना दिखाई पड़ती है. लेकिन वनस्पति और पशु जगत में वासना को लेकर कोई उपद्रव नहीं है. मनुष्य में तो उपद्रव ही उपद्रव है.

सड़क पर हम वासना पीड़ित कुत्तों को कुतिया का पीछा करते देखते हैं. उसे हथियाने के चक्कर में उनमें थोड़ी बहुत झड़पें हो जाया करती हैं, लेकिन जब दो का मेल बैठ जाता है तो तीसरा बाधा नहीं डालता है. संभोगरत कुत्तों पर कोई दूसरा कुत्ता हमला नहीं करता. यह काम केवल आदमी करता है! जानवर में सबसे बड़ी बात है कि वह न किसी से ईर्ष्या करता है, न किसी पर कब्जा जमाकर बैठता है. काम-तृप्ति हुई, बात खत्म हो गयी. लेकिन मनुष्य उस संबंध को ढोता है. उसके जीवन में वासना दो भयंकर बीमारियाँ लिये हुए आती है—एक है एकाधिकार (मिलकियत) और दूसरी ईर्ष्या. सामाजिक नैतिकता का जन्म मनुष्य के इन्हीं कुत्सित मनोविकारों की कोख से हुआ है. मिलकियत और ईर्ष्या की रक्षा के लिए हमने नियम बनाया है कि प्रेम एक से होना चाहिए, वासना एक से होनी चाहिए. इसलिए विवाह नामक संस्था आविष्कृत हुई. शेष सृष्टि में कहीं विवाह नहीं है. विवाह का मतलब है बंधन. अब आपको अन्यत्र हुलुक-बुलुक नहीं करना है. अब एक पुरुष और एक स्त्री जीवन भर साथ रहेंगे. मगर मनुष्य अपने उस स्वभाव का क्या करे जिसमें जो स्त्री या पुरुष दूर है, वही सुंदर है, जो हाथ में नहीं है, वही आकर्षक है. कुछ सोचना पड़ेगा. लेकिन मनुष्य ने ठीक से सोचा नहीं. इसलिए विवाह-प्रथा की क्षतिपूर्ति में

वेश्या-प्रथा निकल आयी. पूरी दुनिया में विवाह प्रथा है, इसलिए पूरी दुनिया में वेश्या प्रथा भी है. विडंबना यह है कि हम विवाह के समर्थक हैं, वेश्या के विरोधी हैं. लेकिन जब तक वर्तमान विवाह पद्धति रहेगी तब तक वेश्या प्रथा भी रहेगी क्योंकि वह विवाह का उपजात (बाय प्रोडक्ट) है.

विवाह के द्वारा हमने स्त्री-पुरुष को बाँध ही नहीं रखा है, उसके चुनाव पर भी पाबंदी लगा रखी है. मनुष्य माता पिता को नहीं चुन सकता है, भाई-बहन को नहीं चुन सकता है. परमात्मा ने एक स्वतंत्रता की संभावना मनुष्य को दी है कि कम से कम पत्नी या जीवन साथी को वह स्वयं चुन ले. लेकिन हमने मनुष्य की इस स्वतंत्रता को भी छीन लिया है. अगर यह नियम होता कि हजारों-लाखों स्त्री-पुरुष एक दूसरे से मिलते जुलते रहें और उनमें से एक जीवन साथी अपने लिए चुन लें तो यह भी एक सहज नियम हो सकता था. लेकिन परंपरा के अनुसार माता पिता के द्वारा पत्नी का चुनाव ज्यादा ठीक है, क्योंकि वे अनुभवी हैं. वे खाक अनुभवी होंगे! उन्होंने तो स्वयं अपने लिए चुनाव अपने से नहीं किया था. दूसरों के द्वारा जीवन साथी चुनने की बात सिर्फ ऐसे युवाओं को स्वीकार होगी जो जीवंत नहीं हैं. उनकी जीवंतता को समाप्त करने, उन्हें मुर्दा बनाये रखने के लिए ही हमारी सारी शिक्षाएँ हैं. चारों तरफ मुर्दा युवाओं की भीड़ है. शरीर से तो जवान हैं लेकिन बेचारे का मन बूढ़ा बना दिया गया है. न मन में नयी उमंग है, न नयी स्फूर्ति, न नया उत्साह, न नया साहस, न नयी जिज्ञासा, न नयी खोज. बस जहाँ नजर डालिए जवान देह में एक बूढ़ा, डरा हुआ अपाहिज मन दुबका मिलेगा. इन्हें किस आधार पर जवान कहें? ऐसे बूढ़े जवानों से रोज मेरी मुलाकात फोन पर होती है. वे मुझसे फोन पर प्रेम के बारे में सलाह लेते हैं, टिप्स माँगते हैं, लेकिन जब मिलने कहता हूँ तो उनका साहस जवाब दे जाता है. जब मुझ जैसे समर्थक का सामना करने में वे इतने भयभीत हैं तो समाज में विद्यमान असंख्य प्रेम विरोधियों का सामना वे कैसे करेंगे?

आज मैं एक ऐसे जीवंत युवक के प्रेम की चर्चा कर रहा हूँ जिनकी उम्र चौरानवे पर चढ़ गयी है. उस युवक शिरोमणि का नाम है खुशवंत सिंह. सहजता, साहस, ईमानदारी आदि दुर्लभ मानवीय गुणों से उनकी आत्मा सुसज्जित है. ऐसे प्यारे युवक पर भारतमाता गर्व कर सकती है. अभी अभी मैंने उनकी आत्मकथा 'सच, प्यार और थोड़ी-सी शरारत' खत्म की है. अंग्रेजी से अनुवाद निर्मला जैन ने किया है. अनुवाद अच्छा है.

ऊपर ऊपर देखने से लग सकता है कि अरे, इस व्यक्ति में तो वासना ही वासना है, प्रेम कहाँ है? जिन्होंने प्रेम को केवल दीवानगी के रूप में ही देखा और जाना है, उन्हें थोड़ी कठिनाई होगी. जिन्होंने प्रेम को केवल सागर की ऊँची ऊँची

तरंगों के समान उठते गिरते, चट्टानों से टकराते, पछाड़ खाते ही देखा है, उन्हें कुछ दिक्कत होगी. प्रेम का एक रूप वह भी है जहाँ कोई उठा पटक न हो, बरसाती उफनती नदी की पागल दौड़ न हो. एक ऐसा प्रेम भी हो सकता है जो झील की तरह शांत और निर्मल हो, जो परमात्मा के सागर की ओर भले उन्मुख न हो, लेकिन जिसमें नौका विहार का आनंद जरूर लिया जा सकता है. उनकी वासना में कुछ दुर्लभ गुण हैं जिनके कारण उसे प्रेम का दर्जा दिया जा सकता है. पहला है उसमें एकाधिकार की भावना नहीं के बराबर होना, दूसरा है ईर्ष्या का बिल्कुल न्यून होना, तीसरा है वासना के पात्र को उचित सम्मान देना, चौथा है उसका सर्जनात्मक होना और कहीं से भी विध्वंसक न होना, चाहे असफलता जितनी मिल जाय. वासना में डूबे आदमी में इतने गुण कहाँ मिलेंगे? हमारे समाज में तो दो ही तरह के लोग ज्यादातर मिलते हैं—एक प्रकार है वासना के लिए लालायित, उद्दंड और उच्छृंखल लोगों का और दूसरा प्रकार है वासना के विरोध में खड्गहस्त कट्टर लोगों का. ये दोनों प्रकार के लोग वासना से ग्रसित हैं, एक सीधे-सीधे दूसरे उलटे ढंग से. जो वासना में ठीक से डूबेगा वही उससे बाहर भी हो सकेगा. खुशवंत सिंह वासना में खूब डूबे हैं इसलिए इससे बाहर भी हैं. उनका व्यक्तित्व स्वस्थ, संतुलित और बहुआयामी है.

अब हम निकलते हैं खुशवंत सिंह की वासना की झील में नौका विहार करने. कहते हैं, होनहार बिरवान के होत चीकने पात. इसलिए आश्चर्य नहीं कि महज चार वर्ष की अवस्था में महोदय की स्त्री-सौन्दर्य देखने वाली खिड़की खुल गयी थी और पाँच वर्ष की अवस्था में एक लड़की को दिल दे बैठे थे. आगे चल कर उसी से उनकी शादी हुई. लेकिन शारीरिक परिवर्तन और किशोर कल्पना का संसार तो 12-14 के आसपास ही आरंभ होता है.

सेक्स के बारे में परंपरा से चली आ रही धारणाएँ बहुत अपरिपक्व हैं. लोग उससे नफरत करते हैं! उसे गंदा समझते हैं और शौचालय की तरह उसे बंद रखते हैं! शौचालय के साथ भी स्वस्थ व्यवहार लोगों का नहीं हैं. इसलिए खासकर बिहारियों के शौचालय मँहकते रहते हैं. जब सेक्स से घृणा होगी तो सेक्स शिक्षा की उपयोगिता समझने में भी कोई उत्सुकता नहीं होगी. सेक्स की तरह सेक्स शिक्षा से भी लोग भड़कते हैं. परिणाम यह होता है कि किशोरों में तरह तरह की खतरनाक आदतें पनप जाती हैं और परिवार का वातावरण अंदर से रुग्ण हो जाता है. सेक्स शिक्षा के अभाव में यौन चेतना से आविष्ट किशोरों की सेक्स संबंधी आरंभिक हरकतें परिवार, पड़ोस और नौकरों के बीच ही अभिव्यक्ति पाती हैं.

खुशवंत सिंह ने पहली बार जनेन्द्रियों से आनंद हासिल करने की कला अपने रसोई में काम करने वाले हम उम्र लड़के के साथ सीखी. इसी दौरान रिश्ते की एक

बहन जाड़े की छुट्टियाँ बिताने के लिए उनके घर ठहरी. दोनों छोटे बच्चे थे और 'भाई बहन' जैसे थे. इसलिए लड़की को इन्हीं के बिस्तर पर सुला दिया गया. लेखक लिखते हैं—''मैंने उसकी सलवार नीचे खिसका दी और बहाना यह किया कि जैसे कि मैं नींद में ऐसा कर रहा हूँ. मेरी हरकतों के दौरान वह भी नींद का बहाना किये पड़ी रही. हम दोनों में किसी को इस बात की धुँधली-सी भी जानकारी नहीं थी कि वयस्क स्त्री पुरुष जब एक साथ सोते हैं तो क्या करते हैं. परन्तु हमें तो एक दूसरे को भींचने में ही खूब मजा आता था.''

नैतिकतावादी बोल उठेंगे, 'राम राम, छी छी अनर्थ हो गया! भाई बहन के बीच?' ऐसे बच्चे पकड़े जाते हैं तो नासमझ अभिभावक की ओर से खूब पिटाई मिलती है और बच्चों के मन में अपराध बोध डाला जाता है, जिससे शायद जीवन भर पीछा न छूटे.

यही उम्र है जब औरतों को नंगा देखने की अदम्य आतुरता होती है. इस अदम्य इच्छा की पूर्ति लेखक तब करते हैं जब बागड़ी स्त्रियाँ क्लर्क के आँगन में नहाने आया करती थीं. वे नीम के पेड़ पर चढ़ जाते और पत्तों की ओट से उन्हें अपनी छातियों पर साबुन लगाते मलते देखते रहते थे. लेकिन इससे आगे वे नहीं देख पाये क्योंकि वे पूरी नंगी कभी नहीं होती थीं. आगे की झलक उन्हें तब मिली जब मॉडर्न स्कूल दिल्ली के छात्र घूमने वाराणसी गये थे. वहाँ एक प्रोफेसर के बगीचे के लॉन पर लंच था. ''मैं जिस कतार में था उसके ठीक सामने बीचों बीच हमारी प्रिंसिपल कमला बोस बैठी हुई थीं. जब वे घास पर बैठने के लिए झुकीं तो उनकी साड़ी ऊपर उठ गयी और उनकी जाँघों के बीच कोई घने बालों वाली चीज दिखाई दी. मैं एक दम सन्न रह गया.''

पहली झलक गुरुआनी की जनेन्द्रिय की मिली. नैतिकता की दृष्टि से यह भी पाप है. नैतिक लोगों को पता चलता तो उसे वहीं अस्सी घाट पर ले जाकर गंगा में डुबकी लगवाकर पवित्र किया जाता.

हमारे वर्तमान स्कूलों और कॉलेजों में सेक्स को लेकर कैसा वातावरण रहता है, इसे हम सभी जानते हैं. और हमारी शिक्षा उस पर आवरण डालती है. लेकिन खुशवंत सिंह का जन्म तो मानो उस आवरण को हटा कर सच्चाई दिखाने के लिए ही हुआ है—उनका एक साथी था मोहिन्दर. वह हट्टा कट्टा था. इसलिए छात्र उसे मोटा मोहिन्दर कहते थे. ''यौन चेतना भी उसमें हम सबसे कहीं ज्यादा थी. हालाँकि उसका लिंग काफी छोटा था किन्तु जब वह तन जाता तो उसे नेकर से बाहर निकालकर दिखाने में उसे संकोच नहीं होता था. हमारी अंग्रेजी की कक्षा कमला बोस की भतीजी रोमा बोस लेती थी जो उन दिनों बीस बाईस साल की रही होंगी. उनकी

कक्षा के दौरान वह अपना एक हाथ नेकर के अंदर डाल अपने लिंग को हिलाते हुए उन्हें घूरता. उस समय किसी की समझ में नहीं आता कि माजरा क्या है, किन्तु उसकी इस हरकत से हमारी लेडी टीचर एकदम हड़बड़ा जाती.'' ऐसे मोटा मोहिन्दर हर स्कूल कॉलेज में मिल जाते हैं. कोई नहीं कहेगा कि कक्षा में यह हरकत शोभन हो सकती है. लेकिन क्यों होता है ऐसा, इस पर हमारी शिक्षा ने विचार किया है? उसके पास एक ही रास्ता है, दंड दो, निष्कासित करो. यह निदान नहीं है रे नादान!

प्रायः हर किशोर को अपने परिवार में सेक्स संबंधी कुछ दृश्य दिख जाते हैं. उसके प्रति सही और स्वस्थ धारणा न रखे जाने के कारण ग्रंथि बन सकती है. लेखक 12 वर्ष का है. अभी उसे यौन क्रिया का पता नहीं है. एक रात ''मैंने देखा कि मेरे पिताजी क्लब से घर वापस आए, उन्होंने अपने कपड़े बदलकर तहमद पहना और मेरी माँ के बिस्तर में चले गये. मैंने अपनी माँ को आपत्ति करते सुना कि 'कहीं बच्चे जाग न रहे हों.' किन्तु पिताजी निश्चय ही नशे में धुत्त थे और कुछ भी सुनने को तैयार नहीं थे. उन्होंने अपना तहमद हटाया और माँ के एकदम ऊपर हो गये. फिर कुछेक बार वे ऊपर नीचे हुए और ढेर हो गए. कुछ देर बाद वे अपने तहमद को बाँधते हुए अपनी चारपाई पर चले गए. मैं समझ नहीं सका कि माजरा क्या है—सिवा इसके कि उन्होंने जो कुछ किया वह अच्छा नहीं था. मैं कई दिनों तक परेशान रहा और पिताजी से बात तक करने से कतराता रहा.''

निराला ने अपनी बेटी सरोज के सौन्दर्य का वर्णन किया तो हिन्दी आलोचना में उनके इस अकुंठ साहस की तारीफ हुई, क्योंकि जवान बेटी के सामने आम बाप तो असहज हो जाता है. निराला सहज बने रहे. निराला से भी आगे का कदम है यह जब एक लेखक किशोरावस्था में अपनी आँखों देखा माता-पिता के संभोग का वर्णन कर रहा है.

लड़का लड़की के मिलने जुलने पर पाबंदी के कारण समाज में अप्राकृतिक क्रिया व्यापार का प्रचलन हो जाता है. मैं व्यक्तिगत तौर पर जानता हूँ कि अधिकांश लड़के इसके शिकार होते हैं. अपने से बड़े एक जवान लड़के ने लेखक को लौंडेबाजी की मजेदार कहानियाँ सुनायीं—''उससे हमें पता चला कि माशूक हमेशा कोई खूबसूरत लड़का होता है जिसके सुन्दर गोल गोल नितम्ब होते हैं. उस समय हमें ऐसा लगा कि कमसिन लड़कों की लौंडेबाजी का लुत्फ उठाना ही सही मायने में 'सेक्स' है. फिर औरतें किसलिए होती हैं? उसने बताया कि बस एकमात्र अन्तर यह है कि औरतों के साथ यही क्रिया करने पर वे गर्भवती हो जाती हैं.''

सेक्स-यात्रा के विकास के चार चरण हैं—आत्मरति, समान रति, विपरीत रति और ब्रह्म रति. बाल्यावस्था में आत्मरति होती है. बच्चा अपने ही अंगूठे को चूसकर आनंदित

होता है. किशोरावस्था में समान रति यानी समलैंगिकता आ जाती है. इसके बाद विपरीत रति यानी स्त्री पुरुष का आकर्षण होता है. सेक्स का आखिरी विकास उसका रूपांतरण है जिसे ब्रह्म रति या आत्मा परमात्मा का मिलन कहा जा सकता है.

लेखक ने भी समान रति के बाद विपरीत रति की चर्चा की है—''जब मैंने मैट्रिक की परीक्षा दे दी और मॉडर्न स्कूल छोड़ दिया तब कहीं जाकर मेरा मन लड़कों से हटकर लड़कियों की तरफ मुखातिब हुआ.''

स्त्रियों के दबे सकुचे होने के कारण किशोर यह सोचने लगता है कि सेक्स की चाहत केवल पुरुषों में होती है. स्त्रियाँ तो केवल पुरुषों को खुश करने के लिए उनके यौनाचार को किसी तरह बर्दाश्त करती हैं. लेकिन जिस तरह सयाना पुरुष गुपचुप छोटी लड़की के साथ यौन हरकत करता है, वैसे ही मौका पाकर सयानी स्त्री भी अपनी चाहत प्रकट कर देती है. लड़कों से लड़कियों की ओर मुखातिब होने के दौर में वे एक बार टायफायड से घनघोर रूप से पीड़ित हो गये थे. उनकी देखभाल के लिए एक युवा नर्स रखी गयी. खुशवंत सिंह लिखते हैं—''स्पंज के दौरान ही कभी कभी वह मेरे लिंग को अपने हाथ में ले लेती और कहतीः 'तुम्हारी नन्हीं सी पोड़नी के चारों तरफ बाल उगने लगे हैं. शीघ्र ही तुम मर्द बन जाओगे और यह 'नन्हा' बड़ा होकर मजबूत हो जाएगा.' मैंने उसे सुना लेकिन कोई उत्तर नहीं दे सका. वह मेरे शिथिल हाथों को हाथ में लेती और अपने स्तनों से रगड़ती. स्पर्श की यह अनुभूति मुझे अच्छी लगी किन्तु उसके उरोजों को सहलाने की मुझमें ताकत नहीं थी. जब तक मैं उसकी सेवाओं की प्रतिक्रिया जताने और जैसे तैसे कुछ शब्द बोलने में समर्थ हुआ तब तक उसे हटा दिया गया.''

प्रेम का प्रथम अंकुर हैदराबाद की एक मुसलमान लड़की गयूर के प्रति उगा. वह उनकी बहन की सहेली थी. वह उसके लिए पागल हो उठे लेकिन धर्म ने दूरी बना रखी थी. उससे पार पाना इस युवक के वश में नहीं था. प्रथम अंकुर बड़ा कीमती होता है. एक रूपांतरण तो वह छोड़ ही जाता है. उस प्यार का सकारात्मक प्रभाव देखने योग्य है—''मेरे प्रति गयूर के प्यार ने ही मुझे मुसलमानों का बेहद प्रेमी बना दिया. मेरी नजर में कोई हिन्दुस्तानी मुसलमान कभी गलती कर ही नहीं सकता. मैं इस नतीजे पर पहुँचा कि किसी समुदाय को चाहने के लिए इतना भर काफी है कि आप उसके किसी सदस्य से प्रेम करने लगें.'' हम यहाँ देख रहे हैं कि तथाकथित धर्म मनुष्य को मनुष्य से दूर करता है और प्रेम कैसे उस दूरी को मिटा देता है. पाठक स्वयं निर्णय करें कि तथाकथित प्रचलित धर्म मूल्यवान है या प्यार?

दूसरा प्रबल आकर्षण अपने से बड़ी लड़की रोमा विश्वास के साथ हुआ. जिस समय लेखक शांति निकेतन में पढ़ रहे थे उस लड़की से मिलने कोलकाता चले गये.

काफी ढूँढ़ने के बाद उस लड़की का घर तो किसी तरह मिला लेकिन लड़की नहीं मिली. वह कहीं बाहर गयी थी. हताश लेखक ने अपना नाम लिखकर वहाँ छोड़ने के लिए लिफाफे का एक कोना फाड़ा लेकिन यह क्या, उसके अंदर दस के दोनों नोट भी फट गये. बैंक बंद हो चुके थे. उन्हें बदलना भी संभव नहीं था। बिना पैसे के शांति निकेतन लौटने में भारी दुर्गति हुई. खुशवंत सिंह लिखते हैं-"सच्चे प्यार का रास्ता कभी आसान नहीं होता. फिर यह तो सच्चा प्यार भी नहीं था. यह तो एक किशोर की अपनी से बड़ी औरत के प्रति विस्फोटक काम वासना भर थी—उस औरत के प्रति जो उसकी समस्याओं को समझने का वादा कर रही थी."

इंग्लैंड पढ़ने गये तो उनकी पुरानी दोस्त रोमा विश्वास उनकी अगुवानी करने विक्टोरिया स्टेशन पहुँची थी. दोनों में चूमा चाटी टैक्सी में चलते वक्त चलती रही. "जैसे ही हम अकेले रह गये, वैसे ही रोमा और मैं बिस्तर पर गिर पड़े और बड़े भावावेश से एक दूसरे का चूमने लगे. मैंने किसी स्त्री को इतनी नजदीकी से नहीं जाना था और मुझे ठीक ठीक जानकारी नहीं थी कि मुझे क्या करना चाहिए और क्या नहीं. मैंने उसकी साड़ी उतारने की पुरजोर कोशिश की. मैं अपने आप पर काबू नहीं रख सका. यह बड़ा ही गंदा काम था. मुझे अपने आप पर बड़ी शर्म आई और अब मैं उससे मिलना नहीं चाहता था." किस कारण से वितृष्णा हुई लेखक ने यह नहीं बताया सिर्फ इतना लिखा—"किशोर वय के लड़कों के साथ आचरण में रोमा यदि कुछ अधिक अनुभवी होती तो इंग्लैंड में अपने बाकी बसेरे के दौरान मेरे हृदय की स्वामिनी बन जाती."

इंग्लैंड में पहले साल के अंत तक वे कुँआरे ही रहे. छुट्टी में भारत लौटे. इंग्लैंड वापस जाते समय प्रथम नारी देह मिलन मुंबई के रंडीखाने में हुआ—"एक अँधेरा गंदा कमरा था जिसमें तेल की एक कुप्पी जल रही थी. उसकी चारपाई को छोड़ वहाँ और कोई फर्नीचर नहीं था. चारपाई पर एक चिकनी दरी बिछी थी और सिरहाने गन्दा सा तकिया रखा हुआ था. वहीं पानी का एक घड़ा था जिसका मुँह लोटे से ढका हुआ था. मुझे संबोधित करने के लिए वह पीछे मुड़ी और मेरी दाढी पर हाथ फिराते हुए पूछा, "तुम सरदार लोग देखने में कितने अच्छे लगते हो, किन्तु अपनी दाढ़ी पर चारों तरफ यह बाल क्यों उगा लेते हो?" मैंने कोई उत्तर नहीं दिया. उसने भाँप लिया मैं नौसिखिया हूँ. 'क्या तुम किसी औरत के पास पहले कभी नहीं गए हो?' उसने पूछा. मैंने कुछ कुछ भर्राए स्वर में जवाब दिया, 'नहीं तुम एकदम पहली हो.'

'चिन्ता की कोई बात नहीं, 'उसने उत्तर दिया, 'मैं एकदम साफ हूँ.' उसने अपनी सलवार नीचे खिसका दी और अपनी कमीज कमर के ऊपर खोंस ली और

अपने मोटे मोटे चूतड़ों को नंगा कर लिया. फिर वह घड़े के पास गई, लोटा भरा और अपनी दोनों जाँघों के बीच में पानी के छींटे मारे और अपनी बीच की चीज को एक गन्दे फटे फटाये कपड़े से सुखा लिया. वह चारपाई पर चित्त लेट गई और घुटने मोड़कर अपनी टाँगों को उठाकर छाती से लगा लिया. फिर उसने मेरी तरफ दोनों बाँहें फैलाकर कहा, 'आओ!'

अभी तक मैंने किसी औरत की जाँघों की बीच की जगह को भली भाँति नहीं देखा था. कमला बोस के बालों वाले गुप्तांगों को उड़ती नजर से देखने पर मुझे बड़ी वितृष्णा हुई थी. किसी स्त्री के अधोभाग के बारे में मेरी धारणा जो कुछ मैंने संगमरमर की मूर्तियों में देखा था उस पर आधारित थी. उनमें किसी के गुप्तांग पर बाल नहीं थे. अपने घुटनों को ठोड़ी से लगाए जो काली मोटी सी औरत मेरे सामने लेटी हुई थी उसने अपने बाल बना रखे थे. मुझे ठीक ठीक पता नहीं था कि उसमें कहाँ प्रवेश किया जाए. जैसे ही मैंने अपना पजामा उतारा और उसके ऊपर हो लिया, उसने एक हाथ से मेरा लिंग पकड़ा और अपने निशाने पर लगा दिया. दाखिल होते ही मैं खारिज हो गया.''

इसके बाद एक अंग्रेज लड़की लिलियन और मैज से छनी. लिलियन ज्यादा आकर्षक थी. चूमाचाटी और छातियों से खेल चला. लेकिन रोमा विश्वास के साथ जितनी दूर तक यात्रा की थी उससे आगे बढ़ने की हिम्मत नहीं जुटा पाये. तत्पश्चात एक एफ्रो अमरीकन लड़की मेरी स्टोक्स के करीब आये. आगे बढ़ने में घबराहट होती थी. इसे दूर करने के लिए पेरिस के रंडीखाने में दाखिल हुए. पाठक पेरिस के रंडीखाने के दृश्य देखें—''मादाम ने हमारा स्वागत किया और हमें एक बड़े ड्राइंग रूम में ले गयी जिसकी दीवारों पर शीशे लगे थे. उसने हमें बताया कि पैसा कितना खर्च होगा, बख्शीश उसके अलावा. उसने ताली बजाई. एक दर्जन लड़कियाँ दल बाँधकर भीतर आईं—सब मादरजाद नंगी. जब वे अपनी जाँघों के बीच के बालों को ऐसे मरोड़ रही थीं जैसे वे मूँछें हों, उनके लिए शैम्पेन का ऑर्डर दिया गया. हमने शैम्पेन और जो सेवायें हमें दी जाने वाली थीं, उनका भुगतान किया. हम जिन लड़कियों को चाहते थे उनकी तरफ हमने इशारा किया, और वे हमें अलग अलग कमरों में ले गईं. जो मेरे साथ थी उसने गुप्तांगों को धोया और मुझे आदेश दिया कि मैं भी ऐसा करूँ. उसने मुझसे पूछा कि क्या मैं मुख मैथुन करना चाहूँगा. मैंने दृढ़ता से जवाब दिया, 'नहीं'. पहले की तरह सम्भोग क्रिया कुछ ही सेकेंड में सम्पन्न हो गई.''

पुरुष की परीक्षा तब होती है जब कोई उसकी पत्नी से प्यार करने लग जाय. कहना न होगा कि इसमें वे उत्तीर्ण हो गये. उनके एक आई.सी.एस. मित्र थे मंगत राय. वे उनकी पत्नी के प्रेम में पड़ गये. इसका वर्णन पति के मुख से—''मुझे साफ

दिखाई पड़ रहा था कि वह उस पर काफी मुग्ध है. मुझे इस बारे में कोई संदेह न रहे, इसलिए यह स्वीकार करते हुए कि वह उससे प्रेम करने लगा है, उसने मुझे एक पत्र लिखा जिसमें हमारे यहाँ आते रहने की इजाजत माँगी गयी थी. मैंने पत्र अपनी पत्नी को दे दिया. वह बड़ी प्रसन्न हुई. मैंने इसको मजाक के तौर पर लिया और उसे आश्वस्त करते हुए लिखा कि हम पहले की तरह उसका स्वागत करेंगे. मुझे बाद में अपनी उदारता के लिए पछताना पड़ा. मंगतराय में दूसरों से अपनी बात मनवाने की अद्‍भुत क्षमता थी.

उन दिनों मेरी पत्नी अपना सुबह का समय भुवेश सान्याल के स्टूडियो में पेंटिग करते हुए गुजारा करती थी. मंगतराय ने स्टूडियो में जाना शुरू कर दिया और वह उसे यह समझाने लगा कि पेंटिंग करना बेकार का काम है. उसने पेंटिंग करना छोड़ दिया. कवल को टेनिस खेलने का बहुत शौक था और वह रोज शाम को कॉस्मोपोलिटन क्लब में टेनिस खेलने जाया करती थी. उसने उसे कायल किया कि साइकिल चलाने में ज्यादा मजा है. इसलिए कवल टेनिस खेलना छोड़कर उसके साथ साइकिल चलाने के लिए जाने लगी. वह धार्मिक अनुष्ठान को भी बड़े नियम -कायदे से पूरा करती थी. शाम को वह पवित्र ग्रन्थ को रात के लिए लपेटकर रखती थी. मंगतराय ने उसे इस कर्मकांड की व्यर्थता के बारे में कायल कर लिया. उसने अपने रोज अरदास के नियम में भी नागा करनी शुरू कर दी. मंगतराय जम के पीता था. मेरी पत्नी भी डटकर पीने लगी. वह जो कुछ करता था उस सबका धड़ल्ले से बखान किया करता था. उसने मेरी पत्नी से कहा कि एक दिन शाम को जब वह अपनी बहन को विदा करने रेलवे स्टेशन गया तो वहाँ एक ईसाई युवा लड़की टकरा गयी जो हमारी परिचित थी. उसके पास सवारी नहीं थी. मंगतराय ने उससे अपनी साइकिल पर वापिस लाने का प्रस्ताव किया. वह आगे के डंडे पर बैठ गई. शारीरिक सम्पर्क सें वे लोग उत्तेजित हो गये. उसने लड़की को अपने अपार्टमेन्ट में आमंत्रित किया. उसने आमंत्रण स्वीकार कर लिया. उन्होंने इकट्ठे बिस्तर में रात बिताई. उसने स्वीकार किया कि ऐसा करते हुए उसके मन में अपराध बोध हो रहा था. क्योंकि वह मेरी पत्नी से प्रेम करता था, उस लड़की से नहीं जिसके साथ उसने सम्भोग किया. इस बात का बुरा मानने के बजाय, मेरी पत्नी ने उसकी साफगोई की प्रशंसा की और वह उसकी तरफ और आकर्षित हो गई. जाहिर है, उन दोनों के संबंधों को लेकर तरह तरह की चर्चाएँ होती रहीं.''

ईर्ष्या की छाया भर आयी और चली गयी. सभी पुरुष स्वयं आजाद होना चाहते हैं लेकिन अपनी पत्नी को भी उतनी आजादी लेने दे, ऐसे पुरुष दुर्लभ होते हैं. खुशवंत सिंह उन दुर्लभ पुरुषों में हैं.

इस पुस्तक में प्रसंगवश देश के बहुत ही नामी गिरामी महान पद प्रतिष्ठा वाले पुरुषों और स्त्रियों के सहज यौन जीवन का सांकेतिक वर्णन है. लेकिन एक पाखंडी औरत को भी उन्होंने बेनकाब किया है जो नेहरू की दूर की रिश्तेदार थीं. वे गाँधीवादी थीं और लोगों को उपदेश पिलाया करती थीं. इंग्लैंड यात्रा के दौरान कुछ भारतीय पुरुषों ने वेश्यालयों की शोभा बढ़ायी. उनमें खुशवंत सिंह शामिल नहीं थे. लेकिन पक्की जानकारी लिये बगैर उन्होंने खुशवंत सिंह को डाँटा—'पोर्ट सईद पर आपने जो हरकतें की हैं, आप चाहते हैं कि क्या आपके देश को उसी आधार पर आँका जाय?' यही स्त्री इंग्लैंड के बर्किंघमशायर और न्यू फॉरेस्ट के बीच एक सराय में कमरा लेकर किसी अंग्रेज के साथ रात भर ठहरी थी. अतिथि रजिस्टर में उन्होंने अपना नाम किसी अंग्रेजी नाम के साथ श्री एवं श्रीमती के रूप में दर्ज किया. उनसे कौन पूछे कि होटल में जो उन्होंने हरकतें कीं क्या उसी आधार पर भारत को आँका जाय?

जहाँ सेक्स का दमन नहीं होता है वहाँ मनुष्य का वहशीपन विदा हो जाता है. खुशवंत सिंह के जीवन में ऐसे अनेक मौके आए जब सुंदरियाँ इनके साथ एक बिछावन पर सोयीं, एकांत झरने में नग्न नहायीं. लेकिन उनमें न राग पैदा हुआ, न विराग, वे वीतरागी बने रहे. जबकि नैतिकतावादी ऐसा मौका पाकर भूखे भेड़िये की तरह उन पर टूट पड़ते! भगवान भारत को ऐसे पाखंडियों से निजात दिलाये और उनकी जगह एक नहीं हजारों खुशवंत सिंह भेजे जो सेक्स की सहजता को स्वीकार करते हैं. और लाखों ऐसे लोगों को भेजे जो सेक्स को रूपांतरित कर प्रेम में बदल सके और एक के प्रेम को सर्व के प्रेम में रूपांतरित कर सके.

मार्च, 2009

❖

बाबा रामदेव की चारित्रिक-दृष्टि

बाबा रामदेव का एक रूप वह है जिसमें वे टीवी पर और जगह-जगह शिविर लगाकर योगासन और यौगिक क्रियाओं के द्वारा लोगों के रोग दूर करते नजर आते हैं. कृत्रिम और तनावपूर्ण आधुनिक जीवन ने अनेक मनुष्यों को रोगग्रस्त कर दिया है. इसके विरुद्ध बाबा की कोशिशें श्लाघ्य हैं. इसी कारण वे यशस्वी हुए हैं. इस काम के साथ-साथ वे दूसरे क्षेत्रों में भी हाथ-पाँव पसारने लगे हैं, जैसे राजनीति, राष्ट्रीय चरित्र, नैतिकता, अपसंस्कृति आदि आदि. इन क्षेत्रों में प्रवेश का स्वागत है, लेकिन यह क्षेत्र योग सिखाने की तरह सुगम और निर्विघ्न नहीं है. यहाँ पर उन्हें अनेक बुद्धिजीवियों, हृदयजीवियों और जीवंत लोगों से टकराना होगा. योग एक वैज्ञानिक प्रक्रिया है. उसका अपना प्रभाव है जो शरीर और मन के विज्ञान से जुड़ा हुआ है. लेकिन विचार भिन्न चीज है. वह अवैज्ञानिक हो सकता है, पिछड़ा, सड़ा-गला, रूढ़िवादी, जड़ और बुद्धिहीन हो सकता है. मेरे देखे बाबा के विचार ऐसे ही हैं लेकिन वे योग के वैज्ञानिक घोड़े पर अवैज्ञानिक विचार को सवार बनाकर देश में दौड़ाना चाहते हैं. कैसी विडंबना है कि अपने योग को तो वे प्रयोग आधारित मानते हैं, लेकिन विचार को नहीं. प्रयोग और अनुभव से जो विचार पैदा होते हैं, वे बड़े अनमोल होते हैं. लेकिन जो परंपरा से आ रहे विचारों को बिना जाँचे सीधे ग्रहण कर लेते हैं, वे मूल्यहीन ही नहीं खतरनाक भी हैं. बाबा के विचार ऐसे ही हैं.

बाबा की चरित्र की परिभाषा बड़ी सेक्सी है. सेक्स से जुड़ी परिभाषा को सेक्सी कहते हैं. बाबा के यहाँ चरित्र का आधार सेक्स है. सेक्स से लोग दो प्रकार से जुड़े होते हैं. पहले, वे जो अंधाधुंध सेक्स को भोगते हैं या भोगना चाहते हैं. दूसरा, वे जो सेक्स का विरोध करते हैं या करना चाहते हैं. बाबा दूसरी श्रेणी में आते हैं. मैं कबीर के शब्दों में कहूँगा—**अरे इन दोऊन राह न पाई.** इन दोनों में से कोई भी रास्ते पर नहीं है. भोगी भोग सिखा रहा है और योगी दमन. रास्ता है-न भोग, न दमन बल्कि रूपांतरण. सेक्स का रूपांतरण परम प्राप्तव्य है जो दमन से नहीं होशपूर्वक-भोग से

उत्पन्न होता है. दमन से विकृति पैदा होती है जिसे बाबा के शब्दों में 'अपसंस्कृति' कह सकते हैं. जिस अपसंस्कृति के बाबा विरोधी हैं उन्हें पता नहीं कि उसके जनक भी वही हैं. तमाम धर्मों के साधुओं, पादरियों वगैरह ने दमन सिखा-सिखा कर यौन विकृतियों को जन्म दिया है. बाबा के अनुयायी एक तरफ आँख मूँद कर योग करते रहेंगे, ज्योंही कोई स्त्री उस होकर गुजरेगी ऑटोमेटिक उनकी आँखें खुल जायेंगी. इंद्रिय-दमन करने वाले पिछले दरवाजे से ताँक-झाँक करते हैं. उनका सारा रस स्त्री में सिमट जाता है. दुनिया में एक ही चीज दिखायी पड़ती है, वह है स्त्री. नारद जैसे महर्षि भी काम का अंध विरोध करने से बुरी तरह काम ग्रसित हो जाते हैं, तो बाबा रामदेव किस खेत की मूली हैं! नारद मुनि की इस दशा का चित्र तुलसीदास ने बहुत अच्छी तरह प्रस्तुत किया है-

जप तप कछु न होइ तेहि काला. हे बिधि मिलइ कवन बिधि बाला.

काम का विरोध करने वाले नारद ही इतने काम ग्रसित हो सकते हैं और कह सकते हैं कि इस समय मुझसे न जप होगा, न तप. अब तो एक ही जप और तप है कि हे विधाता, किसी तरह एगो लड़की मिल जाय! लोग इसमें नारद का पतन देखते हैं. मैं तो काम-विरोध का पतन देखता हूँ. कोई अभिनेता-अभिनेत्री इस दशा में नहीं होगा कि वह कहे हे प्रोड्यूसर, हे डायरेक्टर इस समय मुझसे डॉयलॉग नहीं होगा, एक्टिंग नहीं होगा. क्यों? कारण सिर्फ एक है कि वे काम से दूर नहीं हैं. जो दूर जाता है, दुर्दशा उसकी होती है. काम को जानने के बाद काम व्यर्थ होता है और उससे ऊपर के आनंद की खोज शुरू होती है. इन बाबाओं ने अपने को काम में ही इतना उलझा कर रख दिया है कि राम को कौन खोजे. राम की खोज खत्म है. टीवी धारावाहिकों के माध्यम से ज्यादातर नकली जीवन प्रस्तुत किया जाता है और विज्ञापनों की तो भरमार ही रहती है. लेकिन बाबा का ध्यान इस तरफ नहीं है. उनके मस्तिष्क में निहित सेक्सुअल एंटीना झट-से टीवी के 'अनैतिक यौन संबंधों' को पकड़ लेता है. समलैंगिक संबंधों के विरोध में तो बाबा सुप्रीम कोर्ट तक चले गये! दिल्ली हाई कोर्ट ने यह तो नहीं कहा था कि समलैंगिक संबंध परम धर्म है या अनुकरणीय है. उनका निर्णय बस इतना था कि वह अपराध नहीं है. लेकिन स्वामी रामदेव उसे अपराध बताकर ऐसे लोगों को सताने का अधिकार चाहते हैं. इस तरह का काम श्री रविशंकर नहीं कर सकते. वे सहज सरल साधु हैं. उनकी काम-ऊर्जा प्रेम-ऊर्जा में रूपांतरित हो गयी है, जबकि अविवाहित बाबा रामदेव की काम-ऊर्जा उनके अंदर ही ऊमड़-घुमड़ कर उन्हें परेशान कर रही है. वह कभी उन्हें सुप्रीम कोर्ट भेज देती है, तो कभी अभिनेता-अभिनेत्रियों के 'अनैतिक आचरण' पर क्षुब्ध करवा देती है, तो कभी टीवी सीरियलों का 'व्यभिचार' उन्हें विचलित कर देती है.

नैतिकता थोपने की चीज नहीं है. अनुभव इन्द्रिय-दमन से नहीं आता. इन्द्रिय से दुश्मनी कर हम उनके स्वामी नहीं हो सकते, जिससे हम प्रेम करते हैं केवल उसी के स्वामी हो सकते हैं. जो मनुष्य जितना संवेदनशील है, वह उतना ही बड़ा धार्मिक होता है. संवेदनशीलता धार्मिक जीवन की आधारशिला है. संवेदनशील व्यक्ति जीवन के सारे रूपों को स्वीकार करता है. रूप-रस-ध्वनि-गंध-स्पर्श सारे स्वादों को जो लेता है उसी के दर पर परमात्मा दस्तक देता है.

चरित्र का सेक्स से संबंध नहीं है. चरित्रहीन वह है जो दूसरों को दुख देता है. चरित्रहीन वह है जो सदा दुखी रहता है. ऐसा ही आदमी तो दूसरों को दुख देगा! चरित्रहीन वह है जो दूसरों को अपमानित करता है. चरित्रवान वह है जो अपने समान दूसरों को समझने लगा है-'आत्मवत् सर्वभूतेषु.' ऐसा आदमी दूसरे का हिस्सा नहीं हड़पेगा, चोरी-बेईमानी नहीं करेगा, बलात्कार नहीं करेगा. करुणापूर्ण और प्रेमपूर्ण होगा. इस चरित्र के आदमी की खुशबू कुछ और ही होती है. वह बगल से गुजर जाय तो लगता है कोई देवदूत गुजर गया है. फिजाँ की हवा बदल जाती है. उनकी उपस्थिति मात्र से सुकून मिलता है.

9.8.2009

❖

ब्यूटी पार्लर

इच्छा हुई जरा शब्दकोश में देखूँ, ब्यूटी पार्लर का माने क्या होता है. मिला-'रूप निखारिका'. यानी वह प्राइवेट कमरा जिसमें सुंदरियों के रूप में निखार लाया जाता है. सुंदरियाँ अपने को सजाती हैं, पुरुष भी अपने को सजाते हैं. क्यों? दूसरों को सुंदर दिखने के लिए, विशेषकर विपरीत सेक्स को. जब पुरुष किसी सुंदर स्त्री को देखता है तो उसके भीतर कुछ होने लगता है. उसके भीतर एक कामना कसमसाने लगती है. वह काम विद्युत-ऊर्जा में रूपांतरित होकर स्त्री के दिल तक पहुँचता है. एक कामना वहाँ भी जग जाती है. दोनों तरफ कामनाजन्य गुदगुदियाँ जगने लगती हैं. एक आनंद-कंपन पैदा होने लगता है. हमें यह कंपन चाहिए, सिहरन चाहिए, इसीलिए हम सजते हैं. हमारी सजावट, हमारी सौन्दर्य-तरंग का उठकर पुरुष या स्त्री के पास जाना, वहाँ आनंद तरंग पैदा करना, उसी तरंग का लौटकर पुनः हमारे पास आना और वैसी ही आनंद तरंग पैदा करना, यही सौन्दर्य-चक्र है. रूप-निखार का यही रहस्य है. लेकिन इस ऊर्जा की यात्रा यहीं तक नहीं होती. यह आगे बढ़ना चाहती है और चरम सीमा को छूना चाहती है. पहली चरम सीमा का साक्षात्कार देह के तल पर होता है. एक तृप्ति मिलती है, लेकिन उससे बड़ी अतृप्ति भी पैदा हो सकती है, अगर आदमी का व्यक्तित्व देह प्रधान न हो तो. अगर वह व्यक्ति मन प्रधान और भाव प्रधान है तो यह ऊर्जा छोटी तृप्ति देकर बड़ी अतृप्ति पैदा कर देती है. इस बड़ी अतृप्ति के कारण वह प्रेम जगत में प्रवेश करता है और वहाँ उस भाव लोक में उच्चस्तरीय तृप्ति और अतृप्ति का खेल चलता है. लेकिन यह खेल यहीं नहीं रुकता. अगर वह व्यक्ति आत्म-प्रधान है या कुछ-कुछ उसकी आत्मा करवट बदल रही है तो उसकी यह ऊर्जा उससे भी बड़े तल पर पहुँच कर सम्पूर्ण विश्व में छा सकती है. पूरे ब्रह्मांड को अपने में समा सकती है. सर्व को अपने में विलीन कर सकती है.

जैसे एक छोटा-सा बीज फैलकर विशाल वट वृक्ष बन जाता है, वैसे ही मनुष्य

की यह काम ऊर्जा फैलकर सम्पूर्ण ब्रह्मांड को आच्छादित कर सकती है. लेकिन इसके लिए बोध चाहिए. इसके बिना वह जहाँ का तहाँ भी रह सकती है और बीमार भी पड़ सकती है.

ज्ञानी समाज वह होगा जो इस हीरे की पहचान कर सकेगा. उस हीरे को खदान से निकाल कर तराश सकेगा. अज्ञानी समाज उसे कहेंगे जिसे पता ही नहीं है कि इस ऊर्जा से क्या-क्या पैदा हो सकता है. जिस खेत की ज्ञानपूर्वक जोताई, बुवाई, निकौनी, सिंचाई आदि नहीं होती, वह जंगल में बदल जाता है. उसमें ऐरे-गैरे वृक्ष निकल आते हैं. जहरीली घास और काँटेदार झाड़ियाँ निकल आती हैं. उसमें विषैले सर्प निवास करने लगते हैं. वह एक भयानक जंगल बन जाता है, जिसमें प्रवेश मुश्किल है और प्रवेश करें तो वह खतरे से खाली नहीं है. ईर्ष्या उस जंगल की साँपिन है. क्रोध काँटेदार झाड़ियाँ है. मिलकियत जहरीली घास है. काम ऊर्जा की सही समझ न होने के कारण हमारे समाज की दशा ऐसे ही भयानक जंगल की तरह है.

कल ही टीवी पर मैंने देखा—एक सुंदरी क्रोधावतार बनी हुई है. उनका आरोप था कि उसके पति ऐयाश हैं. इसलिए पति उस समय न मिले तो वह पति के दोस्त पर ही टूट पड़ी. उन पर पति को बहकाने का आरोप था. काली माई बनी पत्नी को उनके पति से कौन मिला सकता है? अगर मिलाया भी जायेगा, तो वह मिलन ऊपर-ऊपर होगा, सिर्फ दिखाने के लिए. भीतर-भीतर घृणा फलती-फूलती रहेगी. मजा यह है कि वह स्त्री कम खूबसूरत नहीं है. कितने पुरुष उस पर कुर्बान हो जायेंगे. लेकिन क्रोध और ईर्ष्या ने उसके सौन्दर्य को बिगाड़ दिया है. उसके प्राकृतिक सौन्दर्य को मलिन कर दिया है. असली ब्यूटी पार्लर वह है जहाँ आत्मा का सौन्दर्य निखारा जाता है. आत्मा के जगते ही शरीर पर एक दीप्ति आ जाती है. उस दीप्ति का कोई जोड़ नहीं. उनकी यह भयानक स्थिति इस कारण पैदा नहीं हुई है कि उसके पति ऐयाश हैं. वे तो एक स्वाभाविक क्रिया में लीन हैं. दुखद स्थिति का कारण स्त्री के अंदर संक्रमित किया गया वह संस्कार है जो कहता है कि पति तुम्हारी वस्तु है, तुम भी पति की वस्तु हो. दोनों अपनी-अपनी वस्तुओं पर अधिकार जमाये रखो. न इधर उधर मैं ताकूँगी, न तुम ताकोगे. ताकना मना है.

एक कलकत्ते का शंकर शर्मा भी है जो अपनी पत्नी 'चीरहरण-कांड' की खुशबू को सौगात के साथ प्रेम से लेने आ रहा है. वह पत्नी को कहेगा-'जो हो गया सो हो गया. मोहब्बत में कमी नहीं आयेगी'. मेरा अनुमान है कि शंकर शर्मा को खुशबू से अब वह प्यार मिलेगा, जो इसके पहले कभी नहीं मिला होगा. आधुनिकाओं ने, जिन्हें कविवर पंत ने मार्जारी (बिल्ली) तक कहा है, अपने हाथों अपनी खुशी सड़क पर बेच दी है. सड़क पर पराये पुरुष को पीटने में कौन-सी सभ्यता है?

स्त्रियाँ ज्यादा निर्जीव होती हैं, इसलिए किसी पुरुष को देखकर कुछ जगता है तो दिल को समझा लेती हैं. लेकिन पुरुष का दिल है कि मानता नहीं. वह ज्यादा सजीव होता है. जगता है और यात्रा पर निकल जाता है. पहुँच जाता है किसी ब्यूटी पार्लर में. वहाँ उसे कुछ सजीव स्त्रियाँ मिल जाती हैं.

खबर है कि डाक बंगला चौराहे के पास दो पार्लरों से कुछ सजीव स्त्री पुरुष आपत्तिजनक अवस्था में पाये गये और गिरफ्तार किये गये. 'आपत्तिजनक' शब्द कहाँ से आया? वे लोग तो आनंदजनक अवस्था में थे लेकिन आप उतने सजीव नहीं हैं कि उस अवस्था को उपलब्ध हो सकें. इसलिए दूसरों के सुख पर आपको आपत्ति है. आपका दिया हुआ नाम 'आपत्तिजनक' आपकी मानसिक अवस्था का सूचक है, काम-रत जोड़ों की अवस्था का नहीं.

मैं ब्यूटी पार्लर की रंगरेलियों का समर्थक नहीं हूँ. वह तो इस दमित समाज की देन है. मैं तो उस प्रेम रूपी फल को लहराते देखना चाहता हूँ, जो फ्री सेक्स रूपी बाग-बगीचे में बहुतायत से फल सकते हैं. जहाँ फ्री सेक्स होगा वहाँ वेश्यालय नहीं होंगे. फ्री सेक्स की परिभाषा अलग-अलग हो सकती है. इसका जो अर्थ मेरे मन में है, हो सकता है वह अर्थ आपके मन में न हो. मैं इसकी व्याख्या में अभी नहीं पड़ूँगा. इतना भर कहना चाहूँगा कि तीन प्रकार के ब्यूटी पार्लर होते हैं. तन को निखारने वाला, मन को निखारने वाला और आत्मा को निखारने वाला. पहला शहर में हर जगह मिलता है. दूसरा साहित्य, संगीत, कला आदि में मिल सकता है और तीसरा संत-सभा में. संत समागम सर्वोत्तम ब्यूटी पार्लर है. लेकिन निंदनीय कोई ब्यूटी पार्लर नहीं. पुलिस के छापे निरर्थक हैं. संत के छापे सार्थक. शहर में फैले ब्यूटी पार्लरों पर संत ही छापे मार सकते हैं, क्योंकि उनकी काम-ऊर्जा को रूपांतरित करने की क्षमता उन्हीं में निहित है, पुलिस में नहीं.

31.07.09

❖

पुलिस का पार्लर प्रेम

बहुत सारी बातें भोलाराम की समझ में नहीं आती हैं और वह आश्चर्य में डूब जाता है. उसे विस्मय होता है कि आखिर पार्लर और रेस्तराँ के पीछे पुलिस पड़ी क्यों है? कौन-सा रस मिलता है पुलिस को? क्या अपराध है उन बेचारों का? किसका अमन-चैन लूट रहे हैं वे? उन्हें देखकर क्यों किसी के दिल में आग लग जाती है? क्यों किसी का सुख किसी से नहीं देखा जाता है? कैसा है देश? कैसी है यह रीति? कैसा है कानून? कैसे हैं उनके पालनहार? क्या है कानून का उद्देश्य? कृपाकर समझाकर मुझ अज्ञानी की चिंता दूर करें सर. सोचते-सोचते मेरा माथा फटा जा रहा है.

मट्ठुक : चिंता न करो भोलाराम. चिंता करोगे तो इस संसार में जी नहीं पाओगे. वैरायटी के लोग हैं. सबकी अपनी सोच है, अपनी चाल है. अपने-अपने हिसाब से सभी ठीक करते हैं. तुम भी अपने हिसाब से जियो. तुम क्यों पार्लर-रेस्तराँ में मौज-मस्ती करने वालों के लिए इतने चिंतित हो? न तुम्हारी चिंता से पुलिस के छापे बंद होंगे और न पुलिस के छापों से पार्लर बंद होंगे! दोनों चलते रहेंगे-पार्लर भी, छापे भी! स्त्री-पुरुष मिलन शाश्वत है. वे मिलने के अनेक उपाय ढूँढ़ते रहेंगे और पुलिस भी पैंतरे बदलती रहेगी. संसार की चिंता में पड़ोगे, तो खुद जीना भूल जाओगे.

भोलाराम : आप ही तो कहते हैं कि यह संसार जुड़ा हुआ है, सभी एक-दूसरे से संबंधित हैं. सभी एक-दूसरे को प्रभावित करते हैं. मैं प्रभावित हूँ और आप कहते हैं कि संसार की चिंता छोड़ो.

मट्ठुक : तुम तो प्रभावित हो भोलाराम, लेकिन तुमसे वे पकड़े गये विलासी प्रभावित नहीं हैं. वे तो तुम्हें जान तक नहीं रहे हैं. उन्हें कहाँ पता है कि भोलाराम नामक एक जीव हमारी चिंता में रोज-रोज मरा जा रहा है? तुम उनसे संबंधित हो गये, वे तुमसे संबंधित नहीं हैं. एकतरफा प्रेम की तरह एकतरफा चिंता भी बड़ी त्रासद होती है, भोलाराम.

भोलाराम : जब लड़के-लड़कियाँ पार्कों में मिलते हैं, तो कहा जाता है कि सार्वजनिक रूप से अश्लीलता का प्रदर्शन हो रहा है. लेकिन जब रेस्तराँ की धूपछाँही में एक पर्दे वाले केबिन में मिलते हैं, जहाँ देखने वाला कोई नहीं है, अश्लीलता का सार्वजनिक प्रदर्शन भी नहीं है, वहाँ भी पुलिस वाले पहुँच जाते हैं? आप कहा करते हैं कि लड़का-लड़की जब स्वतंत्रतापूर्वक मिलेंगे, तो प्रेम का वातावरण बनेगा. आप ही कहिये, युवा लड़के-लड़की कहाँ मिलें? अगर वे नहीं मिलेंगे, तो प्रेम का वातावरण कैसे बनेगा?

मटुक-प्रेम का वातावरण बनता है पक्के प्रेमियों से, विशुद्ध विलासियों से नहीं. समाज में विलासियों की भरमार है, लेकिन प्रेमी नहीं हैं. दोनों में एक ही अंतर समझो, प्रेमी बहादुर होता है, विलासी कायर. प्रेमी प्रेम के लिए अपना सब कुछ झोंक देता है, विलासी अपना सब कुछ बचा लेना चाहता है. पढ़ा नहीं कि छापे पड़ते ही कैसे वे दुम दबाकर भागने लगे! प्रेम-वीर होते तो पुलिस से कहते हाँ, हम मिलेंगे. आप क्या करेंगे? हम आपका क्या लेते हैं? आपका या किसी का हमने क्या बिगाड़ा है? जाइये बालिका विद्यालय और महिला महाविद्यालय के गेटों पर. वहाँ आपको बहुत उचक्के और लफंगे मिलेंगे जो लड़कियों पर फब्तियाँ कसते हैं, छेड़छाड़ करते हैं. लड़कियाँ परेशान हैं उनसे. उन्हें बचाइये. यहाँ तो हम दोनों में कोई परेशान नहीं है. हम आनंदित हैं. आपका चैन क्यों उड़ गया?

भोलाराम : कितनी आसानी से आप बोल गये सर! आपको क्या नहीं मालूम कि घर में प्रेम की मनाही रहती है? बाहर मनाही है? पुलिस घर में फोन कर देगी, तो क्या हाल होगा? छिपकर मिलने के सिवा कोई चारा है?

मटुक : जिस वातावरण की बात तुम कह रहे हो भोलाराम, वह छिपकर मिलने से नहीं बनेगा. सीना तानना ही पड़ेगा. निर्भय होना पड़ेगा, विचारवान होना पड़ेगा. बहस की शुरूआत घर से करनी पड़ेगी. लड़के-लड़कियाँ घर में बात करेंगे. पिता से कहेंगे, माँ से कहेंगे, भाई-बहन से कहेंगे—हमें प्यार की आजादी चाहिए.

भोलाराम : ऐसा गुर आप बता रहे हैं कि बताते ही प्रेम समाप्त. कौन माँ-बाप बच्चों से कहेंगे कि प्रेम करो?

मटुक : जब माता-पिता ही उनके साथ नहीं हैं, तो पुलिस विरोध में क्यों नहीं होगी? लोगों का चुप रहना और प्रेम का विरोध करना ही पुलिस का बल है. समाज स्त्री-पुरुष मिलन के खिलाफ है, इस कारण सभी को उन पर अत्याचार का अधिकार मिल जाता है. प्रेम में जूझना पड़ता है. मुझे तो फोन पर ज्यादातर लूहेड़े ही मिलते हैं भोलाराम. जो प्रेम के लिए कोई कीमत नहीं चुकाना चाहते, फोकट में पा लेना

चाहते हैं, उन गदहों को टिप्स चाहिए. बताता हूँ तो कहते हैं—'कोई जादू-टोना बताइये सर!' प्रेम संसार की सबसे कीमती चीज है. इसलिए उसकी कीमत भी सबसे बड़ी होती है. सब कुछ अर्पित करने के बाद भी वह मिल जाय, तो इसे सस्ता ही समझना. आगे से दूसरों की समस्या लेकर मेरे पास मत आना. केवल अपनी समस्या रखना.

भोलाराम : उनकी समस्या ही मेरे सर पर चढ़ गयी थी, सर. अब उतर गयी है.

26.08.09

❖

चुंबन की चाहत

जाने क्या टीवी पर देख लिया था चेलाराम ने थोड़ा विचलित नजर आ रहा था. भोला मुझसे बोला-ठीक कहा था आपने सर, कोई मामूली-सी घटना घटती है और हर चैनल पर चल पड़ती है. कल एक प्यारी-सी लड़की प्यारे-से इरफान पठान को चूमना चाह रही थी. बस यही घटना एक सनसनी खबर बन गयी!

मटुक : इसे मामूली-सी घटना न कहो भोलाराम. होगी यूरोप के लिए मामूली, बल्कि वहाँ तो यह शिष्टाचार है, घटना नहीं. लेकिन भारतवर्ष के लिए बहुत बड़ी घटना है. भूल गये, शिल्पा शेट्टी का गाल जब रिचर्ड गेर चाट रहा था तो कितना हो-हंगामा हुआ था! चुंबन पर रोक लगाने के लिए ही तो सेंसर बोर्ड बना है! चुंबन का दृश्य होना चाहिए या नहीं, कितनी दूरी पर होना चाहिए, किस जगह 'किस' लेना चाहिए, कितनी मात्रा में लेना चाहिए, कितनी देर तक लेना चाहिए. सेंसर बोर्ड के सामने यह एक गंभीर समस्या है!

भोलाराम : फिल्मों में गोली चलती है, हत्या होती है, छुरा घोंपा जाता है, डाका डाला जाता है, चोरी चलती है, ठगी, बेईमानी क्या नहीं होता है, क्या इसके लिए सेंसर बोर्ड नहीं है? इसका बुरा प्रभाव समाज पर नहीं पड़ता है?

मटुक : नहीं भोलाराम, यह सब भारत में रोजमर्रे की जिंदगी में आम बात है. तुम सड़क पर किसी भी दिन निकल जाओ, कोई न कोई झड़प कहीं न कहीं तुम देख ही लोगे, लेकिन आज तक सड़क पर किसी को प्यार से चूमते हुए देखा है? प्यार प्रतिबंधित है. जीवन में जो चीज मूलभूत है, अगर उसी को दबाया जाय तो दबता तो वह नहीं है, अंडरग्राउंड जरूर हो जाता है और उपन्यास, कविता, चित्र, गीत, सिनेमा, टीवी आदि में छिटक कर जगह पा लेता है. अगर वास्तविक जीवन में चुंबन सहज स्वीकार्य होगा तो कौन टीवी पर उसे देखने जायेगा और जब कोई देखने वाला ही न हो तो टीवी वाला दिखायेगा क्यों? क्या फायदा! अभी लालायित लोग टीवी में लटक जाते हैं और चतुर बिजनेसमैन मौके का फायदा उठाकर टी. आर. पी. झटक लेते हैं.

भोलाराम : उस दृश्य पर आपकी प्रतिक्रिया?

मटुक : वह बहुत ही सुंदर, शोभनीय दृश्य था. लड़की बड़ी देर से ललच रही थी इरफान को देख-देखकर. लेकिन उसने स्वप्न में नहीं सोचा होगा कि इरफान इनकार कर देंगे. व्यग्र वासना उछल पड़ी कंधों तक. हाथ कंधों से लिपट गया और उनके मुख को अपने मुख की ओर मोड़ने के लिए हल्का दबाव बनाने लगा. यह सब ऑटोमेटिक हुआ. मैंने उस वासना में परमात्मा की ऊर्जा को ही उछलते देखा. मेरे लिए वह दृश्य बड़ा ही आह्लादकारी, आनंददायी और शांतिप्रद था.

भोलाराम : और इरफान की सविनय अवज्ञा कैसी लगी?

मटुक : उसे 'सविनय अवज्ञा' मत कहो. यह बड़ा ही शुष्क शब्द है. वह प्रेमपूर्ण मुस्कान के साथ क्षमा प्रार्थना थी—'क्षमा करो देवि! तुम अभी होश में नहीं हो, लेकिन मैं तो हूँ. मैं देख रहा हूँ कैमरे की नजर हम दोनों पर है. क्षण भर में ही यह दृश्य देशवासियों के सामने होगा. बड़ा बावेला मचेगा और देखती नहीं बगल में भैया राम (युसूफ पठान) भी कैसे मुस्कुरा रहे हैं!' इरफान का मुस्कान के साथ इनकार सुंदर था!

भोलाराम : आप तो दोनों को सुंदर बता रहे हैं! क्या लड़की ने मर्यादा का उल्लंघन नहीं किया? क्या आपको नहीं लगता कि राम-लक्ष्मण के बीच यह शूर्पणखा आ गयी थी?

मटुक : इतना निर्दय न बनो भोलाराम! जो जीवन जीता है, वही वास्तविक मर्यादा का अर्थ समझता है. बाकी लोगों के लिए मर्यादा पाखंड का पर्यायवाची है. तुमने राम-लक्ष्मण और शूर्पणखा का नाम लेकर अच्छा किया. मुझे याद दिला दी उस कुरूप और अशोभनीय दृश्य की जो पाखंडियों के बीच मर्यादा पुरुषोत्तम की मर्यादा का उत्तम उदाहरण माना जाता है.

भोलाराम : आप तो उलटी गंगा बहा रहे हैं सर. लगता है फिर कोई बवाल मचाइयेगा!

मटुक : गंगा तो सीधी ही बहती है भोलाराम! सिर्फ मर्यादावादी तुलसीदास ने उलटी नजर से उसे देखा है और हर रामायणी ने उस दृष्टि को बिना सोचे समझे अपना लिया है. अब सोचो, जंगल में दो सुंदर राजकुमार एक स्त्री के साथ बैठे हैं. एक प्रतापी सम्राट की अपूर्व सुंदरी बहन अपने लिए एक सुंदर वर की तलाश में घूम रही है. अचानक राम को देखकर लगता है कि मंजिल मिल गयी और वह 'प्रपोज' कर देती है. इसमें कोई गलती नहीं है. एक स्त्री को अधिकार है कि वह किसी पुरुष से प्रणय-निवेदन कर सके. सभ्य सुसंस्कृत राम का आचरण यहाँ पर बड़ा ही असभ्य रहा है. उन्होंने उसे लक्ष्मण के पास यह कहते हुए भेज दिया—**अहइ कुआर मोर लघु भ्राता**. माने समझ रहे हो न भोलाराम?

भोलाराम : जी सर!

मटुक : लक्ष्मण तो विवाहित थे, लेकिन शूर्पणखा का उपहास उड़ाने के लिए राम ने झूठ कहा कि लक्ष्मण कुँवारा है. इसलिए उनके पास चले जाओ. वह मेरा छोटा भाई है. मैं तो विवाहित हूँ. देखती नहीं बगल में पत्नी बैठी है! शूर्पणखा लक्ष्मण के पास जाती है.

भोलाराम : लक्ष्मण ने क्या कहा?

मटुक : उन्होंने भी टहला दिया. कहा, उन्हीं के पास जाओ. वे कोशल नरेश हैं. राजे-रजवाड़े तो एक से अधिक ब्याह करते ही हैं. एक पत्नी और रख लेंगे, क्या हर्जा है? वे समर्थ हैं, उनको अधिकार है. वे जो चाहें कर सकते हैं, उन्हें फबेगा. इस तरह पेंडुलम की भांति दोनों भाई शूर्पणखा को झुलाते हैं. शूर्पणखा का क्रोध स्वाभाविक है-'कामात्क्रोधोऽभिजायते'. उसके क्रोध का फायदा उठाकर राम के इशारे पर लक्ष्मण उनका नाक-कान काटकर उसे कुरूप कर देते हैं!

भोलाराम : यह तो बड़ा जघन्य मालूम पड़ता है सर.

मटुक : और पाखंडियों ने इसे भी राम के श्रेष्ठ कृत्य के रूप मे रखा है! उलटी गंगा कौन बहा रहा है? भोलाराम, निर्णय तुम्हीं पर छोड़ता हूँ. इस काली पृष्ठभूमि में इरफान पठान का आचरण कितना सभ्य, कितना मुलायम और मोहक है! तुम समझ सकते हो. और बगल में खड़ा छोरा युसूफ पठान भी कैसी रसभरी मुस्कान बिखेर रहा है!

भोलाराम : एक आखिरी प्रश्न सर. अगर आप इरफान की जगह होते तो?

मटुक : मैं अगर बाबा रामदेव होता तो कहता कि गुरु से इस तरह का प्रश्न नहीं पूछा जाता. सुना है, 'आपकी अदालत' में संभावना सेठ ने बाबा रामदेव से उमर पूछी थी. बाबा ने बताने से इनकार कर दिया था. संभावना को पता नहीं होगा कि बाबा और वेश्या एक सिक्के के दो आयाम होते हैं. एक इंद्रिय को दाब कर बैठा है, दूसरे ने खुला छोड़ दिया है. इसलिए बाबा और वेश्या दोनों उम्र या तो बताते नहीं या गलत बताते हैं.

भोलाराम : सर, आप तो बाबा रामदेव पर पिल पड़े हैं?

मटुक : याद आ गई भोलाराम कि तथाकथित साधु कितने असहज होते हैं! उम्र बताने से भी घबड़ाते हैं! अब अपने प्रश्न का उत्तर सुनो. मैं सारा काम मूड के हिसाब से करता हूँ. पहले से सोचकर नहीं करता. अगर उस समय मेरा मूड नहीं होता तो वही करता, उसी तरह करता, जो इरफान ने किया. लेकिन अगर मेरा मिजाज बम-बम होता तो उनको बाँहों में लपेट लेता और चुंबन का प्रतिदान चुंबन से देता.

18.08.09

कुतिया से रति

घटना मुंबई के महाड़ा बिल्डिंग की है. शनिवार की रात. महेश कामथ नामक एक पैंतीस वर्षीय टैक्सी ड्राइवर कामाग्नि में जल रहा था. कोई उपाय न पाकर अंत में एक कुतिया के साथ संभोग कर उसने अपनी प्यास बुझायी. मेरे पास 4 सितंबर के 'दैनिक भास्कर' की खबर को छोड़कर विशेष जानकारी प्राप्त करने का कोई साधन नहीं है. कुतिया से भी पूछताछ नहीं की जा सकती है. यह पता करना बहुत मुश्किल है कि यह घटना कुतिया की राज़ी खुशी से हुई या यह बलात्कार था. मामला त्रिदेव पुलिस स्टेशन तक पहुँच गया. पुलिस ने इसे बलात्कार का नाम दिया. महेश कामथ ने भी स्वीकार किया कि हाँ, मैंने बलात्कार किया है और इसके लिए मुझे कोई अफसोस नहीं है. स्वाभाविक है, जो भी उससे हुआ वह प्रबल कामदेव ने करवाया होगा. उससे वह तृप्त हुआ होगा. फिर महेश क्यों अफसोस करे!

पुलिस के सामने समस्या थी कि महेश पर कौन-सी धारा लगायी जाय. बहुत मंथन के बाद दो धाराएँ खोजी जा सकीं. भारतीय दंड संहिता की धारा 377 और 12. धारा 377 अप्राकृतिक एवं जबदस्ती यौन संबंध से जुड़ी है, जबकि धारा 12 पशुओं के प्रति क्रूरता की रोकथाम से संबंधित. जाहिर है, धारा 377 मनुष्यों का मनुष्यों के साथ यौन संबंध को ध्यान में रखकर बनायी गयी है, पशुओं को ध्यान में रखकर नहीं. लेकिन पुलिस ने मनुष्यों वाली धारा पशुओं पर भी लागू कर दी है. क्रूरता का मामला बनता है या नहीं, यह विचारणीय है. फिलहाल कोर्ट को इस पर विचार करना है, क्योंकि मामला गिरगाँव कोर्ट में चला गया है. कोर्ट ने आरोपी को 15 सितंबर तक के लिए न्यायिक हिरासत में भेज दिया है. आरोपी के खिलाफ दो प्रकार के सबूत पेश किये जायेंगे—प्रत्यक्षदर्शियों के बयान एवं मेडिकल रिपोर्ट. मेडिकल जाँच के लिए महेश के कपड़े और वीर्य लेकर कलीना फोरेंसिक लैब में भेज दिया गया है. नाखूनों से नोचे गये कुतिया के बाल जाँच हेतु संकलित किये गये हैं. प्रयोगशाला में कुतिया के जननांगों का भी परीक्षण होगा. देश में इस तरह का पहला मामला है

जो अदालत तक गया है!

पशु के दुख का अनुमान कर मनुष्य को सजा देने की तैयारी चल रही है. मेरा प्रश्न है कि अगर पशु पर यह अत्याचार है, तो मेडिकल कॉलेजों में और अनेक प्रयोगशालाओं में मेढकों, चूहों आदि के साथ जो रोज अत्याचार होते हैं, उन पर यह मामला क्यों नहीं बनता? खेत जोतने में, गाड़ी ढोने में पशुओं को क्यों लगाया जाता है? उनका क्या अपराध है? वनस्पतियों में क्या पशुओं का हिस्सा नहीं हैं? क्यों घोड़ों की सवारी की जाती है और मनुष्य रणक्षेत्रों में उनका उपयोग करता है? क्यों बेचारे गदहों पर बोझ लादे जाते हैं? बछड़ों के हिस्से का दूध मनुष्य क्यों पी जाता है? अगर महेश! कामथ बेचारे अदालत में घसीटे जाते हैं, तो तमाम मनुष्य जाति को कटघरे में खड़ा करना पड़ेगा, क्योंकि मनुष्य ने पशुओं की स्वतंत्रता छीन ली है और अपने स्वार्थ के लिए उन्हें गुलाम बनाया है. उनसे बेगारी ली है और ले रहा है.

इस घटना से पूरे देश में इस बात पर चर्चा होनी चाहिए थी कि हमने काम वासना के स्वाभाविक निकास का मार्ग नहीं खोजा तभी तो मनुष्य को पशुओं के पास जाना पड़ा? एक काम तृप्त आदमी कभी स्वप्न में भी वह नहीं कर सकता है जो एक काम अतृप्त आदमी यथार्थ में कर गुजरता है. जो विषय शिक्षालयों, गोष्ठियों, सेमिनारों में विचार करने योग्य था, उसे अदालत में भेज कर क्या हमने वैचारिक दिवालियेपन का परिचय नहीं दिया है? इस देश की वैचारिक शक्ति अभी तक क्यों सोयी हुई है? यह घटना केवल इस मामले में ऐतिहासिक है कि अदालत तक चली गयी, वरना सामान्य है. हर गाँव-शहर में कुछ काम -पीड़ित लोग गाय, भैंस, बकरी के खुले जननांगों की ओर आकृष्ट होते हैं और प्यास बुझाते हैं. स्वाभाविक काम प्रवाह पर प्रतिबंध लगने से काम मरता नहीं है, किसी गंदे नाले से राह निकाल लेता है.

7.09.09

❖

अध्याय : तीन

कत बिधि सृजीं नारि जग माहीं

भुक्खड़ भीड़ में भयभीत भामिनी

टीवी पर दिखाई पड़ा कि पटने के एक्जीविशन रोड पर भीड़ एक लड़की को अपना ग्रास बना रही है. बड़े आनंद से उसे नाच-नाच कर खाना चाहती है. सुनाई पड़ा कि उसके वस्त्र उतारे गये. स्क्रीन पर लिखा मिला 'चीरहरण'. टिप्पणियाँ आयीं—कहाँ है सुशासन? सुशासन यानी पुलिस. पुलिस यानी भय. भीड़ भयमुक्त क्यों है? उसे भय होता, तो ऐसी घटना क्यों घटती? लेकिन उन टिप्पणियों में वह बात नहीं सुनायी पड़ी जो बात इस तरह की घटनाओं का असली कारण होती है.

जितनी भी बुराइयाँ समाज में हैं, उनके कारण वर्तमान शिक्षा प्रणाली में हैं. न तो पुलिस उसका निदान है और न प्रशासन. मनुष्य को सहज मनुष्य बनाने वाली शिक्षा जब तक नहीं लायी जायेगी तब तक इस तरह की घटनाओं को रोकना असंभव है. कोई भी सरकार नहीं रोक सकती. एक अच्छी सरकार, एक क्रांतिकारी सरकार का कर्तव्य है कि इस कुशिक्षा की जगह सुशिक्षा लाये. तब सरकार को कुछ नहीं करना पड़ेगा, सारा काम सुशिक्षा कर लेगी. लेकिन यह काम क्रांतिकारी सरकार ही कर सकती है. जनता की आँखों में धूल झोंककर सत्ता-सुख पाने वाली सरकार के वश की बात नहीं है कि इस शिक्षा में परिवर्तन करे. वह सरकार जनक्रांति से पैदा हो सकती है. जनक्रांति की हवा कुछ क्रांतिकारी व्यक्ति अगर समाज में हों तो वहाँ से बहेगी. अभी तक नहीं बह रही है. इसका मतलब है कि अभी अंधेर-युग चल रहा है. अंधेरा वहाँ है, जहाँ क्रांतिकारी नहीं हैं.

रे रोक युधिष्ठिर को न यहाँ, जाने दे उनको स्वर्ग धीर.
पर फिरा हमें गाण्डीव गदा, लौटा दे अर्जुन भीम वीर.

दिनकर की इन पंक्तियों में युधिष्ठिर धर्म के नहीं कायरता के प्रतीक हैं. यह कायर-युग है. जहाँ देखिये वहाँ कायरतापूर्ण, बर्बरतापूर्ण हरकतें दिखाई पड़ेंगी, लेकिन विवेकसम्मत परिवर्तन की एक छोटी-सी लहर भी कहीं नहीं दिखायी पड़ती है.

जब अनेक लोग मिलकर किसी काम को अंजाम देते हैं तो उनके मन में यह बात बैठी रहती है कि यह सही काम है. भीड़ के कारण उन्हें एक बल मिल जाता है. व्यक्ति गलत कर सकता है, भीड़ जो कर रही है उसे तो सही ही होना चाहिए! अगर भीड़ के मन में ऐसा भाव नहीं होता तो लड़की को नोंच डालने वाले लड़के खुशी का इजहार क्यों करते! देखिये उन लड़कों के चेहरों पर आनंद! कितनी खुशी उनके चेहरों पर है! आप उसे कहते हैं शर्मनाक हँसी? मैं कहता हूँ अबोध हँसी. उसे पता ही नहीं कि वह कितना गलत काम कर रहा है! उसे तो बस इतना पता है कि गलत काम करने वाली कॉल गर्ल को वह सजा दे रहा है! लेकिन सजा देने के लिए वह उसे नंगा क्यों कर रहा है? उसके अंगों को छू क्यों रहा है?

भीड़ का दूसरा मनोविज्ञान है कि वह निर्भय होती है. अकेला कोई आदमी ऐसा करेगा तो पकड़ा जायेगा—भीड़ में कौन किसको देखता और पहचानता है? भीड़ से तो सरकार भी डरती है, क्योंकि विवेकी पुरुषों ने तो उसे चुना नहीं है, भीड़ ने ही चुना है, इसलिए अपने आका के खिलाफ काका कैसे जा सकते हैं? भीड़ ट्रेन जला सकती है, भवन भस्म कर सकती है, मोटर फूंक सकती है. आदमी को चोर के नाम पर पीट-पीट कर मार सकती है. उसे जीप में बाँध कर सड़क पर घसीट सकती है. वह परम स्वतंत्र है, कुछ भी कर सकती है!

हमें विचार करना चाहिए कि कल की घटना में भीड़ ने ऐसा क्यों किया? एक ही कारण है—उसके भीतर दमित कामवासना ऐसा करवाती है. सही शिक्षा वासना का रूपांतरण करना सिखाती है, जबकि वर्तमान शिक्षा दमन सिखाती है. दमित वासना ऐसे-ऐसे अवसरों पर उसी तरह प्रकट हो जाती है जैसे बरसात में जोंक. जोंक धरती के नीचे कहीं छिपी होती है. काम-लिप्सा मनुष्य के मन के एक कोने में जोंक की तरह दबी होती है और प्रकट होने का अवसर ढूँढ़ती रहती है. भीड़ उसे वह अवसर प्रदान कर देती है. डरने की कोई बात नहीं, सब कर रहे हैं, तुम भी करो.

कॉल गर्ल और कॉलर ब्वॉय इसी दमन की उत्पत्ति हैं. चाहे जितनी भी धरपकड़ करो, ब्यूटी पार्लर पर छापे मारो, सेक्स के अड्डों का उद्भेदन करो—न कॉल गर्ल की संख्या घटने वाली है और न कॉलर ब्वॉय की. जो धरपकड़ करने जाता है, वह भी ललचायी नजरों से उसे देखता है. अगर थाने में एकांत मिल जाय तो वह भी हाथ साफ करना चाहता है. केवल पुलिस ही नहीं पत्रकार भी प्यासी नजरों से देखता है!

सही शिक्षा इस बीमार मन का इलाज करती है. मन की प्यास बुझाने के सारे स्वस्थ रास्ते बंद हैं. सही शिक्षा की एक महत्वपूर्ण विशेषता होगी कि स्त्री-पुरुष को प्रेम की स्वतंत्रता मिले. जिस समाज में प्रेम भी चोरी से करना पड़े, उस समाज में

ऐसा क्या बचा रहेगा जिसको ईमानदारी से किया जा सकेगा? जिस समाज में प्रेम की इजाजत नहीं होगी, उस समाज की भीड़ कानून को अपने हाथ में लेकर जर्बदस्ती वैसा ही घृणित काम करेगी जैसा एक्जीविशन रोड पर किया गया. प्रेम-वर्जित समाज की देन हैं कॉल गर्ल और कॉलर ब्वॉय. प्रेम वर्जित समाज की देन है भीड़ का वहशीपन. स्त्री को खुलेआम नंगा करना पुरुषों की उस प्यास का परिणाम है जो स्त्री को नंगा देखने के लिए बेताब रहता है. लेकिन इसका कोई स्वस्थ रूप नहीं ढूँढ़ा जा सका है. पुरुषों की प्यास का दोहन करने के लिए लगभग सभी अखबारों, पत्रिकाओं, चैनलों के विज्ञापनों और विभिन्न कार्यक्रमों में स्त्री के अर्द्धनग्न चित्र दिखाये जाते हैं. यह काम-पिपासा मिटाने का नहीं, बल्कि भड़काने का उपाय है. अगर स्त्री को नग्न देखने की बीमारी से पुरुष को उबारना है तो माता पिता को प्रशिक्षित करना पड़ेगा. क्योंकि वे ही अपनी काम-कुंठा बच्चों में संक्रमित कर देते हैं. छह महीने की लड़की के अंग पर वस्त्र डाल देते हैं. काम-कुंद माता पिता उन अंगों के प्रति अतिरिक्त संवेदनशील होते हैं. परिवार प्रथम पाठशाला है और माता पिता प्रथम शिक्षक. ओशो कहते हैं कि अगर घर में लड़के लड़कियाँ 7-8 वर्ष तक सहज रूप में नग्न रह सकें तो जवानी में स्त्री को नंगा देखने की उनकी तड़प शांत हो सकती है. नयी मानवीय शिक्षा-प्रणाली को अपनाकर ही इस तरह की घटनाओं से मुक्ति पायी जा सकती है. विधान सभा में हल्ला करने से कुछ नहीं होने का.

24.07.09

❖

यम यातना गृह

महिला पर मेहरबान मुख्यमंत्री से मिन्नत है कि एक मामूली-सी मेहरबानी और कर दें. महिला सुधार गृह का नाम सार्थक कर दें या उसका नाम बदल दें. या तो वह वास्तव में सुधार गृह हो जाय या जैसा वह है उसके रूप-गुण के अनुसार उसका नामकरण हो जाय. दो में एक होना जरूरी है. नहीं तो बेढब नाम शोभा नहीं देगा. लोग हँसेंगे, उसी तरह जैसे 'अमीर रथ' का नाम 'गरीब रथ' रख देने से हँसते हैं. जैसे बेचारे दुबले-पतले राजनेता को एक मन की माला पहना देने से लोग हँसते हैं. वह कैसी माला है जिसको सँभालने के लिए दो-तीन आदमी चाहिए? वह अहंकार की माला है. छोटी माला गले का आभूषण बनती है, बड़ी माला अहंकार का आभूषण. जितना बड़ा अहंकार, उतनी बड़ी माला!

'सन्मार्ग' ने उसका नाम 'यातना घर' रखा है. गृह को घर कहना ज्यादा ठीक है. लेकिन पहले से 'गृह' चला आ रहा है. लोग अभ्यस्त हो गये हैं. तो यह नाम चल सकता है. इस नाम में एक विशेषता और है. गृह का मतलब है वह जगह जहाँ स्थित होने पर लोग 'गृहस्थ' हो जाते हैं. आखिर महिला सुधार गृह का मतलब क्या है? यही न कि गृह से गिरी, घर से निकली या निकाली गयी महिलाओं को कुछ दिनों तक वहाँ रखकर इतना सुधार दिया जाय कि वे पुनः घर में बसने लायक हो जायँ. वे गृहस्थिन हो जायँ. लेकिन वहाँ तो घर भेजने के बदले यमलोक भेजने लायक उनको बनाया जाता है. इसलिए मेरी नजर में उसका सटीक नाम होगा 'यम यातना गृह'. इसका मतलब है कि वहाँ महिलाओं को इतनी यातनाएँ दी जायँ कि वे यमराज को प्यारी हो जायँ. वहाँ से प्रतिदिन एक ट्रेन छूटे. उसका नाम हो 'यम यातना गृह टू यमलोक वाया एन.एम.सी.एच!'

व्यवस्था इतनी सड़ गयी है कि जो जहाँ है, वहीं खा रहा है. जो उल्लू जिस शाख पर बैठा है उसी को सोख रहा है और पूरा पेड़ सूख रहा है! मास्टर है तो बच्चों के अनाज का शेयर होल्डर है! आंगनबाड़ी की सेविका अपनी सेवा करने में माहिर

है! गाँव का मुखिया जल-जलकर, कमीशन आदि को ढूँढ़ रहा है! 20-25 लाख कमाने के बाद करोड़ पुराने पर लगा हुआ है! कोई कार्यालय है तो चढ़ावा के बिना फाइल चढ़ती ही नहीं! अभी-अभी झारखंड के पूर्व मुख्यमंत्री मधु कोड़ा के द्वारा अरबों रुपये के घोटाले का मामला प्रकाश में आया है. आखिर बिहार-विभाजन हुआ किसलिए था! इसी लाभ के लिए न! एक व्यक्ति के वश की बात नहीं है कि इस सड़न को दूर कर सके. वह सत्ता का मजा लेने के लिए दिखावा कर सकता है. कुछ दिनों तक जनता को सपना दिखा सकता है. लेकिन सपने टूटते हैं. अधिक समय तक नहीं चलते. फिर कोई नया व्यक्ति आयेगा नया सपना लेकर और अपने स्वप्न-जाल में कुछ दिनों तक जनता को बाँधकर सत्ता-सुख प्राप्त कर विदा होगा. जनता की गति वही होती रहेगी जैसे इस गीत में घुंघरू की है—

बजता ही रहा हूँ मैं घुंघरू की तरह
कभी इस पग में, कभी उस पग में, बँधता ही रहा हूँ मैं.

भोलाराम ने पूछा है—आपके पास कोई उपाय है? आपको महिला सुधार गृह का अधीक्षक अगर बना दिया जाय तो आप क्या करेंगे?

मटुक : केवल अधीक्षक बना देने से काम नहीं बनेगा, पावर देना होगा. सुधार की गारंटी मैं दूँगा. कार्य की शैली मेरी अपनी होगी. उसमें दखलंदाजी नहीं होगी.

भोलाराम : क्या करेंगे आप?

मटुक : रचनात्मक काम अनेक रोगों की औषधि है. महिलाओं की रुचियों को ध्यान में रखकर अनेक प्रकार की सर्जनाएँ शुरू होंगी. बहुत प्रकार के खेल-कूद आरंभ होंगे. इन सबको ध्यान और प्रार्थना से जोड़ा जायेगा. नकली प्रार्थना नहीं जिसमें मंदिरों और घरों में तोतों की तरह दूसरों की वाणियाँ दुहरायी जाती हैं. असली प्रार्थना—अपने हृदय का उद्गार अपनी वाणी में. ध्यान मन को शांत करता है, प्रार्थना मन को शुद्ध करती है. मन के शांत और शुद्ध होते ही वे स्वस्थ हो जायेंगी. तब जहाँ वे जाना चाहेंगी, वहाँ भेजने का इंतजाम होगा. कोई माता-पिता के घर जाना चाहेंगी, कोई पति के घर, कोई प्रेमी के घर.

भोलाराम : परिवार और प्रेमी जन स्वीकार न करें तो?

मटुक : कोई हर्ज नहीं. तब वे एक नया घर बसायेंगी. संसार में हर व्यक्ति को अपने पाँव पर खड़े होने के लिए अथवा एक नया घर बसाने के लिए संघर्ष करना ही पड़ता है. तनाव रहित, आनंदपूर्ण होकर कैसे जीवन-संघर्ष किया जाता है, यह विद्या भी उन्हें सिखायी जायेगी.

भोलाराम : खान-पान का स्तर कैसे सुधारेंगे? सफाई, साज-सज्जा का ध्यान

कैसे रखा जायेगा?

मटुक : वह तो प्राथमिक चीज है. अगर अधिकारी उनके पैसों का गबन न करें तो इतने से ही खान-पान का स्तर बढ़ जायेगा. फिर भी कमी रहेगी तो सरकार से माँग की जायेगी. सफाई कर्मियों का पैसा वहाँ बचाया जायेगा. जैसे सेना-निवास-स्थल की सारी सफाई, साज-सज्जा सेना के हाथों में होती है, वैसे ही वहाँ की सफाई और साज-सज्जा संवासिनों के द्वारा होगी. स्त्रियाँ तो इस काम में दक्ष होती ही हैं. जिधर नजर डालिये—चकाचक.

भोलाराम : लेकिन आपको अधीक्षक बनायेगा कौन?

मटुक : कोई नहीं .

भोलाराम : तो ये सपना किसलिए?

मटुक : बस यूँ ही-

मैं जानता हूँ कि तू गैर है मगर यूँ ही.

27.07.09

❖

जननी, तूँ जननी भई!

'सन्मार्ग' में प्रकाशित एक समाचार पढ़कर सन्न रह गया! जिस बच्चे का स्वाभाविक जन्म दो सप्ताह बाद होने वाला है, उसे जन्माष्टमी की बारह बजे रात में ही माँ पेट चिरवाकर निकाल लेना चाहती है ताकि उसका बच्चा कृष्ण जैसा हो! ऐसे अद्‌भुत बालक को पाने के लिए पूरा परिवार लालायित है और सबकी सहमति से यह 'धाार्मिक कृत्य' सम्पादित हो रहा है! इस होड़ में एक नहीं सौ-सौ मूढ़ माताएँ लगी हुई हैं. दरअसल उन्हें माता कहना उचित नहीं है. माता और जननी में बहुत अंतर होता है. बच्चे को जन्म देने के कारण कोई भी स्त्री जननी बन जाती है, लेकिन माता वही है जिसमें विवेक हो और जिसके हृदय में वात्सल्य लबालब भरा हो. ऐसी माँ बनने के लिए बच्चे को जन्म देना अनिवार्य नहीं है. यशोदा ने कृष्ण को जन्म नहीं दिया था, लेकिन उस माता का दुनिया में जोड़ खोजना मुश्किल है. स्त्री का चरम विकास तब होता है, जब उसे पूरी पृथ्वी ही संतान मालूम पड़ने लगे. वेद में भूमि को माता कहा गया है क्योंकि वह सबका पालन करती है और स्वयं सारा कष्ट सहती है. ऋषि कहता है-'माता भूमिः पुत्रोऽहं पृथ्व्यिा': माता भूमि है और मैं पृथ्वी का पुत्र हूँ. जड़ जननी को पता ही नहीं है कि उन्होंने बच्चे के साथ कितना बड़ा अत्याचार किया है. बच्चा पेट में परमानंद में था. अभी उनके आने की इच्छा नहीं थी, क्योंकि प्रकृति को उनके साथ कुछ और काम करना था. उनके अंगों की कमी को और भरना था, लेकिन जननी की जड़ता ने प्रकृति के काम में बाधा डाल दी. वह बच्चा अब कृष्ण तो क्या एक सामान्य बच्चे से भी कम होगा. उनके व्यक्तित्व में सदा-सदा के लिए एक कमी रह जायेगी. बच्चा जब सयाना होगा तो इसका बदला माता-पिता से लेगा. वह सवाल करेगा कि हे जननी, आखिर तू ही मेरी जननी हुई! अर्थात् तुम्हें मेरी जननी नहीं होना चाहिए था. नाभि रूपी जीवन-स्रोत से जबरन अलग करने की पीड़ा जो बच्चे को दी गयी है, वह जिंदगी भर नहीं भूल पायेगा. वह बच्चा जीवन भर भयभीत और प्रतिशोध से भरा हो सकता है. मूढ़ माताओ! अनजाने ही तुमने बड़ा

अपराध किया है जिसकी कीमत तुम्हें कई स्तरों पर चुकानी पड़ सकती है. और इस पाप कर्म में जो-जो शामिल हैं, वे लोभी डॉक्टर हों या ज्योतिषी वे भी इसके दुष्परिणाम से नहीं बच पायेंगे. मैं प्रभु से प्रार्थना करता हूँ कि जाने या अनजाने में हुए उनके अपराध को क्षमा कर दें.

कृष्ण जैसे बालक जब धारती पर आते हैं तो अन्य बालकों की तरह बेहोशी में नहीं आ जाते हैं. किस माता के गर्भ में किस समय आना है, यह उनका अपना चुनाव होता है. वह उसी माँ का चुनाव करते हैं जो सहज, सरल, प्रेमपूर्ण और विवेकी हो. माताओं को यह बात अच्छी तरह समझ लेनी चाहिए कि आत्मा तो गर्भधारण उसी समय कर लेती है जब स्त्री और पुरुष के अंडाणु और शुक्राणु मिलते हैं. नौ महीने तक केवल शरीर का निर्माण होता है. पूरी तरह शरीर निर्मित होने पर शरीर गर्भ से बाहर आता है. यह शरीर का जन्म है, आत्मा का जन्म संभोग के दिन ही हो चुका होता है. जन्माष्टमी के दिन आत्मा कैसे बदल जायेगी?

जो पति-पत्नी एक दूसरे से अथाह प्यार करते हैं, समागम के समय अपूर्व प्रेम में डूबे होते हैं, वह क्षण देवता सदृश आत्माओं के जन्म लेने का होता है. जो दम्पति दिन-रात लड़ाई-झगड़ा करते रहते हैं, जहाँ का वातावरण कलह और तनाव से भरा होता है, जिसका घर कोकराझाड़ जिला बना रहता है, वहाँ प्रायः भूत जैसा बालक जन्म लेता है. दुष्ट और जड़ जननी की कोख से कोई महापुरुष पैदा हो गया हो, ऐसा एक भी उदाहरण आपने नहीं देखा होगा. आमतौर पर भारत में वैवाहिक जीवन एक कामचलाऊ व्यवस्था है, इसलिए प्रायः कामचलाऊ साधारण संतानों का जन्म होता है. महान् आत्माएँ अपने अवतरण के लिए गहन प्रेम में निमग्न जोड़ों को अपना माध्यम बनाती हैं. वे जोड़े विवाहित हैं या अविवाहित उनके लिए ये बातें महत्व नहीं रखतीं. अक्सर अविवाहित जोड़ों में अधिक प्रेम देखा जाता है. इसलिए देवतुल्य आत्माएँ उन्हीं के माध्यम से धरती पर आती हैं. कुन्ती सूर्यदेव के गहन प्रेम में थी तो कर्ण जैसा प्रतापी पुरुष अवतरित हुआ. कुन्ती के देवतुल्य अन्य पुत्र भी प्रेम की देन हैं. अद्‌भुत नारी रही होगी. इसलिए भारतीय संस्कृति ने उसे प्रातः स्मरणीया पंच कन्याओं का उच्चासन प्रदान किया. स्वयं भगवान व्यास गहन प्रेम की देन हैं, विवाह के नहीं. पौराणिक काल में इस तरह के अनेक उदाहरण महाभारत एवं अन्य ग्रंथों में मिलेंगे. मध्यकाल में कबीर प्रेम की देन हैं. किंवदंती है कि वे किसी विधवा ब्राह्मणी की कोख में आये. महान् संत नामदेव बाल विधवा की संतान थे. जीसस के बारे में कहा जाता है कि वे कुँवारी कन्या से पैदा हुए थे. इस तरह से ढेरों नाम गिनाये जा सकते हैं जो प्रेम के फूल थे.

बच्चों की शिक्षा वह नहीं है जो चार-पाँच साल से शुरू होती है. असली शिक्षा

वह है जो बच्चों के जन्म के पहले माता-पिता के प्रशिक्षण से शुरू होती है. वास्तविक शिक्षा वह है जिसमें ढलकर बच्चे एक दिन प्रेमपूर्ण माता-पिता बनें. श्रेष्ठ संतान के जन्म के लिए प्रेमपूर्ण माँ उर्वर भूमि है. उस आत्मा को गर्भ धारण के समय से ही माता के माध्यम से प्रशिक्षित किया जा सकता है. जन्म के बाद माता के साथ परिवार के अन्य प्रशिक्षित सदस्य भी उसकी शिक्षा में हाथ बँटा पायेंगे. श्रेष्ठ आत्मा को ही निखार कर अच्छा और महान मनुष्य बनाया जा सकता है. निकृष्ट आत्मा अगर जन्म ले लेगी तो उसे बहुत पढ़ा-लिखाकर भी हम उत्कृष्ट मनुष्य नहीं बना पायेंगे. वह जो बीज लेकर आया है, वही बन पायेगा. जन्म लेने के बाद बबूल को आम नहीं बनाया जा सकता. उसे ज्यादा से ज्यादा डॉक्टर, इंजीनियर, आई.ए.एस, प्रोफेसर, वाइस चांसलर आदि बना दीजिएगा और वे पैसे के लोभ में सारे जघन्य कृत्य करेंगे. डॉक्टर पैसे लेकर पहले ही बच्चा जन्मा देगा, इंजीनियर बनते-बनते ही पुल गिरवा देगा, आई.ए.एस. कानून-व्यवस्था को ध्वस्त करके रखेगा, प्रोफेसर और वाइस चांसलर शिक्षा की अर्थी ढोयेंगे और मृतक-भोज खायेंगे. जो नहीं पढ़ेगा वह नेता और ठेकेदार बनकर देश का नाश करेगा. इसलिए सही शिक्षा की शुरुआत माता-पिता के प्रशिक्षण से होती है. देवतुल्य आत्माएँ श्रेष्ठ माताओं को चुनती हैं. ऐसे बच्चे कक्षा में टॉप नहीं भी करेंगे तो भी महात्मा गाँधी, रवीन्द्रनाथ ठाकुर और प्रेमचंद जैसे हो जायेंगे. इसलिए श्रेष्ठ संतान को जन्म देने की परिस्थिति पैदा करना सर्वाधिक महत्वपूर्ण शिक्षा है. कभी शिक्षा और संस्कृति के शिखर पर विराजमान रहने वाला भारत इतना अशिक्षित, कुसंस्कृत और पतित हो गया है कि जन्माष्टमी की रात जबर्दस्ती बच्चे को जन्म देकर आशा रखता है कि कोई कृष्ण सरीखा बच्चा जन्म लेगा!

16.08.09

❖

अंजलि का अनशन

आज अखबार में भागलपुर की स्नेहलता उर्फ अंजलि के बारे में चित्र सहित खबर छपी है कि वह अपने बेवफा प्रेमी राकेश से अपनी मांग में सिंदूर भरवाने हेतु अनशन पर बैठी है.

लोकापवाद की परवाह न करके अपने प्रेम को विवाह का रूप देने वाली एक लड़की का यह साहस सराहनीय है. लेकिन लड़की ने अपने स्तर से यह फैसला लिया होगा, ऐसा मुझे नहीं लगता. इसके पीछे जरूर कुछ प्रेरक शक्तियाँ होंगी, जिनमें ज्यादातर पुरुष होंगे. मेरा प्रबल अनुमान है कि इसके प्रेरक मीडियाकर्मी रहे होंगे. उनका ख्याल रहा होगा कि लड़की को अनशन पर बैठा देने से उसे न्याय मिल सकता है. न्याय न भी मिले, अपना धंधा तो चकाचक चलेगा! मैं इन प्रेरकों की प्रशंसा करती हूँ, निंदा नहीं कर सकती, क्योंकि जब बात बाहर आती है तभी पता चलता है कि समाज में क्या-क्या हो रहा है. इन तथ्यों को दबाकर सड़ा देने से समाज बीमार पड़ता है. आज समाज बीमार है. स्वस्थ मीडियाकर्मी जहाँ उसके इलाज में बहुत बड़ी भूमिका अदा कर सकते हैं, वहाँ धंधे में अंधे बने अस्वस्थ मीडियाकर्मी उसे और रुग्ण बना सकते हैं.

इस घटना से जुड़े कई संभावित पक्षों पर मैं विचार करना चाहती हूँ. यह बिल्कुल स्वाभाविक है और शुभ भी कि एक साथ पढ़ने-लिखने वाले लड़के-लड़कियों में प्रेम-संबंध विकसित हों. लेकिन अभी तक हमारे समाज के बड़े हिस्से को यह संबंध सुग्राह्य नहीं हो पाया है. इसलिए डर-डर कर अक्सर गलत ढंग से गलत व्यक्तियों से प्रेम हो जाया करता है. यह हम सबों को पता है कि हमारा समाज लड़कों की स्वतंत्रता के प्रति थोड़ा उदार है. लेकिन लड़कियों की स्वतंत्रता के प्रति बहुत सख्त है. इस कारण बहुत कम लड़कियाँ प्रेम करने की हिम्मत जुटा पाती हैं. अगर जवानी के जोश में कभी पाँव फिसल भी जायँ तो तुरत सम्हल जाती हैं और इसे छिपा लेती हैं. अगर परिवार को पता चल जाय तो वे इसे दबा देते हैं. कुछ ऐसे भी असहिष्णु, विचारशून्य और वज्रमूर्ख लोग होते हैं जो या तो घर की लड़की या बाहर

के लड़के अथवा दोनों की हत्या कर देते हैं. अखबारों में इस तरह की खबरें छपती रहती हैं. अभी हाल में पटने के आलमगंज थानान्तर्गत गंगा किनारे घर से भागकर विवाह करने वाले एक प्रेमी की लाश बरामद हुई है. लड़कियों पर पाबंदी का परिणाम यह हुआ कि लड़के प्रेम के लिए बिलबलाते चलते हैं और प्रेम करने वाली लड़कियों का भारी अकाल पड़ा रहता है. इस असंतुलित और अन्यायपूर्ण स्थिति से लड़कियों में दब्बूपन और लड़कों में उच्छृंखलता पैदा होती है. सड़कों पर, स्कूल-कॉलेजों में और बाजारों में लड़कियाँ डरी-डरी, सहमी-सहमी और सिमटी चलती हैं एवं लड़के वीभत्स छेड़खानी करते चलते हैं! यह बीमार समाज का लक्षण है.

सामाजिक प्रतिबंधों का परिणाम है कि लड़कियाँ जिनसे प्रेम करती हैं और शारीरिक संबंध बना लेती है, उन्हीं से विवाह भी करना चाहती हैं; क्योंकि ऐसा न करने पर वे कुलटा और व्यभिचारिणी कही जायेंगी, जिसे झेलना सबके वश की बात नहीं है. लड़के के माथे पर कलंक का इतना बड़ा टीका नहीं लगता है. यह मन का प्राकृतिक नियम है कि जो वस्तु जितनी अलभ्य और दूर होती है, वह उतनी ही आकर्षक भी होती है. लड़कियों के इतने आकर्षक होने का सबसे बड़ा कारण उनका अप्राप्य और दूर होना है. प्राप्त होते ही उनका आकर्षण घट जाता है. दूर रहने के कारण लड़कों को लड़कियाँ स्वप्न में झिलमिलाती हुई अपूर्व परी-सी दिखायी पड़ती हैं. प्राप्त होने के बाद उसका स्वप्निल सौन्दर्य समाप्त हो जाता है. इसके बाद दूसरी लड़की जो अभी दूर है, उसके प्रति आकर्षण प्रबल हो उठता है. जो मन के इस खेल को नहीं समझ पाता है, वह एक से दूसरी और दूसरी से तीसरी की ओर अग्रसर होता हुआ जीवन भर भटकता रहता है. लड़कियों पर प्रतिबंध न होता तो शायद उनका भी स्वभाव इसी तरह भ्रमणशील होता.

राकेश का अंजलि से मुख मोड़ने के संभावित कारण ये हो सकते हैं—(क) एक का आस्वाद जान लेने के बाद विवाह के द्वारा आने वाली दूसरी के प्रति मन का उत्सुक होना (ख) संभव है, इन चार वर्षों में अंजलि के स्वभाव से परिचित हो जाने के बाद पता चला हो कि यह लड़की मेरे लायक नहीं है (ग) तिलक-दहेज और पैसे का लोभ भी उसे अंजलि से विमुख कर सकता है (घ) माता-पिता पर प्रभाव डालने के लिए दोनों ने सुविचारित ढंग से एक नाटक रचा हो, यद्यपि इसकी संभावना अत्यंत न्यून है. (च) इनमें से कई कारणों का योग भी हो सकता है. कारण जो भी हो, घटना से लगता है कि लड़का कायर है और लड़की बहादुर. (छ) सबसे बड़ा कारण यह दिखता है कि लुकाछिपी के कारण इन दोनों का प्रेम सघन न हुआ होगा. इसलिए आसानी से लड़का माता-पिता के दबाव में आ गया होगा.

अंजलि की तरफ से सोचती हूँ तो लगता है वह अनशन पर क्यों बैठी? उन्हें

प्रेम चाहिए या विवाह? प्रेमरहित विवाह लेकर क्या करेगी? जिस लड़के में प्रेम न रह गया हो, वही तो भागेगा? जिस प्रेमी ने दगा दे दिया हो, वह अच्छा आदमी नहीं हो सकता. ऐसे आदमी को वह क्यों पाना चाहती है? क्या इसलिए कि अब दूसरा मुझे कौन पूछेगा?

दो व्यक्ति अगर स्वेच्छा से शारीरिक संबंध बनाते हैं, तो इसमें कोई बुराई नहीं है. लेकिन शारीरिक संबंध बनाने के लिए अगर कोई किसी को झाँसा देता है, प्रलोभन देता है, विवाह का झूठा वादा करता है, तो यह बड़ा अपराध है और अक्षम्य है. यह तो पूछताछ और खोज का विषय है कि दोनों के संबंध के बीच किसी प्रकार का प्रलोभन या धोखा था या नहीं. प्रेम में धोखाधड़ी नहीं हो सकती. यही तो प्रेम की पहचान है. वासना में धोखाधड़ी चलती है. वासना की पूर्ति के लिए षड्यंत्र रचा जाता है. प्रेम में कोई षड्यंत्र नहीं होता. वह तो निर्मल हृदय में पैदा होता है. सहज सरल हृदय में खिलने वाले फूल का नाम है प्रेम. प्रेम में कपट नहीं होता, वासना में होता है. प्रेम में छिपाव नहीं होता, वासना में होता है. इन्हीं के समान अनेक कारणों से वासना बुरी मानी जाती है. ऐसा नहीं है कि वासना अपने आप में बुरी है. घनानंद प्रेम के सरल मार्ग के बारे में बताते हैं–

अति सूधो सनेह को मारग है, जहाँ नैकु सयानप बाँक नहीं

प्रेम का मार्ग अत्यंत सीधा है. यहाँ चालाकी और कुटिलता की कोई जगह नहीं. लेकिन अंजलि को तो शायद विवाह चाहिए. विवाह की पूर्ति तो कोई भी लड़का कर सकता है, लेकिन प्रेम के पावन खाली स्थान को कौन भरेगा? सुमित्रानंदन पंत ठीक कहते हैं-

त्रिभुवन की भी श्री तो भर सकती नहीं
प्रेयसि के शून्य पावन स्थान को

प्रेमी या प्रेयसी के पावन स्थान के खालीपन को तीनों लोकों का ऐश्वर्य भी नहीं भर सकता.

विवाह के लिए अनशन किया जाय तो शायद समाज के लोग लड़की को अधिकार दिला सकें. लेकिन क्या प्रेम अनशन से पाया जा सकता है? मुझे लगता है, प्रेम समर्पण में छिपा हुआ है, अनशन में नहीं.

समाज के दबाव में अंततः अंजलि का विवाह हो ही गया. लेकिन क्या प्रेमपूर्ण ढंग से हुआ? क्या इसे प्रेम कहा जायेगा? समाचार-पत्र में चार चित्र छपे हैं. लड़के का चेहरा लटका है. लड़की गमगीन है. सास के चेहरे पर पराजय है और एक स्त्री जो संभवतः अंजलि की मां होगी, अपलक भविष्य की ओर निहार रही है. प्रसन्नता किसी के चेहरे पर नहीं है. अखबार में छपा शीर्षक है 'जीत गई अंजली की मुहब्बत, हो गई शादी'. जीत मुहब्बत की हुई या शादी की? मुहब्बत कभी हारती ही नहीं,

इसलिए उसकी जीत का भी कोई अर्थ नहीं. जिसकी हार हो सकती है, उसी की जीत का अर्थ है. शादी हो जाय तो शादी की जीत; न हो सके तो उसकी हार. 'जीत' और 'हार' शब्द शादी के लिए बने हैं, प्रेम के लिए नहीं. प्रेम के लिए दो ही शब्द बने हैं-'है' और 'नहीं है'. प्रेम या तो होता है या नहीं होता है. जब होता है तो उसकी हार नहीं होती और जब नहीं होता है तो हार का सवाल ही गलत है. जैसे परमात्मा अपराजेय है, वैसे ही प्रेम भी. एक सूक्ति है 'सत्यमेव जयते' इसी तर्ज पर कहना चाहिए 'प्रेममेव जयते'. जो परमात्मा, प्रेम और सत्य की पराजय कभी देखते हैं, वे पारमार्थिक अर्थ में इन तीनों को नहीं समझ पाते हैं. वास्तव में एक ही सत्ता के ये तीन नाम हैं.

संघर्ष से गुजरने के बाद नायक-नायिका के विवाहोपरांत फिल्म समाप्त हो जाती है -'द एंड'. लेकिन वास्तविक जीवन वहीं से शुरू होता है. इस वास्तविक जीवन को फिल्म में दिखाया जाय तो दर्शक बोर हो जायेंगे. अंजलि के रोमैंटिक जीवन का कल पटाक्षेप हो गया. यथार्थवादी जीवन का आरंभ हुआ. इस जीवन में प्रेम रहे तो समझना चाहिए प्रेम था वरना एक रोमांस रहा होगा. उनकी वर्तमान स्थिति से प्रेम के उल्लास का कोई पता नहीं चलता. विवाह के बाद एक साथ रहते-रहते दिन काटने लायक प्रेम प्रायः सभी दंपतियों के बीच हो जाया करता है.

अब तक के घटनाक्रम को देखते हुए ऐसा लगता है कि अंजलि के साथ प्रेम की नहीं, विवाह की समस्या थी जो सामाजिक दबाव के कारण हल हो गयी. समाज के इस दबाव को मैं अनुचित नहीं मानती, क्योंकि दहेज के लोभ में दूसरी जगह शादी करने की इजाजत लड़के को नहीं दी जा सकती.

विवाह तो घर-घर मिलता है, प्रेम नहीं मिलता. लाखों में कोई एक प्रेमी होता है, करोड़ों में कोई एक भक्त. विवाह में जीवन की गाड़ी समतल मैदान में चलती है, जबकि प्रेम में जीवन एक नयी उठान लेता है. चेतना का तल ऊपर उठ जाता है. **'चढ़े तो चाखै प्रेमरस गिरै तो चकनाचूर'**. ऊर्ध्वगामी प्रेम से जीवन-रस छड़छड़ाकर बहता है. वही अधोगामी हो जाय तो दुख के गर्त में पड़ता है. प्रेम बड़ा रिस्की होता है. इसीलिए सभी साहस नहीं करते. लेकिन इस रिस्क में ही रस है. किसी ने ठीक कहा है-'नो रिस्क नो गेन'. प्रेम के खतरे निश्चय ही उठाने योग्य हैं. इसलिए भारत के हे अमृत संतान! डरो नहीं, प्रेम करो, क्योंकि प्रेम ही करने योग्य है–**'प्रेमैव कार्यम्, प्रेमैव कार्यम्'**.

जूली 2008

❖

खेतों में भी काम, लड़कियाँ नहीं गुलाम

किसी अखबार और उसके संपादक की पहचान इस बात से होती है कि उसके लिए कौन-सी खबर महत्वपूर्ण है. विध्वंस उसे आकृष्ट करता है या निर्माण. जाहिर है, विध्वंस विस्फोटक होता है, उसमें एक सनसनी होती है, सहज ही उस तरफ लोग आकृष्ट होते हैं. निर्माण आहिस्ता से होता है, उसमें सनसनी नहीं होती, वह तात्कालिक परिणाम नहीं लाता. वह बलात् ध्यान आकृष्ट नहीं करता. उसे देखने के लिए सृजनात्मक दृष्टि चाहिए और प्रस्तुत करने के लिए कला. सृजनात्मक समाचार सुकून देता है, रास्ता दिखलाता है, आशा का संचार करता है, गुलामी से बाहर निकालने में मदद करता है, जबकि विध्वंसक समाचार हमें स्तब्ध कर चला जाता है. एक भय और निराशा छोड़ जाता है.

स्वाधीनता का उद्‌घोष करने वाली वैशाली की पाँच बहनों के सृजनात्मक काम की खबर को जमुई में पुलिस दल पर नक्सली हमले से ऊपर स्थान देना संपादक की सूझबूझ और सकारात्मक दृष्टि का सबूत है. 'हिन्दुस्तान' में खबर छपी है कि वैशाली जिले के लालगंज ब्लॉक के एतवारपुर गाँव की पाँच बेटियों ने खेती की कमान अपने हाथ में लेकर न केवल घर की आर्थिक स्थिति मजबूत कर दी है, वरन् उस गाँव में स्त्री जागरण की हवा बहा दी है. पढ़ी-लिखी शहरी नारीवादी महिलाओं के हजार लेख इस काम के सामने व्यर्थ हैं. नारीवादियों ने तो केवल स्त्रियों को पुरुषों के खिलाफ लड़ाने का ही काम किया है. लेकिन एतवारपुर की स्त्रियों का यह जागरण स्वस्थ, सुंदर और आकर्षक है. समाज को सही दिशा में बदलने की एक निःशब्द क्रांति है. सदियों से गुलामी के अंधेरे में गुम नारियों का आजादी की हवा में साँस लेने का प्रयास है. मैं उन पाँचों स्वाधीन बहनों (गुंजा, रेखा, रीना, आरती, नेहा) और उनका समाचार जन-जन तक पहुँचाने वाले संवाददाता शैलेश कुमार को नमन करता हूँ.

अब एक नजर उस कुंठित विचारधारा पर जो स्त्रियों को घर से बाहर पाँव रखने से रोकती है. मैं जाति का भूमिहार हूँ और जिस गाँव में पैदा हुआ, वहाँ भूमिहार का

प्रभुत्व है. मैंने बचपन से देखा कि खेतीं की देखभाल पिता करते थे और माँ घर का काम करती थी. स्त्रियों के लिए बाहर निकलना प्रतिष्ठा के विरुद्ध था. कभी बाहर जाने-आने की जरूरत पड़े तो एक परदे के भीतर. परदा प्रतिष्ठा का पर्यायवाची था. इसी प्रतिष्ठा ने मेरी माँ को पढ़ने से रोक दिया. बाबा ने कहा, पुतोहू पढ़कर क्या करेगी. बेटे को तो नौकरी करने नहीं दी, पुतोहू के बारे में सोचा भी नहीं जा सकता है. बहन को भी पिता ने वहीं तक पढ़ाया जहाँ तक वह चिट्ठी-पत्री लिखना सीख ले. यानी किशोरावस्था के थोड़ा पहले तक. जवान बेटी स्कूल कैसे जायेगी? साधने तो वे मुझे भी चले थे, लेकिन मैं असाध्य निकला. मेरी पढ़ाई छुड़ा कर चरवाही में चलाने की चेष्टा हुई थी, और वे विफल हो गए क्योंकि मैं जन्मना आजाद था.

मैं जब खेत जाने लगा तो देखा कि शूद्रों की स्त्रियाँ वहाँ काम करती हैं. समझ में बात आयी कि जो खेतों में काम करे, उसको शूद्र कहते हैं. भूमिहार ब्राह्मण उसे कहते हैं जो काम करे नहीं, करवाये. लेकिन मैंने कुछ गरीब भूमिहारों को भी खेतों में काम करते देखा. मैंने यह भी देखा कि इन गरीब भूमिहारों को करीब-करीब शूद्रों का ही दर्जा प्राप्त था. ज्यादा से ज्यादा उसकी हैसियत सिपाही के ऊपर जो हवलदार होता है, उसके बराबर थी. लेकिन गरीब भूमिहार, मैथिल और कान्यकुब्ज ब्राह्मणों की स्त्रियों को कभी खेतों में काम करते नहीं देखा. अगर ज्यादा भुखमरी होगी तो किसी दूसरे के घर में कूट-पीस खायेगी. झाड़ू-बोहारू लगायेगी, घर लीपेगी, पानी भर देगी, लेकिन बाहर काम नहीं करेगी. ऊँची जाति की स्त्रियाँ बाहर काम नहीं करतीं. इसी में उनकी उच्चता है! शूद्र नीचता का पर्यायवाची था. उनका रंग-रूप, पहनावा-ओढ़ावा, चाल-ढाल, रहन-सहन, रीति-रिवाज सब निकृष्टता के उपमान बने हुए थे—'मुँह कैसा सूद्दर जैसा लगता है, कैसे सूदरवा वाला कपड़ा पहने हुए है!' आदि.

इस बीच सामाजिक जीवन में बहुत बदलाव आये. जब मैंने होश सम्भाला तो मर्यादा पर नजर पड़ी. मैंने देखा जिस मर्यादा पर ऊँची जाति के लोगों को गर्व है, वह कामजन्य बीमारी से पैदा हुई है. लगभग सारी मर्यादाओं का यही हाल है. मेरे घर की स्त्री बाहर निकलेगी, तो दूसरा मर्दाना कामुक दृष्टि से ताकेगा. इसलिए निकलेगी ही नहीं. जो स्त्री जितनी नयी है, उस पर उतनी ही पाबंदियाँ, क्योंकि वह ज्यादा तीव्रता से पराये पुरुष को खींच सकती है. कोई दूसरा उसको न देखे, वह भी किसी को न देखे. उसकी पहली और आखिरी नजर अपने पति पर ही पड़े और उसी पर पड़ी रह जाय. इसीलिए शादी के बाद घूँघट की विधि में जो दुल्हन की मुँह दिखायी वाली रीति होती है उसमें सभी मर्दाना उसे देखेंगे. वह किसी को नहीं देखेगी. उसकी आँखें बंद रहेंगी. कहीं दूसरे पर नजर पड़ी, और वह जँच गया, तो पति पर चित्त लगाना मुश्किल होगा!

आज भी नारियाँ बंधन में हैं. उन्हें बाँध कर पुरुष स्वयं बँध गया है. बेटी के जन्म से लेकर बरतुहारी तक पिता संतप्त रहते हैं. शादी के बाद भी अगर ससुराल में गड़बड़ी आयी तो आजीवन उनका बोझ ढोना पड़ता है. जब आप स्त्री को बोझा बना देंगे, तो आपको ही ढोना पड़ेगा. जो अविवेकपूर्ण मर्यादा आपने बनायी है, उसका फल आपको ही चखना पड़ेगा. आप अपने ही जाल में फँसे हुए हैं. दिनकर की पंक्तियाँ याद आ रही हैं—

रात यों कहने लगा मुझसे गगन का चाँद
आदमी भी क्या अनोखा जीव होता है!
उलझनें अपनी बनाकर आप ही फँसता
और फिर जगता न सोता है!

23.08.09

❖

आधी आबादी अब चलेगी साथ-साथ

पंचायत चुनाव में पचास प्रतिशत महिला आरक्षण को केन्द्रीय मंत्रिमंडल की मंजूरी मिल गयी है. संसद की मंजूरी मिलनी बाकी है. दोनों सदनों में पारित होने के बाद राष्ट्रपति का हस्ताक्षर होगा और महिला आरक्षण विधेयक कानून बन जायेगा. इस कानून का अग्रदूत बिहार है. देश में पहली बार नीतीश सरकार ने इसे लागू किया है. इस विधेयक के पारित होने पर लोकसभा और विधान सभा चुनावों में तैंतीस प्रतिशत महिला आरक्षण का मार्ग प्रशस्त हो सकेगा. यह बात समझ के परे है कि 33% क्यों? उसके पीछे तर्क क्या है? 50% क्यों नहीं? कारण जो भी हो, रणनीतिकारों ने भावी आरक्षण के लिए एक मजबूत नींव तो डाल ही दी है. कानून बन जाने पर देश की आधी आबादी पंचायत चुनावों में सीधी भागीदारी निभा सकेगी.

मैं आरक्षण मात्र को एक राजनीतिक धोखा मानता हूँ. वह स्वार्थी राजनेताओं के हाथों में पड़कर अपने मूल उद्देश्य से भटक गया है. वह वर्चस्वधारी लोगों के द्वारा लाभ उठाने का साधन बन कर रह गया है. जहाँ अत्यंत पिछड़े लोगों में शिक्षा का प्रकाश ही नहीं पहुँचा है, उनके लिए आरक्षण का क्या कोई अर्थ है? आरक्षण राजनेताओं की अक्षमता का आवरण है. चूँकि राजनेता सूझ-बूझ और लगन के अभाव में पिछड़ों को ऊपर उठाने में असमर्थ हैं, इसीलिए किसी का विकास रोककर किसी को आगे बढ़ाना चाहते हैं. मेधा और कार्य कुशलता की उपेक्षा से देश की बड़ी हानि हो रही है. अगर आरक्षण अपने आधारभूत उद्देश्य पर कायम रहता, तो थोड़े दिनों के बाद इसे उठाया जा सकता था.

मैं आरक्षण का विरोधी होते हुए भी महिला आरक्षण का समर्थक हूँ. क्यों? मुझे लगता है कि इसको लेकर राजनीतिक दलों को क्षुद्र राजनीति करने का मौका नहीं मिलेगा. क्योंकि यह सभी महिलाओं पर लागू है. जब आरक्षण कुछ लोगों के लिए लागू होता है तब छीना झपटी शुरू होती है. इसलिए मैं सोचता हूँ कि इस आरक्षण से नारी मुख्य धारा में आ सकेगी. उनकी क्षमता का विकास हो सकेगा, क्योंकि जवाबदेही से

ही क्षमता विकसित होती है. लेकिन मैं महिला आरक्षण का समर्थक दूसरे कारणों से ज्यादा हूँ जिसकी तरफ शायद बहुत कम लोगों का ध्यान जाता है.

नारी स्वभाव और पुरुष स्वभाव भिन्न-भिन्न होते हैं. इसलिए वे दोनों एक दूसरे के पूरक हैं. अगर वे लड़ जायँ तो दोनों बरबाद हो जायेंगे. किसी को कुछ हासिल नहीं होगा, लेकिन दोनों अगर मिल कर काम करें तो कुछ भी असंभव नहीं है. दोनों के भिन्न-भिन्न स्वभाव को देखते हुए शुरू से ही काम का बँटवारा रहा है. पुरुष हट्टे-कट्ठे और मजबूत होते हैं, इसलिए कठोर काम करते रहे हैं. नारी कोमलांगी होती है, इसलिए वे कोमल काम करती रही हैं. राजनीतिक कर्म कोमल और कठोर दोनों एक साथ है. इसलिए दोनों के मिलकर काम करने से राजनीतिक कार्यों में पूर्णता आयेगी. आज तक केवल पुरुष राजनीति करते आ रहे हैं, इसलिए राजनीति बड़ी कठोर और हिंसक रही है. दुनिया में राजनीति का इतिहास युद्धों का इतिहास है. काश, अगर राजनीति में महिलाओं की भी उतनी ही भागीदारी रही होती तो दुनिया का नक्शा शायद कुछ और होता. दुनिया कुछ अधिक मानवीय हुई होती. झगड़े-फसाद कम हुए होते. निर्माण कुछ ज्यादा हुआ होता.

किन्तु जब मैं बिहार में महिला आरक्षण के यथार्थ पर दृष्टिपात करता हूँ, तो दिल बैठने लगता है. उसको देखकर मेरा कल्पना-महल धराशायी हो जाता है. कुछ औरतें वही कर रही हैं, जो पुरुष करते आ रहे हैं. चोरी, कमीशनखोरी, दबंगई में वे पुरुषों से होड़ ले रही हैं और उन्हें पीछे भी छोड़ रही हैं. लेकिन जो इस होड़ में शामिल नहीं हैं, वे घरेलू हैं. पढ़ी-लिखी नहीं हैं. उनकी आँख-पाँख नहीं खुली है. उनकी जगह उनके पति काम कर रहे हैं. उनके पति के लिए एक नया नाम 'मुखिया पति' आया हुआ है. अगर वे प्रमुख हैं, तो उनके साथ पति को कार्यालय जाना पड़ता है. अगर वे जवान हैं, तो पति को सुरक्षा गार्ड का भी काम करना पड़ता है. एक काम के लिए दो आदमियों का छेका जाना ऊर्जा का अपव्यय है. अभी वही महिलाएँ मुखिया बन रही हैं जिनके पति अब तक बनते आ रहे थे. वहाँ केवल हस्ताक्षर बदला है. बाकी सब पहले जैसा है. राजनीति पर प्रबल प्रभाव पुरुष का ही है. दरअसल जहाँ नारियाँ इतनी पिछड़ी हों, वहाँ आरक्षण का लाभ पहली पीढ़ी में प्रकट नहीं होगा. शायद दूसरी-तीसरी पीढ़ी से यह अपना रंग पकड़े.

महिला आरक्षण की सबसे बड़ी विशेषता यह है कि नारी के साथ राजनीति का भी सशक्तिकरण होगा. राजनीति में नारी के गुण—दया, क्षमा, करुणा, प्रेम, सहिष्णुता, सहानुभूति आदि आ सकती है और वह विनाशकारी होने से बच सकती है. लेकिन नारियाँ अगर पुरुषों की चाल चलेंगी, तो न वे सशक्त होंगी और न राजनीति.

27.08.09

❖

बेटियों की घटती आबादी : कारण और निवारण

जगत विरोधाभासों से भरा हुआ है. एक विरोधाभास तो मेरे सामने है. बीसवीं शताब्दी स्त्रियों के जागरण की शताब्दी मानी जाती है. इसी शताब्दी में स्त्रियाँ घर से बाहर निकलीं. भारतीय स्वतंत्रता संग्राम में भाग लिया. पढ़ाई-लिखाई शुरू की और डिग्री लेकर नौकरी की. धीरे-धीरे समय के साथ-साथ शिक्षित स्त्रियों की संख्या बढ़ती गयी. लेकिन आश्चर्य कि ज्यों-ज्यों उनकी शिक्षा बढ़ती गयी, त्यों-त्यों पुरुषों की तुलना में उनकी संख्या गिरती चली गयी. अभी मेरे आगे बिहार के बारह जिलों की 1901 और 2001 की जनगणना-टेबुल है जिसमें बारह जिलों में स्त्रियों और पुरुषों की जनसंख्या का अनुपात दर्शाया गया है. इन बारह जिलों में स्त्रियों की संख्या पुरुषों की तुलना में काफी कम हुई है. एक भी जिला अपवाद न बन पाया, जहाँ स्त्रियों की संख्या पुरुषों की तुलना में ज्यादा हो या कम से कम बराबर हो. यह कमी 2.28 प्रतिशत से लेकर 17.09 प्रतिशत तक है.

क्या कारण हो सकता है? सामान्य तौर पर हम सोचते हैं कि स्त्री पढ़-लिखकर आत्मनिर्भर होगी तो पुरुषों पर बोझ नहीं बनेगी. जब बोझ नहीं बनेगी तो भ्रूण-हत्या का मतलब नहीं रह जायेगा. स्त्री की भ्रूण-हत्या इसलिए होती है कि परिवार उसे अपने लिए उपयोगी नहीं समझता है. स्त्री पराया धन है. दूसरों के घर जायेगी. हमारे पास तो बेटा रह जायेगा. वह कमाकर हमें खिलायेगा. दू लातो मारेगा, बातो कहेगा, फिर भी कमाकर खिलायेगा तो वही. और सबसे बढ़कर बात यह कि बेटा मुक्ति देने वाला होता है. मरने पर मुखाग्नि तो वही देगा! बिना मुखाग्नि के मुक्ति कहाँ? केवल इतना ही भर सच नहीं है कि बेटी अनुपयोगी है, कोढ़ में खाज की तरह वह दहेज लेकर कमर तोड़ने वाली भी है. योग्य वर ढूँढ़ते रहिये, दूसरों की चिरौरी करते रहिये, लेकिन उधर से रूखा-सा उत्तर पाकर निराश घर लौट आइये. अपने मुल्क में वर बिकते हैं. जितनी बड़ी नौकरी, उतनी अधिक उसकी कीमत. अपनी सारी सुख-सुविधा त्याग कर किसी तरह दहेज की रकम इकट्ठी कीजिए और जिंदगी की

सारी गाढ़ी कमाई एक-दो वर खरीदने में खत्म कर दीजिये. ना बाबा ना, बेटी नहीं चाहिए. उसको पढ़ाने-लिखाने में भी परेशानी. घर में अकेले छोड़ना भी मुसीबत. कहीं पहुँचाने, ले आने के लिए भी अतिरिक्त आदमी चाहिए. ऐसी मुसीबत की झाड़ को धरती पर आने से पहले ही विधाता के घर भेज देना उचित है- 'त्वदीयं वस्तु गोविन्दं तुभ्यमेव समर्पये'. हे परमात्मा! आपकी दी हुई वस्तु आपको ही समर्पित! भ्रूण में ही हत्या!

1901 में दहेज कम रहा होगा. गरीबों के घर में ज्यादातर 'गोल्टऽ' शादी होती थी. 'गोल्टऽ' शादी का मतलब मेरे घर में जो बेटी है आपको दे देंगे और अपने घर की बेटी मुझे दे दीजिये. इस विवाह में कन्या ही दहेज थी. इस शादी को समाज में नीची नजर से देखा गया. ठीक उसी तरह जैसे श्रम करने वालों को हेय दृष्टि से देखा जाता है. अमीरों द्वारा आरोपित जीवन-दृष्टि को गरीबों को ढोना ही पड़ता है! मेरी फुआ मेरे पास बैठी हुई है. उनका जन्म 1926 ई. के आस-पास हुआ था. वह बताती है कि जिस समय मैंने होश सँभाला, उस समय दहेज की दर 5 रुपये से लेकर 500 रुपये तक थी. आजादी के पूर्व तक गाँव में दहेज की उच्चतम राशि एक हजार तक थी. अभी कुछ वर्ष पहले हमारे गाँव में दहेज की उच्चतम राशि अट्ठाईस लाख पर पहुँच गयी. लगता है, आजादी के बाद धनोपार्जन की भूख बढ़ती गयी है. घर के आसपास का कोई व्यक्ति नेता बना, मंत्री बना और धनी बन गया. कोई ऐसी नौकरी में गया जहाँ घूस कमाने की काफी गुंजाइश थी. वह धनी हो गया! घूस आदर्श के रूप में समाज में स्थापित है! हर अभिभावक अपने बच्चों के लिए ऐसी नौकरी चाहता है, जिसमें 'ऊपरी आमदनी' जमकर हो. जिस समाज में गलत ढंग से कमाया गया धन सम्मान दिला सकता है, उस समाज में दहेज भी महिमामंडित हो जायेगा. जो जितना अधिक दहेज ले और दे, वह उतना ही बड़ा आदमी! जब एक गलत चीज को बड़प्पन मिल जायेगा, तो समाज को उसका फल भोगना पड़ेगा. इतना दहेज न दे पाना भ्रूण-हत्या का प्रथम महत्वपूर्ण कारण है. शेष कारण यथावत हैं, उनमें तबदीली नहीं आयी है क्योंकि लड़कियों की शिक्षा ऐसी नहीं है जो उन्हें पराधीनता से मुक्त कर सके. पुरुषों को भी इस शिक्षा ने धन कमाने वाली मशीन बनाकर छोड़ दिया है. मनुष्य को मनुष्य बनाने वाली शिक्षा जब तक नहीं खोजी जायेगी, तब तक ये अमानुषिक काम चलते रहेंगे. हमारा आदर्श जब तक धन बना रहेगा, तब तक उस वेदी पर जन चढ़ते चले जायेंगे. बेटे से मुक्ति मिलती है और बेटी से नहीं, इस रूढ़ि को सही शिक्षा ही तोड़ सकती है. सही शिक्षा ही लड़के-लड़कियों को प्रेम की स्वतंत्रता दे सकती है. प्रेम-विवाह दहेज-प्रथा और जाति-प्रथा के नाश के लिए राम-बाण है. इन दोनों राक्षसों का नाश किये बिना समाज उन्नत नहीं हो सकता. अभी प्रेम-विवाह

के बारे में समाज की धारणा अच्छी नहीं है, क्योंकि प्रेम-विवाह टूटते बहुत हैं और समाज को चाहिए स्थायित्व. स्थायित्व के फेर में विवाह तो बच जाता है, प्रेम मर जाता है. प्रेम का गुण स्थायित्व नहीं है. वह क्षणिक उन्मेष है. लेकिन उस उन्मेष को बढ़ाया जा सकता है. यह भी सही शिक्षा से ही होगा. यह तभी संभव होगा जब समाज प्रेम का वातावरण बनावे. अभी परिवार-समाज के भय से जो लुका-छिपी वाला प्रेम चलता है, उसमें लड़के-लड़कियों को एक-दूसरे को ठीक-ठीक समझने का मौका नहीं मिलता और वे जल्दबाजी में परिणय-सूत्र में बँध जाते हैं. साथ रहने के बाद पता चलता है, अरे, हम तो एक-दूसरे से बिल्कुल भिन्न हैं! कहाँ फँस गये!

मेरी फुआ अभी भी पास बैठी है. उनसे मैं पूछता हूँ—हर वर्ष लड़कियों की संख्या लड़कों की तुलना में घट रही है. क्या होगा? फुआ मुस्कुराती हुई कहती है—और घटने दो, तब देखना लड़कियों का मोल कितना बढ़ जाता है! काश, फुआ का यह अर्थशास्त्र मनुष्यशास्त्र पर लागू हो पाता! निर्जीव वस्तु की अनुपलब्धता से उसकी कीमत बढ़ जाती है, सजीव मनुष्य पर यह नियम लागू नहीं होता. अगर ऐसा होता तो दहेज की राशि घटनी चाहिए बढ़ने के बजाय. सम्यक् शिक्षा ही मनुष्य को तमाम सामाजिक बीमारियों से मुक्ति दिला सकती है. इसलिए मेरी नजर में जागरुक व्यक्ति वह है, जो रुग्ण परंपरा को न ढोये और सही शिक्षा लाने के लिए आंदोलन छेड़ दे. जो ऐसा करे वही सच्चा शिक्षक, वही सच्चा विद्यार्थी और वही प्रबुद्ध नागरिक है. जहाँ ऐसा है वहाँ न दहेज है, न भ्रूण हत्या.

16.09.09

❖

महिला संगठन का औचित्य

महिला संगठन एक अप्राकृतिक घटना है. प्रकृति महिला और पुरुष के एक साथ मिलजुलकर रहने के पक्ष में है. लेकिन महिला संगठन अगर अपना विकास छोड़कर पुरुष से टकराने में रुचि लेता है, तो वह भारी भटकाव का शिकार होगा. महिला कोई बड़ा काम तब कर पाती है जब उसके पीछे पुरुष का हाथ होता है और पुरुष भी जीवन में तब सफल होता है जब उसके पीछे महिला का साथ होता है. प्रकृति ने दोनों को अधूरा बनाया है और एक-दूसरे से मिलकर ही दोनों पूरे होते हैं.

प्रकृति ने कुछ खूबियाँ महिलाओं को दी हैं जो पुरुषों को नहीं दी हैं. कुछ खूबियाँ पुरुषों को दी हैं जो महिलाओं को नहीं मिली हैं. महिला शांत और आनंदित तभी होगी जब प्रकृति द्वारा मिले गुणों का विकास करेगी. यही बात पुरुषों के साथ है. स्त्रीत्व और पुरुषत्व अगर आपस में लड़ पड़े तो जीतेगा कोई नहीं. दोनों इस संघर्ष में केवल झुलस कर पस्त हो जायेंगे.

पुरुष और स्त्री में कुछ मूलभूत भेद हैं जिनसे उनके पूरे जीवन में अंतर आता है. आप देखेंगे कि कैसे ये भेद एक को दूसरे से जोड़ने में सहायक हैं. ये भेद ही उन्हें ऋणात्मक और धनात्मक ध्रुवों की तरह एक दूसरे की ओर आकृष्ट करते हैं. अगर ये भेद न होते तो दोनों के रास्ते अलग-अलग होते. पुरुष वीर्यदान करता है, स्त्री उसे ग्रहण करती है. दान और ग्रहण का आनंद दोनों को समान रूप से प्राप्त है. जीवन में अनेक अवसर हैं जो दान और ग्रहण के आनंद से परिपूरित हैं. पुरुष धन अर्जित कर लाता है और स्त्री को दान कर देता है. पुरुष धन देते समय सुख का अनुभव करता है. स्त्री उस धन को ग्रहण कर उसे परिवार के अन्य सदस्यों की सेवा में लगा देती है. अपना तो उसे ध्यान ही नहीं है. उनके सामने तो पति और बच्चे हैं. अपना ख्याल भूलकर ही स्त्री परिवार में सर्वाधिक महत्वपूर्ण शक्ति हो जाती है. पति उसके अधीन हैं, बच्चे तो मानो उसी के हैं. परिवार के केन्द्र में माता होती है. मातृत्व स्त्री की सबसे बड़ी ताकत है जिसके सामने पूरा परिवार नतमस्तक है.

स्त्री गर्भ धारण करती है. पुरुष को यह गुण परमात्मा ने नहीं दिया है. गर्भ धारण करने के कारण उसमें स्थिरता है. उसकी रक्षा के लिए प्रकृति ने पुरुष को गतिमान बनाया है. गर्भ धारण करने के कारण प्रकृति ने उसे सहिष्णुता प्रदान की है, पुरुष थोड़ा असहिष्णु होता है. बच्चों के लालन-पालन के लिए प्रकृति ने स्त्री को कोमलता दी है. कोमलता की रक्षा के लिए कठोरता आवश्यक है. इसलिए प्रकृति ने पुरुष को कठोर बनाया है. स्त्री रक्षणीय है और पुरुष रक्षक है. गर्भ धारण करने के समय से लेकर और प्रसव के समय से आगे के कुछ महीनों तक स्त्री को सेवा की जरूरत है. पुरुष उसकी सेवा में तत्पर रहता है. न जाने कितने वर्षों के बाद सरकार को यह समझ आई कि मातृत्व अवकाश केवल स्त्री को ही नहीं पुरुष को भी चाहिए, क्योंकि दोनों पूरक हैं.

आप देख रहे हैं कि स्थिरता और गत्यात्मकता, सहिष्णुता और असहिष्णुता, कोमलता और कठोरता, रक्षणीयता और रक्षकता आदि गुण कैसे एक दूसरे के पूरक हैं. असहिष्णु पिता बच्चों की बदमाशी से ऊब कर छड़ी उठा लेता है. सहिष्णु माता उन दोनों के बीच आकर खड़ी हो जाती है. बच्चे को कठोरता और कोमलता साथ-साथ मिल जाती है. कठोरता उसे सजग करती है और कोमलता उसकी रक्षा करती है. दोनों चीजें अलग-अलग तरह से सजग भी करती हैं और रक्षा भी करती हैं.

अगर पुरुष अपनी कठोरता का उपयोग स्त्री की सेवा में न कर उसे सताने में करने लग जाए तो परिवार में विप्लव होगा. पुरुष जो रक्षक है, उसका भक्षक हो जाए तो अशांति फैलेगी. पुरुष जो दानी है उसमें कंजूसी कर दे तो अपना ही आनंद खोयेगा. ठीक इसके विपरीत स्त्री अगर अपनी कोमलता और सहिष्णुता छोड़कर रणचंडी हो जाए तो परिवार नष्ट हो जाएगा. पुरुषत्व ग्रहण कर पुरुष को पराजित नहीं किया जा सकता. पुरुषत्व को स्त्रीत्व के द्वारा ही पराजित किया जा सकता है. दुर्भाग्यवश आधुनिक युग के महिला संगठनों ने पुरुषत्व के माध्यम से पुरुष को जवाब देना शुरू किया है. इसमें हे देवि! निश्चय ही आपकी हार होगी, क्योंकि पुरुषत्व में आप पुरुषों से आगे नहीं निकल पायेंगी. पुरुषों के अत्याचार से बचने के लिए महिला के पक्ष में कुछ कानून बने हैं. कानून बनते ही कुछ पुरुषार्थी महिलाओं ने उनका दुरुपयोग शुरू कर दिया है. कभी 'घरेलू हिंसा' हिंसा में नहीं गिनी जाती थी, आज जब गिनी जाने लगी है तो हिंसा से बचने के लिए नहीं, बल्कि अपनी हिंसा को सहारा देने के लिए कुछ स्त्रियों ने उसे हथियार की तरह उठाना शुरू कर दिया है. इससे शांति नहीं अशांति फैलेगी. मेरा स्पष्ट देखना है कि किसी को प्रताड़ित कर कोई सुखी नहीं हो सकता. पुरुष द्वारा प्रताड़ना का तो लंबा इतिहास है, लेकिन इधर कुछ वर्षों से स्त्री के द्वारा प्रताड़ना का सिलसिला भी शुरू हो चुका है. पटने में पत्नी

से प्रताड़ित कुछ लोगों ने महिला संगठन की तर्ज पर पुरुष संगठन बनाया और उसमें मटुकजी को आमंत्रित किया. मटुकजी ने उन मित्रों को पूरी सहानुभूति के साथ समझाया कि इस तरह का संगठन अप्राकृतिक, अवैज्ञानिक और मूढ़तापूर्ण है. दुर्भाग्य से आज भी स्त्रियों का उतना विकास नहीं हुआ है कि वे इस तरह की मूढ़ता से बच सकें. लेकिन पुरुष तो उसकी तुलना में विकसित हैं. इसलिए यह महिला के लिए तो क्षम्य है, लेकिन पुरुष के लिए हास्यास्पद है. आप ध्यान दें तो पायेंगे कि महिला संगठनों को उकसाने में पुरुषों का हाथ हुआ करता है. पुरुषों के बिना तो महिला संगठन पंगु है. महिलाएँ फ्रंट पर हैं, पुरुष नेपथ्य में हैं. इतना ही अंतर है. चालाक पुरुष पीछे है, मूढ़ महिलाएँ आगे हैं.

मटुकजी ने 'भारतीय पुरुष परिषद' के मित्रों से कहा-''आप पत्नी प्रताड़ित हैं. पत्नी आपको सिर्फ अपने बल पर प्रताड़ित नहीं कर रही है. वह किन्हीं पुरुषों की गोद में खेल रही है और उनकी मदद से आपको प्रताड़ित कर रही है. दूसरी तरफ आप अपने घर में करुणामयी माँ को देखें. उनका आशीर्वाद, उनकी सारी ताकत अपने बेटे के पक्ष में है. आपके पीछे भी स्त्री की ताकत है. इसलिए स्त्री संगठन और पुरुष संगठन दोनों एक धोखा है. इस धोखे में न आप पड़ें और न कोई नया धोखा खड़ा करें. कहीं स्त्री प्रताड़ित है, तो कहीं पुरुष प्रताड़ित है. आप प्रताड़ितों का एक संघ बनाएँ जिसमें स्त्री-पुरुष दोनों शामिल हों, तब यह वैज्ञानिक होगा और कारगर भी. इसके बाद मैं तुरत उसकी सदस्यता ग्रहण कर लूँगा.''

हमारे इंदौर आगमन के पूर्व पता चला कि यहाँ भी एक महिला संगठन ने बिना जाने-समझे बवाल मचाया. हमें अपमानित करने, जूता-चप्पल से पीटने की धमकियाँ भी दी गयीं. मुझे उन देवियों से इतना ही कहना है कि हे देवि! जूते-चप्पलों से आपके हाथ की, आपके व्यक्तित्व की शोभा नहीं बढ़ेगी. आपके कोमल हाथों में तो फूल-माला ही शोभेगी. कालिख के बजाय रंग-गुलाल शोभेगा. आपकी मर्जी, आप अपनी शोभा बढ़ायें या अपने को कुरूप कर लें. लेकिन इतना ध्यान रखें देवि, कि पुरुष के जूते आपकी जूती से अधिक मजबूत होते हैं. जूतियों से आप पुरुषों को गुलाम नहीं बना पायेंगी. आपका प्रेम ही उसे गुलाम बनाता है. प्रेम के अलावा शासन करने का दूसरा कोई सुंदर रास्ता नहीं है. आपमें पुरुषों पर शासन करने की भूख है. शुभ इच्छा है. उनके हृदय पर शासन करें. उन्हें अपनी मुस्कान से जीतें.

जूली

अप्रैल, 2007

❖

अध्याय : चार

हरइ सिष्य धन सोक न हरई

हिंदी पाठ्यक्रम, शिक्षण और परीक्षण : नयी परिकल्पना

शिक्षा के दो मूलभूत उद्देश्य हो सकते हैं. पहला तो यह कि वह मनुष्य को मनुष्य बनावे. दूसरा यह कि उसे उसकी रुचि और क्षमता के अनुकूल विषय का सम्यक् ज्ञान करावे. शिक्षा के वर्तमान स्वरूप से पहला उद्देश्य तो गायब है और दूसरे की प्रक्रिया अपूर्ण और त्रुटिपूर्ण है. इसलिए आदमी के आदमी बनने का तो सवाल ही नहीं है, त्रुटिपूर्ण शिक्षण पद्धति के कारण सम्यक् विषय ज्ञान भी नहीं हो पाता.

प्रशिक्षण पद्धति अनिवार्य रूप से पाठ्यक्रम और परीक्षण पद्धति से संबद्ध है. वस्तुतः ये एक ही शरीर के तीन अंग हैं. तीनों में अंगांगिभाव संबंध है. इसलिए अकेले किसी एक अंग पर चर्चा होगी तो वह अधूरी रहेगी. इस विषय पर सार्थक चर्चा तीनों अंगों को समेटते हुए ही हो सकती है. तभी एक विचार रूप ग्रहण करता हुआ दिखायी पड़ेगा.

भारत में हिन्दी शिक्षण का वर्तमान स्वरूप जर्जर है. अपने अभ्युदयकाल में भी यह सर्वांगपूर्ण नहीं था, आज तो और सड़ गल गया है. समय समय पर कुछ मामूली संशोधन होते रहे हैं, लेकिन आमूल परिवर्तन किये बगैर न तो ढंग का मनुष्य बनाया जा सकता है और न उसे ठीक ठीक विषय-ज्ञान कराया जा सकता है. मैं जो विचार प्रस्तुत करने जा रहा हूँ, वह अव्यावहारिक लग सकता है, लेकिन उसे व्यवहार में लाए बिना कोई उपाय भी नहीं है. हिम्मत हम नहीं दिखायेंगे तो जैसा चल रहा है, वैसा ही चलता रहेगा. लेकिन पहले वैचारिक क्रांति तो हो, उस पर एक सहमति बने, बाद में वह व्यवहार में भी उतारा जा सकेगा.

वर्तमान हिंदी शिक्षण की सबसे बड़ी विडंबना यह है कि इसमें भाषा शिक्षण के चार आयामों में केवल श्रवण का उपयोग होता है, शेष तीन पक्ष उपेक्षित रह जाते हैं. इससे भी बड़ी विडंबना यह है कि छात्रों का अभ्यास श्रवण का होता है और परीक्षा लेखन क्षमता की ली जाती है. अगर हम कक्षा में भाषण देते हैं तो इसकी परीक्षा तुरत हो जानी चाहिए कि भाषण कितना सुना और समझा गया. लेकिन वर्तमान शिक्षण

का उद्देश्य यह नहीं है. इसलिए व्यवहार में चल रहा भाषा-शिक्षण का एक मात्र यह आयाम भी बिन सिखाये और बिन जाँचे रह जाता है.

सुनना एक कला है. कैसे, किस अवस्था में पहुँच कर सुना जाय कि सम्यक् श्रवण हो सके. अर्थात् वक्ता की उन्हीं बातों को श्रोता सुन समझ सके जो कही गयी हैं. अक्सर होता है कि वक्ता कुछ बोलता है और श्रोता कुछ सुन लेता है. श्रोता अपने हिसाब से सुन लेता है. वह वही सुन लेता है जो सुनना चाहता है. वह सुनते वक्त मन ही मन विवाद करता चलता है. प्रायः वह किन्हीं कल्पनाओं और स्मृतियों में खो जाया करता है. इन सारी बाधाओं के कारण सुनना सम्यक् नहीं हो पाता. इस तरह वर्तमान शिक्षण का दुर्भाग्य यह है कि छात्रों को हम पूरे सत्र श्रवण करवाते हैं और वह भी बिना श्रवण कला सिखाये.

यही हाल लेखन कला का है. परीक्षा लेखन की जरूर लेते हैं, किंतु किसी भी कॉलेज या विश्वविद्यालय में लेखन कला की घंटी नहीं होती. किसी प्रश्न का सही उत्तर कैसे लिखा जा सकता है, इसका प्रशिक्षण नहीं दिया जाता. अगर इस दिशा में ध्यान दिया जाय तो आजकल हिंदी के छात्रों में जो भाषा की भयंकर भूलें दिखायी पड़ती हैं, वे न दिखायी पड़ेंगी. सच तो यह है कि वर्तमान समय में हिन्दी से ऑनर्स या एम.ए. उत्तीर्ण अधिकांश छात्र दो-चार वाक्य शुद्ध-शुद्ध लिखने में समर्थ नहीं पाये जाते. अनेक प्रकार की व्याकरणिक भूलों के साथ भाषा में कसाव, विषय की समझदारी, उत्तर की सटीकता आदि का अभाव पाया जाता है. किसी भी विश्वविद्यालय की उत्तर पुस्तिकाओं को उठाकर इस तथ्य को देखा जा सकता है. कारण यही है कि हम शुद्ध, सुंदर, सुगठित और परिमार्जित भाषा उन्हें नहीं सिखाते क्योंकि यह काम बड़ी मेहनत का है.

इसी तरह हम पढ़ना और बोलना भी नहीं सिखाते. किसी छात्र से अवधी और ब्रजभाषा की कविताएँ पढ़वा कर देख लीजिए. देखिए कि उन्हें वे किस प्रकार खड़ी बोली की कविताओं की तरह पढ़ते हैं और खड़ी बोली की कविताएँ अपनी मातृभाषा की लय और उच्चारण के साथ पढ़ते हैं! कैसा उच्चारण हो, किस प्रवाह और लय के साथ पढ़ा जाय, कहाँ उतार चढ़ाव और कहाँ ठहराव हो, हम नहीं सिखाते. भाषण जैसी महत्वपूर्ण कला भी हमारे प्रशिक्षण के दायरे में नहीं है. कारण यह भी है कि प्राचीन यूनान की तरह हमारे यहाँ इसका कोई शास्त्र नहीं है, लेकिन जब इसकी जरूरत है तो शास्त्र बन सकता है और प्रशिक्षण शुरू किया जा सकता है. इन चारों आयामों के प्रशिक्षण के बिना भाषा शिक्षण कैसा? कमजोर भाषा की बुनियाद पर साहित्य शिक्षण की इमारत कैसे खड़ी होगी? मजबूत भाषा के बिना साहित्य शिक्षण की कोई विधि कामयाब न हो सकेगी.

यहाँ एक स्वाभाविक और व्यावहारिक प्रश्न खड़ा हो सकता है, जिस पर विचार करके आगे बढ़ना ठीक होगा. कहा जा सकता है कि स्कूलों का दायित्व है भाषा के चारों आयामों का प्रशिक्षण देना. कॉलेज का काम तो साहित्यिक समझदारी विकसित करना है. ठीक है, लेकिन वास्तविकता क्या है? स्कूल यह काम कर देता तो परेशानी क्या थी? मैं मानता हूँ कि कॉलेज में इतनी अधिक जिम्मेदारियों का निर्वाह एक कठिन कार्य है. फिर भी अगर वास्तविक इच्छाशक्ति हो तो इसका समाधान मिलकर खोजा जा सकता है और यह दो स्तरों पर होगा–निजी और सरकारी. निजी स्तर पर जहाँ तक हो सके हम अपने पाठ्यक्रम में भाषा शिक्षण के चारों आयामों को जगह दें और उनकी अलग अलग परीक्षाओं का भी प्रावधान करें. सरकारी स्तर पर हम एक आयोग के गठन का प्रस्ताव सरकार को दें जो स्कूल एवं कॉलेज के पाठ्यक्रम में तारतम्य बनाये रखने और एक समुचित पाठ्यक्रम तैयार करने के लिए 'पाठ्यक्रम निर्माण समिति' बना दे. 'पाठ्यक्रम निर्माण समिति' के दो स्तर हों. बृहत् स्तर पर प्रत्येक विश्वविद्यालय के प्रत्येक विषय के तीन तीन विशेषज्ञ मिलकर अपना अपना मॉडल पाठ्यक्रम तैयार करें. उन सभी पाठ्यक्रमों की समीक्षा एक नौ सदस्यीय केंद्रीय समिति के विशेषज्ञ करें और इसके बाद विभिन्न विश्वविद्यालयों के द्वारा भेजे गए उन मॉडल पाठ्यक्रमों के आधार पर एक विशाल पाठ्यक्रम तैयार हो. आयोग के गठन और विशेषज्ञों के चयन में ऐसी पद्धति अपनायी जाय कि उस जगह पर वास्तव में सही आदमी आएँ न कि सरकार या किसी अन्य के चहेते आकर बैठ जाएँ. आयोग के और भी कार्य होंगे. परचे में यथास्थान उनकी चर्चा होगी.

साहित्य शिक्षण में पाठ्यक्रम और शिक्षण पद्धति दोनों को बदलना होगा. हमारे पाठ्यक्रम की सबसे बड़ी कमी यह है कि वह विविध प्रकार की रुचि वाले छात्रों को ध्यान में रखकर नहीं बना है. हम अपनी रुचि और योग्यता के अनुसार एक संक्षिप्त पाठ्यक्रम तैयार कर छात्रों पर लाद देते हैं. उसे पढ़ना उनकी मजबूरी है. इस तरह छात्रों को उन कवियों, लेखकों, साहित्यिक धाराओं, विधाओं आदि को भी पढ़ना पड़ता है, जिन्हें वे पढ़ना नहीं चाहते. इसलिए मेरा सुझाव है कि पाठ्यक्रम इतना पूर्ण और विशाल बने कि उसमें साहित्य से संबंधित सभी महत्वपूर्ण चीजें समाहित हों और छात्र अपने मन मुताबिक पाठों को उनसे चुन सके. एक उदाहरण से बात कुछ अधिक स्पष्ट होगी. बी.ए. में तो सामान्य हिन्दी, पास कोर्स और ऑनर्स तीन स्तर की हिन्दी है. इसलिए विस्तार भय से बचने के लिए एम.ए. के पाठ्यक्रम का उदाहरण लिया जा सकता है. एम.ए. का एक विशाल पाठ्यक्रम निम्नलिखित शीर्षकों में बाँटकर कुछ इस प्रकार बनाया जा सकता है-

1. प्राचीन एवं मध्यकालीन काव्य 2. आधुनिक काव्य 3. आधुनिक गद्य

साहित्य 4. भाषा विज्ञान 5. काव्यशास्त्र 6. सौंदर्यशास्त्र 7. आलोचना 8. हिन्दी साहित्य का इतिहास 9. प्रयोजनमूलक हिन्दी 10. भारतीय साहित्य 11. पत्रकारिता 12. दृश्य श्रव्य माध्यम लेखन 13. अनुवाद विज्ञान 14. कोश विज्ञान 15. पाठालोचन 16. भाषा प्रशिक्षण 17. राजभाषा प्रशिक्षण 18. भाषण कला 19. सृजनात्मक लेखन आदि.

ये सारे शीर्षक कई खंडों और इकाइयों में बँटे होंगे और इकाइयाँ क्रेडिटों में निबद्ध होंगी. अब मान लिया जाय कि एम.ए. में अगर 64 क्रेडिट पढ़ने हैं तो छात्र पाठ्यक्रम के विशाल सागर से अपनी पसंद का कोई भी 64 क्रेडिट का पाठ चुन लेगा. जब तक हम छात्रों को रुचि और क्षमता के अनुकूल पाठ पढ़ने की स्वतंत्रता नहीं देंगे तब तक लादे गये पाठों से उनका सम्यक् विकास कभी नहीं होगा.

जाहिर है, इतने वैविध्य भरे पाठ्यक्रम को पढ़ाने का भार विश्वविद्यालय का एक विभाग कभी उठा नहीं सकता. इसलिए इस भार को पूरा देश मिलकर उठायेगा. शिक्षण आयोग विभिन्न विश्वविद्यालयों में 'विशेषज्ञ चयन समिति' बना कर विशेषज्ञों का एक नियम के तहत चयन करेगा. पूरे देश के विशेषज्ञों की विषयवार सूची पूर्ण पते के साथ एक पुस्तक बनाकर प्रकाशित कर दी जायेगी और उसे इंटरनेट पर भी डाल दिया जाएगा. अपने चुनिंदा पाठ देश के किसी भी विश्वविद्यालय के विशेषज्ञों से पढ़ने के लिये छात्र स्वतंत्र होंगे. निश्चय ही वे किसी एक विश्वविद्यालय में पंजीकृत होंगे. विशेषज्ञों और छात्रों के बीच समन्वय स्थापित करने के लिए एक समन्वयक होगा, जो इंटरनेट के जरिये और निजी तौर दोनों के बीच सूचनाओं का आदान प्रदान करेगा. कहने की जरूरत नहीं कि आयोग और विश्वविद्यालय का अपना वेबसाइट होगा जिससे हर तरह की सूचनाएँ सबको प्राप्त होती रहेंगी.

जिस तरह छात्र विशेषज्ञ चुनने के लिए स्वतंत्र होंगे, उसी तरह विशेषज्ञ भी छात्र चुनने के लिए. जितने छात्रों के आवेदन विशेषज्ञों के पास आएँगे उनमें अपने ढंग से परीक्षा लेकर वे छात्रों की निर्धारित संख्या चुन लेंगे. वर्तमान पद्धति में छात्र और शिक्षक एक दूसरे पर थोपे हुए हैं. नयी पद्धति में दोनों को बड़े पैमाने पर स्वतंत्रता मिल जायेगी, जो सम्यक् अध्ययन और अध्यापन के लिए आवश्यक है. विशेषज्ञ अपना विषय निर्धारित समय सीमा के भीतर पढ़ाकर और परीक्षा लेकर परिणाम इंटरनेट पर डाल देंगे और संबंधित विश्वविद्यालय को भेज देंगे. परीक्षा परिणाम की गोपनीयता एक फिजूल चीज है, कदाचित् कदाचार की जन्मदात्री भी. इसलिए गोपनीयता नाम की कोई चीज नहीं रहेगी. जो शिक्षक पढ़ायेंगे, वही परीक्षा लेकर परिणाम तैयार करेंगे. उनके पास एक सहायक हो सकता है. यह कैसी पद्धति है कि पढ़ाये कोई, प्रश्न बनाये कोई और उत्तर पुस्तिका जाँचे कोई!

जिस प्रकार विशेषज्ञ छात्र का मूल्यांकन करेंगे, छात्र भी विशेषज्ञ का मूल्यांकन करेंगे. सत्र समाप्त होने के बाद शिक्षकों के शिक्षण कौशल की जाँच के लिए निर्धारित प्रारूप भर कर छात्र संबंधित विश्वविद्यालय और आयोग दोनों को सौपेंगे. विशेषज्ञों के वेतन निर्धारण के तीन आधार होंगे। (क) छात्रों द्वारा किया गया मूल्यांकन (ख) उनके अधीन प्रशिक्षित छात्रों की संख्या और गुणवत्ता (ग) समय समय पर आयोग द्वारा गठित केंद्रीय टीम के विशेषज्ञों द्वारा निरीक्षण के आधार पर प्रेषित रिपोर्ट. विशेषज्ञों के अधीन अध्ययन करने वाले छात्रों की न्यूनतम और अधिकतम संख्या निर्धारित होगी. न्यूनतम संख्या से कम छात्र होने पर वेतन में कटौती हो जायेगी.

शिक्षण शैली का मूलाधार होगा छात्रों के भीतर जिज्ञासा पैदा करना और तीव्र करना. विशेषज्ञ की कुशलता इसी में देखी जायेगी कि उन्होंने छात्रों के भीतर विषय के प्रति कितनी प्यास पैदा कर दी. इस संबंध में कोई नियम बनाना उतना फायदेमंद नहीं रहेगा, क्योंकि नियम यांत्रिक होकर अपना प्रभाव खो देगा. प्यास पैदा करने की कला शिक्षक के भीतर होनी चाहिए. शिक्षक का सबसे बड़ा गुण यही तो है.

शिक्षण संस्थानों के प्राण शिक्षक ही हैं. अच्छे शिक्षकों के निर्माण के बिना अच्छे विद्यार्थियों का निर्माण संभव नहीं. इसलिए हमें विद्यार्थी ही नहीं शिक्षक भी पैदा करना होगा. आश्चर्यजनक बात है कि इस तरफ हमारा ध्यान ही नहीं जाता है. आज के शिक्षक वेतनभोगी कर्मचारी अथवा अधिकारी की तरह के ही एक प्राणी हैं. वर्तमान शिक्षक प्रशिक्षण महाविद्यालय केवल स्कूलों के लिए बने हैं और वे भी बेकार! उन्हें तुरंत बंद कर देना चाहिए. जो क्रांतिकारी न हुआ वह शिक्षक क्या होगा! व्यवस्था को ढोने वाले शिक्षक समाज को आगे नहीं ले जा सकेंगे. शिक्षण एक कला है और शिक्षक एक कलाकार. प्रेमचंद कलाकार के बारे में जो कहते हैं वह शिक्षक के बारे में भी सत्य है–"जब तक कलाकार खुद सौंदर्य प्रेम से छककर मस्त न हो और उसकी आत्मा स्वयं इस ज्योति से प्रकाशित न हो, वह हमें प्रकाश क्यों कर दे सकता है?" इसी तरह जिस शिक्षक की आत्मा प्रकाशित न होगी वह प्रकाश क्यों कर देगा! अगर शिक्षक प्राणवान और आत्मवान हैं तो पुरानी पद्धति में भी जान डाल देंगे और परंपरागत हैं तो नयी पद्धति के भीतर भी पुरानी चाल में चल पड़ेंगे!

आज हमारे साहित्य शिक्षण का उद्देश्य परीक्षा के लिए प्रश्नोत्तर तैयार करने और अच्छे अंक से उत्तीर्ण होने तक सीमित है. यहीं पर हमने भारी भूल की है. साहित्य इसलिए नहीं रचा गया है कि उसकी समीक्षा लिखकर या व्याख्या कर अच्छे अंक पाकर संतुष्ट हो लिया जाय. अतः साहित्य शिक्षण के उद्देश्य को ध्यान में रखकर

उसकी शिक्षण शैली बदलनी होगी. साहित्य का उद्देश्य अगर जीवन सँवारना है तो देखना चाहिए कि इसके शिक्षण से जीवन सँवर रहा है या नहीं. साहित्य अगर अनुभूतियों को तीव्र करता है तो पढ़ाई और परीक्षा ऐसी होनी चाहिए जिससे पता चले कि हमारी अनुभूतियाँ तीव्र हो रही हैं या नहीं. साहित्य का उद्देश्य अगर सौन्दर्य प्रेम पैदा करना है तो असली पढ़ाई वह होगी जिससे हमारे भीतर यह पैदा हो. साहित्य का लक्ष्य अगर कठिनाइयों पर विजय पाने की प्रेरणा प्रदान करना है तो हमारी शिक्षण पद्धति से यह गुण उभरना चाहिए. अगर साहित्य के अध्ययन से सौन्दर्य प्रेम, संकल्प शक्ति और तीव्र भावानुभूति प्रगट न हो तो उसके बारे में यह दावा छोड़ देना चाहिए.

संक्षेप में, हिंदी शिक्षण में परिवर्तन की आवश्यकताएँ और दिशाएँ निम्नलिखित हो सकती हैं—

1. छात्रों को शुद्ध, सुन्दर, परिमार्जित और शक्तिशाली भाषा का ज्ञान उनके चारों आयामों—श्रवण, भाषण, वाचन और लेखन के साथ कराया जाय. चारों आयामों के सही शिक्षण के ढंग भी अलग अलग होंगे और परीक्षाएँ भी अलग अलग. अगर लेखन सिखाना हो तो ठीक होगा कि निर्धारित विषय को छात्र एक निश्चित समय सीमा के भीतर लिखने के लिए बैठ जायँ और लिखकर अपने शिक्षक को दिखलाएँ. जो भूलें हुई हैं, शिक्षक उन पर ध्यान आकृष्ट करें. शिक्षक को ध्यान रखना होगा कि छात्र एक ही प्रकार की भूलें बार-बार न करें, नित्य नयी भूलें चाहे वे जितनी कर लें. एक ही प्रकार की भूलों को दुहराने का अर्थ है कि छात्र जागरुक नहीं हैं. जागरुकता पैदा करना शिक्षक का काम है, लेकिन लाख कोशिश के बाद भी छात्र सजग न हों तो उन पर मेहनत करना बंद कर देना चाहिए, क्योंकि वह बालू से तेल निकालने जैसा श्रम होगा.
2. प्रशिक्षण के समय और स्थान में भी परिवर्तन की आवश्यकता है. वर्तमान स्वरूप में 50 मिनट की घंटी होती है और एक दिन में लगभग चार-पाँच घंटियाँ होती हैं. इस पद्धति से सभी विषय आधे-अधूरे रह जाते हैं. समय का निर्धारण विषय की माँग और छात्र-शिक्षकों की कार्य क्षमता के आधार पर होना चाहिए. वह घंटी एक घंटे की भी हो सकती है और तीन चार घंटे की भी. इस तरह से एक टॉपिक पूरी तरह से तैयार कर लिया जाना चाहिए.
3. पढ़ाई का स्थान भी हमेशा चार दीवारों और छत से ढँका नहीं होना चाहिए. वह खुले आसमान के नीचे भी होना चाहिए. मौसम और विषय के अनुरूप बाग-बगीचा, नदी तट, खेत खलिहान, मैदान आदि कोई भी स्थान चुना जा सकता है.

4. स्मृति पर आधारित परीक्षा पद्धति खत्म की जानी चाहिए. कभी हमने ख्याल किया कि स्मृति आधारित शिक्षा और परीक्षा हजारों साल पुरानी है? यह पद्धति वैदिक युग से चली आ रही है. उस समय प्रासंगिक थी, क्योंकि वैदिक ऋचाओं को एक पीढ़ी से दूसरी पीढ़ी तक ले जाने का एकमात्र महत्वपूर्ण साधन थी. स्मृति का विज्ञान विकसित था जो आज खो गया है. इस विज्ञान के तहत एक बार के श्रवण में ऋचा कंठस्थ करा देने की विधि विकसित थी. आज जब ज्ञान-धरोहर सुरक्षित रखने के अनेक साधन विद्यमान हैं और स्मृति-विज्ञान भी खो चुका है तो इस अप्रासंगिक पद्धति को ढोये चलना कहाँ तक उचित है? स्मृति से ज्यादा जोर छात्रों की बुद्धि, विवेक और कल्पना शक्ति के विकास पर होना चाहिए.
5. छात्रों में आलोचनात्मक क्षमता का विकास किया जाय. जैसे उन्हें किसी कृति की समीक्षा करने दी जाय, इसी क्रम में उन्हें इसका प्रशिक्षण दिया जाय और इसी तरह परीक्षा ली जाय.
6. कविता पढ़ने में उसके सम्यक् पाठ और वातावरण को महत्व दिया जाय न कि सीधे सीधे अर्थ कर दिये जायँ, क्योंकि कविता अर्थ में निवास नहीं करती.
7. नाटक की पढ़ाई सही संदर्भों में हो अर्थात् रंगमंच से जोड़कर उसकी क्रियात्मक और प्रयोगात्मक पढ़ाई हो.
8. छात्र इसलिए नहीं बने हैं कि उन्हें केवल दूसरों की रचनाओं से अवगत कराया जाय. वे अपनी रचनाएँ कब करेंगे? अतः सृजनात्मक लेखन के प्रशिक्षण की व्यवस्था हो. इसके लिए प्राकृतिक जगत और लोक जीवन से उन्हें जोड़ने का उपाय हो. भ्रमण और यात्रा इस प्रशिक्षण का अंग बने.
9. विविध विधाओं के अध्ययन अध्यापन से संबंधित नवीन पद्धति की खोज की दिशा में विश्वविद्यालय के विभाग निरंतर क्रियाशील रहे. कोई भी पद्धति जड़ न बन जाय. उसमें आवश्यकतानुसार परिवर्तन की संभावनाएँ बनी रहनी चाहिए.

उपर्युक्त संक्षिप्त चर्चा के बाद हम प्रशिक्षण के उस आयाम पर विचार करेंगे जो सर्वाधिक महत्वपूर्ण और प्राथमिक है. उस शिक्षा के बिना सारी शिक्षा भारस्वरूप और नुकसानदेह है. पूरे विश्व में शिक्षा जगत के समक्ष सबसे बड़ी चुनौती यही है कि मनुष्य मनुष्य कैसे बने? इस पर गहराई से सोचना पड़ेगा, क्योंकि कोई भी नैतिक शिक्षा कारगर नहीं हो सकी है. धार्मिक शिक्षा का अर्थ अगर गीता, कुरान, बाइबिल आदि की शिक्षा है तो वह भी एक अतिरिक्त विषय का बोझ बन कर रह जायेगी और परिणाम में सांप्रदायिक व्यक्ति पैदा होने का खतरा भी बना रहेगा. जो

शिक्षा मनुष्य की बीमारी को जड़ से उखाड़ न फेंके वह तो धार्मिक शिक्षा न हुई. ऊपर ऊपर से हमलोग सभ्य, सदाचारी और अहिंसक हैं, लेकिन हमारे भीतर बर्बरता, दुराचार, हिंसा, स्वार्थ, शोषण और महत्वाकांक्षा छिपी हुई है. वर्तमान शिक्षा इन्हीं दुर्गुणों को मजबूत करती है और समाज इन्हीं बुराइयों से परिचालित है. इसलिए तो हर आयोजन का एक ऊपरी और दिखावे का लक्ष्य होता है और दूसरा भीतरी एवं असली होता है. इसी भीतरी उद्देश्य का उद्घाटन आजकल मीडिया करना चाहता है. लेकिन उद्घाटन से उसका उत्पादन तो बंद नहीं होता! इससे तो बुराइयाँ नित्य नये नये वेश धारण कर और प्रबलता से उभर जाती हैं. इसलिए सोचना होगा कि वह कौन-सी पद्धति होगी जिसमें ढलकर मनुष्य दिनोंदिन शुद्ध से शुद्धतर और शुद्धतम होगा. मेरी जानकारी में वह पद्धति है ध्यान. ध्यान ही एक मार्ग है जिसको अपनाकर मनुष्य अपने को रूपांतरित कर सकता है. हाँ, एक मार्ग और है, बहुत की कारगर और उतना ही उपेक्षित भी—वह है प्रेम. ध्यान तो पहले करना पड़ता है तब एक दिन घटता है, लेकिन प्रेम शुरू में ही घट जाता है. शुरू-शुरू में हमारा प्रेम हमारे जैसा ही होता है. वह आनंद के साथ-साथ ईर्ष्या, द्वेष, घृणा, मिलकियत आदि लिये ही आता है. इस प्रेम को एक विशिष्ट अनुभवात्मक प्रशिक्षण विधि से गुजारकर परिशुद्ध किया जा सकता है. लेकिन हम ऐसा न कर पूरी कोशिश करते हैं कि वह जनमे ही नहीं और अगर किसी चूक से जनम जाय तो उसे जनमते ही मार दिया जाता है. प्रेम तो मर जाता है, घृणा, क्रोध, हिंसा और महत्वाकांक्षा फलती-फूलती रहती है. एक विकृत प्रेम समाज में चल रहा है, क्योंकि इस नैसर्गिक चीज को पूरी तरह बंद करना हमारे वश में नहीं. सुंदर शिक्षा वह है जो प्राकृतिक प्रेम का परिष्कार करे. कैम्पस में प्रेम का स्वस्थ वातावरण बने. स्वाभाविक प्रेम में शिक्षक को बाधक नहीं साधक बनना चाहिए. नासमझी से युक्त वर्जनाओं ने समाज को केवल कामुक ही बनाया है. युवावर्ग की कामेच्छा की मिट्टी से फूटे प्रेमांकुर की रक्षा करना और सँवारना भी शिक्षक का काम हो, क्योंकि ध्यान और प्रेम ये ही दो पारस हैं जिनके परस से मनुष्य कुधातु से सोना बन सकता है.

आज हमारे समाज में मौलिक प्रतिभा का कितना अभाव है! ध्यान मनुष्य को प्रतिभाशाली बनाता है. प्रतिभा का अर्थ है प्रत्युत्तर देने की क्षमता, समस्या को समझ कर अनुकूल समाधान खोजने लेने की क्षमता. ध्यान मनुष्य को सजग करता है और सजग व्यक्ति ही देख सकता है कि परिस्थिति की चुनौती क्या है. जीवन एक सतत प्रवाह है. यह कोई स्थिर चीज नहीं है कि स्थिर उत्तर से काम चले. जीवन नित्य नयी समस्याएँ पैदा करता है. प्रतिभावान व्यक्ति उनका ताजा समाधान ढूँढ़ लेता है, जबकि मूढ़ शास्त्रों में समाधान ढूँढ़ने चला जाता है. प्रतिभावान व्यक्ति अपनी अंतर्दृष्टि पर

भरोसा करता है. वह शिक्षा क्या जो मौलिक प्रतिभा का विकास न करे ! इसलिए ध्यान की 108 विधियों में से कोई एक ध्यान विधि जो छात्र और शिक्षक की रुचि के अनुकूल हो, अनिवार्य करना चाहिए. हर स्कूल, कॉलेज और विश्वविद्यालय में एक विशाल ध्यान हॉल होना चाहिए.

ध्यान हमारी संवेदनशीलता को उभारता है और उसको तीव्र करता है. संवेदनशीलता से मैत्री भाव का विकास होता है. मैत्री केवल मनुष्यों के प्रति ही नहीं बल्कि पशुओं, पक्षियों, वनों, पहाड़ों, झरनों, नदियों सबके प्रति. ज्यों-ज्यों ध्यान प्रगाढ़ होता है, संवेदनशीलता प्रगाढ़ होती जाती है और मैत्री भाव का विस्तार होता जाता है. हमारे शांतिपूर्ण सह अस्तित्व के लिए यह कितना आवश्यक है!

ध्यान से विवेक पैदा होता है और शिक्षा का लक्ष्य अनुशासन नहीं विवेक पैदा करना होना चाहिए, क्योंकि अनुशासन के नाम पर अनुशास्ता के द्वारा शोषण होता रहा है. छात्रों में प्रतिक्रियास्वरूप स्वच्छंदता और कुंठा पैदा होती रही है. इसलिए अनुशासन की जगह विवेक और आज्ञाकारिता की जगह विचार सिखाया जाना चाहिए. विवेक हो तो जीवन में एक स्वतः स्फूर्त अनुशासन अपने आप आ जाता है.

अकेला साहित्य मनुष्य को मनुष्य बनाने में असमर्थ है. अतः उसके शिक्षण के साथ ध्यान और प्रेम का भी प्रशिक्षण देना होगा. ध्यान और प्रेम वह रसायन है जिनके भीतर से सभी मानवीय गुण आविर्भूत होते हैं. इसके अभाव में शिक्षा उसी तरह रुग्ण रहेगी जैसी आज है. इस शिक्षा से रुग्ण मनुष्य ही पैदा हो सकता है जैसा कि हो रहा है. हम कब तक वर्तमान शिक्षा की दुर्गंधित लाश ढोते रहेंगे? हमलोग मिल जुलकर अपनी क्षमता के अनुसार एक स्वस्थ शिक्षा के लिए थोड़ा प्रयास कर सकते हैं. सच्चे मन से किया गया एक छोटा-सा प्रयास कालक्रम में बड़ा हो सकता है. जैसे एक छोटा-सा बीज अगर मिट्टी में बोया जाय तो विशाल वट वृक्ष बन सकता है.

❖

श्री भगवान महावीर जैन कॉलेज के हिन्दी विभाग द्वारा आयोजित एवं बंगलौर विश्वविद्यालय द्वारा प्रायोजित दो दिवसीय राष्ट्रीय संगोष्ठी में 11.12.2004 को पढ़ा गया आलेख

शिक्षा में परिवर्तन की दिशाएँ

वर्तमान शिक्षा पद्धति में क्रांतिकारी परिवर्तन की जरूरत है. कारण यह है कि यह न केवल हमारी जरूरतों की पूर्ति करने में अक्षम है, वरन् हमें मनुष्यता से नीचे गिराने में भी सक्षम है. इस शिक्षा ने प्रेम की जगह महत्वाकांक्षा और गलाकाट प्रतियोगिता को जन्म दिया है. जीवन और शिक्षण में जुड़ाव नहीं है. दोनों अलग-थलग पड़े हैं. यह शिक्षा हमें जीने की कला नहीं सिखाती. जीवन की चुनौतियों का सामना करने के लिए तैयार नहीं करती, हमारी आत्मा को नहीं जगाती. इसकी बुनियाद आत्म-प्रकाशन नहीं, बाह्य आरोपण है. मनुष्य क्या बनने के लिए पैदा हुआ है, उसके भीतर किस तरह का बीज छिपा हुआ है, इसकी पहचान कैसे हो, उसका अंकुरण, पल्लवन, पुष्पन और फलन कैसे हो, इसकी कोई व्यवस्था नहीं है.

जीवन की अनेक जरूरतों में साहित्य भी एक है. हमारा जीवन जिस दिशा में जा रहा है, या जिस दिशा में हम उसे ले जाना चाहते हैं, या जैसा जीवन हम जीना चाहते हैं, वैसा बनाने में, उसे सँवारने-निखारने में साहित्य किस हद तक मदद कर सकता है, इस दृष्टि से साहित्य का सृजन और अध्ययन होना चाहिए. साहित्य ने हमारा जीवन सँवार दिया तो जीवन के इम्तहान में हम उत्तीर्ण हो गये. डिग्री रूपी कागज का टुकड़ा हमारे किस काम का?

हर मनुष्य विशिष्ट है. दूसरे से भिन्न न केवल उसका रंग-रूप और ध्वनि है, बल्कि क्षमता या बीज भी भिन्न है. इसलिए सबके लिए कोई एक पाठ्यक्रम नहीं हो सकता. सबका अपना-अपना पाठ्यक्रम होगा. अच्छे शिक्षण संस्थान और अच्छे शिक्षक का काम है विद्यार्थी के विशिष्ट पाठ्यक्रम की पहचान में उसकी मदद करना और उसे ठीक से पढ़ने में उसकी सहायता करना. अगर कोई हरिशंकर परसाई को पढ़ना चाहता है तो हम जबर्दस्ती निराला को क्यों पढ़ायें? आरोपित पाठ्यक्रम अरुचि पैदा करता है. एक बार अज्ञेय से किसी ने पूछा था कि आपकी पुस्तक पाठ्यक्रम में लग गयी है; आप खुश हैं? अज्ञेय ने जवाब दिया—'बिल्कुल नहीं, क्योंकि मैं नहीं

चाहता कि कोई मेरी पुस्तक परीक्षा की बाध्यता के कारण पढ़े. इससे पुस्तक अपनी रोचकता खो बैठती है. मैं चाहता हूँ कि मेरी पुस्तक पाठक आनंद के लिए पढ़े' वर्तमान शिक्षा-पद्धति ने विद्यार्थियों को रचना के आस्वाद से वंचित कर दिया है. अच्छा या बुरा, उपयोगी और अनुपयोगी जो भी पाठ्यक्रम उनके लिए बना है, उन्हें पढ़ना उनकी बाध्यता है. आलोचनात्मक पुस्तकों की मदद से विवेचन-विश्लेषण करना, उत्तर तैयार करना, उसे स्मृति में धारण करना और परीक्षा तक सँभाले रखना यातनादायक है. परीक्षा पास करने के बाद कोई उलट कर कभी पाठ्यक्रम की तरफ नहीं देखता.

व्यक्ति जब भिन्न-भिन्न प्रकार के हैं तो पाठ्यक्रम एक प्रकार का कैसे हो सकता है? और विद्यार्थियों से परामर्श के बगैर पाठ्यक्रम तैयार करने की परिपाटी भी ठीक नहीं. इस पर चिंतन होना ही चाहिए कि पाठ्यक्रम जीवन निखारने के लिए है या परीक्षा पास करने के लिए? ऐसा देखा जाता है कि जो परीक्षा में गोल्ड मेडल पाता है, जिंदगी उसे मिट्टी का मेडल भी नहीं देती. हाँ, जीविका के लिए उपार्जन करने वाली शिक्षा अलग से दी जा सकती है. प्रत्येक छात्र को अपनी रुचि और क्षमता के अनुकूल व्यवसाय चुनना चाहिए. उसके प्रशिक्षण की अलग व्यवस्था होनी चाहिए. साहित्य, संगीत, दर्शन आदि को भी जीविका के लिए चुना जा सकता है, तब उनके प्रशिक्षण के ढंग अलग होंगे.

एक ढर्रे में अभ्यस्त मन के लिए उपर्युक्त बातें यूटोपियन लगने लगती हैं. इसलिए सुपरिचित जमीन पर आकर थोड़ा विचार रखूँ. साहित्य में भाषा को अन्य विधाओं से ज्यादा महत्व प्राप्त है. भाषा के चार अंग हैं-सुनना, बोलना, पढ़ना और लिखना. क्या किसी संस्थान में इन चारों अंगों को मजबूत करने के लिए प्रशिक्षण है? क्या इनके परीक्षण होते हैं? हम कक्षा में व्याख्यान देते हैं, छात्र सुनते हैं. सम्पूर्ण सत्र यही काम चलता रहता है. लेकिन हम छात्रों को सुनने की कला नहीं सिखाते, न उसका इम्तहान लेते हैं. हम इम्तहान लेते हैं उनकी स्मरण-शक्ति के विकास का जिसका प्रशिक्षण उन्हें कभी नहीं देते. श्रवण-कला महानतम कला है. कैसे हम सुनें कि वक्ता की एक-एक बात उसी रूप में सुन लें जिस रूप में उन्होंने व्यक्त की है. अक्सर वक्ता कुछ बोलता है और हम कुछ सुन लेते हैं.

एम.ए. के विद्यार्थी व्याख्याता बन जाते हैं और व्याख्यान चालू करते हैं. क्या हमने उन्हें बोलने की कला सिखायी? जिसका उपयोग वह जीवन भर करेगा, उसी का प्रशिक्षण नहीं दिया, उसी की परीक्षा नहीं ली. पढ़ते हम सभी हैं, लेकिन कितने लोगों को सही ढंग से शुद्ध उच्चारण करना और भावानुरूप उतार-चढ़ाव के साथ पढ़ना आता है? एक बार डॉ. नगेन्द्र ने कुछ पढ़ने के लिए मुझे दिया. पढ़ने के क्रम में

अनेक बार डाँट खानी पड़ी—'कैसे पढ़ते हो, पढ़ने नहीं आता तुमको?' व्याख्याता बनने के बाद का हाल है यह! कविता का सारा अर्थ उसके पाठ-कौशल पर निर्भर करता है. इस कौशल का शिक्षण कहीं होता है? हम छात्रों के लेखन-कौशल की जाँच करते हैं, लेकिन लिखना नहीं सिखाते. वर्तमान शिक्षा दूसरों की रचना पढ़वाती है, लेकिन अपनी रचना करने का प्रशिक्षण और अवसर नहीं देती. कोई व्यक्ति अपनी प्रतिभा और अभ्यास के बल पर लेखक बनता है, विश्वविद्यालय का कोई योगदान नहीं, सर्जनात्मक लेखन के प्रोत्साहन के लिए कोई अंक नहीं! प्रतिभाशाली लेखक इस परीक्षा में अक्सर फेल करते हैं या घटिया श्रेणी पाते हैं. प्रो. नलिन विलोचन शर्मा कभी प्रथम श्रेणी नहीं पा सके!

हमारी कामना होती है कि छात्र और शिक्षक में आत्मीय संबंध हो. यह तभी संभव है जब दोनों एक-दूसरे को चुनें. न छात्र अपने मन लायक शिक्षक चुन सकता है और न शिक्षक विद्यार्थी. एक व्यवस्था के तहत वे चुने जाते हैं और एक-दूसरे पर लाद दिये जाते हैं. फलतः उनमें औपचारिक और व्यावसायिक संबंध बन जाते हैं. शिक्षक नौकरी करने आते हैं और विद्यार्थी डिग्री लेने. दोनों को एक-दूसरे से कोई खास मतलब नहीं. अक्सर शिक्षक वे हो जाते हैं जो शिक्षक बनने के लिए पैदा ही नहीं हुए हैं. विद्वता और शिक्षण दोनों भिन्न क्षमताएँ हैं. एक बड़ा विद्वान अच्छा शिक्षक नहीं भी हो सकता है. लेकिन दोनों का मिलन हो उस शिक्षक का कहना ही क्या कहना! नामवर सिंह, केदारनाथ सिंह और स्व. देवेन्द्र नाथ शर्मा को मैं इसी तरह का शिक्षक मानता हूँ.

छात्र-जीवन में जितने शिक्षकों से पढ़ा है और शिक्षक-जीवन में जितने शिक्षकों को निकट से देखा है उसके आधार पर अच्छे शिक्षकों की तीन श्रेणियाँ बनायी जा सकती हैं—(क) करिश्माई शिक्षक (ख) सुव्यवस्थित शिक्षक और स्वाभाविक शिक्षक. पहले प्रकार के शिक्षक बड़े विद्वान, ऊर्जावान और जोश से भरे हुए होते हैं. वे अपने ज्ञान और भाषण कौशल से विद्यार्थियों को चमत्कृत कर देते हैं. बड़ी तेजी से बड़ी संख्या में विद्यार्थी उनकी तरफ आकृष्ट होते हैं, उनका अनुसरण करने लगते हैं. ऐसे प्रभावशाली शिक्षक देखते-देखते छात्रों के नेता हो जाते हैं. लेकिन ऐसे शिक्षकों का ध्यान विद्यार्थियों के निर्माण पर नहीं, आत्मप्रदर्शन पर होता है. जैसे विशाल वृक्ष की घनी छाया में बीज अंकुरित नहीं होते, वैसे ही ऐसे शिक्षकों के साये में छात्रों की प्रतिभाएँ नहीं खिलतीं. ऐसे शिक्षक खतरनाक होते हैं!

दूसरे प्रकार के शिक्षक व्यवस्थित और नियमवादी होते हैं. वे अपनी विद्वता और भाषण-कौशल से विद्यार्थियों पर अधिकार नहीं करते, उनको एक पद्धति देते हैं. वे छात्रों से अनुसरण नहीं करवाते, खुद उनका अनुसरण करते हैं. जैसे डॉक्टर मरीज

की बातें ध्यान से सुनता है और रोग का पता लगाकर तदनुकूल दवा देता है, वैसे ही दूसरी श्रेणी के शिक्षक विद्यार्थियों का अध्ययन करते हैं, उनकी समस्याओं से परिचित होते हैं और एक व्यवस्था देकर उनके आगे बढ़ने का मार्ग प्रशस्त करते हैं. वे छात्रों के आगे नहीं चलते, पीछे से उन्हें आगे की तरफ ठेल देते हैं. दूसरे प्रकार के शिक्षक पहले से बेहतर होते हैं.

तीसरे प्रकार के शिक्षक बड़े स्वाभाविक होते हैं. वे न तो छात्रों के आगे चलते हैं, न पीछे, साथ-साथ चलते हैं. वे उनके मित्र होते हैं. वे विद्यार्थियों को चमत्कृत करने के चक्कर में नहीं रहते, बहुत ज्यादा तकनीक का भी उपयोग नहीं करते. वे जितने वैज्ञानिक होते हैं, उससे अधिक काव्यात्मक होते हैं. वे ठीक प्रकृति की तरह स्वाभाविक और थोड़ा अव्यवस्थित होते हैं. ऐसे शिक्षक सबसे ज्यादा विद्यार्थियों के काम आते हैं.

मैं मुख्यतः तीसरी श्रेणी और गौणतः दूसरी श्रेणी का हूँ या हो सकता हूँ. मैं विद्यार्थियों का मित्र बन सकता हूँ. उनकी समस्याओं को अपनी समस्या बनाकर हल की दिशा में उनके साथ चल सकता हूँ . न मुझमें कोई विद्वत्ता है, न और कोई योग्यता.

मार्च, 2009

❖

जनसंचार माध्यम : दशा-दिशा

ज्यों-ज्यों दुनिया आगे बढ़ती जायेगी त्यों-त्यों जनसंचार माध्यम का महत्व बढ़ता चला जायेगा. यह न केवल सूचना देने का काम कर रहा है, बल्कि धारणा बनाने का काम भी कर रहा है. इसलिए जनसंचार माध्यम के ऊपर आज बहुत बड़ी जिम्मेदारी है. यह जनता के लिए जितना कल्याणकारी हो सकता है, उतना ही खतरनाक भी. इसलिए जरूरत है कि समाज के शोधे हुए आदमी इस पेशे में आएँ.

निजी क्षेत्र के जनसंचार माध्यमों में आजकल बड़ी निम्नस्तरीय प्रतिस्पर्द्धाएँ चल रही हैं. खबरें धड़ल्ले से बेची जा रही हैं. इस बात पर जरा भी ध्यान नहीं कि कौन-सी खबर किस तरह प्रस्तुत की जाय. ध्यान इस पर रहता है कि किस खबर की माँग ज्यादा है. माँग जितनी अधिक होगी, माल उतना बिकेगा, मुनाफा अधिक होगा. सामाजिक जिम्मेदारी बहाना है, धनोपार्जन निशाना है. यह खतरनाक प्रवृत्ति तब तक जारी रहेगी, जब तक मनुष्य के भीतर लोभ है. असली बीमारी लोभ है. क्या हमारी शिक्षा-पद्धति में इस बीमारी का इलाज है? इलाज की बात तो दूर रोग को उत्तरोतर बढ़ाते जाने की ही व्यवस्था है. एक तरफ हम शिक्षा के द्वारा लोभ का पोषण करें और दूसरी तरफ ईमानदारी की आशा रखें, दोनों एक साथ संभव नहीं—**दुइ न होइ एक समय भुआलू, हँसब ठठाइ फुलाउब गालू.**

हम एक पत्रकार से तटस्थता और ईमानदारी की आशा रखते हैं. हम चाहते हैं कि खबरों के साथ छेड़छाड़ न हो. कम-से-कम तथ्य को तथ्य रहने दें, भले ही उसमें अपना रंग डाल दें. लेकिन आज की पत्रकारिता तथ्यों के साथ भी खिलवाड़ कर रही है!

हम पत्रकार से निर्भीकता की माँग करते हैं. लेकिन अंदर अगर लोभ है, तो भय भी होगा, क्योंकि लोभ का ही दूसरा पहलू भय है. लोभ के द्वारा जो खबरों को स्वार्थ-पूर्ति का साधन बनाता है, वही भय के कारण उसे कभी दबा देता है, कभी विकृत कर देता है और कभी बदल देता है.

सत्ता और मीडिया में एक भयानक दुरभिसंधि है. मीडिया पूँजीपतियों के हाथ में है. उसके सुचारु संचालन के लिए सत्ता से सस्ते में कागज चाहिए, विज्ञापन चाहिए, सुरक्षा चाहिए और सत्ता को चाहिए अपने विचार का प्रचार. उनकी कमियों को छिपाने के लिए परदा चाहिए. जो खूबी उसमें नहीं है, उसे भी जनता के सामने पेश किया जाना चाहिए. इस तरह प्रभुत्वशाली लोगों का व्यक्तित्व चमकता रहे और पूँजीपतियों की पूँजी दिन दूनी रात चौगुनी बढ़ती रहे. ऊपर-ऊपर कुछ ऐसा ही खेल चलता है! कोई ऐसा समर्थ मीडिया संस्थान हो सकता है जो अपनी निर्भीक पैनी दृष्टि के बाण से दुरभिसंधि को छिन्न-भिन्न कर सच्चे अर्थों में जनसंचार माध्यम को जनता की सेवा में लगा सके?

आजकल मीडिया में अनुकरण की संक्रामक बीमारी फैली हुई है. एक चैनल या अखबार जो कार्यक्रम आरंभ करता है, दूसरा झट-से उसकी नकल उतार देता है, उससे मिलता-जुलता कार्यक्रम शुरू कर देता है. खबरों की खूबी है ताजगी और ताजगी आती है मौलिक सोच से जिसका अभाव दिखता है. अक्सर बासी खबरें गरम करके परोसी जाती हैं!

क्या यह आवश्यक है कि कोई चैनल चौबीस घंटे चलता ही रहे? हाँ, आपके पास उतनी सामग्रियाँ हों तो जरूर चलाइये. नहीं तो एक ही खबर को गीजते मत रहिये. जिस बात की सूचना न्यूज चैनल पर एक या दो मिनट में अच्छी तरह दी जा सकती है, उसके लिए आधे-आधे घंटे का कार्यक्रम बनाया जाता है. इससे दर्शकों को ऊब और खीझ होती है. उनका समय बरबाद होता है, लेकिन आपको अनुकरण की चिंता है, दर्शकों को फँसाये रखने की फिकर है. कोई चौबीस घंटे चलायेगा तो हम बारह घंटे चलाकर कैसे सर्वश्रेष्ठ हो सकते हैं?

जिस तरह प्राइवेट स्कूल बेरोजगारों के बल पर चलते हैं, उसी तरह बहुत-से न्यूज चैनल और अखबार भी उन्हीं के बल पर चलते हैं. सड़क पर भटकते अप्रशिक्षित लोगों को नगण्य पारिश्रमिक पर भर्ती कर लिया जाता है और उनके प्रशिक्षण की भी कोई व्यवस्था नहीं की जाती है. इसलिए खबरों में योग्य पत्रकारों जैसी दक्षता नहीं रहती. भाषा में जरूरी परिशोधन, परिमार्जन और कसाव का अभाव रहता है. हिन्दी पत्रकारिता प्रशिक्षण संस्थान पर इसकी भी बड़ी जिम्मेदारी है.

हिन्दी पत्रकारिता अपने आरंभिक दौर में बहुत ईमानदार और जनोपयोगी थी. उस प्रवृत्ति को आगे बढ़ाना है. हम अपने विद्यार्थियों से आशा रखते हैं कि प्रशिक्षण के बाद वे पूँजीपतियों की चाकरी न करें. जनता के हित में, जनता का अखबार और जनता की पत्रिका उसके सहयोग से गाँव, मुहल्ले और ब्लॉक के स्तर से निकालें. कुछ रुचि वाले अच्छे लोग मिलकर एक स्थानीय न्यूज चैनल भी चला सकते हैं. वह

दो-चार घंटे ही चले लेकिन अंधेरे में पड़ी जरूरी खबरें तो बाहर आयें. खबर तो वह है जो जनता को खबरदार करे. जो तथ्य को इस प्रकार रखे कि उसके अंदर निहित सत्य उद्‌घाटित हो जाय. गाँव की खबरें, गाँव के संवाददाताओं के माध्यम से इकट्ठी हों. उनमें खेती की खबरें दी जायँ, खेती के लिए प्रशिक्षण हो, गाँव में चलने वाले स्कूलों, कॉलेजों की दशा और सुधारों पर चर्चा हो, प्रचलित त्योहारों, रीति-रिवाजों, शादी-ब्याह, उत्सव के सकारात्मक पहलुओं पर जोर रहे ताकि जनमानस का स्तर निरंतर ऊँचा उठता रहे. समाज में चल रहे अच्छे कार्यों को निरंतर प्रकाश में लाते रहने की व्यवस्था हो.

समाज में कुछ दुर्घटनाएँ भी घटती रहती हैं, जैसे-सशस्त्र मुठभेड़, आंतरिक झगड़े, साम्प्रदायिक दंगे आदि. इसी तरह के अन्य अपराधों का प्रसारण सही तथ्यों के आलोक में जनता के हित में होना चाहिए. चटखारे और सनसनी से बचना चाहिए.

गाँव की घटनाएँ कैसे राष्ट्रीय और अन्तरराष्ट्रीय घटनाओं से जुड़ी हैं, इसके तार को पकड़ कर जनता के समक्ष प्रकाशित करना चाहिए. शहर के गंदे नाले गाँव की गंगा को और अधिक दूषित न कर सके. इसके लिए ग्रामीण जनसंचार माध्यम सफाई मशीन का काम करे.

जनसंचार माध्यम की शिक्षा केवल कमरे में नहीं हो सकती. प्रशिक्षण संस्थान को पूरे समाज को ही अपनी प्रयोगशाला बनाना पड़ेगा. छात्र थोड़ा प्रशिक्षण लेकर समाज की प्रयोगशाला में जायँ. वहाँ भी जाकर प्रयोग के द्वारा कुछ सीखें. पुनः संस्थान में लौटकर अपने सहपाठियों और शिक्षकों के साथ विमर्श करें. सिद्धान्त और प्रयोग में सामंजस्य स्थापित हो. इसके बिना पत्रकारिता की शिक्षा अधूरी रहेगी और वह पूँजीपतियों और सत्ताधारियों के हित साधन में संलग्न रहेगी.

मार्च, 2009

❖

कॉलेज में ड्रेस कोड का अर्थ

लंबे समय से स्कूलों में ड्रेस कोड चल रहा है और इधर कुछ वर्षों से महिला कॉलेजों में भी इसे लागू किया गया है. मैं सोचता हूँ, कॉलेजों में ड्रेसकोड लागू करने के पीछे क्या कोई चिंतन है? क्या इससे किसी शैक्षिक समस्या का हल होता है? अगर ड्रेस कोड से ज्ञान बढ़ता हो, मस्तिष्क विकसित होता हो, हृदय उदार बनता हो, मानवीय गुण विकसित होते हों, आदमी आदमी बनता नजर आता हो, तब तो ठीक है. जाहिर है, ड्रेस का इन चीजों से कोई लेना-देना नहीं है. फिर ड्रेस कोड किसलिए? इसके समर्थन में जो तर्क दिये जाते हैं, वे न केवल अविवेकपूर्ण हैं, वरन् शोषण पर परदा डालने वाले और एक नये प्रकार के दिखावे को बढ़ावा देने वाले हैं. हम जरा उन तर्कों पर विचार करें जो इनके समर्थन में दिये जाते हैं. पटने के एक महिला कॉलेज की प्राचार्या के तर्क विचारणीय हैं.

तर्क संख्या 1 : 'क्लास में एकरूपता लाने के लिये ड्रेस कोड लागू करने का फैसला किया गया.' बहुत अच्छी बात है! एकरूपता तो आनी ही चाहिए! इसके लिए कुछ और भी कदम उठाये जाने चाहिए! किसी लड़की की नाक खड़ी हो सकती है, किसी की चपटी. प्लास्टिक सर्जरी से उन्हें एकरूप करना होगा! किसी के बाल लंबे हो सकते हैं, किसी के कटे-छँटे. उन्हें एकरूप करना होगा! कोई काली होगी, कोई गोरी, कोई लंबी होगी, कोई नाटी, कोई दुबली होगी, कोई मोटी. किसी की आँखें बड़ी होंगी, किसी की छोटी. कोई तेज होगी, कोई मंद. सबको एकरूप कर देने से पूरी एकरूपता आयेगी, वरना वह ऊपर-ऊपर रह जायेगी. साहब, नासमझी की हद हो गयी! प्रकृति है बहुरूप और आप उसे करना चाहती हैं एकरूप! जैसे व्यक्तियों की कद-काठी, रंग-रूप आदि अलग-अलग होते हैं, वैसे ही कपड़ों के डिजाइनों और रंगों की पसंद अलग-अलग होती है. उनकी इच्छाओं, सुविधाओं का ख्याल न कर अपनी इच्छा लादना चाहती हैं? आप प्राचार्या हैं या तानाशाह? बहुरूपता रोमांचकारी है, आनंददायी है और एकरूपता उबाऊ. आप कल्पना करें एक ऐसी फुलवारी की

जहाँ एक ही रंग के फूल हों. कितनी फीकी लगेगी! जैसे फुलवारी की शोभा रंग-बिरंगे फूलों से है, वैसे ही कॉलेज की रंग-बिरंगी पोशाकों से. पोशाकों की एकरूपता सौन्दर्य की हत्या है. जहाँ सौन्दर्य-बोध नहीं, वहाँ प्रेम नहीं और जहाँ प्रेम नहीं वहाँ कुछ भी नहीं!

तर्क संख्या 2 : 'इससे क्लास डिफरेंस समाप्त होता है.' लाजवाब! ड्रेस से क्लास डिफरेंस समाप्त होता है या उस पर परदा पड़ जाता है? समाज में आर्थिक भिन्नताएँ हैं. कॉलेज में चपरासी की बेटी भी पढ़ती है और चीफ इंजीनियर की भी. एक के वस्त्र से गरीबी टपकेगी और दूसरे से अमीरी. यह दृश्य सोचने को विवश करेगा कि आखिर यह भिन्नता क्यों? एक चपरासी भी दिन भर खटता है और एक आई. ए. एस भी. दोनों के वेतन में इतना फर्क क्यों? एक प्राथमिक विद्यालय का शिक्षक दिन भर काम करता है. एक प्रोफेसर उससे कम काम करता है, फिर भी वेतन में इतना फर्क क्यों? समाज में बड़ी संख्या में एक तरफ छोटे कृषक और बेरोजगार हैं और दूसरी तरफ बड़े ठेकेदार भी. एक जगह फाकेमस्ती है और दूसरी जगह मौजमस्ती; क्यों? अगर इस विषमता को ड्रेस की समता लाकर छिपाते हैं तो जो असली समता विद्रोह के द्वारा आ सकती है, वह नहीं आ पायेगी. आप पोशाक की डिफरेंस को नहीं समाप्त कर रहीं हैं, विषमता के साक्ष्य को मिटा रही हैं! विषमता समाप्त होगी क्रांति से और क्रांति आरंभ होगी विषमता बोध से.

तर्क संख्या 3 : 'फैशन के नित नये बदलते डिजाइन के दौर में लड़कियों को खूबसूरत कपड़े पहनने की चाहत होती है. इसे पूरा करने में गार्जियन को कई बार अनावश्यक खर्च भी वहन करना पड़ता है.' गार्जियन पर कितनी ममता है प्राचार्या की! अगर वास्तविक ममता है तो नामांकन आदि की फीस माफ कर दें, कॉलेज फंड से गरीब छात्राओं को आर्थिक अनुदान दे दें, उन्हें मुफ्त में पाठ्य-सामग्रियाँ मुहैया करायें, निर्धनता छात्रवृत्ति चालू करें! इससे पता चलेगा कि गार्जियन पर आपकी वास्तविक ममता है, वरना यह ढोंग होगा.

महत्वपूर्ण बात यह है कि कोई चीज लादना ठीक है या छात्राओं में बोध जगाना उचित है? अगर छात्रा में फिजूलखर्ची की व्यर्थता का बोध जगाया जाय तो वह स्वयं गार्जियन पर आर्थिक बोझ नहीं लादेगी. बोध वाली अनेक लड़कियों को मैंने देखा है जिन पर गार्जियन खर्च करना चाहते हैं, लेकिन वे घर की माली हालत देखते हुए अपनी पोशाकों के बदले दूसरे महत्वपूर्ण कामों पर खर्च करना पसंद करती हैं. इसलिए जरूरी यह है कि हम छात्राओं में बोध जगायें न कि उन्हें गदही बनाकर अपने विचारों की मोट उन पर लाद दें. चूँकि बोध जगाना एक कठिन काम है, इसलिए पोशाक लाद दी जाती है! आधुनिक मरियल शिक्षा ने विद्यार्थियों को मुर्दा बना दिया है, इसलिए उचित माँग को लेकर विद्रोह भी नहीं होता!

तर्क संख्या 4 : 'इससे फैशन का दिखावा समाप्त होता है '. दिखावे में रुचि पढ़ाई-लिखाई के वातावरण के अभाव में पैदा होती है. बिहार के किसी भी कॉलेज में पढ़ाई-लिखाई का स्वस्थ सुंदर माहौल नहीं है. ऐसा आप कहीं नहीं पायेंगे कि कॉलेजों में विद्यार्थियों के जिम्मे बहुत काम हैं, जिन्हें पूरा करने में वे तल्लीन हैं. ऐसा नहीं देखा जाता है कि कल उसे एक भाषण देना है, आज वह वाद-विवाद में भाग लेने जा रहा है. एक संगीत-सभा आयोजित करनी है. किसी के भीतर पढ़ते-पढ़ते अनेक प्रश्न उठ गये, वह जिज्ञासा प्रकट कर रहा है, प्रोफेसर उसकी दिक्कतें दूर करने में मशगूल हैं. वह नित्य नया ज्ञान प्राप्त कर रहा है, देश-दुनिया की घटनाओं पर पैनी नजर रखे हुए है, उन पर अपनी प्रतिक्रियाएँ दे रहा है. गोष्ठी, सेमिनार आयोजित कर रहा है. नहीं, ये सब कुछ भी नहीं. उनके पास कोई काम नहीं है. साल-दो-साल में परीक्षा देनी है. अभी बहुत समय है. छात्र-छात्राओं के जिम्मे बस एक ही काम रह गया है—हा-हा, ही-ही, करना; लड़कियों को लोलुप दृष्टि से देखना, उन्हें फँसाने की योजना बनाना, क्लास में ऐसे ही मनोरंजनार्थ चले जाना. एक दूसरे की पोशाक, मोबाइल, बाइक आदि देखना और उन्हें पाने के प्रयत्न में रहना. लगता है, कॉलेज इन्हीं कामों के लिए बना है. ऐसे वातावरण में दमन के द्वारा दिखावे को बंद करना स्वयं में एक दिखावा है. दिखावा अगर बंद करना हो तो देखने वाले लड़कों की मानसिकता को भी बदलने का उपाय सोचना होगा. सारे अत्याचार लड़कियों के लिए नहीं बने हैं. देखने वाले रहेंगे तो दिखावा चलता रहेगा.

मुझे लगता है कि ड्रेस कोड लागू करना एक दिखावा है, ताकि अध्ययन-अध्यापन का वातावरण बनाने के श्रम से बचते हुए समाज को यह संदेश दिया जाय कि देखिये प्राचार्या का कितना ध्यान छात्राओं पर है! गार्जियन का कितना ख्याल रख रही हैं!

हमें ड्रेस के बारे में, उसकी डिजाइन और रंगों के बारे में एक समझदारी विकसित करने की जरूरत है. पोशाकों पर भी प्रयोग होने चाहिए. निश्चय ही कुछ पोशाकें ऐसी होती हैं जिनसे शालीनता प्रकट होती है और कुछ से उच्छृंखलता. पोशाकों से व्यक्तित्व की गरिमा भी प्रकट होती है और छिछलापन भी. पोशाकें कामोत्तेजक भी हो सकती हैं, उनका शमन करने वाली भी. पोशाक हमारी जरूरतों, सुविधाओं, रुचियों और व्यक्तित्व के अनुसार होनी चाहिए. लेकिन इसके लिए छात्राओं में बोध विकसित करना होगा. न कि एक खास डिजाइन और रंग लाद कर उनके मन को मार देना है. इससे उसका व्यक्तित्व मरता है. अतएव उन्हें जगायें, मारें नहीं.

2008

❖

महिला कॉलेज में पुरुष नहीं पढ़ायेंगे?

बिहार में ही इस तरह का अजीबोगरीब मूढ़तापूर्ण प्रस्ताव रखा जा सकता है कि महिला कॉलेज में सिर्फ महिलायें ही पढ़ायेंगी, क्योंकि पुरुषों का वहाँ की छात्राओं से नैन लड़ाने का खतरा है. सबसे पहले मैं उन छात्राओं को जो शिक्षकों से पढ़ रही हैं और उन शिक्षकों को जो पढ़ा रहे हैं, आश्वस्त कर देना चाहता हूँ कि इस तरह का अव्यावहारिक, नुकसानदेह और यौनकुंठाग्रस्त प्रस्ताव पारित होने वाला नहीं है. लेकिन थोड़ी देर के लिये हम मान लेते हैं कि यह प्रस्ताव पास हो गया, तो विचार करें कि क्या-क्या परिणाम सामने आ सकते हैं.

लंबे काल के अंतराल पर महिलायें घर की सीमा को लाँघ कर बाहर आयी हैं और स्कूल-कॉलेजों में पढ़ा रही हैं, लेकिन घर उनसे छूटा नहीं है. अभी भी उन्हें पहले की तरह घर सँभालना पड़ता है. खाना बनाना पड़ता है, बच्चों का लालन-पालन करना पड़ता है. कॉलेज वे जाती हैं जरूर लेकिन वहाँ भी स्वेटर बिनना पड़ता है, घर में क्या बना है, 'उनको' क्या पसंद है, आदि की चर्चा भी अध्यापन के साथ-साथ करनी पड़ती है! कॉलेज से छूटते ही फिर 'गृह कारज नाना जंजाला' में वे फँस जाती हैं. उन्हें घर पर पढ़ने-लिखने का विशेष अवसर नहीं मिलता है, इस कारण वे अपने विषयों में विशेषज्ञता हासिल नहीं कर पाती हैं. पुरुषों को पर्याप्त अवसर मिलता है, इसलिए उनकी तुलना में वे पिछड़ जाती हैं. बिहार के अन्य क्षेत्रों की बात छोड़ भी दें तो राजधानी पटना ही में कितनी शिक्षिकाएँ हैं जो अपने ज्ञान और अध्यापन-कौशल के कारण छात्र-छात्राओं के बीच लोकप्रिय हैं और उनकी ज्ञान-पिपासा को तृप्त करती हैं? कई शिक्षिकाएँ अध्यापन की दृष्टि से बेकार हैं और कुछ कामचलाऊ हैं. महिला कॉलेज की छात्राओं से पूछ कर इस बात की पुष्टि की जा सकती है. पटने में अनेक कोचिंग इंस्टीट्यूट हैं जहाँ छात्र-छात्राएँ विविध प्रतियोगी परीक्षाओं की तैयारी करती हैं. उन संस्थानों में कितनी शिक्षिकाएँ पढ़ाने जाती हैं? कितनी शिक्षिकाएँ हैं जो गणित, भौतिकी, रसायन आदि विषयों की तैयारी करवाती

हैं? खोजने से शायद एक-दो मिलें न मिलें. विज्ञान को तो छोड़ दीजिए कला से संबंधित विषयों में कितनी हैं? पूरे पटना में किसी भी विषय में एक भी शिक्षिका नहीं है जिसका नाम हो और जिनसे पढ़ने के लिए दूर-दूर से छात्र-छात्राएँ आती हों. ऐसी हालत में अगर महिला कॉलेज में आप छात्राओं को शिक्षकों की पढ़ाई से वंचित करते हैं तो निम्नलिखित परिणाम आ सकते हैं—

(क) छात्राएँ प्राइवेट कोचिंग संस्थानों में पढ़ने चली जायेंगी (ख) बिहार से पलायन कर जायेंगी (ग) पुरुष कॉलेज में चली जायेंगी (घ) वहीं पढ़ती रहेंगी (घ) पढाई छोड़ देंगी.

अगर छात्राएँ प्राइवेट कोचिंग संस्थानों में जाती हैं तो आप उन्हें पुरुषों की ओर धकेल रहे हैं, जिन पर नकेल लगाने के लिए आपने सुनहला प्रस्ताव तैयार किया है! दूसरे, आप निजी कोचिंग संस्थानों को प्रोत्साहित कर रहे हैं जिनको हतोत्साहित करने के लिए महामहिम कुलाधिपति और सरकार कटिबद्ध है. अगर लड़कियाँ बिहार से बाहर पढ़ने जाती हैं तो सरकार की उस योजना को धक्का लगेगा जिसके तहत वह प्रतिभा पलायन रोकना चाहती है. दूसरे, बाहर जाकर वह पुरुषों से कैसे बच पायेंगी? बाहर तो और खुला वातावरण है. अगर छात्राएँ पुरुष कॉलेज में चली जाती हैं तो समझिए ढोरवा साँप (विषहीन सर्प) से बचकर नाग के मुँह में चली गयीं! महिला कॉलेज में पढ़ाने वाले शिक्षक बेचारे बड़े अनुशासित और सीधे-सादे होते हैं! वे तो महिलाओं के संग रहते-रहते आधा महिला हो जाते हैं. उनका आधा पुरुषत्व तो निगेटिव ऊर्जा के प्रभाव से खत्म हो जाता है और आधा दबे सहमे रहने के कारण! इसी भय से कोई भी पुरुष महिला कॉलेज में नहीं पढ़ाना चाहता है. अगर लड़कियाँ वहीं पढ़ती रह जायेंगी तो उनके डॉक्टर, इंजीनियर, आई.ए.एस आदि बनने का सपना तो सपना ही रह जायेगा! अगर इस निर्णय से क्षुब्ध होकर कोई छात्रा पढ़ाई छोड़ देती है तो अशिक्षा का अंधकार फैलाने की सारी जिम्मेदारी प्रस्तावक और उसे लागू करने वालों की होगी.

इतनी चेष्टा करके भी छात्राओं को नहीं बचाया जा सकेगा. जहाँ भी वे जायेंगी, वहाँ पुरुष मिल ही जायेंगे. उनको पुरुषों से पूरी तरह बचाने के लिये मेरा सुझाव है कि पुरुष और स्त्री का अलग-अलग देश होना चाहिए. दोनों देशों के बीच बहुत ऊँची और मोटी काँटेदार दीवार होनी चाहिए. प्रस्तावक को पहरुवा का प्रधान बना देना चाहिए ताकि किसी भी प्रकार की मिलावट को मुस्तैदी से वे रोकें! इस सख्ती के बाद भी अगर कोई पुरुष अथवा स्त्री दीवारों में छेद कर हुलुक-बुलुक करे तो प्रस्तावक को आजीवन कारावास की सजा देनी चाहिए.

ऐसा नहीं लगता कि प्रस्तावक और उनके समर्थक स्त्री-पुरुष के मिलन पर पाबंदी लगाना चाहते हैं. ऐसा प्रतीत होता है कि उनकी सबसे बड़ी समस्या है मटुक

जैसे शिक्षकों से छात्राओं को बचाना. इसके लिए उन्हें सह-शिक्षा पर पाबंदी लगानी होगी. क्योंकि मटुक महिला कॉलेज में नहीं है. फिर भी मटुक जैसों से बचाना असंभव होगा, क्योंकि उनके पास ऐसी जादुई वंशी है जिसे कॉलेज से दूर कहीं अमुवाँ की डाल पर बैठकर बजायेगा तो उसकी मधुर तान पर थिरकती हुई छात्राएँ अपने-अपने महिला कॉलेजों से निकल कर आ जायेंगी! कॉलेज वीरान हो जायेगा और मटुक की महफिल मँहक उठेगी. परमात्मा ने कुछ मटुक जैसों को आकृष्ट करने की कला दी है और कुछ जूली जैसियों को आकर्षित होने की इच्छा. परमात्मा से आप लड़ना चाहें तो मजे में लड़ सकते हैं!

कृपया मूढ़ता न करें, होश करें. वस्तुस्थिति को समझें. कभी अपनी तरफ भी मुड़कर देखें. छात्र-जीवन से लेकर अभी तक कितनी कलाबाजियाँ आपने न की होंगी! कितनी स्त्रियों को अपनी तरफ खींचने का उद्योग न किया होगा! अगर आप स्त्री हैं तो न जाने कितनों के जाल में आयी होंगी और न जाने कितनों के ऊपर जाल फेंके होंगे! सत्तर चूहे खाकर हज करने को निकली एक बिल्ली ने कहा—महिला कॉलेज की छात्राएँ अपरिपक्व होती हैं, शिक्षक उन्हें पढ़ायेंगे तो अपसंस्कृति फैलेगी! तुमने तो हे देवि, सत्तर खाये! अपनी छात्राओं पर क्यों लगाम लगा रही हो? तुम्हारे अनुभव उनके काम नहीं आयेंगे. उन्हें अपने अनुभव से सीखने दो. अनुभव आदमी को परिपक्व बनाता है. इसके सिवा दूसरा कोई रास्ता नहीं है परिपक्व होने का. उस शिक्षा को धिक्कार है जिसके अंत तक पहुँच कर भी अपरिपक्वता रह जाती है. छात्राओं की छोड़िये, उनके अभिभावकों, शिक्षकों, प्रशासकों में कितने हैं, जिन्हें परिपक्व कहा जा सके? महिला कॉलेज में पुरुष न पढ़ायें, क्या यह प्रस्ताव अपरिपक्वता की पहचान नहीं है? ठीक कहा जूली ने कि शिक्षक को निकाल देंगे, कर्मचारीगण बच जायेंगे; उन्हें निकालना पड़ेगा. पुरुष दरबान की जगह महिला दरबान रखना पड़ेगा. इस तरह चुन-चुन कर एक-एक पुरुष को निकाल देना पड़ेगा. इस बात का भी ध्यान रखना पड़ेगा कि किसी समारोह में पुरुष मंत्री, अधिकारी आदि को न बुलाया जाय; क्योंकि वे अधिक संघातक हो सकते हैं! इस तरह जब उसे पूर्ण महिला कॉलेज बना दिया जायेगा, तब भी एक खतरा और रह जायेगा—महिलाएँ ही महिलाओं को सप्लाय करेंगी!

असंभव को साधने में अपनी शक्ति और अक्ल नष्ट न करें. छात्राओं को विवेक दें, होश दें ताकि वे जिनसे बचना चाहेंगी, बच जायेंगी. जिनसे न बचना चाहेंगी, न बचेंगी. आप कहाँ-कहाँ उनके पीछे पड़े रहेंगे? उनकी एक ही मदद कीजिए कि उन्हें सही ज्ञान दे दीजिए! पर दुरंत समस्या यह है कि कहाँ से देंगे? अपने पास रहेगा तब न!

महिला कॉलेज एक अपसंस्कृति की देन है. उसकी दीवार तोड़ दें. उसे सीधे कॉलेज रहने दें, जहाँ लड़कियाँ लड़कों के साथ मिलकर पढ़ेंगी. उन्हें एक-दूसरे को जानने दें. दोनों के बीच अज्ञानता और यौन-कुंठा की दीवार खड़ी मत करें! आखिर स्त्री-पुरुष को जीवन में एक साथ रहना है. उन्हें स्कूली जीवन से ही एक-दूसरे को जानने पहचानने दें. इसी क्रम में उन्हें अपना जीवन-साथी चुनने दें. प्रेम होने दें. जाति की दीवार टूटने दें, दहेज का रोग मिटने दें. अनचाहत के संग हो जाने की विवशता को छूटने दें. वातावरण को स्वस्थ होने दें. आप जैसों ने समाज को सेक्स की दृष्टि से बीमार कर दिया है. यह प्रस्ताव ही बीमारी से निकला है. यौन-दृष्टि से स्वस्थ आदमी कैसे यह कह पायेगा कि शिक्षक छात्राओं को नहीं पढ़ायेंगे? किससे किसका प्रेम होगा, इसके निर्धारक आप मत बनें, प्रकृति को बने रहने दें. अपनी रुचि, प्रकृति, प्रवृत्ति, संस्कार, विचार, भाव आदि के अनुसार मित्र बनाने दें. इसकी जगह जाति, गोत्र, कुंडली, उम्र और अपने द्वारा निर्धारित अविवेकपूर्ण मर्यादा को विदा होने दें. आपने अपना अभिशप्त जीवन ही जीया है, नयी पीढ़ी को इस शाप से मुक्त करें. एक प्रेमपूर्ण जीवन का आमंत्रण चारों दिशाओं से मिल रहा है और आप उससे मुख मोड़ रहे हैं? रहने दें अपने इस थोथे ज्ञान को कि शिक्षक छात्रा का प्रेम अपसंस्कृति है. यह सोच ही अपसंस्कृति है. शिक्षक-छात्रा का प्रेम सदा से विरल रहा है और रहेगा. यह सामान्य नियम न रहा है, न रहेगा. लेकिन अगर छात्र-छात्राओं को प्रेम की स्वाधीनता नहीं देंगे तो परदे के पीछे अभी जो शिक्षक छात्राओं का यौन-शोषण कर रहे हैं, इसे और बढ़ावा मिलेगा. लेकिन आप तो परदा प्रेमी हैं न! परदे की पीछे आपको सब कुछ मंजूर है. यही अपसंस्कृति है.

आज मटुक से अनेक लड़कियाँ अकेले में भी मिलती हैं. पूछिये उन लड़कियों से मटुक का शील! वे समाज के तथाकथित मर्यादावादी प्रतिष्ठित लोगों से भी मिलती हैं. पूछिये उनसे उनकी लोलुपता के बारे में. पुरुष की पहचान तब होती है, जब कोई लड़की उनसे अकेले में मिलती है. सभा में तो सभी सभ्य बने रहते हैं. सड़कों, गलियों, बाजारों, चौबारों में उचक्के लड़कियों पर फब्तियाँ फेंकते हैं, सभ्य शांत रहते हैं. लेकिन ज्योंही लड़की एकांत में मिलती है, सभ्यता का आवरण गिर जाता है और सभ्य उचक्के हो जाते हैं. सभ्य और उचक्कों में बस इतना ही फर्क है. मेरी समझ है कि सिर्फ प्रेम-रस का छक कर पान करने वाले स्त्री-पुरुषों का ही स्वभाव स्वस्थ हो सकता है. बाकी बेचारों की बात मत पूछो. जूली को इस बीच न जाने कितने पंडितों, पदवानों, धनवानों और रूपवानों ने हिलाने-डुलाने का प्रयास नहीं किया! लेकिन वे इनके सामने उपहास का पात्र बन गये, लज्जित हो गये! तुलसी की एक पंक्ति याद आ रही है—

डिगइ न संभु सरासन कैसे. कामी बचन सती मन जैसे

कामियों के प्रलोभनपूर्ण वचन से सती का मन नहीं डोलता. सती वही हो सकती है जिसने प्रेम-रस को पा लिया. बाकी जबरिया सती और ब्रह्मचारी जो समाज में दिखायी पड़ते हैं, वे दो कौड़ी के हैं, बे भरोसे के! जिस समाज में स्त्री-पुरुष के सहज मिलन पर जितना अधिक प्रतिबंध होता है, उस समाज में यौन-विकृतियाँ उतनी ही ज्यादा होती हैं. हमारे प्रेम को लेकर छद्म मर्यादावादियों में इतनी परेशानी क्यों है? क्योंकि उनकी रामनामी चादर उघड़ने लगती है. उनके अपने बेआबरू होने का भय बढ़ गया है!

अब सोचिये, कितनी लज्जास्पद बात है कि एक कुलपति परेशान हो उठा है, शिक्षक-छात्रा के प्रेम को लेकर. वह इस बात से परेशान नहीं है कि शिक्षा चौपट हो चुकी है. उसको कैसे ऊपर उठावें. विश्वविद्यालय में न ठीक से पढ़ाई हो रही है, न परीक्षा, न मौलिक शोध हो रहा है! बस एक ही चिंता है कि लड़कियाँ सुरक्षित कैसे रहें! सुरक्षित रहने से उनका मतलब है कि उन्हें किसी से प्यार न हो जाये! यौन-शोषण से वे पीड़ित नहीं दिखाई पड़ते, क्योंकि उसे दबाया-छिपाया जा सकता है, प्रेम को नहीं. प्रेम तो इस रूढ़िग्रस्त समाज के लिये एक चुनौती है, जिसका मुकाबला करने की ताकत उसमें नहीं है. एकमात्र मटुक-जूली के प्रेम से समूह का समूह भयाक्रांत हो उठा है! कहीं पसाही न लग जाय! क्योंकि प्रेम की ललक तो हर हृदय में है. फूस की झोपड़पट्टी को आग क्षण मात्र में स्वाहा कर देती है, वैसे ही यह लुत्ती कहीं फैल न जाय विश्वविद्यालय की झोपड़पट्टी में! इसलिए बड़े-बड़े कुलपति प्रस्ताव का दमकल लेकर पहुँचे हुए हैं! लुत्ती को बुझाओ. उसे प्रताड़ित करो, घर से निकालो, नौकरी से निकालो, समाज से निकालो. उन्हें पता नहीं कि प्रेमियों का अपना घर होता है, उनका अपना समाज होता है, जहाँ वे अधिक सुविधा और आनंद से जीते है!

कोई वैज्ञानिक बुद्धि का प्रशासक होता तो एक प्रयोग करता. वह एक विशुद्ध महिला कॉलेज, एक प्योर पुरुष कॉलेज और एक महिला-पुरुष मिश्रित—तीन प्रकार के कॉलेज बनाता. महिला कॉलेज में छात्रा, शिक्षिका, कर्मचारी सब महिला, पुरुष में सब पुरुष और मिश्रित में स्त्री-पुरुष का समान अनुपात रहता है. मेरा दावा है कि मिश्रित कॉलेज में छात्र-छात्रा का व्यक्तित्व सबसे निखरा हुआ और संतुलित होगा. शेष दो कॉलेजों के बच्चे उदास, पिलपिले और कुंठित होंगे! पहली समस्या तो यह कि उन दो विशुद्ध कॉलेजों में विद्यार्थियों को जबर्दस्ती भेजना पड़ेगा! अपनी इच्छा से शायद ही कोई जाय! बिना वैज्ञानिक प्रयोग के कुछ से कुछ उलटफेर करना न सिर्फ पावर का दुरुपयोग करना है, बल्कि शिक्षा को और रसातल भेजना है.

इसलिए मौलिक प्रयोग करें. वैज्ञानिकता को जगह दें, अंधविश्वास को मिटाएँ. प्रेम को स्थान दें, भय को भगाएँ. सुशिक्षा लाएँ, कुशिक्षा जलाएँ. ईश्वर से प्रार्थना करें कि हे प्रभु हमें ऐसी सद्‌बुद्धि दो कि स्त्री-पुरुष मिलकर प्रेमपूर्वक पढ़ें और बढ़ें.

अप्रैल, 2007

❖

लोहे के पेड़ हरे होंगे

अच्छे अखबार की एक बड़ी खूबी यह है कि उसमें सकारात्मक खबर छपे. आज 'सन्मार्ग' ने सूखे को ललकारने की ललक से लबरेज एक गाँव का चित्र उपस्थित किया है. खबर पढ़कर मेरी बाछें खिल गयीं. गाँव का नाम है जुनेदी, प्रखंड सिलाव, जिला नालंदा. गोविन्द शर्मा की रपट है कि इस गाँव में मूंगफली और मक्के की मस्ती ने सुखाड़ को चैलेंज दे दिया है. कैसे यह चमत्कार हो पाया? यह हो पाया आत्मबल और आत्मनिर्भरता के कारण. आपसी प्रेम के कारण. आपसी सहयोग और एकता के कारण. जहाँ लोग प्रेम से मिलजुलकर काम करेंगे, वहाँ कौन-सा चमत्कार नहीं घट सकता है? असंभव संभव हो सकता है. दिनकर कहते हैं कि अगर तू प्रेम से एक गीत गा दे तो साधरण सूखे पेड़ की कौन कहे, लोहे तक के पेड़ हरे हो जायेंगे—

लोहे के पेड़ हरे होंगे, तू गान प्रेम का गाता चल

प्रेम, भाईचारा, एकता, सहयोग और समझदारी के कारण जुनेदी गाँव लाचार बिहार के लिए प्रेरणा का उपहार बन सकता है. भाई, यह गाँव कोई हरियाणा और पंजाब में नहीं है, अपने बिहार में है. चलकर देख लो. उट्ठो मेरे यार, जागो, देखो, तुम भी यह कर सकते हो.

मैं ग्राम-प्रेमी हूँ. कुछ दिनों तक पटने में रह लेने के बाद गाँव जाने की इच्छा बलवती हो जाती है. यद्यपि वहाँ असुविधाएँ ही असुविधाएँ हैं, फिर भी मन ललकता है अपने प्यारे दोस्तों के लिए, खेतों की हरियाली के लिए, बाग-बगीचों की कोमल शीतल छाया के लिए, हवा में झूमते पेड़ों के लिए. लेकिन खेतों और बाग-बगीचों को जैसा जानदार-शानदार होना चाहिए, वैसा अभी नहीं है. कारण है किसानों की उत्साहहीनता, अज्ञानता, आलस्य, वैर-भाव, ईर्ष्या आदि. इन सबने उन्हें लाचार कर दिया है. जब भी उनसे मिलिए तो एक ही राग अलापते हैं—"खेती में कुच्छो नहीं धरा है, पूँजी भी नहीं है. आज के वैज्ञानिक जुग में बिना पूँजी के खेती संभव नहीं है. सहरे में कोई नौकरी धरा दीजिए." उनका मुख शहर की ओर है. जो आदमी जहाँ

है, उसका चित्त वहाँ नहीं हो तो क्या विकास होगा? किसानों में प्राण-संचार की जरूरत है. एक नयी कृषि क्रांति की जरूरत है.

यह सरकार विकास तो चाहती है पर विकास की कोई अवधारणा उसके पास नहीं है. सरकार विकास चाहती है, यह मैं गलत कह गया. कहना चाहिए कि उसका मुखिया विकास चाहता हुआ दिखाई पड़ता है, लेकिन विकास की कोई दृष्टि उनके पास नहीं है. कुछ दिन पहले मुख्यमंत्री ने घोषणा की थी कि कृषि की उन्नति के लिए वे बिहार के 4062 गाँवों में कृषि वैज्ञानिकों की नियुक्ति करेंगे. मुझे डर है कि कृषि वैज्ञानिकों का हाल ग्राम-सेवकों जैसा न हो जाय! ग्राम-सेवकों का क्या हाल था? किसी धनी के दरवाजे पर बैठकर खाना खा रहे हैं, बदले में उनके बच्चों को पढ़ा रहे हैं, क्योंकि उनके पास ग्राम की सेवा करने के लिए कुछ नहीं था. लंबे समय के बाद सरकार को यह पद खत्म करना पड़ा.

मैं सुझाव देना चाहूँगा कि सरकार अगर कृषि क्रांति चाहती है तो प्रत्येक प्रखंड में एक नवीन कृषि महाविद्यालय खोलने की योजना पर वह विचार करे. लेकिन पहले एक जिले में इस तरह का एक नया कॉलेज खोलकर प्रयोग करे. मैं उक्त कॉलेज का एक मोटा-मोटी खाका रख रहा हूँ.

इस कॉलेज की विशेषता यह होगी कि किसान भी इसके विद्यार्थी होंगे. किसानों के लिए एक अलग व्यावहारिक पाठ्यक्रम होगा. इसमें सिद्धान्त और व्यवहार का मणिकांचन योग होगा. यह महाविद्यालय अनुसंधान करेगा और रोजगार पैदा करेगा. एक-एक व्यक्ति को काम देगा. एक-एक संकाय अपने आप में एक उद्योग जैसा होगा. वहाँ के जो सामान्य विद्यार्थी होंगे, उनके मूल्यांकन के तीन आधार होंगे—(क) कृषि संबंधी उपलब्ध ज्ञान को कितना उन्होंने आत्मसात किया है. (ख) उन्होंने नया क्या-क्या अनुसंधान किया है. (ग) उन्होंने कितने किसानों को प्रशिक्षित किया है. इसके कुछ संकाय इस प्रकार के होंगे—

(क) अन्न उत्पादन संकाय (ख) बगीचा-निर्माण संकाय (ग) सब्जी उत्पादन संकाय (घ) जड़ी-बूटी-फूल उत्पादन संकाय (च) पशु, मधुमक्खी एवं अन्य कीमती कीट पालन संकाय (छ) कुटीर उद्योग संकाय (ज) भंडारण एवं व्यापार-प्रबंधन संकाय (झ) मिट्टी संकाय (ट) प्राकृतिक खाद एवं कीटनाशक संकाय (ठ) सिंचाई प्रबंधन संकाय आदि.

इस कॉलेज के सारे विभागों की विस्तृत व्याख्या यहाँ संभव नहीं होगी. इशारा काफी है. गलत दिशा में बहते धन को बचाकर तथा थोड़ा और धन लगाकर ऐसा कॉलेज खोल सकते हैं और अपार धन, सुख और समृद्धि पैदा कर सकते हैं. धन बचाने के भी यहाँ सुझाव दिये जा रहे हैं—कृषि वैज्ञानिकों की बहाली के पैसे इस

किसान कॉलेज में लगाया जाय, वरना उसी तरह पानी में पैसे बहेंगे, जैसे आज की शिक्षा में मास्टरों और प्रोफेसरों पर पैसे पानी की तरह बहाये जाते हैं. कोई उपलब्धि नहीं, केवल पैसा फेंकते जाओ. इधर सरकार ने 1974 के आंदोलनकारियों को पेंशन देने की घोषणा की है. बिना श्रम लिये मुफ्त में पैसा बाँटना अंधापन नहीं तो और क्या है? मेरा सुझाव है कि 74 के तमाम आंदोलनकारियों को उक्त महाविद्यालय में योग्यतानुसार मुफ्त में प्रशिक्षण दीजिए. एक-एक आदमी को योग्यतानुसार नौकरी में प्राथमिकता दीजिए, लेकिन कृपा कर उन्हें मुफ्तखोरी की आदत न लगाइये. **क्रांति का सम्मान एक नयी क्रांति को जन्म देना है, मुफ्तखोरी और काहिलपन पैदा करना नहीं.** जे.पी. को सैल्यूट मारने और श्रद्धांजलि देने का इससे अच्छा ढंग क्या हो सकता है!

लेकिन यह काम ऐसे नहीं होता. जनता से प्रेम करना पड़ता है. इस प्रेम में प्राणों की आहुति देनी पड़ती है. अपनी अस्थियाँ जलानी पड़ती हैं. दिनकर ने कितनी अच्छी बात लिखी है—

दीपक के जलते प्राण, दीवाली तभी सुहावन होती है
रोशनी जगत को देने को अपनी अस्थियाँ जलाता चल
लोहे के पेड़ हरे होंगे तू गान प्रेम का गाता चल.

28.07.09

❖

शिक्षक बहाली की अंतहीन प्रक्रिया

पुराना धोखा जब जनता समझ जाती है तो राजनेता झट-से नया धोखा ले आते हैं. इसके पहले के सत्ताधारी जनता को आश्वासन देते थे कि नौकरी-चाकरी लेकर क्या करोगे, पूरी सत्ता ही तुम्हें सौंपने को तैयार हूँ. सत्ता में शेयर होल्डर बनो. उनकी जो अपनी जनता थी, उन्हें पन्द्रह वर्षों के बाद महसूस हुआ कि सत्ता तो नेता परिवार तक ही सिमट कर रह गयी और नौकरी का तो वादा ही न था—हाय राम, माया मिली न राम. नये सत्ताधारी ने वादा किया—हम तुम्हें नौकरी देंगे, लाखों लोगों को देंगे. नयी आशा जग गयी. चार-पाँच हजार रुपये की नौकरी का झुनझुना भी शिक्षकों के हाथ में थमा दिया. उन्होंने कुछ दिनों तक झुनझुना बजाया. अब वे वीणा बजाना चाहते हैं! वे पैसा बढ़ाने के लिए सड़क पर उतर गये हैं.

नीतीश सरकार के द्वारा नियुक्त कुछ शिक्षकों को मैं व्यक्तिगत रूप से भी जानता हूँ. उनमें कुछ आपराधिक प्रवृत्ति के हैं, कुछ निकृष्ट संस्कार के हैं, शराबी हैं, लंपटता और मारपीट उनके जीवन के अनिवार्य हिस्से हैं. ऐसे शिक्षकों के हाथों सरकार ने भारत का भविष्य सौंप दिया है! भारत का भविष्य भले ही अंधकारमय हो, लेकिन इससे सरकार का भविष्य उज्ज्वल रहेगा, क्योंकि शासन सुगमता से अंधों पर ही किया जा सकता है. अनुमान है कि दूसरे फेज की बहाली प्रक्रिया अगले विधान-सभा चुनाव की घोषणा के पहले तक चल सकती है ताकि जनता को एहसास बना रहे कि सरकार बैठी नहीं है, उनके लिए लगातार कुछ न कुछ करती जा रही है. अगर एक दो महीने में यह प्रक्रिया समाप्त कर दी जायेगी तो आगे सरकार को दिखाने के लिए क्या रहेगा! एक-डेढ़ साल में जनता सब भूल भाल जायेगी! दैवयोग से या विरोधियों के कोप से चुनाब पूर्व अगर कुछ अशोभनीय घटना घटी तो वही निर्णायक हो जायेगी.

मेरा चेला भोलाराम मेरी बात ध्यान से सुनता है. बीच में ही वह पूछ बैठता है—सर, हमारे प्रधान शिक्षा-सचिव की सूचना है कि हजारों अभ्यर्थियों की डिग्रियाँ

फर्जी हैं. आखिर उन्हें छाँटने में वक्त तो लगेगा! आप मुख्यमंत्री होते तो क्या आपको इतना समय नहीं लगता?

मटुक : मुझे नहीं लगता क्योंकि अगले चुनाव में पुनः मुख्यमंत्री बनने की आशा लेकर मैं काम नहीं करता. मेरे लिए तो पाँच वर्ष काफी हैं. इसी अवधि में मैं जितना विकास कर सकता था, कर देता, जो उलट पुलट करना होता कर देता. साथ-साथ एक नयी पीढ़ी तैयार कर देता ताकि वह अच्छे और नये काम को आगे बढ़ाये.

भोलाराम : आप क्या-क्या उलट-पुलट करते?

मटुक : बड़ी उलट-पुलट के लिए तो केन्द्र में अपनी सरकार चाहिए, उसमें भी दो-तिहाई बहुमत और इसके लिए पहले जमीनी क्रांति चाहिए. लगता है, भारत उसके लिए अभी तैयार नहीं है या उसे झकझोरकर जगाने वाला कोई क्रांतिवीर अभी पैदा नहीं हुआ है. इसलिए अभी पूर्ण परिवर्तन की बात एक सपना है.

भोलाराम : सपना पहले देखता है आदमी, जमीन पर उतारता बाद में है. इसलिए आपके सपने तो जानूँ?

मटुक : शिक्षा में क्रांति सारी क्रांतियों की आधारशिला है. इसलिए शिक्षा के क्षेत्र में मेरा पहला काम होगा देश की सर्वोत्तम प्रतिभाओं को सर्वोत्तम वेतन देकर इस क्षेत्र में लाना. शिक्षकों से ज्यादा वेतन किसी पेशे में नहीं होगा. शिक्षा का मूलाधार है प्राथमिक शिक्षा. इसलिए उन शिक्षकों में भी दिग्गज मनोवैज्ञानिकों, आत्मा के वैज्ञानिकों और पदार्थ के वैज्ञानिकों को लगाता. उनका वेतन कॉलेज से अधिक नहीं तो कम भी नहीं होगा. दरअसल उस नयी शिक्षा में शिक्षक की योग्यता के हिसाब से वेतन तय होगा, स्कूल या कॉलेज के हिसाब से नहीं. योग्यता जाँच की एक नवीन त्रि-स्तरीय व्यवस्था होगी. जो क्रमशः विद्यार्थी, विद्वान और शिक्षा-बोर्ड की भागीदारी से बनेगी.

शिक्षालय और उद्योग अलग अलग नहीं होंगे. विद्यार्थी जहाँ जो सीखेगा वहाँ उसकी प्रयोगशाला और कर्मशाला होगी. जैसे मेडिकल कॉलेज और हॉस्पिटल अलग-अलग नहीं होते. इसी तरह...

भोलाराम : सर, इसको बताने में तो बड़ा लंबा समय लगेगा बहाली प्रक्रिया की ही तरह. इसलिए कृपया अति संक्षेप में बता दीजिए कि आप वर्तमान व्यवस्था में शिक्षक बहाली की पूरी प्रक्रिया दो महीने में कैसे पूर्ण करेंगे?

मटुक : 1 मई को विज्ञापन निकलेगा. 15 मई तक आवेदन जमा करने की अंतिम तिथि होगी. 20 मई तक फर्जी डिग्री जमा करने वालों को अपना आवेदन वापस लेने का मौका दिया जायेगा. इस हिदायत के साथ कि बाद में स्क्रूटिनी में

फर्जी डिग्री पकड़ाने पर आप सदा के लिए नौकरी से वंचित होंगे और पाँच साल की जेल भी होगी. इस कड़ाई के बाद शायद ही कोई शातिर फर्जी डिग्री जमा करने की हिम्मत जुटा पायेगा. फर्जी डिग्री का अंबार सिर्फ यह सूचित करता है कि प्रशासन ढीला ढाला है और बहाली में वह भी घोटाला करता है! 21 मई से 30 मई तक डिग्री की स्क्रूटिनी होगी. 1 जून को 100 अंकों की वस्तुनिष्ठ परीक्षा होगी. 45 प्रतिशत से कम अंक पाने वाले इसमें छँट जायेंगे. 5 जून को लिखित परीक्षा होगी और 15 तक परिणाम आ जायेगा. इसमें 45 प्रतिशत से कम अंक वाले छँट जायेंगे. 17 से 25 जून तक साक्षात्कार चलेगा. इसके द्वारा छनकर सीट से कुछ अधिक शिक्षकों का एक पैनल तैयार होगा. 27 जून को इंटरनेट पर अंतिम परिणाम प्रकाशित होगा स्कूलों के नाम के साथ ही. 1 जुलाई को ज्वाइनिंग और उसी दिन से अध्यापन आरंभ. शिक्षण के दौरान हर शिक्षक की शिक्षण क्षमता के आकलन के लिए एक अलग व्यवस्था रहेगी. जो शिक्षक लगातार दो वर्षों तक पढ़ाने में सक्षम नहीं होंगे उनकी सेवा समाप्त हो जायेगी. यह व्यवस्था स्कूल से लेकर कॉलेज तक लागू कर दी जायेगी.

भोलाराम : सर, यह काम आप कर सकते हैं और सरकार नहीं, क्या कारण है?

मटुक : कारण दो हैं—पहला, निहित स्वार्थ और दूसरा, शिक्षा की समझ और दूरदर्शिता का अभाव.

भोलाराम : ये जवाब सच है!

8.08.09

❖

ट्रेनें क्यों जलायी जाती हैं?

बिहटा स्टेशन पर लगी ट्रेन की आग की लपट मेरे शिष्य भोलाराम के दिल तक पहुँच चुकी थी. उसका शीतल हृदय ए. सी. बोगियों की तरह धू-धू कर जल रहा था. दुख और क्रोध से उसकी काया काँप रही थी और उन्माद में वह बड़बड़ा रहा था—'यही लोग कहते हैं कि क्यों बाहर बिहारियों को बुरी नजर से देखा जाता है! क्यों नहीं देखा जायेगा? भला ऐसा भी कहीं होता है! अभी जून में खुसरूपुर स्टेशन पर बोगियाँ जलायी गयी थीं. पिछले साल राहुल राज की हत्या के बाद बाढ़ स्टेशन पर बोगियाँ जलायी गयी थीं. ट्रेन डकैती तो आम बात है.' मेरी तरफ मुखातिब होकर बोला—आप कहते हैं कि सारी बुराइयों की जड़ वर्तमान शिक्षा में है. कृपया बताइये कि दुनिया में कहीं ऐसी शिक्षा है जो इसको दूर कर सके?

मटुक : दुनिया में है या नहीं यह तो नहीं मालूम भोलाराम, लेकिन ऐसी शिक्षा हो सकती है. शिक्षा का मतलब ही है कि वह समस्याओं का समाधान निकालने की योग्यता आपको प्रदान करे. अभी चारों तरफ समस्याएँ हैं, लेकिन समाधान खोजने वाला नहीं दिखता. क्योंकि नेता और जनता, तथाकथित बुद्धिजीवी और मूढ़ सभी इसी शिक्षा की उपज हैं. इस शिक्षा का एक ही काम है बुद्धि का हरण करना. प्रतिभा को विनष्ट करना. स्कूल और कॉलेज बुद्धिमत्ता की जगह सूचनाएँ दे रहे हैं. बच्चों और युवाओं को सूचनाएँ रटवा-रटवा कर भरी जवानी में बूढ़ा कर देते हैं. इसलिए विद्यार्थियों का विद्रोह बुद्धिहीन हो जाता है. वह न सिर्फ संपत्ति को नष्ट करता है वरन् विद्रोह को ही नष्ट कर देता है.

भोलाराम : बुद्धिमत्ता तो पढ़ने-लिखने से, अध्ययन-मनन-चिंतन से आती है न? और आजकल के विद्यार्थी अध्ययन-मनन करते ही नहीं.

मटुक : और जो अध्ययन करते हैं वे क्यों बुद्धिहीन हैं? विद्यार्थियों को पढ़ाने वाला क्यों बुद्धिहीन है? समझने का प्रयास करो भोलाराम.

भोलाराम : तो बुद्धिमत्ता कैसे आती है?

मटुक : बुद्धिमत्ता आती है ध्यान से.

भोलाराम : तो क्या आँख मूँदकर ध्यान करने से आदमी बुद्धिमान हो जायेगा?

मटुक : ध्यान का अर्थ है, अपने भीतर गहराई में प्रवेश करना. अपने अंदर के बंद द्वार को ख़ोलना. आत्मा के निकट पहुँचना. जो आदमी जितना ही अपनी आत्मा के करीब होगा, वह उतना ही बुद्धिमान हो जायेगा.

भोलाराम : यह बात मेरी समझ में नहीं आ रही है!

मटुक : करने से समझ में आएगी भोलाराम. कुछ दिन अभ्यास करके देखो, अपने आप समझ जाओगे. अभी हमारे युवा वर्ग क्रोध में हैं, तनाव में हैं. उनके पास कागज की डिग्री छोड़कर कुछ भी नहीं है. जिंदगी दिवालिया हो चुकी है. बड़ी दयनीय और दुखद अवस्था है उनकी. वे फ्रस्टेशन के शिकार हैं. इस अवस्था में चीजों को नष्ट करने के सिवा वे कर ही क्या सकते हैं! अशांत, पीड़ित और परेशान युवक कुछ भी तोड़ सकता है. रायफलधारी से वह भिड़ नहीं पायेगा, सरकार से लड़ नहीं पायेगा तो अपना क्रोध निर्जीव वस्तुओं पर ही उतारेगा! अभी तो ट्रेन जला रहा है, देखते नहीं मौका मिलता है तो मनुष्य को मार डालता है. आर. पी. एफ. ने मार ही डाला एक युवक को! इसी तरह की गलत शिक्षा चली तो आदमी आदमी को समाप्त कर देगा.

भोलाराम : तो आपकी समझ है कि ध्यान से यह सब ठीक हो जायेगा?

मटुक : बिल्कुल होगा. स्कूल और कॉलेजों में जरा ध्यान का प्रयोग तो शुरू कीजिए. शांत चित्त में ही ज्ञान उपजता है. मानसिक परिवर्तन होता है. व्यक्तित्व में आमूल परिवर्तन होता है. जिस व्यक्तित्व में परिवर्तन होता है, उसी के मस्तिष्क में समाज को बदलने की तेज आग पैदा होती है. अभी जो तुम्हारे दिल में आग है भोलाराम, यही आग ध्यान के द्वारा रचनात्मक हो सकती है. ध्यान आदमी को शांत करता है. व्यक्ति जितना ही शांत होगा, उतना ही सुंदर समाज के निर्माण में सहायक होगा.

भोलाराम : ध्यान के अतिरिक्त और क्या करना पड़ेगा?

मटुक : शिक्षा को भय और लोभ से मुक्त करना होगा. हम बचपन से ही सिखाते हैं बच्चों को—पढ़ोगे-लिखोगे बनोगे नवाब. नवाब बन जाओ. ऊँची से ऊँची कुर्सियाँ हासिल करो. तुम्हारा वेतन ऊँचा से ऊँचा हो. तुम्हारा मकान ऊँचा हो, तुम्हारी दुकान ऊँची हो. लोभ को तुम जितना आगे खींच सकते हो, खींचो. इस खींचतान में जिसको जहाँ मौका मिलता है, खींच रहा है. परिवहन विभाग के एक अधिकारी कपिलमुनि राय को मौका लगा तो करोड़ों खींच लिया. बेचारे आर.पी.एफ. को 20 रुपये मारने का मौका है! नेताओं का तो पता करना बहुत मुश्किल है, क्योंकि उनको कौन उघाड़े! हमारी शिक्षा ने कभी यह नहीं सिखाया कि तुम ऐसा जीवन जीयो

कि शांति और आनंद को उपलब्ध हो सको.

भोलाराम : क्या आप कहना चाहते हैं कि ध्यान से ही सब हो जायेगा, प्रशासन की सख्ती की जरूरत नहीं रहेगी?

मटुक : अवश्य रहेगी, लेकिन बहुत कम. ऐसा तामसिक वृत्ति का व्यक्ति जो ध्यान की तरफ कभी उन्मुख न होगा, तो उसके पागलपन को प्रशासन की सख्ती से नियंत्रित रखा जा सकेगा. प्रयास बाहर और भीतर दोनों तरफ से करना होता है. भीतर से आदमी को बदलने का प्रयास वास्तविक है. उसके बिना सदा उपद्रव रहेगा, प्रशासक चाहे कितना ही कठोर क्यों न हो. लुंज-पुंज रहे तब तो कहना ही क्या?

19.08.09

❖

शिक्षा का अर्थ सफाई है

शिक्षा का अर्थ है सफाई. तन की सफाई, मन की सफाई, आत्मा की सफाई और जिस संसार में हम रहते हैं, उसकी सफाई. संसार में जितने प्रकार के उत्पाद हैं, वे तन की सफाई, पोषण और सौन्दर्य-वृद्धि के लिए हैं. आप किसी भी वस्तु पर नजर डालिए और सोचिये कि वे किसलिए बने हैं, तो पता चलेगा आपके शरीर के लिए बने हैं. कुछ उत्पाद ऐसे हैं जो मुख्यतः आपके मन की सफाई और शांति के लिए हैं. मन आत्मा का आवरण है. मन के परदे में आत्मा ढँकी हुई है. मन जब पूर्णतः शांत हो जाता है, तो वह विलीन हो जाता है यानी आत्मा पर से परदा उठ जाता है. मन का परदा उठते ही जो बचता है, वही आत्मा है. तो शिक्षा मुख्य रूप से शरीर और मन के उपचार से जुड़ी हुई होती है. शरीर स्वस्थ हो, मन पूर्ण शांत हो, तो आत्मा प्रकट हो जाती है. वह निर्मल है. उसकी सफाई की जरूरत नहीं पड़ती. शिक्षा की यात्रा शारीरिक स्वास्थ्य से लेकर आत्मा के उघड़ने तक होती है.

संसार का चक्र कुछ इस तरह चलता है कि इतिहास के दौर में कभी बहुत ऊँची चीजें नीची मान ली जाती हैं तथा नीची चीजें ऊँची. कभी घटिया चीज श्रेष्ठ रूप में प्रस्तुत कर दी जाती है और जो श्रेष्ठ है उसको घटिया बता दिया जाता है. लेकिन जिनके पास बुद्धि है, वह सोचता है, समझता है, तर्क-वितर्क करता है और पता कर लेता है कि क्या सही है और क्या गलत. विवेक, बुद्धि से भी ऊपर की चीज है. पूर्णतः होशपूर्ण या ध्यानपूर्ण अवस्था में उत्पन्न विवेक वह बिजली की चमक है जो अँधेरे में छिपे यथार्थ को प्रकट कर देती है. विवेक एक बार में सब कुछ देख लेता है, उसे सोच-विचार नहीं करना पड़ता. बुद्धि कभी भटक भी सकती है, लेकिन जाग्रत विवेक के द्वारा देखना बिलकुल सही होता है. उसी को तुलसी बाबा ने निर्मल आँख कहा है—

उघरहिं बिमल बिलोचन ही के, मिटहिं दोष दुख भव रजनी के

इस 'बिमल बिलोचन' के उघड़ते ही संसार रूपी रात्रि के दोष और दुख मिट

जाते हैं. मिटने ही चाहिए. जैसे किसी अंधेरे कमरे में आप रख दिये गये हों. घुप्प अंधेरा है. हाथ को हाथ नहीं सूझता. उसी कमरे में पाँच प्रकार के जहरीले साँप हैं. अँधेरे के कारण आपको मालूम नहीं है. आपके इधर-उधर होने पर वह आपको काटेगा. आप मरेंगे. लेकिन कोई दीया जल जाय तो पाँचों भयंकर साँप आपको दिख जायेंगे और आप आहिस्ते-से कमरे से बाहर हो जायेंगे. दीये का जलना ही विवेक का जागना है. इसके बिना संसार के दोष-दुख नहीं मिट सकते. असली शिक्षा वह है, जो विवेक की आँखें खोल दे. दुर्भाग्य है कि हमारी वर्तमान शिक्षा को इससे कोई मतलब नहीं है. इस आँख के खुलने से ही आपको दिखेगा कि परंपरा से चली आ रही चीजों में क्या गलत है और क्या सही. क्या दुखदायी है और क्या आनंददायी.

भारत का दुर्भाग्य रहा है कि इसने शारीरिक श्रम को हेय दृष्टि से देखा. शारीरिक श्रम में भी मल-मूत्र साफ करने वाले सबसे ज्यादा हेय दृष्टि से देखे गये. इस भयानक बीमारी को गाँधीजी ने पकड़ा था और वे सेवाग्राम आश्रम में स्वयं अपना शौचालय साफ करते थे. उनकी शिक्षा है कि जिस चीज का तुम उपयोग करते हो, उसकी सफाई स्वयं किया करो. कर्म में कुशलता लाने के लिए कार्य विभाजन किया जा सकता है. योजना के अनुसार आदमी कोई एक-दो काम चुन सकता है. दूसरा काम कोई और चुनेगा. इस तरह परस्पर सहयोग से परिवार, समाज और देश चलता है. माँ बच्चे का मल-मूत्र साफ करती है, घर का कोई सदस्य घर एवं शौचालय की सफाई का जिम्मा लेता है, इससे वह न तो नीच हो जाता है और न उसका महत्व घटता है; बल्कि बढ़ता ही है. फिर स्कूल में और समाज के अन्य हिस्सों में कोई शौचालय की सफाई करे, तो वह निकृष्ट काम क्यों माना जाय?

'हिन्दुस्तान' में खबर छपी है कि सासाराम शहर के पास एक गाँव बुढ़न स्थित सेंट अन्ना मिशन मिडिल स्कूल के दलित परिवारों के दर्जनों बच्चों ने स्कूल छोड़ दिया है. कारण बताया गया है कि सप्ताह में एक दिन उनसे शौचालय साफ करवाया जाता है. खबर में यह स्पष्ट नहीं किया गया है कि यह नियम सबके लिए है या केवल दलित बच्चों के लिए. अगर यह नियम भेदभावपूर्ण है, तो बहुत ही गलत है और इस पर कार्रवाई होनी चाहिए. अगर सबके साथ समानता है, तो इससे अच्छी बात और क्या हो सकती है? स्कूल के प्रबंधक फादर ए. डी. के बयान से यह स्पष्ट होता है कि महीने में एक दिन सफाई का नियम हर बच्चे के लिए है और नामांकन के समय ही इसकी जानकारी अभिभावकों को दे दी जाती है. मैं फादर से कहना चाहूँगा कि आप अच्छा काम कर रहे हैं, लेकिन इसकी अच्छाई का ज्ञान अभिभावकों को भी दिया जाना चाहिए. मैंने भी दस साल तक 'आवासीय प्रतिभा विकास विद्यालय' चलाया था. वहाँ अधिकांश बच्चे सवर्ण परिवार से थे और सारे बच्चों से

मैं भंगी का काम लेता था. किसी अभिभावक ने कभी शिकायत नहीं की. कुछ लोग सफाई के प्रशिक्षण की तारीफ करते थे. उस स्कूल में बच्चे अपने कपड़े, आवास, क्लास रूम, शौचालय आदि की सफाई स्वयं करते थे और उल्लास के साथ करते थे. मैं फादर से कहना चाहूँगा कि सफाई महीना में एक दिन क्यों, हर दिन क्यों नहीं? अगर महीना में एक ही दिन आदमी शौचालय जाय, एक ही दिन उसके शरीर से पसीना निकले, तब तो ठीक है, वरना इस नियम का कोई मतलब नहीं. मैं मानता हूँ कि अगर मेरी मनोवृत्ति ठीक है, इरादे नेक हैं और मैं इसे अभिभावकों को ठीक से समझा सकूँ, तो विद्रोह का कारण नहीं है; बल्कि इसकी सराहना होगी.

24.08.09

❖

दीक्षांत समारोह : खंड-खंड पाखंड

हमारे भूतपूर्व मालिक अंग्रेज बहादुर ने शिक्षा का जो ढाँचा दिया था, हमारे अपने मालिक आजतक उसी ढाँचे को ढोते आ रहे हैं. क्यों? इसलिए कि शासकों का चरित्र करीब करीब एक होता है. उनका न्यस्त स्वार्थ एक होता है. वह देशी है या विदेशी यह बात गौण है. अंग्रेजों ने शासन और शिक्षा की जो राह तय कर दी, हम उसी पर चल पड़े! अलग से अपनी राह बनाने की कोशिश नहीं की.

अंग्रेजों की चिंता थी अधिक से अधिक दिनों तक भारत पर हुकूमत चलाना और शोषण करना. भारत की राजनीति भी अधिक से अधिक दिनों तक शासन और शोषण की उसी लीक पर चल रही है. अनीतिपूर्वक चुनाव जीतना, छल छद्म से सत्ता तक पहुँचना और वहाँ पहुँचकर जनता कभी विद्रोह न कर सके इसका पुख्ता इंतजाम करना, समाज के प्रतिभाशाली लोगों को सम्मान और पद की रिश्वत देकर अपने पक्ष में करना और जनता को अंधेरे में रखना, यही है राजनीति का चरित्र! जब अंग्रेज शासक और हिन्दुस्तानी शासक का साध्य एक हो तो साधन क्यों बदले? शिक्षा जन मानस को बदलने वाला सबसे बड़ा साधन है. इसलिए मनुष्य की मौलिक प्रतिभा को मारने वाली शिक्षा चली आ रही है. आदमी को आदमी बनाने वाली शिक्षा अगर अपनायी जायेगी तो राजनीति में वे लोग कैसे टिक पायेंगे जो आदमी नहीं हैं?

शिक्षा ऐसी होनी चाहिए जो व्यक्ति की, समाज की और राष्ट्र की समस्याओं को सुलझाने की क्षमता रखने वाली पीढ़ी तैयार करे. राष्ट्र के सामने समस्याएँ हैं—साम्प्रदायिकता की, जातिवाद की, आतंकवाद की, बेतहाशा बढ़ती जनसंख्या की, क्षेत्रीयता की, भाषा-भेद जन्य कटुता की, बेरोजगारी की, गरीबी की, विज्ञान और प्रौद्योगिकी के विकास की, स्वस्थ संस्कृति, साहित्य एवं कला के विकास आदि की. क्या हमारी शिक्षा पद्धति इन समस्याओं के निराकरण को ध्यान में रखकर बनायी गयी है? अगर इन समस्याओं का हल खोजने वाली पीढ़ी तैयार होगी तो वर्तमान राजनीति क्या खाकर जीयेगी? ये समस्याएँ ही तो उनका भोजन हैं. इसीलिए जनता को पंगु बनाये रखने वाली शिक्षा चल रही है.

जिस अंग्रेज ने वर्तमान शिक्षा पद्धति दी, उसी ने दीक्षांत समारोह की भी रूपरेखा तय कर दी. आजतक वही लीक पीटी जा रही है. 16 जनवरी, 2009 को पटना विश्वविद्यालय के दीक्षांत समारोह में उसी मृत परंपरा की लाश सजायी गयी. जरा भी सुधार नहीं, संशोधन नहीं, कोई प्रयोग नहीं, कोई नवीनता नहीं. जब शिक्षा नवीन और जीवंत होगी तभी दीक्षांत समारोह भी नवीन और जीवंत होगा. वही जादूगर वाले कपड़े हर साल नहीं पहने जायेंगे. फैशन डिजाइनिंग वाला विभाग तय करेगा कि इस बार किस तरह की वेशभूषा रहेगी. हर वर्ष नवीनता रहेगी. यहाँ तो भाड़े पर उठाया गया रेडीमेड पुराना गाउन है जो किसी को घुटने तक हो रहा है तो किसी को टखने तक और कोई फर्श को बुहारते हुए बढ़ रहा है. जनतंत्र में भी पदानुक्रम का ऐसा उबाऊ रूप है कि एक घंटा भी बैठकर इस कर्मकांड को देख पाना असंभव हो जाय! उद्घोषक ने जो घोषित किया उसका कोई मूल्य नहीं, उसी को जब तक कुलपति न घोषित करे तब तक कुलाधिपति का कार्य आरंभ न हो, उसी को जब तक कुलसचिव न घोषित करे तब तक कुलपति का कार्य शुरू न हो!

सभी को पता है कि परीक्षा में 'अच्छी तरह जाँच' करने के बाद ही डिग्री दी गयी है. उसी से संबंधित यह औपचारिक समारोह हो रहा है. फिर बार बार यह घोषित करना कि "this is to certify that....having being examined and found qualified for the degree of....." हास्यास्पद लगने लगता है!

सम्पूर्ण कार्यक्रम में अंग्रेजी का ऐसा बोलबाला था कि जिसे अंग्रेजी बोलना नहीं आता था वे भी अपना वक्तव्य अंग्रेजी में लिखवाकर लाये थे. आखिर जिस पूर्व मालिक का दिया हुआ यह सारा तामझाम है उसी की भाषा में इसका सम्पन्न होना लाजिम है. केवल शिक्षामंत्री ने अंग्रेजी में लिखित भाषण नहीं पढ़ा, वे सहज रूप में अपनी भाषा में बोले. जैसे पूजा-पाठ संस्कृत में ही चलता है, वैसे ही यह पूजा अंग्रेजी में चलती है! भले ही पूजा मर जाये, पाठ बचा रहना चाहिए! हे भाई! वास्तविक पूजा और प्रेम अपनी भाषा में ही संभव है. कबीर, नानक, सूर, तुलसी, मीरा, दादू, रैदास आदि ने अपनी भाषा में ही प्रेम को अभिव्यक्त किया था. परायी भाषा में प्रेम और पूजा नहीं, प्रदर्शन और पाखंड पल्लवित पुष्पित होता है. इस दीक्षांत समारोह के खंड खंड में पाखंड था.

उक्त समारोह में राष्ट्रगान के बाद विश्वविद्यालय गीत का रिकॉर्ड सुनाया गया. यह गीत भी पाखंड का जीता जागता नमूना है. जरा इसके शब्दों को उघाड़ कर देखें कि उसमें रंचमात्र भी तथ्य है या केवल खोखला शब्द है–

गंगा तट पर ज्ञान हिमालय

पटना विश्वविद्यालय, पटना विश्वविद्यालय

इसमें पटना विश्वविद्यालय की दो खूबियाँ बतायी गयी हैं–एक तो गंगा तट

पर अवस्थित होने का सौभाग्य इसे प्राप्त है, दूसरे ज्ञान में तो यह हिमालय ही है! हिमालय विश्व का सबसे ऊँचा पर्वत है. यानी पटना विश्वविद्यालय ज्ञान की दृष्टि से विश्व में सबसे ऊपर है. कितना खोखला शब्द! विश्व की बात तो दूर भारत में ही उसका स्थान कहाँ है? अब तो बिहार में भी उसकी सर्वोच्चता संदिग्ध हो गयी है. बिहार में एक केन्द्रीय विश्वविद्यालय बनना है, लेकिन पटना विश्वविद्यालय उस लायक नहीं समझा गया है.

अगर पटना विश्वविद्यालय का कैम्पस एक होता, गंगा गंदी न हो गयी होती, उसका तट दुर्गंधित न होता, उसके तट पर खूबसूरत पार्क होते तो 'गंगा तट पर' होने में कुछ अर्थ होता. हजारों वर्षों से हिंदू उसमें लाश जलाकर फेंकते आ रहे हैं, सैकड़ों सालों से शहरी गंदा नाला उसमें खुलता रहा है, फैक्ट्री का कचरा उसमें गिरता रहा है. सबने मिलकर गंगा की जान ले ली है. उसकी पावनता जाती रही. अब विद्यापति के जमाने की गंगा नहीं रही कि गाया जा सके—**बड़ सुख सार पाओल तुअ तीरे**. कॉलेजों का गंगा तट 'गुगरिया' में तबदील है. मल, सड़ी लाश आदि की विकट दुर्गंध हवा में उड़ती है. जब उस तट पर घुमा फिरा नहीं जा सकता, किल्लोल नहीं किया जा सकता, तब कैसा गर्व? गीत में महावीर और बुद्ध के भी नाम आते हैं—

पाटलिपुत्र बिहार हमारे, सदियों के इतिहास सँवारे
महावीर गौतम अशोक के, आदर्शो को सिर पर धारे
बाँट रहे उपहार नया हम!

कृपाकर सच सच बतायें कि क्या महावीर और गौतम बुद्ध के आदर्शों पर आपका विश्वविद्यालय चल रहा है या मैकाले के आदर्शों पर? महावीर और बुद्ध का सबसे बड़ा अवदान है ध्यान. अगर हमने ध्यान को शिक्षा का महत्वपूर्ण अंग बनाया होता तो हमारी ऐसी दुर्गति क्यों होती? जब हमारे शिक्षालयों का महावीर और बुद्ध से दूर दूर तक कोई रिश्ता नहीं है तो उन बेचारों को नाहक क्यों घसीटते हैं? क्या कसूर किया है उन्होंने?

इस गीत में और मंत्रीजी के भाषण में भी नालंदा एवं विक्रमशिला विश्वविद्यालयों का खूब गुनगान हुआ! वर्तमान दीनता से जनता का ध्यान हटाने के लिए शासक वर्ग अतीत के गौरवगान में डूब जाया करता है. महोदय! आपके हाथ में सत्ता है. आपके भीतर इच्छा शक्ति और दृष्टि हो तो नालंदा और विक्रमशिला से भी श्रेष्ठ विश्वविद्यालय बनाये जा सकते हैं. लेकिन क्या उस दिशा में आगे बढ़ने की आपकी तिल भर भी चेष्टा है? क्या आपने आदमी को आदमी बनाने वाली शिक्षा की रूपरेखा कुछ चिंतकों के सहयोग से बनवायी? क्या उस पर पूरे प्रांत में शिक्षाविदों, शिक्षकों और विद्यार्थियों के बीच बहस चलवायी? फिर क्यों जले पर नमक छिड़कते हैं? आपके नारकीय वर्तमान विश्वविद्यालय ही आपके हित में हैं. उन्हीं का पोषण करते

रहिये, उन्हें बचाये रखिये!

आप फरमाते हैं कि आई. आई. टी. में बिहार की 20 प्रतिशत प्रतिभाएँ हैं. बोलने के पहले क्या आपने सोचा कि इसमें बिहार के विश्वविद्यालयों का कितना प्रतिशत योगदान है? बिहार और बिहार कि बाहर के निजी कोचिंग संस्थानों को हटा दें तो विश्वविद्यालयों की उपलब्धि शून्य होगी. बिहारी बच्चे अथक मेहनत के द्वारा नौकरी में स्थान इसलिए बना लेते हैं क्योंकि यहाँ उद्योग धंधे नहीं हैं. अगर यहाँ पर्याप्त उद्योग होते तो बहुत सारे बच्चे उनमें स्थान बनाकर आर्थिक उन्नति करते. जो अपनी प्रतिभा और मेहनत के बल पर और प्राइवेट संस्थानों के सहयोग से आई. आई.टी. में गये हैं, उन पर सरकार को गर्व करने की जरूरत नहीं है. जो 80 प्रतिशत पिछड़ गये हैं, उनके बारे में सरकार क्या सोचती है? पहले उन्हें बनायें तब गर्व करें.

अब एक नजर जो सर्टिफिकेट बाँटे जा रहे थे, उन पर डालते हैं. पीएच.डी., एम.एस. आदि का प्रमाण पत्र क्या था, लंबा चौड़ा ढढ्ढा था! फाइल में बिना मोड़े इसे रख नहीं सकते. आवेदन के लिए फोटो कॉपी करानी हो तो नक्शा की फोटो कॉपी जहाँ होती है, उस दुकान को खोजिए. हर जगह वह उपलब्ध भी नहीं, पैसा खर्चा भी दुनिया भर. जिस महान् परीक्षा नियंत्रक या किसी अन्य अधिकारी की यह परिकल्पना रही होगी, उनकी जय हो! बेहतरीन कागज पर, बेहतरीन स्याही और लिखावट के साथ एक छोटा प्रमाण पत्र बनाया जा सकता था जो खूबसूरत भी होता, फाइल में रखने में भी सुविधा, फोटो कॉपी कराना भी आसान, ख़र्चीला भी कम.

लेकिन इस तरह की अनेक छोटी-छोटी बातों पर ध्यान किसी का नहीं. शिक्षक कभी आंदोलन भी करते हैं तो सिर्फ स्वार्थ के लिए—वेतन वृद्धि, प्रोन्नति आदि के लिए. शिक्षा के ढाँचे में परिवर्तन के लिए मैंने कभी किसी शिक्षक को चर्चा करते नहीं देखा. इससे संबंधित सेमिनार, गोष्ठी, सम्मेलन आदि की बात तो दूर है. जब शिक्षक ही केवल छोटे स्वार्थों के लिए आंदोलन करेंगे तो विद्यार्थी बेचारे कहाँ से मूल्यों के लिए संघर्ष करेंगे. बुझे बुझे शिक्षकों ने विद्यार्थियों को नेतृत्व देने की क्षमता खो दी है. फलतः छात्र राजनीति के संचालक राजनेता हैं. और आये दिन आंदोलन के नाम पर उपद्रव होते रहते हैं. छात्रों को सही नेतृत्व शिक्षक ही दे सकते हैं. ऐसे शिक्षक जिनमें विद्रोह की आग हो, चिंतन की शक्ति हो और जो जात-पात आदि तुच्छ स्वार्थ की राजनीति से ऊपर हों . शिक्षक, छात्र और कर्मचारी को एक मंच पर आकर शिक्षा में परिवर्तन का बिगुल फूँकना होगा. सार्थक शिक्षा में ही अर्थपूर्ण, पाखंडरहित दीक्षांत समारोह मनाया जा सकता है.

फरवरी, 2009

❖

रैगिंग : शिक्षा का विषफल

जैसे अंग्रेजी दवा बहुत सारी बीमारियों को दबा देती है, तात्कालिक राहत तो देती है पर जड़ से बीमारी दूर नहीं करती, उसी तरह रैगिंग रूपी रोग का ठीक-ठीक इलाज न कानून में है और न प्रशासन में. वह उसके लिए अंग्रेजी दवा है. अगर प्रशासक चुस्त हो तो कुछ समय के लिए वह दबा दिया जायेगा लेकिन मौका पाकर, वेश बदलकर वह पुनः प्रकट होगा. रैगिंग तो बुखार मात्र है जो सूचना दे रहा है कि अंदर शिक्षा में बीमारी है. पटने के एक होम्योपैथिक डॉक्टर ने मुझे बताया कि मैं रोग का नहीं रोगी का इलाज करता हूँ. रोगी कुछ गलत आदतें विकसित कर लेते हैं जिनसे रोग पैदा होते हैं. इसलिए मैं उन अप्राकृतिक आदतों को बदलवा देता हूँ. इससे रोग दूर होने लगता है. बात तो ठीक है. रैगिंग तो लक्षण मात्र है उस बीमारी का जो वर्तमान शिक्षा में है. यह शिक्षा हमें जहर देती है कि तुम दूसरों से श्रेष्ठ बनो. यह शिक्षा यह नहीं कहती है कि तुम जो हो वह बन जाओ और वैसा बनाने के लिए मैं तैयार हूँ. तब तो व्यक्ति की संभावना को ध्यान में रखकर शिक्षा बदलनी होगी. लेकिन इसके पास एक ही यांत्रिक पाठ्यक्रम है, उसी से भिन्न-भिन्न क्षमताओं और संभावनाओं वाले विद्यार्थियों को गुजरना है और जो उनमें प्रथम आ जाय उनको सम्मानित करना है. दीक्षांत समारोह में उसे गोल्ड मेडल देना है. फिर तो प्रथम आने की दौड़ शुरू हो जाती है. अव्वल आने के लिए दूसरों को पछाड़ना जरूरी है. चाहे जो भी रास्ता अख्तियार करना पड़े किसी तरह फर्स्ट आना है. फर्स्ट होने से अहंकार मजबूत हो जाता है—मैं दूसरों से श्रेष्ठ! जब अव्वल आने वालों को ही हम सम्मानित करेंगे, तो बचे बच्चे क्या करेंगे. फर्स्ट तो कोई एक ही होगा. शेष लोग टुकुर-टुकुर ताकेंगे नहीं. उनके भीतर जो दबी हुई क्षमता है वह उपद्रव में रूपांतरित होती है. आखिर शेष लोगों को भी तो खुद को श्रेष्ठ साबित करना है! खुद को श्रेष्ठ साबित करने के लिए वह हिंसक रास्ता अख्तियार करता है. बलपूर्वक बादशाह बन जाता है. वह जो कहे उसका हुक्म जूनियर माने. वह दूसरों को डरा रहा है और दूसरा डर रहा है. दूसरों को आदेश दे रहा है और दूसरा उसका पालन कर रहा है. यह रही बादशाहत!

असली शिक्षा वह है जो शील और विनम्रता पैदा करे. विद्या की पहचान ही है जो विनय दे—**विद्या ददाति विनयम्**. विनय क्या है? जो अपने समान दूसरों को समझे. अपने समान दूसरों को समझने से व्यक्ति किसी से भी वही व्यवहार करता है जिसकी अपेक्षा वह उससे रखता है. यही विनय है, यही नैतिकता है, यही चरित्र है.

रैगिंग करने वालों का मनोविज्ञान कोई नहीं पढ़ता. मनोविज्ञान विभाग को मन का विज्ञान पढ़ने से कोई मतलब नहीं है. साहित्य विभाग को संवेदना से कोई मतलब नहीं है. सभी विभागों के पास एक ही यांत्रिक पाठ्यक्रम है, रोबोटनुमा विद्यार्थी हैं, राजनीतिज्ञ इस पद्धति के जनक हैं और शिक्षक पालनहार हैं. रैगिंग के मनोविज्ञान को समझने के लिए एक आँखों देखी घटना पर ध्यान दिलाना चाहूँगा.

मैं पटना कॉलेज में इंटर द्वितीय वर्ष का छात्र था. मिन्टो हॉस्टल में रहता था. दस बजे सोना और चार बजे सुबह जगना मेरा अभ्यास था. अचानक एक दिन बारह बजे रात में मुझे एक सज्जन सहपाठी ने जगाया और कहा कि अमुक कमरे में द्वितीय वर्ष के कुछ दबंग लड़के प्रथम वर्ष के लड़कों का रैगिंग कर रहे हैं. उस समय मैं रैगिंग का अर्थ नहीं जानता था. साथी ने बताया—'तंग कर रहा है, उठक-बैठक करवा रहा है, गंदी हरकत कर रहा है.' यह सुनकर मुझे क्रोध आया. लेकिन उतने दबंगों से लड़ा भी नहीं जा सकता था. इसलिए मैंने कहा—सुबह हमलोग अधीक्षक से इसकी शिकायत करेंगे और सो गया. दबंगों को इसकी खबर लगी. उनको पता था कि भले मैं मारपीट न करूँ, लेकिन किसी दबंग के दबाव में आने वाला नहीं हूँ. उन लोगों ने सोचा कि मुझे अपने ग्रुप में शामिल कर लेंगे तो सुरक्षित रहेंगे. वे मेरे कमरे में आये और जगाया. ही-ही करते हुए कहा—मटुक भाई, चलिये न उस कमरे में. बहुत मजा आयेगा. मैंने कहा—मुझे मालूम है कि आपलोग वहाँ क्या कर रहे हैं. यह गलत है. इसे अभी बंद कीजिए, वरना मैं कल शिकायत करूँगा. 'अरे नहीं, हमलोग सिर्फ परिचय ले रहे हैं. आप खुद बैठकर देखिये, इसीलिए तो आया हूँ.' मैंने कहा—अगर परिचय लेना है तो रात में क्यों, दिन में लीजिए. 'अरे भाई, दिन में क्लास रहता है. सभी इधर उधर रहते हैं. अभी सब इकट्ठे मिल जायेंगे'. मैंने सोचा—मेरी उपस्थिति से शायद ये उन्हें कम तंग करें. इसलिए चला गया. वहाँ जो कुछ देखा वह अत्यंत दुखदायी था. बेचारे फर्स्ट इयर के नये-नये दूर-दराज से आये बच्चे. सभी अनभिज्ञ, डरे हुए. उन्हें डराने में इन्हें रस था. रोब झारने का रस था. गंदे प्रश्न पूछने में रस था—एक रस जो सबके भीतर तड़प रहा था और जो खुलकर सामने नहीं आ पा रहा था, वह था नंगा करने और समलैंगिक संबंध स्थापित करने का रस.

अहंकार, इससे उत्पन्न परपीड़ा-रस और यौन विकृति यही है रैगिंग का सार. ये सारी बीमारियाँ हमारी शिक्षा पैदा कर रही है.

पंजाब विश्वविद्यालय, दिल्ली विश्वविद्यालय, भोपाल विश्वविद्यालय, बनारस हिन्दू विश्वविद्यालयों के साथ ही पटना विश्वविद्यालय में भी रैगिंग की घटनाएँ घटीं. लेकिन इनमें एक अंतर देखा गया. जहाँ अन्य विश्वविद्यालयों एवं कॉलेजों के प्रधानों ने इसकी निन्दा की, कड़ी कार्रवाई का आश्वासन दिया और कार्रवाई की भी, वहाँ पटना कॉलेज ने उसके छिपाव और बचाव का रास्ता अख्तियार किया. 'सन्मार्ग' में पीड़ित लड़के की पीठ दिखलायी गयी है जिसमें रॉड से पिटाई के दो लाल निशान नीचे दिखायी देते हैं और ऊपर बड़ा-सा लाल धब्बा दिखता है. कोई भी इसे देखकर सिहर उठेगा, केवल प्राचार्य को छोड़कर. जब मीडिया ने इसे उजागर किया तो प्रशासन कहने लगा कि यह रैगिंग का मामला नहीं आपसी रंजिश का परिणाम है. आपसी रंजिश कह देने से क्या छात्रों की पीठ की पीड़ा कम हो गयी? या उनका अपराध छोटा हो गया? या प्रशासन की लापरवाही कम हो गयी? या कॉलेज की गरिमा बच गयी? कॉलेज और विश्वविद्यालय की समझ है कि कुकृत्यों पर परदा डाल देने से गरिमा बच जाती है! ये कुकृत्य के कारणों तक पहुँचने का कष्ट नहीं करते, उन्हें दूर करने का उपाय नहीं सोचते. उनकी सारी शक्ति उन्हें ढँकने में लगती है. ऐसा करके वे विश्वविद्यालय की गरिमा की रक्षा करते हैं. मुझे एक कहानी याद आ रही है जो विश्वविद्यालय के कृत्यों पर सटीक बैठती है. यशपाल की एक कहानी है 'फूलो का कुर्ता' जो सबसे पहले मैंने अपने क्रांतिकारी मित्र डॉ. महेश्वर शरण उपाध्याय से सुनी थी—कहानी है कि 5-6 साल की एक बच्ची का ब्याह 25 साल के एक जवान से होता है. एक-दो साल के बाद जब पति गौना कराने ससुराल आते हैं तो उनकी पत्नी अपनी हमउम्र बच्चियों के साथ बाहर कहीं खेल रही होती है. गाँव-देहात में पहले छोटे-छोटे बच्चे प्रायः नंग-धड़ंग खेलते थे. उस विवाहित बच्ची ने भी केवल घुटने तक फ्रॉक पहन रखी थी. नीचे पैंटी वगैरह कुछ नहीं थी. उसकी जरूरत भी नहीं थी. उतने से काम चल रहा था. अचानक उसकी सहेली ने बताया कि देखो, तुम्हारा पति आया है. वह लड़की शरमा गयी और झट से अपना फ्रॉक उठाकर मुँह ढँक लिया. बच्ची नादान थी. उन्हें क्या पता था कि मुँह छिपाने की कोशिश में कौन सी बेशकीमती चीज उघड़ गयी है! विश्वविद्यालय भी उसी बच्ची की तरह नादान है. वह छोटी चीज ढँकता है और उससे बड़ी चीज उघड़ जाती है!

इस अंधेर युग में कहीं भी नहीं जल रहा है कोई चिराग. कहीं से भी नहीं उठ रही है यह आवाज कि इस कुत्सित शिक्षा को बदलो—एड्स से ज्यादा भयंकर है यह!

04.08.09

❖

निसार मैं तेरी गलियों पे ऐ पटना विश्वविद्यालय!

इधर कुछ दिनों से पटना विश्वविद्यालय अखबारों की सुर्खियों में रह रहा है. 'हिन्दुस्तान' का चौथा पेज तो लगभग पूरा का पूरा पटना विश्वविद्यालय की सुर्खियों को समर्पित है! दरभंगा हाउस में हिन्दी विभाग की छात्राओं के साथ बाहरी तत्वों ने छेड़खानी की है. विरोध होने पर विभागाध्यक्ष के कक्ष में घुसकर मारपीट की है. इसके पहले बी.एन.कॉलेज के प्रथम वर्ष के छात्र ने उसी कोर्स की तृतीय वर्ष की छात्रा के साथ अभद्र व्यवहार किया था. जब छात्रा प्राचार्य कक्ष पहुँची तो छात्र वहाँ भी साथ-साथ गया और प्राचार्य के समक्ष भी दुर्व्यवहार का दुस्साहस किया. इसके ठीक पहले दरभंगा हाउस में दर्शनशास्त्र की छात्रा के साथ छेड़खानी की घटना घटी थी.

बी. एन. कॉलेज में तोड़-फोड़ करते छात्रों का फोटो छपा है. इसका कारण कैम्पस में असामाजिक तत्वों का जमावड़ा बताया गया है. प्राचार्य कहते हैं, हॉस्टल के छात्र शैक्षणिक माहौल बिगाड़ रहे हैं. कुछ दिन पहले छात्रों और असामाजिक तत्वों के बीच भिड़ंत हुई थी और कॉलेज का मैदान पानीपत के मैदान में तबदील हो गया था. छात्रों की शिकायत है कि छात्रावास में पेयजल और शौचालय का संकट है. चारों तरफ गंदगी है और प्रशासन बेपरवाह है. इसलिए उन्होंने आक्रोश में आकर विश्यविद्यालय गेट तोड़ने की कोशिश की.

इधर मगध महिला कॉलेज की प्रथम वर्ष की छात्राएँ बड़ी संख्या में वैकल्पिक पत्र में फेल कर दी गयीं हैं. कुलपति से शिकायत करने वे कार्यालय पहुँचीं. उन्होंने अनसुनी की. छात्राओं ने जब हंगामा खड़ा कर दिया, तब कुलपति के कान खड़े हुए! कुछ दिन ही पहले सायंस कॉलेज में कैजुअल नामांकन में हुई धांधली को लेकर छात्रों ने प्राचार्य-कक्ष में हंगामा किया, तोड़-फोड़ की. इसके पहले वाणिज्य महाविद्यालय और दरभंगा हाउस में इसी बात को लेकर नामांकन बंद करवा दिया था. छात्रों के साथ धोखेबाजी को लेकर छात्र प्रतिनिधिमंडल कुलपति से मिला और उनसे शिकायत की कि पत्रिका के लिए छात्रों से शुल्क लिये जाते हैं, लेकिन पत्रिकाएँ नहीं छपतीं

और न तो खरीदी जाती हैं. मेडिकल फीस के नाम पर छात्रों से नामांकन के वक्त पैसे वसूले जाते हैं, लेकिन वे पैसे समय पर और सम्पूर्णता में सेंट्रल डिस्पेन्सरी में जमा नहीं किये जाते. यहाँ तक कि यू.जी.सी. से प्राप्त पैसे भी आधे-अधूरे दिये जाते हैं और वे भी किस्तों में. इसका दुष्परिणाम है कि छात्रों को दवाएँ नहीं मिलतीं. बी. एड. की प्रवेश परीक्षा में हुई धांधली के आरोपों की जाँच के लिए छात्रों के दबाव में कुलपति को जाँच कमिटी बैठाने पड़ी. कहाँ तक गिनाऊँ—'हरि अनंत हरि कथा अनंता' है. छेड़खानी, मारपीट, धरना, हंगामा, तोड़-फोड़, गोलीबारी, परीक्षा में अनियमितता, वित्तीय घोटाला—यही है पटना विश्वविद्यालय की पहचान!

छात्रों के क्षणभंगुर हिंसक आंदोलन होते हैं, शिक्षकों के नपुंसक आंदोलन होते हैं, कर्मचारियों के उग्र आंदोलन होते हैं. सभी आंदोलनों में निजी स्वार्थ की माँगें रखी जाती हैं. सुनवाई नहीं होने पर ये अधिक से अधिक यही मांग करते हैं कि कुलपति को हटाओ, कुलसचिव को भगाओ. लेकिन कोई भूल से भी कभी यह नहीं कहता कि इस कुशिक्षा को मिटाओ. कुलपति के हटने से कुछ हल नहीं होता. एक हटते हैं या हटाये जाते हैं, तो फिर उसी नस्ल के दूसरे आदमी उस जगह बैठा दिये जाते हैं. कुछ दिनों तक राहत रहती है. फिर वही प्यार का सिलसिला! वी. सी. का बदलना एक बहाना है. प्यार का सिलसिला पुराना है!

अब देखिये न, एक हास्यास्पद घटना. जिस कार्यालय में कुलपति प्रतिदिन बैठते हैं, उसी का औचक निरीक्षण करने वे निकल पड़े थे! यह कैसा तमाशा है! विश्वविद्यालय एक शरीर की तरह है. कुलपति मस्तिष्क हैं, अन्य अधिकारी एवं कर्मचारी उसके अंग-उपांग हैं. फाइलों का चढ़ना-उतरना रक्तसंचार है. इसके माध्यम से अपने अंगों की हर गतिविधि का पता कुलपति को चलना चाहिए. कहीं कुछ गड़बड़ी होती है तो मस्तिष्क को तुरत खबर होती है. कहीं आपने सुना है कि पाँव में दर्द हुआ तो सर उसे देखने के लिए पाँव पर चला गया है?

मेरे अब तक के जीवन में केवल एक बार ऐसा देखने को मिला है जब 1974 में छात्रों ने शिक्षा में परिवर्तन को अपनी चार प्रमुख माँगों में स्थान दिया था. वह भी मेरा अनुमान है कि जयप्रकाश की सलाह से रखी गयी होगी. जे.पी. इस देश के अंतिम क्रांतिकारी थे. उनकी क्रांति पूर्णतः विफल हुई, क्योंकि तैयारी के बिना उन्हीं राजनीतिक दलों का साथ उन्हें लेना पड़ा था जिनके सरीखे तत्वों के विरुद्ध वह आंदोलन खड़ा हुआ था. एक आंदोलन की विफलता आगे आने वाले कई आंदोलनों के लिए बंजर भूमि का काम करती है. आज विश्वविद्यालय एक बंजर भूमि है. इस बंजर के विरुद्ध एक पेड़ हरियाली के साथ लहरा रहा था. उसे काटकर कैम्पस से बाहर कर दिया गया, क्योंकि बार-बार वह बंजर के विरुद्ध आवाज बुलंद कर रहा

था. बंजर की छवि इससे धूमिल होती थी. बंजर की वास्तविक महत्ता इस बात में है कि वहाँ एक भी हरा पेड़ पैदा न हो! **'सुधा सराहिअ अमरताँ, गरल सराहिअ मीचु'**. तुलसीदास कहते हैं कि वह अमृत असली है जो अमरता दे और वह जहर असली है जो मौत दे. अपनी असलियत की रक्षा के लिए विश्वविद्यालय को एक शिक्षक को बाहर फेंकना पड़ा. विजातीय तत्व था! मुझे महान क्रांतिकारी शायर फ़ैज़ अहमद फ़ैज़ की मशहूर नज़्म याद आ रही है—

निसार मैं तेरी गलियों पे ऐ वतन, कि जहाँ
चली है रस्म कि कोई न सर उठाके चले
जो कोई चाहने वाला तवाफ को निकले
नजर चुराके चले, जिस्म-ओ-जाँ बचाके चले

फ़ैज़ क्रांतिकारी थे, देशभक्त थे, विजातीय थे, इसीलिए जेल में थे. यह कविता उन्होंने वहीं लिखी है. उनके शब्दों का सहारा लेकर कहना चाहूँगा कि ऐ पटना विश्वविद्यालय, मैं तुम पर बलि-बलि जाऊँ कि वहाँ ऐसी रस्म चली है कि कोई सुशिक्षा, स्वाभिमान, ईमानदारी, सत्य, शौर्य, साहस और प्रेम की बात न करे. अगर किसी में ऐसे कीटाणु हों भी तो वह नजर चुरा के, जिस्म-ओ-जाँ बचा के चले!

31.08.09

❖

छूटइ मल कि मलहि के धोएँ?

बी. एन. कॉलेज में प्राचार्य एवं अन्य शिक्षकों के साथ छात्रों के द्वारा मारपीट की घटना से भोलाराम आहत है. छात्रों का आरोप है कि अभद्र व्यवहार के कारण छात्रों को सजा देने में विश्वविद्यालय प्रशासन भेदभाव कर रहा है. अपराध जब मिलता-जुलता हो, लगभग एक समान हो, तो सजा भी समान होनी चाहिए. छात्राओं के साथ दुर्व्यवहार एवं अन्य छात्रों के साथ रैंगिंग को लेकर कुछ विद्यार्थियों को जहाँ एक महीना और तीन महीने का निष्कासन मिला है, वहाँ इसी प्रकार के अपराध के लिए चंदन कुमार को एक साल का निष्कासन मिला है. यह बड़ी बात है कि विद्यार्थी अपना अपराध स्वीकार कर रहा है, लेकिन विश्वविद्यालय प्रशासन कभी भी अपना अपराध स्वीकार नहीं करता; पढ़ाई का वातावरण बनाने के लिए कभी विचार-विमर्श नहीं करता. केवल इसको दंड दो, उसको दंड दो. लगता है, विश्वविद्यालय ज्ञानालय नहीं रहकर न्यायालय हो गया है, न्यायालय कहना भी ठीक नहीं. कहना चाहिए अन्यायालय! आपका क्या कहना है, सर?

मटुक : प्यारे भोलाराम, विश्वविद्यालय न तो ज्ञानालय है, न न्यायालय और न अन्यायालय. वह केवल कूड़ालय है.

भोलाराम : बड़ी कड़ी टिप्पणी हे सर. लेकिन सच तो कड़वा होता ही है!

मटुक : सच कड़वा तब होता है भोलाराम, जब हम उसे स्वीकार नहीं करते. वरना सच तो बड़ा मीठा होता है. सच के समान क्या मीठा है इस दुनिया में? जब आदमी को सच मीठा लगने लगता है, तो उसके जीवन में एक क्रांति आ जाती है. इसे उलट कर भी कहा जा सकता है कि जब व्यक्ति के जीवन में क्रांति आ जाती है, तो सच मीठा लगने लगता है. सच को कड़वा या मीठा कहने से सच का परिचय नहीं मिलता, कहने वाले व्यक्ति का परिचय मिलता है. जो सच को कड़वा बता रहा है, वह कह रहा है कि मैं सच को स्वीकारने के लिए तैयार नहीं हूँ. जो मीठा कह रहा है, वह कह रहा है कि मैंने सच को स्वीकार कर लिया, अंगीकार कर लिया, सच

को चख लिया. अपूर्व स्वाद है!

भोलाराम : इस तरह से तो मैंने कभी नहीं सोचा था, सर. मैं तो यही सोचता रहता था कि जब सत्य इतनी महान चीज है, तो कड़वा क्यों है? फिर यह सोचकर शांत हो जाता था कि नीम कितना गुणकारी है, लेकिन कड़वा है! प्रकृति का यही नियम है.

मटुक : प्रकृति का तो यह नियम है भोलाराम कि जिसे स्वीकार कर लो उसका दंश विदा हो जाता है. मैं तो नीम का काढ़ा भी इस तरह मजा लेकर पीता हूँ, जैसे शरबत पी रहा होऊँ!

भोलाराम : अच्छा! मैं तो नीम का काढ़ा देखकर ही काँप जाता हूँ! तब तो मैं आपसे यह जानना चाहता हूँ सर कि अगर आप प्राचार्य या कुलपति होते और आपके साथ ऐसा ही दुर्व्यवहार होता, तो आप कैसा आचरण करते?

मटुक : होता क्या, हो चुका है भोलाराम. मन-चित्त लगाकर सुनो. सन् 2000 या 2001 की बात है. मैं बी. एन. कॉलेज में नामांकन प्रभारी बनाया गया था. बेईमान शिक्षक किस तरह गलत नामांकन का नुस्खा ढूँढ लेते हैं, इसे मैं निकट से देख चुका था. सौ प्रतिशत सही और खुले नामांकन की शुरुआत मैंने की. प्राचार्य मेरी रक्षा में कवच बन गये थे. अगले वर्ष प्राचार्य बदल गये. लुंज-पुंज प्राचार्य आ गये और उन्होंने अपने बचाव के लिए मुझे ही कवच बना लिया! एक दबंग विद्यार्थी ने मुझ पर गलत नामांकन का दबाव बनाया. मेरे इनकार करने पर वह प्राचार्य से मिला. प्राचार्य को भी कुछ गलत नामांकन करवाना था! मेरे कारण अड़चनें आ रही थीं. उन्होंने उस दबंग छात्र से कहा—अरे, मुझे क्या कहते हो? अगर नामांकन प्रभारी ले लेते हैं, तो मुझे कोई आपत्ति नहीं है. पलटकर छात्र मेरे पास आया. वह अधिक आवेश में था. बोला—प्राचार्य लेने बोले हैं. आप नामांकन लीजिए. मैंने पूछा—लिखकर दिया है या मौखिक बोले हैं? उसने कहा—मौखिक. मैंने कहा—लिखाकर लाओ. इतना सुनते ही वह फायर हो गया—आप बहुत कानून छाँटते हैं. प्राचार्य बड़े हैं कि आप बड़े हैं? आप प्राचार्य के खिलाफ काम कीजिएगा? मैंने कहा—बड़े तो प्राचार्य हैं. मैं उनके खिलाफ काम नहीं करूँगा और नियम के खिलाफ भी नहीं करूँगा. तुम लिखाकर तो लाओ! इतना सुनते ही वह ऐसा गरजा, मानो बम के पलीते में चिनगारी लग गयी हो! गाली देते हुए आवेश में कुर्सी उठा ली और सर पर पटकने के लिए दौड़ा. विभाग में उस समय दो छात्र थे. एक छात्र डर के मारे भाग गया और दूसरा मेरे बचाव के लिए बीच में खड़ा हो गया और उससे गिड़गिड़ाने लगा—भैया, भैया, ऐसा न कीजिए भैया. अनर्थ हो जायेगा भैया. छोड़ दीजिए भैया. उनके अनुनय-विनय और बचाव से जो कुर्सी आसमान में उठी थी, वह मेरे सर को छोड़ जमीन पर पटक दी

गयी. कुर्सी टूट-टाट कर बौनी हो गयी! गाली देते, धमकाते और नामांकन के लिए एक आखिरी मौका मुझे देकर वह चला गया. हल्ला हो गया. कुछ शिक्षक सहानुभूति जताने आये. वे प्राचार्य के द्वारा उस लड़के पर केस करने के लिए दबाव बनाने लगे. लड़का भूमिहार था. यह मुझे बाद में मालूम हुआ और भूमिहार को भूमिहार के द्वारा पस्त करने की रणनीति में कुछ शिक्षक जुट गये! मैं इन भीतरी क्रियाकलापों से अनभिज्ञ था.

भारी मन से घर लौटा. रास्ते भर सोचता आ रहा था—क्या मुझे नामांकन प्रभारी का पद छोड़ देना चाहिए? यह तो पलायन होगा. क्या डटे रहना चाहिए? परिणाम में पिटाई मिलेगी. क्या करना चाहिए? कोई उत्तर नहीं था. कैम्पस में खबर फैल गयी थी. एक अच्छे प्रभावशाली छात्र नेता ने उस लड़के को समझाया—रे बुड़बक, तुम किस आदमी से टकरा गये? कभी लंद-फंद करते देखा है उन्हें? गलत काम करने वाले शिक्षक को धमका कर तुम गलत काम करा सकोगे. वह तो जान दे देंगे, लेकिन गलत नहीं करेंगे. जाकर माफी माँगो उनसे. चारों तरफ से वह लड़का दुत्कारा जाने लगा. उसका हृदय बदल गया. वह मेरे चरणों में गिरकर माफी माँगना चाहता था, लेकिन उसे अकेले मेरे घर आने की हिम्मत नहीं होती थी. मेरे नजदीकी दो लड़कों को साथ लेकर वह मेरे घर पर आया और सीधे गोर पर गिर पड़ा. 'मुझसे भारी गलती हो गयी सर. मैं आपको नहीं जानता था. मुझे माफ कर दें.' मैंने उठाकर उसे हृदय से लगा लिया. कहा—उठो पुत्र! (ऐसा कहते हुए मेरी आँखों में आँसू आ गये!) मेरे मन में तुम्हारे प्रति थोड़ी भी दुर्भावना कभी नहीं आयी. और अब तो प्यार उमड़ रहा है! लेकिन बेटा, तुम अच्छे कब बनोगे?

और भोलाराम, वह मेरे लिए अत्यंत अच्छा हो गया! रोज हँसता हुआ आकर मेरे चरण छुए और अच्छा बनने का वचन देकर जाये. भोलाराम, तुम्हें यह सूचित करते हुए मुझे अपार दुख हो रहा है कि वह बेचारा एक दिन मारा चला गया. जिस दिन मैंने यह खबर सुनी, खाना नहीं खाया गया.

तो भोलाराम, उपद्रव का जवाब उपद्रव नहीं हो सकता—**छूटइ मल कि मलहि के धोएँ**? विश्वविद्यालय की बुद्धिहीनता के समुद्र में इन दिनों दंड, घृणा और विनाश की लहरें उठ रही हैं. इन मलों से गंदगी नहीं धोयी जा सकती. क्षमा, प्रेम और सृजन ये तीन पावन जल हैं. भगवान्! विश्वविद्यालय के हृदय में इनकी त्रिवेणी कब बहाओगे?

27.08.09

❖

छात्रों का निष्कासन समाधान नहीं

पटना विश्वविद्यालय के अधिकारियों के अहंकार, संवेदनहीनता, पठन-पाठन में अरुचि, चालाकी एवं अदूरर्शिता के कारण दिनों-दिन विश्वविद्यालय का वातावरण खराब होता जा रहा है. गुरु-शिष्य-परंपरा के उल्लंघन का हवाला देते हुए बी.एन.कॉलेज में उद्दंडता प्रदर्शित करने वाले 9 छात्रों को निष्कासित किया गया है और 12 को निलंबित. प्रश्न है कि क्या निष्कासन और निलंबन गुरु-शिष्य-परंपरा का पालन है? क्या उन्होंने अपने अंदर झाँक कर देखा है कि वे गुरु हैं या नहीं? गुरु वह है जिनके भीतर अहंकार न रह गया हो और ये अधिकारी अहंकार के पुंज हैं. गुरु वह है जिनके भीतर क्रोध की जगह दया, क्षमा और करुणा हो. ये अधिकारी क्रोधावतार हैं. गुरु पूर्ण संवेदनशील होता है. ये लोग पूर्णतः संवदेनशून्य हो चुके हैं. सच्चा गुरु वह है जो विद्यार्थियों की कमी को अपने भीतर देखता है, क्योंकि जब तक गुरु में कमी नहीं रहेगी तब तक शिष्यों में आयेगी कहाँ से? नयी पीढ़ी की बुराई के लिए पुरानी पीढ़ी ही जिम्मेदार होती है. अपने को 'गुरु' कहने वाले ये अधिकारी अगर गुरु होते तो मामला इस कदर दिन-प्रतिदिन विषाक्त नहीं होता. शिष्य का माने है समस्या और गुरु का माने है समाधान! जो समाधान न निकाल सके, वह गुरु कैसा? दरअसल पटना विश्वविद्यालय के वर्तमान अधिकारीगण समस्या हैं. समस्या समस्या का हल नहीं निकाल सकती, सिर्फ बढ़ा सकती है. समस्या बढ़ाने का काम ये अधिकारी बखूबी कर रहे हैं. अपने को गुरु मानते हुए पैर छुआने की लालसा लज्जाजनक है. पैर छुआ जाता है आध्यात्मिक गुरुओं का. ऐसे गुरुओं का जो गोविन्द हो चुके हैं. ऐसे गुरुओं के पैर से जो ऊर्जा बहती है, उसमें नहाने के लिए शिष्य उनके चरणों में माथा टेकता है. शिष्य उस दिव्य ऊर्जा से अपना तार जोड़ता है और प्रकाशवान होता है. हमेशा दो प्रकार की परंपराएँ धरती पर रही हैं. ये अधिकारी गण दूसरी परंपरा के हैं. वह है–'अंधा गुरु, बहरा चेला की परंपरा'. गुरु किताबी ज्ञान के गुरूर में चूर है और चेले के कानों में भूर है!

हिंसा दो प्रकार की होती है स्थूल और सूक्ष्म. स्थूल हिंसा दिखाई पड़ती है और एक सीमा तक नुकसान पहुँचाती है. सूक्ष्म हिंसा दिखाई नहीं पड़ती और असीम हानि पहुँचाती

है. इतनी हानि जिसका आकलन करना कठिन होता है. विद्यार्थी स्थूल हिंसा करते आ रहे हैं और ये गुरुजन सूक्ष्म हिंसा. विद्यार्थी अगर सामान को क्षतिग्रस्त करते हैं तो एक आर्थिक हानि होती है. अगर लप्पड़-थप्पड़ करते हैं, तो थोड़ी शारीरिक और मानसिक हानि होती है. लेकिन अगर करुणावान और ज्ञानी शिक्षक हो तो वह अपने ऊपर जरा भी मानसिक आघात नहीं लेगा. ऐसा भी शिक्षक हो सकता है जो बच्चों से मार खाने के बाद भी उन पर क्रोध न करे, जो छात्रों से कह सके कि मुझमें कोई दोष होगा तभी तो तुमने मारा है. इस पर विचार करने का मौका मुझे दो. मैं अपने अंदर प्रवेश कर एक-एक कोना छान डालना चाहता हूँ कि कहाँ कमी है मेरे भीतर. अगर दिखायी पड़ जायेगी तो मैं तुमसे क्षमा माँगूगा और उसे तुरत सुधारने का प्रयास करूँगा. अगर नहीं मिलेगी, तो भी तुम्हें मैं दंडित नहीं करूँगा, सिर्फ निवेदन करूँगा—बेटा, अपने भीतर झाँको, कहीं जरूर पा लोगे और पाते ही तुम उससे बाहर हो जाओगे. बड़ा से बड़ा प्राकृतिक नियम यह है कि दुर्गुण का निवास व्यक्ति के भीतर तभी तक रहता है, जब तक उस पर उसकी समग्र दृष्टि नहीं पड़ती. दृष्टि पड़ते ही वह विदा होता है. इसके लिए अलग से कोई प्रयास नहीं करना पड़ता है. लेकिन अपने भीतर झाँकने की परंपरा विश्वविद्यालय के अंदर नहीं है. सभी दूसरों के दुर्गुणों में डुबकियाँ लगा रहे हैं. इससे दुर्गुणों में उत्तरोतर वृद्धि होती रही है. पहले दिन की घटना से दूसरी घटना ज्यादा बड़ी थी और उससे भी बड़ी घटना गुरुओं के द्वारा की गयी है. यह एक शृंखला बनती जा रही है. सभी उसको बड़ा करने में ही अपने को 'बड़ा' समझ रहे हैं. यह सिलसिला टूटना चाहिए.

विश्वविद्यालय की सारी फाइलों के साक्षी कर्मचारी गण होते हैं. पटना विश्वविद्यालय कर्मचारी संघ के नेताओं ने जो आरोप लगाये हैं, वे सूक्ष्म हिंसा के अंतर्गत आयेंगे. 'हिन्दुस्तान' में छपे आरोप द्रष्टव्य हैं—स्टोर में करोड़ों की खरीददारी का भुगतान हुआ, लेकिन सामान आया ही नहीं. चार करोड़ रुपयों के कम्प्यूटर खरीदे जा चुके हैं, लेकिन 20 लाख रुपये के सुपर कम्प्यूटर का कहीं अता-पता नहीं है. हॉस्टल के मेंटेनेस के नाम पर तीन करोड़ रुपये ठेकेदार को भुगतान किये जा चुके हैं, लेकिन काम कुछ नहीं हुआ है. जरूरी नहीं कि आरोप शत-प्रतिशत सही हों, लेकिन विश्वविद्यालय अधिकारियों के कृत्यों को आँखों से देखने वाले कर्मचारियों के आरोप हैं तो सच्चाई तो होगी ही. ये ही अधिकारी गण अपने को गुरु समझते हैं!

मैं सोचता हूँ, छात्रों की हिंसा बड़ी है या इन अधिकारियों की? दरअसल जिन अधिकारियों का एकमात्र सहारा दंड होता है, उनसे कभी आशा नहीं की जा सकती कि ये स्वप्न में भी कभी विवेक का सहारा लेकर काम करेंगे और विश्वविद्यालय में पठन-पाठन का माहौल कायम करेंगे.

31.08.09

❖

विश्वविद्यालय में बम!

खबर है कि कल सवेरे मोटर साइकिल पर सवार दो लड़कों ने पटना विश्वविद्यालय कार्यालय में दो बम फेंके. सौभाग्य से वे नहीं फटे, अगर फट जाते तो विश्वविद्यालय श्मशान में बदल जाता. विश्वविद्यालय जितना ही अनुशासन लाने का प्रयास करता जा रहा है, उतनी ही उच्छृंखलता वहाँ बढ़ती जा रही है. कहावत चरितार्थ हो रही है—मर्ज बढ़ता ही गया, ज्यों-ज्यों दवा की. आप क्या सोचते हैं, सर? भोलाराम ने पूछा है.

मटुक : बउवा भोला, बम दो प्रकार का होता है. एक स्थूल और दूसरा सूक्ष्म. स्थूल बम वह है जो कल फेंका गया था. सूक्ष्म बम वह है जिसके द्वारा किया गया संहार सबकी समझ में नहीं आता है. पहला बम शरीर को आघात पहुँचाता है, दूसरा विचार को. विश्वविद्यालय स्वयं एक विचार विनाशक सूक्ष्म बम है. जो विचार पैदा करने और निखारने की जगह होनी चाहिए थी, वह विचार मारने की जगह बनी हुई है. जहाँ विचार मरता है, वहाँ हिंसा जनमती है. सूक्ष्म बम की सेवा में स्थूल आ ही जाता है. मैं इसी रूप में सोचता हूँ भोला. कुछ और पूछना है?

भोलाराम : यह ठीक से समझ नहीं पाया कि विश्वविद्यालय विचार कैसे मार रहा है? विद्यार्थियों के निष्कासन के प्रसंग में स्पष्ट करें.

मटुक : समाज को पुलिस की जरूरत होती है, न्यायालय की जरूरत होती है और विश्वविद्यालय की जरूरत होती है. तीनों के अलग काम हैं, करने के अलग ढंग हैं. विश्वविद्यालय वह जगह है जहाँ मनुष्य को सच्चा मनुष्य बनाया जाता है. विश्वविद्यालय एक प्रकार की रिफाइनरी है, जहाँ कच्चे तेल का शोधन होता है. यानी अमानुष को मानुष बनाने की प्रक्रिया का नाम है विश्वविद्यालय. फिर भी कुछ अमानुष रह जायेंगे जो मानुष नहीं हो पायेंगे, उन्हें पकड़ने का काम पुलिस का है और दंडित करने का काम न्यायालय का. विश्वविद्यालय ने अपना काम छोड़ कर न्यायालय का काम अपना लिया है—वह बिगड़े हुए विद्यार्थियों को सुधारने के बदले

उन्हें निष्कासित कर दंडित करता है! विद्यार्थियों को अध्ययन की ओर मोड़ने की कोई चेष्टा उनकी तरफ से नहीं है. पठन-पाठन का वातावरण बनाने का कोई प्रयास नहीं है. इस गंभीर समस्या पर गंभीर लोगों को बुलाकर विचार करने का समय उसके पास नहीं है. चार चंड मिलकर सब तय कर लेते हैं. उनके भीतर विद्यार्थियों के गलत आचरण पर क्रोध जगता है. इस विषम स्थिति की पैदाइश के लिए वे कहीं से भी अपने को जिम्मेदार नहीं समझते हैं. वे क्रोधावेश में सीधे विद्यार्थियों को दंडित कर देते हैं. न्यायालय क्रोध में आकर किसी को दंडित नहीं करता है. वह शांत चित्त से न्याय करता है. लेकिन विश्वविद्यालय तो विक्षिप्त जैसा आचरण कर रहा है! गीता कहती है-'पर धर्मो भयावहः'. अपना धर्म छोड़कर दूसरे का धर्म अपना लेना खतरनाक होता है. विश्वविद्यालय न्यायालय का धर्म अपनाकर खतरनाक खेल खेल रहा है! न वह न्यायालय हो सकता है और न वह विश्वविद्यालय रह गया है! वह धोबी का कुत्ता हो गया है—न घर का, न घाट का!

भोलाराम : बड़ी कड़ी टिप्पणी करते हैं, सर. आप भी विश्वविद्यालय के मारे हुए हैं, इसीलिए क्या?

मटुक : तुम्हारा ऐसा सोचना स्वाभाविक है भोलाराम. हर घटना के दो पहलू होते हैं-एक अच्छा और एक बुरा. वह उस आदमी पर निर्भर करता है कि कौन-सा पहलू वह लेता है. मेरे निष्कासन के भी दो पहलू हैं—मैं उसका अच्छा पहलू लेकर सुखी हूँ. तुमने कभी सोचा है, 29 दिसम्बर, 1978 से लेकर 14 जुलाई, 2006 तक विश्वविद्यालय ने मेरी किसी क्षमता का उपयोग किया? और जान लो, जिस क्षमता को उपयोग नहीं होता, वह धीरे-धीरे नष्ट हो जाती है. प्रायः हर शिक्षक और विद्यार्थी की क्षमता का विश्वविद्यालय में विनाश हो रहा है. इसीलिए मैंने विश्वविद्यालय को सूक्ष्म बम कहा है. निलंबन की अवधि में मैंने विश्राम का मजा लिया. मैं मानता हूँ कि मानव जीवन का लक्ष्य विश्राम है. निरर्थक कर्म के बवंडर में आदमी फँस गया है! बवंडर जैसा नचा रहा है, आदमी नाच रहा है. वह अपने वश में नहीं है. मनुष्य पराधीन है और जानते ही हो—'पराधीन सपनेहुँ सुख नाहीं.' निलंबन जब निष्कासन में तबदील हुआ तो मजा और बढ़ गया, क्योंकि हमारे भीतर की सुषुप्त सृजनात्मकता करवटें बदलने लगी है. और प्यारे, सृजनात्मकता ही आनंद है, जीवन है, क्योंकि वह एक सुंदर खेल है. निलंबन में हाजिरी बनाने बंधन था. अब तो उस बंधन से भी मुक्त हूँ. जहाँ चाहूँ घूमूँ; जो चाहूँ करूँ!

परम स्वतंत्र न सर पर कोई
भावै जोइ करउँ सोइ सोई

भोलाराम : खाना-पीना कहाँ से चलेगा?

मटुक : अरे बुड़बक भोला, कभी चिड़ाँय-चुनमुन को नौकरी करते देखा है? कोई जीव-जंतु सर्विस नहीं करता. दाता राम सबका ख्याल रखते हैं. मेरा नहीं रखेंगे? मैं सवेरे उठकर छत से पेड़ की फुनगियों पर फुदकते पक्षियों को बराबर निहारता हूँ और आनंद विभोर हो जाता हूँ. वही उन्मुक्त गगन बिहारी मेरे आदर्श हैं. हवा में पंख फैलाकर तैरना! आह कैसी मस्ती है? फिर उड़कर इस डाली से उस डाली. इस पेड़ से उस पेड़. कहीं किसी छत पर अनाज के दाने मिले, चुग लिये. कोई कीड़ा पकड़ में आया. क्षुधा शांत कर ली. कभी आपस में थोड़ी-बहुत लड़ाई भी हो गयी. फिर सल्हा. कभी एक जाति के पक्षियेां में स्थायी शत्रुता नहीं देखी होगी. यह तो मनुष्य ही है कि एक बार लड़ाई शुरू करता है तो जिंदगी के अंत पर ही उसका अंत होता है. और कभी-कभी नयी पीढ़ी को भी संक्रमित कर देता है!

भोलाराम : अगर न्यायालय आपकी बर्खास्तगी समाप्त कर दे तो क्या आप फिर बंधन में आ जायेंगे? यानी दुख में?

मटुक : फिर उसके भी दो पक्ष होंगे भोलाराम—अच्छा और बुरा. मैं उसका अच्छा पक्ष ले लूँगा. विद्यार्थियों के साथ मुझे मजा आयेगा! उनके साथ रहकर कुछ नया रचूँगा. अगर विश्वविद्यालय में वापस होने का सुयोग मिलेगा तो वहाँ नया मटुकनाथ दिखाई पड़ेगा. नये सिरे से छात्रों को सँवारूँगा.

भोलाराम : कहने का तात्पर्य यह कि आप हर हालत में सुखी रहेंगे?

मटुक : यही जीवन-कला है. जो इस कला को सीखता है, उसे कोई भी शत्रु कभी पराजित नहीं कर पाता. उसी को अजातशत्रु कहते हैं.

16.09.09

❖

सेमेस्टर सिस्टम की खूबियाँ-1

भोलाराम खुशी में झूमता हुआ मेरे पास आया और बोला--कल से ही आपके लिए एक-से-एक खुशखबरी आ रही है. आप जिस सेमेस्टर सिस्टम की वकालत पिछले 30 सालों से करते आ रहे हैं, वह अब पटना विश्वविद्यालय में अगले सत्र से लागू होने जा रहा है.

मटुक : विश्वविद्यालय की जड़ता अचानक कैसे टूट जायेगी, भोलाराम? तुमने अखबारों में यह नहीं पढ़ा कि यूजीसी अनुदान के लोभ में यह सब किया जा रहा है! यूजीसी का निर्देश है कि शिक्षा और परीक्षा में सुधार कीजिए—सेमेस्टर सिस्टम, क्रेडिट सिस्टम लागू कीजिए तब पैसा मिलेगा. विश्वविद्यालय को पढ़ाई-परीक्षा से भले मतलब न हो, परन्तु पैसे से तो है! पैसा आयेगा तभी तो कुछ काम के बहाने असली काम कमीशनखोरी, चोरी-चमारी चलेगी. एक काम वह होता है जो बोध से, अंतःप्रेरणा से किया जाता है और दूसरा आदेश से. दोनों में बड़ा फर्क होता है. विश्वविद्यालय के जर्जर मस्तिष्क में बोध की ये नयी कोंपलें कहाँ से फूटेंगी? सेमेस्टर सिस्टम लागू भी होगा तो यहाँ के लोग उसका कचूमर निकाल देंगे. अलबत्ता इसकी ठीक-ठीक अवधारणा से अधिकारी और शिक्षक शायद ही अवगत हों. ठीक-ठीक लागू कैसे करेंगे?

भोलाराम : क्या है इसकी खूबी?

मटुक : इसकी खूबियाँ तो बहुत हैं, लेकिन वर्तमान पढ़ाई और परीक्षा की खामियों पर नजर डालने के बाद इसकी खूबियाँ समझ में आयेंगी. लगे हाथ तुम्हें यह भी बता दें कि वर्तमान शिक्षा-परीक्षा-पद्धति यूरोप की देन है और सेमेस्टर सिस्टम की खूबी भी उसी की देन है. वहाँ के लोग निरंतर प्रयोग करते रहते हैं. निष्कर्ष निकल आता है, तब भारत के बड़े-बड़े केन्द्रीय विश्वविद्यालय उसका अनुकरण करते हैं. उसके दशकों बाद पटना जैसे रद्दी-फरोश विश्वविद्यालय को एक बाध्यता के तहत उसे अपनाना पड़ता है. अगर इसको अपने हाल पर छोड़ दिया जाय तो हजारों वर्षों

तक वह अपनी लीक पर चलता रहेगा. भोलाराम, क्या तुम बता सकते हो कि वर्तमान पढ़ाई और परीक्षा की खामियाँ क्या हैं?

भोलाराम : हाँ सर. साल भर क्लास कीजिए, पढ़िये, तब एक बार तीन घंटे में ही उसकी परीक्षा हो जायेगी! पहली बात तो यह कि साल भर इकट्ठी की गयी जानकारियों की परीक्षा तीन घंटे में संभव ही नहीं है. दूसरे, उस दिन लड़का बीमार पड़ गया, घर में कोई हादसा हो गया या किसी प्रकार का अपरिहार्य काम आ गया, तो साल गया. महज तीन घंटे की अनुपस्थिति से एक साल की मेहनत नष्ट हो जाती है.

मटुक : एक साल तो आजकल है न, इसके पहले तो दो सालों में एक बार परीक्षा होती थी. उस समय तीन घंटे की अनुपस्थिति दो सालों को नष्ट कर देती थी. कुछ और बताओ भोलाराम?

भोलाराम : एक साल में परीक्षा होने पर पढ़ाई टलती है. लगता है, दिल्ली अभी दूर है. बहुत दिन हैं, देखा जायेगा, बाद में पढ़ लेंगे. अभी तो सिनेमा है, टीवी है, खेल-तमाशा है, आंदोलन है, गप्पबाजी है, घुमक्कड़ी है. हजार व्यस्तताओं में उलझ कर हम भूल ही जाते हैं कि पढ़ना है. अचानक परीक्षा का कार्यक्रम घोषित होता है. तैयारी नहीं रहने के कारण डेट बढ़ाने के लिए, दो विषयों के बीच एक सप्ताह का गैप देने के लिए वीसी का घेराव शुरू करते हैं. हंगामे में फिर समय बर्बाद होता है. उसके बाद एक तनाव के साथ रात-दिन एक कर पढ़ना शुरू करते हैं. इस सिलसिले में बीमार भी पड़ते हैं. जितना हो पाता है, हो पाता है, बाकी के लिए चोरी और पैरवी का सहारा लेते हैं!

मटुक : एक बात और है भोलाराम. जब वर्ग चलता है, तो तुमलोग उसमें भी सिंसियर नहीं रहते हो. प्रोफेसरों की नजर बचाकर लड़कियों को टुकुर-टुकुर ताकते रहते हो. तुम्हारे जो साथी कुछ ज्यादा ढीठ हैं, वे तो इसकी भी परवाह नहीं करते कि प्रोफेसर देख रहे हैं. वे तो यही समझते हैं कि प्रोफेसर का काम है उन्हें देखना और उनका काम है लड़कियों को देखना. है कि नहीं?

भोलाराम : हाँ, सर. आपसे क्या छिपाना! लड़कियों के लिए हुड़दंगबाजी होती है, कभी-कभी मारपीट भी होती है. क्लास तो क्लास है सर. उसके बाहर भी उसी की फिकर होती है. लड़कियों से क्या बोलें, कैसे बोलें ताकि वे फँस जायँ. जब तन-मन में आग लगी हो, तो पढ़ाई के बारे में कौन सोचता है!

मटुक : वाद-विवाद प्रतियोगिता, गोष्ठी, परिचर्चा वगैरह होती है?

भोलाराम : ना.

मटुक : पेंटिग, संगीत, नाटक आदि सिखाया जाता है?

भोलाराम : कुच्छो नाय सिखाया जाता है. जिसको रुचि रहती है, बाहर सीखता है. कभी-कभी फ्रेशर्स-डे, विदाई-समारोह आदि में थोड़ा-बहुत गाना-बजाना हो जाता है. उसमें लड़कियों के समक्ष अपने को बड़ा दिखाने के लिए कभी-कभी मारपीट भी हो जाती है. हंगामे के डर से प्रिंसिपल और विभागाध्यक्ष जल्दी सांस्कृतिक कार्यक्रम की अनुमति भी नहीं देते हैं.

मटुक : बाहर घूमने के लिए कोई टूर वगैरह का कार्यक्रम बनता है?

भोलाराम : टूर? आप बिलैंत के हैं क्या सर? आपको नहीं मालूम है ई सब?

मटुक : जब कॉलेज में न पढ़ाई होगी, न कोई क्रियेटिव काम होगा, तो युवाओं की खाली ऊर्जा तोड़-फोड़ नहीं करेगी तो क्या करेगी? और नासमझ प्रशासक इन चीजों के लिए प्रयास न कर निलंबन और निष्कासन का सहारा लेता है! सेमेस्टर सिस्टम अगर ठीक से लागू हो, तो छात्रों की सारी ऊर्जा पढ़ने-लिखने और सृजनात्मक कामों में लग जायेगी. उपद्रव के लिए अवकाश नहीं रहेगा. इस पद्धति में प्रतिदिन पढ़ना है, क्योंकि परीक्षा सर पर हमेशा रहती है. इसमें पढ़ाई-परीक्षा साथ-साथ चलती है.

02.09.09

❖

सेमेस्टर सिस्टम की खूबियाँ-2

भोलाराम : आपने जेएनयू में सेमेस्टर सिस्टम से ही पढ़ाई की थी. इसमें क्या होता है, जरा समझाने की कृपा करें.

मटुक : सेमेस्टर सिस्टम को हिन्दी में अर्द्धवार्षिक पाठ्यक्रम कहते हैं. मान लीजिए एम.ए. में सोलह पत्रों की पढ़ाई हो रही है. इनको चार खंडों में विभाजित कर दिया जायेगा. प्रत्येक सेमेस्टर में चार पत्रों की पढ़ाई और परीक्षा होगी. परीक्षा दो प्रकार की होगी (क) इंटरनल एसेसमेंट (ख) स्मृति पर आधारित परंपरागत लिखित सत्रांत परीक्षा. आमतौर पर 50 नंबर इंटरनल एसेसमेंट पर और 50 नंबर सत्रांत परीक्षा पर रखा जाता है. दोनों को जोड़कर एक सेमेस्टर का रिजल्ट निकाल दिया जाता है. इसका मूल्यांकन ग्रेड में किया जाता है. ग्रेड का अर्थ तुम्हें समझा चुके हैं, याद है न?

भोलाराम : हाँ सर, याद है. और चारों सेमेस्टरों का ग्रेड जोड़कर फाइनल रिजल्ट होगा, यही न? पीयू-प्रशासन ने कहा है कि इंटरनल एसेसमेंट में 20 या 30 ही अंक रहेंगे?

मटुक : ये डरे हुए लोग हैं. इसलिए आम शिक्षकों के हाथ में ग्रेड देने का पूरा अधिकार नहीं देना चाहते हैं. कारण यह है कि उन्हें शिक्षकों पर विश्वास नहीं है. उन्हें लगता है कि अंदरूनी परीक्षा में ज्यादा अंक रखने से पक्षपात ज्यादा हो जायेगा. इसलिए उसको मिनिमाइज करने के लिए वे इस पर कम से कम अंक रखना चाहते हैं. बेईमान आदमी को दूसरों पर भरोसा नहीं होता. लेकिन शायद उन्हें पता नहीं कि सेमेस्टर सिस्टम में जो पढ़ाते हैं, वही उत्तर पुस्तिकाएँ भी जाँचते हैं. दूसरे विश्वविद्यालय के प्रोफेसरों से उत्तरपुस्तिका जँचवाने का काम जो विश्वविद्यालय कराता आ रहा है, इसके पीछे कारण है कि यहाँ के शिक्षक जाँचेंगे तो पक्षपात करेंगे. इस नियम से शिक्षक समुदाय पर जो बड़ा कलंक लगा है, वह धुलेगा; क्योंकि इस सिस्टम में पढ़ाने वाले ही कॉपी जाँचेंगे चाहे वह इंटरनेल एसेसमेंट हो चाहे सत्रांत परीक्षा.

भोलाराम : यह बात तो सच है कि शिक्षक हों या प्रशासक वे बेईमानी करते हैं, इस पर अंकुश रखने का कोई उपाय?

मटुक : इसके लिए हर विभाग में एक पुनर्मूल्यांकन बोर्ड होना चाहिए, जहाँ उस पर विचार हो. बहुत ज्यादा लगे कि अन्याय हो रहा है तभी विवादित उत्तर पुस्तिका को बोर्ड में रखा जाये.

भोलाराम : ये क्रेडिट क्या होता है, सर?

मटुक : मोटा-मोटी समझो भोलाराम कि चार क्रेडिट का एक पेपर होता है. एक पेपर में इतनी सामग्री रहनी चाहिए कि एक औसत बुद्धि का लड़का उसे एक महीने में तैयार कर सके. इसके लिए तुम इग्नू की किसी पाठ्यपुस्तक की भूमिका देखना. उसमें इसके बारे में लिखा मिलेगा. उसमें एक क्रेडिट की पढ़ाई को कुछ घंटों में बाँटा है. फिर समय के अनुपात में गणना कर बताया है कि एक सेमेस्टर में कितने क्रेडिट पढ़े जा सकते हैं. मैं उससे पूरी तरह सहमत नहीं हूँ. इसलिए मोटा-मोटी बताया.

भोलाराम : इंटरनल एसेसमेंट में क्या-क्या रहेगा?

मटुक : इतना इसमें पढ़ना रहता है कि पढ़ते और टर्म पेपर लिखते-लिखते ही अर्द्धवार्षिक या सत्रांत परीक्षा आ जाती है. इसकी तैयारी के लिए अलग से समय नहीं मिल पाता है. इसलिए मेरी अपनी दृष्टि है कि इंटरनल असेसमेंट पर 60 अंक रहने चाहिए और सत्रांत परीक्षा पर 40 अंक. इंटरनल एसेसमेंट हर विश्वविद्यालय अपने अपने ढंग से लेता है. हर प्रोफेसर के हिसाब से उसकी शैली में भी अंतर आता है.

भोलाराम : आपको लेना हो तो कैसे लेंगे?

मटुक : मान लो चार क्रेडिट का एक पेपर मुझे एक सेमेस्टर में पढ़ाने को मिला. इसमें मैं छह परीक्षाएँ लूँगा. दो क्लास टेस्ट, दो सेमिनार पेपर और दो टर्म पेपर. पहले क्लास टेस्ट को समझो. मैं अपने वर्ग के सभी विद्यार्थियों को कहूँगा कि अमुक विषय पर अमुक दिन पढ़ाई होगी. उस विषय को आप भली भाँति पढ़कर आयें. एक घंटे का वर्ग होगा. उसमें आधा घंटा मैं उस विषय पर व्याख्यान दूँगा और आधा घंटा उससे संबंधित आपके सवालों के जवाब. विद्यार्थियों की जरूरत को देखकर इसमें थोड़ा फेरबदल भी किया जा सकता है. वर्ग समाप्त होने के बाद उसी से संबंधित कुछ प्रश्न उसी समय मैं लिखने के लिए विद्यार्थियों को दूँगा. समय एक घंटा रहेगा. यह क्लास टेस्ट हुआ. इस तरह के दो टेस्ट एक सेमेस्टर में होंगे. अब सेमिनार पेपर को समझो. इसके अन्तर्गत पढ़ाये गये विषयों में से एक प्रश्न दूँगा जिसका उत्तर विद्यार्थी दो से तीन पृष्ठों में लिखकर जमा करेंगे. इसके बाद एक निर्धारित तिथि को एक-एक छात्र के सेमिनार पेपर पर गहन डिस्कशन होगा, सेमिनार पेपर लिखने वाले छात्रों से अन्य छात्र एवं शिक्षक उसके टॉपिक से जुड़े अनेक सवाल करेंगे,

जिनके जवाब उन्हें देने होंगे. इससे यह पता चलेगा कि जो कुछ छात्र ने लिखा है वह अपने से समझ कर लिखा है या बिना समझे कहीं से उड़ा लिया है. टर्म पेपर थोड़ा विस्तृत होगा. छह से दस पेज के बीच. इस तरह हमारे इंटरनल असेसमेंट की परीक्षा पूरी होगी.

भोलाराम : सत्रांत परीक्षा कैसे लेंगे?

मटुक : पढ़ाये गये विषयों में दस प्रश्न मैं उन्हें पहले बता दूँगा. उनमें से सात पूछे जायेंगे और पाँच के उत्तर उन्हें देने होंगे.

भोलाराम : अच्छा, प्रश्न पहले से आउट कर देंगे, क्यों?

मटुक : अज्ञात प्रश्नों पर छात्र विश्वासपूर्वक पूरी शक्ति लगाकर मेहनत नहीं कर पाते हैं. जब प्रश्न पहले से मालूम रहेगा तो वे अच्छा से अच्छा करने के लिए तैयारी में सारी शक्ति झोंक देंगे. इससे उनकी जानकारी बढ़ेगी.

भोलाराम : आपने कहा कि टर्म पेपर लिखते-लिखते ही सत्रांत परीक्षा आ जाती है, तो विद्यार्थी तैयारी कब करेंगे?

मटुक : मेरे समय में जेएनयू में ऐसा ही हो जाता था. लेकिन मैं इसके लिए कम से कम एक सप्ताह का समय दूँगा.

भोलाराम : क्या आपको लगता है कि पटना विश्वविद्यालय से इतना सब कुछ हो पायेगा?

मटुक : मुझे तो नहीं लगता; कई कारण हैं. पहली बात है कि इस सिस्टम में शिक्षक और छात्र का अनुपात निश्चित होना चाहिए. एक शिक्षक पर अधिक से अधिक 30 विद्यार्थी रहने चाहिए. तभी पढ़ाई के साथ-साथ उनका सही-सही मूल्यांकन हो पायेगा. अगर एक शिक्षक पर सौ विद्यार्थी पड़े तो बँटाधार होगा. वही होगा जो हो रहा है, बिना पढ़े उत्तर पुस्तिकाओं पर नंबर दिये जायेंगे. क्लास टेस्ट और सेमिनार पेपर देना एक दस्तूर होगा. अभी जानते हो कि विश्वविद्यालय शिक्षकों से खाली है. दूसरा कारण यह है कि कॉलेज में कोई काम न रहने के कारण शिक्षक आलसी हो गये हैं. एकाएक उन पर काम का बोझ आयेगा . अगर अंदर से उत्साह नहीं है, तो सारे सेमेस्टर सिस्टम को वे गुड़ गोबर कर देंगे. जो हालात हैं, उनमें इसी की संभावना है.

भोलाराम : तो सिस्टम से अधिक जरूरी है मानसिकता बदलने की. वह कैसे बदले?

मटुक : यह मुझे मालूम रहता तो बदल नहीं देता. बाहर कुछ बदलने की बेचैनी से ज्यादा शुभ है अपने को बदलने की तैयारी. एक आदमी के वश में बस इतना ही है.

भोलाराम : (मुस्कुराते हुए) आपकी एक बात याद आती है. आप कहा करते हैं न कि यह शिक्षालय एक श्मशान घाट है जहाँ शिक्षा की अर्थी जलायी जाती है. इसमें डोम कौन हैं?

मटुक : पूरा रूपक जान लो. अधिकारी वर्ग है डोम, शिक्षक समुदाय है शवयात्री, विद्यार्थी समुदाय है कर्ता जिसके माध्यम से मृतक शिक्षा को मुखाग्नि दी जाती है.

03.09.09

❖

शिक्षक दिवस

आज शिक्षक दिवस है. भोला भाव से भरा है. उसने मेरे लिए कोठारी की नयी गंजी और सुधा का पेड़ा लाकर टेबुल पर रख दिया है. कुछ बोल नहीं रहा है. मुझे ख्याल आया—कल इसने मेरी फटी गंजी देख ली होगी. मेरी फटेहाली को बयाँ करने के लिए बस इतना ही काफी था. उसे नहीं मालूम कि मैं कोई कपड़ा तब तक पहनता हूँ, जब तक वह जर्जर न हो जाय! एक-एक पैसा वसूल कर छोड़ता हूँ. उसको उसने मेरी विपन्नता से जोड़ दिया है और करुणार्द्र होकर श्रद्धावश गंजी ले आया है. भोला मुझसे बेहतर आर्थिक स्थिति में नहीं है. सोचता हूँ—ठुकरा दूँ या प्यार करूँ! अस्वीकार घातक होगा. इसलिए चिहुँक कर स्वीकार करता हूँ. कितनी अच्छी गंजी है! आज तक मैंने इतनी मँहगी गंजी नहीं खरीदी. तुम थोड़ी सस्ती खरीदते! भोला की आँखों में चमक आ जाती है. वह आशंकित था. अब बेहद खुश है. कहता है—सर, मैं चाहता हूँ कि आज आप शिक्षक दिवस की महिमा पर प्रकाश डालें.

मटुक : (मैं इस प्रश्न पर गंभीर हो जाता हूँ.) शिक्षक दिवस की महत्ता पर मेरे गुरु ने गहराई से प्रकाश डाला है भोला. उन्होंने इस दिवस का सार उघाड़ दिया है. उनको शिक्षक दिवस के मौके पर संभवतः दिल्ली विश्वविद्यालय में आमंत्रित किया गया था. उन्होंने अपने व्याख्यान में कहा था—शिक्षक दिवस मनाने का समय भारत में नहीं आया है. जिसको तुम शिक्षक दिवस कहते हो, वह वास्तव में राजनीतिज्ञ की महिमा का गुणगान है. एक व्यक्ति शिक्षक का पद छोड़कर राष्ट्रपति हो जाता है, इसमें शिक्षक की कौन-सी महानता है? इसमें शिक्षक की तो कोई महिमा नहीं, राष्ट्रपति की महिमा है. शिक्षक की महिमा तब प्रदर्शित होती जब कोई राष्ट्रपति अपने पद को त्याग कर शिक्षक होना पसंद करता. शिक्षक से बड़ा पद राष्ट्रपति का है. इसलिए अभी शिक्षक दिवस मनाने का समय नहीं आया है.

भोलाराम : बाप रे, ई तो बेलाग उखाड़ के रख दिया है सर. क्या नाम है आपके गुरु का?

मटुक : उनका नाम मत पूछो. वे बहुत बड़े आतंकवादी हैं! जिनके नाम से पूरी दुनिया के पॉलिटिशियन, पुरोहित, पोप, नकली मुनि, साधु आदि जितने पाखंडी हैं, थर थर काँपते रहते हैं. सत्य और प्रेम के जितने शत्रु हैं, उन पर उन्होंने एक साथ बमबारी कर दी. समग्र संसार में उन्होंने विस्फोटक पदार्थों का जाल बिछा दिया है जो रह रह कर विस्फोट करता रहता है. उन विस्फोटकों को निष्क्रिय करने की विधि अभी तक दुश्मनों ने नहीं खोजी है. इसलिए वे विवश होकर उनसे केवल नफरत कर सकते हैं. इस नफरत में भी उन्हीं की विजय है!

भोलाराम : अब ज्यादा कुतूहल न बढ़ाइये सर, नाम बता दीजिए?

मटुक : नाम बहुत छोटा है भोला. जैसे तुम्हारा नाम दो अक्षरों और चार मात्राओं का है, वैसे ही उनका भी नाम है. जिस नाम का उच्चारण करते ही मेरे रोंगटे खड़े हो जाते हैं, वाणी गद्‌गद् हो जाती है, आँखों में बादल घुमड़ते लगते हैं, वह नाम है ओशो.

भोलाराम : ओहो, जिनके गुरु इतने बड़े आतंकवादी हों, उनके शिष्य भी तो छोटे-मोटे आतंकवादी हो ही जायेंगे! तभी तो आप किसी को भी नहीं लगाते हैं! आपने भी तो एक बम फोड़ ही दिया है, जिसके धुएँ से अलबला कर यूनिवर्सिटी ने आपको बाहर फेंक दिया है!

मटुक : ठीक समझा भोला. मैंने उस महासागर की एक बूँद चखी है. बस एक बूँद से इतना रस मग्न हूँ. कहीं मदवा बिन तोले ही पी जाउँगा, तब क्या होगा?

भोलाराम : यह बात मेरी समझ में नहीं आयी कि गुरु को चखने का माने क्या? ये मदवा क्या?

मटुक : भोलाराम, आज शिक्षक दिवस है, गुरु दिवस नहीं. शिक्षक से पढ़ा जाता है. शिक्षक तो मेरे और तुम्हारे जैसे साधारण आदमी होते हैं, लेकिन गुरु कुछ हमारे-तुम्हारे जैसा और कुछ परमात्मा जैसा होता है. परमात्मा को तो चखा ही जा सकता है न. वह तो मदिरा है. उसके समान संसार में कोई नशा है! जो एक बार चढ़ गया तो फिर उतरने वाला नहीं.

भोलाराम : आजकल तो लोग शिक्षक को ही गुरु कहने लगे हैं!

मटुक : लोगों की तो बात ही छोड़ दो. वे तो पत्थर को परमात्मा कहते हैं और जीवंत परमात्मा फूल को डाली से तोड़ कर मृत परमात्मा पत्थर पर चढ़ा देते हैं! थोड़ी भी संवेदना होती तो वे फूल की जड़ में पानी चढ़ा देते. उतना ही पानी जितने की जरूरत है. पीपल परमात्मा पर पानी चढ़ाते तो हैं, लेकिन जड़तावश इतना चढ़ा देते हैं कि परमात्मा सड़ने लगता है! बिना बोध के पूजा नहीं होती भोला. बिना बोध के शिक्षक दिवस भी नहीं होता. शिक्षक दिवस मनाने के लिए किसी शिक्षक के पास

मत जाओ. परमात्मा से प्रार्थना करो कि हे ईश, इस देश में नये शिक्षकों को भेजें. नये शिक्षक का अर्थ है राष्ट्र निर्माता, राष्ट्र नियंता. जो नये विचारों, नवीनतम ज्ञान और आत्मबोध से परिपूर्ण हो. जो पूरे राष्ट्र को रास्ता दिखावे, जो समग्र क्रांति का अग्रदूत बने, जो शिक्षा को बदल कर नयी उपयोगी शिक्षा लाने के लिए प्रयत्नशील हो. एक ऐसी शिक्षा जो हमें खिला दे, अपने आप से मिला दे. जो कुछ बीज हमारे भीतर पड़ा है उसे जमीन दे दे, खाद पानी दे दे. ताकि हम अंकुरित हो सकें. पल्लवित पुष्पित हो सकें. ऐसे शिक्षक मिलें, तभी शिक्षक दिवस मनाने की सार्थकता है!

4.09.09

❖

ऐसी बानी बोलिए

भोलाराम की आजकल कुछ साहित्यकारों के साथ सोहबत चल रही है. शिक्षक-दिवस के अवसर पर उसको एक बड़े स्कूल में प्रमुख वक्ता के रूप में बोलने का अवसर मिला. आज की शिक्षा के विरोध में जमकर बोला. जब गलती निकालने लगा, तो निकालते-निकालते उस प्राचार्य तक पहुँच गया, जिन्होंने उसे प्रमुख वक्ता के रूप में तरजीह दी थी. उस सभा में उसका एक प्रबल विरोधी भी बैठा था. उसने मौके का लाभ उठाते हुए भाषण के बीच में ही इसका विरोध शुरू किया और प्राचार्य की तारीफ. प्राचार्य महोदय ने गरिमा का परिचय देते हुए बीच में हस्तक्षेप करने वाले को बैठाया और कहा—'किसी भी आदमी को अपने विचार रखने की स्वतंत्रता है. आपको भी मौका मिलेगा. आप कृपया बैठ जायँ.' आजकल अधिकारी लोग क्षुद्र हुआ करते हैं. अपनी आलोचना सुनने की शक्ति वे नहीं रखते और वक्ता के प्रति अंदर ही अंदर कटुता से भर जाते हैं. सदा के लिए उन्हें ब्लैक लिस्टेड करते हैं और उनकी जड़ खोदने की कोशिश में जुट जाते हैं. उस प्राचार्य को अपवाद समझो.

भोलाराम यह अनुभव कर रहा है कि जब-जब वह बुराई पर हमला बोलता है, बुराई संगठित हो जाती है और इन पर जवाबी हमला करती है. भोलाराम दुविधाग्रस्त हो गया है. वह चाहता है कि इस बारे में मैं उनका मार्गदर्शन करूँ.

मटुक : भोला भाई, आप जब किसी पर हमला करेंगे, उनकी गलतियाँ निकालेंगे, तो वह फूल-पान लेकर आपकी पूजा नहीं करेगा. आप दो गलतियाँ निकालेंगे, वह आपकी चार निकालेगा. आपके सही कामों को भी गलत रूप में रखेगा. इसलिए तो कोई बुद्धिजीवी मुँह पर किसी की आलोचना नहीं करता है. कोई अपना विश्वास पात्र मिल गया तो पीठ पीछे उसकी निन्दा कर अपनी भड़ास अवश्य निकाल लेता है. इस आलोचना-प्रत्यालोचना से कोई सुधार नहीं होता है, भोला. सिर्फ कटुता फैलती है.

भोलाराम : लेकिन आपने सब पर चौतरफा हमला बोल दिया है! आप किसी को नहीं छोड़ रहे हैं?

मटुक : मेरी बात और है, मैंने तो मुहब्बत की है. अनुकरण नहीं भोला किसी का भी अनुकरण ठीक नहीं है. मैंने अपनी जिंदगी में चारों तरफ से आग लगायी है. मैं चाहता हूँ, मेरी सारी बुराइयाँ इस अग्नि में भस्मीभूत हो जायँ. मेरी चेतना भर रह जाय-अकंप दीपशिखा की तरह जलती हुई. यह मेरा साधना-मार्ग है. मेरे आनंद का विषय है. तुम्हें अपना रास्ता अपने स्वभाव के अनुसार चुनना होगा.

भोलाराम : गुरुदेव! आप मेरे स्वभाव को भली-भाँति जानते हैं. कृपया बतायें कि मुझे क्या करना चाहिए था?

मटुक : कोई भी काम शुरू करने से पहले उसके सब तरह के संभावित परिणामों को अच्छी तरह सोच लेना चाहिए. बुरे-से-बुरे परिणामों की कल्पना कर लेनी चाहिए. उसके बाद विचार करना चाहिए कि अगर ये परिणाम सामने आयेंगे तो क्या मैं उन्हें स्वीकार कर पाऊँगा? अगर लगे कि हाँ, स्वीकार करूँगा. तब उस ओर अग्रसर होना चाहिए. तुमने भाषण दिया तो तुम्हारे चेतन और अवचेतन मन में यह चाह अवश्य रही होगी कि लोग कहें कि वाह; भोलाराम ने कितना क्रांतिकारी भाषण दिया! सब तुम्हारी पीठ थपथपाते. इससे तुम्हारा अहंकार फूलता. क्या इसी गुब्बारे को फुलाने के लिए तुमने क्रांतिकारी भाषण नहीं दिया? मैं यह नहीं कहता कि संसार की बुराई सहो. वह गलत होगा. क्योंकि उससे बुराई को प्रोत्साहन मिलता है. मैं तो इतना भर कहता हूँ कि तुम पहले अपनी बुराई साफ करो. अरे भाई, तुम क्या किसी के धोबी हो जो उसके मनरूपी गंदे कपड़े को साफ करने निकल जाते हो? तुम अपनी सफाई के द्वारा जितने निर्मल होते जाओगे उतना ही यह संसार तुम्हारे लिये निर्मल होता जायेगा. गंदगी रहेगी, मगर तुम्हें दिखाई नहीं पड़ेगी. तुम अपने आप में आनंदित रहोगे.

मैं किसी पर हमला करता हूँ तो सारे परिणामों को सोचकर. उसमें मुझे वीर रस प्राप्त होता है. प्रत्याक्रमण करते समय मेरा क्षत्रियत्व जागता है. आक्रमण करते समय भी व्यक्ति विशेष का नुकसान हो, यह मेरे मन में कभी नहीं आता है. व्यक्ति बचे, उसकी बुराई डूबे. मैं केन्द्र पर स्थित होकर परिधि पर हमला करता हूँ. केन्द्र यानी सत्य और प्रेम. सत्य से अगर प्रेम है तो उसी रस से तुम सराबोर रहोगे. विरोधी तुम्हारा क्या-क्या नुकसान कर रहे हैं, इसकी चिंता नहीं सतायेगी.

तुम्हारा कहना था कि उस स्कूल के प्राचार्य क्लास नहीं लेते हैं, जबकि तुमने देखा है एक केन्द्रीय विश्वविद्यालय में प्राचार्य और कुलपति भी क्लास लेते हैं. इसी आधार पर तुमने उन्हें नसीहत दे डाली. तुम्हारे अवचेतन में यह दिखाने का भी भाव रहा होगा कि तुम एक बहुत बड़ी यूनिवर्सिटी के प्रोडक्ट हो. तुम्हारी धौंस वहाँ जमे.

लोग श्रीहत होकर तुम्हारे सामने झुक जायँ. यह अहंकार है भोला, इसी का कीड़ा तुम्हें काट रहा है!

किसी कॉलेज या विश्वविद्यालय में अगर प्राचार्य और कुलपति क्लास लेते हैं तो यह उनके आनंद का विषय है. यह उनकी ड्यूटी नहीं है. सफल प्राचार्य और कुलपति उसे कहते हैं जिनके यहाँ के प्रत्येक शिक्षक आनंद से क्लास लें. उन शिक्षकों के माध्यम से मानो प्राचार्य और कुलपति स्वयं क्लास लेते हैं! क्लास लेने में अगर कोई दूसरा काम हर्ज हो रहा हो, तो यह गलत होगा, क्योंकि उनका काम क्लास लेना नहीं है, उनका काम है ऐसी व्यवस्था कर देना जिससे सभी क्लास सुचारु रूप से चलें.

पटना विश्वविद्यालय में आचार्य देवेन्द्रनाथ शर्मा शिक्षण के प्रति समर्पित सर्वाधिक लोकप्रिय सुयोग्य विद्वान शिक्षक थे. वे जब यहाँ के कुलपति हुए तो क्लास लेने का लोभ संवरण न कर सके. यह उनका आनंद था. यह उनके शिक्षक रूप की विशेषता थी, कुलपति रूप की नहीं.

इसलिए भोलाराम, ऐसा बोलो जिससे स्वयं आहत न होओ, पछताना नहीं पड़े, बल्कि पल-पल आनंद उमड़े.

ऐसी बानी बोलिये, मन का आपा खोय.
औरन को सीतल करै, आपुहि सीतल होय.

मैं जानता हूँ कि तुम ऐसा ही बोलते हो. कभी-कभी मामूली-सी भूल सबसे होती है. चिंता मत करो.

7.09.09

❖

प्राथमिक शिक्षा सर्वाधिक महत्वपूर्ण

बड़े-बड़े मनोवैज्ञानिकों का कहना है कि बच्चों को जीवन में जितना सीखना है, उसका आधा वह चार वर्ष तक की उम्र में ही सीख लेता है. अगर यह सच है, तो हमें अपने शिक्षा मद का आधा खर्चा इस उम्र तक की शिक्षा में लगाना होगा. परिवार में प्रथम शिक्षक माता पिता ही होते हैं. इसलिए माता-पिता को एक सुयोग्य शिक्षिका-शिक्षक के रूप में तैयार करना होगा. अच्छा तो यह होगा कि जो भी व्यक्ति सुयोग्य शिक्षक-शिक्षिका बन सकेंगे, उन्हें ही संतानोत्पत्ति का अधिकार दिया जाय. बिना इस लाइसेंस के बच्चों को जन्म देना गुनाह माना जाय. माता को प्रशिक्षित करने के लिए 'यशोदा मैया शिक्षा परियोजना' लागू की जाय. जब तक माँ यशोदा के वात्सल्य की गहराई को न पा सकेगी, तब तक कान्हा कृष्ण नहीं बन पायेगा.

बच्चों का स्कूलों में नाम लोग आमतौर पर चार या चार वर्ष के बाद ही लिखाते हैं. आधा वह बन ही गया, तब क्या फायदा? तब तो जो गलत-सलत बच्चे ने सीख लिया होगा, उसे मिटाना पड़ेगा. मिटाना बहुत कठिन है. खर्चीला भी बहुत है. इसलिए ऐसी व्यवस्था हो कि मिटाने की नौबत ही न आये. ऐसे 'शिशु खेल विद्यालय' खोले जायँ जिसमें दो वर्षों के बच्चों का नामांकन हो. उसमें केवल दिलचस्प खेल चलेंगे, संगीत चलेगा, नृत्य चलेगा, चित्र बनेंगे. बच्चों का उत्सव रहेगा. यह इतना दिलचस्प होगा कि बच्चा छुट्टी के वक्त भी घर जाना न चाहे और स्कूल के टाइम में आने के लिए तत्पर रहे. संगीत, नृत्य, चित्र, मूर्ति, क्राफ्ट तथा तरह-तरह के खेल आदि के द्वारा ही धीरे-धीरे उन्हें भाषा, गणित, विज्ञान, समाज विज्ञान आदि की शिक्षा दी जाये. ध्यान इतना हमेशा रखना है कि वह पढ़ाई जैसा न लगे. क्या आपको लगता है कि इस कोटि की पढ़ाई ढोढ़ाय मँगरू गुरुजी से संभव है? कतई नहीं. इसके लिए अच्छे मनोवैज्ञानिकों, कलाकारों और दक्ष शिक्षकों की जरूरत पड़ेगी. क्या आप सोचते हैं कि इतने बड़े शिक्षक और मनोवैज्ञानिक फोकट में मिल जायेंगे? कभी नहीं. ऐसे शिक्षक तभी मिलेंगे जब उनका वेतन उच्चतम होगा.

विश्वविद्यालय के प्रोफेसर से ज्यादा, क्योंकि सबसे कठिन कला है छोटे बच्चों को पढ़ाना. ज्यों-ज्यों क्लास ऊपर होता जाता है, उतना ही आसान होता है उसे पढ़ाना. सबसे आसान है एम.ए को पढ़ाना. लेकिन हमारे यहाँ उलटी धारा बहती है. जो एम. ए. को पढ़ाते हैं, वे अपने को बड़ा भारी प्रोफेसर समझते हैं और नर्सरी को पढ़ाने वाले को ढोढ़ाय मँगरू गुरुजी. अगर सच्चे अर्थों में राष्ट्र का निर्माण करना है, तो इस स्थिति को पलट देना होगा. मौलिक 'शिशु खेल पाठशाला' खोलनी होगी. इस तरह की पाठशालाओं में पढ़ाने के लिए अभी शिक्षक नहीं हैं, उन्हें तैयार करना होगा. पहले कुशल नवीन शिक्षकों की फौज तैयार हो, नये सुसज्जित स्कूल भवन बनाये जायँ, तब दाखिले का कार्यक्रम शुरू हो. मजबूत नींव पर ही सुंदर और ऊँची इमारत खड़ी हो सकती है. अभी उलटे पिरामिड जैसी हमारी शिक्षा की इमारत है. भूकंप को कौन कहे, तेज हवा का झोंका सहने में भी वह समर्थ नहीं हैं.

हमारे प्राथमिक विद्यालय गाछ के नीचे चल रहे हैं, एक-एक स्कूल में तीन-तीन स्कूल चल रहे हैं. खिचड़ी में पिल्लू वाले स्कूल हैं. इन स्कूलों से पढ़े बच्चों में जीवन भर एक कमी रह जाती है. ऊँची कक्षा में जाने पर या नौकरी मिल जाने पर या तो वे खुद होश करते हैं या किसी के द्वारा ध्यान आकृष्ट करने पर अपनी गलतियाँ दूर करते हैं. इसी स्कूली शिक्षा का परिणाम है कि सचिवालय के प्रधान सचिव को अपने कर्मचारियों को पढ़ाना पड़ता है. उन्हें सहायक महोदय को शुद्ध टिप्पणी लिखना सिखाना पड़ता है और मुझ जैसे शिक्षक को कॉलेज में ककहरा बताना पड़ता है. जो सरकार इस शिक्षा पर ध्यान देगी और उसे उन्नत करने के लिए जी जान लगायेगी वही विकासशील सरकार कहलायेगी और मुख्यमंत्री विकास पुरुष. इसके बिना विकास पुरुष कहलाना टूथपेस्ट के विज्ञापन सरीखा झूठा होगा.

4.09.09

❖

शिक्षा का आधार प्रेम या प्रतिस्पर्द्धा?

मैट्रिक के परीक्षार्थियों का तनाव देखकर यशपाल कमिटी को दया आयी और उसने न केवल बोर्ड को वैकल्पिक कर दिया बल्कि ग्रेडिंग सिस्टम को लागू करने का भी सुझाव दिया. अफसोस, बीमारी का इलाज यह नहीं है. उससे भी ज्यादा अफसोस की बात यह है कि साँचे में ढले शिक्षकों को शिक्षा का पुराना ढर्रा ही पसंद है. 'हिन्दुस्तान' में बड़े स्कूलों के पाँच प्राचार्यों के पंचामृत परोसे गये हैं जो प्रतिस्पर्द्धा के प्रबल पक्षधर हैं. उनका तर्क है कि तनाव बच्चों को भविष्य की चुनौतियों का सामना करने में मदद करेगा. दूसरे प्राचार्य कहते हैं कि अगर विद्यालय के शिक्षक ही ग्रेडिंग देंगे तो कौन अपने बच्चों को कम ग्रेड देना चाहेगा?

तनाव में काम करना आदमी की विवशता है. यह सिर्फ इस बात की सूचना है कि आनंद के साथ काम करने की कला उसने नहीं सीखी है. हमें यह अनुभव से ही सीखना पड़ेगा कि जिस चुनौती का सामना हम तनावपूर्वक करते हैं उसमें टूट जाने का, विफल हो जाने का खतरा अधिक रहता है. लेकिन जिस चुनौती का सामना हम आनंद से करते हैं, उसमें सफलता साथ-साथ चलती है.

एक शिक्षक के लिए यह अपमानजनक बात है कि वह अपने बच्चों को अधिक ग्रेड दे दे. सब बच्चों को समान प्रेम शिक्षक की बुनियादी विशेषता है. ईमानदारी शिक्षक का स्वभाव होना चाहिए. इसी कारण तो शिक्षक राष्ट्रनिर्माता कहलाता है. अगर वह धुरफंदी में लगा रहेगा तो शिक्षक को श्रेष्ठ किस आधार पर माना जा सकता है? लेकिन उस प्राचार्य महोदय ने एक सच्चाई जरूर व्यक्त की है. जो आज की शिक्षा का घिनौना सच है. इसी से उबरने के लिए मौलिक शिक्षा की कल्पना करनी होगी और उस शिक्षा के केन्द्र से प्रतिस्पर्द्धा को हटाकर प्रेम को स्थान देना होगा.

शिक्षा का काम मस्तिष्क का ढाँचा निर्धारित करना है. शिक्षा द्वारा निर्धारित ढाँचे पर ही मस्तिष्क चिंतन-मनन करता है. उससे छूटना महाकठिन करीब-करीब

असंभव होता है. केवल थोड़े से साहसी लोग उस ढाँचे से मुक्त हो पाते हैं. इस शिक्षा ने गलत ढाँचा दे दिया है जिसका भयानक परिणाम पीढ़ी-दर-पीढ़ी भुगतती रही है. इस शिक्षा से विकृत मनुष्य पैदा हो रहे हैं. दूसरों से बड़ा होने की होड़ हमारी शिक्षा का मूल ढाँचा है. जो प्रथम होगा, वह पुरस्कृत होगा, जो पीछे पड़ेगा वह अपमानित होगा. प्रथम होगा तो स्कूल में आदर मिलेगा, परिवार में आदर मिलेगा, समाज में आदर मिलेगा. मीडिया में आदर मिलेगा. फोटो छपेंगे, इंटरव्यू छपेगा. अतः दूसरों से आगे होने में बच्चे अपनी पूरी शक्ति झोंक देते हैं. 20-25 साल की उम्र तक यह दौड़ चलती है. इस तरह दूसरों से आगे होने का स्थायी बुखार उनको लग जाता है. जब शिक्षा प्राप्त कर व्यक्ति गार्हस्थ्य जीवन में आता है तो वही बुखार उसका पीछा करता है. अध्यापक जल्दी से जल्दी प्रधानाध्यापक बन जाना चाहता है, प्राध्यापक प्राचार्य बनने के लिए बेताब है, कुलपति बनने के रास्ते खोज रहा है! बड़ा मकान, बड़ी दुकान, बड़े सम्मान के पीछे पड़ा हुआ है! सारी जिंदगी एक पागल दौड़ में बदल जाती है. आदमी जहाँ भी पहुँचे उससे आगे पहुँचना हमेशा शेष रहता है. यह दुनिया एक गोल चक्कर है, आप जहाँ भी रहिये हमेशा कोई न कोई आपसे आगे दिखेगा. और जब तक कोई आगे है, तब तक शांति कैसे मिल सकती है? शांति का किसी के आगे होने से कोई संबंध नहीं है.

इस शिक्षा की बुनियाद में ईर्ष्या है. जब हम किसी बच्चे से कहते हैं देखो, अमुक कितना तेज है, तुम कितने भुसगोल हो, उनके जैसा बनो. उसी वक्त हम उसमें जलन पैदा करते हैं, ईर्ष्या जगाते हैं. अहंकार को मजबूत करते हैं. विडंबना यह है कि नैतिक शिक्षा के द्वारा साथ-साथ यह भी सिखाते हैं कि ईर्ष्या मत करो, मारपीट मत करो, हिंसा मत करो, विनम्र बनो. शिक्षा का यह आधार बुनियादी रूप से गलत है. शिक्षा का आधार बनना चाहिए प्रेम. प्रेम का मतलब है विषय से प्रेम. जिस विषय को हम पढ़ना चाहते हैं, उसके प्रति प्रेम. उसको सीखने में तल्लीनता, उसको सीखने का आनंद. हम विद्यार्थियों को साहित्य से प्रेम सिखा सकते हैं, संगीत से प्रेम सिखा सकते हैं, गणित, विज्ञान, समाजविज्ञान, मनोविज्ञान, दर्शन, कानून आदि विषयों से प्रेम सिखा सकते हैं. उन विषयों के प्रति प्रेम पैदा कर सकते हैं. सीखना तल्लीनता के कारण होता है और तल्लीनता सहज प्रेम से पैदा होती है. प्रतिस्पर्द्धा जन्य तनाव तल्लीनता को बार-बार तोड़ता है. सबसे बड़ा दुर्भाग्य है कि कोई विषय हम इस तरह नहीं पढ़ते हैं कि वह हमारे जीवन में काम आयेगा, उसे परीक्षा पास करने के लिए पढ़ते हैं, बाद में फिर उससे कोई नाता नहीं रह जाता. जैसे अगर हम हिन्दी साहित्य के विद्यार्थी हैं तो पंत का प्रकृति-वर्णन आनंद के लिए, अपने सौन्दर्य-बोध के विस्तार के लिए नहीं पढ़ते, उसे रटकर परीक्षा में लिखने के

लिए पढ़ते हैं. यही प्रणाली तनाव को जन्म देती है. इसे बदलने की जरूरत है.

जब शिक्षा का आधार प्रेम होगा तो वह विषय के साथ हर मनुष्य से प्रेम करने का मार्ग प्रशस्त करेगा. इससे ऊँच-नीच और बड़े-छोटे का भाव खत्म होगा. इस शिक्षा ने पेशे को प्रतिष्ठा से जोड़ दिया है. जो सूअर चराता है वह छोटा है, जो प्रधानमंत्री बनता है, वह बड़ा है. प्रेमपूर्ण शिक्षा में दूसरा व्यक्ति हमारे सामने नहीं होगा, न दूसरों जैसा होना हम चाहेंगे. हम जो हैं, वह काफी है. सिर्फ हर व्यक्ति के भीतर जो व्यक्तित्व छिपा है, वह प्रकट हो जाय. तभी शांति और आनंद प्राप्त हो सकता है. वह शिक्षा सुंदर है जो प्रेम, शांति, आनंद, सौहार्द, दया, करुणा, सहानुभूति और सहयोग पैदा करे. वह प्रेमाधारित शिक्षा ही हो सकती है. प्रतिस्पर्द्धा आधारित शिक्षा को अलविदा कहने की जरूरत है.

15.09.09

❖

शिक्षा में केन्द्र की पहल

केन्द्रीय मानव संसाधन विकास मंत्री कपिल सिब्बल संवेदनशील राजनेता मालूम पड़ते हैं. सुना है कि वे कवि भी हैं. पिछले रविवार को उन्होंने कुछ साहित्यकारों और पत्रकारों को चाय पर बुलाया था. काव्य-पाठ भी हुआ और शिक्षा पर कुछ बातें भी. उन बातों का ब्यौरा मेरे पास नहीं है. लेकिन यह सराहनीय बात है कि शिक्षा में वे जो कुछ फेरबदल करने जा रहे हैं, उससे संबंधित बातें रौनक वाले लोगों से कर रहे हैं. यह बात दीगर है कि वे रौनक वाले लोग सही शिक्षा की कितनी समझ रखते हैं!

खबर है कि सीबीएसई ने दसवीं की परीक्षा को वैकल्पिक करने और ग्रेड प्रणाली को लागू करने के लिए जो रिपोर्ट तैयार की है, वह मानव संसाधन मंत्रालय के पास सुपुर्द होने जा रही है. इसके अनुसार बोर्ड की परीक्षा छात्र एक ही बार देंगे. वे चाहें तो दसवीं में दें, चाहें तो बारहवीं में. लेकिन यह सुविधा केवल उन्हीं छात्रों को मिल पायेगी, जिनके स्कूलों में दसवीं और बारहवीं दोनों की पढ़ाई होती है. जहाँ केवल दसवीं की पढ़ाई होती है, उन्हें वह परीक्षा देनी होगी. ग्रेडिंग पद्धति का लाभ मिलेगा सबको. अगले वर्ष से परीक्षा में अंक की जगह ग्रेड मिलेंगे. इस परिवर्तन के पीछे धारणा है कि मैट्रिक और बारहवीं की परीक्षा को लेकर परिवार और समाज में इतना हौवा खड़ा कर दिया गया है कि उसका सारा दबाव छात्रों को झेलना पड़ता है. छात्रों को चारों तरफ से सुनना पड़ता है कि असली परीक्षा तो मैट्रिक ही है. इसमें कमाल कर दिया तो फिर क्या कहना! फिर तो आगे कम मेहनत करोगे तो भी चलेगा. पूरे देश में छात्रों के ऊपर ऊँचे अंक पाने का आतंक छा गया है. इस तरह तनाव में तैयारी नहीं हो पाती. तैयारी में कमी आयी तो रिजल्ट खराब होगा. रिजल्ट की खराबी तनाव और बढ़ाती है. कई छात्र इसे न झेल पाने के कारण डिप्रेशन के शिकार होते हैं और कुछ आत्महत्या तक कर लेते हैं. सीबीएसई ने तनाव को कम करने का हल जरूर ढूँढ़ा है, परन्तु समाप्त करने का नहीं. परीक्षा-पद्धति में परिवर्तन करने से तनाव नहीं जाता, तनाव तो जायेगा

शिक्षा-पद्धति में आमूल परिवर्तन करने से. जब इस पढ़ाई से ज्यादा महत्व जीवन जीने की कला वाली पढ़ाई को दिया जायेगा, तब तनाव जायेगा और आनंद आयेगा. प्रतियोगिता जायेगी, प्रेम आयेगा.

इस रिपोर्ट में सबसे महत्वपूर्ण प्रस्ताव यह है कि जब परीक्षार्थी परीक्षा के लिए तैयार होंगे, तभी उनकी परीक्षाएँ ली जायेंगी. इस प्रस्ताव से बड़ा अच्छा मनोवैज्ञानिक प्रभाव बच्चों पर पड़ सकता है और उनकी तैयारी भी अच्छी हो सकती है. लेकिन इसको लागू करने में जो व्यावहारिक कठिनाइयाँ आयेंगी, उसका निदान सरकार ढूँढ पायेगी या नहीं इसमें शक है.

ग्रेडिंग सिस्टम लागू तो कई उच्च शिक्षा संस्थानों में पहले से है, लेकिन उसकी अवधारणा से सभी शिक्षक और शिक्षाविद् ठीक-ठीक अवगत नहीं हैं. इसलिए मूल्यांकन करते वक्त परीक्षक के दिमाग में केवल अंक ही बैठा रहता है और मन ही मन उसी को वे ग्रेड में रूपांतरित कर देते हैं. ग्रेडिंग के पैमाने में भी एकरूपता नहीं है. कहीं ग्रेडों के प्रकार हैं चार, कहीं पाँच, कहीं दस. अगर सभी शिक्षण संस्थानों के ग्रेडिंग के अलग-अलग अर्थ हों तो उससे अंक पद्धति भली! संपूर्ण देश में गणित, विज्ञान आदि विषयों की पढ़ाई में एकरूपता लाने की तैयारी रखनेवाले मानव संसाधन विकास मंत्रालय को पहले हर क्षेत्र में ग्रेडिंग में एकरूपता लानी चाहिए. ग्रेडिंग की एकरूपता की उपयोगिता निर्विवाद है, जबकि विविध विषयों की एकरूपता बार-बार विचारणीय है. उनके लाभ-हानि पर सम्यक् दृष्टि डालनी चाहिए. मेरे मन में ऐसा ख्याल आता है कि अगर गणित, विज्ञान आदि विषयों में पूरी तरह एकरूपता लायी जायेगी, तो पूरे देश में एकांगिता आ जायेगी. एक ही चीज जानने वाले सभी बच्चे मिलेंगे. उससे भिन्न सवाल उठेगा तो पूरा देश चारों खाने चित्त हो जायेगा और यह बात बहुत खतरनाक होगी. इसलिए एकरूपता को लाने के पूर्व सौ बार सोचना चाहिए.

खबर यह है कि केन्द्रीय शिक्षा मंत्री पूरे देश में प्राथमिक शिक्षा के बाद शिक्षा का माध्यम हिन्दी भाषा को बनाना चाहते हैं. प्राथमिक शिक्षा सभी बच्चे अपनी-अपनी मातृभाषाओं में प्राप्त करेंगे. उसके बाद की शिक्षा हिन्दी में. लेकिन अंग्रेजी को भुलाया नहीं जा सकता, क्योंकि ज्ञान का भंडार और अंतरराष्ट्रीय संपर्क की भाषा वही है. इसलिए पहले से चली आ रही सुविचारित 'त्रिभाषा-फार्मूला' को सरकार लागू करना चाहती है. यह अत्यंत सराहनीय कदम है. इससे हिन्दी वाले ज्यादा उत्साहित दिख रहे हैं. उत्साहित पूरे देश को होना चाहिए. केवल हिन्दी वालों का उत्साहित होना खतरनाक होगा. उनका अतिशय उत्साह ही अन्य भाषा-भाषियों में शक पैदा कर देता है और वे हिन्दी के अंध विरोध में खड़े हो जाते हैं. हिन्दी हर जगह लागू हो, इससे ज्यादा जरूरी

है कि सम्पूर्ण देशवासी प्रेम और एकता के सूत्र में बँधें. विविध भाषा-भाषियों में प्रेम रहने से हिन्दी स्वतः फैल जायेगी. हिन्दी के फैलने से प्रेम नहीं आयेगा, प्रेम के फैलने से हिन्दी आयेगी. शासक, साहित्यकार और शिक्षाविद् इस बात को जितना ठीक से समझ लेंगे, उतना ही देश का कल्याण होगा.

26.08.09

❖

ग्रेडिंग सिस्टम का अर्थ

भोलाराम वैसे तो दुनिया से बेखबर अपने आप में मस्त रहने वाला जीव है, लेकिन इधर से उसमें एक परिवर्तन देखा जा रहा है. वह अखबार वगैरह पढ़ने लगा है और देश-दुनिया की हलचलों से थोड़ा-थोड़ा वाकिफ होने लगा है. एक टटकी जानकारी उसे मिली है कि 24-25 अगस्त को भारतीय विद्यालय शिक्षा बोर्ड मंडल का वार्षिक सम्मेलन दिल्ली में सम्पन्न हुआ, जिसमें शिक्षा में एक मामूली परिवर्तन को लेकर चर्चा हुई. उसी में यह उभर कर आया कि दसवीं और बारहवीं में केन्द्र सरकार ग्रेडिंग सिस्टम लागू करने जा रही है. उसने नाम तो इसका सुना था, लेकिन उसे ठीक-ठीक पता नहीं था कि इसमें होता क्या है! सो वह मेरे पास आया और पूछ बैठा—सर यह ग्रेडिंग सिस्टम क्या होता है? सरकार काहे को नया-नया बखेड़ा कर रही है?

मटुक : भोलाराम, ग्रेडिंग सिस्टम न तो बखेड़ा है और न उतना नया है. यह पुरानी श्रेणी का संशोधन मात्र है.

भोलाराम : नहीं, नहीं. पहले तो 70, 60, 50, 40 आदि अंक मिला करते थे. अब ए, बी, सी, डी आदि ग्रेड मिला करेंगे. ऐसा ही सुनने में आया है.

मटुक : अधीर मत होओ भोलाराम. पहले पूरा सुन लो, तब बोलो. ग्रेडिंग का मतलब होता है-श्रेणीबद्ध करना, वर्गीकरण करना. श्रेणियाँ तो पहले से चली आ रही हैं; जैसे प्रथम श्रेणी, द्वितीय श्रेणी, तृतीय श्रेणी. पहले यह 'क्लास' कहलाता था, अब ग्रेड कहलायेगा. तुमको मैं कहा करता हूँ न कि भोलाराम ए-ग्रेड का लड़का है. इसी को ऐसे भी कहा जा सकता है—भोलाराम 'क्लास वन' का लड़का है. समझ गये न!

भोलाराम : तब क्लास की जगह ग्रेड लाने की क्या जरूरत है?

मटुक : इसलिए कि क्लास का आंकिक विभाजन त्रुटिपूर्ण है. जैसे 30 से 44 -तृतीय श्रेणी, 45 से 59-द्वितीय श्रेणी और 60 से 100 प्रथम श्रेणी. अब देखो कि पहली दो श्रेणियों में 15-15 अंकों के बाद श्रेणियां बदलती गयीं, लेकिन उसके बाद 40 अंकों तक एक ही श्रेणी रही. हाँ, अगले 15 अंकों के बाद 75 को डिस्टिंकशन

जरूर कहा गया, लेकिन वह कोई श्रेणी नहीं है. दूसरे, 75 से 100 के बीच फिर कोई भेद नहीं किया गया.

भोलाराम : अरे तोरी कै, ठिक्के कहते हैं सर! और यह अवैज्ञानिक विभाजन आज तक पढ़े-लिखे लोग ढोते आ रहे हैं! किसी ने प्रश्न खड़ा नहीं किया. बदलने की चेष्टा नहीं हुई!

मटुक : उसे ही बदलने की चेष्टा यह ग्रेडिंग प्रणाली है भोला.

भोलाराम : इतनी छोटी सी बात को बदलने में इतना समय क्यों लग रहा है?

मटुक : इसका कारण इस शिक्षा में ही है. वर्तमान शिक्षा ने शिक्षार्थियों और शिक्षकों की सोचने-समझने की शक्ति का हरण कर लिया है. वह सोचता नहीं है, रटता है. रट कर परीक्षा में लिखता है. उसी पर उसे प्रथम श्रेणी मिलती है. लेकिन जिंदगी की परीक्षा में उसे तृतीय श्रेणी भी नहीं मिलती है. यह शिक्षा जीवन से कटी हुई है. देखते नहीं कि पढ़ा-लिखा आदमी भी घिसी-पिटी बातें करता है! जिस व्यक्ति ने जितनी कम यह अंग्रेजी शिक्षा पायी है, उतनी जीवंतता उसमें बची हुई है. आज का अखबार नहीं पढ़ा, लड़कों ने कितना माकूल सुझाव कुलपति को दिया है?

भोलाराम : क्या? मैं नहीं देख पाया!

मटुक : उपद्रवी लड़कों ने ही सुझाव दिया है कि अगर हम तोड़-फोड़ करते हैं, तो हमें आर्थिक दंड दीजिए, निष्कासित क्यों करते हैं? जेल क्यों भेजते हैं?

भोलाराम : सचमुच, उस पैसे से तो फिर चीजें बन सकती हैं और विद्यार्थी दंडित भी हो जायेंगे. उसके दंड से उनके अभिभावक भी परिचित हो जायेंगे. उनका भी अंकुश उन पर रहेगा! लेकिन सर मैं ग्रेडिंग के बारे में जानना चाह रहा था कि श्रेणी से जो ग्रेडिंग पद्धति आने वाली है, उसमें क्या संशोधन हुआ है?

मटुक : ग्रेडिंग की विडंबना है कि उसमें एकरूपता नहीं है भोलाराम. कहीं दस-दस के अंतर पर ग्रेड बदला है. 100 अंकों को दस खंडों में बाँट दिया. जेएनयू में ऐसा ही है. जैसे—ए-प्लस, ए, ए-माइनस, बी-प्लस, बी, बी-माइनस, सी-प्लस, सी, सी-माइनस और एफ. इनका आंकिक मूल्य क्रमशः इस प्रकार है-9,8,7,6,5,4,3,2,1 और 0. यूजीसी के निर्देशन में जो 'पुनश्चर्या' कार्यक्रम चलता है, उसमें जो ग्रेड दिया जाता है, वह मात्र चार खंडों में है. और सीबीएसई ने जो ग्रेड तैयार किया है, वह इस प्रकार है-ए-1: 95-100, ए-2: 90-94, ए-3: 80-89, बी-1: 70-79, बी-2: 60-69, सी-1: 50-59, सी-2: 40-49, सी-3: 33-39, ई-33 से कम. इसमें तुम देख रहे हो कि ई के आगे 10-10 अंकों का फर्क है, केवल अंतिम दो में 5-5 अंकों का. इसके पीछे धारणा यही है कि ज्यों-ज्यों हम चढ़ाई करते हैं, मामला टफ होता

जाता है. यह पद्धति जेएनयू से थोड़ी-सी विकसित कही जायेगी. लेकिन ग्रेडिंग के संबंध में मूल गड़बड़ी वह है जिसे बिहार विद्यालय परीक्षा समिति के अध्यक्ष डॉ. ए. के. पी. यादव ने उठाया है.

भोलाराम : अच्छा, उन्होंने क्या कमी दिखाई है?

मटुक : उन्होंने कहा है कि अगर यह ग्रेड अंक पर ही आधारित है तो उससे भिन्न यह कैसे हुआ? सिर्फ नाम बदला. आधार तो अंक ही रहा?

भोलाराम : हाँ, इसका मतलब है कि अंक और ग्रेड दोनों अंक की नींव पर ही टिके हुए हैं! तो क्या ग्रेडिंग सिस्टम व्यर्थ है?

मटुक : ग्रेडिंग व्यर्थ नहीं है भोलाराम. ग्रेडिंग की नींव गलत है. उसको बदलना होगा.

भोलाराम : क्या बदला जायेगा? क्या आपके पास कोई नया सुझाव है?

मटुक : बिल्कुल है भोलाराम. लेकिन मुझे पूछता कौन है?

भोलाराम : कम से कम मैं तो पूछ रहा हूँ! मुझे ही कृपा कर बता दीजिए.

मटुक : आदमी को या उसकी रचना को तीन भागों में विभाजित कर सकते हैं-उत्तम, मध्यम और अधम. अंक को बिल्कुल भूल जायें. फिर इन तीनों को तीन-तीन खंडों में बाँट दें. कुल 9 खंड हुए. किसी भी उत्तर को 9 भागों में बाँट कर ग्रेडनिबद्ध किया जा सकता है. जैसे-उत्तम में उत्तम अर्थात सर्वोत्तमः ए-1, उत्तम में मध्यमः ए-2, उत्तम में अधमः ए-3, मध्यम में उत्तमः बी-1, मध्यम में मध्यमः बी-2, मध्यम में अधमः बी-3, अधम में उत्तमः सी-1, अधम में मध्यमः सी-2, अधम में अधमः सी-3. किसी भी उत्तर या रचना या आदमी के मूल्यांकन का मेरी समझ में यही आधार हो सकता है. मैं तुम्हारी उत्सुकता देख कर समझ रहा हूँ कि तुम कुछ और पूछना चाहते हो! अब दूसरे दिन.

29.08.09

❖

सी.बी.एस.ई का ग्रेडिंग चार्ट 28 अगस्त, 2009 को प्रकाशित दैनिक राष्ट्रीय सहारा से साभार लिया गया है

ग्रेडिंग सिस्टम से तनाव दूर होगा?

पश्चिम के लोग तनाव दूर करने के लिए भारत आते हैं. आश्चर्य है, वही भारत तनाव दूर करने की दवा पश्चिम में खोज रहा है! तनाव देने वाली वर्तमान शिक्षा यूरोप से आयी है और ग्रेड भी वहीं से आया है! बात कितनी हास्यापस्द है कि दसवीं कक्षा में बोर्ड परीक्षा का तनाव दूर करने के लिए सी.बी.एस.ई के अध्यक्ष, यशपाल कमिटी और केन्द्रीय शिक्षा मंत्री ग्रेड की शरण में चले गये हैं! असल में जिनका मस्तिष्क किसी खास साँचे में ढल गया है, उनके लिए उससे बाहर निकलकर सोचने का कोई उपाय ही नहीं रह जाता है. अंक की जगह ग्रेड रख देने से तनाव कैसे दूर हो सकता है? वह भी उस ग्रेड से जिसका आधार अंक हो? ग्रेड की नींव अगर अंक ही है, तो क्या फायदा? क्या ए-वन ग्रेड हर बच्चा नहीं लाना चाहेगा? ए-टू वालों को क्या हताशा हाथ नहीं लगेगी? सौ अंकों को नौ श्रेणियों में बाँट दिया गया है. ए-वन को छोड़कर शेष आठ श्रेणी पाने वाले क्या खुश हो सकेंगे? श्रीमान् शिक्षामंत्री, तनाव का कारण न अंक है और न ग्रेड. तनाव का कारण है होड़, दूसरों से आगे निकलने की दौड़, दूसरों को पीछे करने की प्रतिस्पर्द्धा. तनाव का दूसरा बड़ा कारण है यह ढाँचाबद्ध एक समान पाठ्यक्रम जो विविध प्रकार के छात्रों पर आरोपित है. तनाव का कारण है अपनी क्षमता को पूर्णतः प्रकट न कर पाने की विवशता. तनाव दूर करने का एक ही रास्ता है कि बच्चों के भीतर जो बीज छिपा है, उसको खिला दें. जो क्षमता लेकर वह अस्तित्व के घर से आया है, उसे विकसित कर दें. ऐसा किये बिना कोई उपाय नहीं हो सकता जिससे बच्चों का तनाव दूर किया जा सके. अंग्रेजी के 'एजुकेशन' शब्द का अर्थ है टू एजुकेट, इसका माने है टू ड्रा आउट अर्थात् बाहर निकालना. यानी जो भीतर छिपा है, उसे बाहर निकालना. आपकी शिक्षा की धारा ठीक इसके विपरीत 'टू पुश इन' है. अर्थात् जो बाहर है, उसे भीतर ठेल दो. जितना बाहर में कचरा है उसे स्मृति के माध्यम से भोले बच्चों के भीतर भेज दो! जिस समय आदमी अपनी छिपी प्रतिभा को प्रकट करता है, उसी समय आनंद से भरता है. तुलना का

तो प्रश्न ही नहीं है, क्योंकि सभी बच्चे अतुलनीय हैं. कोई किसी से न बड़ा है और न छोटा. सभी अद्वितीय और विलक्षण हैं. उस विलक्षणता को प्रकट करने में ग्रेड की क्या भूमिका है? ग्रेड तो किसी की तुलना में किसी को बड़ा और किसी को छोटा बतलाता है.

इस शिक्षा में हमारे बच्चों की स्थिति उस गर्भवती स्त्री की तरह है जिसके पेट में बच्चा न तो बढ़ रहा है और न जन्म ले रहा है. कितनी भयावह और पीड़ादायी स्थिति उस स्त्री की हो सकती है जब वह वास्तव में उस अवस्था में चली जाय! आत्महत्या करने के सिवा कोई उपाय बचेगा? हमारे जो बच्चे आत्महत्या नहीं भी करते हैं, वे भी न खिल पाने के कारण मरे हुए के समान ही जीते हैं. .

हमारे देश में ऋषि-मुनि हुए. हमें वेदों, उपनिषदों पर बहुत गर्व है. हम उनका नाम लेकर दुनिया वालों के सामने अपने को विश्वगुरु सिद्ध करना चाहते हैं. लेकिन जब व्यवहार की बात आती है तो हम पश्चिम को ही अपना गुरु बना लेते हैं! हमारे देश में आधुनिक युग में भी एक से एक मौलिक शिक्षाविद् हुए—रामकृष्ण-विवेकानंद, योगीराज अरविन्द, रवीन्द्रनाथ ठाकुर, महात्मा गाँधी, जे. कृष्णमूर्ति, ओशो आदि. इन्होंने शिक्षा कैसी होनी चाहिए इस पर चिंतन और प्रयोग किये हैं. लेकिन हमारे शिक्षा के वर्तमान भाग्य विधाता भूल से भी उपर्युक्त ऋषियों का नाम तक नहीं लेते. जो हमारे उद्धारक हैं, उन्हीं के पास जाने में हम भयभीत हैं. निश्चय ही शिक्षा के बाह्य जगत का ज्ञान हासिल करने के लिए कुछ दिनों तक हमें पश्चिम का मुँह जोहना पड़ सकता है, क्योंकि इस क्षेत्र में वे हमसे आगे हैं, लेकिन अन्तः जगत के ज्ञान के लिए अपना भारत ही काफी है. शिक्षा में उसकी भीषण उपेक्षा हमने की है. जब तक हम अपने स्वरूप को जानने की दिशा में आगे नहीं बढ़ेंगे, तब तक उसी तरह तनाव और विक्षिप्तता की ओर अग्रसर होंगे जिस तरह पश्चिम के लोग हो रहे हैं. सब कुछ हमारे पास है और हम उसे भूल बैठे हैं. पानी में हम खड़े हैं और प्यासे हैं! शिक्षा में इस तरह के निरर्थक प्रयोग बंद होने चाहिए.

सिब्बल की सदाशयता पर संदेह नहीं है, लेकिन हैं वे पेशे से वकील. शिक्षा का मर्म वे क्या जानें! ग्रेडिंग सिस्टम सार्थक तब होता है जब वह अंक से पूरा नाता तोड़ ले. पूरा नाता तभी तोड़ा जा सकता है जब पूरे देश में सभी शिक्षण संस्थानों में एक समान ग्रेड लागू हो. थोड़े-बहुत परिवर्तन के साथ जो अंतिम ग्रेड लागू होने जा रहा है उसमें पाँच वर्णों की क्या जरूरत है? केवल तीन से काम चलेगा-ए, बी और सी. इनके तीन-तीन भेद करने से 9 ग्रेड हो जाते हैं. इनके लिए जो हिन्दी नामकरण हैं, उनमें तार्किक अन्विति नहीं है. ए-वन को 'अतुल्य' कहा गया है जबकि एक-एक बच्चा अतुल्य होता है. 'बहुत अच्छा' और 'उत्कृष्ट' में क्या फर्क है? बेहतर बेटर

का अनुवाद है, अच्छा उससे श्रेष्ठ कैसे हो जायेगा? मैंने इसका पहले के लेख में तर्कसंगत नाम दिया है. यहाँ उसे तुलनात्मक नजर डालने के लिए प्रस्तुत किया जा रहा है–

सीबीएसई का ग्रेड	हिन्दी नामकरण	मेरे द्वारा निर्धारित नामकरण	और ग्रेड
ए-1	अतुल्य	उत्तमोतम	ए-1
ए-2	उत्कृष्ट	उत्तमतर	ए-2
बी-1	बहुत अच्छा	उत्तम	ए-3
बी-2	अच्छा	मध्यमोत्तम	बी-1
सी-1	बेहतर	मध्यमतर	बी-2
सी-2	औसत	मध्यम	बी-3
डी	औसत से कम	निकृष्ट	सी-1
ई-1	सुधार की जरूरत	निकृष्टतर	सी-2
ई-2	संतोषजनक नहीं	निकृष्टतम	सी-3

'सुधार की जरूरत' कहाँ नहीं रहती? फिर खास ग्रेड को यह नाम देने का मतलब? जब सीबीएसई ग्रेड का पैटर्न भी तर्कसंगत नहीं बना सकती है, तो शिक्षा के मूलभूत सिद्धान्तों को लागू करने की आशा हम उनसे कैसे कर सकते हैं ?

8.09.09

❖

सी.बी.एस.ई. का ग्रेडिंग चार्ट 8 सितंबर, 2009 को प्रकाशित दैनिक हिन्दुस्तान से साभार लिया गया है .

अभिरुचि परीक्षण

सीबीएसई ने आठवीं और दसवीं के छात्रों के लिए 'वैकल्पिक अभिरुचि परीक्षण' आरंभ करने का निर्णय लिया है. यह एप्टीच्यूट टेस्ट मार्च 2010 से शुरू हो जायेगा. इस परीक्षा में छात्रों को एक प्रश्नावली दी जायेगी जिसमें सभी विषयों के प्रश्न होंगे. उत्तर को देख कर संबंधित विद्यार्थी का आकलन किया जायेगा कि वह किस क्षेत्र में अच्छा कर सकता है. उसकी अभिरुचि क्या है? इससे दसवीं के बाद आगे के विषयों के चुनाव में सहायता मिलेगी. अपने विषय के अलावा उनकी रचनात्मक दिशाओं की भी जानकारी मिल सकेगी. अभिभावकों को भी उनकी रुचि से अवगत कराया जायेगा.

प्रो. यशपाल के जुड़ जाने से शिक्षा की जड़ता जरा-जरा टूट रही है. यह शुभ संकेत है. लेकिन इस संबंध में कुछ और विचारणीय मुद्दे हैं, अभिरुचि परीक्षण में जिनका ध्यान रखना बहुत जरूरी है. मेरा ख्याल है कि इस तरह का अभिरुचि परीक्षण प्राथमिक कक्षा में ही हो जाना चाहिए और वह तीन- चार वर्षों तक मौलिक मनोवैज्ञानिकों के निरीक्षण के माध्यम से होना चाहिए. अभी जो विधि चुनी जा रही है, वह मुझे दोषपूर्ण मालूम पड़ती है. प्रश्नावली प्रश्न बैंक से तैयार होगी और उसमें विविध विषयों के शिक्षकों से प्रश्न आमंत्रित किये जायेंगे. ऐसा प्रतीत होता है कि जिस तरह के प्रश्नों के जवाब विद्यार्थी अधिक देंगे, वही विषय उनकी अभिरुचि में शुमार होंगे. यह पद्धति मुझे सतही मालूम पड़ती है, क्योंकि उन्हीं प्रश्नों के उत्तर छात्र अधिक देंगे जो उन्हें पढ़ाये गये हैं और ऐसा हो सकता है कि बहुत सारे विषय उन्होंने अभिरुचि के विपरीत अधिक समय देकर किसी दबाव में पढ़ा हो.

जिस अवस्था में बच्चा कोरा रहता है, उसी अवस्था में उनकी शारीरिक और मानसिक गतिविधियों का अध्ययन गहरे मनोवैज्ञानिकों के द्वारा किया जाना चाहिए. इसी अवस्था में विविध प्रयोगों, विविध प्रकार के खेलों आदि के द्वारा उनकी विशिष्टता का आकलन किया जाना चाहिए. अभिरुचि परीक्षण शिक्षा की रीढ़ है. अभिरुचि

परीक्षण के बिना अंधेरे में जो विषय रख लिये जाते हैं, उनमें न तो छात्रों का मन लगता है और न उनमें उनकी गहरी पैठ हो पाती है. जितना जल्द देश चेतेगा, उतना ही शिक्षा में सही दिशा में एक परिवर्तन आ सकेगा और छात्रों की क्षमता का सदुपयोग हो सकेगा. लेकिन सवाल है कि शिक्षा में परिवर्तन की दिशा में बिहार कब कदम उठायेगा?

29.08.09

❖

सिब्बल की सोच का स्वागत

'सन्मार्ग' में खबर छपी है कि केन्द्रीय मानव संसाधन विकास मंत्री कपिल सिब्बल स्कूलों और कॉलेजों में कानून को विषय बनाकर पढ़ाने के बारे में विचार कर रहे हैं. अगर केन्द्रीय सरकार ऐसा करती है, तो माना जायेगा वह वास्तव में शिक्षा को जीवन के करीब लाना चाहती है. वर्तमान समय में शिक्षा की डगर अलग है और जीवन की राह अलग. दोनों को एक-दूसरे से खास मतलब नहीं. भला सोचिए, पग-पग पर कानून के ज्ञान की जरूरत पड़ती है और पढ़ा-लिखा आदमी भी कानून से पूर्णतः अनभिज्ञ रहता है! छोटी-छोटी बात के लिए वकील के पास जाइये या अनजाने अपराध कीजिए या किसी के शोषण का शिकार होइये. भ्रष्ट अधिकारी भ्रष्टाचार में लिप्त होकर जनता का धन गबन कर रहे हैं और जनता कानून के ज्ञान के बिना हवन कर रही है! जमीन-मकान आदि की खरीद-बिक्री का मामूली मामला हो तो मुंशी या वकील के पास जाइये. उपभोक्ता सुरक्षा अधिनियम की विज्ञापन के द्वारा जानकारी देने में करोड़ों रुपये पानी की तरह बहाये जाते हैं, फिर भी सही-सही जानकारी नहीं होती. व्यापार से संबंधित कानून का पता न आम व्यापारियों को है, न आम नागरिकों को. महिला और दलितों के अधिकारों की रक्षा के लिए जो कानून बने हैं, उनकी जानकारी न आम महिलाओं को है, न दलितों को. पंचायती राज से संबंधित कानून की जानकारी शायद ही पंचायत में किसी को हो! बाल अधिकार कानून की जानकारी न रहने से लोग बच्चों से गैरकानूनी काम लेते हैं. इस तरह क्रिमिनल कानून, यातायात कानून, नागरिक कानून और पर्यावरण कानून की जानकारी सबको रहनी चाहिए. अब तो इंटरनेट के जमाने में साइबर लॉ भी बना है पर जानकारी कितनों के पास है? बौद्धिक संपदा अधिकार का पता खुद बौद्धिकों को भी नहीं रहता है. कितना अंधेरा है! लेकिन आजादी के बाद भी यह अंधेरा हमारी शिक्षा में उसी तरह से चला आ रहा है जिस तरह से गुलामी के जमाने में था. अंग्रेजों का उद्देश्य यह नहीं था कि आम जनता को कानून की जानकारी हो, क्योंकि उन्हें शासन और शोषण

करना था. इसके लिए जनता का कानूनी दृष्टि से अज्ञानी बने रहना जरूरी था. लेकिन क्या भारतीय राजनीति भी उसी लीक पर नहीं चल पड़ी? इस अंधेरे में एक किरण उतारने की बात सिब्बल साहब कर रहे हैं, तो इसका स्वागत किया जाना चाहिए. प्रथम कक्षा से लेकर बीए तक कानून का एक विषय अनिवार्य होना चाहिए. एक तारतम्य के साथ इसका पाठ्यक्रम तैयार होना चाहिए. बच्चों का पाठ्यक्रम दिलचस्प भाषा में चित्रों के साथ रहना चाहिए और दैनन्दिन जीवन से जुड़े कानूनों से उन्हें परिचित कराना चाहिए.

मैं शिक्षा मंत्री को एक कदम और उठाने की सलाह दूँगा. वह यह कि कानून के साथ स्वास्थ्य संबंधी भी एक पत्र प्रारंभ से बीए तक अनिवार्य करने पर विचार करें. कितनी दुखद बात है कि छोटी-छोटी बीमारी को लेकर हमें चिकित्सकों के यहाँ दौड़ना पड़ता है! हम स्वस्थ कैसे रहें, इसकी शिक्षा मिलती ही नहीं. रोग कैसे पैदा होते हैं, किस रोग का इलाज किस पद्धति में कारगर ढंग से होता है, इसकी उचित जानकारी हमें अपनी पढ़ाई के द्वारा मिलनी चाहिए. प्राकृतिक चिकित्सा, योग, घरेलू चिकित्सा, होम्योपैथिक चिकित्सा, आयुर्वेदिक चिकित्सा, यूनानी चिकित्सा आदि को भी एलोपैथ की तरह उस पाठ्यक्रम में उचित स्थान मिलना चाहिए. इस तरह इन पद्धतियों की जानकारी देकर हम स्वस्थ नागरिक बनाने में कामयाब हो सकते हैं. इससे धंधेबाज डॉक्टरों से आम नागरिकों को राहत मिल सकती है. ऐसी कितनी चीजें हैं जिनको पढ़ाई में स्थान देकर शिक्षा को जीवन के निकट ला सकते है. खुशी की बात है कि केन्द्र में एक ऐसे शिक्षा मंत्री हैं जिनके भीतर कुछ करने का भाव देखा जा रहा है.

अगर शिक्षा मंत्री जी वास्तव में शिक्षा को लेकर गंभीर हैं तो वे देश के तमाम शिक्षाविदों, वैज्ञानिकों, साहित्यकारों, कलाकारों, बुद्धिजीवियों, चिंतकों और विचारकों को आमंत्रित कर इस पर एक सार्थक बहस छेड़ दें. स्व. प्रधानमंत्री राजीव गाँधी ने बहस की एक शुरुआत की थी, लेकिन लगता है कि उस बहस में मौलिक चिंतक जगह नहीं पा सके. उससे छनकर नवोदय विद्यालय मात्र निकला, जो कहीं से इस शिक्षा से हटकर नहीं है और आम लोगों को शिक्षित करने में अक्षम भी है. मुख्य बात पुराने ढर्रे का नया विद्यालय खोलना नहीं है, नीतिगत नया निर्णय लेना है. कपिल सिब्बल सक्षम हैं, वे चाहें तो ऐसा कर सकते हैं.

14.09.09

❖

खिचड़ी में पिल्लू

बहुत कम ऐसे दिन हैं जब अखबारों में बच्चों के मध्याह्न भोजन में गड़बड़ी से संबंधित खबरें नहीं छपती हैं. किसी दिन भोजन में पिल्लू मिलता है तो किसी दिन छिपकली. किसी दिन अनाज इतना सड़ा होता है कि बड़ी तादाद में बच्चे बीमार पड़ जाते हैं. हेडमास्टर कहते हैं कि गोदाम से ही ऐसा अनाज आता है, तो हम क्या करें? दाल का यह हाल है कि दाना नहीं मिलता, छुर-छुर पानी मिलता है. कभी बच्चे विद्रोह कर उठते हैं, अधिकारियों को घेरते, मास्टर से झगड़ते हैं. हल्ला मचाते हैं और कभी उनसे पिट जाते हैं. कभी इतने पिटते हैं कि अस्पताल में भरती होना पड़ता है. यही है हमारे शिक्षालय का जीवंत दृश्य! मुख्यमंत्री को मालूम है, लेकिन क्या करे कोई! जब समाज की स्नायु में ही भ्रष्टाचार का संचार होता हो तो इसे कैसे बंद किया जाय! बंद करने की जिम्मेदारी सरकार पर होती है, लेकिन जब राजनीति ही भ्रष्टाचार की गंगोत्री हो तो सबसे पहले राजनीति को ही शुद्ध करना पड़ेगा. लेकिन अब तक एक भी पार्टी इस देश में ऐसी नहीं बनी है जो जनतांत्रिक मूल्यों के पोषण के लिए निर्मित हुई हो. पार्टी चलती है पैसे से, पैसे आते हैं पैसे वालों से. पैसे वालों की चलेगी ही. पैसा बढ़ाने के लिए वे जो चाहेंगे करेंगे, उन पर अंकुश कौन लगायेगा? वे अपनी शर्तों पर पैसे देंगे. राजनेता खुद पैसे वाले होना चाहते हैं ताकि बुरे दिन में ये पैसे उनको सुरक्षा देते रहें. जब ऊपर भ्रष्टाचार का खेल लंबे काल से चला आ रहा हो, तो नीचे भ्रष्टाचार आयेगा ही. तब उसे मिटाना महा मुश्किल होगा.

वही राजनीतिक पार्टी भ्रष्टाचार से लड़ पायेगी जो विशुद्ध जनता के पैसे से खड़ी होगी. लेकिन ऐसी पार्टी का बनना और आगे बढ़कर मजबूती हासिल करना अभी तक संभव नहीं हो पाया है, परन्तु प्रयास तो होने चाहिए. ऊपर से भ्रष्टाचार तभी खत्म हो सकता है जब इसके कारण भ्रष्टाचारियों की जिंदगी जीने लायक नहीं रह गयी हो. अभी उसके लक्षण नहीं दिख रहे हैं. अभी तो हम उन सारे लोगों की अधिक कद्र करते हैं जिन्होंने जनता को लूट कर पैसे बनाये हैं! समाज में उन्हें 'बड़ा आदमी'

कहा जाता है! हम खुद भी उनके पैसे में शेयर होल्डर होना चाहते हैं, इसलिए उन्हें गलत नजर से नहीं देखते.

दरअसल खिचड़ी में पिल्लू तो संकेत भर है. वह इस बात का प्रतीक है कि इस व्यवस्था में पिल्लू खदबद कर रहा है. व्यवस्था बीमार है. बाहर से इसका इलाज नहीं, अंदर से करना पड़ेगा. अंदर से आदमी को बदलने के लिए एक सही शिक्षा की जरूरत है. यह सब कुछ गलत शिक्षा का परिणाम है. ज़िसको जहाँ अवसर मिलता है, लूट रहा है. अंतर इसका नहीं है कि कोई ईमानदार है और कोई बेईमान. अंतर इसका है कि किसी को बेईमानी का अवसर मिल गया है और कोई उसके लिए अवसर तलाश रहा है. कोई मास्टर हो गया है, कोई होना चाहता है. यह 'मास्टर' शब्द भी प्रतीक ही है समाज के प्रभु वर्गों का. मेरा सुझाव है कि मध्याह्न भोजन को हटा कर बच्चों को नगद नारायण देने की कारगर विधि पर विचार होना चाहिए. इससे भोज-भात की जगह पढ़ाई-लिखाई का वातावरण बन सकेगा.

30.08.09

❖

हिन्दी दिवस

भोलाराम ने पूछा है–आज हिन्दी दिवस है. 14 सितंबर को ही हिन्दी दिवस क्यों मनाते हैं?

मटुक : जब देश आजाद हुआ तो राजकाज के लिए अपना संविधान बनाना पड़ा. इसी सिलसिले में राजभाषा की बात उठी. गुलाम भारत में यह काम अंग्रेजी भाषा करती आ रही थी. हिन्दी भारत की व्यापक संपर्क की भाषा थी. इसलिए एकमत से इसे राजभाषा के रूप में स्वीकार किया गया. 14 सितंबर, 1949 ई. को भारतीय संविधान में हिन्दी को राजभाषा के रूप में मान्यता मिली. तभी से राजकाज के कामों में अधिक से अधिक हिन्दी का प्रयोग हो, इस याद को बनाये रखने के लिए 14 सितंबर को हम हिन्दी दिवस के रूप में मनाते हैं.

भोलाराम : अच्छा सर, राजभाषा और राष्ट्रभाषा क्या एक ही चीज है?

मटुक : एक चीज नहीं है. दोनों में भिन्नता है, लेकिन एक ही भाषा राजभाषा और राष्ट्रभाषा दोनों एक साथ हो सकती है. जैसे पति और पिता एक ही चीज नहीं है. लेकिन एक ही व्यक्ति दोनों हो सकता है. जिस भाषा के द्वारा राजकार्य होता है, उसे राजभाषा कहते हैं. राजकार्य का मतलब सरकारी आदेश, सूचनाएँ, विज्ञापन, कोर्ट का काम, एक प्रदेश का केन्द्र या दूसरे प्रदेश से शासकीय स्तर पर पत्र व्यवहार आदि है. भारत में जब अकबर का राज्य स्थापित हुआ था तो फारसी राजभाषा बनी और अंग्रेजों के आने तक बनी रही. 1833 ई. के बाद अंग्रेजी राजभाषा बनी, लेकिन निचले स्तर पर उर्दू राजभाषा बनायी गयी. और राष्ट्रभाषा का मतलब उन तमाम भाषाओं से है जो उस राष्ट्र की मिट्टी में जन्मी, पली और बढ़ी हैं. इस दृष्टि से भारत की सारी भाषाएँ राष्ट्रभाषाएँ हैं. अंग्रेजी राष्ट्रभाषा नहीं है, यद्यपि वह राजभाषा अभी भी बनी हुई है.

भोलाराम : जब भारत की सारी भाषाएँ राष्ट्रभाषाएँ हैं, तो हिन्दी को ही राष्ट्रभाषा क्यों कहते हैं?

मटुक : आजादी की लड़ाई के समय देश के बड़े-बड़े राजनेताओं ने अनुभव किया कि राष्ट्रीय एकता के लिए एक राष्ट्रभाषा का होना जरूरी है. वही भाषा राष्ट्रभाषा हो सकती है जो सार्वदेशिक हो यानी पूरे देश में कमोबेश बोली और समझी जाती हो. एकमात्र हिन्दी ऐसी भाषा थी. इसलिए इसको राष्ट्रभाषा कहा गया है. हिन्दी को राष्ट्रभाषा मानने वालों ने एक तर्क यह भी दिया कि राष्ट्रभाषा राष्ट्र की पहचान होती है. जैसे अनेक राजनीतिक दलों के अलग-अलग झंडे हैं, लेकिन एक झंडा राष्ट्रीय झंडा है, जो सबका है. अनेक भाषाओं में अनेक सुंदर-सुंदर गीत हैं, लेकिन एक गीत को राष्ट्रगीत की पदवी दी गयी है. इसी तरह अनेक पक्षियों के होते हुए मोर को राष्ट्रीय पक्षी घोषित किया गया है. अनेक पशुओं के रहते हुए बाघ को राष्ट्रीय पशु माना गया. केवल साम्प्रदायिकता की बू से बचाने के लिए, नहीं तो राष्ट्रपशु तो गाय को होना चाहिए. वैदिक युग से ही गाय की उपयोगिता स्वयंसिद्ध है और यह भारतीय संस्कृति का अभिन्न अंग है. लेकिन पशुओं को लेकर कोई झगड़ा नहीं हुआ. राजभाषा और राष्ट्रभाषा को लेकर बड़े-बड़े विवाद हुए और अभी भी चल ही रहे हैं.

भोलाराम : एक राष्ट्रभाषा के जरिये राष्ट्रीय एकता कैसे कायम हो सकती है, इसे उदाहरण के साथ समझाने की कृपा करें.

मटुक : भोलाराम, एकता हमेशा प्रेम से आती है और अहंकार से जाती है. भाषा तो सिर्फ इन दोनों की अभिव्यक्ति का माध्यम बनती है. भाषा से अगर एकता पैदा होती है तो भाषा से एकता टूटती भी है, क्योंकि वह मात्र माध्यम है. लोग माध्यम को ही देख पाते हैं, उसके पीछे छिपे असली कारण को नहीं पहचान पाते. उदाहरण के लिए आजादी के पूर्व देश के सभी बड़े नेता एकमत थे कि अंग्रेजी की जगह हमें हिन्दी को राष्ट्रभाषा बनाना है. लेकिन आजादी के बाद बंगाल और तमिलनाडु में हिन्दी के विरुद्ध तीखी प्रतिक्रिया हुई. मेरी समझ में इसका एक बड़ा कारण हिन्दी भाषियों का अहंकार था, जिसकी वजह से हिन्दी प्रेम की भाषा न हो पायी. अहिन्दी भाषियों ने समझा कि हिन्दी हम पर थोपी जा रही है. वहाँ के राजनीतिबाजों ने हिन्दी-विरोध की लहर भी पैदा की. इसका परिणाम हुआ कि आजतक हिन्दी पूर्णतः स्वीकृत नहीं हो पायी. तुम कल्पना करो भोला कि चेन्नई पढ़ने गये. वहाँ एक लड़की से तुम्हें प्यार हो गया. उस प्यार के कारण तुम्हें तमिल से प्यार हो जायेगा और तुम्हारी प्रेमिका को हिन्दी से. देखते-देखते तुम तमिल बोलने लगोगे और वह हिन्दी. अगर तुम दोनों तमिल और हिन्दी के विकल्प में अंग्रेजी को चुनोगे तो प्रेम-रस से वंचित रहोगे. प्रेम का असली स्वाद अपनी भाषा में ही मिलता है.

भोलाराम : ठीक है, हिन्दी के साथ-साथ आम भारतीय भाषाएँ भी राष्ट्रभाषा

के रूप में रहें, लेकिन अंग्रेजी तो हटे?

मटुक : किसलिए अंग्रेजी हटे? इसीलिए न कि तुम अंग्रेजी नहीं सीखना चाहते हो, कठिनाई से बचना चाहते हो? जो राष्ट्र कठिनाई से बचेगा, वह विकास नहीं कर पायेगा.

भोलाराम : आप तो सर, हिन्दी के होते हुए अंग्रेजी के पक्षधर मालूम पड़ते हैं?

मटुक : क्योंकि इसका नुकसान मैंने झेला है और झेल रहा हूँ. किशोरावस्था में मदान्ध हिन्दी प्रेमियों के दुष्प्रचार में आकर मैंने अंग्रेजी सीखना छोड़ दिया. अंग्रेजी का ज्ञान बहुत जरूरी है. अंग्रेजी में साहित्य, विज्ञान और तकनीक का इतना विशाल भंडार है कि उतने का अनुवाद न तो संभव है और न आवश्यक. अनुवाद में ज्यादा समय न लगाकर सीधे उनसे जुड़ जाना है. वह अंतरराष्ट्रीय संपर्क की भाषा भी है. इसलिए हर भारतीय को तीन भाषाएँ सीखनी चाहिए–एक अपनी भाषा, दूसरे अपने देश की एक भाषा और तीसरे अंतरराष्ट्रीय संबंधों की भाषा. जो अहिन्दी भाषी क्षेत्र के हैं वे अपनी भाषा के साथ हिन्दी और अंग्रेजी सीखें और जो हिन्दी भाषी क्षेत्र के हैं वे अंग्रेजी के साथ एक अन्य भारतीय भाषा सीखें. इतना ध्यान में रखें कि हिन्दी के बिना भारत में चलना मुश्किल होगा और अंग्रेजी के बिना दुनिया में. इनके साथ जापानी, रूसी, चीनी, जर्मन आदि जितनी भाषाएँ सीख सकें, उतना अच्छा!

13.09.09

❖

बिहार को चाहिए एक प्रयोगशील पूर्ण पाठशाला

भोलाराम आज अखबार में एक खबर पढ़कर प्रसन्न है. मुख्यमंत्री जमुई जिले के सिमुलतला में नेतरहाट के ढंग का एक आवासीय विद्यालय खोलने जा रहे हैं. बिहार-विभाजन के बाद खदान के साथ-साथ नेतरहाट विद्यालय भी झारखंड में चला गया था. इससे भोलाराम बहुत उदास था. आज खुशखबरी सुनाने और उस पर मेरी राय जानने मेरे सम्मुख उपस्थित है.

भोलाराम : इस खबर से तो आप भी मेरी तरह खुश होंगे, सर?

मटुक : खुश तो हूँ भोलाराम, लेकिन तुम्हारी तरह नहीं. तुम खुश ज्यादा इसलिए हो क्योंकि तुम्हारे अंदर सुंदर विद्यालय का कोई सपना नहीं पल रहा है. तुम्हारा सपना नेतरहाट तक जाकर रुक जाता है. एक सामान्य विद्यालय और नेतरहाट विद्यालय में क्या कोई गुणात्मक भेद है? जो विषय यहाँ पढ़ाया जाता है, वही वहाँ पढ़ाया जाता है. अंतर सिर्फ संपन्नता और विपन्नता का है. सिमुलतला में विद्यालय चालीस एकड़ में बनेगा और साधारण विद्यालय के पास इतनी जमीन नहीं होती. सामान्य विद्यालयों में तेज और भुसगोल सब तरह के छात्र पढ़ते हैं, वहाँ के लिए तेज विद्यार्थियों का चुनाव होगा. चुनिंदा शिक्षक होंगे और यू.जी.सी. का वेतनमान पायेंगे. विद्यालय आवासीय होगा, जबकि सामान्य विद्यालय गैर-आवासीय हैं. सामान्य स्कूल उजड़े-उजड़े मालूम पड़ते हैं, वहाँ थोड़ी रौनक रहेगी और वह सुसज्जित होगा. सामान्य विद्यालयों में कहीं पढ़ाई होती है, कहीं नहीं होती है. वहाँ नियमानुसार पढ़ाई होगी. नेतरहाट जैसा विद्यालय तो हर विद्यालय होना चाहिए भोलाराम. सरकार का काम है एक-एक विद्यालय के स्तर को उँचा उठाना. नेतरहाट जैसा एक विद्यालय चाहे तो पैसा वाला व्यक्ति भी आराम से खोल सकता है. सरकार तो पूरे प्रांत का प्रतिनिधित्व करती है न? वह अगर केवल तेज विद्यार्थियों के लिए अच्छे विद्यालय का प्रबंध करेगी तो सामान्य और पिछड़े बच्चों के लिए प्रबंध कौन करेगा, जो लाखों की संख्या में हैं? तेज तो उठते-गिरते मंजिल को छू ही लेते हैं. क्या

गरीबी आनंद कुमार की राह को रोक पायी? लेकिन लाखों सामान्य बच्चे जो कुछ हो सकते थे, आज कुछ नहीं हो पा रहे हैं. क्या हमारे प्रांत में एक ही विद्यालय के लायक तेज बच्चे हैं? तेज बच्चों के लिए भी इस तरह के अनेक विद्यालय चाहिए क्योंकि उनकी संख्या इतनी कम नहीं है! एक सिमुलतला विद्यालय तो झुनझुना है भोलाराम. तुम जैसे बच्चे उसे बजायेंगे और खुश हो जायेंगे. इसका साइड इफेक्ट जानते हो? हर जगह उसमें नामांकन की तैयारी के लिए व्यावसायिक कोचिंग केन्द्र खुल जायेंगे. एक-एक कोचिंग सेन्टर में सैकड़ों बच्चे जानवरों की तरह रखे जायेंगे. उनमें से कुछ संभावनापूर्ण बच्चों पर कोचिंग संचालक का ध्यान होगा, बाकी सब पैसे लेने के साधन होंगे. शोषण का जाल बिछेगा. प्रतियोगी परीक्षाओं में गिने-चुने बच्चों का चुनाव होगा, शेष हजारों-लाखों बच्चे हताशा के शिकार होंगे. जिन सलाहकारों को मुख्यमंत्रीजी ने आमंत्रित किया है, तुम्हारी तरह ही उनके अंदर अच्छे विद्यालय का कोई सपना नहीं है. उनकी दृष्टि व्यापक और गहरी नहीं है. वे सब लकीर के फकीर हैं!

भोलाराम : बार-बार सपनों की बात आप करते हैं. क्या उसे बताने की कृपा करेंगे?

मटुक : यह सपना केवल मेरा नहीं है. संसार में जितने महान् शिक्षाशास्त्री और संबुद्ध व्यक्ति पैदा हुए हैं, उन सबों का है. वे सब एकमत होकर कहते हैं—शिक्षा वह है जो मनुष्य के भीतर छिपे उनके व्यक्तित्व को प्रकट कर दे. हर व्यक्ति परमात्मा के घर से एक अद्वितीय प्रतिभा का बीज लेकर आया है. शिक्षा का काम है कि वह पहचान करे कि किस व्यक्ति के भीतर कौन-सा बीज छिपा हुआ है और वह किस भाँति प्रकट होगा. जैसे एक चट्टान का टुकड़ा सड़क के किनारे पड़ा है. कोई उसको पूछने वाला नहीं होता, लेकिन एक मूर्तिकार की नजर उस पर पड़ती है. वह पत्थर के भीतर छिपे व्यक्तित्व को पहचान लेता है और छेनी से अनावश्यक हिस्सा छाँट कर अलग कर देता है. उससे प्रकट होती है किसी बुद्ध की मूर्ति, किसी मोनालिसा की मूर्ति. मूर्तिकार वाला काम शिक्षा का है. छिपे को प्रकट कर देना. हमारी शिक्षा ऐसी नहीं है. वह अंदर को बाहर नहीं करती. बाहर का कचड़ा अंदर डालती है और इस तरह एक गुलाम मानसिकता पैदा होती है. यह जो सिमुलतला में खुलने जा रहा है, इसके द्वारा बेहतर गुलाम पैदा हो सकेंगे जो अगले मुख्यमंत्रियों के सलाहकार, सेवक वगैरह बन सकेंगे.

भोलाराम : अंदर और बाहर का क्या रहस्य है, ठीक-ठीक समझ में नहीं आया?

मटुक : तुम्हें लगता होगा कि दुनिया एक है, लेकिन दुनिया दो है. एक बाहर है और एक हमारे अंदर. बाहर की दुनिया में जब मनुष्य की खोज शुरू होती है तो

विज्ञान पैदा होता है, कला पैदा होती है, लेकिन अंदर की दुनिया में जब खोज होती है तो धर्म और अध्यात्म पैदा होता है. एक पर्दा इस संसार पर पड़ा हुआ है और एक पर्दा खुद हमारे ऊपर पड़ा हुआ है. आइन्सटीन जैसे वैज्ञानिक बाहर की दुनिया का पर्दा उठाते हैं और उससे प्रकट हो जाता है सापेक्षतावाद का सिद्धान्त, लेकिन अपने ऊपर पड़े पर्दे को गौतम सिद्धार्थ जैसे वैज्ञानिक उठाते हैं और भीतर से बुद्धत्व प्रकट हो जाता है. व्यक्ति दुनिया से चाहे जितने पर्दे उठा दे पर स्वयं घूँघट में रह जाये तो पीड़ा नहीं मिटती. आइन्सटीन बहुत पीड़ा के साथ मरे. इसलिए ज्यादा महत्वपूर्ण है भीतर का पर्दा उठाना, लेकिन दुनिया में शिक्षा बाहर का पर्दा उठाने में लगी है. भारत में तो बाहर का भी परदा उठाने का काम नहीं होता है. पश्चिमी जगत के लोग बाहर का परदा उठाते हैं और हम झाँकते हैं. अनुकरण करते हैं, अनुसंधान नहीं करते हैं. सिमुलतला आवासीय विद्यालय में कोई नया अनुसंधान नहीं होगा, कोई प्रयोग नहीं होगा. वह सीबीएसई के मार्गदर्शन में काम करेगा. मेरे मन में जिस विद्यालय की परिकल्पना है, वह प्रयोगशील होगा और पूर्ण होगा. पूर्णता इस अर्थ में कि वहाँ अंदर और बाहर दोनों दिशाओं में खोज चलेगी. दोनों के रहस्यों से परदा उठाने के प्रयास चलेंगे. प्रयोगशीलता इस अर्थ में जहाँ से हम इस वर्ष आरंभ करेंगे, अगले वर्ष वहाँ से आगे निकल जायेंगे. जिस पद्धति को आज अपनायेंगे, वह समय के साथ विकसित होती जायेगी. वह विद्यालय किसी अन्य विद्यालय की तर्ज पर नहीं खुलेगा. उसकी अपनी तर्ज होगी जो दिनोंदिन विकसनशील होगी. कैसी विडंबना है कि आजादी के समय जो नेतरहाट विद्यालय खुला था, आज 62 वर्ष बाद भी उसी तरह का विद्यालय खोलने का प्रयास चल रहा है. मनुष्य को मनुष्य बनाने वाला विद्यालय कब खुलेगा?

भोलाराम : कल आपने बताया कि मेरे सपनों का विद्यालय पूर्ण होगा, क्योंकि वहाँ के विद्यार्थी अंदर और बाहर दोनों दृष्टियों से समृद्ध होंगे. उन्हें आत्मोन्नति के साथ-साथ धन-धान्य से पूर्ण होने की कला सिखायी जायेगी. फिर आपने कहा कि वहाँ निरंतर खोज होती रहेगी. खोज से आपका क्या तात्पर्य है?

मटुक : अभी हमारे विद्यार्थी प्रश्न तो पूछते हैं, लेकिन खोज नहीं करते. प्रश्नों के उत्तर पाकर वे प्रसन्न हो जाते हैं. प्रश्न और उत्तर पहले से पुस्तकों में या शिक्षक के मस्तिष्क में पड़े रहते हैं और वे बने-बनाये उत्तर संप्रेषित कर दिये जाते हैं. लेकिन जीवन घिसे-पिटे प्रश्नों से नहीं चलता. जिंदगी में रोज-रोज नयी-नयी समस्याएँ उठ खड़ी होती हैं. पुराने उत्तरों से उनका समाधान संभव नहीं है. इसलिए वे जिंदगी में हार जाते हैं. इस शिक्षा से उत्पन्न शिक्षक भी हारे हुए हैं. भले ही वे बुद्धिजीवी हों, लेकिन बुद्धिमान नहीं हैं. मैं देखता हूँ कि विश्वविद्यालय में पढ़ा-लिखा सुसंस्कृत

व्यक्ति भी मूर्खतापूर्ण व्यवहार करता है! प्रत्येक छात्र में जीवन को देखने का एक जिज्ञासापूर्ण दृष्टिकोण विकसित करने की जरूरत है. जिज्ञासा केवल जानकारी तक ही सीमित नहीं होगी. वह जीवन के रहस्यों में प्रवेश करेगी. बच्चों पर कुछ थोपा नहीं जाना चाहिए. विद्यालय में खोज का खुला निमंत्रण होना चाहिए.

भोलाराम : लगता है कि यह विषय बड़ा लंबा है, इसलिए मैं कुछ महत्वपूर्ण प्रश्न करना चाहूँगा, जिनके उत्तर संक्षेप में देने की कृपा करें. उस विद्यालय में छात्र-शिक्षक का संबंध कैसा रहेगा?

मटुक : अत्यंत प्रेमपूर्ण. पहला प्रेम बच्चा माता-पिता और परिवार से प्राप्त करता है. अगर विद्यालय भी उसे उसी तरह का प्रेम दे सके तो निःसंदेह बच्चा प्रेमपूर्ण होगा. शिक्षक का प्रेम बहुत बड़ा काम यह करेगा कि उनके भीतर हीनता का भाव न रह पायेगा. दूसरी तरफ श्रेष्ठता का भाव भी पैदा नहीं हो सकेगा, क्योंकि दोनों खतरनाक हैं. शिक्षक आदर की माँग नहीं करेंगे, आदर देंगे. दिया गया आदर लौटकर पुनः उनके पास आ जायेगा. वहाँ केवल मस्तिष्क की ही नहीं हृदय को विकसित करने वाली शिक्षा रहेगी. सम्पूर्ण अस्तित्व के प्रति उन्हें प्रेमपूर्ण होना सिखाया जायेगा.

भोलाराम : सेक्स शिक्षा दी जायेगी? सह-शिक्षा भी रहेगी?

मटुक : सह-शिक्षा सही शिक्षा है. छात्राओं के लिए अलग स्कूल एक बीमारी है. सेक्स के प्रति उनके भीतर डाली गयी पुरानी धारणाओं से मुक्ति दिलाकर उन्हें भय मुक्त किया जायेगा. उस विद्यालय में सेक्स से संबंधित अत्याधुनिक ज्ञान से किशोरों को अवगत कराया जायेगा. वह सेक्स पर नई-नई किताबें पढ़ेगा, चर्चा करेगा. उसको समझने की कोशिश करेगा. क्या है सेक्स? क्यों प्राणों में जगती है प्यास? क्या है उसका राज? इस तथ्य को जितना ही किशोर समझेगा, कामजन्य बीमारियों से उतना ही मुक्त हो जायेगा. जिस देश में सेक्स की सहज स्वीकृति नहीं होती, उस देश में जीनियस पैदा नहीं होता. यहाँ के युवकों की सारी ऊर्जा सेक्स से लड़ने में ही खत्म हो जाती है. शक्ति ही नहीं बचेगी तो खोज में, आविष्कार में और सृजन में कौन-सी ऊर्जा काम करेगी?

भोलाराम : क्या इससे नैतिकता पर आँच नहीं आयेगी?

मटुक : बच्चों को नकली नैतिकता की जगह असली नैतिकता सिखायी जायेगी. सत्य के लिए संघर्ष करना नैतिकता है, परिणाम चाहे जो भी हो. संघर्ष का नाम ही जवानी है. वहाँ छात्रों को कहा जायेगा कि सच्चाई और ईमानदारी के लिए लड़ने का मौका खोजते रहना. जहाँ मौका मिले, भिड़ जाना. टूट जाना, पर झुकना नहीं. सौन्दर्य के प्रति संवेदनशील होना नैतिकता है, क्योंकि परमात्मा परम सौन्दर्य है. सच्ची शिक्षा सौन्दर्य-दृष्टि का खुलना है.

भोलाराम : क्या वहाँ छात्र-संगठन होगा? विद्यार्थी राजनीति में भाग लेंगे?

मटुक : जहाँ बच्चों को प्यार नहीं मिलता वहाँ संगठन की जरूरत पड़ती है. युवाओं के पास शक्ति होती है, उसका उपयोग राजनेता अपने हित में करना चाहते हैं. इसलिए हर पार्टी की राजनीतिक दुकान विश्वविद्यालय में चलती है और इससे केवल उपद्रव होता है. हमारे विद्यालय में राजनीति की सारी जानकारियाँ छात्र रखेंगे, लेकिन राजनीति में भाग नहीं लेंगे. पढ़-लिखकर वे जब वास्तविक जीवन में उतरेंगे तब उनके पास इतना ज्ञान जरूर रहेगा कि कोई राजनेता उनके साथ धोखेबाजी न कर सके. वे देश की राजनीतिक चेतना को उन्नत करने का काम करेंगे. लेकिन छात्र जीवन में केवल अपनी प्रतिभा को निखारने का काम करेंगे. उसे उस ऊँचाई तक पहुँचाना है जिसके आगे दुनिया की कोई प्रतिभा न हो. पूरा देश उनसे इसी की माँग कर रहा है.

30.08.09

❖

कुलपति की नियुक्ति-प्रक्रिया पर पुनर्विचार

किसी भी पद के लिए किसी व्यक्ति की नियुक्ति होती है तो उसकी एक प्रक्रिया बनायी जाती है . प्रक्रिया ऐसी होनी चाहिए जिससे यह स्पष्ट रूप से जाँच हो सके कि जिस काम के लिए कोई व्यक्ति चुना जा रहा है, वह उस काम के लिए उपलब्ध व्यक्तियों में सर्वाधिक उपयुक्त और फिट है . हमारे देश का दुर्भाग्य है कि किसी पद के लिए जिस प्रकार की योग्यता चाहिए उसके अनुरूप परीक्षण प्रक्रिया नहीं है. जैसे अगर किसी शिक्षक को बहाल करना है तो यह देखना चाहिए कि उन्हें पढ़ाने आता है या नहीं; यह देखना चाहिए कि उन्हें शिक्षा कर्म से गहरा लगाव है या केवल बेरोजगारी दूर कने के लिए इस पेशे में आना चाहता है? उसके पास जरूरत भर ज्ञान है या नहीं इत्यादि. लेकिन वर्तमान शिक्षक बहाली प्रक्रिया का इन चीजों से कुछ लेना देना नहीं है. यही हाल लगभग सभी प्रकार की नियुक्ति प्रक्रियाओं का है.

बिहार के कुछ विश्वविद्यालयों में कुलपतियों और प्रतिकुलपतियों की नियुक्ति होने वाली है. इसलिए सरकार को सजग करने के ख्याल से 'हिन्दुस्तान' में संजयजी की रपट छपी है. उनका कहना है कि कुलपतियों की नियुक्ति में सुविधा के लिए पूर्व कुलाधिपति आर. एस. गवई ने जो सर्च कमिटी बनायी थी उसमें विवादास्पद लोग थे, परिणामतः ऐसे लोग नियुक्त हुए जिनमें बहुतों के दामन में दाग लग गये. उन कुलपतियों के कार्यकाल में प्राचार्य और कर्मचारियों की नियुक्ति विवादास्पद रही. पटना विश्वविद्यालय में बीएड नामांकन घोटाला हुआ. पिछले छह महीनों से विश्वविद्यालय छात्रान्दोलन के कारण अशांत है, इत्यादि.

हे संजय, पत्रकार होने के नाते सरकार को सावधान करना आपका दायित्व है. आपने ठीक लिखा है. लेकिन जितने भी घोटाले आपने गिनाये हैं, वह 'रघुकुल रीति' है जो सदा से चली आ रही है! सरकार अपनी चाल में ही चलेगी. वह सदा से चली आ रही रीति का ही पालन करेगी.

कानून कहता है कि राज्यपाल सरकार की सलाह से कुलपति नियुक्त करेंगे.

यानी राजनीति का शिक्षा में सीधा हस्तक्षेप! मूल सवाल यह है कि न्यायपालिका की तरह शिक्षा की स्वतंत्र सत्ता होनी चाहिए या उसे राजनीतिज्ञों के अधीन काम करना चाहिए? असली समस्या यहाँ यही है. अगर शिक्षा व्यवस्था राजनीति के अधीन होगी तो लिखने वाले हजार पृष्ठ लिखें उससे क्या फर्क पड़ता है. जैसा चल रहा है, वैसा बेखटके चलता रहेगा! अभी शिक्षा का राजनेताओं के द्वारा अपने हित में इस्तेमाल करने वाला कानून विद्यमान है. इसलिए सवालिया निशान कानून पर लगना चाहिए. सर्च कमिटी वफादारों का सर्च करने के लिए बनी है, विख्यात विद्वानों, शिक्षाविदों और पढ़ाई-लिखाई में गहन रुचि रखने वालों की खोज के लिए नहीं!

वर्तमान कानून के रहते हुए भी शिक्षा में क्रांति हो सकती है, अगर उसका अनुपालन दृढ़ इच्छाशक्ति, विवेक और सद्भाव के साथ किया जाय. थोड़ी देर के लिए मैं अपने को कुलाधिपति मान लेता हूँ. मुझे कुलपति नियुक्त करने हैं. मैं कैसे करूँगा? मैं आवेदन आमंत्रित करने के लिए एक निश्चित योग्यता निर्धारित करूँगा. विश्वविद्यालय के वे रीडर और प्रोफेसर आवेदन कर सकते हैं जिनका शिक्षा के क्षेत्र में उल्लेखनीय योगदान हो. देश के ऐसे चिंतक-विचारक, कवि-कलाकार, साहित्यकार, संत, वैज्ञानिक आदि आवेदन कर सकते हैं जिन्हें शिक्षा का सुंदर माहौल बनाने में गहरी दिलचस्पी हो और वह कला आती हो. संबंधित योग्यता को प्रदर्शित करने के लिए वे अपनी लिखित योजनाएँ जमा करेंगे. उसमें यह साफ-साफ लिखा रहेगा कि वे विश्वविद्यालय में क्या-क्या काम करेंगे और कैसे करेंगे. उन्हें क्रमशः एक महीना, छह महीने और तीन वर्ष की कार्य-योजनाएँ प्रस्तुत करनी पड़ेंगी. उन्हीं के आधार पर उन्हें साक्षात्कार के लिए बुलाया जायेगा. साक्षात्कार के बाद चुनिंदा व्यक्तियों को अगले परीक्षण हेतु एक महीना के लिए कार्यभार सौंपा जायेगा. उन कार्यों के ठीक-ठीक अनुपालन के बाद उन्हें छह महीने का कार्यकाल दिया जायेगा. अगला छह महीना भी योजनानुसार संतोषजनक कार्य करने के बाद उन्हें तीन वर्ष का समय उनकी योजना के आधार पर दिया जायेगा. हर पल वे कसौटी पर रहेंगे. अपनी योजना को पूरा करने में असफल होने पर उन्हें वापस बुला लिया जायेगा.

यह सबकुछ मुझ पर निर्भर होगा. मैं ही उसके लिए जिम्मेदार होऊँगा. अगर वास्तव में शिक्षा में क्रांति लाना मेरा उद्देश्य है तो वह लायी जा सकेगी, अगर सुधार लाना उद्देश्य है तो सुधार होगा. लेकिन अगर मेरा उद्देश्य पैसा कमाना, अपने आदमियों को विश्वविद्यालय में भरना और अपना काम निकालना होगा तो इस दृष्टि से मैं अपने कुछ धूर्त और चालाक शिष्यों को सर्च कमिटी में रख दूँगा और कहूँगा—पट्ठे, उचित व्यक्ति की खोज करो. मेरे मनोभाव तुम्हारे सामने स्पष्ट हैं!

❖

अध्याय : पाँच

सास्त्र सुचिंतित पुनि पुनि देखिअ

ईर्ष्या और अहंकार की टकराहट

समाज में प्रत्येक मनुष्य प्रतिष्ठा के साथ जीना चाहता है. प्रतिष्ठा पाने के लिए अनेक मानदंड हैं, उनमें एक है ईमानदार होना. आप अगर चोर हैं, बेईमान हैं, तो आपको प्रतिष्ठा नहीं मिलेगी. लेकिन चोर भी सम्मान खोजता है. धन उन्हें सम्मान देने का आश्वासन देता है. ईमानदारी और धन में बैर है. दोनों एक जगह नहीं रह सकते. खटपट करते रहेंगे, लड़ते रहेंगे. धन अपने पक्ष में बहुमत करने के ख्याल से कहता है—ईमानदारी को मारो गोली, मेरे पास आओ. मैं तुम्हें बलपूर्वक प्रतिष्ठा भी दिलवा दूँगा. सूने में चाहे जो कहे, कोई तुम्हारे मुँह पर तुम्हें चोर नहीं कह पायेगा. अगर कहेगा तो पुलिस है, अदालत है. ये तुम्हारे मान की रक्षा करेंगे. इनमें बहुत सारे मेरे संगी-साथी हैं. तुम्हारी सेवा होगी. धन के इस आश्वासन पर समाज के समर्थ और प्रतिभावान लोग खिंचे चले गये. ईमानदारी के खेमे में ज्यादातर निरीह, अकर्मण्य और मंदबुद्धि के लोग रह गये. इनमें से अधिकांश तभी तक उनके साथ हैं जब तक धन का ऑफर नहीं आया है. अवसर आते ही इनका दल बदल जायेगा. ईमानदारी रोती है, भ्रष्टाचार खिलखिलाता है. अभी अभी मुंबई में इसकी खिलखिलाहट देखी गयी. खिलखिलाहट नहीं, वह तो अट्टाहास था. कराँची से आतंक चला और भारतीय भ्रष्टाचार के जहाज पर सवार होकर मुंबई तट पर उतर गया. नौ जानें देकर दो सौ जानें ले लीं. करोड़ों-अरबों की संपत्ति मिट्टी में मिल गयी. भारतवासियो, काले धन के पीछे और दौड़ो. यह बहुत जरूरी चीज है!

यह क्या? मैं तो दूसरी दिशा में चला गया. लेकिन इसमें मेरा वश भी नहीं था. ईमानदारी का दामन छूटता है तो कितना बड़ा विस्फोट होता है, घायल मुंबई साक्षी है. लेकिन मैं यहाँ एक छोटे विस्फोट की चर्चा करना चाह रहा हूँ जो चिड़ियाखाने में हाल-हाल में घटी है.

पता चला है कि प्रसिद्ध पूर्व पुलिस पदाधिकारी और बिहार राज्य धार्मिक न्यास पर्षद् के अध्यक्ष किशोर कुणाल चिड़ियाखाने में स्वास्थ्य लाभ हेतु टहल रहे थे. लेकिन आदमी केवल एक उद्‌देश्य से तो कहीं जाता नहीं. चिड़ियाखाना गवाह है कि आदमी

यहाँ आकर क्या-क्या करता है. सुनने में आया कि कुणाल साहब का ईमानदारी पर प्रवचन चल रहा था. इसी बीच एक दूसरे प्रशासनिक पदाधिकारी अजय ठाकुर का पर्दापण हुआ. **मोहहिं न नारि नारि के रूपा**—जैसे किसी नारी के सौन्दर्य को देखकर कोई नारी मोहित नहीं होती. मोहित होने की बात तो दूर वह तो ईर्ष्या से जल उठती है—उसी तरह एक पदाधिकारी की ईमानदारी और प्रसिद्धि देखकर दूसरा पदाधिकारी मोहित नहीं होता, जल उठता है. ठाकुरजी ने प्रवचन में हस्तक्षेप किया—आप ईमानदारी पर क्या बोलेंगे? आपके श्वसुर चोर थे और उसी चोरी के धन को स्कूल और हॉस्पीटल में लगाकर आप लूटने का काम कर रहे हैं!

अपमान, घोर अपमान! वह भी दस लोगों के बीच! कहते हैं, कुणाल साहब इतने आहत हुए कि तीन-चार दिनों तक उन्हें रात में नींद न आयी! चोट कहाँ लगी! किसको लगी? साधो, भ्रम में मत पड़ना. यह चोट अहंकार को लगी. अहंकार तिलमिला उठा- 'मैं और बेईमान? आज तक किसी ने ऐसा न कहा था!'

कुणाल साहब, सम्मान आप लेंगे तो अपमान कौन लेगा? सम्मान और अपमान दो अलग-अलग चीजें नहीं हैं. वे एक ही चीज के दो आयाम हैं. एक के लेने से दूसरा उसके साथ चला आता है. गहरे निरीक्षण के द्वारा जो इस जीवन-सत्य को देख लेता है, केवल वह मानापमान से बाहर हो जाता है. अपमान से वही बच सकता है जो सम्मान के लिये लालायित नहीं है. जो दोनों के प्रति तटस्थ रहता है. ऐसे व्यक्ति को सम्मान मिलता है जरूर, लेकिन वह उसे स्वीकार कर विनयपूर्वक वापस कर देता है, क्योंकि वह अपने को इस लायक नहीं समझता या सम्मान से अपने मन को मलिन नहीं होने देता. सम्मान मिलते ही मनुष्य अहंकार से भर जाता है, वह अपने को दूसरों से श्रेष्ठ समझने लगता है. वही मलिनता है. उसे ही चोट लगती है. वही चोट नींद उड़ाती है. कुणाल साहब को केवल सम्मान का अभ्यास था; इसलिए अपमान चुभ गया और उन्होंने मान-हानि का मुकदमा ठाकुर पर ठोंक दिया. अहंकार में फूले स्वयं को भूले लोग गवाह के रूप में मिल भी गये! इसे आप आत्मसम्मान के लिये संघर्ष का नाम नहीं दे सकते. आत्मसम्मान का अर्थ है अपने आप को सम्मान देना न कि दूसरों से सम्मान की अपेक्षा करना. जो अपने को सम्मान देना जानता है, वही ईमानदार हो सकता है. दूसरों से सम्मान खोजने के लिये तो बेईमान होना पड़ सकता है.

साधो! एक राज की बात बता दूँ. आपने कुछ लोगों को फूल-मालाओं से सम्मानित होते देखा होगा. आपने यह भी देखा होगा कि वे मालाओं को गले से उतार कर टेबुल पर रख देते हैं या प्रेमवश किसी को पहना देते हैं. यह घटना प्रतीकात्मक है. अंदर की किसी घटना की बाहरी अभिव्यक्ति है. अर्थात् मैंने सम्मान तो लिया लेकिन उससे उत्पन्न अहंकार के प्रति सजग रहा, उसे अंदर आने नहीं दिया. जिस

अस्तित्व ने मुझे सम्मानित करवाया यह माला उन्हें अर्पित है. हे प्रभु! आपका दिया हुआ सम्मान आपको समर्पित है! ऐसे आदमी में मान की माया नहीं व्यापती. लेकिन मूढ़ लोग माला गले से उतारने के प्रतीक का अर्थ नहीं समझते. वे अहंकार से भर जाते हैं और देखादेखी या लज्जावश माला उतार कर रखते हैं, ताकि लोग यह न कहें कि कैसा भोपट है, माला उतार नहीं रहा है! माला पहने रहिये या उतार दीजिये इसका कोई अर्थ नहीं—अर्थ बस इतना है कि अपने भीतर अहंकार न पहन लीजिये.

मुझे एक घटना याद आयी. पढ़ा है मैंने कि भगवान बुद्ध के मुँह पर किसी दुष्ट ने थूक दिया. भगवान् अविचलित रहे. अंगवस्त्र से उसे पोंछ कर साफ कर लिया. एक भिक्षु ने पूछा—प्रभु! आपने उसे कुछ कहा नहीं? बुद्ध ने कहा—मुझ पर उनका क्रोध बहुत दिनों से जमा था. थूकने के बाद वह हल्का हो गया होगा. थोड़ा स्वस्थ हो गया होगा. यह तो अच्छी बात हुई. क्रोध के बदले क्रोध करने से शत्रुता की एक शृंखला बन जाती है. मैं इस शृंखला को छिन्न-भिन्न कर देना चाहता हूँ. मेरे भीतर कोई प्रतिक्रिया नहीं है. मुँह पर थोड़ी-सी गंदगी लगी थी, जिसे साफ कर दी. बात खत्म हो गयी!

साधो, मेरा मतलब यह नहीं कि कोई किसी महान् पुरुष का झूठा अनुकरण करे! अनुकरण गलत है. लेकिन इस घटना से कोई साधु शिक्षा भी न ले, ऐसा न चाहूँगा. सोचता हूँ कि कुणाल साहब को शत्रुता की शृंखला बनाना क्या जरूरी था? व्यर्थ की बातों के लिये? इससे सृजनात्मक लोगों की ऊर्जा एक नकारात्मक दिशा में बहेगी. यह मुकदमा किसी भौतिक क्षति या जरूरतों को लेकर नहीं है. यह ईर्ष्या और अहंकार की टकराहट है. ऊर्जा का अपव्यय है.

कुणाल साहब ठाकुर जी से निवेदन कर सकते थे—महाशय, आपने मेरे बारे में जो कुछ कहा, उसे एकांत में अपने भीतर झाँककर देखूँगा. अगर वास्तव में मेरे अंदर कोई चोर बैठा मिला तो आपको धन्यवाद दूँगा और दुबके उस चोर को भगाने का प्रयास करूँगा. कृपया मुझे समय दें, अभी मैं कोई जवाब नहीं दे सकता. अगर आदमी ध्यानस्थ होकर देखेगा कि उसके भीतर कोई बेईमानी नहीं है तो निंदकों की बातों को हँसकर उड़ा देगा. उनकी नोटिस भी नहीं लेगा!

कुणाल साहब की आलोचना मैं कर रहा हूँ, क्योंकि मैं उन्हें प्रेम करता हूँ और उन्हें सामान्य व्यक्ति से ऊपर मानता हूँ. उनका अतिशय आहत होना और मुकदमा दायर करना उन्हें एक साधारण व्यक्ति की श्रेणी में ले आता है और वे साधारण हैं नहीं. अगर उन्होंने ससुर की काली कमाई को स्कूल और हॉस्पीटल में लगा दिया तो क्या बुरा किया? उस गलत धन का सही उपयोग ही तो किया!

5.12.08

❖

क्यों पुराना पड़ जाता है नया साल!

काल अखंड और असीम है, लेकिन मनुष्य न अखंड है, न असीम, उसकी सीमा है. ससीम मनुष्य असीम काल में खो न जाय, इसलिए काल को पकड़ने के लिए, उसका व्यावहारिक उपयोग करने के लिए उसे खंडों में विभाजित कर दिया गया है. अब उस विभाजन की हमारी पकड़ इतनी मजबूत हो गयी है, हम उसके इतने अभ्यासी हो गये हैं कि भूल ही बैठे हैं कि काल अनंत है. भूल ही बैठे हैं किं उसका न आदि है न अंत, न वह नया है, न पुराना. चूँकि हमारा आरंभ भी है और अंत भी, हम कभी नये होते हैं और पुराने पड़ जाते हैं, इसलिए हमने अपनी स्थिति का आरोपण काल पर कर लिया है. काल को हमने साल में बाँट दिया है. अब उसका आरंभ भी है और अंत भी. वह नया भी है और पुराना भी. चूँकि वह कभी नया होता है, इसलिए उसका पुराना पड़ना अवश्यम्भावी है.

फिर मनुष्य नये के लिए इतना बेचैन क्यों है? वह पुराने की नियति को स्वीकार क्यों नहीं कर लेता? जो जन्म लेता है उसका मरना निश्चित है, फिर मनुष्य अमरता की कामना क्यों करता है? जरूर कोई बात होनी चाहिए.

मनुष्य नित्य नये की खोज में लीन रहता है. नया वस्त्र, नया मकान, नयी कार, नया पद, नयी प्रतिष्ठा, नयी जवानी, नयी दुल्हन, नया दुल्हा—ये सब उसे बहुत जोर से खींचते हैं। मनुष्य नये की तलाश में दौड़ पड़ता है, पाता भी है लेकिन पाते ही वह वस्तु पुरानी पड़ जाती है. कुछ ही दिनों में सब कुछ फीका पड़ जाता है. लेकिन पागल मनुष्य नये की तलाश में फिर दौड़ पड़ता है. इस अंध दौड़ में वह देख नहीं पाता कि जिस नये की आशा में वह बेतहाशा भागा जा रहा है, वह पाते ही पुराना पड़ जायेगा. वह तभी तक नया है, जब तक अप्राप्त है. हर मिलन या तो अपना नयापन खोयेगा या जुदाई में बदलेगा. जो कवि हृदय है वह विह्वल होकर गाने लगता है—**हर मुलाकात का अंजाम जुदाई क्यों है**? कवि इस विह्वलता से आगे नहीं जा पाता, द्रष्टा या ऋषि जाता है.

द्रष्टा देख लेता है कि बाहर की वस्तुओं में नयापन खोजना एक धोखा है. तब नयापन कहाँ खोजें? प्रश्न में ही उत्तर छिपा होता है. ज्वलनशील प्रश्न के ताप से जो चिनगारी फूटती है, उसके प्रकाश में दिख जाता है—अरे मैं कहाँ भटक रहा था! नयापन दृश्य में नहीं देखने वाले में होता है! इसलिए देखनेवाले को नया कर लो. मन को नया कर लो, क्योंकि जिसके पास नया मन होता है, उसके लिए कोई चीज कभी पुरानी नहीं पड़ती. नया और ताजा मन हर चीज को नया और ताजा कर लेता है. मन हमारा अगर नया हो गया तो पुराने की याद करने वाला खो गया. पुराना देखने वाला बचा ही नहीं . अब तो हर चीज नयी हो गयी.

समस्या का अंत अभी भी नहीं. मन नया कैसे हो? मन को नया करने की व्यवस्था प्रकृति ने कर रखी है. ऐसा तो शायद ही कोई मनुष्य हो जो एक क्षण के लिए कभी प्रेम-विभोर न हुआ हो. प्रेम के पल में हमें अचानक हर चीज नयी दिखने लगती है. एक लड़की पर प्रेम का जादू चला है. वह गा उठती है—**मैं वही, दर्पण वही, न जाने ये क्या हो गया कि सब कुछ लागे नया-नया.** अब तो ये कहना बेमानी है कि 'मैं वही'. नहीं बालिके! तुम अब 'वही' कहाँ रही? तुम तो कुछ का कुछ हो गयी हो! तुम नयी हो गयी हो! इसलिए तुम्हें सब कुछ नया दिख रहा है! मन को नया बनाने की प्रक्रिया का नाम प्रेम है!

प्रकृति का यह वरदान क्षण-भंगुर है. इसी आधार पर मन को नया बनाये रखने की तरकीब खोजनी पड़ती है. यहाँ प्रकृति की भूमिका खत्म होती है और मनुष्य की भूमिका शुरू होती है. प्रेम के आत्मविभोर क्षण की खूबी यह होती है कि हम उस क्षण में ठहर जाते हैं. उस समय न हम अतीत में होते हैं, न भविष्य में. उपस्थित क्षण में हम विराजमान होते हैं. मनुष्य की विडम्बना है कि प्रेम के खोते ही फिर से वह उसी प्रेम को पाने के लिए पागल हो उठता है—**दिल ढूँढ़ता है फिर वही फुरसत कि रात दिन, बैठे रहें तसौव्वरे-जानाँ किये हुए.** माना कि कल किसी लड़की या लड़के ने रसभरी निगाह से हमें देखा था, मुस्कुराकर बातें की थीं. लेकिन वह घड़ी तो अब जा चुकी. अब महबूब के कल्पनासुख में भी लीन होने का कोई अर्थ नहीं, क्योंकि हम पुराने का इंतजार कर रहे हैं. अगला क्षण कुछ न कुछ नया लेकर आ रहा है और उसे ग्रहण करने वाला तो पुराने की याद में खोया हुआ है! यहीं पर जागने की जरूरत है. मन को नया बनाने में संलग्न रहने वालों के लिए यह जरूरी है कि वे पुराने के दुहराये जाने की अपेक्षा छोड़ दें. एक तरफ हम चाहते हैं कि मन नया हो, दूसरी तरफ पुराने के लिए पागल हो रहे हैं! परिणाम क्या होगा? खिंचाव होगा, तनाव होगा. हम मुसीबत में पड़ेंगे. तो रास्ता क्या है? रास्ता है उपस्थित क्षण को होशपूर्वक जी लेना. जीवन अनिश्चित है, जीवन असुरक्षित है. कल हमें फूल मिला

था, हो सकता है आज काँटा मिले . यह काँटा हमें स्वीकार है. और गजब की बात है कि स्वीकारते ही काँटा काँटा नहीं रह जाता. और नयेपन के खोजियों के लिए तो पुराने सुखों से नया दुख बेहतर होता है, क्योंकि उसमें जिन्दगी का एक रस होता है. जीवन एक धारा है, उस धारा में अपने आप को छोड़ देना है. जिंदगी नित्य नवीन है. प्रतिपल उससे कुछ न कुछ नया निकलता रहता है. बस उस नये के साथ हो लेना है. सब की चिंता छोड़कर एक क्षण के लिए शांत हो जाना है. वह क्षण नया हो जाता है और दो क्षण एक साथ कभी नहीं आते. जब भी आता है एक बार में एक ही क्षण आता है. जिसने एक क्षण को आनंद से जी लिया, उसने पूरे जीवन को आनंदित करने की तरकीब पा ली.

जो एक क्षण को नया कर लेगा, वह एक दिन को भी नया कर सकेगा. जिसका एक दिन नया हो गया उसका पूरा साल भी नया हो सकता है. एक-एक पल को नया करते चलें, उसे जीते चलें, पूरा साल हमारा नया होगा. तब नहीं पुराना पड़ेगा नया साल. पल- पल जीने वालों के लिए हर रात दीवाली है, हर दिन होली है, हर क्षण उत्सव है. उन्हें अलग से उत्सव मनाने की जरूरत नहीं पड़ती. अलग से उत्सव केवल दुखिया लोग मनाते हैं, सुखिया के लिए तो जीवन एक अक्षय मधुशाला है—**दिन में होली, रात दीवाली रोज मनाती मधुशाला.** साल का एक-एक पल मधु है और पूरा साल ही मधुशाला है. आप सबके जीवन में नया साल मधुशाला बनकर आये।

जनवरी, 2008

❖

बुरे का फल बुरा

मेरी बर्खास्तगी की खबर सुनकर एक अखबार में मेरी पत्नी की प्रतिक्रिया पहुँची—'बुरे काम का बुरा नतीजा'.

क्या ऐसा हमेशा होता है? अगर ऐसा होता तो क्या संसार से बुराइयाँ उठ नहीं गयी होतीं? कड़वा फल किसको चाहिए? नहीं, बुराई का नतीजा हमेशा बुरा नहीं होता. बुराई के फल बड़े रसीले होते हैं. इसीलिए संसार में बुराई चलती है. संसार में भ्रष्टाचार फलता फूलता है और सदाचार बिलबिलाता है. बेईमान लूटते हैं और ईमानदार लूटे जाते हैं. जनता का दुश्मन उनका सिरमौर बन बैठता है और उसके दोस्त की मिट्टी पलीद होती है. कुशिक्षा चलती है और सुशिक्षा रोती है. न पढ़ाने वाले शिक्षक कॉलेज में रखे जाते हैं और पढ़ाने वाले बाहर कर दिये जाते हैं. माजरा क्या है? क्यों यह कहावत चल पड़ी है? यह कहावत किस ओर इशारा करती है? मुझे नहीं लगता कि कहावत गलत है. हो न हो इस कहावत को समझने में ही कोई भूल हो गयी हो! जरा कबीर के पास चलते हैं? देखें वे क्या कहते हैं—

माया महा ठगिनी हम जानी
निरगुन फांस लिये कर डोलै, बोलै मधुरी बानी

वह कह रहे हैं—हमने माया को जान लिया. वह महा ठगिनी है. उसने तो निर्गुण को फांस लिया है. जिस मनुष्य के भीतर निर्गुण छिपा हुआ है, ब्रह्म छिपा हुआ है, परमात्मा छिपा हुआ है, उसी को उसने फाँस लिया है. और कितनी मीठी बोली बोलती है! बोलेगी ही! नहीं तो फाँसेगी कैसे? जब मनुष्य मात्र को माया ने फाँस लिया है तो वह तो जो भी कर्म करेगा वह माया ही तो होगा. जिसे हम अच्छा और बुरा कर्म कहते हैं, वे दोनों ही माया के हिस्से हैं. मायाजनित कर्म के परिणाम पूर्णतः अच्छे कैसे होंगे, पूर्णतः बुरे कैसे होंगे? देखनेवाले कहते हैं—**अच्छा न हुआ बुरा न हुआ.** कबीर ने माया को महाठगिनी जाना. क्यों? इसलिए कि वह जैसी दिखती है वैसी होती नहीं है. जैसे, परम सुंदर स्त्री बहुत जोर से मन को खींचती है.

उसको पाने के लिए हम क्या नहीं कर डालते हैं! वही स्त्री जब प्राप्त हो जाती है और दो-चार-छह महीने उसके साथ रह लेते हैं, तो फिर वह फीकी हो जाती है. तब लोग कहते हैं, स्त्री माया है. समझने में अभी भी कोई भूल हो रही है. वास्तव में स्त्री माया नहीं है! स्त्री को देखकर मोह जागा है. मन सम्मोहित हुआ है. भीतर एक नशा छा गया है. कोई स्वप्न जाग गया है. स्त्री हमारे ही सपनों का फैलाव है. स्त्री परदे में छिप गयी है. उस पर अपना ही सपना हम डाल रहे हैं. उसमें हम अपने ही सपनों को देखते हैं. सपने कभी ठहरते नहीं. सपनों का स्वभाव है कि वह कभी होता है, कभी खो जाता है. चौबीसों घंटे कोई एक सपना नहीं देख सकता. चौबीसों घंटे कोई नशे में नहीं रह सकता. सपने के टूटते ही स्त्री साधारण हो जाती है. प्रेम का प्रथम चरण सपनों का जगना है. निन्यानवे प्रतिशत प्रेम प्रथम चरण में ही समाप्त हो जाता है. नशा टूटा, प्रेम छूटा. इसलिए समाज प्रेम से सावधान करता है. सावधान करना तो ठीक है, विरोध अनुचित है. लेकिन अविकसित समाज प्रेम के ही खिलाफ हो जाता है. इसलिए प्रेम अपनी यात्रा पर नहीं निकल पाता और प्रेम के बिना समाज झुलस रहा है!

हाँ, तो माया वह है जो वादा तो करती है लेकिन कभी पूरा नहीं करती. सपना टूटने के बाद मन विषादग्रस्त हो जाता है. उदासी छा जाती है. जब उदासी से स्त्री को देखा जाय तो वह अति साधारण हो जाती है. कभी उसकी कंचन-काया से कस्तूरी-सी सुगंध उड़ रही थी, अब पसीने की बू आने लगती है—विकट दुर्गंध. क्रोध और घृणा से देखने पर वही स्त्री चुड़ैल-सी दिखने लगती है. है वही स्त्री, वही पुरुष लेकिन मन की दशा बदलने से सब कुछ बदल जाता है. सारा खेल हमारे भीतर चल रहा है. इसलिए स्त्री माया नहीं, मन ही माया है. कबीर अब भी गा रहे हैं—

माया महा ठगिनी हम जानी

कोई स्त्री के पीछे दीवाना है, कोई पद के पीछे, कोई धन के पीछे. लेकिन प्राप्त होते ही उनकी व्यर्थता का बोध होने लगता है. इस व्यर्थता-बोध के लिए भी होश चाहिए. अन्यथा आदमी इनके पीछे जीवन भर चक्कर लगाता रहता है. इन चीजों की व्यर्थता के बाद ही आध्यात्मिक आनंद की खोज शुरू होती है, इसके पहले नहीं. आध्यात्मिक साधना से जो फल निकलता है—वह समाधि है. वह पूर्णतः मीठी होती है. अच्छे कर्म की पहचान उसके परिणाम से होती है, जैसे वृक्ष की पहचान उसके फल से होती है. इस संसार में आदमी चाहे जो भी उपलब्धि हासिल करे, वह परमात्मा तक जाने की सीढ़ी बने तो तो वह सत्कर्म है, अन्यथा कुकर्म है. अच्छे कर्म की एक ही पहचान है आनंद. क्या वह हमें आनंद की ओर ले जा रहा है? क्या हमारा आनंद दिन प्रतिदिन बढ़ रहा है? या बीच में ही सब गुड़ गोबर हो गया? वास्तव में मीठा

फल स्वप्न के टूटने से पैदा हो सकता है, जागने से पैदा हो सकता है. सत्य मीठा फल है. प्रेम भी फैलते फैलते वहाँ पहुँच सकता है जहाँ वह मात्र आनंद रह जाता है. उस अवस्था में सत्य और प्रेम का भेद मिट जाता है, दोनों एक हो जाते हैं. वही शिव है. सत्यं शिवं सुंदरं से रहित सारे फल कड़वे हैं. कड़वा आध्यात्मिक दृष्टि से, लेकिन सांसारिक दृष्टि से सभी कर्म अच्छे-बुरे दोनों होते हैं और उनके फल भी अच्छे और बुरे दोनों होते हैं. इसलिए संसार के सभी फल खटमिट्ठा होते हैं. न पूरा खट्टा न पूरा मिट्ठा. इसलिए कैसे कहा जाय कि बुरे का नतीजा बुरा होता है?

21.07.09

❖

सच का सामना

'सच का सामना' स्टार प्लस का ऐसा धारावाहिक है जिसके माध्यम से साहसी लोग स्टूडियो में उपस्थित होकर अपने गोपनीय जीवन से संबंधित प्रश्नों का सच-सच उत्तर देने और एक करोड़ रुपये जीतने का सपना लिये उपस्थित होते हैं. एक-दो दिन मुझे इसे देखने का मौका मिला है. मैंने इसे पसंद किया है. कुछ लोग इसका विरोध करते हैं. यहाँ इसके विरोध और समर्थन के कारणों को समझने की चेष्टा की जायेगी.

ठीक होगा कि पहले मैं इसकी पसंदगी का कारण बता दूँ. मैं ऐसा देख रहा हूँ कि हर व्यक्ति का एक छिपा जीवन होता है और एक प्रकट जीवन. छिपा जीवन उसका वास्तविक जीवन होता हैं और प्रकट जीवन दिखावटी. समाज में अच्छे आदमियों के कुछ मानदंड हैं. उन मानदंडों पर जो खरे दिखाई देते है, उन्हें सम्मान मिलता है, प्रेम मिलता है, सुविधाएँ मिलती हैं. उस सम्मान, प्रेम और सुविधाओं को पाने के लिए व्यक्ति अपने आप को उसी के अनुरूप दिखाना चाहता है. समाज के मानदंड अगर मनुष्य के स्वभाव पर आधारित न हों, वे प्राकृतिक और विवेकपूर्ण न हों, तो व्यक्ति के वास्तविक जीवन और दिखावटी जीवन में एक दरार पैदा हो जाती है. यह दरार जितनी बड़ी होती है, समाज व्यक्ति के लिए उतना ही घातक होता है. एक उदाहरण से हम इसे समझ सकते हैं.

स्त्री-पुरुष के बीच एक प्राकृतिक आकर्षण होता है. एक पुरुष अनेक स्त्रियों के प्रति और एक स्त्री अनेक पुरुषों के प्रति आकर्षित हो सकती है. लेकिन समाज का नियम है कि एक से विवाह करो और उसी से प्रेम करो. इससे एक दरार पैदा हो जाती है. सामाजिक नियमों के अनुसार वैवाहिक जीवन चलता है और प्राकृतिक नियमों के अनुसार चोरी-छिपे प्रेम चलता है. यह लगभग हर जीवंत आदमी के जीवन का सच है. इस दरार से व्यक्तित्व टूटता है और अंदर एक अशांति पैदा होती है.

इससे बचने के रास्ते दो हैं—एक, समाज समय-समय पर अपने मानदंडों की समीक्षा करे. लेकिन समाज का कोई संगठित रूप न होने के कारण कोई समीक्षा नहीं

हो पाती है. इसलिए यह काम व्यक्ति के जिम्मे ही आता है. व्यक्ति एक तरफ सामाजिक मूल्यों की समीक्षा कर सकता है, उसे अधिकाधिक स्वाभाविक बनाने की चेष्टा कर सकता है, दूसरी तरफ अपनी दरार को पाट कर अपने जीवन को प्रामाणिक बना सकता है.

थिरकती हुई शांति और उमड़ता हुआ आनंद प्राप्त करने का एक मात्र तरीका यह है कि आदमी अपने भीतर के जीवन को पहचाने. उसके भीतर कैसे-कैसे सपने जगते हैं, कैसे-कैसे विचार उठते हैं, उनको गौर से देखे. देखने के बाद वह अपने को धोखे में नहीं रख पायेगा. वह देख पायेगा कि वास्तविक मनुष्य क्या होता है. मनुष्य को जो बनना चाहिए वह बनने के लिए जरूरी है कि पहले जाने कि वह क्या है! अक्सर यही होता है कि मनुष्य अपने बारे में भुलावे में रहता है. वह सोचता है कि वह बहुत अच्छा आदमी है, लेकिन वह इससे भिन्न दूसरे प्रकार का आदमी होता है. इस भ्रम में जीने के कारण वह बेहतर बनने का प्रयास नहीं कर पाता है. जब अपने को बेहतर जान ही रहा है तो बेहतर बनने का सवाल ही कहाँ उठता है?

'सच का सामना' अपने को देखने का एक स्वर्णिम अवसर है. इस कार्यक्रम की बड़ी खूबी यह है कि जब आप अपने भीतर झाँकते हैं और सच बोलते हैं, तो शेष संसार भी आपको देख रहा होता है. संसार के सामने अपना सच रखना बड़े साहस की बात है. इससे समाज की आँखें खुल सकती हैं. समाज देख सकता है कि हर मनुष्य ऐसा होता है. वह खुद ऐसा है, बल्कि इससे भी गया बीता है. तब सामाजिक मानदंडों के मूल्यांकन की अदृश्य प्रक्रिया शुरू हो जायेगी. तब समाज सत्य के करीब आ सकेगा. इसीलिए मेरा मानना है कि इस कार्यक्रम से समाज को लाभ होगा. उसका नजरिया कुछ बदलेगा. उसके कठोर मानदंड कुछ नरम पड़ेंगे और व्यक्ति के भीतर सुख-शांति का द्वार खुलेगा.

लेकिन इसे देखने का एक दूसरा नजरिया भी है. कुछ लोग मानते हैं कि इसके भागीदार पैसे के लिए नंगे हो रहे हैं. मैंने एन.डी.टी.वी. पर देखा कि राज्यसभा में एक सांसद इस कार्यक्रम पर रोक लगाने के ख्याल से कह रहे थे कि हम अपने बच्चों और परिवार के साथ बैठकर इस कार्यक्रम को कैसे देखें. ये ऐसे लोग हैं जो अपने को अच्छा मान चुके हैं! ये ऐसे लोग हैं जो गंदगी को छिपा कर रखना चाहते हैं और हम सभी जानते हैं कि गंदगी जितनी छिपी होगी उतनी सड़ेगी और उस सड़ांध से मनुष्य रुग्ण होगा, अशांत होगा और मरेगा. वह बदमाश हो जायेगा, उच्छृंखल होगा, संसार में उपद्रव करेगा. ऐसे ही बीमार लोगों के हाथ में राजनीति है. इसलिए वह प्रदूषित है. भई, आप नहीं देखना चाहते हैं, मत देखिये लेकिन दूसरों को देखने से रोकने वाले आप कौन होते हैं? आप हिटलर हैं? दूसरों के जीवन में

हस्तक्षेप, दूसरों की स्वतंत्रता का हरण, दूसरों की भावनाओं का दमन और अपने विचारों का थोपन सबसे बड़ी बुराई है. हमारे नेता और अन्य लोग सच का सामना नहीं करना चाहते हैं, मत करें, लेकिन जो लोग कर रहे हैं, उनकी पीठ तो थपथपायें. आप तो उनकी टाँग खींच रहे हैं!

परिवार के साथ सत्य को देखने में उन्हें आपत्ति जरूर होगी जिनके पारिवारिक संबंध झूठ की बुनियाद पर बने हैं. सत्य को छिपा कर आप कभी भी सहज सुंदर परिवार नहीं बना सकते. बच्चों और किशोरों को उनके बुद्धि-विकास के अनुरूप यौन-जीवन का ज्ञान देना बहुत जरूरी है. हजारों सालों से चली आ रही छिपाव की शृंखला को तोड़ना बहुत जरूरी है. अगर आप परिवार के साथ सत्य का सामना करने में असमर्थ हैं तो अपने को समर्थ बनायें न कि सत्य पर ही हमला कर दें. सत्य के खिलाफ लड़ना नहीं है, अपने जीवन को सत्य देखने-सुनने लायक बनाना है. सत्य को जीवन में उतारना है. सत्य को प्रतिबंधित कर नहीं, जान कर सुखी हुआ जा सकता है.

निश्चय ही पैसा इस कार्यक्रम का सबसे बड़ा आकर्षण है. लेकिन पैसे के आकर्षण में मनुष्य के अंदरूनी स्वरूप का उद्‌घाटन हो रहा है, तो इसमें बुराई क्या है? इस कार्यक्रम के आईने में समाज अपना चेहरा देख सकेगा और अपने मूढ़तापूर्ण नियमों का पुनर्मूल्यांकन कर सकेगा.

दिल्ली के एक प्रोफेसर अखबारों में 'मीडिया' पर धुआँधार लिखते हैं. 'राष्ट्रीय सहारा' में छपे उनके लेख का यह अंश द्रष्टव्य है- ''सच का सामना' नामक रीयलटी शो का मकसद पैसे को आदमी की बेहयाई से इस कदर जोड़ देना है कि आदमी के पास का निजी कोना कोई न रहे और वह सबके सामने सौ फीसदी 'पारदर्शी' हो उठे.''

मुझे किसी के निजी कोने के छिपे होने में कोई आपत्ति नहीं है. यह उनकी स्वतंत्रता है. जो नहीं छिपाते हैं, उनकी आलोचना का अधिकार भी उन्हें है और उनकी आलोचना से असहमत होने का अधिकार उन तमाम दर्शकों को है जो इसे पसंद करते हैं. यह कार्यक्रम 'परपीड़क आनंद' नहीं है. दृष्टि अलग हो, तो सच्चाई भी 'नंगमनंग' दिखने लगती है!

इस सम्पूर्ण कार्यक्रम में एक कमी मुझे दिखती है. मेरी शक की सूई पॉलीग्राफ मशीन पर अटक जाती है. मुझे नहीं लगता कि मनुष्य की सच्चाई का पता लगाने में यह मशीन सौ फीसदी सक्षम है. मुझे मशीन पर भरोसा नहीं है. एंकर की शालीनता, गंभीरता और स्वाभाविकता मुझे पसंद है.

23.07.09

❖

मंदिर रोड पर

जब कोई राजनेता बुरी तरह हार जाता है तो रोड पर आ जाता है. जब कोई व्यक्ति नौकरी से डिसमिस हो जाता है तो रोड पर आ जाता है. जब कोई व्यवसायी दिवालिया हो जाता है तो रोड पर आ जाता है. इसी तरह जब कोई मंदिर आध्यात्मिक साधना से च्युत हो जाता है तो रोड पर आ जाता है! रोड पर मंदिर-मस्जिद आदि बनाने का एक ही अर्थ है कि अब इस स्थान को धार्मिक कृत्यों से कोई मतलब नहीं है. उसकी ओट में दुराचार होगा. समाज का एक बड़ा तबका मंदिर-मस्जिद के माध्यम से अपने निहित स्वार्थ को पूरा कर रहा है. राजनीति की इसके साथ साँठ-गाँठ रहती है. राजनेता और पुरोहित-मौलवी के बीच बड़ा तालमेल सदियों से रहा है, क्योंकि दोनों भोले भाले लोगों को बहलाने और बहकाने का काम करते हैं. नहीं तो रोड पर बने मंदिरों की रक्षा के लिए भला केन्द्र सरकार कोर्ट क्यों जाती? लेकिन अदालत अभी भी जिंदा है. सर्वोच्च न्यायालय ने सॉलिसिटर जनरल को हुक्म दिया है कि वह हलफनामा दायर करे ताकि भविष्य में रोड पर मंदिर, मस्जिद, गुरुद्वारा, चर्च आदि बनने न पाये. जो बन गया, वह बन गया, अब आगे नहीं.

जब मंदिरों, मस्जिदों में जाने वालों की अपार भीड़ देखता हूँ तो मेरी समझ में नहीं आता कि ये क्या करने वहाँ जाते हैं! उन्हें वहाँ कुछ मिलता तो है नहीं. कुछ गँवा कर ही आते हैं, फिर भी जाते हैं. क्या कारण है? उन लोगों की बात तो समझ में आती है जो चोर हैं, लुच्चा हैं, ठग हैं, बेईमान हैं, लालची हैं और मंदिर चले जाते हैं! मैं ऐसे अनेक शातिर बेईमानों को जानता हूँ जो हफ्तों रोड छेककर भागवत-कथा कहलवाते हैं, रामायण बँचवाते हैं और साधुवेश धारण कर मंच पर आसीन होकर जनता के सामने एक दूसरी छवि प्रस्तुत करना चाहते हैं. वे ऐसा इसलिए करते हैं ताकि (क) उनकी बेईमानी दिन दूनी रात चौगुनी बढ़े (ख) इससे अगर पाप होता है तो वह कटे और (ग) जनता को उल्लू बनाकर उसकी नजर में धार्मिक कहलायें और बेईमानी उसकी ओट में छिपी रहे.

कुछ ऐसे भी लोग हैं जो उतने जड़बुद्धि नहीं हैं, उतने अंधश्रद्धालु भी नहीं हैं, वे कहते हैं कि मंदिर जाने से शांति मिलती है. अच्छा लगता है. मैं कहता हूँ अच्छा तो प्रातःकालीन भ्रमण भी लगता है. जरा-सा रिलैक्स होकर बैठ जाइये तो शांति ऐसे ही आ जायेगी. फिर मंदिर किसलिए? वे जवाब तो नहीं दे पाते, लेकिन उनको मेरा तर्क अच्छा नहीं लगता.

इसी श्रेणी के कुछ लोभी ऐसे हैं जो मंदिर भगवान से कुछ माँगने जाते हैं और कुछ ऐसे भी जाते हैं जिनके विश्वास के अनुसार भगवान ने उनकी माँग पूरी कर दी है. इस तरह मंदिर वासना पूर्ति की एक जगह हो गयी है, जबकि वास्तविक मंदिर में वासना का विसर्जन होता है. इस श्रेणी के लोगों में ही बहुत ऐसे हैं कि जो नयी कार खरीदेंगे तो झट हनुमान मंदिर पहुँच जायेंगे. घरबास करेंगे तो सत्यनारायण भगवान को नहीं भूलेंगे, यद्यपि वास्तविक जिंदगी में प्रतिदिन झूठनारायण भगवान की ही पूजा करते हैं!

जब मंदिर-मस्जिद आध्यात्मिक उन्नयन की जगह नहीं रह गयी है, फिर भी क्यों ये बनते जा रहे हैं? मनुष्य का इतना आकर्षण क्यों है उधर? मनुष्य किस अनजान मोह से ग्रसित है? इन प्रश्नों ने बहुत दिनों से मेरा पीछा किया है. इस अनसुलझे रहस्य से पहली बार परदा ओशो ने उठाया. उन्होंने कहा—''अनंत जन्मों की यात्रा में किसी जन्म में अगर कभी व्यक्ति ने मंदिर का थोड़ा भी रहस्य जाना है, वहाँ कभी थोड़ा भी परमात्मा के खुलते द्वार का आभास पाया है, तो उसकी स्मृति उसके अचेतन मन के किसी कोने में दबी पड़ी है. वह बड़ी गहरी है. वही अचेतन में दबी स्मृति उसे धक्का मारती है और वह मंदिर पहुँच जाता है.''

मेरी फुआ लगभग 84 वर्ष की है. उसने मेरे फ्लैट के एक कोने में छोटा-सा मंदिर बना लिया है. उसमें भगवान रामचंद्र जी का सीता, लक्ष्मण, हनुमान सहित फोटो है. वहाँ और भी कुछ महाशय हैं. वह प्रतिदिन सुबह तीन घंटे और शाम में दो घंटे पूजा करती है. अगरबत्ती जलाती है, आरती उतारती है, प्रसाद चढ़ाती है और एक ही घिसा पिटा पाठ रोज करती है, लेकिन कभी ऊबती नहीं. उनकी अंध आस्तिकता अटल है और मेरी नास्तिकता. इसलिए दोनों में कभी-कभी नोंक झोंक हो जाया करती है.

एक दिन मैं उनसे कहता हूँ—तुम मेरे घर में रहकर दूसरों की पूजा करती हो? मेरी क्यों नहीं करती?

फुआ : तुम भगवान हो जो तुम्हारी पूजा करूँ?

मटुक : हाँ, मैं भगवान हूँ. तुम्हें भले पता न हो, लेकिन तुम्हारे घर में भगवान ने अवतार ले लिया है. मैं असली भगवान हूँ. तुम जिसकी पूजा करती हो वह नकली भगवान है. फुआ मेरी बेवकूफी पर हँसने लगती है. लेकिन मैं उन्हें मनाने में लगा हुआ हूँ. कहता हूँ, मैं जिंदा भगवान हूँ. साँस लेता हूँ, खाता-पीता हूँ, चलता-फिरता हूँ, बोलता हूँ, हँसता हूँ. तुम्हारा भगवान यह सब करके दिखाये तो मैं समझूँ.

फुआ : वह फोटो तो भगवान का प्रतीक है न?

मटुक : वही तो मैं कह रहा हूँ. वह भगवान नहीं है, पत्थर है, फोटो है, प्रतीक है केवल, लेकिन तुमने भगवान मान लिया है. जब तुम पत्थर और फोटो को भगवान मान सकती हो तो मुझे क्यों नहीं मान सकती?

इस पर फुआ खिसिया जाती है और कहती है कि भगवान के विरोध के कारण तुम्हारी नौकरी चली गयी! तुम बचपन में पूजा-पाठ करते थे, तो कितने संस्कारवान लगते थे. अब तुमको क्या हो गया है?

एक धार्मिक मेरी फुआ है जो मानती है कि भगवान को न मानने के कारण मेरी नौकरी चली गयी. लेकिन मैं फुआ को कैसे समझाऊँ कि वी.सी. को ही मैंने भगवान मान लिया है. लिखकर कहा भी है कि आप मेरे लिए भगवान शंकर हैं, महेश हैं, शिव हैं. आप मेरा कल्याण करें और निलंबन का संहार करें. लेकिन उन्होंने निलंबन का नहीं, मेरी नौकरी का संहार कर दिया और कहा—बच्चा मैं तुम्हारा छोटा-मोटा नहीं, बड़ा कल्याण करने जा रहा हूँ. मुझ पर वीसी रूपी शिव प्रसन्न हैं. इसी कारण मैं इतना खुश रहता हूँ.

इस पर फुआ ने गौर किया. कहा—हाँ, इस स्थिति में दूसरे होते तो रोते रहते. तुम पर तो कोई असर ही नहीं देखती हूँ. फुआ को अनुकूल पाकर मैंने कहा—अब भी मुझे भगवान मान लो. मगर मानने से कुछ होगा नहीं. मेरे भीतर भगवान देख लो. लेकिन मेरे भीतर तभी देख पाओगी जब अपने भीतर देख लोगी. इसलिए भगवान को अपने में खोजो. अपने भीतर देखने की एक व्यवस्था हमारे प्राचीन भारत में मंदिर बना कर की गयी थी. अभागा वर्तमान भारत उस रहस्य को भूल गया है और अब रोड पर मंदिर बनाता है. पतित मनुष्य ने भगवान की ऐसी फजीहत की कि वह रोड पर आ गया है. इसलिए सर्वोच्च न्यायालय को धन्यवाद, जिसने भविष्य में रोड पर आने से भगवान को बचा लिया है.

1.08.09

❖

फ्रेंडशिप डे

जिसका हर दिन त्योहार हो, उसे किसी त्योहार की याद कैसे रहे! लगता है कि त्योहार दुखी लोगों के लिए ईजाद किये गये हैं. ऐसे लोगों के लिए ईजाद किये गये हैं जो हर क्षण सुखी होना भूल गये हैं. जब मनुष्य जाति सुखी जीवन का राज खोज लेगी तो ये छिटपुट त्योहार खो जायेंगे, तब हर दिन त्योहार होगा.

कल अचानक पी-सेवन न्यूज चैनल के मयंकजी का फोन आया—आज फ्रेंडशिप डे है सर, अगस्त के प्रथम रविवार को होता है. इस पर एक कार्यक्रम बना रहा हूँ. आपका बाइट चाहिए. मैंने कहा—अगर फ्रेंडशिप डे के नाम पर बाइट लेना चाहते हैं तब तो हर दिन लेना पड़ेगा, क्योंकि मेरे लिए ऐसा दिन खोजना मुश्किल है जब 'एनिमीशिप डे' हो! हर डे फ्रेंडशिप का है. जिस व्यक्ति का प्रत्येक दिन मस्ती में बीतता है. जो हर दिन को उत्सव में तबदील करने को बेताब है, उसके लिए क्या विशेष महत्व रखेगा एक दिन का फ्रेंडशिप डे?

ऐसे मौके पर हर बार मुझसे युवाओं को संदेश देने के लिए कहा जाता है—'युवाओं के लिए कोई संदेश'? 'संदेश' शब्द के खोखलेपन से मैं पूरी तरह अवगत हूँ. इसलिए सकुचाता हूँ. कैसा संदेश? किसलिए संदेश? किसको संदेश? संदेश लेने वाला कहाँ बैठा हुआ है? देनेवाले में भी कहाँ इतनी पात्रता है? अगर युवाओं के लिए कोई संदेश हो सकता है तो इतना भर कि अपने भीतर का संदेश सुनो. हर व्यक्ति के भीतर अहर्निश एक संदेश उठता रहता है, लेकिन हमारी दृष्टि उधर जाती ही नहीं. हम तो बाहर का संदेश पाने के लिए दौड़ रहे हैं. मेरे लिए अगर युवकों को संदेश देना अनिवार्य हो तो यही संदेश दूँगा कि अपनी स्वतंत्रता के लिए लड़ो, नहीं तो गुलामी के लिए लड़ना पड़ेगा. गुलाम बनाने वाले लोग तुम्हारा इस्तेमाल करेंगे और अपने हित में लड़वायेंगे. इस जिंदगी में भले ही तुम किसी का कुछ न बिगाड़ो, फिर भी तुम्हारे शत्रु होंगे, तुम युद्ध में घसीटे जाओगे. इस युद्ध के प्रति तुम तीन तरह से रियेक्ट कर सकते हो. एक, युद्ध से भाग जाओ, पलायन कर जाओ और

आत्मसमर्पण कर दो. दो, एक बोझ की तरह युद्ध को ढोओ और तीन, आनंद से लड़ो. अगर तुम भागते हो तो गुलाम बना लिये जाओगे. इससे अधिक नुकसान और कुछ नहीं हो सकता है. आखिर युद्ध से आदमी इसलिए भागता है कि जीवन को कोई नुकसान न हो, अगर भागने से ही जीवन को ज्यादा नुकसान पहुँच गया हो तो उससे क्या फायदा? स्वतंत्रता, शांति और आनंद के लिए कभी-कभी निर्णायक युद्ध लड़ना ही पड़ता है. दूसरा विकल्प है मन मारकर लड़ना. जो युद्ध को बोझ समझकर ढोयेगा, उसकी हार सुनिश्चित है. जो रक्षात्मक लड़ाई लड़ेगा, उसका पूरा शौर्य और सामर्थ्य प्रदर्शित न हो पायेगा. बचाव करते-करते उसकी क्षमता क्षीण होगी और वह हारेगा. इसलिए एकमात्र तीसरा विकल्प बचता है, लड़ो लेकिन आनंद से. आनंद से जीवन की लड़ाई लड़नेवालों की जीत तो जीत है ही, हार भी जीत होती है, क्योंकि वह किसी भी परिस्थिति में दुखी होता ही नहीं!

एक बात और कह दूँ कि इस जीवन में न केवल युद्ध ही युद्ध है, न केवल शांति ही शांति. जीवन युद्ध और शांति के संतुलन में है. उस संतुलन को खोजना है और उसे बनाये रखना है. कभी शांति पाने के लिए युद्ध करना पड़ता है और युद्ध करते भी हुए शांति बनाये रखनी पड़ती है. युद्ध और शांति जीवन रूपी यात्रा के दो पाँव हैं. एक पाँव से यात्रा नहीं हो सकती. जिंदगी दोस्त और दुश्मन के मिलने से बनती है. ये दोनों विपरीत दिखते जरूर हैं लेकिन एक ही जीवन से जुड़े हैं. जैसे उत्तर और दक्षिण ध्रुव विपरीत हैं, लेकिन एक पृथ्वी के अंग हैं. जीवन में शत्रु और मित्र अनायास मिलते हैं. उन्हें बनाने की जरूरत नहीं होती. जो शत्रु बन गया, उसको शत्रु मान लिया और जो मित्र बन गया उसे मित्र मान लिया. अपने से बनाया कुछ भी नहीं. परिस्थिति और समय, देश और काल जब जिसको जैसा बना दे, वैसा बन जाना है. जीवन अनिश्चितता से भरा है. आज जो मित्र है कल शत्रु हो जा सकता है. आज जो शत्रु है वह कल मित्र हो सकता है. इसलिए मित्र को भी कल का दुश्मन समझ कर व्यवहार करना चाहिए और आज के दुश्मन को कल का दोस्त समझ कर. महाभारत में क्या होता है. जिस गुरु द्रोण ने बड़े प्यार से अर्जुन को तीर चलाना सिखाया था, ऐसा समय आया कि उसी गुरु पर अर्जुन को तीर तानना पड़ा. जिस पितामह ने अत्यंत प्यार से पाला, प्रेम और करुणा लुटायी, उन्हीं को मारने के लिए पांडव को तैयार होना पड़ा! जिंदगी में कुछ भी तय नहीं है. सब बदलता रहता है. इसलिए महाभारत की शिक्षा है कि युद्ध भी करना तो मित्रतापूर्ण ढंग से करना. उस युद्ध में योद्धा साँझ को कितने प्रेम से मिलते थे! कितना सुंदर समय रहा होगा! आज क्या है? मित्र से भी अंदर-अंदर प्रतिस्पर्द्धा रखते हैं. ऊपर-ऊपर मित्रता है भीतर-भीतर प्रतियोगिता चल रही है. यह कैसी मित्रता है?

पुरुष मित्र और स्त्री मित्र में एक अंतर होता है. समाज पुरुष को मित्र बनाने में अड़चन नहीं डालता है लेकिन स्त्री मित्र बने तो नियम और व्यवस्था लेकर खड़ा हो जाता है! मेरा आखिरी संदेश है कि मित्रता की धारा जिधर बहे, बहने देना. तुम इस नियम और व्यवस्था को मत मानना, क्योंकि यह अप्राकृतिक और अनैतिक है. स्त्री और पुरुष का आकर्षण प्राकृतिक है. उनका मिलना नैतिक है. होता क्या है? जब स्त्री और पुरुष आकर्षण की डोर में बँधे हुए एक दूसरे के करीब आते हैं तो उनके भीतर छिपी हुई परमात्मा की शक्ति बहने लगती है. उसके बह जाने से दोनों हल्का महसूस करते हैं. अलग-अलग रहने से वे तनाव से भर जाते हैं. समाज ने तुम्हें तनाव देकर बोझिल, उदास और कुंठित किया है. इसे मत लेना. प्रेम में बहना. इससे निर्भार हो जाओगे. एक नवीन जीवन ऊर्जा पैदा होगी जो तुम्हें ताजगी और नयी स्फूर्ति से भर देगी.

3.08.09

❖

क्या परमात्मा है?

परमात्मा को लेकर तीन मनःस्थितियाँ हो सकती हैं—है, नहीं है, नहीं जानता कि है या नहीं. वास्तविकता तो यह है कि हमलोग तीसरी स्थिति में हैं. हम नहीं जानते कि परमात्मा है या नहीं. लेकिन इस मनोदशा में मनुष्य का रहना बड़ा कठिन है, क्योंकि यह निरालंब अवस्था है. मनुष्य को जीने के लिए चाहिए एक अवलंब. बिना सहारे के आदमी जी नहीं सकता. इसलिए दो रास्ते बचते हैं. प्रथम यह कि हम जानने का प्रयास करें कि परमात्मा है या नहीं. हम खोज करें. खोज के दो रास्ते हैं—एक रास्ता बाहर प्राकृतिक जगत की तरफ जाता है. इस खोज से विज्ञान पैदा हुआ. दूसरा रास्ता अपने भीतर की तरफ जाता है. भीतर खोजने वाले कहते हैं कि अत्यंत शांतचित्त से जब मन की सारी गतिविधियाँ तिरोहित हो जाती हैं तो आत्मतत्व का बोध होता है. वही परमात्मा है. जो अपने भीतर आत्मा का साक्षात्कार कर लेता है, वह देख पाता है कि वही आत्मा सब जगह है. सब जगह जब उसी के दर्शन होने लगते हैं तो इसी को परमात्मा का साक्षात्कार कहते हैं. तुलसीदास इसी दार्शनिक सत्य की अभिव्यक्ति इस रूप में करते हैं—

सीय राममय सब जग जानी, करउँ प्रनाम जोरि जुग पानी.

परमात्मा कोई व्यक्ति नहीं एक खास अनुभूति है जो आनंददायी, शांतिदायी और पूर्णता का बोध कराने वाली कही जाती है.

खोज एक कठिन काम है, एक तपश्चर्या है. लाखों में कोई एक बहिर्यात्रा पर निकलता है और प्रकृति के रहस्यों का उद्‌घाटन करता है. करोड़ों में कोई एक अन्तर्यात्रा पर निकलता है और आत्मा के रहस्यों का उद्‌घाटन करता है. शेष लोग ख़ोज का कष्ट नहीं उठाते. सुविधा-मार्ग पर चलते हैं. ये सुविधामार्गी दो प्रकार के होते हैं- कुछ मान लेते हैं कि परमात्मा है और कुछ मान लेते हैं कि परमात्मा नहीं है. ये दोनों किस्म के सुविधाभोगी तर्क के द्वारा परमात्मा को सिद्ध-असिद्ध करने में अपने समय का सदुपयोग-दुरुपयोग करते हैं. तर्क से हम किसी चीज का विश्लेषण

तो कर सकते हैं, किसी को प्रमाणित कर सकते हैं या अप्रमाणित कर सकते हैं, लेकिन उसे पा नहीं सकते. परमात्मा खोने या पाने की चीज हो सकती है, तर्क की नहीं. अनजान के प्रति सारे तर्क फिजूल हैं. जिसने परमात्मा को मान लिया उसको हम आस्तिक कहते हैं और जिसने नकार दिया उसे नास्तिक कहते हैं. इन दोनों में नास्तिक ज्यादा जीवंत होता है, क्योंकि परमात्मा को नकारने के लिए थोड़ी बुद्धि चाहिए, थोड़ा होश चाहिए, थोड़ा साहस चाहिए. जितने निरबुधिया हैं, वे आस्तिक हैं. वे पूजा-पाठ, तोता रटंत प्रार्थना, यज्ञ, व्रत आदि कर्म-कांडों में अपना समय बिताते हैं. बुद्धि की अनेक फैकल्टी होती है. जिसकी बुद्धि ईश्वर के मामले में सोयी हो उसकी राजनीति में, चोरी में, ठगी में, धोखाधड़ी, शोषण आदि में जागी हो सकती है. इसलिए बेईमानों और दुराचारियों की इन तथाकथित धार्मिक कृत्यों में अधिक संलिप्तता पायी जाती है. दशहरा, दीवाली, गणेश-महोत्सव, जन्माष्टमी, सावन में बाबाधाम, सरस्वती पूजा इत्यादि जितने भी धार्मिक कृत्य हैं, उनमें ये बढ़-चढकर हिस्सा लेते हैं. लाउडस्पीकर बजाते हैं, पटाखे छोड़ते हैं, नशापान करते हैं और अपने को स्थापित करने का हर प्रयास करते हैं. इसमें बाधा आने पर मारपीट करते हैं. गोली भी चलाते हैं. विसर्जन के दिन सड़कों पर इनकी बादशाहत देखते ही बनती है. इनकी सेवा में पुलिस की गाड़ी वज्रयान सहित साथ-साथ चलती है.

कुछ आस्तिक जिनकी बुद्धि खुराफाती नहीं है, वे किसी लाभ में पूजा पर ध्यान लगाते हैं. इनमें से कई लोगों के भगवान के साथ व्यावसायिक संबंध होते हैं. वे सशर्त पूजा करते हैं. हे छठ माई, अगर आप मेरे बेटे को नौकरी लगा देंगी तो मैं आपको 10 साल तक सूप चढ़ाऊँगी. किसी को कहीं से कोई लाभ मिल गया, किसी पर हाथ साफ कर दिया तो झट हनुमान मंदिर चले जाते हैं. चंदन-टीका लगाकर पूरी भक्ति से लड्डू चढाते हैं. नयी गाड़ी खरीदते हैं तो भी हनुमान मंदिर दौड़ पड़ते हैं. गाड़ी को सिंदूर लगा देते हैं, माला पहना देते हैं, स्वस्तिक का चिह्न बना देते हैं. खुश होकर घर लौटते हैं. कभी हानि के भय से पूजा की जाती है. भय की आशंका जब बहुत गहन हो जाती है तो ऐसे आदमी देवी-देवता की तरफ दौड़ पड़ते हैं. मेरा बच्चा बच जायेगा तो हे दुर्गा माई, आपको जीव के बदले जीव दूँगी. अगर आदमी का बच्चा बच गया तो बकरी या भैंस के बच्चे की खैर नहीं! धूमधाम से बलिदान पड़ता है. मृतक पशु का सर पुरोहित के और धड़ जजमान के हिस्से में. छठ माई के डर से जनसाधारण थर-थर काँपता है. अगर छठ का प्रसाद जूठा हुआ तो चरक फूटना तय है. डर के मारे एक भी आदमी छठ पूजा के पहले प्रसाद को चख नहीं सकता. इस तरह के भयभीत आस्तिक भी परमात्मा की शरण में जाते हैं.

उधर नास्तिक बेचारों की भी स्थिति इससे बहुत अच्छी नहीं होती. वे अगर्चे

पूजा-पाठ, कर्मकांड, ईश्वर आदि का खूब उपहास उड़ायेंगे, लेकिन जीने का सहारा उनको भी चाहिए. इसलिए उनके भी दो भेद हैं—आस्थावादी और संदेहवादी. आस्थावादी कहीं न कहीं अपनी आस्था के लिए अवलंब ढूँढ़ ही लेते हैं. कोई कार्ल मार्क्स में अपनी श्रद्धा लगायेगा, तो कोई माओ में, कोई लोहिया में, तो कोई चार्वाक में. उनके लिए वही भगवान समान हैं. अगर उनका कोई विरोध करे तो बर्दाश्त के बाहर हो जाता है. इसके बावजूद मैं मानता हूँ कि मुर्दा चीजों में आस्था रखने से बेहतर है ऐसे महान् विचारकों के विचारों में आस्था रखना. संदेहवादी सबके प्रति संदेहशील होता है. संदेह का मतलब है न विश्वास और न अविश्वास. कहते हैं, ये अगर अपने संदेह को बढ़ाते जायँ तो संदेह की चरम सीमा आ सकती है. ऐसी स्थिति एक दिन आ सकती है जब संदेह पर ही संदेह होने लगे. ओशो कहते हैं उस समय तत्क्षण संदेह श्रद्धा में बदल जाता है. ऐसी श्रद्धा उत्पन्न होते ही ज्ञान प्रकट हो जाता है. गीता कहती है- 'श्रद्धावान् लभते ज्ञानम्'. यह असली श्रद्धा है. यह श्रद्धा अपने आप में एक उपलब्धि है. तथाकथित आस्तिक की श्रद्धा नकली होती है, वह किसी भी क्षण बदल जाती है. मैं अनुभव से जानता हूँ कि मेरे प्रति एक समय जो अटूट श्रद्धा रखते थे, एक समय ऐसा आया कि वह टूट गयी. क्यों? क्योंकि सम्यक् संदेह के पहले ही श्रद्धा आ गयी थी. व्यावहारिक जीवन में ऐसी ही कामचलाऊ श्रद्धा देखी जाती है, जिसका कोई मोल नहीं.

इस तरह परमात्मा की तरफ गतिशील संसार में मनुष्य की तीन मुख्य श्रेणियाँ हुई. पहली श्रेणी का आदमी ईश्वरीय अनुभूति से बहुत दूर है. दूसरी श्रेणी का आदमी नजदीक आ रहा है और तीसरी श्रेणी का नजदीक आ चुका है. प्रथम श्रेणी में पूर्णतः सोये मनुष्य आते हैं. दूसरी श्रेणी में चिंतक, विचारक, वैज्ञानिक आदि आते हैं. तीसरी श्रेणी में भक्त और संत आते हैं. पहली श्रेणी को भेड़ियाधसान आस्तिक, दूसरी श्रेणी को नास्तिक और तीसरी श्रेणी को सच्चा आस्तिक कह सकते हैं. परमात्मा की खोज की पात्रता सच्चे आस्तिक रखते हैं जिनका संदेह मिट गया है. विवेकानंद का आरंभिक जीवन एक नास्तिक का था. रामकृष्ण के सत्संग में उनका संदेह मिटा और श्रद्धा आयी.

24.09.09

❖

हानि लाभु जीवनु मरनु जसु अपजसु बिधि हाथ

तुलसीदास कहते हैं कि हानि-लाभ, जीवन-मरण और यश-अपयश विधाता के हाथ में है. भेड़ियाधसान आस्तिक इसे सीधे सच मान लेता है, लेकिन नास्तिक तर्क-वितर्क करता है. वह कहता है कि जो आज अज्ञात है, कल उसे विज्ञान ज्ञात कर लेगा. एक दिन ऐसा आयेगा कि कुछ भी अज्ञात सत्ता के हाथ में नहीं रह जायेगा. इसलिए विधाता या परमात्मा की धारणा नितांत काल्पनिक और भ्रममूलक है. कुछ दूसरे प्रकार के नास्तिक भी हैं जो भिन्न नजर से देखते हैं. उनको लगता है कि कुछ चीजें जरूर विधाता (अज्ञात सत्ता) के हाथ में हैं, लेकिन कुछ चीजें तो अपने हाथ में हैं. माना कि जन्म मैंने अपनी इच्छा से नहीं लिया. उसके बारे में कुछ पता नहीं. मरण का भी पता नहीं कब, कहाँ, कैसे हो जाय? किन्तु हानि-लाभ, यश-अपयश तो बहुत कुछ अपने हाथ में है, फिर क्यों तुलसीदास सबके बारे में समान राय रखते हैं?

हम जरा गौर करें तो स्पष्ट होगा कि हानि-लाभ, जीवन-मरण और यश-अपयश फल हैं जो हमारे कर्मों से प्राप्त होते हैं. गीता कहती है- 'कर्मण्येवाऽधिकारस्ते मा फलेषु कदाचन'. तुम्हारा केवल कर्म पर अधिकार है, फल पर नहीं. क्यों फल पर अधिकार नहीं है? क्योंकि फल समष्टि से आता है. फल में केवल हमारा हाथ नहीं रहता, उसमें कई शक्तियाँ काम करती हैं. उसके बाद फल का स्वरूप निर्धारित होता है. कहते हैं द्रौपदी को नग्न करने में दुःशासन ने सारी शक्ति लगा दी, लेकिन द्रौपदी नग्न नहीं की जा सकी. हम लाभ कमाने जाते हैं, हानि मिल जाती है. हम यश पाना चाहते हैं, अपयश मिल जाता है. प्रायः हर आदमी की शिकायत रहती है कि लोग मुझे ठीक से पहचान नहीं पा रहे हैं. यहाँ तक कि लोहिया के जीवनी लेखक ओंकार शरद ने भी लिखा है—'सच तो यह है कि डॉ. लोहिया के चालीस साल के राजनीतिक जीवन में कभी उन्हें देश में सही माने में समझा नहीं गया.'

बहुत बार ऐसा भी देखा जाता है कि फल पूर्णतः कर्म पर निर्भर करता है. अगर

हम सम्पूर्ण एकाग्रता से फलाकांक्षारहित होकर पूर्ण कर्म करें तो फल उससे निकल आता है. ऐसी परिस्थिति में फल कर्म के अधीन रहता है. लेकिन मेरा मूल प्रश्न यह है कि कर्म की सामर्थ्य और उसे क्रियान्वित करने की आकांक्षा हमें कहाँ से प्राप्त होती है? वह भी तो अपने वश में नहीं है! मुझे तो लगता है कि जिसको हम अपना वश कहते हैं, वह भी अपने वश में नहीं है! इसीलिए मैं कहता हूँ कि अगर मुझमें कर्म की प्रेरणा है तो यह परमात्मा की इच्छा है. जिस समय कोई व्यक्ति परमात्मा की मर्जी पर सबकुछ छोड़ देता है, उस समय उसकी जीवन-ऊर्जा परमात्मा की ऊर्जा के तालमेल में आ जाती है. उनके बीच एक संतुलन, एक संगीत और एक सामंजस्य फलित होता है. मुझे तो मलूकदास की ये पंक्तियाँ प्यारी लगती हैं—

अजगर करै न चाकरी पंछी करै न काम
दास मलूका कह गये सबके दाता राम

लोगों ने समझा यह काहिलों का दर्शन है. मुझे इसमें दूसरी चीज दिखाई पड़ती है. एक निश्चिंतता, एक बेपरवाही, एक फक्कड़पन. अस्तित्व के साथ एक सामंजस्य स्थापित करने का भाव.

परमात्मा का यह अर्थ मेरे मन में नहीं है कि कोई मेरी मदद के लिए बैठा हुआ है और न यह अर्थ कि कोई शैतान मुझे तंग कर रहा है. परमात्मा का अर्थ केवल इतना है कि अनंत ब्रह्माण्ड में मैं एक तिनका हूँ. बह रहा हूँ. पृथ्वी अपनी कील पर शून्य में घूम रही है और अपनी कक्षा में दौड़ रही है. कहाँ से ऐसी व्यवस्था आयी? सारा ब्रह्मांड एक सुनियोजित व्यवस्था में चल रहा है. कोई एक व्यवस्था है जरूर जिसके तहत सब कुछ एक योजनाबद्ध तरीके से चल रहा है. उसी विराट योजना का एक हिस्सा मैं भी हो सकता हूँ. वह जो जागतिक व्यवस्था है, ऊर्जा है, उसी को मैं परमात्मा कह लेता हूँ.

लेकिन इसका मतलब यह नहीं कि जो अज्ञात है, उतना ही भर परमात्मा है. दरअसल ज्ञात-अज्ञात, दृश्य-अदृश्य का तो प्रश्न ही नहीं है. जो कुछ है, वह परमात्मा है—'सर्वं खलु इदं ब्रह्मं.' लेकिन ब्रह्म को जानना अभी हमारा सत्य नहीं है. इसका यह भी मतलब नहीं कि जितना भर हम जानते हैं, उतना ही भर सत्य है. जो मैं नहीं जान रहा हूँ उसे स्वीकारना और नकारना दोनों गलत होगा.

कामनायें मनुष्य के भीतर पैदा हो रही हैं, उनकी पूर्ति के प्रयास चल रहे हैं. सफलतायें-विफलतायें प्रकट हो रही हैं. इनके होने में दो भाव हो सकते हैं—कर्ता और अकर्ता के. पहला भाव कहेगा. कामनायें मैं पैदा कर रहा हूँ. सफल मैं हो रहा हूँ. विफल मैं हो रहा हूँ. मेरी दृष्टि दूसरी है—अकर्ता वाली. वही पैदा कर रहा है, वही सफल हो रहा है. वही विफल हो रहा है, वही सुख पा रहा है, वही दुख पा रहा है.

मैं केवल निमित्त हूँ—माध्यम हूँ. मैं कठपुतली हूँ—**सबहिं नचावत राम गुसाई.** मैं नाचने वाला हूँ. नचाने वाला कोई और है. अभी मैं इसी भाव-दशा में हूँ. संभव है, कल यह भावदशा बदल जाय.

एक अच्छे ब्लॉगर मित्र संजय ग्रोवरजी कहते हैं -'विज्ञान ने 90 प्रतिशत अज्ञात को ज्ञात कर लिया है.' यह तो तभी कहा जा सकता है जब यह मालूम हो कि कितना ज्ञात करना है. जिसे ज्ञात करना है, वही अगर असीम हो, अनंत हो तो वहाँ इस तरह का गणित काम नहीं आने वाला. 100 एक निश्चित संख्या है, लेकिन अनंत ब्रह्माण्ड असीमित है, इसलिए उसका कोई प्रतिशत नहीं हो सकता. मैं विज्ञान के पिता आइन्सटीन के हवाले से ही जानता हूँ कि वे अथाह ज्ञान-सागर के तट पर मात्र एकाध कण चुन पाये हैं. ब्रह्मांड अनंत है. वैज्ञानिक जितना ही खोजता जायेगा, उतना ही ज्यादा अज्ञात का उद्घाटन होता चला जायेगा. वह कभी भी पूरे रहस्य से पर्दा नहीं उठा पायेगा.

लेकिन पदार्थ पर से मनुष्य पर्दा हटा भी दे तो क्या फायदा अगर स्वयं परदे में रह जाय! अगर आदमी को यही मालूम न हो सके कि मैं कौन हूँ तो संसार को जानने से क्या लाभ? पदार्थ को जानने से ज्यादा जरूरी है अपनी चेतना को जानना. इसे जानने के दो तरीके बताये गये हैं—संकल्प और समर्पण. इसे ही ध्यान और प्रेम कहा गया है. मैं जब कहता हूँ कि सब कुछ परमात्मा करता है तो इसका मतलब है कि मैंने समर्पण कर दिया है, क्योंकि मैं प्रेम-पथ का पथिक हूँ.

25.09.09

❖

आत्महत्या का अधिकार

कोई भी आदमी मरना नहीं चाहता है, चाहे जितने दुख में हो. ऊपर से भले बोल दे कि हे विधाता, अब मुझे उठा लो. लेकिन अगर सचमुच मृत्यु आ जाय तो वह घबरा जायेगा और यमदूत से कहेगा—"नहीं, नहीं, मेरे कहने का मतलब दूसरा था. मैं तो कहना चाहता था—मेरे दुख को उठा लो, मुझे छोड़ दो. आप गलतफहमी में आ गये हुजूर. कृपया लौट जायँ. मैं बिल्कुल ठीक हूँ." जब तक आशा बची रहती है, तब तक मनुष्य मरना नहीं चाहता है. आशा उसे जिलाये रखती है. आशा आत्महत्या निरोधक है. ऐसा आदमी भी अगर कभी मृत्यु का आलिंगन कर लेता है, तो इसका अर्थ है कि दुख साधारण नहीं होगा. वह सहने की सीमा के पार चला गया होगा.

यह विरोधाभास है कि आत्महत्या का निर्णय वही व्यक्ति लेता है जो जीवन के प्रति घनघोर आसक्त होता है. जो जीवन खूब जीना चाहता है, लेकिन अपनी शर्तों पर. शर्त अगर पूरी न हो तो वह आत्महत्या कर लेता है. जो बेशर्त जीता है, उसके मन में आत्महत्या का ख्याल कभी नहीं आता. जिंदगी का मजा तो बेशर्त जीने में है. लेकिन बहुत कठिन है बेशर्त जीना. जीवन की गहन समझ जिन्हें आती है, वही बेशर्त जीने में सक्षम होते हैं, वरना हम तो पग-पग पर जीने के लिए शर्त रखते हैं.

यहाँ विचारणीय मुद्दा है कि क्या आत्महत्या करने वालों को जिलाये रखने में कानून सक्षम है? मुझे तो नहीं लगता है, क्योंकि जिसे मृत्यु का ही भय नहीं रहा, उसे कानून का क्या भय होगा? जीवन में सबसे बड़ा भय मृत्यु का होता है. उससे बड़ा भय यदि कोई हो सकता है तो यही कि हमें निरंतर पीड़ा में न रहना पड़े. उससे मौत भली. और आत्महत्या विरोधी कानून मनुष्य को मौत से भी बड़ा दुख देने का क्रूर उपाय है. जो आदमी जीवन ही नहीं रखना चाहता है, कानून उसका क्या बिगाड़ेगा? हाँ, जो आत्महत्या के प्रयास में विफल हो जाता है, कानून उसे ही पकड़ता है. जिसने आत्महत्या की, उसको स्वर्ग या नरक से पकड़ कर लाने का कोई उपाय

नहीं, उसे दंडित करने का कोई साधन नहीं. यह कानून केवल उसके लिए है, जो बच गया. एक तो बेचारे पर असह्य दुख पड़ा जिससे परेशान होकर वह मरना चाह रहा है. दैवयोग से वह बच गया तो उसे सहानुभूति की जरूरत है. उस अवस्था में भी उसे पुलिस और कचहरी का एक नया दुख देना कहाँ तक मुनासिब है? इस कानून के कारण आत्महत्या करने वाला ऐसी तैयारी करेगा ताकि बचने का कोई उपाय ही न रहे. इस कानून के रहते पुलिस के डर से उसका उचित इलाज भी नहीं हो पाता है, वह मरने को बाध्य होता है. जिसे बचाया जा सकता था, कानून के डर से लोग विवश होकर उसे मरने देते हैं. इस कानून की विडंबना यह है कि यह जिलाने में नहीं मारने में सहायक है. इसलिए इस कानून को यथाशीघ्र हटना चाहिए.

आत्महत्या का अधिकार असहायों, वृद्धों, रोगियों, अपाहिजों, भिखारियों आदि के लिए सुखदायी होगा. एक उदाहरण से स्पष्ट करना चाहूँगा. एक वृद्ध व्यक्ति है. उसकी देखभाल करने वाला कोई नहीं है. वह इतना असमर्थ है कि उठकर शौच भी नहीं जा सकता. वह बिछावन पर पड़ा-पड़ा मल-मूत्र त्याग कर रहा है. नरक में कराह रहा है. अगर वह किसी को कहे कि मुझे कृपाकर जहर दे दो तो इसमें क्या परेशानी है? लेकिन कानून के डर से कोई भी आदमी उसे जहर नहीं देगा, क्योंकि तब उस पर हत्या का आरोप लग जायेगा. यहाँ कानून उसे नरक में जीने को मजबूर कर रहा है! सड़क पर पड़े-पड़े ऐसे अनेक भिखारी मिलेंगे जो जाड़े की कड़ाके की ठंड में भी मौत के दिन गिन रहे हैं. या तो समाज और देश इतना अच्छा हो जाय कि हर असहाय की सहायता के लिए वृद्धाश्रम हो जहाँ उसकी उचित सेवा हो सके, लेकिन जब तक समाज और देश ऐसा नहीं है, तब तक इस पीड़ादायी कानून को ही हट जाना चाहिए.

ऐसा भी बहुत देखा जाता है कि एक आदमी असाध्य बीमारी से पीड़ित है. उसकी मृत्यु तय है. असीम दर्द में वह रात-दिन पड़ा है. परिवार वाले सेवा करते-करते स्वयं बीमार पड़ने लगे हैं. रोगी और परिवार सबकी इच्छा है कि हे भगवान् अब बुला लो. लेकिन कानून दीवार बनकर खड़ा है! यहाँ पर इस कानून का एक ही काम है मरीज और उसके परिवार की पीड़ा को लंबा करना!

इससे कुछ भिन्न प्रकार के लोगों के लिए भी आत्महत्या का अधिकार सुखदायी है. एक आदमी बिल्कुल अकेला है. दुनिया में उसका कोई नहीं है. उसे किसी से मतलब नहीं है. दुनियावालों को भी उससे कोई मतलब नहीं है, क्योंकि मतलब हमेशा दो तरफा होता है. वह जीवन से ऊब चुका है. मरना चाहता है. कानून क्यों उसे आत्महत्या से रोकेगा? रोककर किसको क्या फायदा पहुँचायेगा? अगर कोई कहे कि समाज को फायदा हो सकता है, इसलिए समाज चाहेगा कि वह व्यक्ति जिंदा रहे.

अगर वह व्यक्ति वास्तव में समाज के लिए उपयोगी है तो समाज उसे अकेला नहीं छोड़ेगा, उसके जीवन में प्रेम भरेगा और उसकी मरणेच्छा को जीवनेच्छा में बदल देगा. अगर कोई ऐसा न करे और सिर्फ उस व्यक्ति का शोषण करना चाहे तो किसी व्यक्ति को इतनी स्वतंत्रता होनी चाहिए कि वह अपने को शोषित होने से बचा ले.

इस कानून के विरुद्ध बड़े पैमाने पर आवाज नहीं उठती है, क्योंकि आत्महत्या करने वालों पर इसका अंकुश काम नहीं करता है. कानून के रहते कोई भी आदमी अपना काम तमाम बिना किसी खास बाधा के कर सकता है. इस कानून के उठ जाने से एक फायदा यह भी संभव है कि विक्षिप्त टाइप के जो लोग सामूहिक आत्मदाह का नाटक करते हैं, वे नाटक करना बंद कर देंगे. लेकिन जो इसका उपयोग समाज और सरकार को धमकाने के लिए करना चाहते हैं, उन्हें धमकाने के आरोप में गिरफ्तार करना चाहिए. कुछ लोग सरकार को घेरने के लिए और जनता में सहानूभूति की लहर पैदा करने के लिए सामूहिक आत्मदाह करना चाहते हैं. यह लड़ाई का एक आत्मघाती तरीका है. उग्रवादियों-आतंकवादियों और उनमें बस इतना-सा ही फर्क है कि एक दूसरे को मारना चाहता है और वे अपने आप को. एक बात में दोनों समान हैं कि दोनों अपनी बातें मनवाने के लिए हिंसा का सहारा लेते हैं.

आत्महत्या का अधिकार उसे मिलना चाहिए जो कामनारहित होकर मरना चाहता है. किसी से कोई गिला-शिकवा नहीं. ऐसा आदमी शांति से मरना चाहे तो मर सकता है. यह बात दीगर है कि ऐसा आदमी मरना नहीं चाहता है. दूसरों के प्रति शिकायत से भरा आदमी ही आत्महत्या करता है.

आत्महत्या के अधिकार के पीछे एक दृष्टि और है. देश अति आबादी से पीड़ित है. अगर नकारा आदमी मरकर देश का भार हल्का करना चाहते हैं, तो देश को क्यों आपत्ति हो? खास कर उस देश में जहाँ 'नकारा' को 'सकारा' बनाने का कोई प्रबंध न हो? आत्महत्या के अधिकार का दुरुपयोग न हो, इसके लिए उसमें उपयुक्त निर्देश रहना लाजिमी है.

6.10.09

❖

ज्योतिष : विज्ञान भी, अंधविश्वास भी

खंडहर बताता है कि इमारत बुलंद रही होगी. ज्योतिष शास्त्र के खंडहर को देखकर प्रतीत होता है कि भारत की प्राचीन सभ्यता में यह विकसित विज्ञान रहा होगा. उस सभ्यता के खोने से उसके आधार सूत्र भी खो गये. आज ज्योतिष के नाम पर मदारीगिरी हो रही है. टीवी छाप और सड़क छाप ज्योतिषी धोखाधड़ी के सिवा और कुछ नहीं कर रहे है. जब तक नेता और जनता मूढ़ है. तब तक चमकदार वस्त्र पहने, माला तिलक धारण किये ज्योतिषी उनकी आँखों में धूल झोंकते रहेंगे. ज्योतिषी भले ही ठग हों, लेकिन ज्योतिष एक पूर्ण विज्ञान है. आधुनिक वैज्ञानिक विकास से ज्योतिष विज्ञान की मान्यताएँ सही पायी जा रही हैं.

ज्योतिष भविष्य में झाँकने की खिड़की है. ज्योतिष ने अनेक रास्तों से भविष्य को टटोलने की चेष्टा की है. उनमें सर्वाधिक प्रचलित है ग्रह नक्षत्रों का मानव जीवन पर प्रभाव. दूसरा है मनुष्य के हाथ, पाँव और ललाट पर अंकित चिह्नों के द्वारा भविष्य जानना. इससे भी ज्यादा महत्वपूर्ण है व्यक्ति के अतीत में प्रवेश कर उसके भविष्य को निकालना.

ज्योतिष की सबसे बड़ी मान्यता यह है कि ग्रह नक्षत्रों से जो ऊर्जा तरंगें धरती से टकराती हैं, उनका असर उस क्षण विशेष में पैदा होने वाले बच्चों पर पड़ता है. बच्चों का चित्त जन्म के समय अति संवेदनशील और कोरा होता है. जैसे कैमरे का दरवाजा खुलते ही फोटो की रील पर वह दृश्य अंकित हो जाता है जो सामने होता है, वैसे ही जन्म के समय बच्चों के चित्त में अनंत ग्रह नक्षत्रों की मिली जुली तरंगें प्रवेश कर जाती हैं. जन्म के दो रूप हैं—पहला जन्म वह है जब आत्मा गर्भ धारण करती है. दूसरा जन्म वह है जब वह शरीर बनकर पेट से बाहर आती है. पहला जन्म दूसरे जन्म से ज्यादा मूल्यवान है. यही कारण है कि भारतीय संस्कृति में खास तरह की संतान को जन्म देने के लिए खास ग्रह दशा में माता पिता के शारीरिक संपर्क का विधान था जो आज खो गया है.

यहाँ पर एक सीधा-सा प्रश्न उठता है कि एक क्षण में जब हजारों बच्चे जन्म लेते हैं तब वे एक समान क्यों नहीं होते? वे भिन्न भिन्न क्यों होते हैं? इस विषय पर अभी बहुत सारे वैज्ञानिक अनुसंधान होने बाकी हैं. लेकिन दो अनुसंधानों से इस पर कुछ प्रकाश पड़ता है. अमेरिकी वैज्ञानिक फ्रैंक ब्राउन की आस्था ज्योतिष में नहीं थी, लेकिन उन्होंने कुछ प्रयोग किये. मिलिट्री के बड़े-बड़े जनरलों और सेनापतियों की जन्मकुंडलियाँ उन्होंने इकट्ठी कीं और उनके अध्ययन से पाया कि उनके जन्म की ग्रह दशा एक थी. उस समय मंगल जन्म ले रहा था. इसी तरह कवि, गणितज्ञ, आदि के जन्म के समय की ग्रह दशा भिन्न भिन्न पायी गयी. दूसरा उदाहरण जुड़वाँ बच्चों का है. दो प्रकार के जुड़वाँ बच्चे होते हैं—दो अंडों से उत्पन्न और एक ही अंडे से उत्पन्न. एक अंडे से उत्पन्न बच्चों के गर्भधारण और जन्म लेने का क्षण एक होता है. इसलिए उनके रंग-रूप, स्वभाव, बुद्धि-स्तर प्रायः समान होते हैं. वे एक साथ बीमार पड़ते हैं, एक साथ स्वास्थ्य लाभ करते हैं. मरते भी एक साथ हैं. अधिक से अधिक मृत्यु में तीन महीने का अंतर होता है.

यहाँ एक प्रश्न और उठता है कि अगर ग्रह नक्षत्रों से ही व्यक्तित्व आकार ग्रहण करता है तब तो मनुष्य पूरी तरह उनका गुलाम हुआ? इस पर ज्योतिष को गहराई से जानने वालों का कथन है कि बच्चा स्वयं अचेतन में ही सही उन ग्रह नक्षत्रों को चुनता है जिनके प्रभाव में जन्म लेना चाहता है.

जन्म-क्षण के अतिरिक्त ज्योतिष अतीत के माध्यम से भविष्य को खोलने का प्रयास करता है. कहते हैं कि मनुष्य जिस भी ग्रह पर, जब कभी जिस भी रूप में रहा होता है, वे सारे स्वभाव संस्कार रूप में उनके अंदर संरक्षित रहते हैं, जिन्हें खोला जा सकता है. भगवान् महावीर ने खोलने की क्रिया ईजाद की थी और उसका नाम 'जाति स्मरण' दिया था. आधुनिक पश्चिमी विचारक रान हुब्बार्ड ने इसे 'टाइम ट्रेक' कहा है. इसके माध्यम से मनुष्य अतीत में पुनर्प्रवेश कर कई गाँठें खोल सकता है और कई बीमारियों से निजात पा सकता है जिनका सफल इलाज आमतौर पर नहीं होता.

हाथ, पाँव, ललाट आदि पर अंकित चिह्नों के द्वारा भी भविष्यवाणियाँ करने की ज्योतिष में परंपरा है. लेकिन ये बहुत ही सतही घटनाएँ हैं. इससे गहरी और जीवंत मन पर अंकित रेखाएँ होती हैं. मनुष्य का शरीर मन का अनुगामी होता है. मन में परिवर्तन होने से शरीर के चिह्न भी परिवर्तित हो जाते हैं. यही कारण है कि हस्तरेखाओं पर मेरा भरोसा कभी नहीं रहा. मैंने केवल मन पर भरोसा किया है. उसकी शक्ति को पहचाना है. लेकिन कहते हैं मन के भी कई गहरे तल होते हैं. उनकी गहराई में उतर कर वर्तमान को जाना जा सकता है और उसके द्वारा भविष्य

को. कहा जाता है कि मनुष्य के भीतर कई योग चक्र होते हैं जिनमें जन्म-जन्मांतर की संपदा संग्रहीत होती है. जो इन चक्रों पर काम करते हैं और उन्हें खोलते हैं, वे भविष्य को आसानी से जान लेते हैं.

संक्षेप में, ज्योतिष की सबसे गहरी खोज यह है कि हम एक हैं, सारा ब्रह्मांड एक है. हम एक दूसरे से जुड़े हैं, अलग-थलग नहीं हैं. ब्रह्मांड की प्रत्येक घटना के हम भागीदार हैं. इस तरह ज्योतिष हमारे अहंकार को गलाता है. अगर हमारे भीतर यह भाव आता है कि हम अपार शक्ति प्रवाह की एक लहर हैं तो अहंकार टूटता है और हम दुख सुख के ऊपर आनंद लोक में प्रवेश करते हैं. लेकिन ऐसा भाव पैदा नहीं कर हम बाजारू ज्योतिषियों के पास यह जानने चले जाते है. कि मैं प्रधानमंत्री बनूँगा कि नहीं, धंधे में लाभ मिलेगा कि नहीं, मुकदमा जीतेंगे कि नहीं, बेटी का ब्याह कब होगा, बेटे को नौकरी कब लगेगी इत्यादि. यह काम ज्योतिष का नहीं है. ज्योतिष के लिए यह गैर जरूरी चीज है. इसके पीछे हजारों राजनीतिक, सामाजिक, सांस्कृतिक कारण होते हैं. ज्योतिष यह बता सकता है कि जातक के अंदर कवि छिपा है या गणितज्ञ, राजनीतिज्ञ है या संत, धूर्तता है या सरलता, शांति है या अशांति. ज्योतिष किसी के मूल स्वभाव को बता सकता है. कोई राजनेता प्रधानमंत्री बनेगा या नहीं, यह ज्योतिष का विषय नहीं है. कोई बच्चा आई.ए.एस. बनेगा या प्रोफेसर यह उसका क्षेत्र नहीं है. हाँ, रुझान बताया जा सकता है प्रशासन की तरफ या कला की तरफ. वह अंदरूनी चीज बता सकता है, बाहरी नहीं.

ज्योतिष का दूसरा बड़ा उपयोग यह है कि हम जान सकें कि बच्चा जो पैदा हुआ है, उसकी संभावना क्या है उसके वैसा बनने की सुविधा हम जुटा सकते हैं. वह जो बनने वाला है, उससे भिन्न बनाने के व्यर्थ श्रम और संघर्ष से हम बच सकते हैं. जो अनिवार्य है उसके साथ सहयोग कर सुखी और शांत हो सकते हैं. ज्योतिष एक तरफ हमें जीवन की अनिवार्य सच्चाई से अवगत कराता है जिसके साथ केवल राजी हुआ जा सकता है, उसे बदला नहीं जा सकता, दूसरी तरफ जीवन के ऐसे तथ्यों से भी अवगत कराता है जिनका होना अनिवार्य नहीं है जिन्हें बदला जा सकता है, जिनका विकल्प खोज कर जीवन को अधिक सुंदर बनाया जा सकता है.

ज्योतिष विज्ञान की सहायता से कई रोगों का इलाज सफलतापूर्वक किया जा सकता है. लगभग पाँच सौ वर्ष पूर्व पैरासेलीसस नामक चिकित्सक जन्मकुंडलियाँ देखकर मरीजों को ठीक किया करते थे. उनकी मान्यता थी कि प्रत्येक नक्षत्रों की अपनी ध्वनि होती है. सभी नक्षत्रों की ध्वनियाँ मिलकर संगीत पैदा करती हैं. जन्म के समय नक्षत्रों का जो संगीत होता है, वही बच्चों का अन्तर्संगीत हो जाता है. भीतरी संगीत के बिगड़ने से मनुष्य बीमार पड़ता है. उसी की पुनर्स्थापना से स्वास्थ्य लाभ

होता है. लेकिन उनका प्रयोग उन्हीं के साथ खो गया. उनके पहले पाइथागोरस ने इस पर प्रयोग किया था.

निष्कर्षतः ज्योतिष विज्ञान की सारभूत विशेषता यह है कि सारा संसार एक संयुक्त परिवार है. क्षेत्र, भाषा, जाति, सम्प्रदाय, रंग-रूप के भेद ऊपरी हैं. अंदर से हम मानव एक हैं. इसलिए हम एक दूसरे के लिए अगर जीते है तो उसी हार्मनी में पहुँचते हैं जहाँ संगीत है, आनंद है.

जून, 2009

❖❖❖

मट्टुक-जूली की डायरी

भाग दो

मटुक-जूली की डायरी

भाग 2

मटुक नाथ चौधरी
जूली

वाणी प्रकाशन

वाणी प्रकाशन
ज्ञान के विविध आयामों के प्रकाशक

वाणी प्रकाशन का 'लोगो' विख्यात चित्रकार मक़बूल फ़िदा हुसेन की कूची से

वाणी प्रकाशन, 4695, 21-ए, दरियागंज, नयी दिल्ली-110002
वाणी प्रकाशन, अशोक राजपथ (पटना कॉलेज के सामने), पटना (बिहार)

MATUK-JULI KI DIARY-2
by Matuk Nath Chaudhary
Juli

Diary

ISBN : 978-93-5000-170-7

प्रथम संस्करण

मूल्य : 395/-

वाणी प्रकाशन
फोन : 0091#11#23273167, 23275710
फैक्स : 0091#11#23275710
वेबसाइट : www.vaniprakashan.in
ई-मेल : vaniprakashan@gmail.com
vani_prakashan@yahoo.com

आर.टेक ऑफसेट प्रिंटर्स द्वारा दिल्ली-110095 में मुद्रित

समर्पण

पटना विश्वविद्यालय को समर्पित
जिसने मुझे बर्खास्त कर
विश्राम और सृजन का सुख
प्रदान किया

भाषाबद्ध करबि मैं सोई

पिछले कुछ सालों से हमारे साथ जो घटनाएँ घटती रही हैं, परिवेश की टकराहट से जो विचार और भाव उत्पन्न होते रहे हैं, उन्हें भाषाबद्ध करने का समय अब आ गया है. तुलसीदास के शब्दों में कहूँ—**भाषाबद्ध करबि मैं सोई.**

हमारे दैनंदिन जीवन में प्रतिदिन कुछ न कुछ घटता है. हम उससे प्रति संवेदित होते हैं. उस प्रतिसंवेदन को अपने ढंग से लिपिबद्ध करना डायरी है. मुझ जैसे अज्ञानी व्यक्ति को अगर लेखक बनना हो तो सबसे सुगम तरीका डायरी लिखना है. इसके लिए किसी पुस्तक की गहराई में उतरने की जरूरत नहीं है. व्यापक अध्ययन की मजबूरी नहीं है. केवल अंतः बाह्य परिस्थितियों के प्रति सजग रहने की आवश्यकता है. जो व्यक्ति जितना अधिक सजग होगा, उसकी डायरी उतनी मर्मस्पर्शी, यथार्थ और गहरी होगी.

डायरी का विषय कुछ भी हो सकता है. शर्त इतनी है कि विषयी उससे आंदोलित हो गया हो, क्योंकि डायरी विषय और विषयी का सीधा संबंध है. बालपन में स्कूल में डायरी की एक विचित्र रूढ़िबद्ध धारणा संस्कार रूप में बैठा दी गयी थी. मास्टर साहब का सख्त निर्देश था प्रतिदिन डायरी लिखकर लानी है. सभी लड़के सब दिन एक ही डायरी लिखा करते थे! कोई नहीं लिख पाया तो स्कूल में ही शिक्षक की मार के डर से हबड़-हबड़ किसी की कॉपी से उतार कर डायरी जमा कर दी. डायरी का थाक मास्टर साहब की टेबुल पर जमा होता. उन सबों पर घंटी लगने तक वे हस्ताक्षर करते रहते. इससे थोड़ा समय निकालकर जो लिखकर नहीं लाता था, उसकी खबर लेते थे. जिस समय वे सबकी कॉपियों पर हस्ताक्षर कर रहे होते, उस समय सभी बच्चे बातचीत, खेलकूद, चुट्टी काटना आदि खेलों में मगन रहते. कभी बहुत शोर होने लगता तो नजर उठाकर छड़ी पटकते हुए मास्टर साहब जोर से बोलते—ऐ हल्ला! क्षण भर के लिए सन्नाटा! फिर शिक्षक अपने काम में और बच्चे अपने काम में! प्रतिदिन हमलोग जो एक ही डायरी लिखते थे, उसका एक नमूना द्रष्टव्य है—"मैं

प्रातःकाल सोकर उठा. शौचादि क्रिया से निवृत्त होकर स्नान तथा जलपान किया. दस बजे पढ़ने स्कूल गया. ...रात में खाना खाकर निद्रा देवी की गोद में सोने चला गया.'' उस समय माँ जैसी ममतामयी किसी स्त्री का चित्र 'निद्रा देवी' के रूप में मन में उभरता. इसीलिए तो निद्रा देवी की गोद में सोने चला जाता था! मास्टर साहब को भी कहाँ पता था कि निद्रा देवी की गोद में जाने का अर्थ ही सो जाना होता है. अलग से 'सोने' शब्द लिखने की जरूरत नहीं थी.

एक ही डायरी रोज लिखने के कारण वह याद हो गयी थी. बिना श्रम के पाँच मिनट में लिखकर जमा कर देते थे. सुचारु रूप से चल रहे इस काम में बाधा तब पड़ी जब उनकी जगह दूसरे मास्टर आ गये और उन्होंने फरमान जारी किया—'जो काम तुम रोज करते हो, उसे ही सच-सच डायरी में लिखना है.' यह आदेश रस-भंग था! बड़ी आफत हो गयी, क्योंकि जो मास्टर साहब कहते हैं नहीं करने के लिए वही तो हम रोज-रोज करते हैं! अगर उसे हम लिखते हैं तो मार पड़ती है और नहीं लिखते हैं तो मार पड़ती है—**दुहूँ भाँति उर दारुन दाहू!** जिस शिक्षा की बुनियाद उपर्युक्त प्रकार की डायरियाँ लिखवाकर डाली गयी हो, उसकी इमारत कितनी पक्की होगी!

तब से लेकर मुक्तिबोध की 'एक साहित्यिक की डायरी' तक डायरी के अनेक अर्थ समझ में आये. अब तो मन इसी बात पर स्थिर हो गया है कि जो मैं लिखता हूँ वही डायरी है, क्योंकि वस्तुनिष्ठ लेखों में भी मेरे जीवन में आये अनुभवों का संस्पर्श है.

जब से मैं 'डिसमिस' हुआ, तब से प्रतिदिन डायरी लिखने लगा और श्रीकांत प्रत्यूषजी की कृपा से वह 'सन्मार्ग' में छपने भी लगा. मैं लिखकर जूली को दिखाता. वह जो आवश्यक संशोधन और सुझाव देती उस पर विचार होता. फिर उसको अंतिम रूप दिया जाता. इस तरह मैंने देखा कि अगर उसके विचार इसमें नहीं आते तो डायरी का चेहरा कुछ और होता. कई बार तो ऐसा हुआ कि उसे कुछ बातें बिल्कुल पसंद नहीं आयीं. मैंने कहा, क्या ये जरूरी है कि जो तुम्हें पसंद आये वही ठीक हो! लेकिन उसके अड़ जाने पर दुबारा लिखा तो सचमुच उसे बेहतर पाया! इसलिए इस डायरी में जो कुछ मैंने लिखा है, वह केवल मेरी चीज नहीं है, उसमें जूली का भी योगदान है. इसके अलावा नौ लेख उनके भी इसमें शामिल कर लिये गये हैं. जैसे मेरे लेखों में उसका योगदान है, वैसे ही उसके लेखों में मेरा. ब्लू प्रिंट उसने तैयार किये, लेकिन उनमें आवश्यक संशोधन मैंने किया. ठीक उसी तरह जैसे मेरे ब्लू-प्रिंट में जरूरी संशोधन उसने किया. इस तरह जो भी लिखा जा रहा है, सोचा जा रहा है, उसमें दोनों का बराबर-बराबर हाथ है. हाँ, कम्पोजिंग कम्पलीट उन्हीं का है. वह काम मुझे नहीं आता. फिर प्रूफ-रीडिंग दोनों ने मिलकर किया है. इसलिए इन लेखों की अच्छाई-बुराई के लिए हम दोनों जिम्मेदार हैं.

इस पुस्तक के लेख बिल्कुल ताजे हैं. थोड़े पुराने लेख भी लिये गये हैं जिनकी ताजगी अक्षुण्ण है. सभी रचनाओं के नीचे तिथि दी गयी है. जिनकी तिथि ठीक याद नहीं, वहाँ महीना दे दिया है और जिनके महीने का भी स्मरण नहीं, उनका साल दे दिया गया है.

पुस्तक दो खंडों में प्रकाशित हो रही है. एक खंड बहुत मोटा होकर बोझिल हो जाता. दोनों खंडों में कुल आठ अध्याय हैं. आठों अध्यायों की माला प्रेम के धागे में पिरोकर बनायी गयी है. प्रेम, सेक्स, नारी, शिक्षा, पुनर्चिंतन, निजी प्रसंग, राजनीति और विविध विषयों पर जो विचार इनमें आये हैं, सबके केन्द्र को स्पर्श करते हुए प्रेम ही गुजरता है. पुस्तक के दोनों भागों में विविध माध्यमों से प्रेम के ही उत्कर्ष को छूने की एक चेष्टा है.

जूली ने सुझाव दिया कि इन सभी अध्यायों के नाम काव्यात्मक होने चाहिए. सारे काव्यात्मक नाम हमें तुलसीदास में मिले—प्रेम नामक अध्याय के लिए नाम है **रामहि केवल प्रेमु पिआरा**, सेक्स के लिए **सब के हृदयँ मदन अभिलाषा**, नारी के लिए **कत बिधि सृजीं नारि जग माहीं**, शिक्षा के लिए **हरइ सिष्य धन सोक न हरई**, पुनर्चिंतन के लिए **सास्त्र सुचिंतित पुनि-पुनि देखिअ**, निजी प्रसंग के लिए **निज अनुभव अब कहउँ खगेसा**, राजनीति के लिए **जासु राजु प्रिय प्रजा दुखारी** और विविध के लिए **लागे बिटप मनोहर नाना.**

पिछले पाँच वर्षों में हमें अनेक अनुकूल-प्रतिकूल लोगों से मिलने का सौभाग्य मिला. उन सबों को इसमें समेट पाना तत्काल संभव नहीं हुआ. जल्द ही शेषांश पुस्तक के तीसरे भाग में आ सकता है.

अनेक लेखों का प्रश्नकर्ता भोलाराम मेरे ही व्यक्तित्व का एक हिस्सा है. प्रश्न में भी मैं हूँ और उत्तर में भी मैं हूँ. लेकिन कभी-कभी बाहर से भी प्रश्न आये हैं जिनका समाहार भोलाराम में कर दिया गया है. बाहर से प्रश्न पूछने वालों में प्रमुख हैं मेरे परम प्रिय शिष्य सुमन कुमार. उनके प्रति आभार प्रकट करना जरूरी है.

हमने एक ब्लॉग बनाया-matukjuli.blogspot.com इसका नाम रखा **पिंजर प्रेम प्रकासिया**. यह नाम मुझे कबीर से मिला है. इस पर जो हमारी रचनाएँ प्रकाशित हुईं, उन पर गलत और सही कई टिप्पणियाँ आयीं. वे टिप्पणियाँ हमारे लिए प्रेरक रहीं और उनसे टिप्पणीकारों को भी समझने में मदद मिली. इसलिए उन अनेक टिप्पणीकारों के प्रति हम कृतज्ञता ज्ञापित करते हैं.

फोंट परिवर्तन और मैकअप में रविजी ने श्रम किया है. उन्हें धन्यवाद! इसके प्रेरक पटना विश्वविद्यालय को तो यह समर्पित ही है—**त्वदीयं वस्तु गोविंदं तुभ्यमेव समर्पये!**

❖

अनुक्रम

निज अनुभव अब कहउँ खगेसा

जासु राजु प्रिय प्रजा दुखारी

लागे बिटप मनोहर नाना

अध्याय : एक

निज अनुभव अब कहउँ खगेसा

7 जुलाई, 2006 : मुक्ति दिवस

7 जुलाई, 2006 को सैदपुर कैम्पस और सुलतानगंज थाने में हमारे साथ जो घटना हुई, वह हमारे जीवन के लिए टर्निंग प्वॉइंट साबित हुई. उस घटना के बाद से हमारे जीवन में एक बड़ा परिवर्तन आया. मुक्ति का अनुभव हुआ. कैसी मुक्ति? यातना से मुक्ति. आतंक से मुक्ति. गुलामी से मुक्ति.

वैसे स्वतंत्रता का पहला अनुभव दिसंबर, 2005 में ही हो गया था जब मैं मात्र एक शर्ट-पैंट में घर से निष्कासित कर दिया गया था. घर में दिन और रात मेरे साथ जिस तरह का दुर्व्यवहार किया जा रहा था, उससे राहत मिल गयी. मेरे ऊपर जो हजार प्रतिबंध थोप दिये गये थे, उनसे मुक्ति मिली. यद्यपि भौतिक सुविधाओं से पूर्णतः वंचित जीवन बहुत कठिन था. जैसे सम्राट् एकाएक भिखारी हो गया हो, लेकिन प्रिय से मिलने-जुलने की स्वतंत्रता मिल गयी थी जिसके लिए मैं तड़प रहा था. इससे बड़ा लाभ और क्या हो सकता था मेरे लिए. किन्तु निष्कासन के बाद भी धमकियाँ जारी थीं. आतंक का साया मँडरा रहा था. किसी भी क्षण कोई अनहोनी हो जाने की आशंका थी.

7 जुलाई, 2006 की घटना की कमान मेरे साले के समधी ने सँभाल ली थी. वे कंकड़बाग में हड्डी के डॉक्टर हैं और अपराधियों से साँठ-गाँठ रखते हैं. उनके घर पर मीटिंग हुई. तय हुआ कि हमलोगों को इस तरह से मारा-पीटा जाय कि जिम्मेदारी भीड़ पर चली जाय. उलटे हम पर जानलेवा हमला का केस कर हमें जेल भेज दिया जाय और सार्वजनिक रूप से बेइज्जत किया जाय, नौकरी से निकलवा दिया जाय. हमलावर ज्यादातर डॉक्टर के क्लीनिक के ही थे और कुछ का प्रबंध बाहर से कर लिया गया था. थाना और मीडिया मैनेज किया गया. योजना के मुताबिक पहले पत्नी को क्वार्टर पहुँचना था. कोई पूछे कि पत्नी वहाँ क्या करने गयी थी तो कहा जायेगा फल खरीदने बाजार समिति गयी थी. लौटते वक्त पति से मिलने की इच्छा हुई. इससे ज्यादा कारगर दूसरा कारण खोजा गया कि 'होश' पत्रिका में मैंने पत्नी के बारे में

अनाप-शनाप लिख दिया था, जिसका हिसाब चुकता करने गयी थी. पत्नी घर घुसकर मारपीट करेगी और रोयेगी-चिल्लायेगी कि बचाओ हमको मार रहा है. हल्ला सुन स्वभावतः क्वार्टर के लोग दौड़ेंगे. इसी बीच बाहर खड़े उनके आदमी धड़ाधड़ पहुँच कर ऑपरेशन शुरू कर देंगे. जूली का अंग-भंग करना जरूरी है. उचित समय पर पुलिस और मीडियाकर्मी पहुँचेंगे. हमारी छिछालेदर की जायेगी और 307 समेत कई दफा लगाकर हमदोनों को जेल भेज दिया जायेगा.

लेकिन आप चाहे जितनी पक्की योजना बनाइये, घटना ठीक उसी रूप में नहीं घटती है. क्योंकि उसके साथ अन्य कई अज्ञात कारण जुड़ जाते हैं. चूँकि पुलिस, पब्लिक और मीडिया उनके साथ था, इसलिए मामला बहुत कुछ उनकी योजना के अनुसार प्रचारित-प्रसारित हुआ. लेकिन अकेले हनुमान की तरह अनवरत लड़ते रहने से कुछ-कुछ अँधेरा छँटने लगा. इस संस्मरण के द्वारा घटना जिस रूप में जिस तरह घटी, उसी रूप में उसी तरह रखने का प्रयास किया जायेगा. मेरी और जूली की आँखों से देखा गया और भोगा गया सत्य यहाँ ज्यों का त्यों रखा जा रहा है.

पग-पग पर पैदा की जा रही बाधाओं को पार करते हुए आखिर 'होश' पत्रिका प्रकाशित हो गयी थी. पटना में इसका भव्य लोकार्पण समारोह करना था और वितरण का उपाय सोचना था. इसकी सहायक संपादक जूली का जेएनयू में ग्रीष्मावकाश हो चुका था. उसकी अनेक सहपाठिन अपने-अपने गाँव-घर जा चुकी थीं. लेकिन वह कहाँ जाय, उसका घर तो छिन चुका था. माता-पिता, भाई-बहन और अन्य कुटुंबियों की कीमत पर उसने प्रेम पाया था! पटना आकर पत्रिका के कामों में मेरे साथ सहयोग करना भी खतरे से खाली नहीं था. लेकिन प्रेम के लिये खतरे उठाने ही होंगे. ऐसा कहना भी ठीक नहीं, क्योंकि प्रेम स्वयं ही आगे बढ़कर खतरा उठा लेता है. हमें जानी दुश्मन मान चुके परिवार का खुफिया तंत्र तगड़ा है. हमारी एक-एक गतिविधि की खबर उन्हें पल-पल होती रहती थी. इसलिए एक आशंका तो यह थी कि हमारे दिल्ली से पटना जाने के दिन और ट्रेन का भी शायद उन्हें पता हो तो कहीं उतरते वक्त स्टेशन पर ही धुनायी न शुरू कर दे! फोन पर पत्नी की धमकियाँ आती ही रहती थीं. इसलिए राजेन्द्रनगर स्टेशन से सैदपुर कैम्पस के क्वार्टर तक हमें सुरक्षित पहुँचाने के लिए सुमनजी की अगुवाई में चार-पाँच मित्र स्टेशन लेने आये थे.

पटना आ जाने के बाद हर दिन हर पल आशंका रहती थी कि कहीं भी, कभी भी हमला हो सकता है. ज्यादा डर जूली को लेकर था, क्योंकि सारा आक्रोश और क्रोध उसी पर फूटने वाला था. इसलिए जूली ने एहतियात के तौर पर मेरे बाहर निकलते वक्त क्वार्टर पर ताला लगाने कहा. मैं ऐसा ही किया करता ताकि सूने में बाहर से कोई आवे तो दरवाजे में ताला लटका देखकर निश्चिंत हो जाय कि घर में

कोई नहीं है और उसकी जीवन-रक्षा हो. इस तालाबंदी को पड़ोस के प्रोफेसर परिवार ने समझा कि मैंने इस लड़की को कैद कर लिया है ताकि मुझे छोड़कर कहीं और न भाग जाय! **जाकी रही भावना जैसी!**

पत्रिका-लोकार्पण समारोह के दिन (29.06.06) एक बड़ा हादसा टल गया. जूली की अनुपस्थिति के कारण मारपीट की घटना नहीं घटी. लेकिन सार्वजनिक सभा में पत्नी के द्वारा मंच पर गाली-गलौज की गयी. उपद्रव किया गया. सभा स्तब्ध! मैं स्थिर!

पत्रिका वितरण-तंत्र का कोई ज्ञान हमलोगों को न था. पटना स्टेशन के पास जो होलसेलर हैं, उनमें से कुछ मुश्किल से थोड़ी पत्रिकाएँ लेने के लिए तैयार हुए. उसके बाद दुकाने-दुकान दौड़ने लगा. शहर की हर मैगजिन दुकान पर 3, 5, 10 प्रतियाँ बेचने के लिये छोड़ने लगा. तैयार होकर मैं कुछ मित्रों के साथ रोज 10 बजे पत्रिका बिक्री हेतु निकलता था. इसी क्रम में 7 जुलाई, 2006 आ गई!

सुबह साढ़े आठ पौने नौ के बीच का समय रहा होगा. उस समय विश्वविद्यालय के सैदपुर क्वार्टर में हमलोग पाँच आदमी विद्यमान थे. तीन-चार दिन पहले से मेरे एक बचपन के मित्र अपनी पत्नी के इलाज के लिए आये थे और हमारे साथ ठहरे थे. उनकी एक आठ साल की एक बेटी भी थी. जूली थी और मैं था. मेरे मित्र राजपत्रित पदाधिकारी हैं. मेरे गाँव के हैं. बचपन से मैट्रिक तक दोनों ने साथ-साथ पढ़ा था. हम दोनों में अच्छी मित्रता थी. वे महर्षि मेहीं के शिष्य हैं. उनकी संगति में रहकर ही मैंने महर्षि मेहीं का नाम सुना था और 1971 में उनसे दीक्षित भी हुआ था.

सभी लोग तैयार हो रहे थे. दाई झाड़ू-बोहारू लगाकर जा चुकी थी. मेरे मित्र ध्यान कर रहे थे. जूली मुँह-हाथ धो रही थी. मैं अखबार पढ़ रहा था. इसी बीच दरवाजे की घंटी बजी. यह दूधवाले के आने का समय था. इसलिए दरवाजे के व्यूअर से बिना देखे कि कौन है, दरवाजा खोल दिया. अरे बाप! प्राण धक् से रह गया! पत्नी खड़ी थी! मेरे होश उड़ गये! भय से शरीर की शक्ति क्षीण हो गयी! जैसे कोई हत्या करने आ गया हो. क्या करूँ? सँभलने का मौका नहीं. अंतःकरण से निर्णय आया. पहले पत्नी को कमरे में घुसने से रोको. दरवाजा लगा दो और आनन-फानन बचने का कोई उपाय सोचो. शरीर इस निर्णय को लागू करने में लग गया. लेकिन वह भय के मारे शक्ति नहीं महसूस कर रहा था. पत्नी जबर्दस्ती घुसना चाह रही थी. मैं उन्हें बाहर करना चाह रहा था. दरवाजे पर दोनों जोर आजमाइश कर रहे थे. वैसे मैं शरीर से ताकतवर हूँ. लेकिन उस समय पत्नी के पास जबर्दस्त शक्ति थी! लगा कि पत्नी मुझे पछाड़ देगी. एक बार फिर से मैंने ताकत बटोरी और पूरी शक्ति लगाकर उन्हें

दरवाजे से बाहर कर दिया. तुरत दरवाजा लगा दिया. अंदर आकर सबको सूचित किया—भारी खतरा है, काल आ चुका! क्या करें? जूली से कहा—तुम जल्दी से अपने लोगों को फोन कर दो. वह अकेली नहीं है. उसके साथ महाशक्तियाँ हैं. दरवाजे के बाहर पत्नी जोर-जोर से दरवाजा पीट रही थी और चिल्ला रही थी. गालियाँ दे रही थी. खोलो,खोलो. इसी बीच पत्नी के कुछ सहयोगी जो नीचे खड़े थे, (मेरा क्वार्टर फर्स्ट फ्लोर पर था) ऊपर चढ़ गये और लात से दरवाजा तोड़ने लगे. सरकारी इमारत का जर्जर दरवाजा था ही, उसकी छिटकनी टूटने में तीन-चार मिनट मुश्किल से लगे होंगे.

भूखी शेरनी की तरह पत्नी कमरे में दाखिल हुई. कहाँ है वह रंडी? कहाँ है हरामजादी-दहाड़ते हुए जूली पर झपटी. उस क्वार्टर में तीन बड़े-बड़े कमरे हैं. जूली इधर से उधर भागने लगी. इसी बीच उन्होंने जूली को ब्लाउज से पकड़ कर जोर से खींचा. रंडी, कुतिया, तुम इसके साथ रहेगी? आज तुमको बताते हैं, आदि कहकर उन्हें दबोचने लगी. जूली बच कर भागी. तब तक मैं आ गया. मैं बीच में सुरक्षा-कवच बन गया. उनको पकड़ कर समझाने लगा. अनुनय-विनय तो इसके पहले हजार बार कर चुका था. उसको निष्प्रभावी देखकर सिर्फ इतना ही कहता—शांति से बैठकर समस्या हल कीजिए. मेरे मित्र की पत्नी कहती—हे दीदी, शांत हो जइये दीदी, अपने जे कहबै वेहे हैतै दीदी. एना नै करियै. लेकिन दीदी ने उन्हें फटकारा—आप अपनी नजर के सामने इन लोगों को साथ रहते देख रही हैं और कुछ क्यों नहीं कहती हैं? आपका पति ऐसे करता तो आप क्या करतीं? यह सुनते ही मित्र की पत्नी ठंडी पड़ गयी! मित्र धीरे-धीरे किसी तरह कभी समझाने और कभी गिड़गिड़ाने के स्वर में कह रहे थे—जे बात छै, शांति से करियै. एना नै करियै.

पत्नी का प्रचंड क्रोध उफान ले रहा था. मैं उन्हें हाथों से भर पाँज पकड़े हुए था. वह मेरा हाथ हटाने की कोशिश करने लगी. उसका लप्पड़-थप्पड़ मुझ पर बरसने लगा. उसने क्रोध में आकर मेरी गंजी फाड़ दी. मेरी छाती के बाल नोंच डाले. वह मुझे पीटती भी जा रही थी और खिड़की के पास जाकर रोने के स्वर में चिल्लाती भी जा रही थी—बचाइये, बचाइये, ये लोग हमको मार डालेंगे. जूली कमरे से सटे बरामदे पर से यह सब देख रही थी. पहले उसने सोचा कि कहीं कोई रास्ता हो तो तत्काल छुप जाऊँ. एक खिड़की में टूटा ग्रील था. खिड़की के उस तरफ अमरूद का पेड़ था. उसने सोचा—उधर से अमरूद के पेड़ पर चढ़कर नीचे उतर जाती हूँ. नीचे देखा—कुछ लोग थे. सोचा—पता नहीं वे क्या व्यवहार करें! फिर उतरकर कहाँ जाऊँगी? मन में कई तरह के भाव थे. पत्नी की रोनी नाटकीय चीख से उसे आश्चर्य और भय होता था. पर बदहवास नहीं थी. ऐसा नहीं था कि दिमाग ने काम करना बंद कर दिया

हो. उधर मेरे मित्र का भय के मारे बुरा हाल था. वे जूली के पास जाकर या इधर-उधर घूमकर हाथों को हिलाते हुए काँपते स्वर में बोलते—अरे बाप! ओह! ओह! बहुत गलत होय रहल छै. वे लगातार यही सब बड़बड़ा रहे थे. उनका चेहरा भय से पीला पड़ गया था. वे काँप रहे थे. पत्नी के द्वारा मुझे मुक्का मारना और लगातार खिड़की से लोगों को मदद के लिए चिल्लाना जारी था. वह बीच-बीच में मुझे मारने के लिए उकसाती भी थी—मारिये, मारिये, जरा हमको मारके देखिये, तब आपको बताते हैं. पुलिस को बुलाते हैं. आज आपको ठंडा कर देंगे. जूली पर नजर पड़ती तो दूने उत्साह से फिर दाँत पीसते हुए दहाड़ती—साली, तुम क्या समझती है, आज बच जायेगी? जाएगी कहाँ? उनकी चिल्लाहट सुनकर भी जब पड़ोस से कोई नहीं आया तो वह उन्हें भी गाली देने लगी—अरे प्रोफेसर सब, नपुंसक है? घर से निकलता क्यों नहीं है? उनके हाथ में फोन था, जिसके माध्यम से वह आसपास बिखरे लोगों को कोई संकेत देना चाह रही थी. मैं उन्हें फोन करने से रोक रहा था.

इसी बीच सुमनजी एक आदमी के साथ आ गये. उन्होंने जूली को वहाँ से सुरक्षित निकाल लेने का सुझाव दिया. जूली ने कहा—नहीं, इन्हें अकेले छोड़कर मैं नहीं जाऊँगी. दूसरे, अगर मैं आप लोगों के साथ सुरक्षित जगह पर जाने के लिए निकलूँ तो आसपास इनके बहुत लोग होंगे. वे राह में ही तबाह कर देंगे. अगर यहाँ किसी प्रोफेसर के यहाँ जाऊँ तो वे शायद शरण नहीं देंगे और अगर दें भी तो उन पर भी गाज गिरेगी. इसलिए मुझे मेरे हाल पर छोड़ दीजिये. इसी बीच पत्नी के 12-13 सहायक धड़ाधड़ कमरे में दाखिल हो गये. उनकी भीड़ देखकर मैंने अपने दोनों सहायकों को वहाँ से चले जाने के लिए कहा, क्योंकि वे वीर थे. मुझ पर मार पड़ते देख वे रुकते नहीं, मुकाबला करते. इस मुकाबले में पत्नी के दूतों के संख्या बल के सामने टिक नहीं पाते. वैसे भी मैं नहीं चाहता था कि मेरे कारण मेरा कोई सहायक घायल हो या मारा जाय. मैं यह भी नहीं चाहता था कि हिंसा का जवाब प्रतिहिंसा से दिया जाय. मेरे हार्दिक निवेदन पर मेरे सहायक वहाँ से चले गये. पत्नी के लगभग एक दर्जन हमलावर हमें धमका रहे थे और सेनापति (हड्डी डॉक्टर) के आदेश का इंतजार कर रहे थे. हमले की योजना के सूत्रधार मेरे साले के समधी हड्डीवाले डॉक्टर थे. हमलावर उनके कंपाउंडर और रिश्तेदार थे. अभी हमलावर नियंत्रित थे. मैंने पत्नी को अनुनय-विनय के साथ पकड़ रखा था. वे लोग उन्हें मुझसे छुड़ाने की चेष्टा करते हुए व्यंग्यात्मक और कड़े स्वर में कह रहे थे—इनको छोड़ दीजिए और खेला होने दीजिये! उनमें से एक ने तीखे स्वर में कहा—पत्नी है तो क्या, ऐसे पकड़ियेगा जी? चलिये, छोड़िये इनको. मैंने उनसे विनती करते हुए कहा—इनको मत छुड़वाइये, यह जूली की जान ले लेगी. इस पर उनमें से एक बोला—एह, जूली

पर ममता कैसी! इसी बीच हमले के डायरेक्टर साहब का फोन उनके एक कंपाउंडर के पास आया. मैंने फोन माँगा, मुझे भी बात करने दीजिए. उन्होंने फोन मुझे दिया. मैंने डॉक्टर साहब से बचाने की आर्त पुकार की—सर, आप जल्दी आइये और हमें बचाइये. उन्होंने सख्त स्वर में कहा—फोन मेरे आदमी को दीजिए. मैंने दे दिया. उन्हें कुछ ऑर्डर मिला. बस मुझ पर लप्पड़-थप्पड़ बरसने लगे. पत्नी को जबर्दस्ती मुझसे छुड़वा लिया गया और मुझे कब्जे में ले लिया गया. पत्नी शेरनी की तरह छूटी और जूली को सरपट उठाकर फर्श पर पटक दिया. उसकी छाती पर सवार होकर उसके बाल नोंचने लगी. मारने लगी. उसका सर दीवार से टकराने लगी. जूली पूरी ताकत लगाकर अपना सर फूटने से बचा रही थी. एक कंपाउंडर पत्नी की सहायता कर रहा था. दोनों जूली को बेहद भद्दी गालियाँ दे रहे थे. जूली की यह कातर स्थिति मित्र की पत्नी से देखी नहीं गयी. वह करुणार्द्र होकर पत्नी से गिड़गिड़ाने लगी—दीदी, एना नै करियै. छोड़ दियै दीदी. लेकिन उनका करुण निवेदन नक्कारखाने में तूती थी! कंपाउंडर जहरीली मुस्कान लिये चेहरा गोल-गोल घुमाकर बोलने लगा—ऐह, चिल्लाती क्या है? गलत काम करने में नहीं सोचा था. जैसा काम किया है रंडी उसका मजा आज ही पता चल जाएगा. सब होश ठिकाने आ जाएगा. मारिये इसको. पत्नी उसके उकसावे से और उत्साहित होकर हरामजादी छोड़ेंगे नहीं कहते हुए भयानक क्रोधावेश में आकर जूली की आँख में उँगली घुसेड़ कर उसे फोड़ने की भरपूर कोशिश करने लगी. जूली की आँख फोड़ने की कोशिश देख मैं इतना डर गया जितना जीवन में कभी नहीं डरा था. पत्नी गुस्से से पागल हो चुकी थी. मेरा यह एहसास पक्का हो गया कि वह आज या तो इसे मार देगी या विकलांग कर छोड़ेगी. मुझे तीन-चार हट्टे-कट्टे आदमियों ने कस कर पकड़ रखा था. मैं सारी शक्ति लगाकर भी टस से मस नहीं हो पा रहा था. भय की चरम सीमा से तीव्रतम चीख निकली—बचाओ! मार दिया!

लगता है परमात्मा ने मेरी आवाज सुन ली! ठीक उसी वक्त पत्नी को संभवतः षड्यंत्र के डायरेक्टर साहब का फोन आ गया. उनका हाथ छूटकर फोन पर चला गया. फिर वह फोन पर रोने स्वर में वही रेकर्डेड गीत गाने लगी—हमको ई सब मिलके मार रहा है, बचाइये. मौके का फायदा उठाकर जूली उनके चंगुल से छूटकर घर से बाहर भागने लगी. गेट पर पहरेदार की तरह चार-पाँच मुस्टंडे खड़े थे. उनमें से किसी ने जूली की चोटी पकड़कर खींची. किसी ने लप्पड़ लगाया. जूली लड़खड़ा कर गिर पड़ी. हमारे दरवाजे के ठीक सामने दूसरे प्रोफेसर का दरवाजा था. वहाँ कई पुरुष और महिलायें खड़े-खड़े तमाशा देख रहे थे! उनमें से एक राजनीति विज्ञान के प्रोफेसर ने मेरी पत्नी को प्रोत्साहित किया—वाइस चांसलर को लिखकर दे दो, यह

सस्पेंड हो जायेगा. उनका मेरी पत्नी को 'तुम' कहना मुझे बहुत अखरा. उस प्रोफेसर को इतना तो पता है ही कि वह स्त्री एक प्रोफेसर की पत्नी है. उसके साथ सम्मानसूचक शब्द 'आप' का प्रयोग किया जाना चाहिए.

जूली फिर उठी और एक कमरे में दौड़कर भागी और अंदर से छिटकनी लगा ली. उसके छिटकनी लगाकर छिप जाने के बाद भी मैं आश्वस्त नहीं हुआ. मुझे लगा छिटकनी तोड़कर ये लोग उसे फिर मारेंगे. लेकिन नहीं तोड़ी. कमरे के अंदर चित्त को नियंत्रित करते हुए जूली ने फोन डायरी खोजी. उसने सोचा किसी से कहूँ कि वह पुलिस को फोन करे. हड़बड़ाहट में फोन नहीं मिल रहा था. किसी का नंबर भी नहीं मिल रहा था. जूली ने चौकी और टेबुल कमरे के दोनों दरवाजों पर लगा दिया ताकि दरवाजा नहीं खुल पाये. इसी बीच 'हिन्दुस्तान' के पत्रकार आये. उन्होंने कहा—कल आपकी स्टोरी अखबार में छपेगी. तब तक पुलिस आ गयी. लड़की कहाँ है? लड़की कहाँ है? उन्होंने पूछा. मैंने इशारा किया इस कमरे में बंद है. जूली खोल नहीं रही थी. मैंने आवाज दी. पुलिस आ गयी है. तब उसने खोला.

इस बीच दर्जनों मीडियाकर्मी अंदर दाखिल हुए. एक कमरे में जूली और पत्नी तथा एक सिपाही को छोड़कर मुझे पुलिस और मीडिया वाले दूसरे कमरे में ले गये. पुलिस वाले की मौजूदगी में ही पत्नी जूली से अभद्र व्यवहार करने लगी. वह जहाँ बैठती पत्नी उससे सटकर बैठ जाती. वह थोड़ा और खिसकती तो वह भी थोड़ा और खिसक जाती. पत्नी ने जूली से कहा—क्यों रे रंडी, अब बोलो, तुम्हारे साथ क्या करें? आज पता चल रहा है गलत काम का परिणाम? बार-बार रंडी कहकर वह जूली को उत्तेजित करना चाह रही थी. जूली ने पुलिस वाले से कहा—आपके सामने ये इतना अभद्र व्यवहार कर रही हैं. आप इन्हें मना क्यों नहीं करते? पुलिस का जवाब था—ऐह, ऐसा ऐसा काम करोगी तो मारबे न करेगा!

उधर दूसरे कमरे में मीडियाकर्मी ने अपना कैमरा रूपी तोप मेरे सामने लगा दिया और सवालों के गोले दागने लगा. पहला सवाल था—बताइये कि इस लड़की से आपका अवैध संबंध है? मैं—पहले आप 'अवैध' शब्द का माने बताइये. संवाददाता—चुप! मैं—अवैध शब्द का अर्थ होता है जो विधिसम्मत न हो, यानी गैरकानूनी. मैं इस लड़की से प्रेम करता हूँ. आप बताइये कि कानून की किस धारा के विरुद्ध है यह? उनके वरीय संवाददाता ने जवाब दिया—यहाँ हमलोग कानून की किताब पढ़कर आते हैं? मैं—कानून पढ़कर नहीं आते तो कानूनी शब्द का इस्तेमाल क्यों करते हैं? संवाददाता को लगा कि यह आदमी सिर पर चढ़ने नहीं देगा. इसलिए पुलिस ने और संवाददाता ने समवेत रूप से कहा—चलिये, चलिये, यहाँ से चलिये. थाने में पूछताछ की जायेगी. मैं पुलिस वाले को बताने लगा—देखिये, हमलोगों को

बहुत मार लगी है. यह टूटी हुई छिटकनी देखिये. ये लोग दरवाजा तोड़कर घुसे थे. पुलिस कुछ सुनने को राजी नहीं थी.

इसी बीच कुछ मीडियाकर्मी जूली और पत्नी के पास भी पहुँचे. एक ने जूली से पूछा—आपका प्रोफेसर साहब से क्या संबंध है? उसके जवाब में पत्नी ही बोलने लगी—ई प्रोफेसर साहब की रखैल है. इसका नाजायज संबंध है उनसे. जूली कुछ बोलना चाह रही थी, लेकिन पत्नी ही बोलने लगती—सेक्स-रैकेट चलाते हैं, हर साल लड़की को टॉप कराते हैं. पत्रिका में संपादक बनाये हैं, आदि. मीडियाकर्मी पुनः जूली से पूछने लगे—क्या यह सच है? फिर वह टपक पड़ती. जूली ने कहा—इन्हें ही बोलने दीजिये. तब एक मीडियाकर्मी ने उनसे कहा—मैडम, आप शांत रहिये. फिर जूली ने कहा—हाँ, बोलिये. जूली ने बताया—सच क्या है, अभी आप लोगों को पता नहीं है. उन्होंने किसी को टॉप नहीं कराया है. जूली बोल ही रही थी कि तब तक दूसरे कमरे से पुलिस वाले और दूसरे मीडियाकर्मी आ गये. पत्नी के सहयोगी व्यंग्य कर रहे थे—थाना चलिये, तब पता चलेगा. हमलोग थाना ले जाये जाने लगे.

चलते वक्त जिसको जो हाथ लगा उठा लिया. किसी ने मेरा कैमरा उठा लिया. किसी ने फोटो-अलबम ले लिया. किसी ने जूली की घड़ी और सोने की सिकड़ी उठा ली. एक आदमी के हाथ में कैमरा देखकर मैंने कहा भी—उसको रख दीजिये. उन्होंने कहा—हाँ-हाँ, रख देंगे. पहले आप थाना चलिये न. चलते-चलते हमलावरों में से एक ने जूली को देखकर कहा—इस्स, इस बूड्ढ़े में क्या रस है! मेरे पास आती तब न मजा आता. ये वही आदमी हैं जो हमारे भ्रष्टाचार (?) के लिये हमें दंडित करने आये थे और खुद भ्रष्टाचार के लिये लालायित थे!

फर्स्ट फ्लोर से हम नीचे उतरने लगे. नीचे काफी भीड़ इकट्ठी हो चुकी थी. मैं आगे था, जूली पीछे. भीड़ में कई लोग जूली को देखने के लिए बेचैन थे. भीड़ से आवाज आयी—'अरे, जूली कहाँ है? वही है! इधर हमलोग भी हैं मैडम!' फिर कुछ लोगों की समवेत किलकारी. हँसी की लहर! उस भीड़ में मुझे अपना छोटा भाई नजर आया. मैंने समझा भाई मेरी रक्षा में आया होगा, लेकिन हमलावर के भय से ऊपर नहीं चढ़ पाया होगा. मैं ललककर उसकी ओर बढ़ा और प्यार से उसके कंधे पर हाथ रखते हुए कहा—शशि!—यह क्या! उन्होंने तो मेरा हाथ झटक दिया और गुस्से से बोला—'मीडिया फेस कीजिये!' मैं सन्न रह गया! यह वही मेरा छोटा भाई है जिसे मैंने पिता की तरह पाला-पोसा, पढ़ाया-लिखाया. शेक्सपीयर याद आ गये! भाई! तुम भी!! यू टू ब्रूटस? और मेरे आहत चेहरे पर मुस्कान दौड़ गयी. मुस्कुराते हुए कहा—जरूर मीडिया फेस करूँगा, भाई. तुम चिंता मत करना.

पुलिस की गाड़ी पर पति, पत्नी और वो सवार हुए. कुछ महिला पुलिस भी

थीं. मुझे आश्चर्य हुआ, उनकी अनोखी सहानुभूति हमारे साथ थी! उनमें से एक ने कहा—ई सब तो बहुते होता है. कौन बड़ी बात है. इसके लिये इतनी मारपीट! चारों तरफ घिनाना! पत्नी बार-बार जूली को आँखें तरेर कर देख रही थी. मैंने मन ही मन ईश्वर को धन्यवाद दिया, क्योंकि ईश्वर ने जूली की आँखें बचा ली थीं.

गाड़ी सुलतानगंज थाना आ गयी. घटना का एक हिस्सा क्वार्टर में घटा था. वहाँ मारपीट के समय मीडियाकर्मी नहीं थे. मारपीट के बाद पहुँचे थे. षड्यंत्रकारियों द्वारा उन्हें वही वक्त दिया गया था. क्वार्टर में मीडियाकर्मियों ने बातचीत तो शुरू की थी, लेकिन उन्हें तुरत एहसास हो गया कि गाढ़े आदमी से भेंट हो गयी है. मैं उनपर भारी पड़ रहा था, इसलिए उस बातचीत को चैनल पर नहीं दिखाया गया. घटना का दूसरा हिस्सा थाने में घटा. वही सब जगह प्रचारित-प्रसारित हुआ.

थाना जाते वक्त गाड़ी पर हम बिल्कुल शांत थे—आशा-आशंका रहित. न तो हम यह आशा लिये हुए थे कि हमारे साथ अच्छा व्यवहार होगा और न किसी प्रकार के बुरे व्यवहार की आशंका से ग्रसित थे. परमात्मा जिस भी स्थिति से सामना करायेगा, करेंगे, लेकिन प्रेम-पथ पर अविचल अग्रसर रहेंगे. गाड़ी थाने में लगी. थाने में देखते-देखते लोगों की भीड़ उमड़ पड़ी. लाव-लश्कर के साथ पुलिस की गाड़ी का पीछा करते हुए मीडियाकर्मी भी पहुँचे. थाने के अंदर मीडियाकर्मियों द्वारा पूछताछ शुरू हुई. अंदर पर्याप्त जगह नहीं देख कर उन लोगों ने हमलोगों को बाहर निकाला. कुर्सियाँ लगा दीं. कौन किधर बैठेगा, इस पर उनके बीच हल्की बहस होने लगी.

इसी बीच एक क्षण ऐसा आया जब जूली और पत्नी थाने के दरवाजे पर अगल-बगल खड़ी थीं. पत्नी को कुछ पलों का एकांत मिला. इसका फायदा उठाकर पूरी नफरत उड़ेलते हुए उन्होंने कहा—ऐं, क्या जी? बहुत मजा आता है? रंडी, देखना न, मेरा बेटा तुम्हारे साथ बलात्कार करेगा. जूली उनका चेहरा देखती रह गयी! उसके मन में आया—ऐसा पतन कि अपने ही बेटे को बलात्कारी बना रही हैं! पर कुछ कहा नहीं. कुछ क्षणों के लिए वह स्तब्ध हो गयी थी. इसी स्तर की बात वह पहले भी कई बार फोन पर कह चुकी थी. उसके लिए इस तरह की बातें आम थीं. उन्होंने कई बार जूली से कहा था—लड़की, तुमको भरे बाजार में नंगा घुमायेंगे. जब लोग तुम्हारे साथ कुछ करेगा न तब तुम समझोगी. तुम्हारे अंदर लाठी करवायेंगे आदि.

बाहर मीडियाकर्मियों के द्वारा मेरे कान में कनौसी (इयरफोन) लगा दिया गया और डायरेक्ट किसी चैनल से मेरा संपर्क जोड़ दिया गया. लगा जैसे दूर-दराज मुंबई में समुद्र के किनारे बसे किसी काल्पनिक चैनल से किसी हसीना की जहर मिश्रित अमृत के समान आवाज आ रही है—पटना में प्रोफेसर को रँगे हाथ पुलिस ने धर दबोचा.—अरे, क्या-क्या प्रचारित किया जा रहा है! घटना है कुछ, प्रचार हो रहा है

कुछ? ठहरो, खबर लेता हूँ इस खबरिया की. मैं बोलने को मुँह कोचिया ही रहा था कि देखा पत्नी ने जूली पर झपट्टा मार दिया है और उसके बालों को पकड़कर पीट रही है. मैं हतप्रभ, विवश! अगर मैं जूली को छुड़ाने जाता हूँ तो इसे तुरत दूसरा रंग दे दिया जायेगा. कहा जायेगा कि मटुक पत्नी को पीटने के लिए दौड़ा. इसलिए मैं वहाँ उपस्थित पुलिस एवं अन्य लोगों की भलमनसाहत पर भरोसा कर जूली को मार से बचाये जाने का इंतजार करने लगा. भीड़ के साथ पुलिस वाले भी मारपीट का लुत्फ उठा रहे थे! कुछ पुलिस वाले एक जगह बैठे खैनी खा रहे थे. लेकिन एक भी आदमी उसे छुड़ाने को उत्सुक नहीं था. जैसे मदारी कोई चमत्कारिक खेल दिखा रहा हो और भीड़ देख-देखकर चकित, विस्मित और आनंदित हो रही हो! जूली की इस असहायावस्था को देखकर लगा कि मेरी छाती फट जायेगी. सोचा, यह मर ही जायेगी तो मैं बचकर क्या करूँगा! फौरन बिना किसी की परवाह किये उसे बचाने के लिए लपका कि तड़ाक से एक जबर्दस्त थप्पड़ मेरी छाती में लगा. पास ही खड़े डायरेक्टर साहब के एक दबंग कंपाउंडर का थप्पड़ था, ताकि मैं जूली को बचा न सकूँ. मैं लड़खड़ा गया. जेब से चश्मा और मोबाइल गिर गया. उन्हें उठाया. इस घटना के बाद पुलिस ने जूली को छुड़ाया.

जूली बचाने के लिए आर्तनाद कर रही थी. उसके बाल जैसे उखड़े जा रहे थे. दर्द से वह कराह रही थी, पर कोई विरोध नहीं कर रही थी. क्वार्टर में हुई मारपीट के बाद उसकी ताकत क्षीण थी. फिर भी प्रतिक्रिया में जबर्दस्त ताकत होती है. परन्तु उसके अंदर कोई प्रतिक्रिया ही नहीं थी. जूली के मन में उलटकर वार करने का कोई भाव आया ही नहीं. उस समय उनमें किसी तरह पत्नी की पकड़ से छूटने का भाव था. बाद में लोग जूली से यह पूछते कि आपने कोई पलटवार क्यों नहीं किया? जूली बताती है कि "एक तो मेरी मूल प्रकृति उग्र नहीं है. दूसरे, उनके प्रति मन में कोई क्रोध जमा न था जो विस्फोट करता. उस क्षण तो उलटकर मारने की बात ही मेरे दिमाग में नहीं आयी. न ही मार के बाद रोना आया. पुलिस द्वारा छुड़ाने के बाद मैं चुपचाप बाल ठीक करती हुई कोने में खड़ी हो गयी." मेरा चेहरा उड़ा हुआ था. मीडिया में यह चित्र बहुत बार आया है. सोच रहा था—जब थाने में इस तरह पीटा जा सकता है और कोई बचाने वाला नहीं, पुलिस भी तमाशा की आशा में निष्क्रिय बनी बैठी रही, तो आज कुछ भी हो सकता है. इसी सोच में डूबा था कि एक दूसरी घटना घट गयी.

दो कंपाउंडर मेरे चेहरे पर काली स्याही रगड़ने लगे. जिस क्षण मेरे चेहरे पर काला रंग मला जा रहा था, उस क्षण मैंने एक स्वप्न देखा—कोई उधर से पकड़ कर एक गदहा ले आया है, उस पर मुझे बैठा दिया गया है और बाजार में गदहा दौड़ाया

जा रहा है. लोग मुझ पर पत्थर फेंक रहे हैं. भीड़ में किसी ने गोली चला दी है. मैं घायल होकर गिर चुका हूँ. मौत करीब आ चुकी है. (जूली ने भी उस क्षण ठीक यही बात सोची!) स्वप्न-भंग होता है और मैं मुस्कुरा देता हूँ. मेरे दोनों हाथ जुड़ जाते हैं. जिस समय मैं मुस्कुराते हुए दोनों हाथ जोड़े खड़ा था, मन के अंदर और बाहर सम्पूर्ण सन्नाटा था. ऐसी नीरवता जो जीवन में शायद कभी पल भर के लिए किसी को आती होगी. शायद वह फ्लैश की घड़ी थी. वह सब किसी दिव्य शक्ति की प्रेरणा से हो गया था. उस विषम परिस्थिति में मुस्कुराना और हाथ जोड़ना लोगों की सोच को बदलने में कारगर सिद्ध हुआ. नाटक की दिशा ही बदल गयी. छत्तीसगढ़ के एक पत्रकार राजकुमार ने उस प्रसन्न मुद्रा की व्याख्या इस रूप में की—मानो सूली पर चढ़ते हुए जीसस क्राइस्ट कह रहे हों—प्रभु इन्हें माफ करना, ये नहीं जानते कि ये क्या कर रहे हैं. आध्यात्मिक गुरु कहते हैं कि बेहोशी में चाहे जो भी करें,वह अधर्म ही है. धर्म है पूर्ण होश में किया गया कृत्य. मुझे लगता है कि सन्नाटे की उस घड़ी में जहाँ मेरा मन पूर्णतः शांत था, शायद वही क्षण होश का था. उस क्षण किसी के प्रति दुर्भावना नहीं थी. सबके प्रति प्रेम था. उस समय भीतर की गहरी शांति में ऐसा डूब गया था कि बाहर का कोई शब्द मुझे सुनाई नहीं पड़ रहा था. यह तो जूली ने बाद में बताया कि जिस समय आप हाथ जोड़े मुस्कुरा रहे थे, उस समय आपके इस रूप को देखकर भीड़ से एक आवाज आयी थी—ई तऽ बड़का भारी पॉलिटिशियन हौ रे!

वहाँ तैनात मीडियाकर्मियों ने पूछा था—मुख पर काला रंग कैसा लग रहा है? मैंने मुस्कुराते हुए जवाब दिया था—काला भी जीवन का एक रंग है. दूसरे दिन अखबार में यही पंक्ति खबर का शीर्षक बनी थी. उस समय यह पंक्ति लोगों की जुबान पर चढ़ गयी थी. कुछ दिनों बाद जब कुछ लोगों से मेरी भेंट हुई तो उन्होंने बताया—इस पंक्ति ने हिला कर रख दिया. एडवोकेट अजीत बाबू ने कहा—हमलोग सुबह पार्क में रोज टहलते हैं और इस पंक्ति को दुहराते हैं. यह वाक्य मुहावरा बन गया है—**काला भी जीवन का एक रंग है!**

तब तक घटना स्थल पर मेरे कुछ प्रिय कनीय मित्र और विद्यार्थी पहुँच चुके थे. उनमें से कोई झट पानी ले आया, कोई साबुन और गमछा खरीद कर ले आया. रंग धोया गया.

हमलोग थाने के अंदर जाकर बैठे. लेकिन मीडियाकर्मियों से पिंड नहीं छूट रहा था. वे फिर पूछने आये. एक ही प्रश्न उमड़-घुमड़ कर बरस रहा था—आप दोनों के बीच कैसा संबंध है? मैंने कहा—प्रेम संबंध है. लेकिन इससे बात नहीं बनी क्योंकि प्रेम तो अनेक प्रकार के होते हैं. इसलिए दूसरा प्रश्न पूछा—कैसा प्रेम? मैंने

कहा—जैसा प्रेम एक पुरुष एक स्त्री से करता है. फिर भी वे संतुष्ट नहीं हुए, क्योंकि स्त्री और पुरुष के भी प्रेम के अनेक प्रकार होते हैं. मुझे लगा जहाँ ये हमको ले जाना चाहते हैं, वहाँ ले गये बगैर मानेंगे नहीं. इसलिए ऐसा कुछ कहना चाहिए कि ये संतुष्ट हो जायँ और मेरे लिए भी व्याख्या का अवकाश बना रहे. मैंने कहा—देह, मन और आत्मा तीनों धरातलों पर प्रेम करते हैं. 'देह' शब्द से उनकी माँग पूरी हो गयी. मेरे लिए भी गुंजाइश रह गयी, क्योंकि भौतिक जगत में देह के बगैर किसी भी प्रकार का प्रेम संभव नहीं है. माँ बेटे को चूमती है, देह का ही प्रेम है. एक युवती किसी वृद्ध को हाथ से पकड़ कर रास्ता पार कराती है, देह का ही प्रेम है. गुरु शिष्य के सर पर हाथ रखता है, देह का ही प्रेम है. स्त्री-पुरुष परस्पर हाथ मिलाते हैं, आलिंगन करते हैं, देह का ही प्रेम है. गनीमत है कि उन्होंने यह नहीं पूछा कि देह में भी किस अंग के द्वारा प्रेम करते हैं!

कैमरा जूली की तरफ मुखातिब हुआ—क्या आप माँ बनना चाहती हैं? उन दिनों जूली ओशो साहित्य पढ़ रही थी और ध्यान कर रही थी. ओशो अपने संन्यासी को 'स्वामी' विशेषण देते हैं और संन्यासिन को 'माँ'. ओशो की धारणा है कि पुरुष अपनी इन्द्रियों और मन का मालिक हो सकता है. एक पुरुष का चरम विकास है कि वह स्वामी हो जाये. उसकी पराधीनता खत्म हो जाय और एक स्त्री का चरम विकास यह है कि वह माँ बन जाय. उस अर्थ में माँ बनने के लिए बच्चे को जन्म देना जरूरी नहीं है. माँ बनने का मतलब है कि स्त्री के भीतर करुणा और वात्सल्य भर जाय. वात्सल्य इतनी दूर तक चला जाय कि उसे पूरी पृथ्वी ही संतान मालूम पड़ने लगे. एक स्त्री अगर सही ढंग से विकास करेगी तो इसी तरह की माँ हो जायेगी. यह कोई आकस्मिक बात नहीं है कि टेरेसा को 'मदर' कहते हैं. जूली ने जवाब दिया था—'हाँ, मैं माँ बनना चाहती हूँ. ऐसी माँ जहाँ पहुँचकर पूरी पृथ्वी ही अपनी संतान मालूम पड़ने लगे. जूली ने माँ और जननी का फर्क भी बताया'. किन्तु मीडिया के काम की चीज पहले ही वाक्य में मिल चुकी थी. दूसरे दिन अखबार में जूली के नाम से छपा—'मैं माँ बनना चाहती हूँ.' लोलुप लोगों के लिए लुभावनी लाइन!

उस समय जो मीडियाकर्मी दुश्मन लग रहे थे, अब दोस्त हैं. उस समय उनके कैमरे ने हमें चित्रित किया था, इस समय मेरी कलम उन्हें चित्रित करना चाहती है. क्वार्टर में पूछताछ के लिए जो कैमरा लगा था, उसमें प्रश्नकर्ता अभिषेकजी थे और सुजीत बॉस कुर्सी पर बैठकर निरीक्षण कर रहे थे. जब मैंने कहा कि इस लड़की से मैं प्रेम करता हूँ और आप बताइये कि कानून की किस धारा के अनुसार यह अवैध है तो सुजीतजी की प्रखर बुद्धि ने तुरत ताड़ लिया. पहले जो धारणा उन्हें दी गयी थी, उस पर चोट पड़ी. एक ही वाक्य से मामला कुछ अलग मालूम पड़ा. आगे उन्होंने

तंग नहीं किया. आज भी वे मजाक करते हैं कि आत्मकथा में कहीं मेरा जिक्र तो नहीं कीजिएगा? एक बात वे पूछते रहे बार-बार—आपके मन में क्या आया जो आपने हाथ जोड़ लिया, क्योंकि इसी बात ने आपके पक्ष में धारा मोड़ दी? मैं अभी जब उस प्रसंग का वर्णन कर रहा था तो मुझे सुजीतजी याद आ गये, अभिषेकजी भी. मैं प्रशांतजी से बहुत भयभीत था. सोचता था इनसे कैसे पिंड छूटे? उनकी आवाज इतनी कड़क थी कि कमजोर हार्ट वाले झेल न पाये. कोई माया-ममता नहीं. बाद में पता चला कि वही आदमी कितने स्नेही और मदद करने वाले हैं. अभिषेकजी का चेहरा देखने लायक था. मेरी दीन दशा से द्रवित हो वे चिन्ताग्रस्त मालूम पड़ने लगते थे. उनकी मासूम सूरत देखकर लगता था कि यह अच्छे खानदान का बच्चा है. सोच रहा होगा—बेचारा प्रोफेसर कौन फेरा में पड़ गया! लेकिन वही आदमी जब पूछने लगते तो सूरत और सीरत दोनों बदल जाती. आशुतोषजी का जहाँ तक ध्यान आता है, उग्र कभी नहीं रहे. दोपहर के बाद तो वे बहुत मुलायम थे. उन्होंने एक बार कान में आकर कहा था—आप लोग दृढ़ता से अपनी बात कहते रहिये. आपके पक्ष में माहौल बन रहा है. टीवी पर एसएमएस के जरिये आपके समर्थन में भारी मतदान पड़ रहा है. यह सुनकर मुझे आश्चर्यजनक खुशी हुई थी. एक और बुलंद शरीर वाले थे, दैनिक जागरण के अनिलजी. थाने में ही उनसे परिचय हुआ. सोनवर्षा के थे. भागलपुर जिला में मेरे गाँव के पास है उनका गाँव. उस संकट की घड़ी में लगा कि ये थोड़ी ममता दिखलायेंगे. लेकिन प्रश्न पूछते वक्त वे भी कठोर हो जाते! बाद में अनिलजी से गोतियारी चलने लगी.

अब थाने के बारे में थोड़ा बताकर इस प्रसंग को समाप्त करूँगा. सुलतानगंज थाने में पत्नी को वी.आई.पी. ट्रीटमेंट मिल रहा था. वह अपने सहयोगियों के साथ थानेदार के कक्ष में थी और हमलोग इधर जेनरल पुलिस वार्ड में. उनसे सुनियोजित ढंग से एफ. आई. आर. लिखवाया गया और उसके बाद उन्हें छोड़ दिया गया. गैर जमानती धारा 307 समेत कई और धारायें मुझ पर और जूली पर ठोंक दी गयीं. मेरी तरह जो वहाँ कुछ गरीब-गुरुआ पुलिस वाले थे, उनको लग रहा था कि हमारे साथ अन्याय किया जा रहा है. उनमें से एक हवलदार ने क्रोधित होकर एक पुलिसवाले से कहा कि इन पर 307 लगेगा जी? मेरी तरफ मुखातिब होकर बोले—एक एफ. आई.आर. आप भी कर दीजिए. आप पर 307 लगा है, आपकी पत्नी पर भी लग जायेगा. मैं उस समय नहीं समझ रहा था कि 307 का माने क्या होता है! मैं एफ. आई.आर करने के मूड में नहीं था. जूली से विचार-विमर्श किया कि क्या हमलोगों को भी एफ.आई.आर कर देना चाहिए? उसने कहा—मेरे मन में किसी के प्रति जरा भी क्रोध और विरोध नहीं है. मैं नहीं करूँगी. मैंने सोचा कि सुरक्षा के तौर पर कुछ

हल्का-फुल्का कर देना चाहिए और एफ.आई.आर. कर दिया. उसमें पत्नी को छोड़कर किसी भी हमलावर का नाम नहीं दिया. इसके दो कारण थे. एक कारण यह था कि मैं उन लोगों से बहुत डरा हुआ था. सोचा कि नाम दे देने से इनका गुस्सा और भड़केगा. ये लोग तो इतने दबंग हैं कि पुलिस के सामने भी खींच कर मार सकते हैं, तो यहाँ से छूटने पर न जाने क्या करेंगे! दूसरा कारण था कि मार के बदले मार, केस के बदले केस कर इस सिलसिले को आगे नहीं बढ़ाना चाहता था. एफ.आई. आर. लिखकर पास में रखे रहा. एक पुलिस ने कहा जाकर जमा न कीजिए, पास क्या रखे हुए हैं? मैं थानाध्यक्ष के कक्ष में गया. वहाँ डीएसपी साहब आये हुए थे. थाने में हुई इस घटना से उन पर 'ऊपर' से डोज पड़ा होगा. वे चिंतातुर थे. वे लोग कुछ मंत्रणा कर रहे थे. मुझसे कहा—आप वहीं जाकर बैठिये. मैं कान अंदर में छोड़कर बाहर निकल आया. सुना—डीएसपी साहब डाँट रहे थे थानेदार को. इनकी पत्नी को बिना मेडिकल जाँच करवाये क्यों घर भेज दिये? जाइये उनको घर से उठाकर जल्दी मेडिकल जाँच करवाइये और इन दोनों की भी.

पहले हमलोग पीएमसीएच ले जाये गये. मीडियावाले साथ-साथ चल रहे थे. डॉक्टर ने पूछा—क्या हुआ है? मैंने कहा—हुजूर, मार लगी है. कहाँ है मार का चिह्न? दिखाइये . मैंने कहा—भीतरमार है हुजूर . वे बोले—भीतर मार से केस-ऊस नहीं होता है. लहू बहना चाहिए. कम से कम ब्लेड से ऊँगली भी तो चीर के आते? जूली से पूछा—कहाँ चोट लगी है? फिर मेरी तरफ देखकर बोले—ऐं, काहे लड़ाई-झगड़ा करते हैं? मेल से काहे नहीं रहते हैं आपलोग? उन्होंने हमें पति-पत्नी समझ लिया था. जूली को हँसी आयी. हमदोनों को देखकर पहली बार किसी को ऐसा भ्रम हुआ था! सुबह से बिना खाये-पीये, भागदौड़ और मारपीट के कारण सूखी जूली शायद कुछ उमरदराज दिख रही होगी! इसलिए डॉक्टर साहब को भ्रम हुआ होगा. पत्नी का टेस्ट एनएमसीएच में शाम को हुआ. पत्नी के रिश्तेदारों में डॉक्टरों की भरमार है. डॉक्टर ने डॉक्टर को मैनेज कर लिया. मनमाफिक रिपोर्ट लिखवा ली गयी थी. लेकिन चोर जैसे अपना निशान छोड़ जाता है, वैसे ही डॉक्टर साहब रिपोर्ट में झूठ की निशानी छोड़ गये हैं!

भीड़-भाड़ से बचाने के लिए और मीडिया से आँखें चुराकर हमदोनों को पुलिस आलमगंज थाने ले जाने लगी. पीएमसीएच से आलमगंज थाने के लिए निकलते वक्त हमारे एक सहयोगी जाने कहाँ से आये और उन्होंने समोसे और जलेबी का पैकेट हमें पकड़ा दिया. तब तक 3-4 बज चुके थे. पेट में अन्न-पानी का एक दाना भी नहीं गया था. पुलिस की गाड़ी पर बैठी महिला पुलिस ने स्नेहपूर्वक जूली से कहा—मत खाइये. खराब दिन है. क्या जाने किसी ने कुछ मिला दिया हो! उनकी

ममता हमें अभूतपूर्व लगी. भगवान घाव के साथ मलहम भी भेज देते हैं! मैंने उन्हें समझाया कि ये लोग मेरे प्रिय विद्यार्थी हैं. इसलिए किसी आशंका की बात नहीं है. लेकिन उस वक्त कुछ खाया नहीं गया. महिला पुलिस जूली के प्रति बेहद ममतालु थी. बार-बार जूली के हाथों में हाथ लेकर कहती—आप तो भूल जाइयेगा न. हमें क्यों याद रखियेगा! जूली ने उनका नाम और घर पूछा. उनसे बातें कीं. अफसोस कि वह उनका नाम अब भूल गयी है. वरना जूली खोजकर उनसे मिलती .ऐसी स्नेहिल स्त्री आज के जमाने में कहाँ!

अँधेरा होने लगा तो आलमगंज थाने की एक पुलिस ने कहा—आपलोग कछुवा छाप मँगा लीजिए, नहीं तो मच्छर काटेगा. इसके साथ ही खाना-पीना, तकिया-बिछौना भी मँगा लीजिये. मेरे कुछ मित्र और विद्यार्थी बाजार से कुछ फल और मिठाई ले आये. भूख नहीं थी. पर जूली को उन महिला पुलिस वालियों ने जबर्दस्ती खिलाया. उसने भी अपने हाथों से उन्हें खिलाया. तीन-चार महिला पुलिस उसे घेर कर बैठी थीं. बार-बार उससे कहतीं—आपको बहुत कष्ट हो गया न! जूली कभी मुस्कुरा देती और कभी उन्हें कुछ समझाती. मैं साइड में एक कुर्सी पर बैठा था. जूली ने बताया कि दिन भर की थकान और कालिख की कालिमा की वजह से मेरा चेहरा एकदम बेजान और बूढ़ा लग रहा था. वह बार-बार मुझे देख लेती और उसका कलेजा मुँह को आ जाता. सुलतानगंज थाने से लेकर आलमगंज तक आँखों-आँखों में जाने हमारे बीच कितनी बातें हुईं. मन एक-दूसरे के प्रति कृतज्ञता और प्रेम से भरा था. एक बार की आँखों की बात और मुस्कुराहट से जाने कितना बल मिल जाता. हृदय तृप्त था.

इसी बीच उसी थाने के एक अधिकारी आये. आते ही उन्होंने पहले मुझे देखा और फिर ध्यान से जूली को. फिर जूली से कहा—क्यों जी, इस बूड्ढे में तुमको क्या रस मिल गया था, आँय? जूली मौन रही. उस निहायत बेहूदे व्यक्ति से बात करना बेकार था. उनके बोलने का भद्दा ढंग हमारे एक मित्र को बुरा लगा. थोड़ी देर में उसने जूली के कान में अंग्रेजी में कहा—आपने उनकी बात का जवाब क्यों नहीं दिया? जूली ने कहा—नहीं, कीचड़ में ढेला मारना ठीक नहीं. अभी स्थिति को देखते हुए मौन रहना बेहतर है.

रात के लगभग 8 बजे घबराये हुए सुलतानगंज के थानेदार आये. वे बड़बड़ा रहे थे—आप लोग तो नौकरी ले लीजिएगा. कोई बेलर लाइये. आपलोगों को बेल मिल जाएगा. मेरी खुशी का ठिकाना न रहा! उन्हेंाने पूछा—आपने भी एफ.आई.आर लिखा है? मैंने कहा—हाँ हुजूर. कहाँ है? मेरी जेब में है. जल्दी निकालिये. निकाल कर दिया. उन्होंने पढ़ा. इसके बाद डाँट पड़ी—ऐसे ही लिखा जाता है? ठीक से फिर से लिखिये.

फिर से लिखा. उसमें एक वाक्य 'क्वार्टर में जूली पर जानलेवा हमला हुआ.'—हटा दिया. इस वाक्य के हटाने से वे और चिढ़ गये. मुझ बुड़बक को यह मालूम नहीं था कि उस वाक्य के हटाने से एक महत्वपूर्ण दफा 307 वे नहीं लगा पायेंगे. मैंने उलटा सोचा था—मुझे लगा कि ये पत्नी के समर्थक हैं, इस तरह का वाक्य हटा देने से ये खुश हो जायेंगे!

रात के नौ बजे के लगभग हमें मुक्ति मिली. पुलिस ने हमदोनों को दो जगह पहुँचा दिया. थाने से छूटते वक्त मन अतिप्रसन्न था, पाँव में जैसे पंख लग गये थे! वह दिन केवल संभावित जेल से ही मुक्ति का दिन नहीं था. बल्कि तमाम तरह के आतंकों से मुक्ति का दिन था. हालाँकि इस बात का एहसास आगे चलकर हुआ. पुलिस ने हमें छोड़ा, क्योंकि पूरे देश में थाना, डीजीपी और बिहार सरकार की थू-थू हो रही थी, क्योंकि जिन्होंने मारा वे आजाद थे और जिन्होंने मार खायी उनके लिए जेल थी! यही है हमारे बिहार की सुन्दर शासन-प्रणाली! हमें बचाने में जिन-जिन मर्माहत अज्ञात लोगों ने प्रयास किया होगा, उनके प्रति हम नतमस्तक हैं. हार्दिक आभार प्रकट करते हैं. 7 जुलाई, 2006 हमारे लिए मुक्ति दिवस है!

2007

❖

भारतीय संस्कृति और टीवी के मुकाबलेबाज

टीवी में कुछ चेहरे अक्सर दिखायी पड़ जाते हैं. उनमें एक है रंजना कुमारी का और दूसरा वी.पी.सिंघल का. रंजनाजी सामाजिक शोध संस्थान, नयी दिल्ली की निदेशिका हैं और सिंघल साहब पूर्व सांसद.

रंजनाजी मटुक-जूली को केस स्टडी की तरह देखती हैं. यानी इन दोनों के अध्ययन से कुछ सामाजिक निष्कर्ष निकाले जा सकते हैं. लेकिन कभी भी उन्होंने न तो मटुक का अध्ययन किया, न जूली का और न मटुक की पत्नी का. इन तीनों के जीवन से पूर्णतः अनभिज्ञ रहते हुए भी वे नासमझी से पूर्ण, गैरजिम्मेदाराना झूठे बयान पूरे देश के सामने देने से बाज नहीं आती हैं. जुलाई, 2006 में एन.डी.टी.वी. के 'मुकाबला' में उन्होंने चीखते हुए कहा था—मटुक चीटर है, चीटर! जब कोई व्यक्ति तथ्य संग्रह और विश्लेषण न कर कोई हवाई बयान दे तो वह बयान उसी की खबर देता है! अगर उनके शोध संस्थान की निष्पक्ष जाँच करवायी जाय तो यह तथ्य सामने आ सकता है कि यह महिला समाज को चिट कर रही है!

11 अक्टूबर, 2008 को उसी एन.डी.टी.वी. के मुकाबले में वही स्त्री पूछती है कि क्या मटुक ने अपनी संपत्ति पत्नी और प्रेमिका में बराबर बराबर बाँटी है? जो जानकारी उन्हें सवा दो मिनट की पूछताछ में मिल सकती थी, वही उनकी गैरजिम्मेदारी के कारण उन्हें दो वर्षों के बाद भी नहीं मिल पायी. पत्नी और प्रेमिका के बीच संपत्ति बाँटने की बात कह कर वह अपने को उन नारीवादियों से श्रेष्ठ समझ रही होंगी जो पत्नी के समर्थन और प्रेमिका के विरोध में खड़ी होती हैं . मेरा सारा धन पत्नी के हवाले है और जूली को मेरे धन की जरूरत नहीं है, यह स्वयं जूली ने उनसे कहा. रंजनाजी ने अज्ञानतावश दोनों स्त्रियों को एक ही तुला पर तौल दिया. जब तक स्त्री पुरुष के धन पर आश्रित रहेगी, तब तक वह पूर्ण प्रतिष्ठा, स्वतंत्रता और स्वाभिमान का स्वाद नहीं जान पायेगी. जूली जैसी तेजस्वी और आत्मनिर्भर स्त्री को परोपजीवी स्त्रियों की श्रेणी में रखना न सिर्फ उसे न समझ पाना है बल्कि उसका अपमान भी है!

इस प्रसंग में मुझे महाभारत की एक घटना याद आती है. युद्ध छिड़ने के पूर्व कृष्ण से सहायता पाने के लिये दुर्योधन और अर्जुन दोनों उनके पास पहुँचे थे. अपनी बुद्धि के हिसाब से दुर्योधन ने कृष्ण से उनकी नारायणी सेना माँगी और अर्जुन ने स्वयं कृष्ण को माँगा. दोनों की माँगें पूरी हुईं. दोनों खुश हुए. मगर मेरे परिवार में जो महाभारत छिड़ा है उसमें पत्नी ने मेरी संपत्ति रूपी नारायणी सेना माँगी नहीं, हथिया ली और जूली ने मुझे माँगा नहीं, स्वयं को मुझ पर लुटा दिया! पत्नी नाराज है कि उसका एक गुलाम बेड़ी तोड़कर छिटक गया! लेकिन कृष्ण स्वेच्छा से प्रेमवश किसी का सारथि और गुलाम बनता है, उसे गुलाम बनाया नहीं जा सकता!

हाल के मुकाबले में रंजनाजी ने मेरे बारे में कहा था—ये दोनों औरतों को बेवकूफ बना रहे हैं. ऐसा कह कर उन्होंने सोचा होगा कि ये जरूर तिलमिला गये होंगे। इसीलिए दूसरा वाक्य जोड़ दिया—सच बड़ा कड़वा होता है मटुकजी! मैं भारी आश्चर्य में पड़ गया! अगर सच कड़वा होता है तो फिर मीठा क्या होता है? सच से भी अधिक सरस, सुंदर और मधुर संसार में कुछ होता है क्या? सत्य और प्रेम जीवन के महान मूल्य हैं. इनका कड़वा होना सिर्फ इस बात की सूचना है कि अभी तक इनका स्वाद ठीक से चखा ही नहीं गया है! तभी तो वे कहती हैं—'प्रेम को खायेंगे? पहनेंगे? बच्चों को स्कूल भेजेंगे? क्या करेगा आदमी प्रेम लेकर?' मुझे तुलसीदास याद आ गए—**अंधउ बधिर न अस कहहिं,** देवीजी! अंधा और बहरा भी ऐसा नहीं कहेगा, जैसा आपने कहा. मटुक तो प्रेम ही खाता है, प्रेम ही पहनता है, प्रेम के कारण ही बच्चों को स्कूल भेजता है. प्रेम के सिवा और क्या है इस दुनिया में करने योग्य? धन्य हैं देवि आप! आपने अपना पूरा परिचय थोड़े में दे दिया!

अब एक नजर सिंघल साहब पर. सिंघल साहब मुझे यंत्र मानव (रोबोट) सरीखे दिखते हैं. चेतनशील मनुष्य हर घटना को उसकी विशिष्टता में देखता है और तदनुकूल अपनी प्रतिक्रिया व्यक्त करता है, लेकिन यंत्र मानव फीड किये गये प्रोग्राम के तहत संचालित होता है. सिंघल साहब के अंदर भारतीय संस्कृति के प्रति अगाध प्रेम फीड किया गया है! उनकी भारतीय संस्कृति कहती है कि शादी के बाहर प्रेम अनुचित है! अगर दुर्भाग्य से हो जाय तो वह मानसिक रहे, जिस्मानी नहीं होना चाहिए. जिस्मानी प्रेम पाप है! वे आत्मिक प्रेम की वकालत करते हैं, यद्यपि आत्मा का पता न सिंघल को है न प्रेम करने वालों को! सिंघल साहब के अनुसार प्रेम विरह में बसता है, मिलन होते ही वह अपावन हो जाता है. इसकी पुष्टि के लिए एक कविता की यह पंक्ति बराबर उद्धृत करते हैं—**मिलन अंत है मधुर प्रेम का और विरह जीवन है!** कवि ने सपने में भी यह नहीं सोचा होगा कि उनकी पंक्ति का यह अर्थ भी लगाया जा सकता है! अगर मिलन से प्रेम का अंत होता है तो शादी के बाद

प्रेम का अंत हो जाना चाहिए. शादी के पूर्व तो स्त्री-पुरुष विरह में ही जीते हैं. उसी को जीवन मान लेना चाहिए. शादी की क्या जरूरत?

भारत में विवाह के बाहर प्रेम की एक सुदीर्घ समृद्ध परंपरा अंतर्धारा के रूप में चली आ रही है जो कभी-कभी कृष्ण-राधा, पुरूरवा-उर्वशी, रत्नसेन-पद्मावती आदि के उदात्त प्रेम के रूप में धरती फोड़कर बाहर आ जाती है. भारतीय संस्कृति में इस तरह का प्रेम हाशिये पर नहीं है, मूलधारा में शामिल है. दरअसल भारतीय संस्कृति ने प्रेम को महत्व दिया है—वह शादी के अंदर है या बाहर, माने नहीं रखता. राधा-कृष्ण के रूप में वह शादी के बाहर फलता-फूलता रहा है और सीता-राम के रूप में शादी के अंदर. सिंघल साहब को प्रेम पर नहीं शादी पर प्रश्न खड़ा करना चाहिए, क्योंकि प्रेम प्राकृतिक परिघटना है और शादी मनुष्य कृत कृत्रिम प्रथा. कृत्रिम प्रथा को प्राकृतिक नियम का सहारा देकर निरंतर सुधारते रहना चाहिए, क्योंकि कृत्रिमता की बलिवेदी पर प्रकृति का बलिदान विनाशकारी होता है. इसलिए उचित या अनुचित सिर्फ शादी हो सकती है, प्रेम तो सदा उचित ही होता है.

सिंघल साहब शरीर और मन को अलग अलग सत्ता के रूप में देखने की गलत धारणा के शिकार हैं. सच्चाई यह है कि शरीर के बिना मन की सत्ता नहीं होती और मन के बिना शरीर शव है. दोनों एक ही सत्ता के दो रूप हैं और एक ही साथ काम करते हैं. शरीर मन का अनुगमन करता है. मन जिधर जाता है, शरीर उधर जाने लगता है. किसी भी प्रकार का भोग शरीर और मन दोनों मिलकर करते हैं. प्रेम महाभोग है क्योंकि वह शरीर और मन से यात्रा आरंभ करते हुए हृदय की मंजिल पर पहुँचता है. शरीर और मन के तल पर प्रेम भोग है, हृदय या आत्मा के तल पर पहुँच कर वह महाभोग बनता है. वहीं पहुँच कर प्रेम परिशुद्ध और पावन होता है. उस प्रेम की पहचान है सहजता, पल पल प्रसन्नता, कोई माँग नहीं, शर्त नहीं, कोई अधिकार भावना नहीं—चित्त की एक परम आनंदावस्था. इस प्रेम की खुशबू चारों दिशाओं में फैलने लगती है. उस सुगंध से उन्मत्त होकर लोग उनकी तरफ खिंचे चले जाते हैं. उस प्रेम में चुंबकत्व होता है. तन मन के प्रेम को ही माँजते निखारते इस अवस्था तक लाया जा सकता है.

सिंघल साहब का आह्वान है कि जिस्म की पुकार मत सुनो, आत्मा की पुकार सुनो. स्थिति यह है कि जिस्म की पुकार सबको सुनायी पड़ती है, आत्मा की पुकार किसे सुनायी पड़ती है? और आत्मा क्या इतनी कमजोर है कि उसकी पुकार सुननी पड़े? आत्मा का क्षणिक अनुभव भी जिन्हें होगा वह ऐसी बेतुकी बात नहीं बोलेगा, क्योंकि आत्मा जब पुकारती है तो सारी पुकारें खो जाती हैं, बस एक ही पुकार रह जाती है. सारे विकल्प विलीन हो जाते हैं. इसलिए अन्य पुकार न सुनने का निर्देश

देना अज्ञानता है. तो क्या सिंघल साहब मन को ही आत्मा समझ रहे हैं? जरूर वही समझ रहे होंगे! आत्मा का उद्घाटन जब तक नहीं होता, तब तक मन को ही लोग आत्मा कहते हैं. मन और शरीर में अगर प्रश्न उठे कि किसकी पुकार सुनी जाय तो सिंघल साहब के ठीक विपरीत मैं कहूँगा–शरीर की सुनो, मन की अनसुनी करो. इसलिए कि शरीर की जरूरतें थोड़ी हैं. वह थोड़े में ही संतुष्ट हो जाता है जबकि मन सबकुछ पाकर भी असंतुष्ट बना रहता है! उसकी आकांक्षा का अंत नहीं है. वह मनुष्य को दौड़ा दौड़ा कर मार देता है–**हरी भरी सी दौड़ धूप यह जल माया की चल रेखा.**

शरीर को भूख लगी है, खाना दे दीजिए, तृप्त. प्यास लगी है, पानी दे दीजिए, संतुष्ट. जाड़े से काँप रहा है, कंबल ओढ़ा दीजिए, गरम. गर्मी से व्याकुल है शीतल जल और हवा चला दीजिए, प्रसन्न. सेक्स सता रहा है, विपरीत सेक्स से मिलन करवा दीजिए, शांत. मगर मन है कि मानता नहीं. जितनी उसकी पुकार सुनिए उतनी ही तीव्र होती जाती है. आज दुनिया इतनी पागल हुई है, मन की पुकार सुनने के कारण. मन की पुकार के कारण ही कोई धन के पीछे पागल है, कोई पद के पीछे, कोई यश के पीछे और कोई सेक्स के पीछे. इसने संसार में भीषण शोषण, विषमता और अशांति पैदा की है जिसकी कोख से हिंसा, आतंकवाद और युद्ध पैदा हुए हैं.

अगर हम ध्यानपूर्वक देखें तो स्पष्ट पता चलेगा कि तन और मन अलग अलग चीजें नहीं हैं. अगर वे अलग-थलग पड़ जायँ तो मनुष्य विक्षिप्त हो जाय. उनका अलग अलग काम करना बीमारी का लक्षण है. जैसे, कभी-कभी ऐसा होता है कि पेट भर जाता है, पर मन नहीं भरता. मन और खाना चाहता है, पेट कहता है अब बस करो, वरना फट जाऊँगा. स्वस्थ अवस्था वह है जहाँ पेट भी भरा, मन भी भरा. जीवन के हर भोग में इसका संतुलन बनाना होता है. तन-मन का एक होकर आस्वाद में लीन होना भोग है. इसलिए जिस्मानी प्रेम का विरोध और मानसिक प्रेम का समर्थन बीमारी को निमंत्रण है. लेकिन तन-मन का संतुलन हमेशा अपने आप नहीं आता है, इसके लिए बोध जगाना पड़ता है, साधना करनी पड़ती है . यह साधना ही भारतीय संस्कृति की सुगंध है.

23.10.08

❖

प्रेम और जिम्मेदारी

यद्यपि प्रेम का उद्देश्य किसी जिम्मेदारी का पालन करना नहीं है, तथापि बड़ी से बड़ी जिम्मेदारियों का बेहतरीन पालन प्रेम से ही संभव है. 'करना' और 'होना' में बड़ा फर्क है. 'करना' मनुष्यं के अधीन है और 'होना' परमात्मा के अधीन. इसलिए करना से होना हमेशा श्रेष्ठ होता है. प्रेम करने जैसा भी हो सकता है और होने जैसा भी. जब हम प्रेम करते हैं तो हम प्रेम के मालिक होते हैं. लेकिन प्रेम जब होता है तो प्रेम हमारा मालिक होता है. जब प्रेम हमारा मालिक होता है तो सब तरह की जिम्मेदारियों का पालन आप से आप होता चला जाता है, पर ड्यूटी की तरह नहीं, आनंद की तरह. विवाह हम करते हैं. इसलिए विवाह एक जिम्मेदारी है. प्रेम होता है. इसलिए वह एक उच्च कोटि का आनंद है. जिम्मेदारी उसकी छाया बनकर आती है. उदाहरण से बात और स्पष्ट होगी. जिसको हम बहुत चाहते हैं, जिनको देखने के लिए तरसते रहते हैं, जिनका हर पल इंतजार करते ही रहते हैं, वही प्यारे अगर अचानक हमारे घर आ जायँ तो हमारी खुशी का ठिकाना नहीं रहता. उनके स्वागत में हम क्या नहीं करना चाहते हैं! क्या खिलायें, क्या पिलायें, कहाँ बैठायें, कहाँ सुलायें? कैसे उनको परम सुख मिले! जितना उनको सुख दे पाते हैं, उतनी खुशी हमें मिल पाती है. राम, सीता और लक्ष्मण के साथ वनमार्ग में चले जा रहे हैं. वनवासी दौड़-दौड़कर दोनों में भर-भरकर फल-मूल ले आते हैं, शीतल जल ले आते हैं और सब वस्तुएँ उनके आगे रखकर प्रेमपूर्ण नेत्रों से निहारते हैं. अपना सबकुछ देकर भी ना कुछ दे पाने का भाव उनके चेहरे पर होता है. शबरी की बेसुधी तो और निराली है. मीठे से मीठे बेर खिलाने के फेर में राम को जूठे बेर खिलाये जा रही है. क्या आप कहेंगे कि कोल, किरात और शबरी राम के प्रति जिम्मेदारी का पालन कर रही है? यहाँ 'जिम्मेदारी' एक गंदा शब्द होगा. वे तो प्रेम-समाधि लगाये बैठे हैं और जिम्मेदारियाँ उनकी सेवा में कल जोड़े खड़ी हैं.

अब हम देखें जिम्मेदारी किसे कहते हैं. एक गरीब किसान परिवार है.

मुश्किल से दो वक्त की रोटी जुटा पाता है. उस घर में दामाद आ गये हैं. दंपति चिंता में पड़ गये हैं. दामाद को सूखी रोटी कैसे खिलायें? पूरी चाहिए, हलवा चाहिए, कम-से-कम दो सब्जियाँ चाहिए. कहाँ से आयेगा? दामाद बाबू को समय-असमय का ख्याल तो करना चाहिए. सास बोझिल मन से पैसे की जुगाड़ में पड़ोसी के घर जाती है. कर्ज लेती है. उससे घी-दूध, सब्जी आदि का प्रबंध करती है. साथ ही साथ इंतजार करती है कि कब दामाद महोदय प्रस्थान करें. अगर दामाद अल्हड़ और नासमझ हुए तो पत्नी-साली के आर्कषण एवं पुष्टइ भोजन में भूलकर कुछ ज्यादा ही ठहर जायेंगे. तब सास-श्वसुर की कुढ़न और बढ़ जायेगी. कष्ट बढ़ेगा, फिर भी अपनी सामर्थ्य भर सेवा करते ही चले जायेंगे. दामाद के प्रति सास-श्वसुर की लोक-मर्यादा के तहत जो जिम्मेदारी बनती है, उसका निर्वाह वे अवश्य करेंगे.

प्रेमोत्सव और जिम्मेदारी में बड़ा फर्क यही है कि एक में काम करते हुए उल्लास रहता है, दूसरे में उदासी. एक में काम करते हुए पाँव जमीन पर नहीं पड़ते, उड़ते नजर आते हैं. दूसरे में लगता है सर पर कोई बोझ हो और घिसटते हुए चले जा रहे हैं. गरीब से गरीब प्रेमी के भीतर भी चिंता का लेश नहीं रहता. वह मस्त है. सब भगवान पूरा करेंगे. जिम्मेदारी में पूरी चिंता रहती है, कहाँ से पूरा होगा? कर्ज भी लायेंगे तो चुकायेंगे कहाँ से? प्रेम हिसाब-किताब से बाहर हो जाता है ; जिम्मेदारी में हिसाब-किताब रहता है. प्रेमियेां की संख्या धरती पर बहुत कम है. जिम्मेदार लोग बहुत मिल जायेंगे. हिसाबी बंधुओं को प्रेमियों का आचरण समझ में नहीं आता इसलिए वे उन्हें अव्यावहारिक कहकर हीन दृष्टि से देखते हैं ताकि अपनी हीनता का बोध ढँका रहे. इन्हीं हिसाबियों का कहना है कि प्रेम अंधा होता है. वास्तव में प्रेम गणित नहीं, काव्य है. यह बात आश्चर्य में डालती है कि विश्वविद्यालय में काव्य पढ़ाने वाले और पढ़ने वाले जीवन में गणित के होकर रह गये हैं. इसलिए जीवन में जहाँ भी काव्य प्रकट होता है, वे पत्र-पत्रिकाओं के माध्यम से उस पर सुनियोजित हमला बोल देते हैं. काव्य तो पढ़ने-लिखने की चीज है और यह आदमी वास्तव में जी रहा है! नहीं, यह घोर अनाचार है, मर्यादाविरुद्ध है, अनैतिकता है, गैर जिम्मेदारी है, शोषण है. इसे रोको. भयानक होगा इस प्रेम को स्वीकृति देना. मेरे बारे में जानकारी लिये बगैर पिंट मीडिया से लेकर इलक्ट्रॉनिक मीडिया तक में कहा गया-यह धूर्त है, चीटर है, इसने पत्नी के साथ, बाल-बच्चों के साथ दगाबाजी की है. इसे जूते-चप्पल से पीटना चाहिए. ये सब ज्यादा उन कथित संभ्रांत महिलाओं ने कहा जो खूबसूरत और खोखली हैं एवं नाना प्रकार के तिकड़मों का सहारा लेते हुए अच्छे पदों पर आसीन हैं या रही हैं. आमजनों को बरगलाने वाले ये 'जिम्मेदार लोग' अब लगभग अपने-अपने बिलों में चले गये हैं. सचाई की आग निकलने लगी है और झूठ का दमघोंटू धुआँ छँटने लगा

है. सच क्या है, प्रेमियों के लिये संक्षेप में कुछ बातें रख रहा हूँ.

अपने व्यक्तित्व में अनेक प्रकार की कमियों के कारण छात्र-जीवन तक मुझे प्यार प्राप्त न हो सका. जेएनयू तक मैं प्यासा रहा—'धोबिया जल बीच मरत पियासा'. कभी-कभी तो घोर निराशा में घिर जाता. मैं कितना भाग्यहीन हूँ! मुझे भगवान ने इतना आकर्षणविहीन क्यों बनाया? अगर उन्हें प्रेम न देना था तो उन्होंने इतनी उत्कट प्यास क्यों दी? अंततोगत्वा विवाह में ही प्रेम खोजने को विवश हुआ. परंतु विवाह में प्रेम का फूल कब खिला है? दुर्लभ बात! विवाह तो जैविक कारणों से हो जाया करता है. लड़का जवान हो गया. लड़की जवान हो गयी. इनकी शादी कर दो. यानी शादी का संबंध जवानी से है. इसीलिए भ्रमवश लोग प्रेम का भी संबंध जवानी से जोड़ने लगते हैं. विवाह और प्रेम बहुतों के लिए पर्यायवाची शब्द हैं!

16 जून, 1978 को मेरा विवाह हो गया. जीवन का टर्निंग प्वॉन्इट! और जीवन गर्त में चला गया. पत्नी की चाह भरी निगाह के लिए तरस कर रह गया. पति का इंतजार करती पत्नी की आँखें कैसे होती हैं, नहीं जाना. कहीं जाते वक्त लिपट जाना और कहना कि 'मत जाओ या जल्दी आ जाना', कभी नहीं सुना. बेरुखी का कारण कुछ समझ में आता, कुछ नहीं आता. कौमार्यावस्था में गाँव-घर की स्त्रियों से यह सुना करता कि इनका विवाह जिस स्त्री से होगा, वह भाग्यशालिनी होगी. इस बात का गर्व मिट्टी में मिल गया. मन में छिपी इच्छा थी कि पत्नी को इतना प्यार करूँगा कि एक उदाहरण बन जायेगा. यह इच्छा कपूर की तरह उड़ने लगी—**हम हैं मुश्ताक और वो बेजार या इलाही ये माजरा क्या है**? आशावादी ठहरा. सोचने लगा धीरे-धीरे जब मेरे आंतरिक व्यक्तित्व से परिचय होगा तो उनका दिल मेरी तरफ खिंच जायेगा. पर शायद वहाँ दिल ही नहीं था या था तो ऐसा नहीं जिसमें मैं समा सकूँ. एक-डेढ़ साल तक बीतते-बीतते स्पष्ट हो गया कि हम दोनों एक-दूजे के लिए नहीं बने हैं. दोनों के सपने अलग-अलग हैं. एक-दूसरे के सपने में कोई फिट नहीं बैठता है. मेरा जीवन एक भट्ठी बन गया. दो ही विकल्प सामने थे—या तो विवाह की इस भट्ठी में जल मरूँ या बाहर निकलकर जीने का आसरा खोजूँ. पहला विकल्प पाप है, दूसरा पुण्य. वही चुना. पर पत्नी का क्या दोष! उन्हें भी छूट होनी चाहिए. पर वह कहाँ खोजेगी? उनके लिए भी मुझे ही खोजना पड़ेगा. एक खोजा भी. प्रस्ताव लेकर उनके पास गया. इस अजीबोगरीब प्रस्ताव पर वह तिलमिला उठी. बोली—अपने लिए एक अनुकूल लड़की खोज लीजिए. मैं मदद कर दूँगी. मुझे दूसरा पति नहीं चाहिए. मैंने तो सिर्फ न्याय का ख्याल करते हुए यह प्रस्ताव रखा था, उस समय संस्कार तो मेरा भी वही था, जो उनका था. तब मैंने सोचा क्या हर्ज है, बहुत जगह दो पत्नियाँ हैं. हम तीनों मिलकर प्रेम से रहेंगे. पत्नी ने तलाश में सचमुच मदद की. पर वह

ऊपर-ऊपर थी, अंदर-अंदर विरोध था, इस चतुराई को मैं अपने भोलेपन के कारण समझ नहीं पाता था. मैं उनकी मदद का गुलाम हो गया. लोग कहने लगे आपको कितनी अच्छी पत्नी मिली है, आप बड़े भाग्यशाली हैं. इस अर्थ में मैं अपने को भाग्यशाली समझने लगा था. अपने जीवन की संपूर्ण कमाई से पत्नी के नाम मकान खरीदा. मुझे पुत्र-रत्न की प्राप्ति हुई . वह सुंदर और तेजवान है. उसके लालन-पालन और देखभाल में यह पिता माँ को मात करता था. इस बात को मेरी पत्नी अभी भी कहेगी. नर्सरी से विदेश-यात्रा तक की खर्चीली पढ़ाई में मैंने कोई कोर-कसर बाकी न रखी.

और मैं बेतहाशा प्रेम खोज रहा था. यह बात मेरे नजदीक के सभी लोगों को मालूम थी. पति-पत्नी के बीच सामान्य रूप से बढ़िया संबंध देखकर कुछ स्त्रियाँ पूछतीं कि आखिर इस स्त्री में क्या कमी है कि आप अन्यत्र प्रेम खोज रहे हैं? मैं कहता इनमें कोई कमी नहीं है ; बल्कि अबतक जितनी स्त्रियों को मैंने निकट से देखा है, उनमें सर्वश्रेष्ठ यही है. किसी को मालदह आम अच्छा नहीं लगता है. किसी को दूध अच्छा नहीं लगता है. यह आम और दूध की कमी नहीं है.

अगर मेरे जीवन का लक्ष्य राजनीति होता तो उसमें जाकर प्रेम की चाह को महत्वाकांक्षा में बदल देता. अगर मेरे जीवन का उद्देश्य धनोपार्जन होता तो करोड़पति-अरबपति बनने की धुन में भाव को सुखा डालता. अगर विद्वान बनना रहता तो दिन-रात किताब चाटने में इतना डूब जाता कि जिंदगी का माने ही भूल जाता. पद, धन, विद्वता, कीर्ति आदि की कामना मेरे जीवन में प्रथम स्थान पर नहीं है. एक समझ आ जाने पर इनकी व्यर्थता का बोध हो जाता है. लेकिन प्रेम कभी व्यर्थ नहीं हुआ. समय के साथ-साथ इसका मूल्य बढ़ता गया. यह जीवन का पर्याय बनकर खड़ा हो गया. प्रेम की चाह दुर्दम्य नहीं, अदम्य बनकर रही. सिर्फ इतना ही सत्य नहीं कि इसे दबाना असंभव था, वरन यह भी उतना ही कि इसे दबाना चाहता भी नहीं था. मुझे लगता है कि जीवन में सबसे बड़ी चीज प्यास है. भाग्यशाली हैं वे जिनके पास प्रेम की प्यास है, क्योंकि इस प्यास की अंतिम तृप्ति परमात्मा में ही होती है. प्यास की पीड़ा से जो डरेगा, वह बड़ा आनंद चूक जायेगा.

मेरी पत्नी के जीवन का सुख-चैन उनके हितैषी लेकर डूब गये. उनको अच्छी तरह समझा दिया गया कि पति को प्रेम तलाशने में मदद करना अपने पाँव में खुद कुल्हाड़ी मारना है. तुम कटोरा लेकर भीख माँगती चलोगी. मालकिन दूसरी बनेगी, तुम नौकरानी रहोगी. न-न ऐसी गलती भूल से भी मत करो. ऊपर-ऊपर मदद करने वाली पत्नी के अंदर गहराई तक यह बात चली गयी. इस तरह संसार ने पत्नी को अपनी अपनी तरफ खींच लिया.

अब चलें संसार की ओर. देखें किस तरह की कहानियाँ वहाँ चलती हैं. आप अपने आस-पास गौर करेंगे तो ऐसे छिपे-रुस्तम प्रतिष्ठित लोग मिल जायेंगे जिनमें कुछ की शादियाँ छात्र-जीवन में हो गयी थीं. पत्नियाँ मनोनुकूल नहीं थीं. वे पढ़ाई करने दूर गये. वहीं प्रेम किया, विवाह किया और वहीं के होकर रह गये. पूर्व पत्नी को छोड़ दिया. बाल-गोपाल को छोड़ दिया. कभी लौटकर उन्हें देखने नहीं गये. उनके परिवार के अन्य लोगों ने उनके बच्चों की पढ़ाई-लिखाई से लेकर शादी-विवाह तक की जिम्मेदारी पूरी की. उनके ससुराल वाले उतने मजबूत नहीं थे, अतः कार्रवाई नहीं कर सके. अथवा इज्जतदार लोग थे, परहेज कर गये. इस तरह वे मामले दबे रह गये. उन्होंने इस बात को इतनी सफाई से छिपा लिया कि अड़ोस-पड़ोस के लोग कुछ न जान पाये. इन गैर जिम्मेदार भगोड़ों में कुछ विद्वान लोग भी हैं. आश्चर्य है कि ऐसे लोग भी मेरे खिलाफ थे. ऐसे लोगों को ही ध्यान में रखकर कुछ हिन्दी के लिक्खाड़, कुछ गैर-जिम्मेदार पत्रकार आदि मेरे पीछे पड़ गये. तथ्य को जाने बगैर लेखनी से गाली उग़लना शुरू किया.

पत्रकारिता की दुनिया में आज का समय 'सनसनी युग' के रूप में जाना जायेगा. एक खबर कहीं से उड़ती है, उससे दूसरा उड़ा लेता है, दूसरे से तीसरा. इस तरह एक-दूसरे से होती हुई खबर जितनी तेजी से फैलती है, उतनी ही सत्य से दूर होती चली जाती है. खबर के मूल स्रोत तक पहुँचने का कोई कष्ट नहीं उठाता है. दृष्टि का तटस्थ होना तो और दुर्लभ बात है. इलेक्ट्रॉनिक मीडिया में और हड़बड़ी है. सबसे पहले न्यूज देने की और सर्वश्रेष्ठ चैनल बनने की. किसी को चिंता नहीं है कि थोड़ी देर लगे तो लगे लेकिन खबर सही जाय. उसे तो खबर को सनसनी बनाना है. उसमें कुछ मिर्च-मसाला डालना है. उसे लज्जतदार, झालदार बनाकर परोसना है. समाज को स्वास्थ्य बिगड़ता है तो बिगड़े, अपना धंधा मंदा नहीं होना चाहिए. लगता है, इस फूहड़ मनोरंजन प्रधान खबरों का सिलसिला तभी थमेगा, जब लोग इससे ऊब जायेंगे. जैसे नेता से लोग ऊब गये हैं, तो चैनल और अखबारों ने उनकी प्रधानता खत्म कर उन्हें उनके साइज में ला दिया. अब नेता की जगह कोई अबोध 'प्रिंस' बाजी मार ले जाता है. व्यवसायोन्मुख मीडिया ने कुतूहल प्रधान जनता की नस पकड़ ली है. उसकी जिम्मेदारी अपने व्यवसाय के प्रति है. छुटभैये लेखकों की जिम्मेदारी कुछ से कुछ लिखते रहने की है. अनुसंधान और विवेक से कोई लेना-देना नहीं है.

समाज में ऐसा देखा जाता है कि जहाँ प्रेम नहीं होता, वहाँ लोग जिम्मेदारी का पालन नहीं करते हैं. इसलिए उनकी समझ में यह नहीं आता कि जहाँ जिम्मेदारी का पालन हो रहा है, वहाँ प्रेम कैसे नहीं है? आदमी किस तरह प्रेम का अर्थ भूल

गया है! पौराणिक कथा के अनुसार एक बार कुछ ऐसी घटना घटी कि शिव का सती से प्रेम टूट गया. शिव ने सती का तो परित्याग किया, लेकिन उनके प्रति अपनी जिम्मेदारी का नहीं. उनके प्रति करुणा बनी रही. सती कैसे खुशहाल रहे, उन्हें कोई कष्ट न हो, इसका ख्याल बराबर करते रहे. लेकिन प्रेम दीवानी सती तो प्रेम पाकर ही प्रसन्न रह सकती थी. प्रेम रहित जीवन भार है, इसलिए दक्ष की यज्ञाग्नि में जलकर वह निर्भार हो गयी; प्राण त्याग दिया.

आज के समय में प्रेम न रहने पर भी संवेदनशील मनुष्योचित व्यवहार दुर्लभ हो गया है. यही कारण है कि मेरे द्वारा परिवार के प्रति ऐसा व्यवहार होने पर भी वह भरोसे के लायक नहीं रहा और तहकीकात के बाद बयान जारी करना यह आज की पत्रकारिता का स्वभाव नहीं है. लेकिन मेरी प्रसन्नता का कारण संभवतः यह है कि मैंने अपनी जिम्मेदारी के पालन में कोई कसर बाकी नहीं रखी. भौतिक दृष्टि से अपना सब-कुछ पत्नी को देकर खुश हूँ. मैंने क्या-क्या अपनी पत्नी, पुत्र और भाई के लिए किया, इसे गिनाने में मुझे कोई रस नहीं. क्योंकि किसी दूसरे के लिए नहीं किया है, अपनों के लिए किया है या कहिये अपने लिये किया है. नादानों से भरा यह संसार मुझसे पूछता है कि मैंने पत्नी और बच्चे के लिए क्या किया है!

मई, 2007

❖

मुख्यमंत्री के नाम चिट्ठी

सेवा में
माननीय मुख्यमंत्री
बिहार सरकार, पटना

महोदय

जब आप मुख्यमंत्री नहीं थे, मैं ईश्वर से मनाता था कि एक बार आपको अवसर अवश्य मिले; क्योंकि मैं आपको विकास-पुरुष के रूप में देखता था. आपके मुख्यमंत्री बनने से मेरी यह इच्छा पूरी हुई. यह आशा बँधी कि अब बिहार विकास-पथ पर दौड़ पड़ेगा. लेकिन सड़कें इतनी ऊबड़-खाबड़ हैं कि दौड़ना तो दूर सरकना कठिन हो रहा है. विकास की गाड़ी रह रह कर दलदल में फँस जाती है और उसे ठेलकर निकालने वाले आप अकेले हैं; ऐसा मुझे प्रतीत होता है. आप जैसी लगन वाले दो-चार भी आपके साथ नहीं दिखते हैं. सभी लगभग वैसे हैं, अन्य दलों में जैसे हैं. राजनीति में विकास-पुरुषों का अभाव एक बड़ा संकट है. इस संकट को और अन्य संकटों को भी दूर करने के लिए शिक्षा में आमूल परिवर्तन की जरूरत है. देशव्यापी विचार मंथन के द्वारा और महान संतों एवं विचारकों के विचारों को समझते हुए शिक्षा का एक ऐसा ढाँचा खड़ा किया जाना चाहिए जो नये मनुष्यों को तैयार कर सके. एक ऐसा मनुष्य जो सच्चे अर्थों में अपना और राष्ट्र का कल्याण कर सके. मेरा निलंबन भी सड़ी शिक्षा का ही परिणाम है. शिक्षा का मूल उद्देश्य गायब है. सबको अपना-अपना स्वार्थ दिखता है और वह भी किसी का सही तरीके से पूरा नहीं होता है. विश्वविद्यालय में सारे आंदोलन पैसे और पद के लिए होते हैं. शिक्षा-पद्धति को बदलने की बात कोई नहीं कर रहा है. मैं करता हूँ, क्योंकि मैंने इस विषय पर गंभीर चिंतन किया है.

आज मेरे निलंबन की दूसरी वर्षगाँठ है. इसलिए श्रीमान् को याद कर रहा हूँ.

15 जुलाई, 2006 को इस दानवी शिशु का जन्म हुआ था. जिस समय इस बालक का जन्म हुआ, सूरत देखकर लगा नहीं कि बचेगा. अब मरा कि तब मरा. बहुत रुग्ण था, एकदम पिलपिला. न देह में माँस, न शिराओं में रक्त-प्रवाह! लेकिन कुलपतियों की कृपा से बच गया बेचारा. जाँच-समिति द्वारा दवा-सूई पड़ी . पानी चढ़ाया गया और बच्चा बच गया. कुछ ही महीनों में इसके मुँह में आरोपों के दो नुकीले दाँत निकल आये. लेकिन मसूढ़ों में लाग नहीं है. दाँत लुड़-लुड़ करते हैं. हिलते हैं. ये मुझे काट नहीं पायेंगे, क्योंकि काटते ही इसके कमजोर दाँत टूट जायेंगे.

मैं सोचने लगा, यह बच्चा अभी बचा तो लिया गया, लेकिन कब तक? कानून रूपी विधाता के हाथों इसकी अधिकतम आयु एक वर्ष ही निर्धारित है. एक साल पूरा होने के बाद तो यह टन बोल जायेगा. लेकिन चमत्कार! यह शिशु आज तक जिंदा है. एक साल की कौन पूछे, यह दूसरी साल-गिरह मना रहा है. स्वस्थ है कहावत बिल्कुल सही है—जाको राखे साँइयाँ मारि सकै न कोय. भाई, कानून के ऊपर भी कोई चीज है और वह है पटना विश्वविद्यालय! तभी तो यह केन्द्रीय विश्वविद्यालय बनने के लिए ताल ठोंकता है! यह राक्षसी बच्चा धरती का बेटा नहीं; आकाश का है. यह जड़ विहीन बच्चा जमीनी नहीं, हवाई है और एक दिन हवा हो जायेगा.

मैंने निलंबन के दौरान अनुभव से जाना कि जिसके पीछे कोई ताकत न हो, उसके साथ कोई भी अत्याचार किया जा सकता है. लेकिन जिसने आंतरिक शक्ति अर्जित की है, वह उन अत्याचारों के प्रभाव को निरस्त करता चला जाता है. आज तक मैंने यही किया है. किसी भी अत्याचार का असर अपने ऊपर नहीं लिया है.

आज जब श्रीमान् को मैं पत्र लिख रहा हूँ तो तनिक भी पीड़ा में नहीं हूँ. निलंबन में भी एक प्रकार का रस होता है जिसे मैं पी रहा हूँ. निलंबन-रस पी ले मनुवाँ निलंबन-रस. दुख इतना भर है कि मेरे निर्दोष विद्यार्थी पिछले दो सालों से मेरे अध्यापन से वंचित रहे हैं. जब कोई शिक्षक पढ़ाना छोड़कर चुपचाप भाग खड़ा होता है तो विश्वविद्यालय उसे निलंबित कर देता है. यहाँ तो विश्वविद्यालय ने ही पढ़ाने से वंचित रखने का अपराध किया है, उसको कौन निलंबित करे! अगर सही शिक्षा होती श्रीमान्, तो एक सप्ताह भी एक शिक्षक की अनुपस्थिति नागवार गुजरती. उसका असर दिखता. लेकिन यहाँ सब कुछ बेअसर है. मैं कहा करता हूँ—विश्वविद्यालय शिक्षा नहीं बाँटता है. दो ही चीजें बाँटता है-शिक्षकों, अधिकारियों और कर्मचारियों को वेतन एवं विद्यार्थियों को डिग्रियाँ. जो विश्वविद्यालय इस काम को सही समय पर अंजाम देता है, उसकी बड़ी तारीफ होने लगती है—देखो-देखो, शिक्षा में कितना सुधार हो गया है! समय पर डिग्री मिलने लगी, समय पर वेतन मिलने लगा. हमारे पिछले महामहिम कुलाधिपति इसी श्रेणी के सुधार में संलग्न थे. इसी को शिक्षा में

सुधार कहा जाने लगा था! संस्कृत में एक कहावत है—जहाँ पेड़ नहीं होते, वहाँ अंडी के पौधे ही विशाल पेड़ कहलाते हैं!

करीब डेढ़ महीने पहले मुझे जानकारी मिली थी कि श्रीमान् मुझसे सहानुभूति रखते हैं और मेरा निलंबन खत्म करवाने के लिए पटना विश्वविद्यालय से आग्रह भी कर सकते हैं. मैंने फौरन 'निलंबन का औचित्य' नामक एक पुस्तिका एक कवरिंग लेटर के साथ श्रीमान् के पास भेजवा दी. यह पुस्तिका पटना विश्वविद्यालय कुलपति के नाम एक आवेदन पत्र है जिसमें मेरे निलंबन की सप्रमाण दास्तान है. इस चालीस पेजी पुस्तिका को पढ़ने की फुर्सत श्रीमान् को को नहीं मिल पायेगी, ऐसा मैं जानता था, फिर भी आश्वस्त था कि तंत्र के माध्यम से इसका सारांश श्रीमान् तक अवश्य पहुँच जायेगा. लगता है, यह काम नहीं हुआ. इसलिए श्रीमान् के समक्ष विन्दुवार सारांश प्रस्तुत कर रहा हूँ—

1. जुलाई, 2006 को पत्नी, उनके रिश्तेदारों और उनके गुंडों के द्वारा प्रोफेसर क्वार्टर सैदपुर में मुझ पर एवं सुश्री जूली पर जानलेवा हमला हुआ.
2. उसी दिन सुल्तानगंज थाना परिसर में पत्नी ने जूली को झोंटा खींचकर पीटा और उनके गुंडों ने मेरे चेहरे और देह को काले रंग से रँग दिया . थाना परिसर की घटना देश-दुनिया में प्रचारित हुई.
3. 11 जुलाई, 2006 को कॉलेज पहुँचते ही वहाँ उपस्थित छात्र-छात्राओं की स्वतः स्फूर्त भीड़ ने मुझे माला पहनाकर सम्मानित किया और पावन प्रेम के समर्थन में नारे लगाये. उनके कुछ प्रश्नों का उचित उत्तर देकर मैंने उन्हें संतुष्ट किया, जिसे मीडिया ने मुहावरे की भाषा में क्लास के रूप में प्रसारित किया.
4. दिनांक 13 जुलाई, 2006 को उपर्युक्त दोनों घटनाओं से संबंधित विश्वविद्यालय से दो कारण पृच्छा नोटिसें मुझें हस्तगत हुईं. इनके जवाब जमा करने की अंतिम तिथि 14 जुलाई, 2006 थी.
5. 14 जुलाई, 2006 को पूर्वाह्न 11 बजे प्राचार्य कार्यालय में दोनों कारण-पृच्छा नोटिसों के जवाब मैंने जमा कर दिये. रिसीविंग मेरे पास है.
6. 14 जुलाई, 2006 की संध्या में बी. एन. कॉलेज के प्राचार्य ने उन जवाबों को छिपाते हुए कुलपति महोदय से कह दिया कि मटुक ने तो जवाब दिया ही नहीं.
7. परिणामतः 15 जुलाई, 2006 से मैं निलंबित कर दिया गया. अधिसूचना में कारण बताया गया कि "पूछे गये स्पष्टीकरण का उत्तर निर्धारित तिथि 14. 07.2006 तक अप्राप्त होने के उपरांत डॉ. मटुक नाथ चौधरी, उपाचार्य, हिन्दी विभाग, बी.एन. कॉलेज, पटना को तत्काल प्रभाव (15.07.2006) से निलंबित

किया जाता है.''

जाहिर है, जवाब मैंने दिया था. इसलिए मेरा निलंबन निराधार हो गया था. बाद में जब तत्कालीन कुलपति डॉ. एहतेशामुद्दीन को सचाई मालूम हुई तो वे सकते में आ गये.

8. निलंबन की अधिसूचना सं. जी-1435 के बाद एक दूसरी कारण पृच्छा नोटिस जी-1436 जारी हुई. इस नोटिस के द्वारा पूछा गया कि आपकी पत्नी ने सूचना दी है कि आपने गलत शपथ-पत्र देकर आवास आवंटित कराया है . स्पष्ट करें कि क्यों नहीं आपके विरुद्ध कानूनी कार्रवाई की जाय?

   ध्यातव्य है कि मेरे निलंबन का कारण तत्कालीन घटनाएँ, उनसे संबंधित खबरें और स्पष्टीकरण का उत्तर प्राचार्य के द्वारा कुलपति तक न पहुँचाना है; न कि गलत शपथ-पत्र देकर आवास आवंटित कराना. यह निलंबन के बाद पूछा गया एक अलग मामला है. अगर पत्नी के द्वारा दी गयी सूचना सही होती तो विश्वविद्यालय मुझ पर कानूनी कार्रवाई करने से बाज नहीं आता. बाधा यह हो गयी कि मैंने शपथ-पत्र दिया था 30.01.2006 को और मकान की रजिस्ट्री हुई अगस्त, 2006 में . इस तथ्य के आलोक में कानूनी कार्रवाई संभव नहीं थी.

9. 19.10.2006 को जाँच समिति की पहली बैठक हुई. समिति का रुख मेरे प्रति बहुत नरम था; क्योंकि कुलपति डॉ. एहतेशामुद्दीन चाहते थे कि निराधार निलंबन खत्म हो. मेरा निलंबन न हटा, कुलपति हट गये!

10. 6.11.2006 को जाँच समिति की दूसरी बैठक नये कुलपति डॉ. सिम्हाद्रि के काल में हुई. उनके कार्यभार संभालते ही हड़कंप मच गया. उनकी सोच थी कि धुआँधार निलंबन की प्रक्रिया चलाकर प्रशासन को चुस्त-दुरुस्त किया जा सकता है. उनके इस तेवर से जाँच समिति का भी मन बदला और मनमानी का मौका हाथ लग गया.

11. समिति ने विधिवत जाँच किये बगैर दो आरोप गढ़कर मुझ पर मढ़ दिये.प्रथम, प्राचार्य की अनुमति के बगैर कॉलेज के एक कमरे में कुछ छात्रों एवं जूली को संबोधित करना. दूसरा, गलत शपथ-पत्र देकर आवास आवंटित कराना.

12. इन दो आरोपों के आधार पर कुलपति डॉ. सिम्हाद्रि की एक नोटिस (जी-375, दिनांक 02.02.07) आयी कि क्यों नहीं आपकी सेवा समाप्त कर दी जाय?

13. कानून सम्मत जवाब देने के लिए जब मैंने अपने कानूनी अधिकार के तहत जाँच प्रक्रिया से जुड़े अनेक प्रकार के कागजात की माँग की तो विश्वविद्यालय ने चुप्पी साध ली.

14. न मुझे जाँच प्रक्रिया से संबंधित कागजात उपलब्ध कराये गये और न उन पर आधारित जवाब तैयार हुआ.
15. निलंबन चलता रहा. एक साल पूरा होने के बाद कानूनी बाध्यता के हवाले निलंबन समाप्त करने का आवेदन पत्र मैंने कुलपति डॉ. सिम्हाद्रि को दिया. इस मामले को लेकर उनसे कई बार मिला भी. हर बार उनका एक ही उत्तर आता रहा-येस, आई विल सी.
16. डॉ. सिम्हाद्रि चले गये, मेरा निलंबन रह गया. उनकी जगह डॉ. श्यामलाल आये.
17. 22.04.08 को मैंने कुलपति डॉ. श्यामलाल को निलंबन से मुक्ति के लिए आवेदन दिया. उन्होंने बात सुनी और कहा, हम इस पर विचार करेंगे.
18. 17.05.08 को मैंने 'निलंबन का औचित्य' नामक लम्बा आवेदन-पत्र उन्हें सौंपा. उन्होंने कुछ खिसियाते हुए कहा-आप पर निर्णय होगा. आपके पक्ष में होगा या आपके विपक्ष में, मुझे उससे कुछ लेना-देना नहीं है.
19. अब तक निर्णय नहीं हुआ. आखिरी आश्वासन को भी दो महीने हो रहे हैं.
20. सुना है कि निर्णय कुलपति को नहीं, सिंडिकेट को लेना है. ऐसा निर्णय डॉ. सिम्हाद्रि ने ही बहुत पहले कर रखा था. कड़े निर्णय लेने में सक्षम डॉ. सिम्हाद्रि एक छोटा-सा कानून सम्मत मुलायम निर्णय लेने में अक्षम हो गये! ठीक ही कहा है दिनकर ने कि-

इन्द्र का आयुध पुरुष जो झेल सकता है
सिंह से बाँहें मिलाकर खेल सकता है,
फूल के आगे वही असहाय हो जाता
शक्ति के रहते हुए निरुपाय हो जाता!

डॉ. सिम्हाद्रि फूल-सा हल्का निर्णय लेने में असहाय हो गये ; शक्ति के रहते हुए निरुपाय हो गये!

जब दुर्धष कुलपति का हाथ भी मेरा निलंबन वापस लेने में थर-थर काँपने लगता है तो औरों की क्या बात!

21. मेरी जिज्ञासा है कि क्या कुलपति के पास केवल निलंबित करने का अधिकार है, उसे वापस लेने का नहीं? क्या वे केवल मारने की विद्या जानते हैं, जिलाने की नहीं?

अगर डॉ. नवल किशोर चौधरी का निलंबन सिंडिकेट में रखे बगैर वापस हो सकता है तो मेरा क्यों नहीं हो सकता? डॉ. हृषीकेश मिश्रा का क्यों नहीं हो सकता? इसलिए न कि मैं एक कमजोर व्यक्ति हूँ और मुझे राजनीतिक दल और प्रभावशाली

व्यक्ति को संरक्षण प्राप्त नहीं है? महोदय, ऐसी घड़ी में अच्छे मुख्यमंत्री की जरूरत होती है जो कि मैं समझता हूँ, आप हैं. कहा गया है कि निर्बल के बल राम होते हैं. क्या आप निर्बल का बल बन कर पटना विश्वविद्यालय के कुलपति से निलंबन मुक्ति के लिए आग्रह करेंगे? आज तक मैंने एक भी ऐसा कुलपति नहीं देखा जो मुख्यमंत्री के आग्रह को ठुकरा दे.

न्याय की आशा में
कृपाकांक्षी
मटुक नाथ चौधरी
निलंबित उपाचार्य, हिन्दी विभाग
बी. एन. कॉलेज, पटना
15.07.08

❖

आखिरकार मटुकनाथ बर्खास्त हो ही गये!

पटना विश्वविद्यालय ने बी.एन.कॉलेज में हिन्दी विभाग के प्रोफेसर डॉ. मटुकनाथ चौधरी को बर्खास्त कर दिया. इस निर्णय तक पहुँचने में विश्वविद्यालय को तीन वर्ष, तीन दिन लगे. 18 जुलाई, 2009 को सिंडिकेट की बैठक में बर्खास्तगी का निर्णय लिया गया और 20 जुलाई, 2009 को अधिसूचना जारी कर दी गयी. बर्खास्तगी का कारण यह है कि उन्होंने अपनी छात्रा से प्रेम किया है. विश्वविद्यालय के प्रशासकों का मंतव्य था कि कोई शिक्षक अपनी छात्रा से प्रेम नहीं कर सकता. अगर करे तो झाँप-पोत कर. डॉ. चौधरी का मामला ढँका रहता तो कोई बात नहीं थी, प्रकट हो जाने से विश्वविद्यालय की छवि धूमिल हुई है. प्रकट भी हो गया था तो भी कोई बात नहीं थी. अगर वे गलती गछ लेते और माफी वगैरह माँग लेते, फिर जिस तरह से विश्वविद्यालय आदेश करता उस तरह का आचरण करते, तो कोई बात नहीं थी. कह दिया जाता कि यह तो कोई बात नहीं. ऐसा तो बहुत होता है. प्रेम तो कोई गुनाह नहीं है. लेकिन डॉ. मटुकनाथ चौधरी ने उलटे विश्वविद्यालय को कठघरे में खड़ा कर दिया. एक 40 पेजी पुस्तिका 'निलंबन का औचित्य' के द्वारा विश्वविद्यालय के कृत्य पर मानो श्वेत-पत्र जारी कर दिया! इससे विश्वविद्यालय बौखला गया.

समाज के कई समझदार व्यक्ति विश्वविद्यालय के इस फैसले पर कई सवाल उठाते हैं. विश्वविद्यालय को किसी के निजी मामले में पड़ने का क्या अधिकार है? शिक्षक प्रेम क्यों नहीं कर सकता? यह बात नासमझी भरी है कि मटुकनाथ को देखकर अन्य लोग भी प्रेम कर बैठेंगे. अगर प्रेम की प्राप्ति इतनी आसान होती तब तो दुनिया में कोई भी इस वरदान से अछूता नहीं होता.

कानून की नजर में प्रेम अपराध नहीं है. लेकिन विश्वविद्यालय को तो उन्हें प्रेम की सजा देनी थी. इसलिए कोई कागजी कारण बनाना था, जो उसने बनाया. विश्वविद्यालय ने आरोप लगाया–'डॉ. मटुकनाथ चौधरी ने 11 जुलाई, 2006 को बगैर प्राचार्य की अनुमति के बी.एन.कॉलेज परिसर में बाहरी छात्रों को संबोधित

किया जिसमें जूली नाम की एक महिला भी थी; तथा मीडिया ने इस घटना को प्रसारित किया.' इसके जवाब के लिए डॉ. चौधरी को मात्र एक दिन का समय दिया गया! लेकिन विश्वविद्यालय द्वारा दिये गये कागजी कारण में कई कमजोरियाँ निकल आयीं! डॉ. चौधरी ने उत्तर में विश्वविद्यालय से कई सवाल पूछ डाले. उन्होंने पूछा कि क्या मीडियाकर्मियों और बाहरी लोगों की भीड़ को कॉलेज परिसर में आने से रोकना प्रशासन का दायित्व नहीं था? क्या विश्वविद्यालय ने यह पता लगाया कि वह भीड़ डॉ. चौधरी लेकर आये थे या उनके आने से कुछ घंटे पहले से ही वह वहाँ मौजूद थी? अगर वह पहले से मौजूद थी तो कॉलेज के प्राचार्य ने उन्हें हटाया क्यो नहीं? उन्होंने यह भी सवाल किया कि क्या शिक्षक के साथ उनके मित्र कॉलेज में नहीं आ सकते हैं? उनकी कक्षा में तो वर्षों से दूर शिक्षा निदेशालय के कितने ही छात्र हमेशा पढ़ने आते रहे हैं, फिर आज तक उन पर कोई कार्रवाई क्यों नहीं हुई? वैसे यह जान लेना दिलचस्प है कि कॉलेज प्रशासन ने डॉ. चौधरी की सलाह से सहमत होकर यह आदेश निकाला कि परिसर में कोई बाहरी व्यक्ति बगैर अनुमति के नहीं आ सकता. मेरी जानकारी में कॉलेज के इस आदेश का पालन तब से लेकर आज तक कभी नहीं हुआ!

मटुकनाथ के जवाब से कॉलेज के प्राचार्य डॉ. रमेश प्रसाद स्वयं फँस रहे थे. इसलिए तत्काल अपनी बला टालने के उद्देश्य से उन्होंने निर्धारित तिथि 14 जुलाई, 2006 को दिये गये जवाब को विश्वविद्यालय को उपलब्ध नहीं करवाया और कह दिया कि डॉ. चौधरी ने जवाब दिया ही नहीं. डॉ. चौधरी के पास उनके द्वारा दिये गये जवाब की रिसीविंग होने से भी क्या फर्क पड़ता है? बस जवाब जमा न करने को ही आधार बनाकर 15 जुलाई, 2006 से डॉ. चौधरी को निलंबित कर दिया गया. विश्वविद्यालय शिक्षक का निलंबन कोई मनमानी प्रक्रिया नहीं है. इसके लिए आरंभिक जाँच करनी होती है. साक्ष्य जुटाना होता है. निलंबन का ठोस कानूनी आधार होता है. लेकिन उसके लिए जिस पर अंकुश हो, निरंकुश प्रशासक को इसकी दरकार नहीं रहती! बाद में जाँच कमिटी बैठी और उसने बिना किसी साक्ष्य के डॉ. चौधरी पर दो आरोप मढ़ दिये. पहला कि उन्होंने कॉलेज प्रशासन की अनुमति के बगैर छात्रों और बाहरी लोगों को संबोधित किया और दूसरा, अपना घर रहते हुए विश्वविद्यालय का फ्लैट आवंटित करवाया. जब मटुकनाथ जी ने संवैधानिक अधिकार के तहत विश्वविद्यालय से साक्ष्य और अन्य कागजातों की माँग की तो विश्वविद्यालय को साँप सूँघ गया! विश्वविद्यालय ने कोई कागजात मुहैया नहीं कराया. स्टैच्यूट के अनुसार किसी भी परिस्थिति में विश्वविद्यालय कर्मचारी को एक साल से अधिक समय तक निलंबित नहीं रखा जा सकता. लेकिन उनके निलंबन

को जबर्दस्ती तीन साल से अधिक लटकाये रखा गया—**समरथ को नहीं दोष गुसाई!**

आखिर विश्वविद्यालय को डॉ. चौधरी से ऐसी क्या दुश्मनी थी? किसी शायर ने क्या खूब कहा है—**उसके दुश्मन हैं बहुत, आदमी अच्छा होगा.** आदमी अच्छा हो तो कई दुश्मन हो जाते हैं, क्योंकि उसकी अच्छाई ही किसी के लिए बुराई हो जाती है. डॉ. चौधरी में एक नहीं अनेक बुराइयाँ हैं. पहली यह कि उन्होंने प्रेम को जीवन का परम मूल्य माना और इसके लिए हर तरह के अपमान का स्वागत किया. उन्होंने कुलपति या किसी नेता की चिरौरी नहीं की जिनकी एक कृपा-दृष्टि पाने के लिए लोग लालायित रहते हैं. डॉ. चौधरी का आचरण शुरू से ही संदिग्ध रहा है. उन्होंने प्रारंभ से ही पढ़ाने में ईमानदारी रखी है. छात्रों से हमेशा मित्रवत् व्यवहार किया है. क्लास में लेक्चर देने के बाद दायित्वमुक्त होने की परंपरा को तोड़कर उन्होंने कमजोर छात्रों के लिए अनेक अतिरिक्त वर्ग लिये हैं और अपने अध्यक्षीय कार्यकाल में कई गोष्ठियाँ और सेमिनार आयोजित करवाए हैं. उन्होंने कॉलेज की पत्रिका 'खोज' निकलवायी तो खुद कमीशनखोरी नहीं ही की साथ ही दूसरों को भी उनके परंपरागत लाभ से वंचित रखा. शिक्षकों की जातिवादी राजनीति से वे दूर रहे. किसी खास लॉबी के सदस्य भी नहीं रहे. यू.जी.सी. के 'पुनश्चर्या' कार्यक्रम में तो समन्वयक की हैसियत से उन्होंने हद ही कर दी. एक गुंडे प्रोफेसर ने कई अन्य लोगों के साथ मिलकर उन पर जबरन 'ए' ग्रेड देने का बहुत दबाव बनाया. पिस्तौल दिखाई, नारेबाजी की, समारोह में उपद्रव किया, लेकिन वे अपने निर्णय से टस से मस नहीं हुए. अयोग्यों को 'ए' ग्रेड नहीं ही दिया. इस तरह अपने 28 वर्षों के कार्यकाल में उन्होंने ऐसे अनेक कृत्य किये विश्वविद्यालय जिनका आदी नहीं था—**त्रेताँ भइ कृतजुग कै करनी**?

अंत में एक राज की बात बता दूँ. विश्वविद्यालय में डॉ. चौधरी के विरोध के दो अंदरूनी कारण हैं. पहला यह कि उन्हें एक सुंदरी का प्यार मिला और जगत में नाम फैल गया! इसको सहन करना मुश्किल है! दूसरा, यह कि उनके प्रेम के प्रकट होने से दूसरों के द्वारा गुपचुप चलाये जा रहे यौन-व्यापार पर आघात पहुँचा. अन्य लोग कभी उन पर विश्वास करते थे और अब वे शक के दायरे में आ गये! इससे वे बड़े विचलित हुए और मटुक को साक्षात् दुश्मन के रूप में देखने लगे. ऐसे ही लोगों ने बढ़ चढ़कर कहा कि मटुक का आचरण अनैतिक है और इसने पूरे देश में पटना विश्वविद्यालय की छवि धूमिल की है.

जूली

8.08.09

❖

न दैन्यं न पलायनं

छात्र जीवन में एक श्लोक पढ़ा था—

अर्जुनस्य प्रतिज्ञे द्वै न दैन्यं न पलायनं।
आयु रक्षति सर्वत्र भाग्यं फलति सर्वदा॥

इसका अर्थ है—अर्जुन की दो ही प्रतिज्ञाएँ हैं-न दैन्य, न पलायन, क्योंकि आयु हमेशा रक्षा करती है और भाग्य हमेशा फल देता है. यह श्लोक मेरे भीतर प्रवेश कर गया था. अंदर से आप जिस तरह के आदमी होते हैं, आपको बाहर की उसी तरह की बातें प्रभावित करती हैं. जीवन में मैंने न दीनता जानी है और न संघर्ष से भागना सीखा है. दीनता का अर्थ है—किसी स्वार्थ सिद्धि के लिए किसी के आगे गिड़गिड़ाना, चाटुकारिता करना, आत्मसम्मान को एक किनारे रख देना. पलायन का अर्थ है—किसी नुकसान के भय से सत्पथ या न्यायपथ से दूर हो जाना. मनुष्य के व्यक्तित्व की अनेक कसौटियाँ हैं जिनमें ये दो अत्यंत महत्वपूर्ण हैं. इन दो कसौटियों पर अगर विश्वविद्यालय के अधिकारियों और कुछ शिक्षकों को कसा जाये तो वे भड़भड़ा जायेंगे.

आज पटने के एक अखबार में मेरे बारे में लिखा है कि दिन भर मैं अपने सहकर्मियों के फोन का इंतजार करता रहा मगर अफसोस फोन की घंटी नहीं बजी. बिना बात किये अगर काल्पनिक बात भी लिखनी हो किसी के बारे में तो ऐसी लिखनी चाहिए जो उनके व्यक्तित्व से मेल खाये. उपर्युक्त वचन से दीनता टपकती है. इसका मेरे व्यक्तित्व से कोई मेल नहीं है. अगर मुझमें दीनता होती तो मेरी बर्खास्तगी कभी नहीं होती. भला मैं क्यों किसी के फोन का इंतजार करूँ? 30 वर्षों से मैंने शिक्षकों के चरित्र को देखा है. मैंने कभी किसी चीज की आशा उनसे नहीं रखी. शिक्षकों के साथ मेरा रवैया सदा ऐसा रहा—**न काहु सों दोस्ती, न काहु सों बैर.**

उसी अखबार में छपा है कि मेरा कहना है-प्रेम करना गुनाह नहीं है. लेकिन मैंने ऐसा कभी नहीं कहा है. मैं कहता हूँ-'प्रेम परम धर्म है.' और दोनों बातें एक

नहीं हैं. दोनों कथनों में बड़ा भारी अंतर है. पहला वाक्य निगेटिव है, दूसरा पॉजिटिव. पहले कथन से ऐसा लगता है, मानो बचाव खोजा जा रहा है. दूसरे कथन से लगता है कि प्रेम सर्वोत्कृष्ट कर्म है और दूसरे किसी कर्म का महत्व इसके बाद है. प्रेम का अभाव पाप है. उसका विरोध महापाप!

मेरी सेवा समाप्ति के पीछे और किसी का नहीं, मेरे ही स्वाभिमान का हाथ है. मेरे निलंबन को न्यायोचित ठहराने के लिए विश्वविद्यालय प्रशासन और कुछ दुष्ट शिक्षकों की ओर से ऐसा झूठ प्रचारित किया गया कि मुझे लगा इसका अनावरण करना चाहिए. मैंने 'निलंबन का औचित्य' नामक एक 40 पेजी पुस्तिका के द्वारा सत्य का ऐसा अग्निबाण छोड़ा जिसकी रोशनी में झूठ का अंधेरा नष्ट हो गया. विश्वविद्यालय के प्रशासक, जाँच समिति के सदस्य, एक-दो धुंधकारी शिक्षक नेता और कुछ कुटिल शिक्षक बेआबरू हो गये.

जिस समय मैं यह पुस्तिका तैयार कर रहा था, मेरे एक मित्र मुझे सलाह दे रहे थे–'आप ऐसा नहीं कीजिए. धीरे धीरे लोगों की सहानुभूति आपके प्रति हो रही है. आपका निलंबन हट जायेगा. यह पुस्तिका निलंबन के हटने में बाधक बन जायेगी.' मैंने मित्र से कहा था–'तो क्या झूठ को चलने दूँ? सत्य को दबा रहने दूँ? ' वे बोले–'निलंबन हटने के बाद यह सब कीजिए. पहले सुरक्षित जोन में चले जाइये तब अटैक कीजिए.' मैंने पुनः मित्र को समझाया–भौतिक लड़ाई के लिए तो ठीक है कि अपनी हिफाजत पहले कीजिए, लेकिन जब प्रेम और सत्य की लड़ाई हो तो अपनी आहुति देनी ही होती है. उसी लौ में प्रेम और सत्य प्रकट होता है और लोगों को दिखाई पड़ने लगता है. इसलिए प्रेम और सत्य की रक्षा के लिए अगर मेरी नौकरी का बलिदान होता है तो हो.

तब निराश होकर मित्र ने कहा–तब जाइये जो मन आपका करे, कीजिए.

एक बार सीनियर सिटिजन का एक शिष्टमंडल हमारे वर्तमान कुलपति से मिलने गया था. उन्होंने मेरे पक्ष में कुलपति को करने के लिए बहुत दलीलें दी थीं. उनकी दया और करुणा उभारने की भी कोशिश हुई. सुनते हैं, कुलपति ने कहा था–वे तो मुझसे मिलते भी नहीं और उलटे एक पुस्तिका छपवाकर सबको बाँटते फिरते हैं.

शिष्टमंडल के संयोजक ने मुझसे कहा था–'वीसी साहब आपका निलंबन हटाने पर सहमत हैं. उनके मन में कचोट है कि आप उनसे मिलते नहीं हैं. आप उनसे मिलकर कहियेगा–छोटी मोटी गलती है सर, माफ कर दीजिए.'

मैंने उनसे कहा था–सर, अगर मेरे मन के किसी कोने में यह बात होती कि वास्तव में मुझसे गलती हुई है तो वीसी का चरण अपने माथे पर लेकर गलती स्वीकार कर लेता. लेकिन बिना गलती के माफी माँगना प्रेम और सत्य की लड़ाई को अपने

ही हाथों समाप्त कर देना होगा. प्रेम देवता बलिदान माँगता है. इसके पहले वह प्रसन्न नहीं होता. मैं अति संकीर्ण हृदय कुलपति को नमन करूँ या अनंत विस्तीर्ण हृदय प्रेम देवता को. किसको नमन करूँ मैं??

20.7.09

❖

महेश भट्ट का स्नेह

जुलाई, 2006 में एनडीटीवी के 'मुकाबले' में हमारी तरफ से सुविख्यात फिल्म निर्देशक श्री महेश भट्ट उतरे थे. वे हमारे प्रेम की सचाई और स्वतंत्रता की वकालत कर रहे थे. अपने धारदार तर्कों और अनुभवपूर्ण गहरे विचारों से रूढ़िवादियों को निस्तेज कर रहे थे. कार्यक्रम की समाप्ति के बाद जब मैं होटल आया तो उनका फोन आया. फोन पर उन्होंने लगभग आधे घंटे तक बात की. मेरी और जूली की तारीफ की, सहानुभूति दी, हौसला बढ़ाया. हर तरह से मदद करने का आश्वासन दिया. अपना फोन नं. दिया और कहा कि जब भी आप तनहा हों तो मुझसे बात किया करें.

बड़े लोगों से बात करने में मुझे अभी भी बहुत झिझक होती है. मुश्किल से दो-तीन बार मैंने उनसे बात की होगी. 2007 में जब जाँच समिति की रिपोर्ट के बाद बर्खास्तगी के लिए कारण बताओ नोटिस जारी हुई तो उस वक्त टीवी के अनेक चैनलों पर इसकी चर्चा हुई थी. रात में 'आजतक' पर इससे संबंधित लगभग एक घंटे तक हमारा इंटरव्यू चला था. उसे देखकर महेश भट्ट साहब विचलित हो गये थे. कार्यक्रम के तुरत बाद उन्होंने मुझे फोन लगाया, लेकिन नहीं लगा. फिर सुबह उन्होंने प्रयास किया और लग गया. लगभग 25 मिनट उन्होंने बातें कीं. उनकी सहानुभूति, प्रेम और प्रेरक बातों से मैं ऐसा अभिभूत हो उठा कि आँखों से झरने फूट पड़े. उन्हीं की बातों का सारांश यहाँ प्रस्तुत है–

कल मैंने टीवी पर देखा कि जाँच समिति की रिपोर्ट के आधार पर पटना विश्वविद्यालय आपको नौकरी से बर्खास्त करना चाहता है और भूखों मरने के लिए छोड़ देना चाहता है. इससे मैं आहत हूँ. मैंने अपनी जिंदगी में देखा है कि यह समाज करुणा की बात करता है, इन्साफ की बात करता है, व्यक्ति की स्वतंत्रता की बात करता है, लेकिन जीवन में जब इसका अवसर आता है, तो वह मुख पर कालिख पोतता है और पत्थर मारता है. इस समाज का हिस्सा आप

नहीं होते हैं तो यह आपको तरह-तरह से प्रताड़ित करता है.

पशु भीड़ में रहना चाहता है. वह अपनी जाति के पशुओं के बीच पहुँचकर सुरक्षित महसूस करता है, लेकिन वह अपनी पहचान खो देता है. यही हाल बहुत सारे मनुष्यों का है. वे समाज का हिस्सा बनकर सुरक्षा तो पा लेते हैं, लेकिन अस्मिता गँवा देते हैं. मुझे खुशी है कि आप भीड़ का हिस्सा नहीं बने. आपने इस समाज का हिस्सा होने से इन्कार कर दिया. आपने अपनी आइडेंटिटी कायम रखी है. आपने समाज से कहा—मैं जैसा हूँ, तुम्हारे सामने हूँ. कोई आवरण नहीं, कोई पाखंड नहीं. आप सामाजिक पाखंड के हिस्से नहीं बने. इससे समाज आपसे खतरा महसूस करता है. वह आपसे भयभीत है और हर तरह से जाल रचकर आपको घेरे में लाना चाहता है. लेकिन आप उनके घेरे में नहीं आयेंगे, क्योंकि आपके भीतर एक रोशनी है. आप उस रोशनी के बल पर अँधेरे से लड़ते रहेंगे. जैसे जुगनू अपने भीतर का प्रकाश जलाकर अँधेरे का मुकाबला करने निकल पड़ता है, वैसे ही आप निकल पड़े हैं.

हम दोनों सोल से, आत्मा से एक हैं. जब मैं देखता हूँ कि मेरा ही एक समानधर्मा पटने में आँधी से घिर गया है तो मुंबई में बैठा मैं पूरी तरह हिल जाता हूँ. आप कोई मिट्टी की दीये नहीं हैं जिसे आँधी बुझा सके. आप मणिदीप हैं, आपको मेरा प्रणाम. जूली को भी मेरा प्रणाम कहें.

इस अथाह स्नेह को पाकर मैं बहुत रोया था. जब उनकी फिल्म 'सारांश' देखी तो अपने जर्रे-जर्रे में उनकी उपस्थिति महसूस की और फिल्म समाप्त होने तक आँसू बहते रहे.

फरवरी, 2007

❖

शिष्य वत्सल गुरुवर नामवर

ऐसा कोई भी अवसर मैंने नहीं पाया जब पूज्य गुरुवर नामवर सिंह का आशीर्वाद मुझे न मिला हो. मैं आदमी बेढंगा जरूर हूँ, लेकिन गुरुदेव की नजर में मेरा अपना एक ढंग है. एक काम करते-करते अचानक दूसरा काम करने लग जाता हूँ. ऐसे अवसरों पर उन्होंने मुझे टोका भी है, लेकिन मेरी दलील सुनकर वे सहमत हो गये हैं और आशीर्वाद दिया है. जैसे मैंने 1987 ई. में एक स्कूल खोला और अपना सारा समय उसी में देने लगा. दिन-रात बच्चों की सेवा में लग गया. गुरुदेव तक शायद शिकायत पहुँची होगी—''मटुकजी क्या करने लग गये. पैसे के लिए बच्चों का पखाना साफ करने लग गये! योग्यता थी विश्वविद्यालय के सयानों को पढ़ाने की और पढ़ाने लग गये नर्सरी के छोटे-छोटे बच्चों को, जिन्हें कोई भी पढ़ा सकता है!'' गुरुदेव को बात जँची होगी. इसलिए जब पटने में मेरी उनसे मुलाकात हुई थी, तो हालचाल पूछने के बाद उन्होंने कहा था—''स्कूल पत्नी को चलाने दीजिए और आप पढ़ाई-लिखाई का काम कीजिए. किताब लिखिए.'' मैंने कहा—गुरुदेव किताब किसके लिए लिखूँ? कौन पढ़ेगा मेरी किताब? पढ़ने वाले हैं कहाँ? अब तो लेखक ही लेखक को पढ़ते हैं और एक-दूसरे की तारीफ करते हैं या ईर्ष्या करते हैं. बच गये छात्र, वे तो परीक्षा पास करने के लिए शुक्लजी, द्विवेदीजी, रामविलासजी और आपको पढ़ते हैं. पढ़ना ही चाहिए. इतने बड़े दिग्गजों के रहते भला मैं क्या लिखूँगा! लेकिन सर, स्कूल की पढ़ाई कॉलेज की पढ़ाई से ज्यादा मूल्यवान है. दुर्भाग्य है कि इस सत्य को देशवासियों ने अभी तक नहीं समझा है. वह बुनियादी भूल है. बुनियाद मजबूत न होने का ही परिणाम है कॉलेजों में पढ़ाकुओं की जगह लूहेड़े मिलते हैं. महात्मा गाँधी ने बुनियादी तालीम के महत्व को समझा था और उन्होंने छात्रों को पढ़ाने के लिए आश्रम खोला था. यह काम रूस के महान साहित्यकार टॉलस्टाय ने भी किया था. महान् शिक्षाशास्त्री वसीली सुखोम्लीन्सकी ने रूस में 'खुशियों का स्कूल' चलाया. अपने यहाँ बच्चों को पढ़ाना एक छोटा धंधा माना जाता है और

विश्वविद्यालय के विद्यार्थियों को पढ़ाना बड़ा सम्मानपूर्ण! यह स्थिति बदलनी चाहिए.

गुरुदेव एकदम सहमत दिखे. बोले–'हाँ, अपने यहाँ तो बच्चों को पढ़ाना एक छोटा काम माना जाता है!' तब इसके बाद स्कूल छोड़ने का आदेश उन्होंने नहीं दिया.

दूसरी घटना मेरे हाल के प्रेम-प्रसंग को लेकर है. 2006 के आरंभ में जब मैं अपनी पत्रिका 'होश' के लिए इंटरव्यू के ख्याल से दिल्ली में विद्वानों से संपर्क कर रहा था; उसी समय मेरी पत्नी रो-रोकर उन लोगों को अपनी व्यथा बता रही थी ताकि वे लोग मुझे धिक्कारें और इंटरव्यू न दें. इसकी जानकारी मुझे गुरुदेव डॉ. मैनेजर पांडेय से मिली. उन्होंने पत्नी से प्रभावित होकर मुझे धिक्कारा भी, समझाया भी, व्यावहारिकता भी सिखायी. लेकिन क्या मुझ जैसा विपथगामी कभी व्यावहारिकता सीख सकता है? मैंने उसी तरह तर्क देकर उन्हें निरुत्तर कर दिया, जिस तरह 'मानस' में सीता वन जाने से रोकने वाले राम के सारे तर्कों को खारिज कर देती है. गुरुवर नामवर तक भी पत्नी का विलाप निश्चित तौर पर पहुँचा होगा. लेकिन आप गंभीर हैं. मुझसे कुछ बोले नहीं. मेरे चाल-चलन से पहले से ही अवगत हैं, इसलिए भरोसा भी हो गया होगा! जब इंटरव्यू के लिए उनसे मैं फोन पर समय माँगने लगा तो मुझे ऐसा एहसास हुआ कि वे टाल रहे हैं और अंततः टाल ही दिया. मुझे इस बात का मलाल रहा कि गुरुदेव मुझे बुलाकर कम से कम मेरा पक्ष भी तो सुन लेते . तब फैसला करते. यह तो एकतरफा सुनवाई हो गयी!

लगभग दो साल बाद पटने में जमाल रोड के माध्यमिक शिक्षक संघ भवन में उनका व्याख्यान था. मैं उन्हें सुनने पहुँचा था. सभा समाप्त होने के बाद मैं घर जाने लगा तो रास्ते में अरुण कमलजी मिले. उन्होंने पूछा–गुरुदेव से मिल लिये? 'नहीं, भीड़भाड़ थी.' अरे, मटुकजी गुरुदेव से मिल लीजिए, बिना मिले नहीं जाना चाहिए. मैं सोचने लगा–अरुण कमलजी क्यों गुरुदेव से मिलने कह रहे हैं? मैं तो उनसे रूठा हुआ हूँ! क्या गुरुदेव ने कभी अरुण कमलजी के सामने मेरी चर्चा चलायी होगी! क्या गुरुदेव ने मेरे प्रति सहानुभूति दिखलायी होगी? लौटना चाहिए. मुझ जैसे उनके हजारों शिष्य हैं, लेकिन मेरे लिए तो एक गुरु वही हैं. इस तरह से तो मेरे रूठने का कारण भी उन्हें पता नहीं चलेगा.

मैं लौटा. सभा के बाद एक कक्ष में वे शिक्षक नेताओं से घिरे बैठे थे. मैंने चरण-स्पर्श किया. पूर्ववत उत्साह से उन्होंने हाल-चाल पूछा. मेरा अन्तर्तम प्रकाशित हो गया! लेकिन मुझे देखकर वहाँ बैठे कुछ खूँसट शिक्षक नेताओं के चेहरों पर मुर्दनी छायी थी! उन्होंने मुझे नहीं टोका. मैं थोड़ी देर बैठा और चुपचाप खिसक गया.

अक्टूबर, 2009 की दिल्ली यात्रा में गुरुदेव से मिलने के लिए फोन से समय माँगा. उधर से आवाज आयी—'कब मिलना चाहते हो?' आपकी सुविधानुसार, जब आप कहें. तो शाम को छह बजे के आस पास आ जाओ. मैं खुश हुआ कि तुरत समय मिल गया. लेकिन मैं गलत पता के कारण भटक गया. मेरे पास ईस्ट ऑफ कैलाश वाला पता था. उसी पते पर जा रहा था. बस से उतरा तो एक आदमी ने बताया—यहाँ से डेढ़ किमी होगा, रिक्शा ले लो. दस रुपया लेगा. रिक्शा वाले ने बीस माँगा. अच्छा, थोड़ा पैदल चलते हैं. आगे दस में मिल जायेगा. आगे पूछा—पचीस माँगा. बहुत आगे बढ़ने पर भी पन्द्रह से कम में कोई तैयार न हुआ. जब घर पर पहुँच गया, तो एक रिक्शा वाला दस पर तैयार हुआ. यानी चढ़िये, दस रुपये दीजिए और उतर जाइये. वह वी.आई.पी कॉलोनी थी! दस-बीस रुपये के लिए भाव-मोल करने वाला 'कँगलखटिया' वहाँ नहीं मिलता होगा. सोचा, गुरुदेव के लिए एक किलो बढ़िया सेब खरीद लेते हैं. लेकिन रोड पर कहीं सेब नहीं मिला. रास्ते में रिलायन्स फ्रेश की और एक अन्य कंपनी की, कुल दो एयरकंडीशंड दुकानें थीं. उसमें सूखल-पाकल रद्दी सेब थे. और दाम 100 से 150 रुपये प्रति किलो! उलटे पाँव लौट गया. सोचा, गुरुदेव को पान बहुत पसंद हैं. पान की दुकान खोजने लगा. एक मिली. उसने कहा—देसी और बनारसी है, मगही यहाँ नहीं मिलता. पान बँधवाया. जर्दा को लेकर असमंजस था. मुझे याद नहीं रहता है कि गुरुदेव कौन-सा जर्दा पसंद करते हैं. कहा—भाई, सब दे दो थोड़ा, थोड़ा. डॉ.तरुण कुमार को याद रहता है क्योंकि वे स्वयं ताम्बूल सेवन करते हैं.

जब अपार्टमेंट पहुँचा तो सिक्यूरिटी वाले ने बताया—यहाँ कोई डॉक्टर नामवर सिंह नहीं रहते हैं. छह बजकर दस मिनट हो चुके थे. घबराहट हुई. आज मिलना नहीं होगा क्या! गुरुदेव को फोन लगाया तो मालूम हुआ कि वे तो चितरंजन पार्क के पास रहते हैं. ठीक से उन्होंने फोन पर पता बता दिया. फोन रखने के बाद तुरत उसे लिख डाला. कहीं भूल न जाऊँ! अब वहाँ तक कैसे पहुँचा, इसे न कहकर सीधे कहता हूँ कि 'हमलोग पहुँचे'. साथ में जूली थी. गुरु-गृह में हमलोगों ने मिठाइयाँ खाईं. कई तरह की बातें हुईं. उनमें जो मुख्य हैं, उन्हें रख रहा हूँ-

"आपके बारे में कई लोगों ने कई तरह की बातें कीं. इधर मैं बेगूसराय भी गया था. लोग मुझसे मिले थे. मैंने उन लोगों से कहा था—जो मेरे शिष्य हैं, उनका प्यार मुझे मिलता है, मेरा प्यार उन्हें मिलता है. उनके बारे में जानने के लिए मुझे तीसरे आदमी की जरूरत नहीं है. तीसरा कोई हमारे संबंध का निर्णायक कैसे हो सकता है? मैं उस बात को नहीं भूल सकता, जब 2002 में गहरे घने कोहरे में आगे का रास्ता कुछ भी नहीं दिखता था, तो कितने सूझ-बूझ और बहादुरी के साथ कार

ड्राइव करते हुए मटुक मुझे बेगूसराय से पटना ले गया था. मैं उनके घर से ओशो की कबीर पर कुछ किताबें भी उठा लाया था.''

हम गुरुदेव की बातें मंत्र-मुग्ध होकर सुन रहे थे. वे आगे बोले—हर आदमी का अपना सच होता है और सबको अपना सच ही जीना पड़ता है. दूसरे का सच नहीं जीया जा सकता. एक जीवन मिला है अपने जीने के लिए. दूसरों के कारण अपना जीना बंद नहीं किया जा सकता. विद्रोहियों को जो झेलना पड़ता है, वह आपको भी झेलना पड़ रहा है. लोगों ने तो ईसा मसीह तक को नहीं छोड़ा. उन्हें सूली दे दी गयी. कबीर ने तो कहा ही है लोकमत के बारे में—**लोका मति के भोरा रे.**

उन्होंने जूली को आशीर्वाद दिया. मन से शोधकार्य करने को कहा . उन्होंने कई बार हमारा हौसला बढ़ाते हुए कहा—मैं इतना चाहता हूँ कि कभी भी तुम्हारा मनोबल न टूटे.

इतना सुनते ही मेरे अंदर ऊर्जा का संचार हुआ. उत्साह इतना कि लगा सृष्टि में कोई ऐसी चुनौती है ही नहीं जो मेरे मनोबल को तोड़ सके. मैंने गुरुदेव की चिंता दूर करते हुए कहा—मेरा मनोबल बहुत मजबूत है सर, आपके आशीर्वाद ने उसे वज्र के समान अभेद्य बना दिया है.

अक्टूबर, 2009

❖

लोग आप पर हँसते हैं!

सन् 2006 की बात है. एक क्रांतिकारी सामाजिक कार्यकर्ता और नेता मीडिया से प्राप्त खबरों के आधार पर मेरे विरोधी हो गये थे. संयोगवश एक दिन मेरी पत्रिका 'होश' उन्हें हाथ लगी. उसे पढ़कर वे मेरे प्रशंसक हो गये. उन्होंने एक पत्र लिखकर अपने अंदर आये इस परिवर्तन के बारे में जानकारी दी. उस व्यक्ति का नाम है -प्रोफेसर प्रेम कुमार. वे 'प्रेम यूथ फाउंडेशन' के संस्थापक हैं जिसकी शाखा पूरे बिहार में है. वे विचार और आचार से विद्रोही हैं. इसलिए उनसे मेरी पटरी बैठ गयी. सुर से सुर मिल गया. वे इस देश में पहले व्यक्ति हैं जिन्होंने खुसरुपुर बुलाकर मुझे एक सभा में सम्मान दिया और मेरा भाषण करवाया. इसके पहले लाउडस्पीकर से पूरे कस्बे में मेरे आने की सूचना लोगों को दी और दीवारों पर मेरा नाम लिखवाया. उस सभा में विशिष्टजनों के साथ थानाध्यक्ष भी उपस्थित थे. उनका भी भाषण हुआ. मेरे भाषण के बाद प्रश्नोत्तर का दौर चला. उसी सभा में एक व्यक्ति ने मुझ पर आरोप लगाने की चेष्टा की. लोगों ने उनका मुँह बंद करना चाहा. लेकिन मैंने कहा—नहीं, उन्हें बोलने दें. अगर उनके पास वास्तव में कोई प्रश्न है तो मैं उसका समाधान करने का प्रयास करूँगा. अगर उन्हें केवल भड़ास निकालनी है तो उसकी भी इजाजत उन्हें मिलनी चाहिए ताकि वे हल्के हो जायँ. मेरे उत्तर की उनको जरूरत नहीं थी. मुझे लज्जित और अपमानित करना उनका ध्येय था. उनके कथन का सार अंत में इस वाक्य में प्रकट हुआ—'लोग, आप पर हँसते हैं!' बिल्कुल सही कहा था उन्होंने. मैं अनुभव करता रहा हूँ कि मीडिया में आयी खबरों के आधार पर लोग मुझे देखकर हँसते हैं! मैंने उन्हें जो जवाब दिया उस बीज वाक्य का पल्लवित रूप यहाँ प्रस्तुत है—

मेरे जीवन के साथ सबसे अच्छी बात यह हुई है कि मेरा नाम आते ही लोग हँस देते हैं. कुछ देर के लिए उनका तनाव दूर हो जाता है. क्षण भर के लिए वे आनंद से भर जाते हैं. कुछ पल के लिए भार मुक्त हो जाते हैं. इसे मैं अपना परम सौभाग्य मानता हूँ. मुझमें ऐसी क्षमता नहीं थी कि लाखों लोगों के जीवन में मुस्कान बिखेर

सकूँ ; इसलिए इतनी बड़ी बात का श्रेय मैं अपने ऊपर लेकर अपने अहंकार को बलवान करना नहीं चाहता. यह ईश्वर की कृपा से हो गया है. मैं भी इस आनंद में डूब जाता हूँ—

औरों को हँसते देखो मनु, हँसो और सुख पाओ;
अपने सुख को विस्तृत कर लो, सबको सुखी बनाओ

सबके सुखी होने में, सबके हँसने में आनंद का विस्तार होता है.

प्रश्न : आप जिस भाव में मगन होकर इसको अच्छी बात समझ रहे हैं, वैसी बात नहीं है. आपकी विडंबना पर लोग हँसते हैं!

उत्तर : चाहे लोग जिस बात पर हँसें, हँसते तो हैं न? क्रोध तो नहीं करते न! ईर्ष्या से तो नहीं जलते न! उनका हँसना महत्वपूर्ण है. उनके भाव को तो मैं बदल नहीं सकता. मैं तो अपने भाव में ही डूब सकता हूँ. मेरे भाव की लपट उन तक पहुँचे तो वे भी मगन हो सकते हैं.

विडंबना तो यही है न कि 'देखो बूढ़ा होकर कैसे लड़कों की तरह आचरण करता है. बेटी से भी छोटी लड़की से प्यार कर अपना सब कुछ लुटा बैठा है!' यही तो मेरा सौभाग्य है! मेरी जवानी गयी ही नहीं. वह समय से पहले आयी और समय पर जाना भूल गयी! जिस दिल में प्यार की तरंगें न उठती हों, उसे बूढ़ा कहते हैं. वह प्यार क्या जिसका ज्वार जवानी में उठे और बुढ़ापे में विदा हो जाय!

लोगों के घरों से प्रेम विदा हो गया है और वे उसे खोज रहे हैं, भटक रहे हैं. और यहाँ स्वयं प्रेम मुझे खोजते हुए आकर मेरे पिंजर में प्रकाशित हो गया है! इस प्रकाश में मैं नहला रहा हूँ!

इतना बेवकूफ भी नहीं मैं कि आपकी बात न समझूँ. समझ रहा हूँ अच्छी तरह, लेकिन मुझे बात लग नहीं रही है, क्योंकि मैं आपके तल पर नहीं हूँ. आपके तल पर जीता तो छक् से आपकी बात लग जाती. आपका हँसना हमें प्रताड़ित कर देता!. कभी खून खौला देता, कभी मुरझा देता, कभी कुंठित कर देता, कभी ग्लानि से भर देता, कभी आत्महत्या के लिए उकसा देता. मेरा सौभाग्य है कि मैं आपके तल पर नहीं हूँ. इसलिए जो आपको मुझमें दिखता है वह अपने में मुझे नहीं दिखता. दिखती है बस इतनी-सी बात कि भगवान ने मुझमें क्या जादू कर दिया जो इतने लोगों की मुस्कुराहट का कारण बन गया हूँ! यह नहीं भी हो सकता था. ऐसा भी हो सकता था कि लोग मुझे देखते ही क्रोध से भड़क उठते, ईर्ष्या से जल उठते. यद्यपि ऐसे लोग भी बहुत हैं और वे अभागे हैं; क्योंकि वे नाहक अपने को जलाते हैं. क्रोध और ईर्ष्या सीधे-सीधे आने में डरती है, क्योंकि वह लोगों को स्वीकार्य नहीं होगी. इसलिए वेश बदल कर कभी मर्यादावाद का लबादा ओढ़कर, कभी नैतिकता की

रामनामी चादर लपेट कर प्रकट होती है. ऐसे लोगों की मैं खबर लिया करता हूँ.

हँसने वालों में भी सभी उपहास की हँसी वाले नहीं होते. कुछ निश्छल हँसी वाले लोग भी हैं. इनमें एक नाम है भरत ठाकुरजी का, जो पटना विश्वविद्यालय के कुलपति के पी.ए. हैं. वे मुझे देखते ही आनंद विभोर हो जाते हैं और आग्रह करते हैं कि मैं दिन में एक बार जरूर दर्शन दिया करूँ. वे कहते हैं कि आपको देखकर दिन भर का तनाव दूर हो जाता है. वे मुझे खुशी से पास बैठाते हैं, चाय पिलवाते हैं और कुछ से कुछ बोलकर खूब हँसते हैं. जैसे–वे वहाँ आने वाले लोगों से कहते हैं–अच्छा ये बताइये, पटना विश्वविद्यालय को बाहर कोई जानता था? बाहर कितने लोग जानते थे? यह तो मटुक बाबू को धन्यवाद दीजिए कि इनके कारण देश में, विदेश में पटना विश्वविद्यालय का नाम हो गया! उनकी इस बात से मैं खुश हो जाता हूँ और मेरे विरोधी भी, क्योंकि दोनों को इसमें अपना-अपना अर्थ मिल जाता है!

कभी कहते हैं–सर, चाँद-फिजा ने आपको डिफीट दे दिया! वे इधर बहुत आये टीवी पर. आपका आना कम हो गया है. मैं कहता हूँ–नहीं साहब, आप देखते रहियेगा, वे तो विदा हो जाने वाले चाँद हैं. सदा आकाश में चमकने वाला चाँद तो मैं हूँ. घटती-बढ़ती होती रहती है. लेकिन वजूद मौजूद है.

एक दिन पटना से दिल्ली में नियुक्त हुए एक प्रोफेसर ने कहा था–देखते हैं, मेरा कितना नाम है? मैंने कहा था–क्या मुझसे भी ज्यादा? उन्होंने जवाब दिया–आपका तो स्कैंडल है, 15 दिन से एक महीना में खत्म हो जायेगा. मैंने कहा था–यह एक महीना में खत्म होने वाला स्कैंडल नहीं है. यह वैसा स्कैंडल है जो कैंडल की तरह काल के भाल पर जलता रहेगा. भूल और भ्रम में न रहो प्रोफेसर. तुम्हारे जैसे प्रोफेसर हम जैसों का गीत गाकर अमर होते हैं! तुम्हारा नाम हमारे नाम की छाया है! और इस पर दोनों ठहाके लगाते हैं.

लेकिन जो कुटिल हँसी हँसते हैं, वे मेरे बड़े काम के हैं. तुलसीदास से कोई बड़ा कवि नहीं हुआ हिन्दी में आज तक. उनकी कविता पर भी लोग हँसते थे. तुलसी ने ऐसे लोगों का स्मरण किया है रामचरितमानस में–

खल परिहास होइ हित मोरा। काक कहहिं कलकंठ कठोरा ॥
हंसहिं बक दादुर चातकहीं। हँसहिं मलिन खल बिमल बतकहीं ॥
कबित रसिक न राम पद नेहू । तिन्ह कहँ सुखद हास रस एहू ॥
भाषा भनिति भोरि मति मोरी। हँसिबे जोग हँसें नहिं खोरी ॥

तुलसीदास कहते हैं कि दुष्टों के हँसने से मेरा हित ही होगा, क्योंकि मधुर कंठ वाली कोयल को कौवे तो कठोर ही कहा करते हैं न! जैसे हंस पर बगुले और पपीहे पर मेढक हँसते हैं, वैसे ही मलिन मन वाले दुष्ट भी मेरी निर्मल वाणी पर हँसते

हैं. जो न तो कविता के रसिक हैं और न जिनका राम के चरणों में प्रेम है, उनके लिए यह कविता सुखद हास्य रस का काम देगी. एक तो यह भाषा (लोकभाषा) की रचना है, दूसरे मेरी बुद्धि भोली है, इससे यह हँसने योग्य ही है, हँसने में कोई दोष नहीं.

'खल परिहास होइ हित मोरा'—वास्तव में खलों के उपहास करने से फायदा होता है. इस रहस्य को मुझसे ज्यादा कौन जानता है? उपहास करने वालों का स्वागत होना चाहिए. मेरा जो इतना नाम हुआ उसके पीछे यही लोग हैं. ये न होते तो प्रेम करने वाले एक साधारण आदमी को कौन जानता और क्यों जानता? यद्यपि उनका उद्देश्य कुछ और होता है, लेकिन परिणाम केवल उनके उद्देश्य पर निर्भर नहीं होता, वह हमारे काम पर भी निर्भर होता है!

तुलसीदास ने अपनी कविता को समझने के लिए दो कसौटियाँ रखी हैं, या तो आप कविता की समझ रखते हों या आपका राम के चरणों में प्रेम हो. दोनों हो तो कहना ही क्या? तब आप उनकी कविता में उसी तरह समग्रता में डूब पायेंगे जैसे स्वयं तुलसीदास, नहीं तो कम से कम एक गुण तो रहना ही चाहिए. दोनों का अभाव हो तो आपके लिए 'रामचरितमानस' सुखद हास्य रस है.

मैं कहना चाहता हूँ कि मुझे भी समझने के लिए दो कसौटियाँ हैं—या तो आपने जीवन में सच्चे भाव से प्रेम किया हो या आप ओशो के श्री चरणों में अनुराग रखते हों. एक भी हो तो आप मुझे समझ पायेंगे. दोनों हो तो खूब अच्छी तरह समझ लेंगे. दुर्भाग्य से हँसने वाले लोग इन दोनों में एक भी शर्त पूरी नहीं करते. इसलिए मैं उनके लिए एक सुखद हास्य रस हूँ.

2009

❖

शर्मसार!

भोलाराम एक भ्रमणशील भावुक जीव है. कल वह मगध विश्वविद्यालय के एक हिन्दी प्रोफेसर के घर चला गया था. चर्चा मेरे बारे में भी छिड गयी. उस प्रोफेसर ने कहा—'जो हो, मटुकजी के कारण हिन्दी प्रोफेसरों को शर्मसार होना पड़ा है.' उनकी यह बात भोलाराम की समझ में न आयी. मुझसे इस टिप्पणी पर प्रकाश डालने को कहा है.

मटुक : जानकारी की कमी के कारण उन्होंने ऐसा कहा होगा, भोलाराम. दरअसल हिन्दी ही नहीं, सभी विषयों के प्रोफेसरों को शर्मसार होना पड़ा है. मैंने इतिहास की एक नेताइन प्रोफेसर को सार्वजनिक रूप से शर्मसार होने की घोषणा करते हुए सुना है. सभी विषय ही नहीं, सभी विश्वविद्यालयों के प्रोफेसरों को शर्मसार होना पड़ा है. केवल प्रोफेसर ही नहीं, पटना निवासी शर्मसार हुए हैं, क्योंकि टीवी पर 'पटना के प्रोफेसर मटुकनाथ' में पटना का नाम बार-बार लिया गया है. पटने तक बात सीमित रहती तो गनीमत थी. पूरे बिहार के शर्मसार होने की बात हुई है. घटना के कुछ ही समय के बाद एक आदमी के घर मैं गया था. औरतों में मुझे देखने की बड़ी उत्सुकता रहती है. लुक-छिप कर कई महिलाओं ने मुझे देखा. कुछ करीब भी आयीं. उनमें से एक प्रौढ़ा ने मुझसे कहा—'पहले मैं बिहार से बाहर जाती थी तो लालू के कारण शर्मसार होना पड़ता था, अब आपके कारण होना पड़ता है.' इसलिए शर्मसार के दायरे को छोटा मत समझो, पूरा बिहार शर्मसार हुआ है. लेकिन इतनी भर बात रहती तो भी विशेष चिंता की बात नहीं थी. पूरा भारत और पूर्वी सभ्यता शर्मसार हुई है. मुझे भारत के अनेक लोगों ने पश्चिमी सभ्यता के प्रदूषण का प्रचारक कहा है. इधर के रहने वाले लोग जो पश्चिम में जाकर बस गये हैं और वहाँ के रंग में रँग गये हैं, लेकिन पूजा के लिए गंगाजल लेने के लिए भारत आते हैं, मेरा अनुमान है कि वे भी शर्मसार हुए होंगे. अगर कभी किसी अन्य ग्रह पर मनुष्य जैसे प्राणी का पता चला और उनसे सम्पर्क स्थापित हुआ तो भी मेरे कारण पूरे प्लैनेट (पृथ्वी)

को शर्मसार होना पड़ेगा. जब पृथ्वी के आदमी उनसे हाथ मिलायेंगे तो इनके ठंडे हाथों को देखकर वे पूछेंगे—हाथ मिलाते हुए तुम लज्जित क्यों हो रहे हो? तो ये जवाब देंगे—क्षमा करना मित्र, मेरे ग्रह पर मटुकनाथ नामक जीव रहता है, जिसका स्मरण आते ही मैं शर्मसार हो जाता हूँ!

भोलाराम : आप अति पर चले जाते हैं सर. पूरी दुनिया क्यों शर्मसार होगी, भारत तक जरूर आपकी चर्चा है. दूसरे देश के लोग अगर जानेंगे कि आप पर कुछ लोग शर्मसार हो रहे हैं तो हँस देंगे और उन्हें भारत के अविकसित होने का कारण पता चल जायेगा. जिस देश का आदमी काम-कुंठा में इतना समय देगा, उनको आविष्कार और अनुसंधान के लिए समय कब मिलेगा? अभी आपने शर्मसार लोगों की विस्तृत संख्या के बारे में बताया. असल में, मैं जानना चाहता हूँ कि ऐसे शर्मसार लोगों की मानसिकता क्या होती है? वे क्यों ऐसा सोचते हैं? अगर शर्मसार होने वाला काम आपने किया है, तो ग्लानि से गड़ कर मर जाना चाहिए आपको. आपके भीतर शर्म का लेश नहीं है. इसके विपरीत गर्व और आनंद के अनुभव में मगन रहते हैं और दूसरे लोग परेशान हैं. बात क्या है?

मटुक : मनुष्य एक मुखौटा पहनकर जीता है. मुखौटा कभी-कभी धारण करना पड़े तो अपने असली चेहरे का ख्याल बना रहता है. लेकिन जिसे दिन-रात मुखौटा धारण करना पड़ता है, वह अपना चेहरा भूल जाता है. मुखौटे को ही चेहरा मान लेता है. हमारे आस-पास के मनुष्य की स्थिति करीब-करीब इसी तरह हो गयी है. मुखौटा यह है कि मैं एक अच्छा आदमी हूँ. दूसरा बुरा है. तुम ध्यान देना प्रायः हर आदमी अपने को दूसरों से श्रेष्ठ समझता है. ऐसा ही सुनना उसे प्रिय लगता है. कभी-कभी ऊपरी मन से, किसी स्वार्थवश किसी की तारीफ करनी पड़ती है. अगर किसी से कोई स्वार्थ न सधता हो, तो क्यों किसी की प्रशंसा करेगा? दूसरों की प्रशंसा सुनना काँटों की तरह गड़ता है. और भी बहुत बातें हैं. लेकिन तुम बताओ कि तुमने उन्हें कोई जवाब दिया या नहीं?

भोलाराम : हाँ, दिया न! मैंने कहा कि आपलोग हिन्दी वाले उनकी प्रतिभा के सामने श्रीहीन हो गये हैं. आपलोग रात-दिन नाम के लिए लिखते रहते हैं, लेकिन नाम न हो सका और उन्हें सारा देश जान गया है. बिहार का तो बच्चा-बच्चा जानता है. इसे आप लोग पचा नहीं पा रहे हैं.

मटुक : इस पर वे क्या बोले ?

भोलाराम : यही कहा कि "बुराई तुरत फैलती है. बुरे आदमी का नाम रातों-रात हो जाता है. कसाब को देखिये, कौन-सी प्रतिभा है, लेकिन दुनिया में नाम हो गया. महात्मा गाँधी बनने में जीवन लग जाता है, लेकिन एक मिनट में कोई गोडसे

बनकर कुख्यात हो जाता है. नाम होने में समय लगता है, बदनाम होने में कोई समय नहीं लगता.'' उनके इस जवाब पर आपकी राय जानना चाहूँगा, सर?

मटुक : मैं उनसे सहमत हूँ, भोलाराम. लेकिन इसके पीछे कुछ और बातें हैं, जिन पर नफरत के परदे के कारण ध्यान नहीं जाता है. कसाब और गोडसे को उन्होंने अपने से बहुत ही तुच्छ प्राणी समझ लिया होगा. कसाब की बुद्धि और साहस के बारे में कभी सोचा? महज दस आदमी समुद्र के सारे प्रहरियों की आँखों में धूल झोंककर, कुछ लोगों को मौत के घाट उतारकर एक अरब की आबादी वाले भारत की नाक मुंबई में घुसकर पूरे देश को थर्रा देते हैं. उस आदमी ने अपनी जान को हथेली में ले लिया है. हिन्दी के इन तथाकथित अच्छे प्रोफेसरों से पूछो कि आप लोगों में क्या एक भी ऐसे हैं जिन्होंने अपने मिशन को पूरा करने के लिए जान को हथेली पर ले लिया है? अगर नहीं हैं, तो कृपया कसाब से अपने को अच्छा कहना बंद कीजिये. कसाब अगर बुरा है, तो आप उससे हजार गुना बुरे हैं. पैसे के पीछे पागल आप जैसे लोग ही पैसा लेकर कसाब को देश में घुसने देते हैं. आप जैसे लोग ही हैं, जो पैसे के लिए देश को बेच दे सकते हैं. जिनको जहाँ मौका लग रहा है, बेच ही रहे हैं. नाम जुनून से होता है भोलाराम; सर पर कफन बाँधकर चलने से होता है. ये दोनों बातें कसाब और गोडसे से ये 'अच्छे लोग' सीख लिये होते तो देश की ऐसी दुर्दशा नहीं होती. ये तो प्रेम भी करते हैं तो चोरकट वाला. कोई देख न ले, कोई जान न ले! मुखौटा!!

जिस दिन जान अंदर से निकल कर हथेली पर आ जाती है, उसी दिन नाम हो जाता है. नाम अच्छे अर्थों में हुआ है या बुरे अर्थों में, यह उसके उद्देश्य पर निर्भर करता है. कसाब और गोडसे का उद्देश्य हत्या करना है, ध्वंस है. इसलिए वे बदनाम हुए. मेरा उद्देश्य इसके ठीक विपरीत प्रेम और निर्माण है. अब जो लोग प्रेम से घृणा करते हैं, उनके लिए मैं कुख्यात हूँ. जो प्रेम से प्रेम करते हैं, उनके लिए मैं सुविख्यात हूँ. असल में 'सु' और 'कु' प्रयोक्ता के बारे में बताता है. मेरे बारे में नहीं. मेरे बारे में तो इतना ही है कि मैं प्रेम दीवाना हूँ. प्रेम के सामने मुझे किसी चीज की चाह नहीं है. प्रेम के लिए धन गँवाना पड़ता है, तो राजी हूँ. प्रेम के लिए बदनामी मिलती है, तो स्वागत है. और इन लोगेां ने अच्छा आदमी कहलाने के लिए प्रेम का गला काट दिया है. पैसा के लिए प्रेम को बेच दिया है. ऐसे कायर, चालाक और प्रेमहीन लोग ही शर्मसार हुए हैं भोलाराम! अच्छे लोग क्यों शर्मसार होंगे! वैसे आदमी शर्मसार हुए हैं जो परदे के अंदर कुछ कर रहे हैं और मेरी आँधी में उनका कपड़ा उघड़ रहा है. लाख समेटते हैं, फिर भी दिख जाता है, इसलिए वे बुरी तरह चिढ़े हुए हैं. मुझ पर उनका गुस्सा उसी तरह है जैसे कोई नंगा करने वालों पर गुस्साता है.

भोलाराम : ई तो बड़का बात बोल दिये सर. कसाब के बारे में जो नयी दृष्टि दी उससे तो मेरा दिमागे पलट गया. ई प्रोफेसर सब इतने डरगुहा हैं कि हमलोग भी धमसा देते हैं तो तुरत समझौता कर लेते हैं. हमलोग परीक्षा में चोरी कर रहे हैं और ये लोग बैठकर टुकुर-टुकुर ताक रहे हैं. बोलते हैं–'जो करना है करो, कौन झंझट में पड़े. हम नौकरी करते हैं, बाल-बच्चा है, दरमाहा से काम है.' इस मानसिकता के हैं ये प्रोफेसर लोग. और एक आप हैं मुझे याद है, बहुत पहले की बात है, मेरे सामने बी.एन.कॉलेज के एक पिंसिपल साहब से आपने कहा था–अगर चोरी चलने देनी है, तो मुझे इनविजिलेटर बनाने की जरूरत नहीं है. जिस दिन चोरी रोकने के लिए कमर कसियेगा, उस दिन मेरी याद कीजिएगा. और उस प्राचार्य ने परीक्षा में आपको ड्यूटी नहीं दी. इस पर आपके विरोधी प्रोफेसरों ने कहा–'इन्होंने ड्यूटी से मुक्त होने की अच्छी तरकीब सोच ली.' वे ड्यूटी करना नहीं चाहते थे. उनका उद्देश्य आपसे विपरीत कर्तव्य से पलायन था और आपका निष्ठापूर्वक सही माने में कर्तव्य का पालन करना था. स्वाभाविक है कि ये विपरीत धर्मा आपको पसंद नहीं करेंगे, और इनकी संख्या कम नहीं है. ये कभी अपने कृत्य पर शर्मसार नहीं हुए हैं, आप पर शर्मसार होते हैं! कुछ अच्छे प्रोफेसरों ने आपको समझाया–'सिद्धान्त से काम नहीं चलता है, प्रैक्टिकल बनो'. आपने कहा था–"मैं चोरी के विरोध में नहीं हूँ. मेरी शर्त इतनी है कि सबको चोरी का समान अधिकार मिले. हम निमुँहे और कमजोर छात्रों का चिट-पुर्जा छीन लेते हैं और दबंगों से दूर-दूर रहते हैं. केवल दिखाने के लिए बोल देते हैं कि जिनके पास चिट-पुर्जा है, दे दो, नहीं तो हम तो कुछ नहीं कहेंगे, मजिस्ट्रेट छोड़ेगा नहीं."

मटुक : अच्छी याद दिलायी भोलाराम, मैंने तो ऐसे प्रोफेसरों को देखा है जो नकल कर रहे छात्रों की सुरक्षा में गार्डिंग करते थे. वे गेट पर रहते थे. प्राचार्य या मजिस्ट्रेट आ रहे हों तो झट-से विद्यार्थियों को सावधान कर देते थे. क्षण भर के लिए वे धड़ाधड़ चिट-पुर्जा अंदर घुसाकर मजिस्ट्रेट के निकल जाने का इंतजार करते थे. कॉपी पर आँख गड़ाये रहते थे और झूठो कलम लिखे शब्दों पर ही चलाते थे. हाँ, एक प्रिसिंपल जरूर थे, बी.एन. कॉलेज में बोस साहब, वे दबंगों से भी चिट ले लेते थे. लेकिन दबंग अगर डट जाय तो वे भी टैक्टफुली हट जाते थे. उस समय मुझे उनका झुकना अच्छा नहीं लगा था. लेकिन इतना तो जरूर था कि खूँखार लड़के भी उनका लिहाज करते थे. कारण सिर्फ एक था, वे किसी छात्र का नुकसान नहीं करते थे.

आज के अहंकारी अधिकारी छात्रों को निष्कासित कर समस्याओं के समाधान के बदले उसे बढ़ाने में विश्वास करते हैं. विद्यार्थियों से ज्यादा उपद्रवी ये अधिकारी हैं. ये कभी शर्मसार नहीं हुए! सच है, जो अपने कृत्य पर कभी शर्मसार

नहीं होता, वही दूसरों के कृत्यों पर शर्मसार होता है, भोलाराम. तुम काहे को ऐसे-ऐसे प्रोफेसर के घर जाते हो? एक से एक अच्छे प्रोफेसर भी हैं, उनके घर जाओ, थोड़ा सीखोगे.

भोलाराम : हवा-पानी लेने जाते हैं सर. आपके सामने तो कोई कुछ बोलता नहीं. आपके प्रति कौन क्या भाव रखता है, यह आपको कैसे मालूम होगा?

मटुक : नहीं भोलाराम, इस उद्देश्य से किसी के पास मत जाओ. क्या महात्मा गाँधी के निंदक नहीं थे या नहीं हैं? अरे उनसे ऐसे घृणा करने वाले लोग भी थे कि उन्हें जिन्दा तक नहीं छोड़ा. मैंने अनेक लोगों के मुँह से सुना है—गाँधी ने भारत को बरबाद कर दिया है. इसलिए जो तुम्हें करना है, वह करते जाओ. ऐसे लोगों के पास जाकर अपना समय नष्ट नहीं करो. सुनो, कबीरदास क्या कह रहे हैं—

हस्ती चढ़िए ग्यान कौ, सहज दुलीचा डारि ।
स्वान-रुप संसार है, भूँकन दे झक मारि ॥

7.10.09

❖

झमेले कम न होंगे!

5 सितंबर, 2009 की सुबह. समय लगभग 7 बजे. बी. एन. कॉलेज के एक छात्र का फोन आया—सर, आज हम शिक्षक दिवस के अवसर पर आपको सम्मानित करना चाहते हैं. आज के समय में केवल आप हैं, जिन्हें हम सम्मानित करने योग्य समझते हैं. मैंने कहा—केवल मैं क्यों, आज तो सभी शिक्षक सम्मानित करने योग्य हैं. उसका जवाब था—जो शिक्षक चाटुकार हैं, वे सम्मान के योग्य नहीं हो सकते, जो क्रूर हैं, वे सम्मान के योग्य नहीं हैं, जो जातिवादी हैं, जो पढ़ाना नहीं जानते और न पढ़ाना चाहते हैं, केवल लंद-फंद में लगे रहते हैं, वे सम्मान योग्य नहीं हो सकते. मैंने कहा—प्यारे, आज त्योहार है, कम से कम आज तो भेदभाव भूल जाओ. आज सबको सम्मानित करो. सम्मान से आदमी को कर्तव्य का बोध होता है. सम्मान किसी को सही रास्ते पर लाने की विधि भी है. उनका जवाब था—आप ठीक कहते हैं सर, लेकिन आज परिस्थिति कुछ भिन्न है. आप गलत ढंग से विश्वविद्यालय से निष्कासित हैं. बी. एन. कॉलेज के हमारे कई साथी भी गलत ढंग से निष्कासित हैं. इसलिए हमलोग कॉलेज के गेट के बाहर जो पार्किंग स्पेस है, वहाँ शिक्षक दिवस मनायेंगे. आप कृपा कर 11 बजे आ जाइये सर. 500 लड़के आपको सम्मानित करने और सुनने के लिए वहाँ जमा होंगे. मुझे लगा, जिस रोड पर ये शिक्षक दिवस मनाना चाहते हैं, वहाँ सचमुच कोई शिक्षक नहीं जा सकता. इसलिए मुझे स्वीकृति दे देनी चाहिए और दे दी.

फोन रखने के बाद मैं सोचने लगा—उतने लड़के बी. एन. कॉलेज के गेट के बाहर इकट्ठे होंगे तो बड़ी भीड़ होगी. रोड जाम हो सकती है. लोगों को परेशानी हो सकती है. वह सरकारी जगह है. उसके उपयोग के लिए अनुमति भी लेनी होती है. पता नहीं, इन्होंने अनुमति ली है या नहीं. कानून और व्यवस्था की समस्या उत्पन्न हो सकती है. मैंने जल्दबाजी में स्वीकृति देकर अच्छा नहीं किया. वह औरों को खबर करे, उसके पहले मैं उन्हें खबर कर दूँ. फोन लगाया—सुनो बाबू, रोड पर आयोजन मत करो. नेहरू युवा केन्द्र पास में है. वहाँ जाकर अनुमति ले लो और फंक्शन वहीं

करो. 'सुनिये न सर, हमलोग रोड पर नहीं, उसके किनारे जो पार्किंग की जगह है, वहाँ करेंगे. सभी लड़के आपके आदेश का पालन करेंगे. चूँकि हमलोग निष्कासित हैं, इसलिए कॉलेज के बाहर करेंगे, अच्छा मैसेज जायेगा.' मैंने कहा–दूसरी जगह भी बाहर ही है. वहाँ से भी अच्छा मैसेज जायेगा. अच्छा मैसेज काम से जाता है, आयोजन से नहीं, भाषण से नहीं. इतनी जल्दबाजी में कोई अन्य जगह न हो सके, तो मेरे घर आ जाओ. यहीं मना लेंगे. हमलोग एक-दूसरे को सम्मानित करेंगे. उन्होंने कहा–वहाँ उतने लोग नहीं जा पायेंगे सर, यहाँ कॉलेज की लड़कियाँ भी भाग ले सकेंगी. मैं–भीड़ की खोज राजनेता करते हैं, मैं गुणवत्ता खोजता हूँ. दो चार लड़के ही आओ. इस तरह बहुत मनाने पर उसने अपना कार्यक्रम स्थगित किया और मेरे घर पर आने पर सहमत हुआ.

मुझे लगा दो-चार लड़के अन्य जगहों से भी आयेंगे. अगर दस-पन्द्रह भी कॉलेज से आ गये और कुछ मीडियाकर्मी भी रहेंगे, तो घर में जगह नहीं मिलेगी. इसलिए नीचे की खाली जगह में कर लेते हैं. नीचे सफाई करवाकर एक दरी बिछा दी गयी, पीछे एक परदा लगा दिया. इसे देख बिल्डर-पुत्र भड़क उठा. उसने दरबान को मेरे पास भेजा यह संदेश लेकर कि उनको जो भी करना हो, अपने कमरे में करें, बाहर नहीं करने दिया जायेगा. मैंने कहा–ऐसा कौन-सा अनर्थ मैं करने जा रहा हूँ, जो वे करने नहीं देना चाहते हैं? आखिर उनकी आपत्ति का कारण क्या है? दरबान ने उनकी आपत्ति बतायी–बैचलर लड़के आयेंगे और इस अपार्टमेंट में स्त्रियाँ भी रहती हैं. मैं उनकी मूढ़ता पर हँसा, कहा–क्या आज से अब कोई बैचलर यहाँ नहीं आयेंगे? जाओ उनसे कह दो, यहाँ कोई बलवा नहीं होने जा रहा है. वे चिंतित न हों. लेकिन बिल्डर-पुत्र ने तुरत थाने में लिखित शिकायत की. थाने से फोन आया. हालचाल के बाद समस्या रखी. मैंने दारोगाजी को बताया–आज शिक्षक-दिवस है. पूजा का अनुष्ठान होगा. पाँच-सात लड़के आदर और प्रेम प्रकट करने आयेंगे. वे कोई दंगाई नहीं हैं. कोई उपद्रव नहीं होने वाला है. आप एक सिपाही को भेजकर स्थिति का जायजा ले लें. आपका काम कानून-व्यवस्था की रक्षा करना है, न कि किसी दंभी और मूर्ख व्यक्ति की अवांछित इच्छा का पालन करना. इसके बाद मैं नीचे उतरा और बिल्डर-पुत्र से कहा–प्रिय, आप नाहक क्यों परेशान हैं? शत्रुता से शत्रुता का अंत नहीं होता. उन्होंने कहा–मैं शत्रुता का अंत नहीं करना चाहता हूँ. आप अगर मनमानी कीजिएगा, तो मैं भी मनमानी करूँगा. आज आप पच्चीस लड़के लायेंगे, तो कल मैं पचास लड़के लाऊँगा. मैंने विनम्रतापूर्वक पूछा–आप किसलिए पचास लड़के लायेंगे? वे भी क्या हमारे लड़कों की तरह आपकी पूजा करने आयेंगे? इस पर वे तिलमिलाये और कहा–आप किससे पूछ कर आज यहाँ आयोजन कर रहे हैं? क्या

आपने मुझसे अनुमति ली? मैंने कहा—आपने सारे फ्लैटियर से पैसे लिये हैं, सबको पजेशन दिया है. सभी यहाँ रह रहे हैं. यह सबकी सम्पत्ति है, फिर आपकी अनुमति क्यों? उसने कहा—इसलिए कि मैंने बिल्डिंग अभी तक हैंडओवर नहीं किया है. मैं—आप जीवन भर नहीं करें हैंडओवर तो क्या यह आपकी सम्पत्ति कहलायेगी? वह—हाँ, जब तक हैंडओवर नहीं करते हैं, तब तक मेरी चलेगी. यहाँ मैं पचास आदमी इकट्ठा करूँगा. मैं—श्रीमान, आप अपने को इतना कम करके क्यों आँकते हैं? आप तो कुछ महीने पहले हजारों आदमी यहाँ इकट्ठा कर चुके हैं—हरे रामा, हरे कृष्णा वाला आयोजन जो आपके 'धार्मिक पिता' ने किया था, उस समय लगातार दस दिनों तक रोड छेंककर यातायात बाधित किया गया था. दिन-रात लाउडस्पीकर लगाकर लोगों की नींद हराम की गयी थी, चैन लूटा गया था. बिल्डिंग में सैकड़ों भक्तों' को भरकर मेला और बाजार लगा दिया गया था. चारों तरफ गंदगी, शोर, चोरी. उन दिनों 'भक्तों' ने मेरी दाई तक के चप्पल चुरा लिये थे! मैंने कभी शिकायत की थी हुजूर? और आप मेरे चार-पाँच बच्चों को यहाँ आते देखकर विचलित हो रहे हैं ?

इसी बीच पुलिस की जिप्सी आयी, दो-तीन हवलदार, पाँच-छह पुलिसवाले आये. स्थिति का जायजा लिया. कुछ ही देर में सब समझ गये. बिल्डर-पुत्र को फटकारा—इनका घर हैं यहाँ, तो ये आयोजन कहाँ करेंगे? यहाँ न लाउडस्पीकर है, न भीड़ है. छह-सात बच्चे हैं, इतने ही मीडियाकर्मी हैं. कोई उपद्रव तो यहाँ नहीं हो रहा है? उन्होंने कहा—मीडियाकर्मियों को इन्होंने क्यों बुलाया? पुलिस का जवाब था—मीडियाकर्मी खबर लेने कहीं भी जा सकते हैं. आप उन पर पाबंदी नहीं लगा सकते. पुलिस ने मुझसे कहा—आप अनुष्ठान कीजिए सर और हाँ, (मुस्कुराते हुए) शिक्षक दिवस का प्रसाद हमें भी मिलना चाहिए. आधे घंटे का आयोजन था. ठीक से संपादित हुआ. वहाँ पर उपस्थित एक फ्लैटियर ने उतने पुलिसवालों की उपस्थिति देखकर हँसते हुए प्यारा-सा कमेंट दिया—आपका शिक्षक-दिवस समारोह राजकीय सम्मान के साथ सम्पन्न हो गया. और यह राजकीय सम्मान विरोध के कारण ही उपलब्ध हुआ! मैंने हँसते हुए कहा—सद्भाव रखने वालों की परमात्मा इसी तरह मदद करते हैं, सर.

06.09.09

❖

एक लड़की की चिट्ठी

प्यारे पाठको

हमने इंटरनेट पर अपना ब्लॉग खोला है—Matukjuli.blogspot.com. हम जो भी लिखते हैं, सोचते-विचारते हैं, अपने ब्लॉग पर डाल देते हैं. उसे पढ़कर लोग अपनी प्रतिक्रियाएँ देते हैं. हमारे ब्लॉग पर अनेक प्रकार की प्रतिक्रियाएँ आ रही हैं. उनमें एक बिट्टू नामक लड़की की बड़ी दिलचस्प प्रतिक्रिया आयी है. प्रतिकूल प्यारी प्रतिक्रिया पढ़कर प्रसन्नता हुई है. ऐसी प्रतिक्रियाओं का जवाब देने में हमें आनंद आता है. पहले प्रस्तुत है प्रतिक्रिया—

"मैं आपसे कभी सहमत नहीं हो सकती. आप मानो या न मानो आपने जो भी किया गलत ही किया. टीचर के पद को कलंकित ही किया है. मुझे तो शर्म आती है यह कहने में कि मैं कभी बीएन कॉलेज में पढ़ी हूँ और आपके बारे में जानती हूँ. मिस जूली की पीचडी हो गयी है तो तैयार रहिये आप अकेले रहने को. अच्छा पब्लिसिटी स्टंट अपनाया उसने."

उस लड़की या स्त्री ने मेरा लेख पढ़ा-समझा है या नहीं, यह उनकी टिप्पणी से पता नहीं चलता, क्योंकि मेरे लेखों पर उन्होंने कोई टिप्पणी नहीं दी है. उन्होंने मेरे बारे में जो कुछ इतने दिनों में पढ़ा-देखा-सुना है, उससे संबंधित जितनी बातें उनका मन ग्रहण कर सका है, उसे ही उन्होंने रख दिया है. अब प्रस्तुत है जवाब—

सबसे पहले यही बात स्पष्ट कर दूँ कि आप जो प्रतिक्रिया प्रकट करती हैं, उसके माध्यम से अपना ही व्यक्तित्व खोल कर रख देती हैं. आपकी प्रतिक्रिया आपका आईना है. जिस पर आप प्रतिक्रिया व्यक्त कर रही हैं, भले ही उसका कोई अंश आप उजागर न कर सकें, लेकिन आप अपना चेहरा तो दिखला ही देती हैं. यद्यपि आपने अपने ब्लॉग का पता छुपाकर रखा है, उसे सार्वजनिक नहीं किया है लेकिन अपने को छिपा नहीं सकीं. आपका अंदरूनी व्यक्तित्व यहाँ झलक गया है. इसके आधार पर मैं आपका चरित्र-चित्रण कर सकता हूँ—आप वैचारिक दृष्टि से सोयी हुई स्त्री

हैं. आपके व्यक्तित्व की कोई अलग पहचान नहीं है, उससे कोई खुशबू नहीं आ रही है. आपके भीतर जितना कूड़ा समाज ने डाल दिया है, उतना ही भर आप हैं.

मैं अपने विचारों के लिये सहमति या असहमति किसी से नहीं चाहता हूँ.मैं केवल इतना चाहता हूँ कि जो मेरे विचार हैं, अगर वे आपको कुरेदते हैं तो आप भी उन पर विचार करें. आपका अनुभव अगर उसे स्वीकार करता है तो आप हमारे विचारों के मेल में आ जाते हैं. वे विचार आपके हो जाते हैं. अगर आपका अनुभव कहता है कि मेरे चिंतन में कोई खोट है तो आप उस पर उँगली रख सकते हैं, अपने अनुभव में हमें भागीदार बना सकते हैं. उसकी भी जरूरत न हो तो आप उसे भुला दे सकते हैं. उसकी नोटिस भी लेने की जरूरत नहीं. बिट्टूजी, मैंने कब आपकी सहमति माँगी जो आपने लिखा—'मैं आपसे कभी सहमत नहीं हो सकती.' आपका पहला वाक्य व्यर्थ चला गया. जिनका जीवन व्यर्थ हो, वे इसी तरह के व्यर्थ वाक्य बनाते हैं.

आपने लिखा है—'मिस जूली की पीएचडी हो गयी है तो तैयार रहिये आप अकेले रहने को'. इससे कई बातें निकलती हैं. पहला तो यह कि आप मुझे अकेले देखना चाहती हैं. इसके भी दो कारण हो सकते हैं—प्रथम तो यह कि आपको मुझे अकेले तड़पते देखने में मजा आ सकता है. द्वितीय, कौन जाने आप जैसी स्त्री वैकेंसी का इंतजार कर रही हो! जिस समय जूली बीए में पढ़ रही थी, उस समय आप जैसी स्त्रियों ने कहा था—बीए के बाद जूली मुझे छोड़ देगी. जूली मुझसे दूर दिल्ली चली गयी. आप जैसी स्त्रियों ने सोचा—अब तो पक्का है, वहीं कोई जवान, सुंदर और तेजस्वी लड़का उसे मिल जायेगा. छोड़ देगी. एमए तक नहीं छोड़ा. ऐसी आशा रखने वाली कुछ महिलायें निराश हो चुकी हैं, लेकिन आपकी आशा अभी भी प्रज्ज्वलित है. इसका पीएचडी का काम चल रहा है. जल्द ही पूरा होगा. आप तैयार रहें, अपनी छूँछी आशा के साथ अकेले रहने को.

आपको दूसरे में बेवफाई दिख रही है, तो इसका मतलब है कि आप एक बेवफा औरत होंगी. अपनी बेवफाई की एक निशानी तो आप अपने वाक्य में ही छोड़ गयी हैं. आपका वाक्य है—'आप मानो या न मानो आपने जो भी किया, गलत ही किया है.' आप बतलाती हैं कि कभी आप बी.एन. कॉलेज की छात्रा थीं यानी आप बिहार की हैं. बिहार के लोग 'आप' के साथ 'मानिये' लगाते हैं, 'मानो' नहीं. इस तरह की भाषा पछाँह यानी दिल्ली तरफ के लोग बोलते हैं. आपने विलायती बोल तुरत सीख लिया और अपनी बोली के प्रति इतनी जल्दी बेवफाई दिखला दी? अगर 'आप मानो' सही होता और 'आप मानिये' गलत होता तो समझा जाता कि आपने कुछ सीखा. लेकिन आप परायी भाषा पर तो इतनी लट्टू हुईं कि गलत होते हुए भी उसे स्वीकार कर लिया और अपनी शुद्ध भाषा को लात मार दिया. बेवफाई आपके

रक्त में कहीं न कहीं होनी चाहिए. वरना जूली की बेवफाई की कल्पना असंभव है.

आप लिखती हैं–'मुझे तो शर्म आती है यह कहने में कि मैं कभी बी.एन कॉलेज में पढ़ी हूँ और आपके बारे में जानती हूँ.' आपने भले ही बी.एन. कॉलेज में पढ़ा हो पर मुझसे नहीं पढ़ा होगा, नहीं तो मैं आपके 'पढ़ी हूँ' को 'मैंने पढ़ा है' में बदल चुका होता. मुझसे पढ़ा हुआ कोई भी लड़का या लड़की इस तरह का अशुद्ध वाक्य नहीं लिख सकता. क्या कभी आपको अपनी भाषागत अशुद्धियों पर शर्म नहीं आयी? दरअसल शर्म या तो अपने कुकृत्यों के बोध पर जगती है या अपने किसी निकटतम व्यक्ति के कुकृत्यों पर. आप तो कभी मेरे निकट रही नहीं. मैं पहचान तक नहीं रहा हूँ आपको. फिर भी आपको शर्म आ गयी, इस नाते कि मैं कभी बी. एन. कॉलेज में शिक्षक था और आप कभी उस कॉलेज में छात्रा थीं! इतने भर से शर्म आती हो तो किस कॉलेज में चोर, बेईमान, छिनार, उचक्के, बदमाश और हत्यारे नहीं पढ़ते हैं? कभी उन पर शर्म आती है या नहीं? या केवल मुझ पर आयी? अगर मुझ पर शर्म आयी है तो आपके जीवन के रहस्य से एक परदा और उठ सकता है. पटने में कुछ नेताइन प्रोफेसर हैं. उन्हें भी मेरे कृत्यों पर शर्म आयी है और मेरे कारण उन्हें प्रताड़ित होना पड़ा है. पटने में सभी जानते हैं कि उनके अपने पति के अलावा भी औरों से संबंध हैं. इस तरह की कुछ महिलाओं को मेरे कारण शर्मिन्दगी महसूस होती है. आप भी जरा अपने गरीबान में झाँक कर देख लें.

आपका जूली के बारे में एक वाक्य है–'अच्छा पब्लिसिटी स्टंट अपनाया उसने'. एक ही बात कहना चाहूँगा–वह तो सफल हो गयी, आप कब होंगी?

आपके सम्पूर्ण कथन का सारभूत वाक्य है–'(मैंने) टीचर के पद को कलंकित ही किया है.' ये आप जैसे लाखों नासमझ लोगों का कथन है. इस पर मैं अगले दिन गहराई से विचार प्रस्तुत करूँगा, लेकिन आपका जो मानसिक स्तर है, वह उसे समझ पाने में सक्षम नहीं होगा. किन्तु उन तमाम समझदार समर्थकों और विरोधियों के लिए मैं उस पर अवश्य चिंतन प्रस्तुत करूँगा.

19.09.09

❖

गुरु-शिष्या-संबंध–1

प्रश्न है, गुरु-शिष्या के बीच प्रेम संबंध होना चाहिए या नहीं? लेकिन इसके पहले यह प्रश्न है कि इसका निर्धारण कौन करता है और उस निर्धारण के पीछे उसकी धारणा क्या है? मुझसे कोई पूछे तो मैं इतना ही कहूँगा कि प्रेम संबंध का निर्धारण परमात्मा करता है, सारे संबंधों का निर्धारण वही करता है. जिसको हम गलत कहते हैं, वह भी वही करता है, जिसको सही कहते हैं, वह भी वही करता है. गलत-सही, दुख-सुख, शांति-अशांति, शुभ-अशुभ, पाप-पुण्य, झूठ-सच, जन्म-मृत्यु, यश-अपयश, घृणा-प्रेम, सब उन्हीं की निराली सृष्टि है. ये सारी चीजें हमें उन्हीं से मिलती हैं. मनुष्य के भीतर एक क्षमता उन्होंने अवश्य दी है कि वह अपने को जगाने की चेष्टा करे तो दुख से सुख की ओर जा सकता है, अशांति से शांति, अशुभ से शुभ की यात्रा कर सकता है. कोई मनुष्य ऐसा नहीं है जो सुख, आनंद और शांति न चाहता हो, फिर भी वह दुख, तनाव और अशांति में जीता है. मनुष्य की सारी पीड़ा उसके अंधत्व से जन्म लेती है. अंधत्व ही उन्हें दूसरों से मदद लेने के लिये विवश करता है. आदमी किसी से पूछ लेता है, किसी पर विश्वास कर लेता है और किसी के बताये मार्ग पर चल पड़ता है. अंधों में ही कोई चालाक अंधा किसी का गुरु बन जाता है. कबीर ने अंधकार में बिलबिलाते ऐसे गुरु-चेलों की स्थिति का सजीव चित्रण किया है-

जाका गुरु भी अँधला, चेला खरा निरंध
अंधहिं अंधा ठेलिया, दोनों कूप पड़ंत

करोड़ों मनुष्यों में कभी कोई ऐसा होता है जिनकी आँखें खुल जाती हैं. ऐसी खुली हुई आँख वाले जब कुएँ में गिरते अंधों को देखते हैं तो करुणा से भर उठते हैं. करुणावश वे लोगों को उबारने निकल पड़ते हैं. ऐसे ही लोग गुरु कहलाते हैं. जो अंधत्व से पीड़ित लोग आँख पाने के लिये उनकी तरफ आकृष्ट होते हैं, उन्हें शिष्य कहते हैं. उन गुरु-शिष्यों के बीच कैसा संबंध होगा, उसके निर्धारक वही हो

सकते हैं. बाहर का आदमी कैसे निर्धारित करेगा गुरु-शिष्य-संबंध का स्वरूप? वह अनधिकार चेष्टा है. अरण्यरोदन है! गुरु-शिष्य के बीच संबंध के निर्धारक केवल गुरु-शिष्य होते हैं. आँखवाले का मार्गदर्शन जब अंधा करने लगे तो इतना ही परिणाम आयेगा कि अंधों के अंधेपन की समय-सीमा और बढ़ जायेगी. दुनिया में जितने प्रकार के संबंध हैं, उनमें सबसे प्रगाढ़, सबसे सार्थक और सबसे निर्लिप्त संबंध गुरु-शिष्य का ही होता है. मगर गुरु-शिष्य-संबंध एक अलौकिक घटना है, एक दुर्लभ चीज है.

टीचर-स्टूडेंट, शिक्षक-विद्यार्थी संबंध वर्तमान संसार में प्रचलित है. ये दोनों एक तल के ही प्राणी होते हैं. दोनों काम, क्रोध, मद, मोह, लोभ आदि से ग्रसित होते हैं. अंतर सिर्फ जानकारी का होता है. एक थोड़ा अधिक जानता है, दूसरा थोड़ा कम जानता है. अच्छा शिक्षक वह है जिसे अच्छी जानकारी हो, सिखाने की कला आती हो, विद्यार्थियों के प्रति विनम्र हो, प्रेमपूर्ण हो और विद्रोही स्वभाव का हो. अच्छा विद्यार्थी वह है जिसके भीतर जिज्ञासा हो, वह भी प्रेमपूर्ण, विनम्र और विद्रोही हो. शिक्षक और छात्रा में कभी-कभी सहज प्रेम की घटना घट सकती है. एक साथ काम करते हुए दोनों एक-दूसरे को अच्छी तरह समझ सकते हैं और प्रगाढ़ता बढ़ सकती है. लेकिन समाज में इस संबंध का विरोध होता है. क्यों होता है? क्योंकि समाज मूलतः काम और प्रेम का विरोधी है. एक उदाहरण से स्पष्ट करना चाहूँगा—

एक बुजुर्ग व्यक्ति इस बात से सहमत हो गये कि अगर पत्नी से प्रेम न हो तो आदमी बाहर प्रेम खोजेगा ही. उम्र में भी अंतर हो तो चलेगा. लेकिन शिष्या से प्रेम हो, यह बात गले से नीचे नहीं उतरती, अटक जाती है! मैंने कहा—आपने रूढ़ियों की दो बेड़ियाँ तोड़ डालीं, तो तीसरी तोड़ने में क्या दिक्कत है? अड़चन कहाँ हो रही है आपको? उनसे कोई उत्तर न पाकर सोचा इन्हें एक झटका दूँ तो शायद ये चेतें. कहा—ठीक है, मैं आपसे सहमत हूँ कि छात्रा से प्रेम नहीं होना चाहिए. आपकी पुत्री तो मेरी छात्रा नहीं है. मैं अगर उनसे प्रेम करूँ तो शिष्या वाली बाधा खत्म हो जाती है, क्या आप स्वीकार करेंगे? बुजुर्ग नरभसा गये और इसी में उन्हें उत्तर भी मिल गया. दरअसल प्रेम विरोधी मनुष्य तरह-तरह की बाधाएँ खड़ी करने के लिए अनेक बहाने खोजते हैं. जहाँ स्त्री-पुरुष साथ रहकर पढ़ते-लिखते हैं, कोई काम करते हैं, वहाँ संसर्गजन्य प्रेम पैदा होने की जमीन तैयार रहती है. इसलिए भावी घटना से बचाने के लिए उसे एक तथाकथित पावन रिश्ते की डोरी में बाँध देना चाहते हैं. उनमें एक बेड़ी है—शिक्षक-छात्रा पिता और पुत्री के समान हैं. उनके बीच प्रेम होना इस संबंध को कलंकित करना है. दूसरी बेड़ी है—साथ पढ़ने वाले लड़के भाई-बहन के समान हैं. परिणाम यह होता है कि भाई-बहन का शाब्दिक रिश्ता ऊपर-ऊपर चलता है और

प्रेम का वास्तविक रिश्ता भीतर-भीतर चलता है! सामान्य लड़के-लड़कियों का प्रेम स्वीकारने की बात तो दूर, जिस लड़के की मँगनी हो जाती है, उसके साथ भी लड़की को घूमने की आजादी नहीं है. जब तक सिन्दूर दान न हो जाय तब तक प्रेम चालू नहीं कर सकते. वह भी बड़े-बुजुर्गों की देख-रेख में. घर के घुटन भरे माहौल से हटकर किसी प्राकृतिक स्थल में घूमने से शुरू-शुरू में वे रोकेंगे. मैं जिस स्त्री को ब्याह कर लाया था, इच्छा हुई जरा उसके साथ घूमने शहर निकलूँ. बस इस छोटी-सी इच्छापूर्ति में ही बड़ी समस्या गाँव में खड़ी हो गयी! अरे, कुलवधू घर से बाहर निकलेगी! असंभव! लोग क्या कहेंगे? ई हमारा बेटा जात-गोत सब ले लेगा! ऐसा हर्गिज नहीं होगा. लेकिन मेरे जैसे विकट मर्दाना को जो कभी किसी रूढ़ि के वश में नहीं हुआ, रोकना महाकठिन था. मैंने विद्रोह कर दिया. समझिये न कि अपनी विवाहिता के साथ भी, जब तक वह नयी-नवेली है, आप प्रकृति के बीच मुक्त जगह पर जाकर प्रेम नहीं कर सकते, घूम-फिर नहीं सकते. तो बिन ब्याही से कैसे प्रेम और मित्रता कर पाइयेगा? इस क्षेत्र में जिस व्यक्ति की चेतना जितनी भर जागी है, उतनी छूट लोग देने लगे हैं. बड़े शहरों में मित्रता की धारणा विकसित हो रही है, लेकिन छोटे शहरों और गाँवों में स्त्री-पुरुष को प्रेम से रोकने के लिये किसी मान्यता प्राप्त संबंध में जोड़ दिया जाता है. जैसे स्त्री और पुरुष में भाई-बहन, चाचा-भतीजी इत्यादि का ही संबंध हो सकता है, मित्र वाला नहीं.

परिवार और समाज ने दमन के द्वारा बच्चों को मानसिक रूप से पंगु बना कर छोड़ दिया है. ठीक यही व्यवहार आज के माता-पिता के साथ उनके माता-पिता ने कभी किया था. यह अपंग बनाने की एक अंतहीन प्रक्रिया है. विवेक से विद्रोह पैदा होता है. विद्रोह ही इस अंतहीन शृंखला की कड़ी तोड़ सकता है.

20.09.09

❖

गुरु-शिष्या-संबंध–2

भारतीय मानुष का मुख्य स्वभाव काम और प्रेम विरोधी है. क्रोध के वे उतने खिलाफ नहीं हैं, हिंसा के उतने खिलाफ नहीं हैं, ईर्ष्या, घृणा सब वे सह लेते हैं, लेकिन काम को बर्दाश्त नहीं कर पाते. मैंने आँखों देखा है, अगर बेटी किसी के साथ फँस गयी और गर्भवती हो गयी, तो इज्जत का सवाल इतना बड़ा होता है कि बेटी की मृत्यु की कीमत पर भी इज्जत बचायी जा सके तो आदमी तैयार रहता है! क्यों ऐसा होता है? क्या कारण है इसके पीछे? मेरे ख्याल से इसके पीछे का रहस्य यह है कि काम सारे खुराफातों की जड़ है. गीता की एक पंक्ति है–कामात्क्रोधोऽभिजायते'-काम में बाधा पड़ने से क्रोध उत्पन्न होता है. क्रोध का जनक काम है. यह अहंकार, ईर्ष्या, घृणा भी अपने साथ लेकर आता है. जो इतनी बीमारियों का जन्मदाता हो, अगर भारतीय समाज ने उसकी चोटी पकड़ी है तो ठीक ही पकड़ी है. दुर्भाग्यपूर्ण यह है कि काम पर लगाम लगाने का उनका तरीका मूढ़तापूर्ण है. काम को जबरन दबाया नहीं जा सकता. क्या आपने गौर किया है कि बछड़ा जो मस्त और बलवान साँड़ बनने वाला है, उसका अंडकोष चूड़ कर उसे बैल क्यों बना दिया जाता है? क्योंकि साँड़ के कंधे पर बैलगाड़ी का जुआ नहीं रखा जा सकता, साँड़ उसको लेकर कहीं भाग जायेगा, दुर्घटना करा देगा. लेकिन वीर्य विहीन बैल बेचारे को जो भी लाद दीजिये वह ढोयेगा. हमने अपने युवावर्ग को करीब-करीब ऐसा ही बैल बना दिया है! काम का दमन युवावर्ग को बधिया करने जैसा ही कृत्य है. कुछ जीवंत लोग जो दमन को स्वीकार नहीं करते, वे उच्छृंखल हो जाते हैं. इसलिए उच्छृंखलता से बचाने के लिए समाज दमन की शरण में चला जाता है. लेकिन सही रास्ता इन दोनों से भिन्न है. काम दमन की चीज नहीं है, क्योंकि दमन के द्वारा उसे केवल विकृत ही किया जा सकता है, उसका नाश नहीं किया जा सकता. काम की उच्छृंखलता उसे अराजकता और दुख की ओर ले जाती है. काम का केवल रूपांतरण किया जा सकता है. काम को प्रेम में रूपांतरित किया जा सकता है, काम को कई कलाओं में, विज्ञान में, हर

प्रकार के सृजन में रूपांतरित किया जा सकता है. यही काम हमारा समाज नहीं कर रहा है. शिक्षा में इसकी कोई व्यवस्था नहीं है. इस दृष्टि से समाज के प्रबुद्ध लोग केवल कहने के लिये प्रबुद्ध हैं. उनके भीतर रूपांतरण की कोई चेष्टा नहीं दिखाई पड़ती है. सरकार बेचारी इतनी अच्छी बात कहाँ से सोचेगी! उन्हें सत्ता की मस्ती और छीनाझपटी से फुर्सत कहाँ? काम के रूपांतरण की विद्या के अभाव में दमन का सहारा लेना कुछ वैसा ही है जैसे रात में बिजली के अभाव में टायर जलाकर रोशनी पैदा करना. थोड़ा प्रकाश मिलेगा, लेकिन उसके जहरीले धुएँ में सबका दम घुटेगा, ऑक्सीजन खत्म होगा और लोग मर जायेंगे.

उपर्युक्त विवेचन से यह स्पष्ट करने की कोशिश की गयी है कि गुरु-शिष्या-संबंध के विरुद्ध होने का मूल कारण काम के प्रति समझदारी की कमी है. इस विरोध को कई रूपों में व्यक्त किया जाता है. जैसे कहा जाता है कि गुरु-शिष्या-संबंध की परंपरा शर्मसार हुई है. गुरु-शिष्या-संबंध की बात तो दूर गुरु-शिष्य-संबंध की भी कोई अक्षुण्ण परंपरा नहीं रही इस देश में. परंपरा का मतलब है कि जो चीज चली आ रही हो सदियों से. गुरु-शिष्य-परंपरा तभी से खत्म हो गयी है, जब नालंदा, विक्रमशिला, तक्षशिला आदि विश्वविद्यालय जमींदोज हो गये. मुसलमान आये तो मामूली-सी मुसलमानी शिक्षा चली. अंग्रेज आये तो अंग्रेजी शिक्षा शुरू हुई. इन शिक्षाओं में गुरुकुल जैसे गुरु-शिष्य-संबंध की कल्पना भी नहीं की जा सकती. लेकिन हम संस्कारवश इसी शिक्षा में गुरुकुल की कुछ गुरुभक्ति संबंधी कहानियाँ घुसा कर आत्ममोह के शिकार होते रहे हैं! गुरुकुल में लड़कियों के पढ़ने का उल्लेख कहीं नहीं मिलता है. केवल लड़के पढ़ते थे. अगर लड़कियाँ पढ़तीं तो उनके प्रेम-प्रसंगों की कई कहानियाँ प्रचलित हो गयी होतीं; क्योंकि पुराना भारत काम और प्रेम के बारे में उदार और समझदार था. इसलिए जब-जब मौका हाथ आया प्रेम की घटना घट गयी. महान् गुरु ऋषि याज्ञवल्क्य ने अपनी शिष्या से ही प्रेम किया. उनकी तीन पत्नियाँ थीं—कात्यायनी, गार्गी और मैत्रेयी. कहा जाता है कि इनमें गार्गी उनकी शिष्या थी. इससे सुंदर उदाहरण और क्या दिया जा सकता है? आधुनिक युग में भी जो महान् गुरु हुए उनकी भी प्रेमिकाएँ उनकी शिष्याएँ थीं. मैं तो देखने नहीं गया किसी को. लेकिन इसी समाज में भगिनी निवेदिता और विवेकानंद के संबंध के बारे में अफवाहें उड़ी थीं. मैंने जे. कृष्णमूर्ति के बारे में शिष्या-प्रेम की कहानी महेश भट्ट की आत्मकथा में पढ़ी है. यह तो आध्यात्मिक जगत की बात हुई. भौतिक जगत में अपने जमाने में दर्जनों बड़े गुरुओं को जानता हूँ जिनके प्रेम-संबंध अपनी शिष्याओं से रहे. सभी समझदार लोग इस सहज प्रेम को स्वीकृति दिये हुए हैं. लेकिन सारी नैतिकता बैल सरीखे लोगों के कंधों पर लदी हुई है. इन बैलों की नजर से बचने के लिये इन

लोगों ने अपने प्रेम-प्रसंगों को परदे में रखा है. लेकिन ये बड़े गुरु पाखंडी नहीं हैं. छोटे-छोटे नासमझ और कुंठित प्रोफेसर, मास्टर आदि ज्यादा शोर मचाते हैं, क्योंकि गार्जियन को विश्वास में लेकर जो ये धंधा करते हैं, मेरी घटना ने उनके अभिभावकों को सजग कर दिया है, इसलिए वे मुझ पर खिसियाते हैं. धंधा थोड़ा मंदा पड़ा होगा. जो प्रोफेसर-प्रोफेसरनी, मास्टर-मास्टरनी जितने जगजाहिर लुच्चा-लुच्ची और छिनार हैं, वे उतने ही मुझ पर कुपित होते हैं और जो लड़कियाँ गार्जियन से छिपकर उनको सहयोग करती रही हैं, उन पर संभवतः पहरेदारी लगी होगी, वे भी मुझ पर ज़हर उगलती हैं. कहीं बिट्टू भी इसी श्रेणी की लड़की तो नहीं? अन्यथा वह इतनी कुपित क्यों होती? सामान्य लड़कियों को क्या मतलब कि कौन क्या करता है? काम का दमन इस तरह की घटनाओं में बहुत दिलचस्पी पैदा कर देता है. लोग खूब चटखारे ले-लेकर इसकी चर्चा करते हैं और प्रकारांतर से कुंठित प्यास बुझाने की विफल चेष्टा करते हैं! ऐसे लोग अपने को श्रेष्ठ और चरित्रवान दिखलाने की भी भरपूर कोशिश करते हैं. हकीकत यह होती है कि वे अपने प्रेम-संबधों पर परदा डालकर पाखंडी बन जाते हैं और समाज को धोखा देते हैं. उनके मन में काम और प्रेम के प्रति आदर भाव नहीं होता. वे इसे गलत समझते हैं. यहीं पर उनमें और हममें मूलभूत अंतर दिखाई पड़ने लगता है. इस अंतर को एक बार फिर रेखांकित कर दूँ. वे जिस काम का मजा लेते हैं, उसी के प्रति हेय दृष्टि रखते हैं और कपट का धुआँ उगल-उगल कर उसमें उसे ढँक देना चाहते हैं. लेकिन हम काम को आदर देते हैं. उसकी ताकत को मानते हैं, उसके रस को जानते हैं और उसे उच्चतर आनंद में रूपांतरित करने के लिए प्रयासशील रहते हैं.

इस संबंध पर कुछ और दृष्टियों से भी विचार करने की जरूरत है.

21.09.09

❖

गुरु-शिष्या-संबंध–3

गुरु-शिष्या-प्रेम-संबंध सही है या गलत, इसे जानने के लिए यह जानना जरूरी है कि सही या गलत की कसौटी क्या है. उस कसौटी को पहले हम खोज लें.

कोई भी कृत्य सही है या गलत, इसे निर्धारित करने के दो तरीके हो सकते हैं—पहला तरीका है परिणाम देखकर पता करना. अगर कोई कृत्य परिणाम में दुख, तनाव और अशांति ले आता है, तो समझना चाहिए कि कृत्य गलत था. लेकिन इस तरीके के साथ सबसे बड़ी खामी है कि परिणाम मिल ही गया, दुख का फल भोग ही लिया, तो जानकर क्या फायदा? हाँ, इतना फायदा अवश्य है कि भविष्य के लिए जरूरी चेतावनी मिल जाती है. तरीका तो वह सर्वश्रेष्ठ है जो परिणाम आने के पहले ही सूचित कर दे, ताकि आदमी समय रहते चेत जाय और अपना कृत्य बदल ले. इसे पहले ही जानने का सर्वाधिक महत्वपूर्ण उपाय है—कर्ता का अपनी खास मनोदशा या विशेष भावदशा को देखना. क्या उनकी मनोदशा के पीछे कोई लाभ या हानि सक्रिय है? आमतौर पर आदमी की यह मनोदशा होती है कि अमुक कृत्य करने से अमुक लाभ होगा, इसलिए करना चाहिए, अमुक कृत्य से अमुक हानि होगी, इसलिए नहीं करना चाहिए. यानी कृत्य का आधार लाभ या हानि हुआ करता है. इससे बिल्कुल भिन्न एक ऐसी भावदशा भी हो सकती है जहाँ कृत्य ही लाभ हो, अलग से किसी लाभ की आशा न हो और उसे संपादित करने में चाहे जो भी हानि उठानी पड़े, उसे उठाने की तैयारी उसके पास हो. यह भावदशा लाभ और हानि की बुनियाद पर नहीं है. इसी मनोदशा में किया गया कर्म सुखमय है, शांतिमय है, पुण्यमय है. लाभ-हानि पर खड़ी मनोदशा से किया गया कृत्य पाप है, अशुभ है. संसार में लगभग सभी आदमी पहले प्रकार में आते हैं. विरला कोई प्रेमी या कोई साधक दूसरे प्रकार में पाँव रखता है.

ताजा उदाहरण मटुक-जूली के प्रेम का है. उन्होंने किसी लाभ की आशा से प्रेम नहीं किया. प्रेम ही लाभ है. इससे मिलने वाली किसी भी हानि की परवाह उन्होंने

नहीं की है. मटुक ने सुख-सुविधाओं से संपन्न अपने ढंग का एक सुंदर-सुसज्जित घर बनाया. उस घर से दिसंबर, 2005 में निकाल दिया गया. वह बिना किसी मोह और शिकवा-शिकायत के निकल गया. 'कोलाहल-कलह-कुटीर' से निकल कर वह 'शांति-कुटीर' में रह रहा है. विश्वविद्यालय ने नौकरी से निकाल दिया. और वह सृजन के आनंद में डूब गया. विश्वविद्यालय के गैर शैक्षणिक माहौल से बाहर अपनी इच्छानुसार पढ़ने-लिखने, खाने-पीने, विश्राम करने और घूमने का मजा वह लूट रहा है! दूसरों के द्वारा खड़ी की गयी बाधा उसके लिए सीढ़ी बन गयी है. इस भावदशा में जो भी काम किया जायेगा, वह आनंद में बदल जायेगा. जहर भी अमृत बन जाएगा. मैंने पढ़ा है मीरा के बारे में–

जहर का प्याला राणा ने भेजा पीवत मीरा हाँसी रे.

मीरा की हँसी कितनी अर्थपूर्ण है! जहर भेजने वाले सोच रहे हैं–इसको मार देंगे, न रहेगा बाँस, न बजेगी बाँसुरी. मीरा हँसती है इसलिए कि व्यक्ति को मारने से प्रेम नहीं मरता. मीरा हँसती है इसलिए कि परमात्मा ने जो कुछ भी मेरे लिये भेजा है, वह प्रसाद के अतिरिक्त तो कुछ हो ही नहीं सकता. यह प्रेम में गहन आस्था की परम मनोदशा है. निष्कर्ष यह है कि कोई भी कृत्य अच्छा या बुरा नहीं होता है. करने वाले की मनोदशा अच्छी या बुरी होती है. लेकिन मनुष्य निर्मित सारी नैतिकताएँ कृत्य पर निर्भर हैं, मनोदशा पर नहीं.

दूसरा यह कि नैतिकता का संबंध सामाजिक व्यवस्था से होता है और सारी सामाजिक व्यवस्थाएँ सामयिक होती हैं. वे अंतिम नहीं होतीं. तीसरी बात यह कि उसके नियम समाज के औसत और निकृष्ट व्यक्तियों को ध्यान में रखकर बनाये जाते हैं. जो भी व्यक्ति चिंतन करता है, वह सामाजिक नैतिकता से ऊपर उठता चला जाता है.

कुछ लोग कहते हैं कि गुरु-शिष्य-संबंध आध्यात्मिक होता है. गलत बात, कोई भी संबंध आध्यात्मिक नहीं होता. सारे संबंध मानसिक होते हैं. मन के तल पर ही संबंध बनते हैं. मन जहाँ से समाप्त होता है, अध्यात्म वहाँ से शुरू होता है. उस धरातल पर कोई संबधं नहीं होता, क्योंकि वहाँ कोई दूसरा नहीं होता. वह अद्वैत की अवस्था है. संबंध के लिए द्वैत का होना जरूरी है. हाँ, कुछ संबंध ऐसे होते हैं जो आध्यात्मिक जगत में गति प्रदान करते हैं और कुछ संबंध ऐसे होते हैं जो अध्यात्म से नीचे अतिशय भौतिकता की नाली में ले जाकर पटक देते हैं. मटुक-जूली का प्रेम उन्हें किस दिशा में ले जा रहा है, यह वे दोनों ही जानते हैं, और जो उनके काफी निकट हैं वे जानते हैं और जो आँख वाले हैं, दूर रहते हुए भी वे जानते हैं. वे इन्हें

हँसते-खिलते देख प्रसन्न होते हैं. लेकिन जो अंधे हैं, निकट अथवा दूर-दराज बैठे हैं, उनके बारे में कुछ भी नहीं जानते ; वे उनका मजाक उड़ाते हैं, अज्ञानतापूर्ण टिप्पणियाँ करते हैं. इस तरह अंततः वे स्वयं उपहास के पात्र बन जाते हैं. उनका अज्ञान उनका ध्यान 'स्व' से हटाकर 'पर' पर भेज देता है और यही उनके डूबने का कारण बना हुआ है. दूसरों को तो वे कभी नहीं समझ पायेंगे और अपने को समझने का अवसर भी वे खोते जा रहे हैं. गौरतलब बात तो यह है कि दूसरों को जानने का एकमात्र मार्ग अपने को जानने से ही खुलता है. जो जितना ही अपने को जानता है, उतना ही अधिक दूसरों को जानने में सफल होता है, क्योंकि आदमी को बाहर से नहीं जाना जा सकता है, अंदर से ही जाना जा सकता है. और दूसरे के अंदर प्रवेश का कोई उपाय नहीं है. अपने ही अंदर प्रवेश किया जा सकता है. अंदर की दुनिया एक होती है, जो हम हैं, वही दूसरा है.

22.09.09

❖

गुरु-शिष्या-संबंध–4

गुरु-शिष्या-संबंध को लेकर मुख्य रूप से जो बातें मुझे कहनी थीं, वे तीन किस्तों में कह दी गयीं. लेकिन आज सवेरे पटने के साहित्यकार प्रो. डॉ. दीनानाथ 'शरण' का फोन आया, इसलिए एक किस्त और बढ़ा दे रहा हूँ. प्रो. साहब ने फोन पर मेरी डायरी की सराहना की और सूचित किया कि "मैंने उपन्यास लिखा है 'महिमा बक्शी'. उसे आप जरूर पढ़िये. उसमें गुरु-शिष्या-संबंध और शिक्षण संस्थानों में यौनाचार के सच को उजागर किया गया है. सारी घटनाएँ यथार्थ हैं, सिर्फ नाम में थोड़ा परिवर्तन कर दिया गया है. पढ़ते ही उन लोगों में बहुतों को आप पहचान लेंगे. " मैं उपन्यास पढ़ गया. भाषा साफ-सुथरी, पारदर्शी और वर्णन रोचक है. मैं इसमें से दो अंश पाठकों के मनोरंजन एवं ज्ञानवर्द्धन के लिए रखना चाहता हूँ. पहले अंश में गुरु-शिष्या-संबंध का विकास आप देखेंगे और दूसरे अंश में मगध महिला कॉलेज के हिन्दी विभाग की एक प्रोफेसरनी के उजागर चरित्र से साक्षात्कार करेंगे. पाठकों से निवेदन है कि दिल थामकर पढ़ें क्योंकि पढ़ने से इन्द्रियाँ जागरुक हो सकती हैं. पहले प्रस्तुत है गुरु-शिष्या-संबंध–महिमा बक्शी प्रोफेसर हैं. वे लेखक को आपबीती सुना रही हैं. बात उस समय की है जब उन पर सोलहवाँ साल सवार हो चुका था. वह बी.एन.आर. हाईस्कूल में ग्यारहवीं की छात्रा थी. उसके घर पर एक अधेड़ योग्य गुरुजी पढ़ाने आते थे. शिष्या का नवयौवन गुरुजी की कामवासना को प्रदीप्त कर चुका था. इसके बाद क्या होता है, सुनिये महिमा बक्शी के शब्दों में–"उन्होंने मेरे गालों को प्यार से मसलते हुए कहा–'सबको अपनी ही जैसी समझती हो? स्त्रीलिंग?' मुझे लगता है, तब से उनका हौसला बढ़ता गया. कभी मेरा कान छूने लगे, कभी शाबासी देने के बहाने मेरी पीठ सहलाने लगे. इसी तरह, पढ़ाने के दौरान, एक दिन उन्होंने मेरे बांये स्तन को अपने पेन से हल्के दबा दिया. मेरे बदन में एक सिहरन-सी हो गयी. वे मेरी आँखों में अपनी आँखें डाले जाने क्या देखने लगे."

धीरे-धीरे संबंध दूसरे चरण में पहुँच गया–"मास्टर साहब अपनी कुर्सी से

उठकर बगल की चौकी पर ओठंग गये. फिर चौकी पर ही मुझे बैठने का इशारा करते हुए बोले–'यहीं पर बैठो बेबी!' मेरा घरेलू नाम 'बेबी' था और मुझे वे 'बेबी' ही कहते थे. मैं अपनी कुर्सी से उठकर उनके पास चौकी पर बैठ गयी. उन्होंने और दिनों की तरह मुझे चुम्मा लिया. मेरे स्तन बड़े तो न हुए थे लेकिन मेरे स्तनों को हौले से सहलाया, फिर जोर से सहलाते हुए वे उठकर बैठ गये और फ्रॉक को उठाते हुए बोले–'कॉपी दिखाओ!'

अपनी कॉपी दिखाने के लिए मैं चौकी पर से उठकर फिर जब मेज की तरफ बढ़ने लगी तो वे बोले–'वह कॉपी नहीं, यह कॉपी!' और उन्होंने फ्रॉक के नीचे पहनी हुई मेरी पैंटी खोल दी और कहा–'यह कॉपी' और उन्होंने अपनी जांघों के बीच मुझे जकड़ लिया. कुछ देर मुझे गुदगुदी-सी लगी. फिर उन्होंने मुझे छोड़ दिया. बोले–अपने कपड़े ठीक कर लो. और देखो! किसी से कुछ कहना मत! नहीं तो तुम्हारा ट्यूशन बंद. तुम बदनाम होओगी अलग! फिर थोड़ा रुक-रुक कर बोले–फर्स्ट डिवीजन में तुम्हें पास करना है? मैं तुम्हें फर्स्ट डिवीजन दिलवाकर रहूँगा. इतना अच्छा पढाऊँगा इतना अच्छा कि बस, तुम मेरी बात मानती जाना और किसी से कुछ कहना मत!'

तीसरे चरण में संबंध चरम सीमा पर पहुँचता है. इस चरण की कल्पना आप स्वयं कर लें या वह उपन्यास पढ़ें . यहाँ अब प्रस्तुत है दूसरी काम-कथा जो मगध महिला कॉलेज की एक नामी हिन्दी प्रोफेसर की है–"सज सँवर कर कॉलेज आने में कोई मैडम किसी से कम न थीं. लगता था जैसे फोटो खिंचवाने घर से निकली हों! एक दिलचस्प प्रसंग की याद आ रही है. हिन्दी की मैडम अलका पांडेय के बारे में सुना गया कि वे फिल्म में काम करने वाली हैं–उनकी एक फिल्म अगले साल रिलीज होगी. कॉलेज से लंबी छुट्टी लेकर बंबई गयी हुई हैं–अपने हसबैंड के साथ. उन्हें अपने हसबैंड का पूरा सपोर्ट है. अपने हसबैंड के ही परमीशन और प्रोत्साहन से एक फिल्म प्रोड्यूसर ने मैडम को 'हीरोइन' का रोल दिया है. कॉलेज की छात्राओं के बीच महीनों इसी बात की जोरदार चर्चा रही. कोई कहती–फिल्मी लाइन औरतों के लिए ठीक नहीं है. उनका चरित्र-हनन होता है, उनको कुछ अनुचित संबंध के लिए मजबूर किया जाता है वगैरह और कुछ छात्राएँ तर्क देतीं–'कोई लाइन बुरी नहीं. आत्मविश्वास होना चाहिए.' जो हो, अलका मैडम फिल्मी दुनिया में चली गयीं. जब तक लौटीं, बहुत देर हो चुकी थी. वहीं के कुछ लोगों से लाग-लपेट होने के जुर्म में हसबैंड ने उन्हें डायवोर्स कर दिया."

विश्वविद्यालय के ऐसे ही लोग मटुक-जूली के प्रेम का विरोध करते हैं! लेकिन मटुक और जूली चाहे विशुद्ध वासना हो या वासना-मिश्रित प्रेम–किसी के खिलाफ नहीं हैं बशर्ते वह शोषण और धोखाधड़ी न हो. वे दोनों किसी को निंदा की नजर

से नहीं देखते हैं. इसे स्वाभाविक प्राकृतिक व्यापार मानते हैं. हाँ, यह बात जरूर है कि वे आनंद की इस यात्रा में इसे प्रथम चरण ही मानते हैं. काम के आगे के आनंद की खोज वही कर पायेंगे जो काम को अच्छी तरह जान लेंगे. निंदा भाव से ग्रसित अतृप्त लोग काम में ही उलझ कर रह जाते हैं. उनकी आगे की यात्रा बंद हो जाती है. सही शिक्षा वह है जो काम को जानने का अवसर दे और उससे ऊपर उठाने की विद्या दे. समाज में यौनाचार, यौन-व्यापार और यौन-शोषण अंदर-अंदर चल ही रहा है, जो अत्यंत विद्रूप है. हम चाहते हैं कि जैसे चल रहा है, वैसे न चले. हमलोग यह तो पसंद करते हैं कि दो शरीर अगर मिलने के लिए आतुर हों तो वे निर्बाध मिलें. लेकिन हम यह नहीं चाहते कि किसी को रिजल्ट के लिए, नौकरी के लिए, पद और प्रोन्नति के लिए या पैसों के लिए मजबूर होकर देहदान करना पड़े. इसकी खिलाफत के पीछे कारण केवल एक है कि इससे प्रेम उत्पन्न होने की संभावना मर जाती है, क्योंकि प्रेम हृदय का उल्लास है. देह-व्यापार तो मनुष्य मजबूरी में करता है. इससे प्रेम के साथ-साथ सृजनात्मकता भी समाप्त हो जाती है. इससे अधिक हानि मनुष्य की क्या हो सकती है!

23.09.09

❖

हिन्दू-दर्शन संकीर्ण नहीं

गुरु-शिष्या-संबंध-2 पर एक ब्लॉगर अमिताभ त्रिपाठी की टिप्पणी पढ़कर मुझे कुछ ऐसी ही प्रसन्नता हुई, मानो—**आज सुरन्ह मोहि दीन्ह अहारा.** पाठकों की सुविधा के लिए उनकी पूरी टिप्पणी नीचे दे रहा हूँ—

"मटुकजी, आप जो कुछ कर रहे हैं, वह आपका व्यक्तिगत जीवन है. मुझे आपत्ति इस बात पर है कि आप हिन्दू दर्शन, परंपरा और गुरु-शिष्य परंपरा को केवल अपने संदर्भ में परिभाषित करने के लिए लोगों को अर्द्धसत्य बताकर गुमराह कर रहे हैं. गीता में जिस 'काम' की बात आपने की है, वह लिबिडो नहीं कामना है और इसका अर्थ है कि कामना अर्थात् इच्छाओं की पूर्ति नहीं होने से क्रोध उत्पन्न होता है और व्यक्ति की कामना केवल लिबिडो नहीं है.

मेरा आपसे आग्रह केवल इतना ही है कि गीता, स्वामी विवेकानंद को इस बहस में मत घसीटिये, क्योंकि गीता का महत्व हिन्दू समाज में काम की व्याख्या के लिए नहीं है और न ही हिन्दू समाज स्वामी विवेकानंद को भगिनी निवेदिता के बीच की अफवाहों के लिए जानता है. परंतु आपको सारा समाज तो केवल एक उपलब्धि के लिए जानता है. बेहतर होगा कि आप फ्रायड की भाँति लिबिडो और अपने जीवन के संदर्भ में हिन्दू दर्शन और हमारे प्रेरणा पुरुषों की व्याख्या न करें, बाकी आप अपने व्यक्तिगत जीवन में जो मर्जी आये करें."

प्रिय अमिताभजी, आपके पाँच वाक्यों में दो बार 'हिन्दू दर्शन' और दो बार 'हिन्दू समाज' शब्द आये हुए हैं. इससे स्पष्ट होता है कि आप हिन्दुत्व-ग्रसित व्यक्ति हैं. आप उस साम्प्रदायिक विचारधारा के व्यक्ति प्रतीत होते हैं जो मस्जिद को ध्वस्त करने में 'हिन्दू दर्शन' की और गुजरात के दंगों में 'हिन्दू समाज' की विजय देखती है. हमें गीता और विवेकानंद की व्याख्या करने से मना करना आपकी आपराधिक प्रवृत्ति की भी सूचना देता है. इसके साथ ही आपके चित्त के रोगों को भी प्रकट करता है. क्या गीता और विवेकानंद आप जैसे लोगों की बपौती हैं? दुनिया में कोई कानून

नहीं है जो मुझे गीता, कुरान, बाइबिल, धम्मपद आदि गंथ पढ़ने और उनकी व्याख्या करने से रोक सके? ये सारे गंथ और सारे महापुरुष किसी जाति, सम्प्रदाय और देश की नहीं, संपूर्ण विश्व की धरोहर हैं.

कोई भी समझदार आदमी इतना जरूर जानता है कि किसी भी चीज की व्याख्या अपने संदर्भ में ही हो सकती है. अपने ज्ञान, अपने मानसिक स्तर और अपने अनुभव के अलावा व्याख्या करने का कोई दूसरा उपाय ही नहीं है. हजारों सालों से गीता की व्याख्याएँ होती आ रही हैं, अपने-अपने संदर्भों में. आपने किस-किस को मना किया है? शंकराचार्य ने अपने संदर्भ में गीता की व्याख्या की और उससे संन्यास एवं अकर्म निकाल लिया. इसका दुष्परिणाम हुआ कि देश में पलायनवादी प्रवृत्ति पनप गयी! जरूरत एक ऐसी व्याख्या की थी जो कर्म को स्थापित करे. यह काम तिलक ने किया. अब तक की सारी व्याख्याओं को उलट कर गीता का मर्म उद्घाटित करते हुए ओशो ने उसे मनस-शास्त्र घोषित किया. किन्हीं भी दो महापुरुषों की व्याख्याएँ एक समान नहीं हैं. फिर भी आप उसकी व्याख्या करने से मुझे रोकना चाहते हैं? आपकी इस विचारधारा से तानाशाही की दुर्गंध आ रही है.

व्यक्तिगत जीवन और सामाजिक जीवन कोई अलग-थलग चीज नहीं है. सभी एक-दूसरे से जुड़े हैं. अगर उनके अन्तर्सम्बन्धों को आप नहीं देख पा रहे हैं, तो मैं आपके लिए भगवान से प्रार्थना ही कर सकता हूँ. तालाब में फेंका गया एक पत्थर पूरे तालाब को आंदोलित कर देता है. मेरे व्यक्तिगत जीवन में किसी ने कंकड़िया मार कर उसे आंदोलित किया है, जिसकी लहर आप तक पहुँची है और आप उद्वेलित हैं. हम सब छोटे-छोटे टापू नहीं हैं, एक ही महासागर के हिस्से हैं. हमारा जीवन परस्पर आश्रित है. अगर मैं 'अर्द्धसत्य' बताकर लोगों को 'गुमराह' कर रहा हूँ, तो आपसे निवेदन है कि पूर्ण सत्य बताकर लोगों को गुमराह होने से बचा लें. मैं अपनी ओर से आपको मना नहीं करूँगा, बल्कि आपकी पीठ थपथपाऊँगा.

लगता है, आपने फ्रायड के 'लिबिडो' को एक ऐसे स्रोत से समझा है जिनके पास फ्रायड की समझ नहीं है. फ्रायड एक ऐसे महान मनोवैज्ञानिक हैं जिन्होंने दुनिया को हिला कर रख दिया है. पहली बार ईमानदार चिंतन की शुरुआत फ्रायड से हुई है. फ्रायड के द्वारा ही लोगों को पहली बार मालूम हुआ कि दमन गलत है. उन्होंने कृष्ण को सही ढंग से समझने की एक आधार-भूमि तैयार कर दी है, क्योंकि मनुष्य जाति के इतिहास में अकेले कृष्ण हैं जो दमनवादी नहीं हैं. कृष्ण प्रेम से नहीं भागते. स्त्रियों से परहेज नहीं करते. गीता के निर्माता कृष्ण अत्यन्त सहज पुरुष हैं. स्त्री-पुरुष का प्रेमालिंगन और समागम एक जीवन-तथ्य है. लेकिन आप जैसे लोगों ने संभोग को भी समस्या बना दिया है! गीता आपके लिए पूजा करने वाला धार्मिक

ग्रंथ होगा, मेरे लिए धड़कता हुआ जीवन है. पश्चिम के दार्शनिक शोपेनहावर ने जब पहली बार गीता का ड्यूसन द्वारा किया गया अनुवाद पढ़ा तो सड़क पर नाचने लगा था. उसने कहा था—'यह किताब पढ़ने के लिए नहीं, नाचने के लिए है.' उसी किताब से आप मुझे वंचित रखना चाहते हैं? स्वाभाविक है, क्योंकि आप गीता के दो ही उपयोग जानते हैं-एक अदालत में गीता की कसम लेकर झूठ बोलने के लिए और दूसरे, मरणासन्न व्यक्ति को सुनाने के लिए, ताकि कुकर्मियों को भी स्वर्ग मिल जाय!

आपको लग रहा होगा कि 'लिबिडो' का अर्थ होता है यौन-लिप्सा जो कि आपकी नजर में घिनौनी चीज है. आप शायद समझते होंगे कि धन-लिप्सा, पद-लिप्सा, यश-लिप्सा, युद्ध-लिप्सा आदि कोई अच्छी चीज होगी! अगर आप सीधे-सीधे या किसी समझदार विद्वान के माध्यम से 'लिबिडो' का अर्थ समझते तो आपको मालूम होता कि इस शब्द का अर्थ होता है 'काम-ऊर्जा' जिसे सेक्स-एनर्जी कह सकते हैं. केवल स्त्री-पुरुष का समागम काम-ऊर्जा नहीं है. यह मानव जीवन के मूल में है. मानव-जीवन ही नहीं संपूर्ण सृष्टि के अंतरतम में छिपी हुई है. काम ऊर्जा न हो तो किसी प्रकार का सृजन संभव नहीं है. काम ऊर्जा के खेल से ही फूल खिलते हैं. पक्षियों के गीत का सौन्दर्य काम-ऊर्जा की ही देन होती है. आप तो हिन्दू हैं, पता ही होगा कि पुराण में कहा गया है कि ब्रह्मा ने जो जगत बनाया है काम से पीड़ित होकर ही. 'लिबिडो' उस सागर की तरह है जिससे अनंत कामनाओं की तरंगें पैदा होती हैं.

मैंने कब कहा कि हिन्दू समाज में विवेकानंद भगिनी निवेदिता को लेकर चल रही अफवाहों के लिए जाने जाते हैं? कोई कुछ भी कहे व्यक्ति अपने संदर्भ में उसका अर्थ ले ही लेता है. मेरे कहने का मतलब है कि किसी के संबंधों को समझने का एक ही आधार है अपने संबंध का स्तर ; अपना मानसिक विकास. काम-अतृप्त मानसिक दशा के कारण कृष्ण छिनार कहे जाते हैं, मीरा आवारा कही जाती हैं. कहा जाता है कि भगवान बुद्ध ने आम्रपाली को पटा लिया था, सुजाता से उनके शारीरिक संबंध थे. यह सब मैंने आपके ही हिन्दू समाज से सुना है. कोई गढ़ कर नहीं कह रहा हूँ. प्रेम के लिए विद्रोह करने वाली एक लड़की को एक हिन्दू वकील ने कहा-'अरे, तुम मीरा बनने चली हो, आवारागर्दी करोगी?'

आप कहते हैं-'आपको सारा समाज केवल एक उपलब्धि के लिए जानता है' मुझे कभी एहसास नहीं हुआ कि मेरी भी कोई उपलब्धि है!

व्यक्तिगत जीवन में भी व्यक्ति जो मर्जी आये नहीं कर सकता. यह देखना जरूरी होता है कि उसकी स्वतंत्रता किसी और की स्वतंत्रता का हरण तो नहीं कर रही है. लेकिन आपकी विचारधारा के लोग दूसरों के व्यक्तिगत जीवन में दखल देते हैं और उसे अपने अनुसार चलाने की हरसंभव कोशिश करते हैं!

आपका प्रोफाइल देखा, आप अपना पूरा परिचय छुपाये हुए हैं. अपराध बोध से ग्रसित व्यक्ति अपने को छिपाता है. पूछना चाहता हूँ कि छिपकर आक्रमण करना हिन्दू संस्कृति है या व्याध संस्कृति या कायर संस्कृति?

26.09.09

❖

सामान्यीकरण से सावधान

मेरे ब्लॉग पर 'हिन्दू दर्शन संकीर्ण नहीं' पढ़कर मुंबई से किन्हीं डॉ. रूपेश श्रीवास्तव ने निम्नलिखित टिप्पणी की है—

"मटुक बाबू, आपके द्वारा भेजे गये मेल से आपके ब्लॉग का पता मिला. आपने जो लिखा वह कुछ वैसा ही है जिसे अंडे खाने हैं वह उसके पक्ष में तर्क और तथ्य जुटा लेता है कि प्रोटीन है वगैरह... जिसे नहीं खाना है वह कहता है कि 'नान फाइबरस फूड' है, दिल के दौरे का कारण हो सकता है. सब अपने चश्मे से दुनिया देखते हैं. आप करो भाई जो आपको करना है किसी को सहमत नहीं कर सकते. हाँ, बस तर्क से निरुत्तर जरूर कर सकते हैं. हम अगर सूअर हैं तो मानव मल हमारे भोजन हैं अब ऐसे में हम अगर मनुष्यों से शास्त्रार्थ करें तो क्या परिणाम निकलने वाला है. उल्लू, चमगादड़ जैसे प्राणी अगर शिक्षक हों, इंजीनियर हों, साइंसदान हों और वे मनुष्यों से जिरह करें कि तुम सब की जीवन की सोच एक नामालूम अस्तित्व सूर्य पर केन्द्रित है तो मनुष्य क्या कहेगा कि भाई तुम्हें दिखेगा नहीं क्योंकि तुम उल्लू हो. आप करो जो आपको करना है क्योंकि जो हम मानते हैं वही सत्य होता है जो मानते ही नहीं वह कैसे सत्य हो सकता है. आपकी पूर्व पत्नी और परिवार के प्रति मुझे कोई सहानुभूति होनी चाहिए, क्या ये आपसे जानना है?अवश्य बतायें. मैं सोचता हूँ कि आप समलैंगिक संबंधों पर भी कलम चलायें. आपके स्पष्ट विचार जानकर अच्छा लगेगा, वो भी प्रेम-व्रेम जैसा ही कुछ बताया जाता है."

रूपेश बाबू, मेरे लेखन का उद्देश्य किसी की सहमति पाना नहीं है. सहमति लेकर मैं करूँगा क्या? और असहमति से मेरा बिगड़ेगा क्या? मैं जो कुछ भी करता हूँ, अपने बुद्धि-विवेक से. अपने द्वारा किये गये कर्म का नियंता मैं हूँ, भोक्ता मैं हूँ. अगर मैं दूसरों की देखादेखी करता तो स्वभावतः मेरे बहुत समर्थक होते, लेकिन मेरा आनंद खो जाता. अगर मैं भूलवश कुछ गलत कर

गुजरता तो शायद उसे सही साबित करने का प्रयास इसलिए करता ताकि लोगों का समर्थन मिले और मैं जिंदा रह सकूँ. जो दूसरों के अनुसार चलता है, उसे ही दूसरों के समर्थन और प्रशंसा की जरूरत पड़ती है. मैंने कभी इसकी जरूरत महसूस नहीं की. अपने स्वाराज्य में रहता हूँ. आनंद से विचरता हूँ. अपनी तरफ से 'ना काहू सों दोस्ती ना काहू सौं बैर!' मनुष्य जाति एक बड़े भ्रम का शिकार रही है कि कोई उसकी सहायता कर सकता है, कोई उसको नुकसान पहुँचा सकता है. मैंने अपने एकांत के उस कोने में ठहर कर देखा है, जहाँ कोई सहायता नहीं पहुँचा सकता, जहाँ कोई नुकसान भी नहीं पहुँचा सकता. इसलिए इसके लिए कोई प्रयास भी मैं नहीं करता. यह बात जरूर है कि एक प्राकृतिक व्यवस्था के तहत सहायताएँ आती हैं, नुकसान भी होता है. मैं दोनों के बीच समभाव रखते हुए अपने को संतुलित रखने का प्रयास करता हूँ. 'प्रयास' शब्द भी बहुत सही नहीं है. कहना चाहिए संतुलन भी अपने आप आ जाता है.

मेरा उद्देश्य है विचार-विमर्श के द्वारा सत्य के करीब पहुँचना. सत्य की छाया बनना. एक ऐसे विचार को पैदा करना जो अपने चश्मे का भी रंग देख सके और दूसरों के चश्मे को भी पहचान सके. पूर्वग्रह रहित तथ्यपरक वाद-विवाद अगर हो तो शायद कोई संवाद बन सके. एक ऐसे ही संवाद की तलाश है. सत्य सत्य है. वह हमारे मानने, न मानने पर निर्भर नहीं है. मैं जब किसी के विचारों की शव-परीक्षा करता हूँ, तो इसलिए कि उसके माध्यम से सचाई सामने आये. तथ्य और सत्य को न देखनेवाले अंधे नैतिकतावादियों को निरुत्तर करने में मुझे आनंद जरूर आता है. उनको देखते ही मेरा क्षात्र-धर्म दीप्त हो उठता है. लगता है, भीतर किसी ने पांचजन्य फूँक दिया. विचारों के आक्रमण-प्रत्याक्रमण, उनके दाँव-पेंच को देख मैं उसी तरह आनंदित होता हूँ जैसे युद्ध के मैदान में तलवार भाँजता हुआ कोई सच्चा सूरमा.

आप लिखते हैं—"आपकी पूर्व पत्नी और परिवार के प्रति मुझे कोई सहानुभूति होनी चाहिए क्या ये आपसे जानना है?" बिल्कुल मुझसे नहीं जानना है. लेकिन इतना जरूर जानना है कि आपकी सहानुभूति का आधार क्या है? आपकी आँखों के द्वारा निकट से सम्यक् रूप से देखी गयी मेरी वास्तविक पत्नी या मीडिया में प्रकट हुई मेरी कलाकार पत्नी या इस तरह के मिलते-जुलते मामले में देखी गयी दूसरों की पत्नियाँ? अगर हर मामले की विशिष्टता की पहचान आपके पास नहीं है तो आपकी सहानुभूति, आपकी धारणायें सब हवा-हवाई हैं. सामान्यीकरण सत्यान्वेषण के लिए विकट दीवार है. जब एक भी मनुष्य एक-दूसरे के समान नहीं है, तो यह सामान्यीकरण आयेगा कहाँ से? आदमी का दुर्भाग्य है कि किसी दूसरे को देखकर किसी दूसरे के बारे में निर्णय ले लेता है!

मनुष्य की कुछ विशिष्टताएँ ही उसे पशु से अलग करती है. हर व्यक्ति की विशिष्टता ही उसे दूसरों से अलग करती है. लेकिन आप एक दृष्टि से सही हैं, क्योंकि मनुष्य की विशिष्टता को प्रकट करने वाली शिक्षा कहाँ है? एक ही फर्मे में सबको ढालने वाली शिक्षा ने मनुष्य को निर्जीव जैसा बना दिया. निर्जीवों में बड़ी समानता होती है. फैक्ट्री में ढाली गयी कारें एक समान होती हैं. श्मशान घाट में लाये गये मुर्दे समान होते हैं. जीवंत आदमी एक समान नहीं हो सकता.

मैं अपनी बात और स्पष्ट करने के लिए अपने जीवन की एक घटना सुनाता हूँ. मैंने इंटरमीडिएट में पटना कॉलेज, पटना में नाम लिखाया. मैट्रिक अपने गाँव से किया. मैंने देखा कि मेरे वर्ग में एक लड़का है जो अंधा है. मैं करुणामिश्रित आश्चर्य में डूब गया, क्योंकि अब तक मैंने ट्रेन में, गाँव-घर में, मेले-मंदिर में भीख माँगते असहाय अंधों को ही देखा था. दया मुझे बहुत आयी थी. संस्कारवश मैंने उस नयनविहीन सहपाठी पर सहानुभूति उड़ेल दी. उन्होंने मुझे सावधान किया—'मुझ पर सहानुभूति जताने की जरूरत नहीं. कोई भी आँखवाला मुझसे बेहतर नहीं है. मैं किसी से कम नहीं हूँ.'

मेरी पत्नी और मेरे परिवार के प्रति सहानुभूति जताने के लिए मुझसे पूछने की जरूरत नहीं, लेकिन कम से कम मेरी पत्नी से तो पूछ लेते! उन्हें आपकी सहानुभूति की जरूरत है या नहीं? कोई भी स्वाभिमानी आदमी क्यों किसी की सहानुभूति चाहेगा? सच्ची सहानुभूति वह है जो क्रियारूप धारण करे. मेरी पत्नी और परिवार के प्रति आप जैसे लाखों लोग सहानुभूति रखते हैं, लेकिन केवल मन में. किसी ने मेरे परिवार से हाल-चाल तक नहीं पूछा. ऐसी सहानुभूति किसी के पास हो, किसी के पास न हो, उससे क्या फर्क पड़ता है?

एक और गुप्त बाद बता दूँ. मनुष्य बहुत जटिल प्राणी है. वह किसी भाव का नाम बदलकर उपयोग कहीं कर लेता है. मैं आपको नहीं घेर रहा हूँ. लेकिन ऐसे कई लोगों को मैंने देखा है जो मेरे प्रति उत्पन्न हुई ईर्ष्या को पत्नी के प्रति सहानुभूति में बदलकर अपनी आक्रामकता को सही सिद्ध करना चाहते हैं!

आपकी सहानुभूति कहीं अपने आपको अत्यधिक मानवीय दिखलाने की सुषुप्त लालसा तो नहीं है? झाँक कर देखियेगा. यह काम आप ही कर सकते हैं. इतना जरूर कह देना चाहता हूँ कि जो भी विचार मैंने व्यक्त किया, जरूरी नहीं कि वह ठीक हो. सत्य इससे परे भी हो सकता है. सत्य का जो पहलू आपको दिखता है, उसे आप रखने की कृपा करेंगे.

02.10.09

❖

बीमार नैतिकता बनाम स्वस्थ नैतिकता

मेरे ब्लॉग पर उज्जैन से 'महाजाल' ब्लॉग वाले सुरेश चिपलूनकर ने 'गुरु-शिष्या-संबंध' नामक लेखमाला पढ़कर (?) टिप्पणी भेजी है-"मैं आपके जूली "कृत्य" से पूर्णतः असहमत हूँ. विस्तार में जाना नहीं चाहता, क्योंकि इसमें कई मुद्दे और पक्ष जुड़े हुए हैं, जैसे कि आपकी पत्नी, आपके अन्य शिष्य और "शिष्याएँ" भी. कुल मिलाकर मेरे अनुसार, आपने एक अनैतिक कार्य किया है, भले ही आप अपने "शिक्षक वाले तर्कों" से खुद को कितना ही उच्च आदर्शों (?) साबित करने की कोशिश करें."

प्रिय चिपलूनकर साहब

आप मेरे जूली 'कृत्य' से सहमत नहीं हैं, तो कोई हर्ज नहीं. मैंने ब्लॉग पर लेख पढ़ने के लिए आमंत्रण दिया था. क्या आपने पढ़ा? अगर हाँ, तो उसका प्रमाण आपकी टिप्पणी में कहाँ है? विस्तार में गये बिना, मुझसे जुड़े मुद्दों और पक्षों पर विचार किये बिना निष्कर्ष निकालने की बेचैनी आपके भीतर है और आखिर बिना विचारे निष्कर्ष तो आपने दे ही दिया. क्या आप इसे नैतिक कृत्य समझते हैं? हड़बड़ी क्या थी, एक-दो दिन और ठहर जाते, थोड़ा तथ्य इकट्ठा करते, तटस्थ विश्लेषण करते, उसके बाद निष्कर्ष देते! तब आपके निष्कर्ष में एक वजन आ जाता. यह कैसा निष्कर्ष? जरा-सा कोई फूँक दे तो उड़ जाय? अंग्रेजी में एक कहावत है 'टू मच मॉरैलिटी क्रिएट्स इम्मॉरैलिटी'. अति नैतिकता का आग्रह अनैतिकता को जन्म देता है. आपकी एक छोटी-सी टिप्पणी अनैतिकता का जन्म बन गयी है. आपकी इस अनैतिक संतान पर एक नजर–'कुल मिलाकर मेरे अनुसार, आपने एक अनैतिक कार्य किया है, भले ही आप अपने 'शिक्षक वाले तर्कों' से खुद को कितना ही उच्च आदर्शों (?) वाला साबित करने की कोशिश करें. ' इस एक वाक्य में जो अनेक भाषा-दोष हैं, फिलहाल मैं उनकी तरफ से आँख मूँदता हूँ. (वैसे लिक्खाड़ लोगों से इतनी नैतिकता की माँग स्वाभाविक है कि वे शुद्ध और साफ लिखें)

मेरे सामने ऊँचा आदर्श केवल सत्य है और सत्य को साबित करने की जरूरत

नहीं पड़ती, उसे केवल देखना पड़ता है. उससे आँखें चार करनी पड़ती हैं. साबित केवल झूठ को करना पड़ता है, क्योंकि उसका कोई अस्तित्व नहीं होता. मैंने जो सत्य अपने आलेख में प्रस्तुत किया, उससे आँखें चार करने के बदले आपने आँखें चुरायीं हैं. साबित उन्हें करना पड़ता है जिसने कुछ छिपाकर रखा है. जिसका जीवन खुली किताब है उसको पढ़ने की पात्रता भी आपने नहीं दिखायी? मेरा अनुमान है कि आप झूठ को सच और सच को झूठ साबित करने में लगे रहते होंगे, वरना यह ख्याल आपके दिमाग में आया कहाँ से? जिसे आप अनैतिक कहते हैं, अगर उसी को मैं भी अनैतिक कहता तभी मुझे कुछ और साबित करने की जरूरत पड़ती.

असल में, आपकी और मेरी नैतिकता की मान्यताएँ अलग-अलग हैं. आपके कहने का अर्थ संभवतः यह है कि विवाह से हटकर जो मैंने प्रेम किया, वह अनैतिक है. और मैं कहता हूँ कि विवाह नामक संस्था ही अनैतिक है, क्योंकि इसने प्रेम का गला घोंट कर रख दिया है. प्रेम आगे-आगे चले, विवाह उसके पीछे चले तब तो ठीक है. लेकिन विवाह आगे आ जाय और प्रेम को कहे तुम मेरा अनुगमन करो तो यह अस्वाभाविक और अप्राकृतिक है, इसीलिए अनैतिक भी है. जीवन-मूल्य प्रेम है. चाहे जिस विधि से आता हो, श्लाघ्य है. प्रेमरहित विवाह संबंध को ढोना, अपने पर और पत्नी पर जुल्म करना है. प्रेमरहित परिवार भूतों का घर है.

मेरी और आपकी नैतिकता की धारणा एक उदाहरण से स्पष्ट की जा सकती है. कल्पना कीजिए मैं एक सुंदर पार्क में हूँ. मुझसे मिलने के लिए आतुर एक स्त्री आती है. मैं उसे गले से लगा लेता हूँ. मैं उसके प्रेमालिंगन में डूब जाता हूँ. खो ही जाता हूँ. पता नहीं कि मैं हूँ भी या नहीं. इसी बीच आप उस तरफ से गुजर रहे होते हैं. देखते ही आपको जैसे बिच्छू डंक मार देता है! अनाचार हो रहा है! सार्वजनिक स्थल पर घोर अनैतिक कृत्य हो रहा है! इसे रोको, समाज भ्रष्ट हो जायेगा, कहाँ है पार्क का गार्ड? पुलिस बुलाओ. चार-पाँच आप जैसे लोग अगर वहाँ इकट्ठे हो गये तो पुलिस भी बुलाने की जरूरत नहीं. आप स्वयं ही कार्रवाई शुरू कर देंगे. अब इस स्थिति को देखिये कि मैं आनंद में हूँ. अपने अस्तित्व का ज्ञान भूल गया हूँ. और आप पीड़ा में हैं. ईर्ष्या की आग आपके नस-नस में लहर गयी है. जो आजतक आपको नहीं मिला, उसे कैसे दूसरा व्यक्ति पा सकता है? जिस भाव का आपने दमन किया हुआ है, उसे कैसे किसी दूसरे को प्रकट करने दिया जा सकता है?

मैं आनंद में हूँ और आप पीड़ा में पड़ गये हैं. सुख में होना, प्रेम में होना नैतिक है. दुख में होना, ईर्ष्या में होना अनैतिक है.

एक दूसरा आदमी उसी पार्क से गुजरता है. वह काम-तृप्त है, प्रसन्न है, सहज है. अलबत्ता तो उसका ध्यान ही हमारी तरफ नहीं जायेगा, अगर जायेगा तो आमोद

से उसका मन भर जायेगा. वाह, प्रकृति का कैसा मनोरम दृश्य देखने को मिला! वह विधाता को इस सुंदर दृश्य को देखने का मौका देने के लिए धन्यवाद देगा और आगे बढ़ जायेगा. वह इतना ख्याल जरूर रखेगा कि उनकी उपस्थिति की भनक मुझ प्रेमी जोड़े को न लगे. वह अपनी उपस्थिति से मेरी प्रेम-समाधि तोड़ना न चाहेगा. मुदित होकर एक मुस्कुराहट के साथ वह वहाँ से निकल जायेगा. उसके चित्त पर उस दृश्य की छाया भी न होगी.

यह दूसरा व्यक्ति स्वस्थ है. आप बीमार हैं. आपको इलाज की जरूरत है. देखते हैं, कोई पागल कैसे किसी राहगीर को अकारण मारने दौड़ता है. आपकी स्थिति उससे ज्यादा बेहतर नहीं. उसका दिमाग थोड़ा ज्यादा घसक गया है. एक-दो कदम और आगे बढ़ने पर आप भी उस स्थिति में जा सकते हैं.

आप अपने शब्दों पर जरा गौर कीजिए—'जूली-कृत्य'. क्योंकि जिंदगी आपके लिए एक कृत्य है, एक काम है. जीवन अगर एक काम हो तो उसे ढोना पड़ता है, निपटाना पड़ता है, उसे कर्तव्य मानकर निभाना पड़ता है. नहीं निभा पाये तो तनाव होता है, मन अशांत होता है. आप मुझसे बहुत दूर हैं. मुझसे अगर आपका संपर्क हुआ होता तो आप देखते कि जीवन एक उत्सव है. मेरे लिए जीवन महोत्सव है, कृत्य नहीं. तब आप इस 'कृत्य' शब्द को बदलकर लिखते—जूली-प्रेम, जूली-उत्सव. आपने टिप्पणी तो मेरे बारे में की है, लेकिन ये शब्द आपकी ही जीवन-शैली और 'कृत्य' की खबर दे रहे हैं. मैं तो आपका आईना भर हूँ. आपने मुझमें अपनी ही छवि देखी है. मेरा जीवन आपके लिए अज्ञात है.

3.10.2009

❖

सहस नयन पर दोष निहारा

मेरे ब्लॉग पर 'बीमार नैतिकता बनाम स्वस्थ नैतिकता' पढ़ने (?) के उपरांत लखनऊ के एक 'निशाचर' ने टिप्पणी की है–''आपके बारे में अधिक नहीं जानता पर जहाँ तक जानता हूँ वह यह कि आपकी पत्नी और बच्चे भी हैं. ऐसे में अपनी जिम्मेदारियों से मुँह मोड़कर विवाहेतर संबंधों में लीन हो जाना क्या नैतिक है? आपका विवाह बेमेल हो सकता है किन्तु बच्चे तो आपकी इच्छा के बगैर नहीं हुए होंगे. फिर उन जिम्मेदारियों से मुँह मोड़कर और उनके लिए एक आदर्श पिता बनने की बजाय आप ''प्रेम'' में लीन हो गये. यह कहाँ तक उचित है? यदि आपका विवाह बेमेल था तो आपने विवाह किया ही क्यों? या फिर आपने तलाक लेकर उससे मुक्ति क्यों नहीं पा ली? यह दूसरी नाव मिलने तक पहली को छोड़ देने की घबराहट नहीं थी (आत्मिक या दैहिक स्वार्थ)?''

निशाचर भाई, दूसरों के जीवन में ताक-झाँक और छींटाकशी अनैतिक है. दूसरों के जीवन में झाँकने की दिलचस्पी उन्हें ज्यादा होती है जो अपना जीवन नहीं जी रहे होते हैं. जो अपना जीवन जीने में मस्त हैं, उन्हें कहाँ फुर्सत कि दूसरों के घर में हुलुक-बुलुक करें. आपकी असली समस्या यह नहीं है कि मैं क्या कर रहा हूँ, समस्या है कि आप क्या कर रहे हैं. वही आपके लिए अच्छा या बुरा परिणाम लायेगा. दूसरों के जीवन पर ध्यान लगाने से तीन स्थितियाँ बन सकती हैं. या तो आप उनका अनुकरण करें या उनकी भर्त्सना करें या तटस्थ होकर देखें. अनुकरण भयावह चीज है. इसमें आपकी अस्मिता समाप्त हो जाती है. अनुकरण से अगर कुछ हासिल हो तो भी आप दोयम दर्जे के नागरिक बनते हैं. भर्त्सना करके मन में थोड़ा तोष होता है कि मैं उससे बेहतर मनुष्य हूँ. लेकिन इसके पहले आपको एक तनाव से गुजरना पड़ता है. जिन्हें क्षोभ नहीं होगा, वह क्यों किसी की भर्त्सना करेगा? भर्त्सना के बावजूद किसी-किसी को आशंका तो बनी ही रहती है कि कौन जाने वही बेहतर आदमी हो! तीसरी दृष्टि बड़ी दुर्लभ है. यह उसे प्राप्त होती है जो अपना जीवन जी

रहा होता है. इस दृष्टि से सम्पन्न आदमी भी दूसरों की तरफ देख सकता है. दूसरों के जीवन में ऐसा क्या कुछ है जो मुझे अपने जीवन को बेहतर बनाने के लिए प्रेरित कर सके. अगर है तो इतने मात्र से वह प्रेरित होगा और उस आदमी को धन्यवाद देगा. नहीं है, तो उनकी तरफ से आँख मूँद लेगा. लेकिन भर्त्सना वाला आदमी उलझेगा, टकरायेगा, उपद्रव करेगा, क्योंकि उसका जीवन खाली है और उस खालीपन को भरना चाहेगा. कहावत है, खाली दिमाग शैतान का घर. यहाँ खाली से इतना ही मतलब है कि उसका समय निरर्थक कामों में नष्ट हो रहा है, क्योंकि वास्तव में दिमाग कभी किसी का खाली रहता नहीं है. निरंतर वह गलत-सही सोचता रहता है. दिमाग को खाली करना जीवन का सबसे बड़ा तप, सबसे बड़ी कला है, सबसे बड़ी समझ है, क्योंकि खाली दिमाग में ही सत्य का अवतरण होता है. वास्तव में खाली दिमाग शैतान का नहीं परमात्मा का घर है.

आपने जिम्मेदारी का सवाल उठाया है. यह शब्द अप्रेम की दुनिया से आता है. जिससे हम प्रेम नहीं कर पाते हैं, उसके प्रति हम जिम्मेदारी निभाते हैं. प्यार से सराबोर माँ बच्चे को चूम रही है, पुचकार रही है, खेला रही है, उसके साथ खेल रही है. बच्चे ने पेशाब कर दिया. माँ खिलखिलाकर हँस पड़ती है. आनन-फानन में उसके गीले कपड़े बदल देती है, नहा देती है, नये वस्त्र पहना देती है, पाउडर से सुवासित कर देती है. क्या आप कहेंगे कि माँ जिम्मेदारी का पालन कर रही है? वह तो आनंद मगन है. वैसा करने का मौका न मिले तो जीवन सूख जाय. वह उसका आनंद है, जिम्मेदारी नहीं है. जो काम जिम्मेदारी के बोध से किया जाता है, वह बोझ बन जाता है. उसके संपादन में कष्ट होता है. फलतः कर्म कुशलतापूर्वक संपादित नहीं होता.

एक दूसरा उदाहरण देता हूँ. आप ट्रेन में बैठे हैं. बहुत भीड़ है, लेकिन आपको जगह मिली हुई है. इस बीच एक अत्यन्त बूढ़ा असमर्थ आदमी वहाँ आ जाता है. खड़ा रहना उसके लिए संभव नहीं है. तीन तरह के लोग वहाँ हो सकते हैं. पहला उन्हें देखते ही करुणा से भर सकता है, उन्हें लग सकता है कि वे मेरे पिता समान हैं. वह झट-से उठ खड़ा होगा और अपनी जगह उन्हें बैठाकर सुख को उपलब्ध होगा. बूढ़े को बैठकर राहत मिली और उन्हें बैठा कर उस आदमी को. दोनों सुखी हुए. यह जिम्मेदारी नहीं है, प्रेम और करुणा है. जिम्मेदारी की स्थिति तब बनेगी जब किसी दूसरे आदमी को मन ही मन लगेगा—खूँसट कहाँ से आ गया आराम में खलल डालने! लगता है, उठना ही पड़ेगा! बोझिल मन से वह उठता है—'बैठिये बाबा, काहे को इस अवस्था में घर से निकलते हैं?' दूसरे आदमी ने यद्यपि त्याग किया लेकिन उनका मन विषाक्त है. आनंद का लेश नहीं. त्याग तो पहले आदमी ने भी किया लेकिन इसका उसे कोई बोध नहीं. उसने तो दूसरों को सुखी कर सुख का भोग किया.

इसीलिए मैं मानता हूँ कि जीवन 'त्याग' नहीं 'भोग' है.

एक तीसरे प्रकार का आदमी भी हो सकता है. उसको भी दूसरे की तरह बूढ़े का आगमन अखरेगा. लेकिन वह खुद खड़ा नहीं होगा. दबंगई का परिचय देते हुए फटकारकर किसी और को खड़ा कर देगा. उसकी जगह बूढ़े को बैठा देगा. ऐसा ही आदमी नेता बनता है और सफल होता है. मैंने अपनी पत्नी और बच्चे के लिए क्या किया, नहीं किया, यह पूछने का हक आपको नहीं है और न ही मुझे उसे गिनाकर आपके ओछेपन में शामिल होने की ख्वाहिश है. आप मुझे एक गैर-जिम्मेदार आदमी समझें. आप जैसे परमार्थियों से देश पटा पड़ा है, फिर भी दीन दशा में है. एक आदमी खोज दीजिए जो अपने आपको स्वार्थी कहता हो. मैं एक स्वार्थी व्यक्ति हूँ. और ठीक-ठीक स्वार्थ साधने की कला ढूँढ़ रहा हूँ. आपका परमार्थ आपको मुबारक! मूढ़ आदमी का जन्म दूसरों को सलाह देने के लिए ही होता है. अगर कोई मुझसे पूछे कि मूढ़ की पहचान क्या है, तो मैं कहूँगा जो बिना माँगे किसी को अनपेक्षित सलाह देता नजर आये, तुरत पहचान लेना कि वह मूढ़ है. एक तो बिन माँगे सलाह देना मूढ़तापूर्ण है, लेकिन जो सलाह दी जा रही हो वह भी मूढ़तापूर्ण हो तो उसे हम वज्र-मूढ़ कहेंगे. आपकी यह सलाह इसी तरह की है—'यदि आपका विवाह बेमेल था तो आपने विवाह किया ही क्यों? ' विवाह के पहले कोई विवाह बेमेल कैसे हो सकता है?

आप जिज्ञासु होते तो तथ्य की जानकारी देकर मैं आपको तुष्ट करता, लेकिन आप आक्रमणकारी हैं और ऐसे लोगों के लिए मैं काल भैरव हूँ!

05.10.09

❖

इंटरनेट पर इंटरव्यू

प्रिय राकेशजी

अभी-अभी आपकी प्रश्नावली मिली. मैं अपेक्षा कर रहा था कि आप कुछ नये प्रकार के प्रश्न करेंगे. युवावर्गों की कुछ ऐसी समस्याएँ रखेंगे जिनका दैनंदिन जीवन में उन्हें सामना करना पड़ता है. लेकिन ये वही प्रश्न हैं जिनके जवाब हम लंबे समय से देते आ रहे हैं और अब ऊब चुके हैं. इसलिए सहसा मन में आया, इसे छोड़ दूँ और नये प्रश्नों की माँग करूँ! मगर इससे आपको निराशा हाथ लग सकती थी और यह मेरे लिए असह्य होता. इसलिए जवाब दे रहा हूँ.

1. **आपकी और जूली की मुलाकात कैसे हुई थी? सर्वप्रथम प्यार का इजहार किस तरफ से हुआ?**

   मेरी और जूली की मुलाकात बीएन कॉलेज में क्लास में हुई. यह क्लास करने में नियमित नहीं थी. कभी आती थी, कभी नहीं. प्रथम मुलाकात में हम दोनों के मन के किसी कोने में यह भाव नहीं था कि कभी हम दोनों प्यार कर सकते हैं. यह अगर प्रतिदिन क्लास आती और परस्पर एक-दूसरे को जानने का मौका मिलता तो शायद जो बाद में घटा वह पहले भी घट सकता था. क्लास नियमित न आने से इन पर मेरा कोई ध्यान नहीं था और न यह मुझे पसंद करती थी.

   बी.ए. पार्ट-1 के बाद जब यह नियम से क्लास आने लगी तब पढ़ाई के क्रम में यह मेरे नवीन, बेबाक, ईमानदार, सहज, साहसी विचार और व्यवहार से प्रभावित हुई. मैं इसकी तेजस्विता, सूझ-बूझ, संवेदनशीलता और साहित्य की अचूक समझ से प्रभावित हुआ. हमलोग विचारों का आदान-प्रदान करने लगे. हमारा प्यार विचारों पर सवार होकर आया. धीरे-धीरे हमलोग एक-दूसरे के निजी जीवन की जिज्ञासाएँ करने लगे. ज्यों-ज्यों एक-दूसरे को जानते गये, त्यों-त्यों स्पष्ट होता गया कि हमलोग एक-दूजे के लिए बने हैं और एक दिन

जूली ने अचानक प्यार का इजहार कर दिया.

2. **जूली के घरवालों की क्या प्रतिक्रिया थी**?

जूली के घरवालों को बहुत दिनों के बाद मालूम हुआ, क्योंकि वे पटने से तीन सौ किलोमीटर दूर एक कस्बे में रहते थे. उन्हें मेरी पत्नी और उनके सहयोगियों की तरफ से जानकारी दी गयी. उनके घरवालों के फूटते आक्रोश को मेरी ससुराल वाले चतुराई से भुनाना चाहते थे. उन लोगों ने जूली को मुझसे अलग करने के लिए अनेक प्रकार की बुद्धिमत्तापूर्ण साजिशें रचीं. लेकिन शायद परमात्मा हमारे पक्ष में था. इसलिए उन्हें विफलता हाथ लगी.

3. **क्या आप अपनी पहली पत्नी से खुश नहीं थे, ऐसी क्या वजह थी कि आपने जूली को अपनाया**?

पत्नी और मुझमें तालमेल नहीं था. लेकिन जब हमलोग विवाहित हो ही चुके थे, तो एक समझौते के साथ सामान्य सुखी दाम्पत्य जीवन शायद जी सकते थे. लेकिन पत्नी के मैके वालों के निरंतर मूढ़तापूर्ण हस्तक्षेप ने हमलोगों को मिलने और समझौते के साथ जीने नहीं दिया. उनकी एक ही शर्त थी कि मेरा कहीं प्रेम न हो, चाहे पत्नी से प्रेम न भी हो तो चलेगा. यह मेरे लिए घुटन भरा था. प्रेम-प्यासी मेरी आत्मा चीत्कार कर उठी थी. किसी भी कीमत पर गुलामी मुझे सह्य नहीं थीं. आजादी की साँस लेते हुए जिनके साथ समानता और समझदारी के साथ सुन्दर जीवन जी सकूँ, ऐसी स्त्री की तलाश थी. दैवयोग से अंधेरे जीवन में रोशनी बनकर जूली आ गयी. अपने कदम को न्यायोचित ठहराने के लिए पत्नी की किसी कमी को उघाड़ने में मेरी दिलचस्पी जरा भी नहीं है. कमियाँ दोनों में रही होंगी. कमियाँ मनुष्य में होती ही हैं.

4. **क्या आपको नहीं लगता है कि ऐसा करके आपने कुछ गलत किया है**?

कुछ कारणवश समाज ने वासना और प्रेम के प्रति गलत दृष्टि अपना ली है और वही गलत दृष्टि एक पीढ़ी दूसरी पीढ़ी को संक्रमित करती आ रही है. गलत धारणा एक अच्छे संस्कार के रूप में सबके भीतर बैठा दी जाती है. फलतः दमित लोग प्रकृति के इस अद्भुत रहस्यमय वरदान से वंचित रह जाते हैं. विरले किसी की दृष्टि खुलती है और वह सचाई को देख लेता है. उन्हें ताकत भी सचाई से ही प्राप्त हो जाती है. फिर इसका अर्थ नहीं रह जाता कि वह अकेला है या उसके साथ भीड़ है. झूठ को और गलत को भीड़ की जरूरत पड़ती है. सोचिये, कोई आदमी कार से जा रहा है और ईंट-पत्थर से आप उसकी कार नहीं तोड़ेंगे, किसी साइकिल वाले की हवा नहीं निकालेंगे. लेकिन ज्योंही भीड़ के द्वारा रोड जाम की घोषणा होती है, सारे गलत कार्यों का लायसेंस

आपको मिल जाता है. उस समय आपको नहीं लगता कि गलत कर रहे हैं. जब अकेला व्यक्ति सारे अंधकार से लड़ने के लिए तैयार हो जाय तो समझिये कुछ बात जरूर है. किसी अन्य स्रोत से उन्हें ताकत जरूर मिल रही है. हम दोनों अकेले लड़ रहे हैं, क्योंकि हमें पता है कि जीवन में पहली बार हमलोगों के द्वारा सबसे सही और सबसे जरूरी काम हो रहा है.

5. **आपकी शादी के विरोध में छात्रों ने हंगामा किया था, खासकर पटना में क्यों? क्या प्रतिक्रिया देना चाहेंगे?**

हमलोगों ने शादी नहीं की है. सिर्फ प्रेम किया है और इससे बड़ा कुछ होता नहीं है जिसे किया जा सके.

अनेक प्रकार की प्रताड़नाओं के बाद 7 जुलाई, 2006 को एक सुनियोजित षड्यंत्र के तहत हम पर पत्नी और उनके सहयोगियों के द्वारा हमला किया गया . उसके कई पहलू थे—मुझे पीटना और जूली को मारकर विकलांग करना या भीड़ में जीवन का पत्ता साफ कर देना ताकि जिम्मेदारी भीड़ पर चली जाय. दूसरा पहलू था सारे मीडियाकर्मियों को इकट्ठा कर पूरे देश-दुनिया में मेरे भ्रष्टाचार को उजागर करना, ताकि हमलोग कहीं मुँह दिखाने लायक नहीं रह जायँ. तीसरा जेल भेजवाना और चौथा था नौकरी से निकलवाना. जेल जाना बाकी है, बाकी सब बीध पूरा हो गया है!

मीडिया के द्वारा प्रचारित कई झूठे तथ्यों में एक यह भी था कि छात्रों ने मेरा विरोध किया और मेरे मुख पर कालिख पोती. दरअसल जो हमलावर थे, उन्होंने ही कालिख पोतने का काम किया था. प्रमाण के लिए इलेक्ट्रानिक मीडिया के चित्र देखे जा सकते हैं. लेकिन बाद में कुछ छात्रों का उपयोग पटना विश्वविद्यालय के कुछ शातिर प्रोफेसरों ने मेरे खिलाफ किया था. लेकिन 10-5 बरगलाये गये विद्यार्थियों को छोड़ विशाल छात्र-समुदाय मेरे पक्ष में था. 11 जुलाई, 2006 को विद्यार्थियों ने बी. एन. कॉलेज कैम्पस में स्वतःस्फूर्त भावावेश में आकर मेरा भव्य स्वागत किया था. मेरे शानदार स्वागत को सहन करने में असमर्थ ईर्ष्याग्नि में जलते हुए एक-दो शिक्षक नेताओं और प्राचार्य ने मुझे निलंबित करवा दिया. मेरे निलंबन के बाद मेरे समर्थन में विद्यार्थियों की जो भीड़ उमड़ी, वह ऐतिहासिक थी. जे.पी. आंदोलन के बाद संभवतः वह सबसे बड़ा जुलूस था. छात्रों का विशाल समुदाय उस समय भी मेरे साथ था और आज भी है. लेकिन मैं अपने हित में उनका इस्तेमाल नहीं करना चाहता.

6. **आप प्यार को किस तरह परिभाषित करते हैं? क्या आपके संबंध को प्यार का दर्जा देना चाहिए, क्यों?**

जब दूसरे के लिए जीने में आनंद आने लगे. दूसरा अपना जैसा लगने लगे. उसके सुख में सुख और दुख में दुख का अनुभव होने लगे, तो समझिये प्यार हो गया. यही संबंध जब और गहराई में उतरता है तो प्रेमी मिट जाता है, प्रिय ही बचता है. प्रेम में दो नहीं रहते. इसी को कबीर ने कहा है—**प्रेम गली अति साँकरी तामें दो न समाय.**

जनसाधारण में इसका गलत अर्थ प्रचलित है. वहाँ इसका अर्थ है कि एक आदमी से दो आदमी प्यार नहीं कर सकता. जैसे एक म्यान में दो तलवारें नहीं रह सकतीं. एक आदमी एक को ही प्यार कर सकता है. लेकिन यहाँ तो सँकरी प्रेम गली की बात है. एक आदमी एक से भी प्रेम करेंगे, तब भी तो दो रहेंगे न? लेकिन प्रेम में दो रहता ही नहीं. वे दो हों या दो हजार या दो अरब सब मिलकर एक हो जायँ तो प्यार है. ऐसी घटना तभी घटती है जब प्यार करनेवाला खो जाय. वही मिटेगा तभी कोई नहीं बचेगा-एक रह जायेगा. यह प्रेम की असाधारण अवस्था है और साधारण प्रेम ही इस असाधारण अवस्था में पहुँचाने में समर्थ है. जो मूढ़ साधारण प्रेम की निंदा करता है, वह कभी भी असाधारण प्रेम की ओर प्रयाण नहीं कर पायेगा.

जो व्यक्ति जिस स्तर का होता है, उसी स्तर से हमारे प्रेम को देखता है. किसी के पास देखने का इसके अलावा सामान्यतः कोई रास्ता भी नहीं होता. कोई भी आदमी हमारे प्यार को वही दर्जा देगा जिस दर्जे का आदमी वह है. हमें व्यक्तिगत तौर पर किसी से कोई दर्जा नहीं लेना है, क्योंकि यह बेवकूफी से भरी बात है. हमारे स्वभाव और जीवन से अनभिज्ञ दूसरा हमारा निर्णायक कैसे हो सकता है? असली बात यह है कि हम उत्तरोतर अपने प्रेम को गहराई प्रदान करें और अपने अहंकार को मिटायें तो प्रेम का असली स्वाद चखेंगे.

7. **जूली को कभी ऐसा महसूस नहीं होता होगा कि आपके साथ शादी करके उसने कुछ गलत किया है? शायद वो किसी और से शादी करती तो आपसे कहीं ज्यादा स्मार्ट जीवनसाथी मिल सकता था.**

जूली नासमझ नहीं है कि बिना विचारे कुछ कर ले और बाद में पछताये. पछताता वह है जो फूल समझकर किसी तरफ लपके और उन्हें काँटा मिल जाय. जिनके प्रेम का आरंभ ही काँटों पर चलने से हुआ हो, उनके जीवन में आगे फूल ही फूल हैं. समाज में अंधों की भरमार है जो बिना विवेक जगाये प्रेम करने चल पड़ते हैं और बाद में सोचते हैं कि गलती हो गयी. जूली अपने मन मुताबिक जीवन जी रही है. जो आज ठीक से जी रही है, वही कल भी ठीक से जीयेगी. सही जीवन का नियम है कि हम साथ चलें, परस्पर सहयोग

लेकिन पराधीनता को न ओढ़ें. स्वतंत्रता परम सुख है. पराधीनता दुख है. जीवन को गणित समझने वाले लोग जीवन जी नहीं पाते. लाभ-हानि का बही-खाता लेकर चलने वाले लोग प्रेम नहीं कर पाते. प्रेम एक रिस्क है. प्रेम एक दुस्साहस है. 'चढ़ै तो चाखै प्रेम रस गिरै तो चकनाचूर'. चकनाचूर होने के डर से हर कोई प्रेम-पर्वत पर चढ़ नहीं पाता. इसीलिए सभी आदमी प्रेम नहीं कर पाते. नून तेल लकड़ी वाले सामान्य, मरियल और उबाऊ वैवाहिक जीवन व्यतीत करते हैं. यहाँ यह बता दूँ कि मैं मरियल वैवाहिक जीवन का विरोधी नहीं हूँ. आदमी की स्वतंत्रता है, जो जिस तरह जीना चाहे जीये. किसी को ध्यान इतना ही रखना है कि उसके जीने से दूसरे का जीना हराम न हो. शारीरिक सौष्ठव और स्मार्टनेस सबको भाता है. देह बड़ी सुंदर और आकर्षक होती है, लेकिन उससे भी अधिक सुंदर मन होता है और सबसे गहरा सौन्दर्य हृदय का होता है. ये सौन्दर्य के तीन सोपान हैं. जो पहली सीढ़ी पर अटका है, वह केवल बाहरी सौन्दर्य को देख पायेगा जो क्षणिक है. हृदय सौन्दर्य का सागर है. आपको एक उदाहरण देता हूँ. मदर टेरेसा के चेहरे पर कितनी झुर्रियाँ हैं! लेकिन मुझे वह अपूर्व सुन्दर मालूम पड़ती है. लता मंगेशकर के चेहरे को स्क्रीन पर बारीकी से अगर देखा होगा तो अनेक गड्ढे हैं. लेकिन मुझे उनसे अधिक सुंदर स्त्री दिखती ही नहीं. वह ऐसा शानदार सौन्दर्य है जिसके चरणों पर लोट-पोट हो जाने में आनंद है. जूली को भी भगवान ने ऐसी ही आँख दी है. इसलिए मेरे सौन्दर्य के आगे सारे स्मार्ट लड़के उन्हें फीके मालूम पड़ते हैं. काश, स्मार्ट लड़के इस बात को समझ पाते! और स्मार्ट लड़की इस रहस्य को जान पाती!

8. **जब आप और जूली घर से बाहर निकलते हैं, तो लोगों की क्या प्रतिक्रिया होती है ? कैसा महसूस होता है?**

जब जूली और मैं बाहर निकलता हूँ तो अनेक बार अच्छी प्रतिक्रिया होती है. विरोधी तो भरे पड़े हैं. लेकिन वे टकराते नहीं हैं. क्या लेना-देना? कुतूहल से लोग खुद देखते और दिखाते हैं. कानाफूसी करते हैं, मुस्कुराते हैं और आगे बढ़ जाते हैं. अच्छे भाव वाले लोग प्रेम से मिलते हैं, सहानुभूति जताते हैं. मदद करने की इच्छा व्यक्त करते हैं. पता का आदान-प्रदान करते हैं. कुछ लोलुप लोग जूली को देखकर लाड़ टपकाते हैं. एक बार हमलोग मोटरसाइकिल से कहीं जा रहे थे. डाकबंगला चौराहे पर गाड़ी रुकी. उधर से दो लफंगे भी मोटरसाइकिल से गुजर रहे थे. एक ने जूली की तरफ देखने का दूसरे को इशारा किया. दूसरे की आवाज सुनाई पड़ी—तब न ई बुढ़वा पगलैल है! सड़क

पर कभी-कभी मंदबुद्धि के भी कुछ युवा मिलते हैं. वे कुछ ज्यादा नहीं बोल पाते. मेरे कुछ आगे निकल जाने पर जोर से 'मटुकनाथ' बोल देंगे, ही-ही करेंगे. कभी-कभी ऐसे लोगों पर बहुत गुस्सा आता है. क्षण भर के लिए मन में आता है कि उठा के पटक दूँ और लगाऊँ जोर से घूँसा. पर दूसरे ही क्षण वह भाव विलीन हो जाता है. उन बेचारों की दीनता सामने आती है. दया उमड़ने लगती है. कभी-कभी यह भी भाव होता है कि कितनों से लड़ोगे मटुक, अनदेखी-अनसुनी करो और आगे बढ़ो. भारतीय नारियों को जैसे सड़कों पर चलते हुए उचक्कों-लफंगों को झेलना पड़ता है, कुछ ऐसा ही मुझे झेलना पड़ता है. ऐसा न होता तो अनुभवात्मक स्तर पर नारी की पीड़ा मैं नहीं समझ पाता. निराला की ये पंक्तियाँ याद आ रही हैं–

सबकी सुनती थी, सहती थी
देती थी सबमें दाँव, बंधु!

प्रेम इस अर्थ में साधना है कि हम सबके दुर्भाव का सामना करें, लेकिन उनके प्रति मन में दुर्भावना नहीं आने दें. जितना हम ऐसा कर पाने में समर्थ हो रहे हैं, उतनी ही हमारी चेतना निखर रही है. इसलिए किसी के प्रति हमारे मन में प्रतिशोध का भाव नहीं है. दो पंक्तियाँ और याद आ रही हैं–

दुनिया के रंज सहना और कुछ न मुँह से कहना
सच्चाइयों के बल पर आगे को बढ़ते रहना

9. **अच्छा ये बताइये कि आज के युवा कैसा प्यार करते हैं? तन का या फिर मन का?**

तन और मन का विभाजन गलत है, क्योंकि दोनों दो चीजें नहीं हैं. एक को छोड़कर दूसरे का कोई अस्तित्व ही नहीं होता. दोनों के मिलन से मनुष्य की सत्ता बनती है. आप इस तरह से समझें कि यह जो शरीर है, वह मन का ही स्थूल रूप है, क्योंकि शरीर के पोर-पोर में मन समाया हुआ है और जो मन है वह शरीर का ही सूक्ष्म रूप है. शरीर का सूक्ष्म रूप मन है और मन का स्थूल रूप शरीर.

अगर कोई किसी विवशता में केवल मानसिक प्रेम करेगा तो वह प्रेम पिलपिला होगा. अगर कहीं शरीर ही मिले, मन न मिले तो वह बलात्कार होगा. प्यार मन और शरीर दोनों के मिलने से होता है.

एक प्यार और होता है, जो शरीर और मन से होते हुए ऊपर उठ जाता है. हृदय का या आत्मा का जब पट खुलता है तो उस प्यार का कहना क्या! चौबीसों घंटे मदिरापान है वह. कबीर, मीरा, चैतन्य, नारद आदि तमाम संतों

का प्रेम इसी श्रेणी का है. प्यार अपनी सार्थकता को इसी स्थान पर पहुँच कर प्राप्त करता है. इसके पहले प्यार विषण्ण और दुखी होने को बाध्य है. निश्चय ही उसमें आनंद रहेगा, लेकिन पीड़ा भी रहेगी.

10. हमारा समाज प्यार करने वाले जोड़े के खिलाफ क्यों रहता है?

क्योंकि प्यार के बारे में उसकी समझ गलत है. यद्यपि मैं कहना चाहूँगा कि पूर्णतः गलत भी नहीं है. आंशिक रूप से सही भी है. कारण यह है कि प्यार बहुत खतरनाक चीज है. नासमझ आदमी के हाथों में पड़कर प्यार बहुत बड़ा विध्वंस ले आता है. आप प्यार को परमाणु ऊर्जा समझिये जिससे परमाणु बम बनाकर विनाश किया जा सकता है और जिससे बिजली उत्पादित कर निर्माण भी किया जा सकता है. प्यार के बिना जीवन का निर्माण संभव नहीं है. प्रेम और वासना में गहरा रिश्ता है. इन दोनों के रिश्ते को समझ कर प्रेम को प्रोत्साहन दिया जाना चाहिए. लेकिन अज्ञानतावश समाज इसे समझने की कोशिश नहीं करता, सिर्फ इससे भागता है. समाज साँप से भागता है और साँप को मारता है. ज्ञानी लोग उसे पालते हैं और उसके जहर से दवा बनाकर अमृत का काम लेते हैं. यही हाल प्यार का है, वह जहर भी है और अमृत भी. आपके ज्ञान पर निर्भर करता है कि आप उसका कौन-सा हिस्सा ले पाते हैं. दुनिया की सभी वस्तुओं के दुहरे उपयोग हैं. सब आप पर निर्भर है. साँप बाहर रहता है, कभी आपकी मुलाकात हो सकती है, कभी नहीं भी. लेकिन वासना की साँपिन आपके अंदर पैदा होती है. उससे तो भागने का उपाय ही नहीं. उसे जानना ही होगा. बिना जाने मुक्ति नहीं. और समाज भाग रहा है. कोई माता-पिता अपने बच्चों से सेक्स की बात नहीं करता है. विडंबना यह है कि वह बच्चा सेक्स-कर्म की ही देन है. युवावर्ग को इस तरह का स्वस्थ ज्ञान फैलाने का दायित्व अपने ऊपर लेना होगा, तभी समाज बदल सकता है.

11 पिसु इंडिया के माध्यम से युवा-वर्ग को क्या कहना चाहेंगे?

पिसु इंडिया के माध्यम से मैं युवा-वर्ग को निम्नलिखित बातें कहना चाहूँगा—

(क) दूसरों के जीवन में दिलचस्पी लेने से अपने जीवन की समस्या हल नहीं होती. इसके लिए अपने जीवन को गहराई से देखना पड़ता है. जो अपने जीवन की गहराई में जितना प्रवेश करेंगे, वे उतना ही उसे देख पाने में सक्षम होंगे. देखने मात्र से समस्या हल होती है, अलग से प्रयास नहीं करना पड़ता है.

(ख) युवा वर्ग किसी का अनुकरण न करे, अपने मूल स्वभाव को पहचाने और उसे विकसित करने का रास्ता ढूँढ़े. जो अपने भूल स्वभाव को पहचान लेगा, वही दूसरों के जीवन से सीख ले पायेगा. वरना वह भटक जायेगा.

(ग) युवा वर्ग की सामान्य समस्या प्रेम है. लड़के प्रेम के लिए तड़पते हैं, लेकिन लड़कियाँ नहीं मिलतीं. लड़कियाँ अपने जीवन को अधिकाधिक सुरक्षित रखने के लिए विवाह के भरोसे रहती हैं जो उनके अभिभावकों के माध्यम से उन्हें प्राप्त होते हैं. लड़कियों के साथ समान व्यवहार की जरूरत है. यह जरूरी है कि प्रेम खोजनेवाला प्रत्येक युवा अपने घर की स्त्रियों को प्रेम की आजादी दे. जो ऐसा करेगा, वह प्यासा नहीं रहेगा. अगर बड़ी संख्या में युवा वर्ग ऐसा करेंगे तो बड़ी संख्या में लोग प्रेम पाने में सफल होंगे. इसके अतिरिक्त कोई रास्ता नहीं है. इक्के-दुक्के लोग तो वर्तमान व्यवस्था में भी प्रेम पा लेते हैं, लेकिन बड़ी संख्या में प्रेम पाने के लिए दकियानूसी विचारों से बाहर आना होगा और अपनी बहनों को प्रेम की आजादी देनी होगी.

(घ) पढ़ाई और प्यार में रार नहीं है. इस तरह से भी प्रेम किया जा सकता है जिससे पढ़ाई में और वृद्धि हो, प्रेम-रस के साथ अध्ययन-रस बढ़े.

8.10.09

❖

स्वतंत्रता हमारा स्वभाव है

मैं छोटा बच्चा था. भोर का समय. अचानक कान में बहुत दूर से आता हुआ लयबद्ध शोर सुनायी पड़ा. चौंक कर जाग गया. अंदर अपार कुतूहल! क्या है? झटपट बिछावन से उठ कर भागा. न मुँह धोने की सुध, न शौच जाने की. कपड़ा बदलने की तो बात ही नहीं, क्योंकि उन दिनों दिन में और रात में पहनने वाला एक ही कपड़ा हुआ करता था. शोर का पीछा करता हुआ मैं भागा जा रहा था. धीरे-धीरे आवाज स्पष्ट होने लगी है. ज्यों-ज्यों शोर के करीब पहुँच रहा हूँ, त्यों-त्यों उमंगों में उछाल ज्यादा आने लगी है. अचानक एक लंबे जुलूस की पूँछ दिखाई पड़ी. शोर स्पष्ट हुआ. एक व्यक्ति का स्वर—आज क्या है? समूह का स्वर—पंद्रह अगस्त. पन्द्रह अगस्त—मनाइये. घर-घर झंडा—फहराइये. भारत माता की—जय. महात्मा गाँधी की—जंय. पंडित जवाहर लाल नेहरू की—जय. देशरत्न डॉ. राजेन्द्रप्रसाद की—जय. नेताजी सुभाष चन्द्र बोस की—जय, आदि.

यह गाँव के स्कूली बच्चों की प्रभातफेरी थी. मैंने पहले दौड़ कर जुलूस की लंबाई नापी. फिर उसमें शामिल हो गया. मेरी उमंग का कोई ठिकाना नहीं. मैं तटस्थ द्रष्टा नहीं, स्वयं उस अपूर्व उत्सव में शामिल था. मैं स्वयं शोर था, शोर का आनंद था. मालूम हुआ, आज 15 अगस्त है. इसी दिन भारत स्वतंत्र हुआ था. अंग्रेज यहाँ से भगा दिये गये थे. तब से हम यह राष्ट्रीय त्योहार मनाते हैं. जब तक जुलूस चलता रहा, तब तक मैं आनंदित रहा क्योंकि एक तो नारा लगाने का आनंद था, दूसरा, घरों से स्त्री-पुरुष निकल कर कुतूहलवश हम लोगों को देख रहे थे. जब जुलूस समाप्त हुआ तो उदासी छा गयी. कैसा त्योहार है? केवल विद्यार्थी और मास्टर मनाते हैं! अन्य लोगों को मतलब नहीं—न मेला, न तमाशा, न घर में सुस्वादु भोजन. बेकार का त्योहार है! नीरस!!

वह संभवतः 1959-60 का समय रहा होगा. उम्र लगभग 6-7 साल. दूसरे साल फिर 15 अगस्त आया. हमारे एक बाल-मित्र अनिल सरकार ने कहा—आज

के दिन ट्रेन में टिकट नहीं लगता है. आजादी से जहाँ चाहो, घूमो. मुझे सुनकर बड़ा आनंद हुआ. गाड़ी पर चढ़ने के सपने झूलने लगे. कभी नहीं चढ़ा था. रेलगाड़ी बहुत बड़ी चीज थी. उसे केवल पटरी पर चलते देखा था. सोचता था—कब ऐसा दिन आयेगा जो उस पर चढ़ सकूँगा. बाल-स्वप्न यथार्थ बनने के लिए मचलने लगा और हम दोनों मित्र घर में किसी को बिना बताये थाना बिहपुर स्टेशन चले गये जो हमारे गाँव जयरामपुर से लगभग 4 किलोमीटर की दूरी पर था. हमलोगों ने तय किया कि नवगछिया जाना चाहिए. पूछताछ कर उधर जाने वाली ट्रेन पर बैठ गये. आश्चर्य हुआ कि जब गाड़ी रफ्तार में थी तो देखा गाछ-वृक्ष भागे जा रहे हैं. धरती घूमती नजर आ रही है. नवगछिया में उतरे तो विस्मयजनक खुशी हुई. हमदोनों छोटे-छोटे बच्चे अकेले नवगछिया आ गये! इससे पहले अकेले घर से कहीं नहीं निकले थे. हमेशा अभिभावक के साथ. यह पहली साहसिक यात्रा थी. 'नवगछिया आ गये!'—ऐसा बोल-बोल कर हम दोनों महान आश्चर्य में डूब जाते. इसके बाद हम दोनों पटरी के ऊपर वाले लोहे के पुल पर चढ़ गये. वहाँ से दूर-दूर तक रेलवे लाइन दिखती थी, जो पतली नजर आती थी. सोचा यह तो स्टेशन है, असली नवगछिया कहाँ है? एक बुजुर्ग से पूछा. उन्होंने प्रश्न किया—नवगछिया में कहाँ जाना चाहते हो? बाजार जाना चाहते हो तो उधर है बाजार. हमलोग डरे-डरे बाजार की ओर बढ़े. कहीं बाजार में खो न जायँ? इसलिए आरंभ की दो-चार दुकानें देखकर स्टेशन लौट आये.

अब घर वापसी की चिंता सताने लगी. मालूम हुआ रात में ट्रेन है. अब क्या होगा? भूख भी लग चुकी थी. पास में एक पैसा नहीं था. तीसरे प्रहर में एक मालगाड़ी चलते-चलते वहाँ रुकी. किसी आदमी ने कह दिया, जाओ उसी पर चढ़ जाओ. दौड़कर गार्ड के डिब्बे में चढ़ गये. वे मना करते रहे, लेकिन हम लोग चढ़ गये. तब उन्होंने पास बैठाया. पूछा—कहाँ जाओगे? किसलिए आये थे? सब बताया. उन्होंने डराया—यह गाड़ी थाना बिहपुर में नहीं रुकेगी. एक ही बार बरौनी में रुकेगी. हमने पूछा—बरौनी कहाँ है! उन्होंने बताया—थाना बिहपुर से बहुत दूर. हमलोग उनसे बिहपुर में रोकने के लिए गिड़गिड़ाने लगे. उन पर असर नहीं हुआ. तब हमलोग रोने लगे. बच्चों और स्त्रियों का यही आखिरी हथियार है. काम कर गया. वे बोले—स्लो कर देंगे. उतर जाना. बिहपुर में जब गाड़ी धीमी होने लगी तो हम हड़बड़ा कर उतरने लगे. वे चिल्लाये—रुको-रुको, रुकेगी तब उतरना. उन्होंने गाड़ी रोककर हमें उतार दिया. धरती पर आते ही हम आनंद से रोमांचित हो गये. हम स्वतंत्र हो चुके थे!

यह 48-49 वर्ष पहले की घटना है. इस बीच स्वतंत्रता के कई अर्थ समझ में आये. मालूम हुआ कि हमें केवल राजनीतिक स्वतंत्रता मिली है. आर्थिक, शैक्षिक

रूप से हम पराधीन हैं. धीरे-धीरे ज्ञान हुआ कि वास्तव में हम राजनीतिक रूप से भी पराधीन हैं. सिर्फ शासक बदले हैं, शासन का ढाँचा वही है. शिक्षा का ढाँचा वही है. न्याय का ढाँचा वही है. सब कुछ वही है. यह स्वतंत्रता नहीं स्वतंत्रता का भ्रम है जो 62 वर्षों से प्रचारित किया जा रहा है. तब वास्तविक आजादी कैसे मिले? मालूम हुआ कि स्वतंत्रता मिलती नहीं, छीनी जाती है. किससे छीनूँ? छीनने कहीं जाना नहीं है, वह हमारे अंदर है, उसे सिर्फ पहचानना पड़ता है. उसकी घोषणा करनी पड़ती है. वह कुत्सित संस्कारों, रूढ़ियों, जात, सम्प्रदाय, ऊँच-नीच की भावना के आवरण में है, वासनाओं, कामनाओं, मोह और अहंकार से ढँकी हुई है, उसे उघाड़ना पड़ता है. आंतरिक स्वतंत्रता ही असली है. पहले व्यक्ति को स्वतंत्र होना पड़ता है, तभी राष्ट्र स्वतंत्र हो सकता है. एक बाह्य स्वतंत्रता भी होती है, जो दूसरों से प्राप्त होती है. वह मिल भी जाय तो क्या मोल अगर अंदर से आदमी गुलाम है. जो स्वतंत्रता दी जा सकती है, वह छीनी भी जा सकती है. लेकिन जो पैदा की जाती है, उसे कौन छीन सकता है? वह हमारा स्वभाव है! और आज उसी स्वभाव को पाने के लिए संकल्प लेने का दिन है. ?

14.08.09

❖

वसंत को आने दो

वैसे तो हर मौसम है प्यार का, लेकिन तब जब आपके हृदय में प्रेम का आविर्भाव हो चुका हो. हृदय में प्रेम ने जन्म ले लिया हो तो उसके प्रताप से मरुस्थल भी मरुद्यान बन जाता है, काँटे फूल बन जाते हैं, विष अमृत हो जाता है. लेकिन प्रेम जनमता कैसे है? मैं कहना चाहूँगा वसंत से. वसंत में ताकत है सौन्दर्य पैदा करने की और सौन्दर्य में शक्ति है प्रेम पैदा करने की. समग्र साहित्य साक्षी है. क्या है वसंत में खूबी जो अन्य ऋतुओं में नहीं है? ठीक है कि जाड़ा कुछ लोगों के लिए मजेदार है. ठंड में थर-थर काँपते स्त्री-पुरुष जब रजाई का रक्षा-कवच ओढ़ लेते हैं तो उनकी देहों से निकलने वाली कोमल ऊष्मा तन-मन को तृप्त कर देती है. लेकिन आदमी हमेशा रजाई में थोड़े लिपटा रह सकता है? उन्हें ठिठुरती सरदी में रजाई से बाहर तो होना ही पड़ेगा. गर्मी के भीषण उत्ताप में मिलनातुर दो शरीर और अधिक जलन पैदा हो जाने के भय से अलग रहने में ही कल्याण समझते हैं. इसी जलन-जन्य वियोग के कारण बरसात का मोल बढ़ जाता है, क्योंकि वह दो तरसते शरीरों को मिलाने के लिए उपयुक्त नमी लेकर आती है. आषाढ़ के प्रथम दिन घुमड़ते मेघों को देखकर कालिदास के यक्ष को अपनी प्रिया की याद तड़पाने लगती है, तो इसके पीछे यही राज है. सब ऋतुओं की अपनी-अपनी खूबियाँ और खामियाँ हैं. किन्तु वसंत की बात ही कुछ और है—**वह चितवन औरे कछु जेहि बस होत सुजान.** न जाड़ा, न गर्मी, न बरसात, समशीतोष्ण वातावरण! फूलों-फलों से लदी धरती. मन में इतनी उमंग कि 'पद्मावत' में सहेलियाँ मुट्ठी भर-भर कर सिंदूर की होली खेलने लगती हैं. कभी कुछ दूर चलती हैं, कभी ठहरकर रास का नृत्य करने लगती हैं. नृत्य और विनोद में आपा भूल बैठती हैं—

नवल वसंत नवल वै बारीं, सेंदुर बुक्का होइ धमारी.
खिनहिं चलहिं खिन चाँचरि होई, नाँच कोड भूला सब कोई.

बचपन में सबसे खराब मौसम मुझे बरसात मालूम पड़ता था. गाँव में चारों तरफ कीचड़, बजबजाती गंदगी ; कहीं आना-जाना मोहाल! इस पर बरसात की

प्रशंसा में कवियों के गीत पढ़ता तो समझ में नहीं पाता कि बात क्या है! लेकिन जाड़ा बड़ा प्यारा था. शाम में घूर को घेरकर बैठना और बड़े बुजुर्गों से तरह-तरह की कहानियाँ सुनना रोमांचक था. रात के सन्नाटे में टिमटिमाते तारों को निहारना विस्मय-विभोर करने वाला होता. गर्मी अच्छाई-बुराई को लिए सम पर थी. लेकिन मन में सम्मोहन भरने वाला तो एकमात्र वसंत ही था.

किशोरावस्था ने वसंत का एक परम रम्य पट खोल दिया. स्त्रियों के नवीन सौन्दर्य का उद्घाटन हुआ. प्रकृति भी सुगबुगायी. वसंत की पहली रस-सराबोर अनुभूति याद है. बगीचों में हरियाली किंचित लाली लिए हँस रही थी. उमंग में आकर आम के वृक्षों ने मंजरियों के मौर पहन रखे थे. उनकी खुशबू हवा में घुल रही थी. गाँव के हाई स्कूल के मैदान में लगे पंडाल के अंदर रंडी का नाच चल रहा था. वह गा रही थी—**लाली लाली ओठवा से बरसे ललइया हो कि रस चुवेला, जैसे अमुवां के मुंजरा से रस चुवेला हो कि रस चुवेला.** यह पुरुष स्वर है. आगे स्त्री कहती है—**जिया के जंजाल भइलै हमरी सुरतिया कि काहे मुएला, तोहर मीठी-मीठी बोलिया से रस चुवैला होकि रस चुवैला.**

पहली बार अमुवाँ के मुंजरा से टपकते हुए रस की मादकता का एहसास हुआ. यह क्या हो गया—वही आम, वही मंजरी, उससे टपकते रस की वही चट्-चट्! आज वही मंजर की चटचटी रस में कैसे रूपांतरित हो गयी? मुझे क्या हो गया? स्मृति से एक गीत उठ रहा है—**हुआ क्या मुझे रे तौबा, झूम उठी रे मैं मस्तानी, दीवानी जाने क्या पिलाया तूने बड़ा मजा आया.** वसंत ने मुझे क्या पिला दिया कि रंडी की ओर देखा तो स्त्री का नया सौन्दर्य उसमें दिखने लगा. उसकी सुरतिया उसके जिया का जंजाल कैसे हो गयी थी ; अभिव्यक्ति की इस बारीकी को भी समझा. क्या बाराती और क्या साराती सबको रंडी के चरणों पर दिल लुटाते देखा. सोचने लगा, जिस रंडी को ये लोग बुरा समझते हैं. यहाँ तक कि 'रंडी' शब्द गाली का पर्याय हो गया है, उसी पर प्राण न्योछावर! समाज के विचार और आचार में एक दरार दिखने लगी उसी समय से!

वसंत में स्त्रियों का सौन्दर्य मेरे लिए काफी बढ़ जाता है. भीतर कुछ-कुछ होने लगता है. मैं मानो किशोर ही हो जाता हूँ—फिर से नया जवान, पूरी ताजगी के साथ. वसंत में जवान हो जाना अनूठी घटना है! अस्तित्व की कैसी असीम कृपा! स्त्री साधारण स्त्री नहीं रह जाती, वह आप रूपी भगवती हो जाती है. उसके लिए यह शब्द भी अपर्याप्त है, सर्वथा वृथा. इतना ही समझिये कि मेरी दशा साधारण से असाधारण हो जाती है. रोम-रोम में सिहरन, गुदगुदी की लहर एक सिरे से दूसरे सिरे तक दौड़ जाती है. हवा में आकर्षण की विद्युत तरंगे थिरकती नजर आती हैं. उसकी मादक गंध साँसों में समा जाती है!

किशोर होने का अर्थ है जीवन-सौन्दर्य के नये आयामों का खुलना. नयी अनुभूतियों का दरवाजा न खुला तो क्या किशोर हुए! और यह दरवाजा जीवन भर खुलता चला जाय तो आप चिर किशोर हो गये! इसीलिए तो हम भगवान को किशोर कहते हैं. राम और लक्ष्मण युगल किशोर हैं, सीता किशोरी हैं. हमने जो प्रतीक चुना है बिना दाढ़ी-मूँछ वाले भगवान का, उसका अर्थ यही है कि इनके जीवन में अनुभव के नये-नये आयाम खुलते चले गये और वे सदा किशोर बने रहे! वसंत की खूबी यह है कि वह आदमी को किशोर बना देता है. फगुवा में हमलोग एक गीत सुनते हैं—**भर फागुन बुढ़वा देवर लागे.** उसका अर्थ यही है कि वसंत बूढ़े को किशोर बना देता है. इस तरह वसंत किशोर बनाकर सदा किशोर बने रहने की कला सिखा जाता है. अगर यह कला आपने सीख ली तो वसंत सदा के लिए आपके पास ठहर जायेगा. राजा जनक ने यह कला सीख ली थी. इसीलिए तो उनके बाग में वसंत ऋतु लुभाकर ठहर गयी थी—**जहँ वसंत रितु रही लोभाई** .

बचपन में **पीली सरसों ने दिया रंग, मधु लेकर आ पहुँचा अनंग, वधू वसुधा पुलकित अंग-अंग** मेरे लिये शब्द मात्र थे. किशोरावस्था ने उन सादे शब्दों में रंग भर दिया और पंक्ति का सौन्दर्य साकार हो उठा. वधू-वसुधा की पुलक अनुभव कर सका. लेकिन मैंने गौर किया कि वसंत ने स्त्रियों के प्रति जैसा अथाह सम्मोहन मेरे अंदर पैदा किया, वैसा प्रकृति के प्रति नहीं. हिन्दी ऑनर्स में जब पंत का प्रकृति-चित्रण पढ़ने लगा तो मन में निराशा होने लगी—हाय, प्रकृति मुझे उतनी मोहक क्यों नहीं लगती जितनी पंत को? कॉलेज की घिसी-पिटी पढ़ाई में इस प्रश्न का उत्तर संभव नहीं था. परीक्षोन्मुखी रटंत पढ़ाई सौन्दर्य-बोध जगाने के बदले सुलाने का काम करती है. शिक्षा का लक्ष्य यह देखना नहीं है कि किस विद्यार्थी का सौन्दर्य-बोध खुला, उद्देश्य यह है कि किसने अच्छा उत्तर लिखा. विडंबना यह है कि सौन्दर्य खुले बिना मौलिक उत्तर लिखा भी नहीं जा सकता. इसीलिए एक सड़ा-गला उत्तर वर्षों से लिखा जा रहा है, पढ़ाया जा रहा है. विद्यार्थी नोट खोजते हैं, शिक्षक नोट देते हैं. विद्या का विकास नहीं हुआ. स्कूल-कॉलेज और विश्वविद्यालय मरघट बन गये.

इस उत्तर की खोज में छटपटाता मैं अंततः इलाहाबाद पहुँच गया पंत से मिलने. उन्हें देखकर मुग्ध हो गया. आशा नहीं थी कि इतने प्यार से मिलेंगे. बहुत सारे प्रश्न तो उन्हें देखते ही भूल गया. दो याद रहे. उनमें एक था—'प्रकृति-सौन्दर्य में मेरा मन उतना नहीं रमता जितना आपका. मुझे तो मानव-सौन्दर्य ही लुभाता है, क्यों?' वे बोले—"अच्छा है, अच्छा है; अगर आपका मन मानव-सौन्दर्य में रमता है तो बहुत अच्छा है और आज के युग में मानव-सौन्दर्य को परखना एक अनिवार्य सत्य है." कौंध गयी मन में पंत की यह पंक्ति—**सुंदर हैं विहग, सुमन सुंदर, मानव तुम सुंदरतम.**

मैं हर साल वसंत का इंतजार करता हूँ. 1976-77 में जब मैं जे.एन.यू में एम. ए. प्रीवियस का छात्र था, तो वहाँ कड़ाके की ठंड से गुजरते हुए व्यग्रता से वसंत की बाट जोह रहा था. इसके पीछे कारण केवल ठंड से राहत पाना नहीं था. अंदरूनी उत्सुकता यह थी कि यहाँ की स्त्रियाँ तो बिहार की तुलना में खुली-खुली हैं-व्यवहार में भी, पहनावे में भी. वसंत के प्रभाव से कितनी हसीन, कितनी मोहक हो उठेंगी ये—परी जैसी! वसंत का इंतजार करने लगा, पर हा हंत! दिल्ली में वसंत आया ही नहीं! जाड़े के बाद एकाएक गर्मी उतर आयी. बड़ा दुख हुआ. लगा यह शहर बसने लायक नहीं. जहाँ वसंत न आता हो, वह 'देस बिराना है'. एक तो वसंत का पता नहीं, ऊपर से गरमी का तमतमाया चेहरा! धिक् दिल्ली, धिक्!

मैं बिहार से दिल्ली की तुलना करने लगा. बिहार पर प्रकृति की कितनी कृपा है—यहाँ वसंत आता है. इसीलिए तो बिहारी मौजीले हैं, मस्त हैं, आनंदविहारी हैं. लेकिन बिहारी आलसी भी तो हैं! प्राकृतिक अनुकूलता जहाँ सुख देती है, वहाँ आलस्य भी छोड़ जाती है और प्रतिकूलता जहाँ दुख देती है, वहाँ कर्मठ भी बना जाती है. विधाता ने जिस चीज में खूबी दी है, उसी में खामी भी. दिल्ली वाले कर्मठ होते हैं. इस कर्मठता के कारण खुशहाल हैं. वहाँ अध्ययन के, आजीविका के अवसर हैं. इसलिए बिहारियों ने छोड़ दिया है वसंत का मोह और पहुँच गये हैं दिल्ली बड़ी संख्या में. कब ऐसा होगा कि बिहार में सुशासन-सुव्यवस्था आयेगी और विकास के अवसर होंगे? वसंत के साथ व्यवस्था भी आ जाय तो बिहार का मुकाबला कोई कर सकेगा?

हर साल वसंत आता है और मुझे नया तथा तरोताजा बना जाता है. क्या औरों को भी बनाता है? अगर नहीं तो कारण कहाँ है? कहीं ऐसा तो नहीं कि हम जीवन में कुछ पाने, कुछ बन जाने की अंधी दौड़ में शामिल हो गये हैं? कभी मुड़कर देखा कि हमें कुछ बनना है या बने हुए को खोलना है, कुछ पाना है या पाये हुए को पहचानना है? व्यर्थ की भाग-दौड़ में हम अपनी सारी जीवन-ऊर्जा गँवा बैठते हैं. ऊर्जा रहित व्यक्ति पर वसंत तो क्या भगवान भी कोई प्रभाव नहीं छोड़ सकता. इसलिए जरूरत है ऊर्जा बचाकर वसंतोत्सव मनाने की. सब कुछ करते हुए निर्भार बने रहने की . अनासक्त कर्म आनंद का जनक होता है. वस्तुतः यही वसंतोत्सव है. वसंत तो आता है, अपने आप, उसे लाने की जरूरत नहीं. सिर्फ उसे रास्ता देने की जरूरत है. हमारी जीवन-शैली उसके मार्ग की रुकावट बन गयी है. इसलिए बाधा मत बनो बाबा. वसंत का आने दो.

फरवरी, 2007

❖

बी. एन. कॉलेज में मेरे बीस वर्ष

29 दिसंबर, 1978 को मैं बी.एन.कॉलेज में हिन्दी शिक्षक के रूप में नियुक्त हुआ. उस समय हिन्दी विभाग के अध्यक्ष स्वनामधन्य बाबू तेजनारायण सिंह और प्राचार्य प्रो. एस. के. बोस थे. दोनों महानुभाव कक्षा के प्रति बहुत सजग रहते थे. दोनों में सख्ती और नरमी का अद्भुत मेल था. दोनों कक्षा के प्रति उदासीन रहने वाले शिक्षकों के प्रति सख्त और तत्पर रहने वालों के प्रति बहुत नरम रहते थे.

पहली बार 2 जनवरी, 1979 को वर्ग लेने के लिए जब मैं हिन्दी विभाग पहुँचा तो पीछे से बोस साहब भी आए और मेरी ओर इशारा करते हुए तेजनारायण बाबू से बोले-''आ गए आपके सिपाही!'' अपने लिए 'सिपाही' शब्द का प्रयोग मुझे बहुत प्रीतिकर लगा. बोस साहब बराबर सवेरे से ही वर्ग के समय बरामदे पर घूमते हुए छात्रों को बाहर खड़े देख कर पूछ बैठते थे—''किनका वर्ग है?'' वे कदाचारमुक्त परीक्षा लेने का हर संभव प्रयास करते थे. रचनात्मक कार्यों में उनकी बड़ी दिलचस्पी थी. उनके समय में प्रेमचंद पर व्याख्यान देने के लिए हिन्दी के प्रख्यात आलोचक डॉ. नामवर सिंह कॉलेज में आमंत्रित किये गये थे. 'भारती', 'रचना-पाठ' आदि पत्रिकाओं के प्रकाशन में उनकी तत्परता और सहयोग अविस्मरणीय है. उनके बाद किसी प्राचार्य ने इनके प्रकाशन में योगदान नहीं किया.

तेजनारायण बाबू प्रतिदिन 10 बजे के आस-पास विभाग आ जाते और लगभग ढाई-तीन बजे तक लगातार रहते. एक भी वर्ग स्थगित नहीं होने देते. उनकी कर्तव्यनिष्ठा का ऐसा प्रभाव था कि वरीय शिक्षक भी वर्ग के प्रति लापरवाही बरतने में काँप उठते थे. लेकिन मात्र नियम के लिए नियम का पालन करवाने वाले व्यक्ति वे नहीं थे. पद-भार ग्रहण करने के एक सप्ताह बाद मैं एक सप्ताह का आकस्मिक अवकाश लेकर दिल्ली चला गया था अपना सामान लाने. लौटा तो मेरे आवेदन-पत्र को लौटाते हुए तेजनारायण बाबू ने कहा—''इतने दिनों की छुट्टी लेने की जरूरत नहीं थी, क्योंकि बीच में किसी दिन छुट्टी थी, किसी दिन आधे वर्ग स्थगित थे. इस

तरह टुकड़ों में केवल तीन दिनों की छुट्टियाँ लेने की जरूरत है आपको!'' अपने सहकर्मियों का कितना ध्यान रखते थे वे! अपने बीस वर्षों के अध्यापकीय जीवन पर दृष्टिपात करता हूँ तो यही लगता है कि हिन्दी-विभाग के लिए तेजनारायण बाबू का समय और कॉलेज के लिए बोस साहब का युग ही स्वर्ण-युग था. लेकिन यह स्वर्ण-युग अधिक दिनों तक नहीं रहा. दो-तीन वर्षों के अंदर ही तेजनारायण बाबू और बोस साहब रिटायर कर गये. मैंने इन दोनों महोदयों के काल में जैसी जीवंतता का अनुभव किया, वैसा फिर कभी नहीं किया. इसलिए मेरे लिए तो जो सुखद और स्मरणीय अनुभव हैं, वे ज्यादातर इसी काल के हैं.

2 जनवरी को मेरा पहला ऑनर्स का वर्ग हुआ. रामबुझावन बाबू ने कक्षा में ले जाकर छात्रों से मेरा परिचय करवाया था और अध्यापन के लिए छोड़कर वापस आ गये थे. सोलह छात्र ऑनर्स वर्ग में थे. एक-से-एक मेहनती, तेज और जिन्दादिल. देखते ही देखते छात्रों से मेरी दोस्ती हो गयी. फिर तो उन लोगों का जत्था मेरे घर पर आने-जाने लगा. इस वर्ग में पढ़ाने के लिए मुझे 'अलंकार' मिला था. पहले संस्कृत और हिन्दी में अलंकार की परिभाषा, तब उदाहरण और अंत में विश्लेषण—इसी तरह मैं पढ़ाता. छात्रों को मेरी पढ़ाई पसंद आयी. कुछ को तो भ्रम हो गया कि मुझे संस्कृत का भी अच्छा ज्ञान है. मैंने इस भ्रम का निवारण कर दिया. संस्कृत की कुछ पंक्तियाँ और श्लोक याद कर विश्लेषण कर देना एक बात है और संस्कृत का विधिवत् ज्ञान होना बिल्कुल दूसरी बात है.

उस उम्र में एम.ए. में पढ़ाने का बहुत शौक था मुझे, लेकिन मैं दरभंगा हाउस जाता नहीं था. कारण, मेरे सहपाठी ही नहीं, मुझसे एक कक्षा ऊँचे दर्जे के छात्र भी अभी वहाँ पढ़ रहे थे. बिहार में उस समय एम.ए. चार वर्षों में होता था सेसन लेट होने के कारण और मैं जे.एन.यू. से दो वर्षों में ही एम.ए. कर शिक्षक होकर आ गया था. एक दिन मैं अपने सहपाठियों से और वरीय मित्रों से मिलने दरभंगा हाउस चला गया. मेरे वरीय मित्र हँसी-मजाक में ही मुझे पकड़कर अपने वर्ग में पढ़वाने के लिए लेकर जाने लगे. मैं किसी तरह जान छुड़ाकर भागा, सो उन लोगों के निकलने के बाद ही मैंने उधर पाँव रखा.

बी.एन.कॉलेज के हिन्दी विभाग में उस समय बहुत वर्ग होते थे. मेरे जिम्मे सप्ताह में सत्रह वर्ग थे. उतने वर्ग फिर कभी नहीं मिले. लगभग सभी शिक्षक विभाग में इकट्ठे मिल जाते थे. पहले दिन पहला वर्ग ऑनर्स का समाप्त करके जब मैं विभाग आया तो वहाँ अनेक शिक्षक उपस्थित मिले. उनसे मेरा परिचय कराया गया. जब बताया गया कि मैं जे.एन.यू का प्रोडक्ट हूँ तो डॉ. महेश्वर शरण उपाध्याय अधिक हर्षित होकर मेरी ओर मुखातिब हुए और इस प्रकार निहारने लगे जैसे कोई

सगा हो. फिर पास आकर इस तरह प्रेम से बतियाने लगे, मानो हम पूर्व परिचित हों. धीरे-धीरे हम दोनों बहुत अच्छे मित्र बन गये. मैंने देखा—महेश्वर बाबू अच्छे जानकार, गीतकार, ओजस्वी वक्ता और अपनी पार्टी के अत्यन्त कर्मठ, ईमानदार एवं समर्पित कार्यकर्ता और नेता हैं.

दूसरे जिस शिक्षक ने मुझे प्रभावित किया, वे थे डॉ. शैलेन्द्रनाथ श्रीवास्तव. शैलेन्द्र जी ने बड़ी आत्मीयता दिखलायी. एक छोटा-सा काम मगध महिला कॉलेज की प्राचार्या से था. वे मुझे रिक्शा पर बैठाकर कॉलेज ले गये और मेरे काम की सिफारिश की. एक दिन हिन्दी साहित्य सम्मेलन भवन में दिनकर-जयंती मनायी जा रही थी. अखबारी सूचना पाकर मैं भी वहाँ गया और सबसे पीछे बैठ गया. देखा शैलेन्द्रजी गोष्ठी का संचालन कर रहे थे. अनेक श्रोताओं के बीच बैठे मुझ पर उनकी नजर पड़ी और मुझे बोलने के लिए बुला लिया. मैं धक् से रह गया-क्या बोलूँगा बिना तैयारी के! दूसरे दिन जब कॉलेज गया तो कुछ शिक्षकों ने मुझे बधाई दी यह कहते हुए कि शैलेन्द्र जी आपकी बड़ी तारीफ कर रहे थे. बता रहे थे कि दिनकर पर मटुकजी बहुत अच्छा बोले. शैलेन्द्र बाबू के इस शील पर मैं मोहित हो गया. आजकल शायद ही कोई शिक्षक दूसरे की निश्छल प्रशंसा करता है. संभवतः सोचता है कि प्रशंसा करते ही दूसरा बड़ा और मैं छोटा हो जाऊँगा. अगर कोई करता भी है तो अधिकतर यह दिखाने के लिए देखो, मैं कितना गुणी हूँ, दूसरों की तारीफ कर रहा हूँ! इस वातावरण में शैलेन्द्रजी जैसे दूसरों को सम्मान देने वाले व्यक्ति दुर्लभ ही हैं. शैलेन्द्रजी के द्वारा की गयी प्रशंसा में न केवल उनका गुणग्राही व्यक्तित्व प्रकट होता है, वरन् अपने कनीय सहयोगी को ऊपर उठाने की प्रेरणा भी झाँक उठती है.

राजनीतिक व्यस्तता के कारण उन्हें कॉलेज आने का ज्यादा अवसर नहीं मिलता था. लेकिन जब आते थे तो विभाग जगमगा उठता. उनसे तरह-तरह के मनोरंजक और ज्ञानवर्द्धक संस्मरण सुन-सुनकर मन प्रसन्न हो उठता था. इतना जिंदादिल और गरिमापूर्ण व्यक्तित्व मिलना आसान नहीं. वे कुछ महीनों के लिए हिन्दी विभाग के अध्यक्ष भी हुए. उनके अध्यक्ष होने के पूर्व से ही गैरजिम्मेदारी का जमाना चल रहा था. वर्ग लेना शिक्षक की स्वेच्छा थी. एक दिन एक वर्ग मेरा भी था. इच्छा नहीं हुई, नहीं गया लेने. छात्र आए, लौट गये. विभागाध्यक्ष शैलेन्द्रजी ने यह देखा और मेरे नाम एक चिट्ठी लिखी-''मटुकजी, छात्र आपको बहुत चाहते है. कृपया अपने अध्यापन-कौशल से उन्हें तृप्त और कृतार्थ करें!—आपका शैलेन्द्र'' इस पत्र ने मुझ पर जादू-सा असर किया. दूसरों की देखादेखी मुझमें भी जो जिम्मेदारी से मुक्ति का भाव आ गया था, वह खत्म हो गया. दूसरे शिक्षक वर्ग लें या नहीं, मैं लिया करूँगा. यह थी शैलेन्द्रजी की कला और उनकी बुद्धिमानी जिसका अभाव

आमतौर पर विभागाध्यक्षों में रहा करता है. अपने कनीय सहकर्मी से कैसा व्यवहार किया जाना चाहिए, यह कोई विभागाध्यक्ष शैलेन्द्र बाबू से सीखे. उस मंत्र-समान पत्र को मैंने बहुत दिनों तक सँजोये रखा. अगर वह अभी मिल जाता तो हू-ब-हू उसी शब्दावली में रखता. अभी तो भाव उनके हैं, स्मृति पर आधृत रहने के कारण भाषा कुछ परिवर्तित रूप में है.

एक दिन की बात है. मैंने देखा—एक गोर-लारे, शरीर से थुल-थुल, ऊपर से देखने में भव्य एक वरीय शिक्षक तेजनारायण बाबू के डर से विभाग से रजिस्टर लेकर वर्ग लेने निकले. लेकिन किसी कार्यवश वे वर्ग लेना नहीं चाहते थे. इसलिए वर्ग की राह में ही कंपित कर से रजिस्टर मेरे हाथ में थमाते हुए गिड़गिड़ाकर बोले—''मटुकजी, अभी मेरा एक वर्ग आप ले लें. दूसरे दिन मैं भी आपका वर्ग ले लूँगा!'' उस वक्त वर्ग लेने में मुझे मजा आता था, अभी भी आता है. मैंने कहा—''सर, मेरा वर्ग लेने की जरूरत नहीं, मैं आपका वर्ग ले लेता हूँ.'' मैं उनके वर्ग में आ गया. इंटर का प्रधान हिन्दी का वर्ग था. नवागन्तुक युवा शिक्षक को देख छात्र उमंग में आ गये. मैंने निराला की ''तोड़ती पत्थर'' कविता पढ़ायी. यह कविता एम.ए. में मैंने अपने गुरु प्रसिद्ध हिन्दी कवि डॉ. केदारनाथ सिंह से ताजा-ताजा पढ़ी थी. कविवर केदार जैसे कविता के शिक्षक भारत में विरले ही होंगे. कक्षा में मेरे भीतर से केदारनाथ सिंह बोलने लगे, जिसे सुन छात्र मस्ती में डोलने लगे. कक्षा के बाद छात्रों ने घेर लिया और कहा—''यह वर्ग आप ही लिया कीजिए.!'' मैंने पूछा—''यह कैसे संभव होगा?'' उन्होंने कहा—''आप सिर्फ 'हाँ' कहिये और शेष काम हमलोगों पर छोड़ दीजिए!'' मैं अविरोध में मुस्कुराता रह गया. तेजनारायण बाबू से मिलकर उन्होंने यह वर्ग मेरे नाम करवा लिया. वास्तव में छात्रों का यह प्यार मैं डिजर्व नहीं करता था. अपने गुरु केदारनाथ सिंह के प्रति मन-ही-मन निराला के शब्दों में आभार व्यक्त किया—**तुम्हीं गाते हो अपना गान, व्यर्थ मैं पाता हूँ सम्मान**. अपनी योग्यता देख और अगले वर्ग का ख्याल कर मैं डरने लगा. मन ही मन सोचा—''आज तो, गुरु की नाव पर चढ़कर पार उतर गया. अगले दिन अपनी नाव का पाल खोलोगे तो पोल खुलेगी!''

ऑनर्स के प्रथम बैच से मेरा इतना घना संबंध हो गया था कि एम.ए. में 'दरभंगा हाउस' में नाम लिखाने के बाद भी वे मुझसे मिलने-जुलने और बातचीत करने घर पर आते रहे. एक संध्या में एक समस्या लेकर कई छात्र उपस्थित हुए. कहा—''सर, परसों परीक्षा है और जैनेन्द्र की कहानियाँ हमलोग नहीं समझ पा रहे हैं. कक्षा में जो शिक्षक पढ़ाते थे, उनसे ठीक-ठीक नहीं समझ पाये, कृपया आप हमें समझा दें.'' मैंने उनके सामने ही कुछ कहानियाँ उलट-पुलटकर देखीं, पढ़कर नहीं लगा कि मैं संतोषजनक ढंग से उन्हें समझा पाऊँगा. यह जानकर वे लोग निराश

हो गये. उनकी निराशा दूर करने के ख्याल से मेरे मन में एक विचार कौंधा–''क्यों नहीं किसी सुयोग्य शिक्षक के यहाँ इन लोगों को ले जाकर समझवा दें!'' प्रकट बोला–''देखिये, पास ही में हिन्दी के एक धुरन्धर विद्वान रहते हैं. हमलोग चलकर उन्हीं से निवेदन करें! गुरु-चेला दोनों समझ लेंगे!'' वे राजी हो गये. हमलोग उस शिक्षक के पास पहुँचे. मैंने विनम्र निवेदन किया. विशिष्ट शिक्षक गद्‌गद् हुए और व्याख्यान शुरू किया–''वेद, उपनिषद, पुराण सब पर बोले, नहीं बोले तो केवल जैनेन्द्र की कहानियों पर. उनकी आवाज बुलन्द थी, उच्चारण स्पष्ट था, भाषा धाराप्रवाह थी. सभी छात्र मोहित हो गये! उस वाणी की जादूगरी से वही बचा रहा जिस पर प्रभु की कृपा थी–**जे राखे रघुबीर ते उबरे तेहि काल महुँ**. प्रवचन समाप्त होने पर जब हमलोग बाहर आए तो मैंने छात्रों से पूछा-'कैसा रहा?' 'आह क्या कहना है सर! लाजवाब रहा!' सुनते ही मुझे क्रोध हो आया और मैं गुस्से में बोला–''क्या खाक लाजवाब रहा! अच्छा यह तो बताइये कि उन्होंने जैनेन्द्र की कहानियों पर क्या कहा? उनसे जुड़ी एक भी बात कही? आप लोग तो उनकी मोहक वाणी के इन्द्रजाल में आ गये!'' मुझसे इतना सुनते ही सभी छात्र अवाक्! चिन्तामग्न! सचमुच जैनेन्द्र की कहानियों पर तो वह कुछ बोले नहीं! अब क्या होगा? चलिये, राह चलते टूटी-फूटी भाषा में कुछ कामचलाऊ चीज मैं बता देता हूँ!''

अपने अध्यापकीय जीवन के आरंभ में मेरे जीवन में एक ऐसा छात्र आया, जिसकी याद कभी नहीं भूली. लड़का गोरा, लंबा और छरहरा था. आँखों से नम्रता टपकती थी. बड़ा अध्यवसायी था. वह कुछ न कुछ बराबर लिखकर लाता और मुझसे या महेश्वर बाबू से दिखलाता. उसकी लिखावट सुन्दर, भाषा साफ-सुथरी और विश्लेषण अच्छा होता था. सुन्दर शील और लेखन के कारण वह मेरा प्यारा छात्र हो चुका था. इंटर में प्रधान हिन्दी थी उसकी. संयोग की बात, पटना विश्वविद्यालय की प्रधान हिन्दी की सभी उत्तर पुस्तिकायें जाँचने के लिए मेरे पास भेजी गयीं. मैंने सोचा कि उस लड़के की उत्तरपुस्तिका भी इसी में होगी, किन्तु क्या मैं पहचान पाऊँगा? जाँचते-जाँचते अकस्मात् एक उत्तरपुस्तिका ऐसी मिली, जो सबसे अनूठी और बेजोड़ थी. मुझे समझते देर नहीं लगी कि यह कॉपी उसी लड़के की होगी. मैं उसका एक-एक वाक्य, एक-एक शब्द पढ़ता गया, सराहता गया और नंबर उझलता गया. सब जोड़-जाड़कर देखा तो कुल प्राप्तांक 91 हुआ. इतना नंबर देकर मैं गौरवान्वित था. उसकी सम्पूर्ण उत्तरपुस्तिका में केवल एक शब्द अशुद्ध था-'घिसू'. मैंने इस शब्द को लाल कलम से घेर दिया था. इन सभी उत्तरपुस्तिकाओं के पुनरीक्षण के लिए प्रधान परीक्षक डॉ. श्रीमती सम्पत्ति आर्याणी के निवास पर पहुँचा. मन में आशंका थी कि इस कॉपी के नंबर को देखकर मैडम का माथा ठनकेगा. यही हुआ. उन्होंने

कहा–‘30 से नीचे और 58 से ऊपर प्राप्तांक वाली जितनी उत्तरपुस्तिकाएँ हैं, उन्हें दिखाइये.’ मैंने वैसा ही किया. जब उनकी नजर 91 अंकों वाली उत्तरपुस्तिका पर पड़ी तो वे सहसा चीख-सी उठीं–‘‘यह क्या, हिन्दी में इतना अंक? न कानों सुना न आँखों देखा! हिन्दी में 75 बहुत हो गया!’’ मैंने स्थिरतापूर्वक जवाब दिया–‘‘मैडम, ऐसी बात नहीं है. मैं उस ‘नामवर’ गुरु का शिष्य हूँ, जो सुयोग्य छात्रों को 90 से भी अधिक अंक बड़ी सहजता से देते हैं. एक बात और बताऊँ मैडम, ऑनर्स का मेरा एक पत्र आपके पास आया था, जिसमें आपने मुझे 83 अंक दिये थे!’’ मैडम झट से बोलीं–‘‘तुम डिजर्व करते थे!’’ मैंने लगे हाथ जवाब दिया–‘‘और मैडम यह लड़का मुझसे ज्यादा ‘डिजर्व’ करता है! ‘‘अच्छा देखूँ?’’ मैडम ने उत्तर पुस्तिका पढ़नी शुरू की. एक-एक पंक्ति पढ़ती गयीं और ‘अच्छा’, ‘वाह’ आदि शब्दों के स्वतःस्फूर्त उच्चारण द्वारा तारीफ करती चली गयीं. समाप्त होने पर प्रसन्नता के अतिरेक में जिन वात्सल्यमयी आँखों से उन्होंने मेरी ओर देखा, उनके स्मरण से ही आँखें नम हो आती हैं! बोलीं–‘मटुक, तुमने बहुत ठीक नम्बर दिया है! लेकिन तुम्हारे द्वारा घेरी गयी एक शब्द-संबंधी अशुद्धि के कारण मैं दो नंबर काटना चाहती हूँ.’ मैंने कहा–‘बेशक काट लीजिये मैडम, लेकिन कृपया एक अंक ही काटिये.’ लेकिन मैडम नब्बे के नाम से डरी हुई थीं. इसलिए दो ही काटे. उसका अंक 89 रह गया. पाठक जानना चाह रहे होंगे, कौन था वह बालक और अभी क्या कर रहा है? वह बालक मेरे सुझाव पर ऑनर्स पढ़ने हिन्दू कॉलेज, दिल्ली विश्वविद्यालय चला गया था. सम्प्रति उसी कॉलेज में शिक्षक है और दिल्ली विश्वविद्यालय के इने-गिने सुयोग्य शिक्षकों में एक है. उसका नाम है डॉ. रामेश्वर राय.

तेजनारायण बाबू के अवकाश-ग्रहण करने के बाद हिन्दी विभाग और बोस साहब के बाद पूरा कॉलेज लड़खड़ा गया. अपनी नजरों के सामने कॉलेज को तेजी से गिरते देखा. प्रस्तुत है, गिरावट का एक आँखों देखा हाल. बोस साहब के बाद नये प्राचार्य गद्दी पर आसीन हो चुके थे. एक दिन विश्वविद्यालय की एक परीक्षा में कमरा सं-2 में कुछ सहयोगियों के साथ मैं निरीक्षण कार्य में शमिल हुआ. परीक्षार्थियों ने चिट-पुर्जा-किताब आदि से नकल करना शुरू किया. हमलोगों ने इस पर रोक लगा दी कि अचानक परीक्षार्थियों ने जोर का शोर किया. ध्वनि-विस्फोट इतना जबर्दस्त था कि लगा छत उड़ जायेगी. इसे सुनकर कार्यालय से प्राचार्य महोदय लपकते-हाँफते कमरे में दाखिल हुए. उन्होंने स्थिति तुरत भाँप ली. नाटकीय ढंग से इधर से उधर, उधर से इधर तेजी से घूमते हुए वे कड़क कर बोले–‘‘तुम लोग मजे में शांति से लिखो! देखता हूँ कि हमारे छात्रों को लिखने से कौन रोकता है?’’ क्या सुन रहा हूँ मैं! सहसा अपने कानों पर भरोसा नहीं हुआ. लेकिन जब छात्रों ने पूर्ववत्

लिखना शुरू किया तो प्राचार्य महोदय इत्मीनान से अपने कार्यालय में वापस चले गये. हम निरीक्षकगण भी उनके पीछे-पीछे परीक्षा-भवन से कार्यालय आ गये. प्राचार्य से हमलोगों ने कहा—"ऐसी स्थिति में हमलोग निरीक्षण-कार्य नहीं कर सकेंगे!" उनका जवाब था—"कौन कहता है कि कीजिए!" एक बार फिर अपने कानों पर भरोसा नहीं हुआ! और तीव्रता से कॉलेज की रौनक जाती रही!

इसी बीच एक नामी शिक्षक नेता पटना विश्वविद्यालय के कुलपति हुए. उन्होंने सुधार का नारा दिया. जैकब साहब का आदर्श ओढ़ा. उन्होंने जगह-जगह शिक्षकों की मीटिंग कर उनमें आशा का संचार करने की कोशिश की, लेकिन समय के दौर में खोटे सिक्के साबित हुए. स्पष्ट हुआ कि विपक्ष की परीक्षा तब होती है, जब वे सत्ता में आते हैं. एक दिन बी.एन.कॉलेज में शिक्षकों से शिक्षा-सुधार में सहयोग माँगने के लिए उन्होंने एक गोष्ठी बुलायी थी. गोष्ठी कॉमन रूम के ऊपर होनी थी. प्राचार्य उन्हें लिए हुए कॉमन रूम की तरफ आ रहे थे. जब बरामदे पर वे चढ़े तो तब प्राचार्य के सामने ही मैंने कुलपति से कहा—"जब तक इस प्राचार्य को हटाइयेगा नहीं, तब तक कॉलेज में कोई सुधार नहीं होगा!" प्राचार्य ने आग उगलती नजरों से मुझे देखा और कुलपति स्तब्ध रह गये! कुछ ही दिनों के बाद प्राचार्य ने मुझसे बदला ले लिया. आगरा में भाषाविज्ञान का दस महीनों का प्रशिक्षण लेने के लिए विश्वविद्यालय ने बी.एन.कॉलेज के ही दो शिक्षकों—डॉ. बलराम तिवारी और मेरा चयन किया था. प्राचार्य ने तिवारीजी को मुक्त किया और मुझे नहीं! कारण जानने मैं जब उनके घर पहुँचा तो बिना किसी लाग-लपेट के उन्होंने स्पष्ट रूप से बता दिया—"वीसी के सामने मेरा और विरोध कीजिये!" मैं—"अच्छा, यह बात है! जब आप अभिभावक होकर इतना नीचे उतर आयेंगे तो मुझे नहीं जाना है भाषा विज्ञान पढ़ने आगरा." इतना कहकर मैं लौट आया. जब कलाधर जी को मालूम हुआ कि प्राचार्य ने एक को मुक्त किया, दूसरे को नहीं तो वे मुझसे बोले—"चलो, मैं तुम्हें 'रिलीव' करवाता हूँ. वे किस आधार पर तुम्हें रोकेंगे? मैं तुम्हारे बदले वर्ग लूँगा, लिखकर देता हूँ!" लेकिन मेरा मूड ऑफ हो चुका था, इसलिए मैंने अंठा दिया. पाठकों को इतना बता देना आवश्यक है कि किसी को रिलीव करवाने के लिए सिर्फ लिखकर देना पड़ता था कि इनके बदले मैं वर्ग लूँगा, लेना नहीं पड़ता था.

कुछ समय बीत गए. प्रांत में नये सत्ताधारी वर्ग का उदय हुआ. सामाजिक विखंडन का दौर चला. जातिगत हिंसा और सामाजिक विद्वेष की आग में बिहार झुलसने लगा. सर्वाधिक क्षति शिक्षण-संस्थानों की हुई. धीरे-धीरे ऐसा 'रामराज्य' आया कि छात्र और शिक्षक वर्ग-बंधन से मुक्त हो गये! सन्नाटा गहराने लगा. कॉलेज में कार कौवा बोलने लगा. शिक्षकगण बहुत दिनों पर कॉलेज आते तो एक-दूसरे को

संदेह की नजर से देखते—कहीं ये भी तो मेरी तरह दस दिनों पर नहीं आए हैं! स्वयं मैं अनुपस्थित रहने लगा! शिक्षकों को उपस्थित रहने के लिए बाध्य करने वाले विभागाध्यक्ष इतने लाचार सिद्ध हुए कि उन्हें कहते सुना—अरे भाई, बाजार भी तो आते होओगे! जरा कॉलेज भी झाँक लिया करो एक बार! न जाने कब क्या हो जाय! दिन-समय बड़ा खराब है!" ज्यादातर बैठे-ठाले शिक्षक दिल-बहलाव के लिए कॉलेज आते और चाय-पान करके चले जाते. पतन की वेगवती नदी शिक्षा-तरु को जड़ सहित उखाड़ती विपत्ति रूपी सागर की ओर बही जा रही थी कि एकाएक न्यायालय ने उसकी डाली पकड़ ली उसे और आगे बढ़ने से रोक दिया. लेकिन उस पेड़ को फिर से रोपने और नयी पौध लगाने का काम छात्रों-शिक्षकों को ही मिलकर करना पड़ेगा.

बोस साहब के अवकाश-ग्रहण करने के लगभग सत्रह वर्षों के बाद नये प्राचार्य डॉ. अमरनाथ सिन्हा के नेतृत्व में लड़खड़ाता महाविद्यालय फिर से उठ कर खड़ा होने लगा है. उनकी ईमानदारी, सदिच्छा और दृढ़ता रंग ला रही है. विकास के चिह्न स्पष्ट रूप से उभरने लगे हैं. लेकिन पूर्ण विकास के लिए जितना समय चाहिए उतना उन्हें नहीं मिल पायेगा. जल्द ही रिटायर करेंगे. पतन काल की निंदा तो मैंने बहुत की, लेकिन उसी काल में एक ऐतिहासिक काम भी हुआ है. पहली बार बी.एन.कॉलेज ने छात्रों के साथ पढ़ने के लिए छात्राओं का भी स्वागत किया. संभवतः 1987 में पहले एम.ए. में, फिर आगे चलकर सभी वर्गों में छात्राओं का नामांकन दस प्रतिशत बढ़ी हुई आरक्षित सीट के साथ होने लगा. सह-शिक्षा का सूरज उगा. जिनके 'राज' में यह ऐतिहासिक काम हुआ, उन्हें सौ बार शुक्रिया!

बिहार नेशनल कॉलेज पत्रिका, 1999

❖

चिड़ियाखाने में मॉर्निंग वॉक

अंग्रेजी शब्द 'मॉर्निंग वॉक' की उत्पत्ति मानसिक गुलामी से हुई है. जो हमारे मालिक होते हैं उनकी भाषा, वेशभूषा आदि हमें मूल्यवान लगने लगती है . उनका अनुकरण कर हम भी महत्वपूर्ण बनना चाहते हैं. अंग्रेज हमारे मालिक थे. हमारे मालिक को सत्याग्रहियों, क्रांतिकारियों ने मिलकर भगा दिया. उस पर हमारा वश नहीं था. लेकिन मालिक की याद में उनकी भाषा तो हम अपने दिल में छुपा कर रख सकते हैं! सो हमने रख ली! यही कारण है कि टहलना, घूमना, सुबह की सैर, भ्रमण आदि बोलने में हमें हीनता का अनुभव होता है! अब देखिये न चिड़ियाखाना कितना खराब शब्द है! क्या वहाँ केवल चिड़ियाँ रहती हैं? नहीं, सही शब्द है बॉटनिकल गार्डेन!

मित्रो, मैं भी सुबह सुबह चिड़ियाखाना टहलने जाता हूँ. वहाँ की छाया मुझे बहुत सुकून देती है. विविध वनस्पतियों की सुगंध मुझे मदहोश कर देती है. ऑक्सीजन की प्रचुरता ताजगी से भर देती है. फूलों के रंग मन को मोह लेते हैं. वृक्षों की हरियाली देह और मन को शीतलता से भर देती है. हवा में नाचते और धूप में चमकते पेड़-पौधे साथ साथ थिरकने का आमंत्रण देते हैं. उस रमणीक वातावरण में विचरण करते हुए कभी कभी क्षण भर के लिये मन समाधिस्थ हो जाता है. वृक्षों पर चिड़िया कैसी मधुर तान छेड़े हुए है! जानवरों की आवाज क्यों नहीं आ रही है? बाहर से लाये गये पंछी भी जो पिंजड़े में हैं, मौन हैं . अफसोस वे बंधन में हैं . मधुर संगीत तो स्वतंत्रता से पैदा होता है न! जहाँ रहना बाध्यता हो, वह पिंजड़ा है. जहाँ रहना स्वतंत्रता हो, वह घर है. इसलिए चिड़ियाखाना वास्तव में चिड़िया का घर है. यहाँ रहना उसकी बाध्यता नहीं है, मौज है. यह संसार भी उसी का घर है, जो स्वतंत्र है.

वहाँ फूलों का रंग लिये स्त्रियाँ घूमती हैं और पत्तों की हरियाली लिये पुरुष मचलते हैं. लेकिन सर्वाधिक आकर्षक है जीवंत बूढ़ों की रसिक मंडली जिसके सिरमौर हैं रामशंकर बाबू. उन्होंने वहाँ बच्चों, बूढ़ों और जवानों का भेद मिटाकर एक समतामूलक समाज कायम किया है. उनकी सख्त हिदायत है कि कोई भी साठ साल

से ऊपर का लड़का अपने को भूल से भी बूढ़ा न कहे. कोई अस्सी साल का बूढ़ा आ रहा है. रामशंकर बाबू कहेंगे-–हाय यंग मैन, हाउ आर यू? कोई 75 का है. वे कहेंगे–तब जुवकजी, कैसे हैं? कोई 70 का है । वे पूछेंगे–नौजवान जी, ठीक हैं? उनकी हर बात पर हँसी का फव्वारा छूटता है. स्वयं तहेदिल से हँसते हैं और अपनी हाजिरजवाबी से लोगों को हँसाते हैं. उनकी बातचीत का विषय विशुद्ध शृंगार रहता है, जो उनको जवान बनाये रखने के लिये काफी है. वहाँ भूल से भी दूसरा रस प्रवेश नहीं पाता!

तालाब और रेस्तराँ के बीच जो जगह है, वहीं रसिक मंडली घूम फिरकर कुछ देर विश्राम करती है. उस जगह को ये प्रेम चबूतरा कहते हैं.

दूर से देखने पर कुछ लोगों को ये फूहड़ रसिक मालूम पड़ते हैं, क्योंकि ये हमेशा अतृप्त वासनाजन्य बातें करते नजर आते हैं. लेकिन किसी भी आदमी को जानने के लिये उसके करीब जाना पड़ता है. मैंने इन्हें करीब से देखा है और कई मामलों में असाधारण पाया है. क्या है असाधारण उनमें? उनकी सबसे बड़ी विशेषता अंदर और बाहर की एकता है जो साधु पुरुष का लक्षण है. उनके भीतर जो आता है, उसे वे प्रकट कर देते हैं. मन में कोई गुबार, कोई गँथि नहीं पालते. आज के समय में आपको केवल दुहरे चरित्र के लोग मिलेंगे. अंदर कुछ, बाहर कुछ. उनका दूसरा असाधारण गुण यह है कि उनको मैंने कभी किसी पर क्रोध करते नहीं देखा. कभी किसी की निंदा करते नहीं सुना. लोग उन पर भी व्यंग्य करते हैं, मजाक भी उड़ाते हैं, लेकिन हँसते हुए ही वे ऐसी बात बोल देते हैं कि लोग उनके कायल हो जाते हैं. दूसरों के टोंट कसने पर विचलित न होना और थोड़ी ही देर में सद्भाव और मोहक हँसी से उनको अपनी तरफ आकृष्ट कर लेना क्या साधारण गुण है?

सबसे बढ़कर बात यह है कि वे प्रेमीजन दुखकातर और अत्यंत उदार हैं. चिड़ियाखाना के गार्ड वनस्पतियों और जानवरों की रक्षा के लिये बने हैं. कोई मारपीट या उपद्रव न करे, गंदगी न फैलाये, यह देखना भी उनका काम है. लेकिन इसकी जगह ये कोई प्रेम न करे, यह देखने में अपनी ऊर्जा लगाते हैं! एक दिन अखबार में मैंने पढ़ा था कि प्रेमी जोड़ों को तंग करने के कारण एक प्रेमी ने रक्षक की टाँग तोड़ दी. प्रेमियों को खदेड़ते समय इन्हें बड़े गर्व का अनुभव होता है कि हम भी पावर रखते हैं. उनके पीछे ये पिल पड़ते हैं. उनका मजा लेना और उन्हें डराकर पैसा ऐंठना इनका ध्येय रहता है.

एक दिन रामशंकर बाबू ने एक प्रेमी जोड़े को खदेड़ते हुए दो रक्षकों को देखा. उनको बड़े प्रेम से पास बुलाया और कहा–प्रेमियों को तंग न किया करो. तुम अपना समय याद करो. अगर तुम्हें पैसे की जरूरत हो तो 10-20 मुझसे ले लिया करो और

इतना कहते हुए अपनी जेब से पचास रुपये निकालकर उन्हें दिये और हिदायत भी दी कि कभी प्रेमियों को तंग न करना. गार्ड को पैसे देते देख वहीं पर उपस्थित एक सज्जन ने कहा—रामशंकर बाबू बहुत पैसे वाले हैं. मैंने कहा—पैसे तो बहुतों के पास हैं. उनमें इतने उदार कौन हैं—'ऐसो को उदार जग माहीं.'

इन्हीं के मित्र हैं ओम बाबू-ओमप्रकाश अग्रवाल. कपड़े के बड़े व्यापारी. मर्मी! पुराने फिल्मी संगीत के गहरे शौकीन! अनेक गाने याद. हाथ में इलायची, लौंग, दालचीनी, मुलेठी आदि का मिश्रण लिये सबको बाँटते, प्रेम लूटते, हँसते बतियाते निश्चिंतता से आगे बढ़ते मिलेंगे. जिस समाज में हम रहते हैं, वहाँ कोई घृणा बाँट रहा है, कोई किसी का मखौल उड़ा रहा है, कोई किसी को नीचा दिखा रहा है, कोई इतना अहंग्रस्त है कि दूसरे की प्रशंसा सुन जल भुन जाता है. कितनी बड़ी बात है कि इसी माहौल में इससे अलग एक व्यक्ति लौंग, इलायची और प्रेम बाँट रहा है!

ओम बाबू घूमते फिरते अंत में अपने अंतरंग रामशंकर से मिलने प्रेम चबूतरा पर पहुँचेंगे और हँसी मजाक के बाद घर लौटेंगे. स्वभाव के इतने कोमल कि कभी कभी नारी की भाषा बोलेंगे—'रामशंकर, अब मैं तुम्हारे पास नहीं आऊँगी. तुम बड़े वो हो.' स्वाभिमानी और अड़ियल भी वैसे ही. एक दिन उन्होंने एक ऐसे व्यक्ति के सामने लौंग इलायची भरा हाथ बढ़ा दिया, जिन्हें दूसरों की 'श्री' नहीं सोहाती है. साहब ने असभ्यता का परिचय देते हुए सारा उठा लिया. ओम बाबू को अखर गया. वह एक के लिए नहीं अनेक के लिए था! बोले—थोड़ा डोनेट भी कर दिया कीजिए. बस उन्होंने 50 रुपये का नोट ओम बाबू के हाथ में रख दिया. ओम बाबू ने फौरन 1000 रुपये का नोट उनके हाथ में रखते हुए कहा—ये रखिये. प्यार का प्रतिदान कभी पैसा नहीं हो सकता.

एक मित्र ने कहा—ओम बाबू, आप बड़े समझदार आदमी हैं. जवाब मिला—काश, मेरी पत्नी भी इतना समझ पाती!

ओम बाबू को एक दिन दुखद समाचार मिला. उनके बचपन के साथी स्वर्गवासी हो गये. परेशान वे गुलबी घाट गये. वहाँ की गंदगी देख विचलित हुए. शोक संतृप्त शवयात्रियों के बैठने की वहाँ कोई जगह नहीं। उनके भीतर से आवाज आयी—ओम, पैसे का सुन्दर उपयोग करो. एक शेड बनवा दो, जिसमें कई लोगों के बैठने की व्यवस्था हो. और उन्होंने अपनी जेब से लाखों खर्च कर शोकाकुल लोगों के विश्राम का इन्तजाम कर दिया.

इसी श्रेणी के हैं प्रेम मूर्ति सुखेनजी जो स्नेहियों के बीच हर्रे, दालचीनी, मुलेठी आदि बाँटते हैं. एक सज्जन हैं जो इत्र बाँटते चलते हैं. कितना गिनाऊँ चिड़ियाखाने में अनेक रत्न घूमते हैं. शेष के बारे में आगे चर्चा होगी.

एक संगी ने मुझसे पूछा—'ये बूढ़े जो अपने को जवान कहते हैं, इस बारे में आप क्या सोचते हैं?' मैंने कहा—जहाँ तक अपने को जवान कहकर ताल ठोंकने और हँसी मजाक का संबंध है, यह भाव बहुत अच्छा है. यह उन तमाम बूढ़ों से हजार गुनी अच्छी बात है जो मनहूस और गंभीर बने रहते हैं और सेक्स की चर्चा से इस कदर नाक भौं सिकोड़ते हैं मानो इससे उनका कभी कोई परिचय ही न रहा हो. लेकिन जहाँ तक जवान होने की ललक का संबंध है, यह बात दर्शाती है कि इन्होंने जवानी का रस ठीक से नहीं पीया और बुढ़ापे की गरिमा, शांति और तृप्ति से ये अपरिचित हैं. बुढ़ापा बहुत ही शानदार चीज है-जवानी से अधिक. जवानी में होशपूर्वक सेक्स जीवन जीने से उससे विरक्ति हो सकती है वरना बेहोशी में वह अंतिम साँस तक पीछा करता है. केवल ऊपर से मर्यादा ओढ़ लेने से सेक्स नहीं चला जाता. सेक्स की लालसा तभी मिटती है जब उससे बड़ा आनंद मनुष्य खोज लेता है.

अंत में, फिर से कहना चाहूँगा कि ये जीवंत बूढ़े उन मृतप्राय बूढ़ों से श्रेष्ठ हैं जो सेक्स का दमन कर या इन्द्रियों की निष्क्रियता के कारण सेक्स से घृणा करने लगते हैं. वे नकली और दुहरे चरित्र वाले बूढ़े खतरनाक हो सकते हैं. जबकि इन प्राकृतिक, सहज, सरल और आनंदमूर्ति बूढ़ों से किसी को खतरा नहीं है क्योंकि ये छुपे रुस्तम नहीं हैं. लेकिन इतना भर पर्याप्त नहीं है. इन जीवंत बूढ़ों को इतना सजग होना पड़ेगा कि ये देख सकें कि सेक्स के आगे जहाँ और भी है.

अक्टूबर, 2008

❖

राज ठाकरे से मुलाकात (जो हो न सकी)

फरवरी 2008 का समय. सोचा, इस बार वेलेंटाइन डे मुंबई में ही मनाऊँ. मुंबई वैसे तो यथार्थ में भारत का व्यस्ततम, प्रदूषित और भीड़भाड़ वाला शहर है, लेकिन वह मेरे लिए सपनों का नगर भी है, क्योंकि उसके तटों से सागर लहराता है. सागर तट की घुमावदार सड़क और उस पर स्थित गगनचुंबी अट्टालिकाएँ मेरे सपनों को जगाती हैं. मुंबई स्वप्न नगरी है, क्योंकि वहाँ लता मंगेशकर रहती हैं जिनकी आवाज क्षण भर में मुझे स्वर्ग की सैर करा देती है. अनहद नाद कुछ ऐसा ही होता होगा. मुंबई इसलिए प्यारी है क्योंकि वहाँ प्यारे महेश भट्ट रहते हैं. अमिताभ, अभिषेक और ऐश्वर्या रहती हैं. ऐश्वर्या विश्व-सुंदरी हैं और श्रेष्ठ अभिनेत्री हैं. स्वाभाविक है सभी उनकी ओर आकृष्ट होंगे. मैं भी हूँ. अभिषेक मुझे प्यारा लगता है, क्योंकि उसकी मुखाकृति में मुझे अपने बेटे अनुराग की झलक मिलती है. जब अनुराग बच्चा था, उस समय वह अमिताभ बच्चन को बहुत चाहता था. इसी कारण मैं भी उन्हें चाहने लगा. इसलिए जब कभी टीवी पर अमिताभ को सपरिवार देखता हूँ तो लगता है कि वह मेरा परिवार है. मैं किसी न किसी रूप में वहाँ हूँ.

मुंबई जाने का एक महत्वपूर्ण कारण राज ठाकरे से मिलना था और वह भी वेलेंटाइन डे के दिन! एक खतरनाक खेल! मेरे आगमन की खबर मीडिया-मित्रों को लग चुकी थी. 13 फरवरी को मलाड स्टेशन के निकट एक दुकान के शो केस में एक अच्छी-सी साड़ी दिखी. लगा जूली पर यह साड़ी फबेगी. दुकान के अंदर साड़ी देखने लगा कि एक फोन आया. 'मुंबई मिरर' के एक वरीय संवाददाता का फोन था. उन्होंने हालचाल जानने के बाद मुंबई आने का उद्देश्य पूछा. मालूम होने पर प्रश्नों का सिलसिला शुरू हो गया. राज तो बिहारियों के विरोधी हैं. आप क्यों मिलना चाहते हैं? मैं—यह जानना चाहता हूँ कि वे क्यों बिहारियों के विरोधी हैं? इस विरोध से क्या महाराष्ट्र का भला होगा? क्या उनकी पार्टी का भला होगा? या खुद उन्हीं का कौन-सा भला होगा? मैं मानता हूँ कि महाराष्ट्र की संस्कृति उन्नत है.

साहित्यिक दृष्टि से मराठी भाषा समृद्ध है, आर्थिक दृष्टि से महाराष्ट्र समृद्ध है. मैं मराठी सीखना चाहता हूँ . मैं उनसे कहूँगा कि मेरे लिए एक बढ़िया-सा ट्यूटर ठीक कर दीजिये. अब तक जो भी मैं उनके बारे में जानता हूँ वह मीडिया के द्वारा. मैं उनसे मिलकर उन्हें जानना चाहता हूँ. दोनों जानने में बड़ा फर्क होगा. मैं उनका पक्ष ठीक से जानना चाहता हूँ. मीडिया से मुझे मालूम हुआ है कि वे मुंबई में उत्तर भारतीयों की बढ़ती अपार संख्या से परेशान हैं. मुंबई की संस्कृति पर वे हावी होते जा रहे हैं. इधर से छठ नामक एक नया नाटक भी उसमें जुड़ गया है. सांस्कृतिक नुकसान के साथ आर्थिक नुकसान भी उठाना पड़ रहा है. उनके रोजगार के अवसर ये उत्तर भारतीय छीन रहे हैं इत्यादि. उनकी पीड़ा को समझे बिना कोई रास्ता निकालना मुश्किल है. यद्यपि रास्ता निकालने की एक प्रतिशत भी आशा लेकर मैं मिलने नहीं जा रहा हूँ. मैं तो उनके प्रति प्रेम प्रकट करने जा रहा हूँ.

दूसरे दिन मुंबई के सर्वाधिक लोकप्रिय अखबार 'मुंबई मिरर' में प्रथम पृष्ठ के आधे से अधिक जगह में मोटे-मोटे अक्षरों में छपा–**DR. LOVE IN TOWN WITH A MESSAGE FOR RAJ.**

आज तक कहीं भी इतनी प्रमुखता के साथ मुझसे जुड़ी खबर नहीं छपी थी. प्रथम पृष्ठ के आधे हिस्से में केवल शीर्षक था. वेलेन्टाइन डे के दिन 14 फरवरी को यह सबसे बड़ी खबर बन गयी थी. सवेरे से इलेक्ट्रॉनिक मीडिया, प्रिंट मीडिया से अनवरत फोन आने लगे. राज ठाकरे से किस समय मिलने जा रहे हैं? मीडियाकर्मियों की उत्कट उत्सुकता देख मैंने उनसे राज ठाकरे का या उनके पीए का फोन नंबर माँगा. एक ने मनसे के महासचिव शरीष पारकर का फोन दिया. बहुत लगाया, नहीं लगा. तब मुझे उनकी पार्टी के उपाध्यक्ष वागीश सारस्वत का नंबर मिला. उनका नंबर लग गया. उन्होंने कहा–मैं बाहर हूँ. आप मेरे माननीय विधायक बाला नाडगाँवकर से बात करें. मैं उनका फोन नंबर देता हूँ. वे आपको उनसे मिलाने की कोशिश करेंगे. बाला साहब से बात हुई. उन्होंने कहा–आज वे मीटिंग में काफी व्यस्त हैं. कल मैं निश्चित मिला दूँगा. कल का प्रोग्राम रखो. मैंने कहा–कल का क्या भरोसा! आज प्रेम दिवस है. कल मुझे पटना वापस होना है. उन्होंने कहा–अच्छा कोशिश करता हूँ. थोड़ी देर बाद उपाध्यक्ष श्री सारस्वत जी का फोन आया. बोले–तुम्हें 2.30 का समय मिला है. जाकर मिल लो. उस समय 1.40 हो रहा था. एकता नगर (मलाड) से शिवाजी पार्क 50 मिनट में पहुँचना किसी भी साधन से संभव नहीं था. मैंने समय बढ़वाने का आग्रह किया–3.30 करवा दीजिये. वे बोले–10.15 मिनट मैं बढ़वा सकता हूँ. इससे ज्यादा नहीं. मैंने मिलने का कार्यक्रम स्थगित कर दिया, क्योंकि उनके घर तक पहुँचने के लिए कम से कम दो घंटे का समय चाहिए था. मेरे स्थगन

का भी समाचार फैलने लगा कि एक महिला मीडियाकर्मी का फोन आया–अरे मटुकजी, राज ठाकरे साहब महाराष्ट्र के बहुत महत्वपूर्ण व्यक्ति हैं. वे जल्दी किसी को समय नहीं देते हैं. आपको समय मिला है तो उनसे मिलिये और उत्तर भारतीयों की तरफ से अपनी बात रखिये. 'मैं मिलने के लिए तैयार बैठा हूँ. समय 3.30 करवाइये' . उन्होंने कहा–आप वहाँ से निकल चलिये. सारस्वतजी से कहकर मैं समय बढ़वाती हूँ.

हम निकल पड़ा. इसकी भी खबर चारों तरफ मीडिया में फैल गयी. दनादन फोन की घंटी बजने लगी. 'अभी कहाँ पहुँचे हैं.' शिवाजी स्टेशन पर पहुँचने के बाद मैंने दो पुष्प गुच्छ खरीदे. एक टैक्सी पर सवार हुआ. टैक्सी ड्राइवर ने हमें देखते ही पहचान लिया–'तुम्हें टीवी पर बहुत देखा है'. वे हमें अपनी टैक्सी में बैठाकर काफी खुश थे. पूछा–'कहाँ जाओगे?' 'शिवाजी पार्क राज ठाकरे के घर.' घर निकट ही था. चंद मिनटों में पहुँच गया. उनके गेट के पास बड़ी संख्या में सुरक्षाकर्मी तैनात थे. शायद ड्राइवर डर गये! इसलिए कुछ दूरी पर ही टैक्सी रोक दी और मुझे इशारे से बता दिया–वही घर है. वहाँ बड़ी संख्या में मीडियाकर्मी भी उपस्थित थे. हमें देखकर वे अपने हरबे-हथियार के साथ लपके. मीडियाकर्मियों को तेजी से आते देख ड्राइवर को थोड़ा साहस हुआ और टैक्सी को गेट के नजदीक पहुँचा दिया. मैं उन्हें भाड़ा देने लगा, तो वह दोनों हाथ जोड़कर खड़ा हो गया–नहीं साहब, तुमसे किराया नहीं ले सकता. तुम्हारे प्रति बहुत श्रद्धा है. यह मेरा सौभाग्य है कि तुम मेरी टैक्सी में बैठे. मैंने बहुत आग्रह किया, लेकिन उन्होंने पैसा हर्गिज नहीं लिया. प्रेम ने पैसे का बलिदान कर दिया!

जूली और मैं टैक्सी से उतरकर ठाकरे साहब के गेट की तरफ बढ़ने लगा. मीडियाकर्मी हमलोगों की फूटेज ले रहे थे. गेट पर सुरक्षा गार्ड के दारोगा को कहा–मेरा समय निर्धारित है, मुझे ठाकरे साहब से मिलना है. उस समय 3.35 हो रहा था. उन्होंने कहा–रुको, मैं पूछ कर आता हूँ. पूछकर आया और बताया–उन्होंने किसी को समय नहीं दिया है. अभी मीटिंग चल रही है. मैंने सारस्वत साहब को फोन लगाया. उन्होंने कहा-अंदर संतोषजी होंगे, उनकी डायरी में आपका नाम लिखवा दिया गया है. उनको बाहर बुलवा लीजिये. वे आपको अंदर ले जायेंगे. अंदर से कोई नहीं आया. मैंने उन्हें फिर फोन किया. वे बोले–आप वहीं रुकिये. मैं तुरत आ रहा हूँ.

रोड के दूसरे किनारे मीडियाकर्मी बाइट लेने लगे. मिलने का क्या उद्देश्य है? मिलकर क्या कहेंगे? आदि. इसी बीच मैंने देखा दो सुंदर स्मार्ट युवतियाँ हाथ में गुलाब का फूल लिये हमारी तरफ दौड़ती हाँफती आयीं. उनमें एक मेरी तरफ बढ़ी और दूसरी जूली की तरफ. हमें उन्होंने गुलाब के फूल भेंट किये और मधुर वाणी में

बोलीं—महाराष्ट्र की धरती पर आपका स्वागत है. ये फूल आपके लिए हैं. इतना सुनते ही मटुक मोहित हो गया! अहा, कितनी सुंदर संस्कृति है महाराष्ट्र की! आधा झुककर उनका अभिवादन किया और आभार प्रकट किया.

लेकिन बात कुछ और थी! वे दोनों लड़कियाँ किसी और काम से भेजी गयी थीं. मगर हमलोगों से मिलकर जैसे वे अपना काम क्षणभर के लिये भूल गयी थीं. कुछ सेकेंड के बाद उन्हें याद आया. उन्होंने कुछ दूर हटकर कहा—'गुरु-शिष्या के बीच संबंध का जो बिहारी कल्चर है, उसे कृपया महाराष्ट्र में नहीं फैलाइयेगा.' मैं चौंक पड़ा! अरे यह क्या?—जिसे मैंने चाँद समझा था, वह राहू निकला. मैंने तत्काल उन्हें उत्तर दिया—'आपलोग सावधान रहेंगी तो नहीं फैलेगा.' दूसरे दिन अखबार में पढ़ा कि वे भारतीय विद्यार्थी सेना की सदस्या थीं जो शिवसेना का अंग है. वे लड़कियाँ सिखायी-पढ़ायी गयीं थीं. मुझे नहीं लगा कि उनकी आत्माएँ ऐसा कह रही हैं, क्योंकि उनको इतना तो पता होगा ही कि प्रेम का कल्चर बिहार का है और बार कल्चर मुंबई का! लेकिन फिर भी उन लड़कियों को मैं साधुवाद देता हूँ कि उनके विरोध का तरीका इतना शालीन, इतना सुंदर, इतना सुसंस्कृत था कि उन्होंने गुलाब के फूल की सुगंध लपेटकर अपना विरोध जताया. विरोध का यह तरीका सीखने योग्य है जिसमें क्रोध नहीं था. प्रकट घृणा नहीं थी.

मीडियाकर्मियों से घिरा मैं सारस्वत साहब का इंतजार कर रहा था. उनके आने के पूर्व शिरीष पारकर साहब आ गये. रंग-ढंग, रोब दाब में किसी बिहारी बाहुबली नेता जैसे लग रहे थे. उनके दोनों हाथ जुड़े थे, लेकिन वाणी से चिनगारी फूट रही थी—'माफ कीजियेगा. ठाकरे साहब मीटिंग में व्यस्त हैं. वे आपसे नहीं मिल पायेंगे. आप कृपया यहाँ ये चले जाइये.'

राज ठाकरे साहब से संभावित मुलाकात पर विराम लग गया.

उस दिन कई टीवी चैनलों से आमंत्रण था, लेकिन मैं केवल सहारा समय के स्टूडियो गया. वह कार्यक्रम रात में था, इसलिए उसके ब्यूरो दक्षिण भारतीय देव प्रसाद ने मुझे मुंबई घुमाया, विशेष रूप से सागर तट पर. वहाँ भ्रमण के लिये आये कई लोग हमसे मिलने आये. बिहार, गुजरात, राजस्थान, पंजाब कई प्रांतों के लोगों ने हमसे प्रेम और सहानुभूति जताई. प्रशंसा के शब्द कहे. देव साहब ने वहाँ का परम स्वादिष्ट भुट्टा खिलाया और कुशलतापूर्वक ये विदग्ध वचन बोले—'सागर की लहरें, आप दोनों का चरण स्पर्श चाहती हैं. बार-बार आकर निराश लौटती हैं. आप दोनों जूते उतारकर सागर की इच्छा पूरी करें.' वाह देव जी, आपके मुख से शहद झरता है! उनके निर्देशानुसार हमलोग किनारे-किनारे सागर तट पर टहलते हुए शीतल सरस बालुका-राशि पर धँसते पाँवों में गुदगुदी और जल-स्पर्श की सिहरन महसूस करने

लगे. तब देव साहब का मर्म समझ में आया. दरअसल आज वे हमारे वेलेंटाइन डे को आनंद से भर देना चाहते थे. अब भी यदा-कदा उनसे फोन पर बातें होती हैं और वहाँ की यादें आती हैं. मुंबई वास्तव में मेरी स्वप्न नगरी है.

फरवरी, 2008

❖

दो टूक कलेजे के करता

पता नहीं क्यों भिखारी को देखकर मेरा कलेजा कभी दो टूक नहीं हुआ है. जूली का हुआ है. वह करुणामयी है. मैं कभी भीख देता हूँ तो अपने बचाव के लिए कि अगल-बगल का आदमी यह न समझे कि कैसा निर्दयी है या कितना कंजूस है! कभी देता हूँ तो इसलिए कि यह ले ले और सामने से जल्दी हट जाये.

गीता में तीन प्रकार के दान बताये गये हैं—सात्विक, राजसिक और तामसिक. जो दान ही समय पर और सही स्थान पर कर्तव्यवश किसी फल की आशा किये बिना दिया जाय, वह सात्विक है. सात्विक दान का मतलब है जिसे देने में प्रगाढ़ आनंद हो. लेकिन वह धन कुपात्र और अपात्र को न दिया जाय, क्योंकि वह बुरा परिणाम लाता है. हर व्यक्ति दान पाने योग्य नहीं होता. समय का भी ख्याल रखना जरूरी है. जरूरी नहीं है कि जिसको सुबह दान दिया गया, शाम में भी देना ठीक हो. जिसको भारत में दिया गया उसे अमेरिका में भी देना सही हो. सात्विक दानी इसी तरह दान देते हैं कि किसी को पता भी न चले.

जो दान कष्टपूर्वक और कुछ पाने की आशा से दिया जाय वह राजसिक दान कहलाता है. सात्विक दान एक दुर्लभ घटना है, राजसिक दान समाज में चलता है. इस दान में देते समय आनंद नहीं है, जब देने का फल मिलेगा तब आनंद होगा. कष्ट इसलिए कि पता नहीं आज जो दे रहे हैं, इसका रिटर्न कभी मिलेगा कि नहीं. भीतर-भीतर क्लेश रहेगा, लेकिन ऊपर-ऊपर वह दान पाने वाले का सत्कार भी करेगा. दिखायेगा कि हम आपको दान देकर खुशी का अनुभव कर रहे हैं. तामसिक दान में देश, काल, पात्र किसी का भी ध्यान नहीं रखा जाता है. यह दान व्यक्ति अहंकारपूर्वक तिरस्कार के साथ देता है.

मैं सोचने लगता हूँ कि मेरा दान किस कोटि में है. न तो वह सात्विक है, न राजसिक. वह तामसिक भी नहीं है, क्योंकि न तो देते वक्त मेरे मन में अहंकार होता है, न तो उनका तिरस्कार करने का भाव होता है. मैं तो एक टेकठा; झंझट

काटने के लिए उन्हें कुछ दे देता हूँ. क्या कृष्ण को दान की कुछ और श्रेणियाँ बनानी चाहिए थीं? श्रेणियाँ तो तीन ही होंगी. मैं जो देता हूँ वह दान की श्रेणी में नहीं आयेगा. उसको दान नहीं कहा जायेगा. वह अदान है.

लेकिन जूली रानी तो दान करती है. भिखारी को आता देख उनका कलेजा दो टूक हो जाता है. प्लेटफ़ॉर्म पर, ट्रेन में, मंदिर में, सड़क के किनारे जहाँ भिखारी मिलता है, उनको वह कुछ न कुछ देना चाहती है और देती है. उनका देना दयावश होता है. अगर उनके पास बहुत पैसे हों तो दस बीस सौ पचास हर भिखारी को दे दे. लेकिन पैसा ही नहीं, तो बेचारी विवशता में एक या दो रुपये दे पाती है. अगर कोई बहुत ज्यादा अपंग मिला तो करुणावश पाँच तक दे देती है. उनके लिए एक बटुवा में कुछ खुदरा पैसा हमेशा लेकर चलना पड़ता है. उनका दान किस श्रेणी में आएगा? वह तामसिक भी नहीं, राजसिक भी नहीं, तो क्या सात्विक है? मुझे लगता है कि नहीं. कारण बताता हूँ.

एक रात की बात. दिल्ली का जाड़ा था. हम दोनों कनॉट प्लेस में सड़क पर पैदल चल रहे थे. अचानक वह चीख पड़ी. मैं चौंका, क्या हुआ? देखते हैं कि वह एक भिखारिन को डाँट रही है—'इस बच्चे को कपड़े से ढँक दीजिए. देखती नहीं कितना जाड़ा है?' उसकी नजर बच्चे पर थी और मेरी भिखारिन पर. उसकी मार्मिक सलाह भिखारिन को पसंद नहीं आ रही थी. वह तो कड़ाके की ठंड में शिशु को इसलिए निर्वस्त्र रखी हुई थी ताकि लोग पसीज कर कुछ पैसे दे दें. उनके बहुत कहने से भिखारिन ने अपने बच्चे को थोड़े-बहुत कपड़े से ढँक दिया. उसनें उन्हें पाँच रुपये दिये. हम दोनों आगे बढ़े. रास्ते में वह उस निर्वस्त्र शिशु की पीड़ा को भूल नहीं पा रही थी. अवसर पाकर मैंने इसकी करुणा पर प्रहार किया. कहा—वस्त्र के अभाव में उसने बच्चे को खुला नहीं छोड़ा है. वह उनके भिक्षाटन व्यवसाय की तकनीक है. उनके लिए बच्चा महत्वपूर्ण नहीं है, भीख महत्वपूर्ण है. अगर बच्चा मर भी जाता है तो फिर नया बच्चा अगले साल आ जायेगा. उसमें कोई पूँजी तो लगती नहीं है! महत्वपूर्ण है कि बच्चे को ठिठुरते और रोते देख तुम्हारे जैसे करुणावान लोग पिघल कर कुछ अधिक दे देंगे. भूख ने और उसके निर्घिन व्यवसाय ने उसकी संवेदना मार दी है. तुम्हें अगर भरोसा न हो तो लौटकर चलो देखना उस शिशु की गंदी चादर हटा दी गयी होगी. हमलोग लौटे. पुनः निर्वस्त्र शिशु को देखकर जूली की आँखें फटी की फटी रह गयीं. उसने अपने से फिर चादर ओढ़ा दी. मैं भिखारिन को देख रहा था. जूली की हरकत उसे पसंद नहीं आ रही थी. मैं नहीं कह पाऊँगा कि यह दान सुपात्र को दिया गया. इसलिए इसे सात्विक कैसे कहूँ? लेकिन उसी के आस पास चक्कर लगाता हुआ यह दान हो सकता है.

आज 'सन्मार्ग' में पढ़ा कि दिल्ली में भिखारियों पर गाज गिरने वाली है. कॉमनवेल्थ खेलों को ध्यान में रखते हुए दिल्ली सरकार उन्हें शहर से बाहर करने को तैयार है. ढेरों विदेशी खिलाड़ी दिल्ली पहुँचेंगे. उनके पहुँचते ही भीख के लिए ये भिखारी चील की तरह उन पर झपट्टा मारेंगे जो अत्यंत अशोभनीय होगा. खबर में कहा गया है कि करीब 75 हजार भिखारी वहाँ हैं जिनके भोजन, वस्त्र, आवास और दवा-दारु का इंतजाम करने में दिल्ली सरकार असमर्थ है. उनको शहर बदर करने के सिवा कोई उपाय नहीं है.

मुझसे पूछा जा रहा है कि सरकार का यह काम उचित है? 'हाँ' या ना' में जवाब दें. बहुत सारे प्रश्न ऐसे होते हैं जिनके उत्तर 'हाँ' में दिया जाय या 'ना' में, वे गलत होते हैं. इसी तरह का प्रश्न यह भी है. अगर मैं कहूँ 'हाँ' तो अमानवीय होगा. अगर कहूँ 'ना' तो अशोभनीय होगा और देश के लिए अपमानजनक. मैं तो उन कारणों को मिटाना चाहता हूँ जिनके रहने से भिखारी पैदा होते हैं. मैं तो भिखारियों की उत्पत्ति समाप्त करना चाहता हूँ. दिल्ली हो या पटना, सरकार असमर्थ है. वरना यह कोई बड़ी समस्या नहीं है. भिखारियों में अधिकांश ऐसे हैं जो कोई न कोई काम कर सकते हैं. अगर मैं सरकार का मुखिया होता तो सक्षम भिखारियों की क्षमता के उपयोग की कोई योजना बनाता. उनके द्वारा उपार्जित वस्तुओं से ही उनकी जरूरत की पूर्ति आराम से होती और कुछ अपंग भिखारियों की सेवा भी होती. सरकार भले ही अक्षम हो, लेकिन जनता तो सक्षम है. आखिर जनता के भरोसे ही तो इनका भरण पोषण चल रहा है? मैं 'भिखारी सेवा केन्द्र' में एक दान पेटी रखवाता जहाँ इच्छुक और समर्थ लोग कुछ डालते. उससे इनके जीवन स्तर को ऊँचा करने में मदद मिलती. मैं भी भिखारियों को शहर से बाहर करता, लेकिन जानवरों की तरह नहीं, उनके साथ आदमी की तरह सलूक करता और तत्काल तंबू वगैरह बनाकर वहाँ भिखारियों द्वारा संचालित छोटे-छोटे गृह उद्योग खोल देता. इस देश में साधन की कमी नहीं है. सरकार में इच्छाशक्ति और हुनर वाले लोगों की कमी है. समस्या यही है. इसका हल ढूँढा जाना चाहिए कि आखिर राजनीति को असमर्थ लोगों के चंगुल से कैसे मुक्त किया जाय. भिखारी समस्या नहीं है, भिखारी बनाने वाली व्यवस्था और राजनेता समस्या हैं. मेरा कलेजा भी दो टूक होता है, लेकिन भिखारी को देखकर नहीं, उसके निर्माता राजनेताओं को देखकर.

6.08.09

❖

असहायों की सहायिका रेखा मोदी

भागलपुर जिले के मेरे पड़ोसी गाँव के एक बुजुर्ग आदमी अपनी बीमार पत्नी का इलाज कराने पटना आये थे. शाम में पत्नी को डॉक्टर से दिखाकर वे लौट रहे थे. उसी समय राजेन्द्रनगर में दिनकर गोलंबर के पास बारात पार्टी की आतिशबाजी चल रही थी. पटाखे से बचने के लिए वह बीमार औरत भागी कि उधर से आती हुई बोलेरो ने उन्हें कुचल दिया. गाड़ी भाग निकली. वह दुर्घटनाग्रस्त स्त्री पीएमसीएच में भरती की गयी, जहाँ उसकी मृत्यु हो गयी. दूसरे दिन पोस्टमार्टम के लिए उन्हें पुलिस से आदेश प्राप्त करना था. एक हवलदार रैंक का आदमी हॉस्पीटल आकर पोस्टमार्टम की पर्ची काटता है, जिसमें मरीज का नाम, पता, मृत्यु का कारण आदि सब लिखा जाता है. ऐसा लिखने के लिए पुलिस पैसा चाह रही थी. यह गरीब आदमी पैसा कहाँ से लाता! जो पैसा देता उसकी पर्ची कटती, जो नहीं देता वह गिड़गिड़ाता, लेकिन उसकी कोई सुनवाई नहीं होती, विशुद्ध आश्वासन मिलता.

उस आदमी ने मुझे फोन किया. मैं उनकी मदद के लिए पीएमसीएच पहुँचा. इमरजेंसी वार्ड के पश्चिमी किनारे पर्ची कट रही थी. पर्ची कट क्या रही थी, दुखी लोग पुलिस के द्वारा सताये जा रहे थे. पुलिस पर्ची काटने में नहीं, भीड़ पर पैंतरेबाजी करने में समय जाया कर रही थी. मैं सोचने लगा कि किस तरह इनकी मदद करूँ! अंत में मैंने हवलदार साहब से निवेदन किया—कल रात में इस गरीब की पत्नी मरी है, आज दोपहर के दो बज रहे हैं. अगर आज पोस्टमार्टम नहीं होगा, तो कब तक लाश पड़ी रहेगी और कब तक ये बेचारे इस नरक में पड़े रहेंगे? पुलिस ने कहा—इनकी बारी आयेगी तो होगा, अभी स्थिर रहिये. मैं स्थिर हो गया और उनकी वीभत्स लीला देखने लगा. वहाँ या तो दबंगों का काम पहले होता था या पैसे वालों का. मैं सोचने लगा—लगता है, इस गरीब की बारी आज नहीं आयेगी. मुझे पीरबहोर जाकर थानेदार से निवेदन करना चाहिए. यह सोच ही रहा था कि उस जगह एक कार आकर रुकी. एक सुंदर, स्मार्ट महिला ललाट के ऊपर काला चश्मा अटकाये

इस दृश्य का निरीक्षण कर रही थी. थोड़ी देर में ठसक के साथ कार से बाहर आयी और हवा बाँधने लगी. क्या हो रहा है? क्यों इतनी भीड़ है? क्या काम है आपको? उनके साथ एक औरत भी थी. मैंने अनुमान किया, जिस तरह से मैं मदद के लिए बुलाया गया हूँ, वैसे ही ये भी बुलायी गयी हैं. अच्छा देखता हूँ, वे किस तरह अपना काम निकालती हैं! मैं चमत्कृत हो गया. बहुत दक्षता के साथ उन्होंने पहले पब्लिक को अपने पक्ष में मोटिवेट किया, फिर पुलिस को हल्की फटकार देते हुए उनकी मदद में बैठ गयीं. पुलिस का संस्कार हत हो चुका था. सारी कार्रवाई उन्होंने अपने हाथ में ले ली. मरीज के मरने के समय के हिसाब से उन्होंने पुर्जे का नंबर लगाया और खुद पर्ची काटना शुरू कर दिया. पुलिस के घालमेल पर नियमबद्धता की विजय हुई. उस हिसाब से मेरे आदमी का नंबर पहले आ गया. मुझे राहत मिली. मुझे जिज्ञासा हुई कि मैं जानूँ कि यह देवी दुर्गा कौन है? उनकी कुशलता, निर्भीकता, रौब और असहायों की सहायता के लिए उनकी तत्परता देख मैं मन ही मन नतमस्तक हो चुका था. जिज्ञासा हुई कि इनका नाम जान लूँ और इनसे कभी मिलूँ. पूछा—मैडम, आपका नाम क्या है? उन्होंने अपने एक सहायक को इशारा किया कि इन्हें मेरा विजिटिंग कार्ड दे दीजिए. वे कार्ड खोजने लगे. उसी क्रम में बताया कि आप रेखा मोदी हैं, उप मुख्यमंत्री की बहन. मैंने नाम सुना था. आज दर्शन हुए. मीडिया में उनकी उतनी अच्छी छवि नहीं रखी गयी थी, जितनी उस समय वे मुझे लगीं. मैं भगवान से प्रार्थना करने लगा—प्रभु, ऐसी ऐसी कम से कम सौ दुर्गाएँ पटने में भेजो. अपार गंदगी है. एक रेखा मोदी कितना साफ करेंगी? उनके सहायक ने बताया—इस बार पटना मध्य से इन्हें चुनाव में खड़ा किया जायेगा. मैंने कहा—ऐसी समाज सेविका को निश्चय ही खड़ा होना चाहिए और जीतना चाहिए.

यही रेखा मोदी आज जमानतीय और गैरजमानतीय वारंट से जूझ रही हैं. असहाय नर्सिंग छात्राओं की मदद में पहुँची थीं. लेकिन इनसे इनका कुछ बिगड़ेगा नहीं, क्योंकि इनके पीछे ताकत है. उस ताकत का ये सदुपयोग कर रही हैं. जहाँ-जहाँ असहाय स्त्रियों पर अत्याचार होते हैं, उनकी मदद में ये पहुँचती हैं. लगभग डेढ़ महीने पहले गायघाट में स्थित संवासिनों की मदद करने भी ये पहुँची थीं. इनकी सक्रियता समाज हित में है और सुविधाभोगी अधिकारियों के खिलाफ है. इसलिए थोड़ी परेशानी आयेगी. अच्छे लोगों द्वारा अपनी ताकत देकर इन्हें और ताकतवर बनाने जरूरत है.

9.08.09

❖

ऐसी तीज का इंतजार है मुझे

तीज करती महिलाओं को देख यह वाक्य गूँज उठता है—'पति परमेश्वर होता है.' यह मानसिकता हमारी संस्कृति में कई पड़ावों से गुजरी है. इस वाक्य ने भावनाओं के शिखर से लेकर तिरस्कार की खाइयों तक सफर तय किया है. स्त्री-विमर्श के वर्तमान युग में यह बात बार-बार दुहराई जाती है कि यह पुरुषों द्वारा स्त्रियों को गुलाम बनाये रखने के लिए दिया गया उपदेश है. शिक्षित स्त्रियों ने पुरुष वर्चस्व के खिलाफ कई जरूरी सवाल उठाये. क्यों स्त्रियाँ ही मानें पति को परमेश्वर? पति क्यों नहीं माने? क्यों वही करें व्रत-पूजा उनके लिए? ऐसे ही कई सवालों ने पति के 'परमेश्वर' पद पर प्रश्न चिह्न लगा दिया. आधुनिक स्त्रियाँ व्यंग्य भरे लहजे में आपस में बात करती हैं—'अरी, कैसे हैं तेरे पति परमेश्वर?' और इसके बाद ठहाकों की तरंगें उठती हैं. इन तरंगों में बेचारे परमेश्वर की धज्जियाँ उड़ जाती हैं.

लेकिन तीज के अनुभव ने मुझे इस वाक्य के एक अलग ही धरातल का संस्पर्श कराया. यह यथार्थ का अधिक गहरा स्तर था, अधिक जीवंत और संवेदनशील. सन् 2004 की बात है. उस वक्त मेरे प्रेम की खबर मेरे घरवालों को नहीं थी. तीज का लाइसेंस यानी विवाह मेरे पास नहीं था. पर जब सच्ची लगन लगी हो तो 'लगन महूरत' का क्या इंतजार! मैंने प्रेमावेश में तीज व्रत करने की ठान ली. तब मैं अपनी दो बड़ी बहनों के साथ रहती थी. तीज के ठीक पहले मैं अस्वस्थ थी और तकरीबन तीन दिनों से ठीक से खाना न हुआ था, लेकिन उस दिन स्वस्थ अनुभव कर रही थी. ऐसे में उस दिन यह कहना कठिन था कि मुझे भूख नहीं है. मैं सोच में पड़ गयी कि खाने से कैसे बचूँ? दिन का खाना बनाने की जिम्मेदारी मेरी थी. मैंने जानबूझकर नाश्ते में रोटियाँ कम बनायीं. चिंतामग्न होकर सबके साथ नाश्ता करने बैठी. अचानक एक उपाय कौंधा. खाना शुरू करने से पहले ही मैं उठी और सबकी नजर बचाकर खुद को दरवाजे में इस तरह ठोकर लगाया कि मैं तो गिरते-गिरते बची पर खाने की थाली गिर पड़ी. मैंने राहत की साँस ली. मैंने दीदी से कहा—अब तो

रोटी नहीं है और कुछ खाने की इच्छा भी नहीं है. मैं जल्द ही चावल बनाकर खा लूँगी. तुमलोग फ्रिक मत करो. खैर, नाश्ते की बेला टली पर अब खाने का क्या हो? मुश्किल में फँसी ही थी कि परमेश्वर ने मदद भेज दी! मेरी बड़ी दीदी की एक सहेली आयी और वह उनके साथ बाहर चली गयी. दूसरी दीदी ने कहा—अभी मैंने ढेर सारा खा लिया है, तुम अपने लिए चावल बना लेना. मैं बाद में बनाकर खा लूँगी. मेरी तो मुँहमाँगी मुराद पूरी हुई. बस झूठमूठ सिर्फ पानी डालकर कूकर की सीटियाँ लगायीं और चावल बनाने का नाटक किया. इस तरह दिन के भोजन से बच गयी. रात में जल्द ही सोने चली गयी और कह दिया कि अगर मैं सो जाऊँ तो मुझे मत जगाना. इन बहानों से खाने-पीने की समस्या हल हो गयी.

मन ही मन हर बात की रिर्पोटिंग उन्हें करती जा रही थी. कितने मीठे झूठ थे! कितना आनंद आ रहा था! मैं प्रेम में विभोर थी. एसिड की बीमारी में भूखे रहना हानिकारक होता है पर उस आह्लाद ने सारी पीड़ा दूर कर दी थी. चेतना एकोन्मुखी होती जा रही थी. शुभ सात्विक भावों से हृदय आंदोलित हो रहा था. यह तो बस प्रतीक है एक दिन का कष्ट उठाना! सच्ची तीज तो तब होगी जब आनंद और उल्लास से सब पीड़ायें झेल लूँगी और प्रिय की मंगलकामना करती रहूँगी—

तब भी मरुत अनुकूल हों, मुझको मिले जो शूल हों
प्रियतम जहाँ भी हो बिछे सर्वत्र पथ में फूल हों

आह, प्रभु वे दिन कब आएँगे! इसी भाव को प्रगाढ़ करना भगवन!! सारा अहंकार ले लेना.

ऐसे ही भावों में डूबती उतराती जब उस दिन कॉलेज गयी और प्रिय को देखा तो मानो नजर ही बदल गयी थी. ओशो के वचन याद आये—'दृष्टि ही सृष्टि है'. दृष्टि बदलते ही सृष्टि बदल जाती है. कितना सच है! चेतना और प्रेमपूर्ण हो गयी थी. इसके पूर्व कभी हमारे बीच जो भी मतभेद हुए, झगड़े हुए, उनमें अपना ही दोष देखने लगी. हृदय जैसे पिघल रहा था और लग रहा था बिछ जाऊँ प्रिय के पैरों में. कैसी अनिर्वचनीय शांति होती है जब मन अहं भूलकर दूसरे के दोष नहीं देखता, सिर्फ अपने दोष देखता है. यह तर्कातीत दशा ही तो चित्त का परिष्कार करती है. शायद ऐसे ही किसी क्षण में अपने अवगुणों की स्वीकारोक्ति के बाद प्रार्थना उठी होगी किसी भक्त के मन में—'प्रभु मेरे अवगुण चित न धरो.' खैर, कॉलेज के बाद हमलोग बाहर एक जगह मिले और पता चला कि उन्होंने भी तीज कर रखी है. मैं विस्मित! गद्गद्!! फिर अपने मन में घुमड़ते भावों से उन्हें अवगत कराया . दोनों एक-दूसरे से क्षमा की मुद्रा में . अगले दिन की भेंट की योजना बनायी और विह्वल किंतु एक गहन शांति में डूबे विदा ली.

पारण के दिन कॉलेज के बाद हमारी मुलाकात हुई. मुझसे भी ज्यादा एसिड की बीमारी थी उन्हें और कैसे भूखे रहने के बाद भी आनंदित हैं! व्रत तोड़ने की घड़ी आयी. उन्हें देखा तो बस हैरत में पड़ गयी. वे भारतीय स्त्री थे या मैं? मैं क्या करती विधि-विधान! मैं तो भावातिरेक में निश्चल, अश्रूपूरित नयनों से बस उन्हें निहार रही थी. कैसे भावपूर्ण आयोजन से आरती की थाल उन्होंने सजाई थी! कैसे मेरी आरती उतारी थी! थाली में दिये की लौ जगमगा रही थी और मेरी आँखों में आँसू. उनके होठों पर एक स्मित खेल रहा था. दोनों ने एक दूसरे को टीका लगाया. और यह क्या! वे तो साष्टांग दंडवत मेरे चरणों में बिछ गये. ओह प्रभु, मेरी आत्मा उनके चरणों में लोट गयी. ऐसे क्षण में कौन परमेश्वर हो गया? प्रिया या प्रिय? कौन जाने, सुध किसे थी इन तर्कों की. दोनों के बस एक ही भाव थे अब तो दूसरा ही हो परमेश्वर. मीरा की मधुर वाणी मेरे अंदर गूँजने लगी—**म्हाने चाकर राखो जी!**

सोचती हूँ, पति परमेश्वर का भाव शायद ऐसे ही किसी गहन भावपूर्ण क्षण में आया होगा किसी स्त्री के मन में. कौन जाने तब उसके प्रिय ने उसे 'परमेश्वरी' बनाया या नहीं. वैसे दूसरों के परमेश्वरी बनाने का तो प्रश्न ही नहीं है. बिना किसी प्रतिदान के अगर कोई समर्पण के इतने गहरे तल में पहुँच पाये, तो यह उसका सौभाग्य होगा. वह दिन कब आयेगा जब किसी प्रतिदान के बिना भी प्रिय परमेश्वर ही लगेगा मुझे. कब ऐसा होगा जब कोई अपेक्षा नहीं रहेगी, कोई अहं न रहेगा. बस समर्पण रह जायेगा, पूर्ण समर्पण. ऐसे ही क्षण का इंतजार है. वही क्षण असली तीज का है. ऐसी ही तीज का इंतजार है मुझे.

जूली

अगस्त, 2007

❖

राखी के रंग

राखी का त्योहार तो एक है, लेकिन उसके रंग अनेक हैं. व्यक्ति का जो रंग होता है वही उसके त्योहार का रंग हो जाता है. व्यक्ति अपना रंग हर चीज में डालता है. इसलिए सृष्टि में वह केवल अपना ही दर्शन करता है. कहते हैं, जिस क्षण वह अपने रंग से बाहर होकर जगत को देखेगा उस क्षण सिवा परमात्मा के उसे कुछ भी नहीं दिखाई पड़ेगा.

वैसे तो यह भाई-बहन के प्रेम को बढ़ाने वाला त्योहार है, लेकिन तभी जब उनके भीतर प्रेम हो. अगर प्रेम की जगह अंदर पैसा हो तो वही बढ़ने लगता है. बहन अगर राखी बाँधने के बदले में पैसा या कोई गिफ्ट पाने का भाव रखे तब समझिये वहाँ प्रेम नहीं है. इसलिए भाई अगर पैसे वाला हो तो बढ़िया-सा गिफ्ट देकर सस्ते में जान छुड़ा लेनी चाहिए. अगर प्रेम की जगह कोई शर्त आ जाय तो भी प्रेम छू-मंतर हो जाता है. अगर बहन को यह कहना पड़े कि मुझे पैसा नहीं चाहिए, लेकिन गाढ़े समय में मेरी रक्षा करना तो समझिये वहाँ भी प्रेम नहीं है. भला प्रेम में कभी यह कहना पड़ता है कि मेरी रक्षा करना! कहना तभी पड़ता है जब प्रेम का अनुभव आदमी न कर रहा हो. कल ही तो अखबार में पढ़ा कि बेगूसराय के रामदीरी गाँव में एक बूढ़ा कुएँ में गिर गया. उन्हें बचाने के लिए उनका नाती कूदा और कुएँ में ही रह गया. फिर भतीजा कूदा और वहीं रह गया . बाद में तीनों की लाशें निकाली गयीं. बूढ़े ने नाती को कौन-सी राखी पहनायी थी? या भतीजे ने ही कब चाचा से रक्षाबंधन लिया था? नहीं, प्रेम शर्तबंदी नहीं. बिना शर्त के जो घट जाय, वह प्रेम है. उनके पास थोड़ा-सा भाव कम होता, जिंदगी को हिसाब से जीने वाले आदमी होते तो कुएँ में कतई नहीं कूदते. बूढ़े शरीर की रक्षा के लिए जवान शरीर की बलि नहीं चढ़ायी जाती. तब होती दुनियादारी की बात. प्रेम दुनियादारी नहीं है, प्रेम दुकानदारी नहीं है. प्रेम में रक्षा होती है, लेकिन उसकी शर्त नहीं होती.

इस तरह का नैसर्गिक प्रेम तो लोक में कम ही मिलता है. लेकिन लेन-देन

में भी प्रेम का एक स्वस्थ स्वरूप दिखाई पड़ता है. एक मेरे चाचा थे रामी बाबू. वैसे उनका नाम था रामानंद चौधरी. बड़े सीधे-सादे सरल व्यक्ति. वे भैंस चराते थे. संबंधानुसार वे मेरी माँ के देवर हुए. लेकिन उनकी माँ मेरी माँ की मौसी लगती थी. इस नाते वे माँ के भाई भी हुए. उन्हें भाई वाला नाता ही पसंद था. माँ उन्हें राखी बाँधती थी. उन्होंने माँ को प्रेम-वचन दिया था कि हर तिलसँकराँत (तिल संक्रांति) के दिन वे दूध पहुँचाया करेंगे. मकर-संक्रांति में जब गाँव में दूध का घोर अभाव हो जाता था, ऐसे कठिन समय में भी दुर्लभ दूध हमें सुलभ हो जाया करता था. भाई-बहन के प्रेम का रस दही-चूड़ा के रूप में बहकर हमें तृप्त करता था.

जहाँ कहीं कोई त्योहार आता है, पंडित की लोलुप नजर उस पर पड़ जाती है. अभी 'हैप्पी बर्थ डे' और 'वेलेंटाइन डे' वगैरह पंडितों की पहुँच से बचा हुआ है.क्योंकि वेलेंटाइन डे मनाने वाले थोड़े जीवंत लोग हुआ करते हैं, लेकिन बर्थ डे बहुत-से मुर्दे भी मनाते हैं. जहाँ मुर्दा मनुष्य मिला कि पंडित झट से उस पर चढ़ाई कर देता है. रक्षाबंधन पंडितों के आक्रमण से बचा हुआ नहीं है. इस दिन वह जजमान खोजता रहता है. नजर पड़ते ही हाथ खींचकर 'बंध्यो बलि राजा' वगैरह मंत्र बुदबुदाता हुआ रुपये झटक लेता है और दूसरे जजमान की टोह में निकल पड़ता है. दूसरा जजमान अगर गरीब रहा तो एक पीड़ा के साथ वह यथाशक्ति कुछ देता है, लेकिन अगर कंजूस रहा तो पंडित उसे एक विपदा की तरह आता हुआ दिखाई देता है.

कुछ पंडितनुमा बहनें भी होती हैं जो भाई को खोजती चलती हैं और भाई स्थान बदलते रहते हैं. कुछ प्रेमी-प्रेमिका भाई-बहन के वेश में इस दिन मिलने का अवसर खोजते हैं. कुछ लड़कियाँ लड़कों के दिल में पनपे प्रेम पर तुषारापात करने के लिए राखी बाँधने चली जाती हैं. टीवी पर एक कार्टून दिखाई पड़ा—लड़की राखी लेकर लड़के का पीछा कर रही है और लड़का जान गँवाकर भाग रहा है! इतने जोर से तो वह शायद बंदूक की गोली के डर से भी नहीं भागता!

कुछ राजनीतिक छात्र-संगठन हैं जिनमें छात्रों का मन संस्कारित किया जाता है कि जितनी भी लड़कियाँ हैं वे तुम्हारी बहनें हैं, तुम उनके भाई हो. एक अप्राकृतिक शिक्षा देने से उनके अंतःकरण में खलबली-सी मची रहती है. शरीर की माँग कुछ और है, शिक्षा की माँग कुछ और. इसमें उनका व्यक्तित्व सहज-सरल नहीं रह जाता. उनका आचरण भी विश्वसनीय नहीं रह जाता. आज 'सन्मार्ग' में फोटो छपा है. 'अखिल भारतीय विद्यार्थी परिषद्' के कुछ छात्र मगध महिला पहुँच गये हैं लड़कियों से राखी बँधवाने. कैसे एकटक लड़की को देख रहा है! कितना गंभीर बना हुआ है! मुस्कुराता क्यों नहीं? कौन-सा राज खुलने का भय है? कहीं से भी यह प्रेम का दृश्य नहीं लगता. अप्राकृतिक काम में व्यवहार की सहजता खो जाती है. दिखावटी चीज

में मजा नहीं रहता है. इसकी तुलना में वह कार्टून ज्यादा जीवंत है जिसमें लड़की राखी लेकर दौड़ रही है और लड़का बेतहाशा भाग रहा है.

मेरी बहन हर बार राखी पर्व में आती है. इस बार कुछ दिन पहले ही यहाँ से गयी है. पुनः आने के लिए मैंने मना कर दिया है. वहाँ से जूली को फोन किया है कि मेरी तरफ से मिठाई मँगाकर खाना है और फुआ के द्वारा मेरे नाम से राखी बँधवा लेनी है. सो भोरे-भोरे मैं देसी घी में बनी हुई गरमागरम जलेबियाँ ले आकर बिन नहाये भरपेट खा चुका हूँ. नहाने के फेरा में जलेबियाँ ठंडी हो जातीं. बहन के पैसे की जलेबियाँ खाने में बहुत मजा है!

कोई भी ऐसा प्रेम-संबंध नहीं है जिसका अनुभव मैं जूली के साथ नहीं करता हूँ. दो संबंध प्रधान हैं—पहला प्रेमी-प्रेमिका का और दूसरा माँ-बेटे का. इसके बाद यह यह मेरी बहन भी है, बेटी भी है, सचिव भी, साली भी, डॉक्टर भी, दोस्त भी, सेविका भी, मालकिन भी, छात्रा भी, मास्टरनी भी और क्या नहीं है? आज हमलोगों ने एक दूसरे के हाथों में राखी डाली है—बाजार से खरीदकर नहीं. घर में ही एक बोरा पड़ा हुआ था उसी से एक सुतली का टुकड़ा खींच लिया. इतनी सुंदर, इतनी अद्भुत राखी जिंदगी में पहली बार धारण की है. भाव जिस चीज में भर दीजिए वही चमक उठती है, खूबसूरत हो उठती है. इसीलिए कहा गया है—**छू दिया तुमने जिस मिट्टी को चमक उठी बनकर सोना.**

5.08.09

❖

अध्याय : दो

जासु राजु प्रिय प्रजा दुखारी

सुशासन एक सपना है

सुशासन और कुशासन व्यक्ति सापेक्ष शब्द हैं. जो सत्ता का रस पी रहा है उसके लिए सुशासन है और जो इससे वंचित है, उसके लिए कुशासन है. वास्तविक अर्थ में सुशासन उसको कहा जायेगा जो आम जनता का जीवन-स्तर ऊँचा उठा दे. सबको सही शिक्षा मिले, उचित चिकित्सा मिले, भोजन-वस्त्र-आवास, सड़क, बिजली आदि का समुचित प्रबंध हो. न शोषण न चोरी. न हत्या हो न बलात्कार. सभी चैन की वंशी बजायें और आंतरिक और बाह्य समृद्धि के लिए निरंतर संलग्न रहें, तब सुशासन. इस तरह का शासन कल्पना है. जब तक करोड़ों लोग आशा लगाये रखेंगे कि कोई आयेगा और सुशासन लायेगा, तब तक सुशासन सपना ही रहेगा. स्वयं कमर कसकर कर्मक्षेत्र में संकल्प के साथ कूद पड़ने से सुशासन आता है.

नीतीश सरकार में एक नीतीश को छोड़कर ऐसा कौन है जो सुशासन लाने में तत्पर दिख रहा है? क्या सरकारी स्तर पर बेईमानी और भ्रष्टाचार चला गया? सरकार जब शुद्ध न हो तब तक सुशासन एक छलावा है. सरकार कहाँ से शुद्ध होगी? कौन अच्छा आदमी आज राजनीति में आ रहा है? बुरे व्यक्तियों से अच्छे शासन की आशा तो कोई अंधा ही रखेगा. और अच्छा व्यक्ति भी जिनको कहा जाता है, वे तभी तक अच्छे हैं जब तक उन्हें बुरा आदमी बनने का मौका हाथ नहीं लगा है. एक-एक अच्छा आदमी बुरा बनने की लालसा से भरा हुआ है!

अगर एक करोड़ की आबादी पर एक भी वास्तविक अच्छा आदमी मिल जाय और वह राजनीति में आने को तैयार हो तो सुशासन आ सकता है. अच्छा आदमी का मतलब जिसने अपना रूपांतरण कर लिया है. जिनमें न लोभ बचा है, न भय. जिसके पास विवेक है, जनसेवा का आनंद है और उसके लिए अपना सर्वस्व अर्पित करने का उत्साह है. कोई खोज सकेगा ऐसा आदमी? अगर ऐसे दस आदमी भी बिहार में मिल जायँ और उनकी शक्ति मिलकर एक हो जाय तो क्रांति हो जायेगी. उस क्रांति की कोख से सुशासन का जन्म होगा.

एक आदमी की हत्या हो जाती है. जनता आक्रोश में आती है. सड़क जाम करती है, उपद्रव करती है. क्या ऐसी जनता को ख्याल है कि प्रदूषण से लाखों आदमी बीमारी के शिकार होते हैं और मर जाते हैं? प्रदूषण से मरने वालों के लिए क्या कोई आंदोलन होता है? सड़क जाम कर आखिर वे किसको कष्ट देते हैं? क्या अपने जैसे निर्दोष लोगों को नहीं? पटना एवं बिहार के अन्य शहरों की सड़कों पर कितनी धूल है, धुआँ है और उसके बीच दम घुटते लोगों की अपार भीड़! क्या यही सुशासन है? दिल्ली में पुल बनना शुरू होता है और देखते-देखते बनकर तैयार हो जाता है. बिहार में पुल बनना शुरू होता है, लेकिन समाप्ति की तिथि रबर की तरह खिंचती चली जाती है. जहाँ पुल बन रहा होता है, वहाँ के नागरिकों के कष्ट की कोई सीमा नहीं.

लेकिन सुशासन का पहला संकेत न बिजली है, न सड़क. न हिंसा का थमना है, न आतंकवाद का रुकना. सुशासन आ रहा है, इसका पहला संकेत शिक्षा में सही दिशा में परिवर्तन से मिलता है. ऐसी शिक्षा जो न सिर्फ बाहरी जगत में विकास का मार्ग प्रशस्त करे, बल्कि इससे बढ़कर आदमी को आदमी बनाने का प्रयत्न करे. आदमी को आदमी बनाने का प्रयास सुशासन का प्रारंभ है. आज की शिक्षा आदमी को राक्षस बना रही है. जब तक वर्तमान शिक्षा रहेगी, सुशासन सपना बना रहेगा.

मार्च, 2009

❖

अच्छे आदमियो, राजनीति में आओ

वैसे तो हर आदमी अपने को अच्छा समझता है, लेकिन आदमी का अच्छा होना तब शुरू होता है जब अपनी बुराइयाँ दिखने लगती हैं. जिस दिन बुराइयाँ पूरी तरह दिख जाती हैं, उस दिन वे विलीन हो जाती हैं और आदमी अच्छा हो जाता है. यह असंभव है कि आदमी अपनी बुराइयाँ देख ले और वे उसके पास रह जायँ. यह असंभव है कि हम अपनी देह पर रेंगते हुए पिल्लू को देख लें और उस फूँक भर कर या जैसे हो न हटायें. पिल्लू की भौतिक सत्ता है, इसलिए उसे भौतिक माध्यम से हटाना पड़ता है, लेकिन बुराई एक मानसिक दशा है, वह पहले मन में पैदा होती है, इसलिए उसे भगाने के लिए उसे देख भर लेना काफी होता है. हम दूसरों में बुराई देखते हैं और दूसरे हममें. दूसरों के देखने से बुराई हटती नहीं, छिप जाती है. दूसरों की बुराई देखने का अनिवार्य परिणाम होता है कि दूसरा अब अपनी बुराई छिपायेगा. अब वह हममें बुराई देखना शुरू करेगा और हम अपनी बुराई छिपाने में लग जायेंगे. बुराई भगाने का एकमात्र कारगर उपाय है अपनी बुराई देखना. तो निष्कर्ष यह आया कि जो दूसरों में बुराई देखता है, वह बुरा आदमी है और जो अपने में बुराई देखता है वह अच्छा आदमी है.

राजनेतागण केवल दूसरों में बुराई देखते हैं, इसलिए वे बुरे हैं. जब राजनीति में आने के लिए अच्छे आदमी का आह्वान मैं कर रहा हूँ, तो मेरा मतलब उन आदमियों से है जो अपनी बुराइयाँ देखने के लिए तैयार हैं, देख रहे हैं और देख लिया है. जिसने देख लिया है वह प्रथम पंक्ति का नेता. जो देख रहा है वह दूसरी पंक्ति का नेता और जो देखने के लिए तैयार है, वह कार्यकर्ता.

कल मैं टीवी पर श्रीदेवी का नशीला नृत्य देख रहा था—**मेरे हाथों में नौ-नौ चूडियाँ हैं, थोड़ा ठहरो सजन मजबूरियाँ हैं**. उधर विधानसभा में भी कृषि मंत्री रेणु देवी विपक्षियों को चूड़ियाँ दिखा रही थीं. इसे देखकर सहकारिता मंत्री गिरिराज सिंह जोश में आ गये और रेणु देवी से चूड़ियाँ लेकर विपक्ष की ओर फेंक दीं. मैं तो दंग

रह गया! चूड़ियों से कितने काम लिये जा सकते हैं! लेकिन इसका अर्थ नहीं समझ पाया. देखा-सुना करता था कि कायर पुरुषों में जोश भरने के लिए व्यंग्य के तौर पर स्त्रियाँ उन्हें चूड़ियों का उपहार भेंट करती थीं कि तुम अब चूड़ी पहनो और घर में बैठो. मैं रणक्षेत्र में चली. लेकिन वहाँ तो सभी रणक्षेत्र में थे. कोई महत्वपूर्ण मुद्दे पर बहस करने की वीरता नहीं दिखला रहे थे. जिनके पास विचार नहीं होता, वे शरीर से लड़ना शुरू कर देते हैं. विधानसभा में यही हुआ. सर्वत्र तनातनी थी. लोजपा के वीर विधायक महेश्वर सिंह माइक स्टैण्ड से उखाड़ चुके थे. कहीं कायरता नहीं थी ? फिर ये चूड़ियाँ?

मैं कह रहा था कि जो अपनी बुराई देखे वह अच्छा आदमी और जो दूसरे की बुराई देखे वह बुरा आदमी. कबीर बहुत अच्छे आदमी थे, क्योंकि उन्हें अपनी बुराई पूरी तरह दिख गयी थी—

बुरा जो देखन मैं चला मुझसे बुरा न कोय

जब भी आदमी अपने भीतर समग्रता के साथ झाँकेगा तो यही लगेगा—'मुझसे बुरा न कोय.' तुलसी ने भी अपने भीतर झाँका तो यही पाया—'मो सम कौन कुटिल खल कामी.' यानी मेरे समान भीतर से टेढ़ा कौन है? मुझसे बड़ा दुष्ट कौन है? मेरे समान सेक्सी कौन है? कमोबेश सभी आदमी ऐसे होते हैं. जिस क्षण अपने को ऐसा देख लेते हैं, वैसा नहीं रह जाते. उसी समय संत हो जाते है.

आज 'सन्मार्ग' में पढ़ा कि बसपा के एक विधायक रामचन्द्र सिंह यादव ने कुछ राजनेताओं एवं कांग्रेस पार्टी का उनके गुणों के अनुसार नामकरण किया है. कोई खिलाड़ी क्रिकेट खेलता है, कोई फुटबॉल, कोई बॉलीबॉल, लेकिन राजनेता वोट-बैंक खेलता है. अपने पाले में वोट-बैंक करने का खेल. आजादी के बाद से ही यह खेल चल रहा है. इस कला में सिद्धहस्त कांग्रेस पार्टी ने ब्राह्मण, मुस्लिम, हरिजन आदि के वोट-बैंक पर कब्जा जमा रखा था. उसका पेट बड़ा था. इन सबको निगल गयी थी. इसलिए उसका नाम पड़ा अजगर! लालू प्रसाद ने उसमें थोड़ी-सी सेंध लगायी थी. फोड़ा था मुसलमानों और दलितों को. साँपनाथ नाम पड़ा! ज्यादा खतरनाक नीतीश कुमार हैं, इसलिए नागनाथ नाम पड़ा! साँपनाथ और नागनाथ का अंतर यह है कि पहला साँप जाति का सूचक है. साँपों में कुछ विषैले होते हैं, शेष विषहीन होते हैं. लेकिन लोग साँप मात्र से डरते हैं और भय के कारण कभी-कभी विषहीन साँप के काटने से भी मरते हैं. मुझे लगता है कि यह नामकरण सही है, क्योंकि लालूजी खुल्लमखुल्ला गलत करते थे—कहते थे कि राज करने के लिए विकास की कोई जरूरत नहीं है. उनको पटकनियाँ देकर विकास-पुरुष सामने आये. ये ज्यादा खतरनाक सिद्ध होंगे, क्योंकि गलत लोगों के साथ रहकर सच्चा विकास संभव नहीं

है. वे सिर्फ जनता को भरमाने में सफल होंगे. ज्यादा जहरीला होने के कारण वे नागनाथ कहलाये. रामविलास शर्मा गिरगिट नाथ! शायद बार-बार स्टैण्ड बदलने के कारण. लेकिन विधायकजी को अपनी सुप्रीमो मायावती का भी नामकरण बिच्छूनाथ करना चाहिए जो नहीं किया. कहा न, राजनीति में सारी बुराइयाँ दूसरों में देखी जाती हैं. किन्तु जो इससे अलग राजनीति की धारा मोड़ने के लिए छटपटा रहा है, उसका नाम मटुक नाथ होगा! यानी मुकुट का मालिक उन्हें ही होना चाहिए जो वास्तव में जनता के कल्याण के लिए राजनीति करे. इस धारा के लोग इन राजनेताओं से लड़ने नहीं जायेंगे, बल्कि जिन सोये हुए लोगों का वोट पाने के लिए वे सब उपद्रव करते हैं उन लोगों को सिर्फ जगायेंगे. अच्छी राजनीति का मतलब यह नहीं कि आनन फानन कुछ दिखावटी काम करके चुनाव में खड़े हो जाइये. चुनाव में खड़ा होना बुरा नहीं है, लेकिन चुनाव जीतने के लिए बुराई से समझौता करना निश्चय ही बुरा है. इसलिए प्रेम पार्टी अगर बनती है तो उसका पहला काम होगा जनता को ज्ञान देना, प्रशिक्षित करना, सावधान करना, लेकिन किसी भी हालत में उसे भुनाना नहीं. यह काम आसान नहीं है—बहुत कठिन है डगर पनघट की.

29.07.09

❖

मैं क्यों राजनीति में जाना चाहता हूँ?

राजनीति में मेरे आने का उद्देश्य सामूहिक रूप से सहज सुख की खोज की चेष्टा है. अकेला व्यक्ति कितना भी विकास कर ले, अगर समाज पीछे छूट गया है, तो उस व्यक्ति के सुख में एक कमी रह जायेगी. कवि जयशंकर प्रसाद कितनी अच्छी बात कह रहे हैं—

अपने में सब कुछ भर कैसे व्यक्ति विकास करेगा?
यह एकांत स्वार्थ भीषण है, अपना नाश करेगा!
औरों को हँसते देखो मनु हँसो और सुख पाओ
अपने सुख को विस्तृत कर लो सबको सुखी बनाओ।

स्वार्थ बड़ा ही स्वाभाविक शब्द है. वास्तव में आदमी अपने लिए ही जीता है और इसमें कोई बुराई नहीं है. बुराई है सही माने में अपने लिए न जी पाना. मनुष्य को ठीक ठीक पता ही नहीं है कि अपने लिए कैसे जीया जाता है. इसलिए स्वार्थ के प्रकारों को समझना जरूरी है. स्वार्थ के चार प्रकार हैं—उत्तम, मध्यम, अधम और अधमाधम. उत्तम कोटि का स्वार्थ वह है जिसमें अपने साथ-साथ दूसरों का कल्याण हो. मध्यम कोटि का स्वार्थ वह है जिसमें केवल अपना हित हो, लेकिन दूसरों का अहित भी न हो. अधम स्वार्थ वह है जिसमें अपने सुख के लिए दूसरों को दुख में डालना पड़े तो तैयारी पूरी है. अधमाधम स्वार्थ वह है जिसमें अपना सुख पाना उद्देश्य नहीं है. दूसरों को दुख देना उद्देश्य है. इसके लिए खुद दुख भी उठाना पड़े तो चलेगा. दूसरों को मिटाने के लिए मिट भी जाना पड़े तो भी एक प्रकार का संतोष है! प्रथम कोटि का स्वार्थ असली स्वार्थ है. स्वार्थ के तीसरे और चौथे प्रकार वास्तव में हमें दुख और अशांति में ले जाते हैं.

सुंदर समाज, देश और दुनिया का जो मेरा सपना है उसे साकार करने के प्रयास में मुझे आनंद है. अगर समाज में थोड़ी-सी गति पैदा हो जाय, चिंतन करवटें बदलने लगे तो मेरा स्वार्थ सधेगा. स्वार्थ केवल यह नहीं है कि एम.पी. बनूँ और संसद में

परिवर्तन की हवा बहाऊँ. इससे पहले यह महत्वपूर्ण है कि समाज को सपना दिखाऊँ. क्रांति का सपना—राजनीतिक, शैक्षिक, सामाजिक, धार्मिक, आर्थिक, सांस्कृतिक आदि सभी क्षेत्रों में पूर्ण परिवर्तन का सपना. आदमी जैसा स्वप्न देखता है, वैसा ही होने लगता है. इसलिए बहुत भयावह होता है सपनों का मर जाना. कुछ मित्रों के द्वारा मुझे किसी पार्टी से टिकट लेने की सलाह देना उसी सपने के मर जाने की सूचना है.

क्रांति पहले विचार जगत में ही घटती है. इसलिए वैचारिक क्रांति का शंखनाद मैं चुनाव प्रचार के माध्यम से कर रहा हूँ. आपलोगों से निवेदन है कि इस विचार यज्ञ में अपने चिंतन की आहुति देकर ऐसी ज्वाला पैदा करें जिसमें तमाम जड़ताएँ भस्म हों और नयी रोशनी निकले. इस रोशनी में दिख जायेगा कि सारे परिवर्तनों का मूलाधार है शिक्षा में परिवर्तन. जैसी शिक्षा व्यवस्था रहेगी, वैसे ही मनुष्य का निर्माण होगा. अगर हमारी शिक्षा केवल महत्वाकांक्षा पैदा कर रही है तो प्रेम, करुणा, सहयोग, सेवा आदि शब्द जीवन से विदा हो जायेंगे. हो ही गये हैं! महत्वाकांक्षी लोग इन शब्दों का जाल बुनकर एक दूसरे को फँसाने में लगे हैं. इस शिक्षा ने केवल रुग्ण पीढ़ी पैदा की है. रुग्णावस्था में उपद्रव तो हो सकते हैं, क्रांति नहीं हो सकती. क्रांति के लिए स्वस्थ चित्त चाहिए.

मनुष्य को मनुष्य बनाने वाली शिक्षा अगर लानी है तो उसके केन्द्र में प्रेम और ध्यान को स्थापित करना होगा. प्रेम मनुष्य को मनुष्य से जोड़ता है. जो प्रेम दो को मिलाकर एक कर देता है, वही अगर फैल जाए तो पूरे देश और दुनिया को एक कर सकता है. जहाँ एक होने का भाव हो वहाँ शोषण नहीं रहता है, समर्पण होता है. ध्यान भी एक दूसरे रास्ते से यही काम करता है. ध्यान की धारा दो दिशाओं में बहती है—बाहर और भीतर. जब हमारा ध्यान बाहरी संसार पर, वस्तुओं पर जाता है तो विज्ञान पैदा होता है और बाहरी समृद्धि आती है. लेकिन जब हमारा ध्यान स्वयं पर या अपनी चेतना पर जाता है तो अध्यात्म पैदा होता है और आंतरिक समृद्धि आती है. विज्ञान और अध्यात्म जीवन के दो आयाम हैं. किसी की भी कमी हो तो जीवन अधूरा और दीन बना रहता है. वर्तमान शिक्षा के अंतस में न प्रेम है, न ध्यान. इसलिए हर तरह की दीनता पैदा हो रही है.

सही शिक्षा का लक्ष्य है मनुष्य के भीतर छिपी क्षमता की पहचान और उसका विकास करना. इसके लिए प्राथमिक शिक्षा को प्राथमिक महत्व देना होगा. देश की श्रेष्ठतम प्रतिभाओं से बच्चों को मिलाना होगा. हर विद्यालय में मनोवैज्ञानिक बहाल हों जो बच्चों के क्रियाकलापों और मनोभावों के अध्ययन के द्वारा यह जान सकें कि उनके अंदर कौन-सा बीज छिपा है.

स्त्री और पुरुष एक भी हैं और अलग अलग भी. जहाँ दोनों एक हैं वहाँ एक

तरह की शिक्षा हो और जहाँ दोनों भिन्न हैं वहाँ भिन्न प्रकार की शिक्षा हो. शिक्षा ऐसी हो जो स्त्री को पूर्ण स्त्री बनाये और पुरुष को पूर्ण पुरुष.

एक कैडर के शिक्षकों की प्रतिभा, कार्यक्षमता, दक्षता आदि में जब जमीन आसमान का फर्क होता है और हो सकता है तो उनका वेतन एक क्यों हो? वेतन तैयार किये गये विद्यार्थियों की संख्या और उनकी गुणवत्ता पर आधारित हो. प्राथमिक विद्यालय या विश्वविद्यालय में पढ़ाने के कारण वेतन में भिन्नता न हो. शिक्षक की योग्यता के कारण अंतर हो, वह चाहे तो नीचे की कक्षा में पढ़ाये या ऊपरी कक्षा में. यह चुनाव उनका होना चाहिए. देश में दिग्गज शिक्षकों के माध्यम से नये नये दक्ष शिक्षकों को तैयार करने की व्यवस्था होनी चाहिए. वर्तमान टीचर्स ट्रेनिंग कॉलेज तो कचड़ा हैं. साधु-संतों, वैज्ञानिकों, मौलिक शिक्षाविदों, चिंतकों आदि में किसी एक का उच्चस्तरीय चुनाव प्रक्रिया के तहत कुलपति के रूप में चुनाव होना चाहिए, मनोनयन नहीं. राजनेताओं द्वारा कुलपतियों का मनोनयन करना शिक्षा पर कब्जा जमाये रखने का षड्यंत्र है. राजनेताओं की गुलामी से जब तक शिक्षा को मुक्त नहीं किया जायेगा, सही शिक्षा सपना रहेगी.

शिक्षा ऐसी होनी चाहिए जो राष्ट्र की चुनौतियों का सामना करने वाली पीढ़ी तैयार करे. राष्ट्र के सामने चुनौतियाँ हैं-गरीबी, बेरोजगारी, मँहगाई, भ्रष्टाचार, कामकुंठा, जातिवाद, सम्प्रदायवाद, क्षेत्रवाद, आतंकवाद, भाषावाद, पर्यावरण असंतुलन, स्वास्थ्य, राष्ट्रीय एकता आदि. शिक्षा जीवन जीने की कला सिखाये और जीवन ही उसका इम्तहान ले.

क्रांतिकारी शिक्षा के बारे में अनेक बातें हैं. उनका उल्लेख यहाँ न संभव है, न उचित है. सिर्फ संकेत भर काफी है कि मैं शिक्षा प्रणाली में आमूल परिवर्तन चाहता हूँ. सबको मिलकर नयी शिक्षा की परिकल्पना करनी होगी, छोटे-छोटे विद्यालय खोलकर उन पर प्रयोग करने होंगे. प्रयोग की सफलता के बाद उसे देश में लागू करना होगा. इस काम के लिए अवसर कौन प्रदान करेगा? राजनेता ही न? लेकिन जिस तरह के राजनेता वर्तमान चुनाव प्रणाली में चुने जा रहे हैं, उनसे तो यह काम संभव नहीं है. जिनसे संभव है उनका इस प्रणाली में चुना जाना अत्यंत मुश्किल है. फिर क्या हो? चुनाव प्रणाली बदलनी होगी. यही कारण है कि चुनाव प्रणाली में आमूल परिवर्तन को मैंने दूसरा महत्वपूर्ण मुद्दा बनाया है.

चुनावी घोषणा-पत्र से
अप्रैल, 2009

❖

मेरी चुनाव यात्रा

मैं पटना साहिब से चुनाव लड़ने के लिए उत्साहित हूँ. क्यों? अचानक क्या सूझा मुझे? मेरा कौन-सा स्वार्थ जाग गया है?

कारण बताने के पहले यह स्पष्ट कर दूँ कि मेरे अंदर की यह छटपटाहट आज अचानक पैदा नहीं हो गयी. यह अन्तर्धारा के रूप में बचपन से ही रही है. व्यवस्था की खामियों का दिखाई पड़ना और उसे ठीक करने का रास्ता दिख जाना-ये दोनों घटनाएँ मेरे अंदर साथ-साथ घटती रही हैं. लेकिन व्यवस्थागत दोषों को दूर करने के लिए एक सामूहिक शक्ति चाहिए. राजनीति वही शक्ति अर्जित करने का साधन है. इसी उद्देश्य से मैं 1974 की सम्पूर्ण क्रांति में कूद पड़ा था. मेरा कार्यक्षेत्र थाना बिहपुर (भागलपुर) था. डॉ. रामजी सिंह और जयप्रकाश नारायण हमारे नेता थे. अपने उस नवयौवन काल में स्वप्न में भी नहीं सोचा था कि भ्रष्टाचार का विरोध करने वाले क्रांतिकारी छात्र एक दिन मंत्री बनकर भ्रष्टाचार के सारे रिकॉर्ड तोड़ देंगे!

1980 में जनता पार्टी की सरकार अकाल मृत्यु को प्राप्त हुई. पहले देखा था कांग्रेस को और अब देख लिया जनता पार्टी को. अब विकल्प क्या? सोचा तत्काल पूरे देश में सच्चे क्रांतिकारियों को स्वतंत्र उम्मीदवार के रूप में खड़ा हो जाना चाहिए, फिर उनका एक संगठन बनना चाहिए. इसी ख्याल को लेकर 1980 में खगड़िया संसदीय चुनाव क्षेत्र से लड़ने के लिए मैंने सघन जनसंपर्क अभियान चलाया. लगभग सवा महीने तक गाँव-गाँव पैदल घूमा. ज्ञानोदय हुआ—धनबल और बाहुबल का अवलंब लिये बगैर सफलतापूर्वक चुनाव लड़ना संभव नहीं. उनका सहारा लेकर लड़ूँगा तो उनके हाथों का खिलौना हो जाऊँगा और लुटेरा भी. जिस राजनीति का विरोध करने चला हूँ, उसी का शिकार हो जाऊँगा—**शिकार करने को आये शिकार होके चले.** न, न चुनाव लड़ने का समय अभी नहीं आया है और मैंने नॉमिनेशन फाइल नहीं किया.

सन् 1996 का समय था. पटना विश्वविद्यालय के शिक्षक संघ का चुनाव होने

वाला था. छोटा क्षेत्र, सभी बुद्धिजीवी. सबसे सम्पर्क करना आसान, अपनी बात रखना आसान. बस क्या था, अध्यक्ष पद के लिए लड़ने को तैयार हो गया. एक पर्चा तैयार किया—**कबीरा खड़ा चुनाव में**. लिफाफे में उसे बंद कर एक-एक शिक्षक को हाथों हाथ बाँटा. उस पर्चे की बड़ी चर्चा हुई. सराहना बहुत मिली, वोट कम मिले. एक अनुभवी शिक्षक ने बताया—'वोट अच्छाई को नहीं मिलता है; जातिवाद, गुटवाद और अधम स्वार्थवाद के गठजोड़ को मिलता है.' अजीब बात है! फिर अच्छाई कैसे आयेगी? नयी पार्टी बनाना चाहा तो लोग हँसने लगे! और मैं राजनीति से दूर रहा. लेकिन दिल है कि मानता नहीं। तटस्थ रहना भी अपराध!

2009 में मैं फिर आ गया हूँ स्वतंत्र उम्मीदवार के रूप में. हितैषी सलाह देते हैं—किसी पार्टी से टिकट ले लीजिए. लेकिन जनहितैषी पार्टी है कहाँ जिनके साथ मिलकर काम करूँ? वहाँ तो आपस में ही टिकट के लिए घमासान है. एक ऊपरी आदमी और शामिल होगा तो क्या हासिल होगा—सिर्फ उपेक्षा! सबसे बड़ी बात यह कि जिस क्रांति की बात मैं करता हूँ, किसी पार्टी का अनुचर होने से वह कभी संभव होगी क्या? वहाँ पदलिप्सा और धनलिप्सा की होड़ है. सुखी होने की यह एक बीमार कोशिश है. घूस, घोटाला, बेईमानी और तमाम भ्रष्ट आचार सुखी होने की पागल तरकीबें हैं. हम स्वस्थ सुख को नहीं जानते, इसलिए बीमार सुख के लिए बेहाल हैं. हमें सहज सुख की खोज के लिए तैयार होना पड़ेगा. गलत शिक्षा के कारण सहज सुख की खोज कहीं खो गयी है. इसलिए सही शिक्षा को लाने का प्रयास मेरी प्राथमिकता है.

अप्रैल, 2009

(घोषणा-पत्र से)

❖

रावनु रथी बिरथ रघुबीरा

राम-रावण युद्ध छिड़ा है. युद्ध के मैदान में पवन के समान वेगवान रथ पर रावण सवार है. राक्षसों की अपार सेना है. उनमें ऐसे ऐसे शूरवीर हैं जो बहुत प्रकार की माया जानते हैं. रावण की जय जयकार हो रही है. इधर रघुवीर रथविहीन हैं. न पाँव में जूते हैं, न तन पर कवच. बलवान रावण कैसे जीता जायेगा? विभीषण हहर गये हैं.

जिस कुव्यवस्था के विरुद्ध मैंने युद्ध छेड़ दिया है, क्या वह रावण की सेना से कम है? लेकिन हे सज्जन रूपी विभीषण, हहरिये नहीं. इधर सत्य का बल है, शौर्य है, धैर्य है, प्रेम की ताकत है. इसके सामने यह कुव्यवस्था हारेगी. बस एक बवंडर खड़ा कर देना है. प्रेम की ऐसी आँधी चला देनी है जिसमें कुव्यवस्था के छप्पर उड़ जायँ!

मुझ जैसे साधनहीन व्यक्ति से संभव नहीं है कि पटना साहिब के सवा सोलह लाख से अधिक मतदाताओं से संपर्क कर पाऊँ. लेकिन मुझे भरोसा है कि मेरी आत्मा की आवाज मतदाताओं तक अवश्य पहुँचेगी और वे पूर्ण परिवर्तन के पक्ष में मतदान करेंगे.

मेरा उद्देश्य मात्र सांसद बनना नहीं है, बल्कि एक ऐसी परिस्थिति पैदा करनी है जिससे एक से बढ़कर एक अच्छे आदमी राजनीति में आ सकें, जो वर्तमान अधम स्वार्थवादी राजनीतिक धारा को उत्तम स्वार्थ की ओर मोड़ सकें और व्यक्ति, समाज एवं राष्ट्र का सर्वतोन्मुखी विकास कर सकें.

बहुत लोग पूछते हैं—'आप शत्रुघ्न सिन्हा के खिलाफ लड़ रहे हैं?' नहीं भाई, मैं तो उस व्यवस्था-वृक्ष के खिलाफ लड़ रहा हूँ जिसकी एक पत्ती या टहनी शत्रुघ्न सिन्हा हैं. दरअसल मैं किसी के खिलाफ नहीं लड़ रहा हूँ. यह प्रश्न कुछ इसी प्रकार का है, जैसे कोई पूछे—'आप अंधेरे के खिलाफ लड़ रहे हैं?' मैं कहूँगा—नहीं, मैं सिर्फ दीया जला रहा हूँ. मैं अंधेरे से संघर्ष करने के पक्ष में नहीं हूँ, सिर्फ दीया जलाने के प्रयत्न में हूँ. ज़हाँ दीया जलेगा, वहाँ अंधेरा नहीं रहेगा. राजनीतिक तूफान में अंधेरे

को चीरने एक शमा जल उठी है. इसे पहचानिये और शमा से शमा जलाते चलिए क्योंकि तूफान की बुरी नजर इस एकाकी शमा पर है. इसलिए दोस्तो—

एक से एक शमा अंधेरे में जलाते चलिए
सुबह होने को है माहौल बनाते चलिए।

मैंने तुलसीदास के हवाले से लिखा है कि रावण के पक्ष में ऐसे शूरवीर हैं जो माया जानते हैं. इसी माया को कबीर ने 'रमैया की दुलहिन' कहा है जिसने बाजार को लूट लिया है. चुनाव में मुख्य मुद्दों से ध्यान हटाकर तरह-तरह के आकर्षणों में मन को उलझाने वाली प्रचार पद्धति ही माया है. लुभावने नारे, प्रदर्शन, जुलूस, रोड शो, अभिनेता-अभिनेत्रियों के ताम झाम, फिल्मी डायलॉग, नाच-गान आदि ही माया है. कानों-कान जाति-सम्प्रदाय की भावना उभार कर वोट ठग लिये जाते हैं. जो पैसे के लोभी हैं, उनके बीच पैसे छींट दिये जाते हैं. जो पियक्कड़ हैं, उनके लिए बोतलें उड़ेल दी जाती हैं. संगठन के अनेक बेरोजगार लोगों के रोजगार और भोजन का प्रबंध हो जाता है. जिनकी वोट दिलाने की जैसी क्षमता उनको वैसा उपहार! सचमुच—

आए दिन बहार के
खिले हैं दाँत ज्यों दाने अनार के
सपने दिखे कार के
गगन बिहार के
आए दिन बहार के!

मतदाताओ! इन बहारों से सावधान! एक ही प्रश्न मतदाताओं को उम्मीदवारों से पूछना चाहिए कि जिस व्यवस्था ने हमारी दुर्गति की है, उसे बदलने की कोई रूपरेखा आपके पास है? कोई संकल्प है? है तो बतायें कि आप क्या बदलेंगे और कैसे बदलेंगे? कितने दिनों में क्या क्या बदलेंगे? जो पहले से सांसद और मंत्री रह चुके हैं उनसे हिसाब माँगें कि आपने क्या किया? कुछ तो नहीं! फिर मेरे दरवाजे पर वोट के लिए आने में आपको शर्म नहीं आती?

चतुर चालाक लोग अनेक प्रकार से मतदाताओं के मन को, विचारों को प्रदूषित करते हैं. उनमें एक है—'वह जीतेगा? उनको वोट देकर काहे को अपना वोट खराब कीजिएगा?' ऐसे लोगों से सिर्फ एक सवाल पूछिए—'वोट गलत आदमी को देने से खराब होता है या अच्छे आदमी को देने से?' अगर गलत आदमी जीत गया तब तो आपका वोट खराब ही नहीं हुआ, खतरनाक भी हो गया. उसी तरह जैसे अपराधी को हथियार हाथ लग गया हो! ये खतरनाक आदमी इसलिए चुने जा रहे हैं, क्योंकि अच्छे आदमी खड़े नहीं हो रहे हैं. हाँ, अच्छे और बुरे की पहचान में भूल हो सकती है. क्योंकि गलत आदमी हमेशा वेश बदलकर आता है. है आपका दुश्मन

और दोस्त बनकर आपके सामने खड़ा है. इसलिए अगर आपके पास पैनी दृष्टि नहीं है तो आप चूकेंगे. इस चूक का फायदा राजनेता उठाते रहे हैं. यही लोग प्रचारित करते हैं कि वोट उसे दीजिए जो जीतेगा. मैं पूछता हूँ कि जिसे वोट दीजिएगा ही नहीं, वह जीतेगा कैसे? यह क्या, 'जिसकी जीत उसकी दीस', जिसकी जीत होने वाली है उसकी तरफ भाग गये! यह तो घोर अवसरवादिता है. जब मतदाता अवसरवादी होगा तो नेता क्यों नहीं होगा? दरअसल मतदाता को गुलाम बनाने की यह चालाक चेष्टा है. सिद्धान्तवादी और सुलझे लोग इस प्रकार की मूढ़ता के शिकार नहीं होते और न ही किसी को शिकार बनाते हैं.

जीत उसकी होगी जिसके पक्ष में हवा बहेगी. और मटुक नाथ के पक्ष में हवा बहने की पूरी संभावना है क्योंकि शेष लोग जाने, समझे, आजमाये हुए हैं, अब मटुक नाथ को आजमाना है. जूली ने एक नारा बनाया है–

आजमाये को क्या आजमाना, परिवर्तन का आया जमाना

अप्रैल, 2009

(घोषणा-पत्र से)

❖

वर्तमान चुनाव प्रणाली की खामियाँ

पहले हम वर्तमान चुनाव प्रणाली की खामियों पर एक नजर डालते हैं—

अपार धन अपव्यय

इस प्रणाली में केवल धनवान चुनाव लड़ सकते हैं. गरीब और मध्यमवर्गीय व्यक्ति तो सोच भी नहीं सकते. चुनाव व्यवस्था में सरकारी धन का भी भारी अपव्यय होता है. ग्राम पंचायत, नगरपालिका, नगर निगम, विधान सभा, लोक सभा आदि के चुनाव एक साथ न होने से खर्च होने वाली राशि कई गुना बढ़ जाती है.

विकास कार्य बाधित

विविध क्षेत्रों में बार बार चुनाव होने से आचार संहिता लागू होती है. इस कारण विकास कार्य बार बार बाधित होते हैं.

उम्मीदवार ऊपर से लादे जाते हैं

विविध पार्टियों ने जिन्हें टिकट दिये हैं, उन्हीं को चुनने के लिए मतदाता बाध्य हैं. वे अपनी पसंद के उम्मीदवार खड़े नहीं कर सकते.

अल्पमत की सरकार

वर्तमान चुनाव प्रणाली में लगभग आधे मतदाता भाग नहीं ले पाते. बाकी बचे आधे में सारे दलों का हिस्सा है. स्वभावतः सरकार अल्पमत की होगी.

बाहुबलियों का बोलबाला

चुनाव आयोग के जागने से बाहुबलियों पर अंकुश थोड़ा लगा है, बूथ लूटने में उन्हें परेशानी आयी है. लेकिन उनके लड़ने का हौसला कमजोर नहीं पड़ा है. वे नहीं तो उनका परिवार हाजिर है.

जातिवाद-सम्प्रदायवाद की अफीम

चुनाव का सारा समीकरण जाति और सम्प्रदाय की बुनियाद पर बनता है. इस दृष्टि से देश सुषुप्तावस्था में है. जब मालिक जातिवाद-सम्प्रदायवाद की अफीम खाकर सोयेगा, तो लुटेरा लूटेगा ही.

चुनाव प्रणाली की नयी परिकल्पना

मैंने एक ऐसी चुनाव प्रणाली की कल्पना की है जिस पर बहस की जा सकती है, छोटे पैमाने पर प्रयोग किये जा सकते हैं और अगर यह कसौटी पर खरी उतरी तो अपनायी जा सकती है. मेरे ख्याल में चुनाव प्रणाली का यह 'मटुक फार्मूला' उपर्युक्त तमाम खामियों से देश को निजात दिलाकर सच्चे जनतंत्र की स्थापना में सहायक हो सकता है. इसकी विशेषताएँ निम्नलिखित हैं–

1. इस प्रणाली में ग्राम पंचायत/वार्ड स्तर से लेकर विधानसभा, लोकसभा तक के चुनाव एक बार में सम्पन्न हो सकेंगे.
2. गुप्त मतदान की जगह प्रत्यक्ष मतदान होगा. गुप्त मतदान की व्यवस्था ने आदमी को अधिक से अधिक झूठा, छली और दब्बू बनाया है.
3. निकम्मे और भ्रष्ट प्रतिनिधियों को वापस बुलाने की आसान व्यवस्था होगी.
4. मतदान की आधारभूत प्रक्रिया ग्राम पंचायत/वार्ड स्तर पर पूरी कर ली जायेगी. आम मतदाताओं की भागीदारी केवल प्रथम चरण पर रहेगी. इसके बाद के सारे चुनाव प्रतिनिधियों और फिर उनके प्रतिनिधियों के द्वारा होंगे.
5. मतदाताओं की निष्क्रियता विदा होगी, अभूतपूर्व सक्रियता आएगी. 90 से 100 प्रतिशत तक मतदान होगा, क्योंकि प्रतिनिधि उनका अपना आदमी होने जा रहा है.
6. इस प्रणाली में नेतृत्व की एक कड़ी बन जायेगी जिसके माध्यम से सेवा और शासन आसान होगा. अभी क्या है–साढ़े सोलह लाख मतदाताओं को एक सांसद चुनना है. उम्मीदवार किसी भी हालत में एक एक मतदाता तक नहीं पहुँच सकता. वोट देने वाले और पाने वाले एक दूसरे को सीधे सीधे नहीं जान रहे हैं. सब काम प्रचार-दुष्प्रचार पर आधारित है. मैं जो नयी प्रणाली प्रस्तुत करने जा रहा हूँ, इसमें नेतृत्व के कई स्तर होंगे, ऊपरी स्तर के प्रतिनिधियों की नकेल ठीक निचले स्तर के प्रतिनिधियों के हाथ में होगी.

सेवा-शासन में सुविधा, निरंकुश पर अंकुश लगाने में सुविधा, सब तरह से सहूलियत.

चुनाव के चार स्तर होंगे

(क) ग्राम पंचायत/वार्ड स्तरीय चुनाव (ख) प्रखंड/ नगरपालिका/ नगर निगम स्तरीय चुनाव (ग) विधानसभा स्तरीय चुनाव (घ) लोकसभा स्तरीय चुनाव

ग्राम पंचायत/वार्ड स्तरीय चुनाव

1. इस प्रणाली के लिए यह जरूरी है कि मतदाता सूची सही और पूर्ण हो. एक भी मतदाता का नाम छूटने न पाये, एक भी बोगस मतदाता रहने न पाये, एक मतदाता का नाम दो जगह न रहे. सबको पहचान पत्र मिले. उन पर उनके हस्ताक्षर/अंगूठे के निशान हों. मतदान के समय उनका फोटो और हस्ताक्षर/अंगूठे का निशान मिलाया जायेगा.
2. जो लोग व्यापार या अन्य कामों से भ्रमणशील रहते हैं, उनके लिए एस.एम.एस. के जरिये मतदान का प्रबंध रहेगा. इसके लिए जरूरी है कि उनके नाम से मोबाइल होने चाहिए और उनके नंबर 'मोबाइल मतदाता सूची' में दर्ज रहने चाहिए.
3. एक गाँव/वार्ड में मतदाताओं की न्यूनतम संख्या 1 हजार और अधिकतम 10 हजार हो सकती है.
4. 500 से 1000 तक के मतदाताओं पर एक बूथ हो सकता है.

पंचायत/वार्ड स्तरीय चुनाव के चार चरण होंगे

प्रथम चरण–इस चरण में 10 मतदाताओं पर एक प्रतिनिधि चुना जाना है. जिन्हें भी उम्मीदवार बनना है, वे आवेदन पर अपने 9 समर्थकों के हस्ताक्षर/अंगूठे के निशान ग्राम पंचायत/ वार्ड निर्वाचन पदाधिकारी को सौपेंगे. चुनाव के दिन उनका सत्यापन होगा. सही होने पर वे निर्वाचित घोषित होंगे.

अगर कोई उम्मीदवार किसी प्रकार के भय और प्रलोभन से मतदाताओं को प्रभावित करने की कोशिश करे, तो यह दंडनीय अपराध होगा. वह उम्मीदवारी से वंचित किया जा सकता है, जुर्माना भर सकता है, जेल भी जा सकता है.

अगर ग्राम पंचायत/वार्ड के मतदाताओं की कुल संख्या 10 हजार हो और सभी मतदाता वोट डाल सकें तो प्रथम स्तर पर एक हजार प्रतिनिधि चुने जायेंगे. यहीं पर मतदाताओं की सीधी भागीदारी समाप्त होती है. अगले चरणों के चुनाव अब

प्रतिनिधियों के बीच और प्रतिनिधियों के द्वारा होंगे.

दूसरा चरण–जो भी प्रतिनिधि अपने पक्ष में 9 प्रतिनिधियों को कर लेगा, वह द्वितीय स्तर का प्रतिनिधि घोषित होगा. प्रक्रिया वही रहेगी. उम्मीदवारी के आवेदन पर 9 समर्थकों के हस्ताक्षर/अंगूठे के निशान होने चाहिए. इस स्तर पर चुने गये प्रतिनिधियों की अधिकतम संख्या 100 होगी.

तीसरा चरण–इस चरण में भी वही प्रक्रिया अपना कर अधिकतम 10 प्रतिनिधि चुने जायेंगे. 10 हजार मतदाताओं पर ग्राम पंचायत/वार्ड स्तर पर 10 प्रतिनिधि चुने जायेंगे. अगर एक भी मतदाता वोट देने से किसी भी स्तर पर चूकता है, तो किसी प्रतिनिधि की मतशक्ति कम हो जायेगी.

प्रथम स्तर पर 10 समूह के बाद जो कुछ मतदाता बच जायेंगे उनकी संख्या 1 से 9 तक हो सकती है. उनका भी एक समूह बन जायेगा और अगले चरण के चुनाव में वह मतदान कर सकता है, लेकिन स्वयं उम्मीदवार नहीं हो सकेगा. उदाहरण के लिए अगर किसी ग्राम पंचायत/वार्ड में मतदाताओं की संख्या 9806 है तो 10 समूह के बाद 6 मतदाता बच जायेंगे. इनका भी एक समूह बन जायेगा और उसकी मत शक्ति 0.6 हो जायेगी. वह समूह जिस उम्मीदवार को वोट देगा उसकी मत शक्ति 1.6 हो जायेगी.

चौथा चरण-इस चरण में चुने गये प्रतिनिधि आपस में एक मुखिया/ पार्षद चुनेंगे. शेष सभी सदस्य ग्राम मंत्रिमंडल/ वार्ड मंत्रिमंडल के सदस्य होंगे. मुखिया/पार्षद ग्राम/वार्ड मंत्रिमंडल का गठन करेंगे.

जो मुखिया/ पार्षद 10 हजार मतदाताओं की आबादी पर चुने जायेंगे, अगले चुनाव में उनकी मतशक्ति 10 होगी. 8 हजार वालों की 8, 6 हजार 2 सौ वालों की 6.2, 3 हजार 5 सौ वालों की 3.5.

प्रश्न : अगर सभी प्रतिनिधि मुखिया/पार्षद बनना चाहें, कोई किसी को समर्थन न देना चाहे तब क्या होगा?

उत्तर : तब सबकी सदस्यता समाप्त हो जायेगी. तब तीसरे चरण के प्रतिनिधियों के बीच उन्हीं के द्वारा फिर से नये प्रतिनिधियों को चुना जायेगा. लेकिन उनकी सदस्यता बची रह जायेगी जो स्वयं मुखिया/पार्षद न होना चाहेगा. जिन्हें वे समर्थन देंगे उनकी भी सदस्यता रह जायेगी. कोई भी निर्णय ऊपर के प्रतिनिधि न कर पायें तो यह अधिकार नीचे के प्रतिनिधियों पर चला जायेगा.

प्रश्न : मान लेते हैं कि तीसरे चरण में 6 प्रतिनिधि चुने जायँ और 3-3 प्रतिनिधि दो खेमे में बँट जायँ तो मुखिया/पार्षद का चुनाव कैसे होगा?

उत्तर : अगर दोनों तरफ सम संख्या हो तो फैसला नीचे के चरण के

प्रतिनिधियों के हाथ में चला जायेगा.

अब संक्षेप में ग्राम पंचायत/वार्ड चुनाव को अधिक स्पष्टता से इस रूप में समझा जा सकता है:—

माना कि किसी ग्राम पंचायत में मतदाताओं की संख्या है 9806. भाग लेने वाले मतदाताओं की संख्या की संख्या है 8405. अब

प्रथम चरण में प्रतिनिधियों की संख्या-840 होगी और किसी एक प्रतिनिधि के पास 0.5 मत ज्यादा होंगे.

दूसरे चरण में प्रतिनिधियों की संख्या होगी-84 और किसी एक के पास 0.05 मत अधिक होंगे.

तीसरे चरण में प्रतिनिधियों की संख्या होगी-8 होगी और किसी को अतिरिक्त 0.4 मत होंगे तथा किसी को अतिरिक्त 0.005 मत

चौथे चरण में उनमें से एक मुखिया/पार्षद और शेष ग्राम/ वार्ड मंत्रिमंडल के सदस्य होंगे.

विधान सभा चुनाव

एक विधान सभा के अन्तर्गत जितने मुखिया/ पार्षद होंगे, उन्हीं के बीच से उन्हीं के द्वारा एक विधान सभा सदस्य चुना जायेगा.

जो भी मुखिया /पार्षद विधान सभा का सदस्य बनना चाहेंगे, उन्हें कम से कम दो प्रस्तावक (मुखिया/पार्षद) होने चाहिए. सभी मुखिया/पार्षद की मतशक्ति आबादी के अनुपात में भिन्न-भिन्न होगी. बहुमत हासिल करने वाले विधान सभा के सदस्य बनेंगे. अगर किसी विधान सभा क्षेत्र में 30 मुखिया /पार्षद हैं तो उनके बीच उन्हीं के द्वारा एक विधान सभा सदस्य चुना जायेगा. यह तो स्पष्ट ही है कि हर मुखिया/पार्षद की मतशक्ति उनकी आबादी के आधार पर भिन्न-भिन्न होगी. निर्वाचित विधान सभा सदस्य की प्राप्त मतसंख्या उनकी मतशक्ति होगी जिसका इस्तेमाल वे आगे के चुनाव में करेंगे.

लोक सभा चुनाव

प्रत्येक संसदीय क्षेत्र के अन्तर्गत छह विधान सभा के सदस्य अपनी-अपनी मतशक्तियों के द्वारा अपने बीच एक लोक सभा सदस्य चुनेंगे. विधान सभा सदस्य की मतशक्ति वही होगी जो उसने अपने चुनाव में बहुमत के रूप में पायी है. उदाहरणार्थ किसी विधान सभा सदस्य की मतशक्ति 300, किसी की 275 आदि हो सकती है. कोई भी लोक सभा का उम्मीदवार तभी हो सकता है जब उनका कोई एक विधान सभा

सदस्य प्रस्तावक हो. निर्वाचित सांसद की मतसंख्या उनकी मतशक्ति होगी.

नोट : छह विधान सभाओं पर एक लोकसभा सदस्य के अनुपात को विचार कर बढ़ाया भी जा सकता है.

केन्द्रीय/राज्य मंत्रिमंडल का गठन

सभी सांसद मिलकर बहुमत से प्रधानमंत्री चुनेंगे. सभी सांसदों की मतशक्ति उनके द्वारा पाये गये वोटों की संख्या के बराबर होगी. प्रधानमंत्री पद के उम्मीदवार वही हो पायेंगे जिनके नाम के प्रस्तावक कम से कम 2% यानी 11 सांसद हों. प्रधानमंत्री सांसदों की योग्यता और रुचि के अनुसार उन्हें मंत्री पद देंगे. लेकिन सब मंत्रियों को मिलाकर उसकी संख्या सांसदों की कुल संख्या का 10 प्रतिशत से अधिक नहीं होना चाहिए. इस तरह 543 सीटों में अधिकतम 54 मंत्री होंगे.

इसी तर्ज पर प्रत्येक राज्य में राज्य मंत्रिमंडल का गठन होगा. सभी विधान सभा सदस्य बहुमत से मुख्य मंत्री चुनेंगे और मुख्य मंत्री मंत्रिमंडल का गठन करेंगे. इसमें मुख्य मंत्री को ध्यान रखना होगा कि मंत्रिमंडल में ज्यादा से ज्यादा क्षेत्रों का प्रतिनिधित्व हो और साथ ही केवल विभाग विशेषज्ञ मंत्री बनाये जायँ. बिहार विधान सभा सदस्यों की संख्या 240 है तो मुख्य मंत्री की उम्मीदवारी के लिए कम-से-कम 5 प्रस्तावक होने चाहिए.

इस चुनाव प्रणाली में किसी भी पार्टी अथवा सिद्धान्त से जुड़े लोग भाग ले सकते हैं या स्वतंत्र उम्मीदवार हो सकते हैं. पार्टी से जुड़े उम्मीदवार अपनी पार्टी के नियमों से बँधे होंगे.

खाली पदों को भरने के लिए चुनाव

6 विधान सभा सदस्य पर एक सांसद चुना जायेगा. विधान सभा की एक जगह खाली हो जायेगी. इसको उस मुखिया के द्वारा भरा जायेगा जो विधान सभा चुनाव में दूसरे स्थान पर रहंगे. तीसरे स्थान पर रहने वाले प्रमुख हो जायेंगे. इस तरह मुखिया के 3 पद खाली हो जायेंगे जिन्हें उनके नीचे के प्रतिनिधियों द्वारा भरा जायेगा.

इसी तरह शहरी क्षेत्र में दूसरे, तीसरे, स्थान वाले महापौर, उपमहापौर आदि बनेंगे. पार्षद की खाली जगहों को नीचे के प्रतिनिधियों के द्वारा भरा जायेगा.

नोट : ग्राम मंत्रिमंडल की तर्ज पर वार्ड मंत्रिमंडल का गठन होगा. इसी तरह प्रखंड मंत्रिमंडल और जिला मंत्रिमंडल होगा. पुराने पदों की समीक्षा के उपरांत इसमें परिवर्तन किया जायेगा.

प्रतिनिधि वापसी की सरल व्यवस्था

इस चुनाव प्रणाली में प्रतिनिधियों के लिए 'पुनर्मूषिको भव' का सुगम प्रबंध रहेगा. किसी भी प्रतिनिधि के काम को एक वर्ष तक देखा जायेगा. अगर वे अपने वादों की कसौटी पर खरे नहीं उतरते हैं तो उन्हें 70% विरोधी मतदान के द्वारा वापस बुलाया लिया जायेगा.

अगर सांसद को वापस बुलाना है तो 6 विधानसभा के सदस्य अपनी मतशक्तियों का प्रयोग कर वापस बुला सकते हैं. अगर विधान सभा सदस्य को वापस बुलाना है तो मुखिया/ पार्षद उन्हें बुला सकेंगे. इस तरह जिन्होंने जिनको चुना है, उन्हें उनको वापस बुलाने का अधिकार रहेगा.

निष्कर्ष

ऊपर मैंने संक्षेप में नवीन चुनाव प्रणाली की मोटा मोटी रूपरेखा प्रस्तुत की है. इसे और अधिक स्पष्टता से समझने के लिए प्रश्न पूछे जा सकते हैं. उनके उत्तर देकर मैं इसे और स्पष्ट करने का प्रयास करूँगा. इसमें सुधार के लिए सुझाव भी आमंत्रित हैं. चिंतन-बहस के दौरान सूक्ष्मता में उतर कर इसकी एक सर्वसम्मत या बहुजन सम्मत रूपरेखा बनायी जा सकती है. इसके बाद प्रत्येक प्रांत में एक-दो संसदीय क्षेत्र चुनकर इसका प्रयोग किया जा सकता है. उस अनुभव के आधार पर जो भी उचित संशोधन हो उसे पूरा कर कानून का रूप दिया जा सकता है.

हर पद्धति कुछ समय में जड़ बन जाती है. इसलिए संविधान इतना लचीला होना चाहिए कि समय के साथ-साथ उसमें सार्थक परिवर्तन की गुंजाइश रहे. नेताओं के चुनाव की प्रक्रिया की तरह ही प्रशासनिक अधिकारी, कर्मचारी, शिक्षक, न्यायाधीश आदि विभिन्न पेशे के लोगों के लिए भिन्न-भिन्न सार्थक नियुक्ति प्रक्रिया अपनाने की जरूरत है. उन प्रक्रियाओं की प्रस्तावित रूपरेखा एक पुस्तक के रूप में अलग से प्रस्तुत की जायेगी. यहाँ उसे रखने से अनावश्यक विस्तार होगा.

अप्रैल, 2009

❖

जनसंख्या संतुलन, आरक्षण उन्मूलन एवं भ्रष्टाचार निवारण

जनसंख्या की अपार वृद्धि को लेकर नेताओं के बीच कोई चिन्ता नहीं है. जनसंख्या विस्फोट ने अनेक समस्याओं को बढ़ाया है. गरीबी, बेरोजगारी, अशिक्षा, आतंकवाद, हिंसा, पर्यावरण-प्रदूषण, कटुता, द्वेष आदि समस्याएँ जनसंख्या वृद्धि के कारण बढ़ती जा रही हैं.

सबसे पहले यह तय करना है कि एक आदमी के सुख सुविधापूर्ण जीवन के लिए कितनी जमीन चाहिए. अगर 5 एकड़ चाहिए तो इसी अनुपात में देश की मानक जनसंख्या तय करनी होगी. वर्तमान जनसंख्या को घटाकर उसी मानक के आस पास लाना होगा. अगर देश की मानक जनसंख्या चालीस करोड़ हो तो वर्तमान जनसंख्या को घटाकर वहाँ तक लाना होगा. जनसंख्या घटाने के लिए चार सूत्र मैं दे रहा हूँ :–

1. जो दंपति एक भी संतान पैदा न करे, उसके बुढ़ापे के सुविधापूर्ण जीवन की गारंटी सरकार ले. उनकी सेवा में एक परिचारिका नियुक्त हो.
2. जो दंपति सिर्फ एक संतान पैदा करे उसकी संतान की पढ़ाई लिखाई का सारा खर्च सरकार वहन करे.
3. दो संतान वाले न पुरस्कृत होंगे, न दंडित. लेकिन अगर दोनों संतानें लड़कियाँ हों तो सरकार उसकी पढ़ाई-लिखाई का जिम्मा ले. यह तब तक जारी रहे जब तक लड़कियों की संख्या लड़कों की संख्या के बराबर या कुछ ज्यादा न हो जाये.
4. तीन संतान वाले दंडित होंगे, उनके दंड का स्वरूप उनकी अमीरी और गरीबी पर निर्भर करेगा.

(क) अगर दंपति बहुत धनी हैं तो उन्हें दूसरों के दो बच्चों को पढ़ाने में जो खर्च आता है, उतना पैसा टैक्स के रूप में देना होगा.

(ख) साधारण धनी हैं तो एक बच्चे के शिक्षा-खर्च के बराबर टैक्स देना होगा. इसे

'संतान-आयकर' के नाम से जाना जायेगा.

(ग) गरीबों को समझाया जायेगा कि दो से आगे न बढ़ें. फिर भी वे गलती करें तो उनकी अनिवार्य नसबंदी करा दी जायेगी.

10 साल बाद जनगणना वाली व्यवस्था खत्म होगी. प्रतिदिन जनगणना होनी चाहिए. शेयर बाजार के सूचकांक की तरह प्रतिदिन रात में खबर आये कि आज कितने मनुष्य जन्मे और कितने मरे.

'परिवार कल्याण मंत्रालय' जैसे गोल मोल नाम को बदल कर 'जनसंख्या संतुलन' मंत्रालय रखा जाय. ग्राम और वार्ड स्तर पर इससे जुड़े कर्मचारी नियुक्त होंगे. जो लोगों को समझा कर जनसंख्या संतुलित करने लिए उन्हें राजी करेंगे.

जनसंख्या नियंत्रण के बिना सबको शिक्षा, सबको काम वाली नीति को अंजाम देना असंभव होगा.

आरक्षण उन्मूलन

आरक्षण गलत राजनीति का जनक है. यह अपने उद्देश्यों को पूरा करने में विफल रहा है. कारण ये हैं–

(क) अधिकतर प्रभुत्वशाली वर्गों ने इसका लाभ उठाया है.

(ख) कार्य की गुणवत्ता प्रभावित हुई है.

(ग) जातिवाद मिटने के बदले बढ़ा है. सामाजिक सामरस्य बिगड़ा है.

मैं हर तरह के आरक्षण के खिलाफ हूँ, यहाँ तक कि गरीबी को भी आरक्षण का आधार नहीं बनाया जाना चाहिए. मैं गरीबी को मिटाने के पक्ष में हूँ. ऊँच-नीच के भेदभाव को मिटाने के पक्ष में हूँ. जातिवाद-सम्प्रदायवाद मिटाने के पक्ष में हूँ. यह आरक्षण से नहीं दूसरे उपायों से मिटेगा. जातिवाद मिटेगा प्रेम से. हर तरह के भेदभाव प्रेम से मिटते हैं. इसलिए जातिवाद, सम्प्रदायवाद को मिटाने के लिए प्रेम विवाह को प्रोत्साहन देना होगा. गरीबों की तीन श्रेणियाँ बनायी जानी चाहिए. गरीब, बहुत गरीब, महागरीब. इन तीनों श्रेणियों के गरीबों की शिक्षा, भोजन, वस्त्र आदि का पूरा प्रबंध सरकार को करना होगा. आरंभ महागरीबों से हो. एक निश्चित समय सीमा के भीतर गरीबों को अशिक्षा के अभिशाप से मुक्त कर देना है.

प्रश्न : इतने पैसे सरकार कहाँ से लायेगी?

उत्तर : जहाँ से घोटाले के लिए लाती है. पैसे इच्छाशक्ति से आते हैं. पूरे देश में चर्चा है कि भारत के पन्द्रह हजार अरब डालर स्विस बैंक में हैं. वे पैसे लाकर इन कामों में लगाये जा सकते हैं. असली सवाल पैसे का नहीं है, इच्छाशक्ति का है. जो सत्ता में हैं, अगर उन्हीं के पैसे स्विस बैंक में हों तो इच्छाशक्ति कहाँ से

आयेगी? अगर इस क्षेत्र के किसी उम्मीदवार के ही पैसे स्विस बैंक में हों तो उनमें सेवा भाव कहाँ से आएगा? इसलिए तो बार बार जन जागरण की बात मैं करता हूँ. जब तक देश गरीब है तब तक सांसद, मंत्री आदि को अपने खर्च को नियंत्रण में रखना होगा. उन्हें अपने खर्च में कटौती करनी होगी.

कोई भी विधान सभा और लोक सभा चुनाव क्षेत्र आरक्षित नहीं होना चाहिए. लोगों को जनतांत्रिक अधिकार से वंचित करने का हक किसी को नहीं है. जिस चुनाव प्रणाली की रूपरेखा मैंने प्रस्तुत की है, उसमें आरक्षित सीटों के लिए कोई जगह नहीं है. नौकरी, व्यवसाय सब क्षेत्रों में खुली प्रतियोगिता हो, कोई आरक्षण नहीं.

भ्रष्टाचार निवारण

भ्रष्टाचार बीमारी नहीं है, किसी मूल बीमारी का लक्षण मात्र है. मूल बीमारियाँ दो हैं : नीड और ग्रीड. या तो आदमी जरूरत के कारण भ्रष्टाचार करता है या लोभ के कारण. उत्पादन बढ़ाकर जरूरत पूरी की जा सकती है. शिक्षा में क्रांतिकारी परिवर्तन कर लोभ का शमन किया जा सकता है. सहज सुख की खोज वाली शिक्षा जब लायी जायेगी तो बीमार सुख की खोज वाली लिप्सा समाप्त होगी. दूसरों को दुख में डालकर भला कोई व्यक्ति सुखी कैसे हो सकता है?

आवश्यकता से अधिक उत्पादन और सम्यक् शिक्षा का प्रबंध न कर भ्रष्टाचार निवारण कानून बनाने या भ्रष्टाचार निरोधक विभाग खोलने से कहीं भ्रष्टाचार मिटा है? इससे तो सिर्फ भ्रष्टाचार का क्षेत्र बढ़ा है. गलत धन के हिस्सेदारों की संख्या बढ़ी है और ज्यादा जमकर भ्रष्टाचार हुआ है.

अप्रैल, 2009

❖

प्रेम पार्टी का गठन

धोखे और शोषण की बुनियाद पर चल रही वर्तमान राजनीतिक पार्टियों के विकल्प में 'प्रेम-पार्टी' का गठन किया जा रहा है. 'प्रेम-पार्टी' की आधारभूत विशेषताएँ निम्नलिखित होंगी–

(क) यह पार्टी सेक्स को सृष्टि का मूल तत्व जानकर उसका सम्मान करेगी और उसे बड़ी ऊर्जा में रूपांतरित करने के लिए सतत प्रयास करेगी.

(ख) प्रेम और ध्यान के द्वारा सेक्स को रूपांतरित किया जा सकता है. इसलिए प्रेम और ध्यान इस पार्टी की आधारभूत विशेषता होगी.

(ग) राजनीति एक कर्म है. जो कर्म प्रेम और ध्यान की कोख से जन्म लेता है, वह पावन कर्म बनकर स्वयं का, देश का, विश्व और जीव मात्र का कल्याण करता है. इसके बिना कर्म शोषण और विनाश का औजार बनकर रह जाता है. आज की राजनीति अगर ऐसी है तो उसका मूल कारण यही है कि वह प्रेम और ध्यान की जमीन पर नहीं खड़ी है.

(घ) इस पार्टी की समझ है कि अपने को बदलना ही एकमात्र संभव क्रांति है. जो अपने को बदल लेता है वही समाज में क्रांति लाने में सहायक हो सकता है. आत्मक्रांति संपूर्ण क्रांति का मूलाधार है. अपने को बदले बगैर देश में क्रांति के लिए निकल जाना एक महान भ्रांति है. जे. पी. की संपूर्ण क्रांति इसी भ्रांति की शिकार हुई थी. उसकी विफलता का राज यही था कि वही पुराने लोग नयी बात लाने का नारा दे रहे थे! जब तक व्यक्ति नया नहीं होगा, समाज नया कैसे होगा?

(च) यह पार्टी गरीबों को अमीरों से, मजदूरों को पूंजीपतियों से लड़ाएगी नहीं क्योंकि इसकी आस्था संघर्ष में नहीं सहयोग में है. हमारी समझ है कि गरीबों और अमीरों के पारस्परिक सहयोग से विकास होता है. संघर्ष तो आखिरी उपाय है.

(छ) इस पार्टी में टिकट के लिए मारामारी और इस कारण दल बदल की नौबत

नहीं आएगी, क्योंकि जनप्रतिनिधियों के द्वारा नाजायज तरीके से व्यक्तिगत संपत्ति अर्जित करने के सारे रास्ते बंद रहेंगे. चुनाव-खर्च पार्टी वहन करेगी.

(ज) पार्टी सदस्यों के अंशदान से कोष निर्माण होगा. कोष में वृद्धि के लिए पार्टी की ओर से कई रचनात्मक काम शुरू किये जाएँगे.

(झ) इस पार्टी में सुप्रीमो टिकट नहीं बाँटेंगे. अपने सांगठनिक ढाँचे में जो उम्मीदवार नीचे की चुनावी प्रक्रिया से ऊपर उठते जायेंगे, स्वभावतः वही टिकट के हकदार होंगे. इसकी चुनाव-प्रणाली ही ऐसी होगी जिसमें जाति, सम्प्रदाय, धनबल, बाहुबल काम न आयेंगे. काम आयेगा सिर्फ जनता को दिया गया प्यार, देश की दशा-दिशा का ज्ञान,अपनी प्रतिभा, नेतृत्व की क्षमता आदि.

(ट) इस पार्टी में कोई भी सदस्य किसी की कृपा से कोई पद नहीं पा सकेगा. जिस व्यक्ति में जिम्मेदारी निभाने की जितनी क्षमता होगी, उस अनुपात में स्वयं ही वह पद पाता चला जायेगा. काम आगे आगे चलेगा, पद पीछे पीछे. जो काम आप अपनी रुचि से करने लग गये, वही आपका पद हो जायेगा. ज्यों ज्यों आपका कार्यक्षेत्र फैलता जायेगा, त्यों त्यों पद ऊँचा उठता चला जायेगा.

उचित समय पाकर पार्टी का सम्मेलन बुलाया जायेगा. इसमें पार्टी के उद्देश्य, कार्यशैली और सांगठनिक ढाँचा बनाकर सारे क्रांतिकारी मित्रों को दिया जायेगा. उसमें सबके लिखित सुझाव आमंत्रित होंगे. वे विचार मूल्यवान माने जायेंगे जिन्हें अमल में लाने की तैयारी स्वयं विचारदाता में हो. इसके बाद सदस्यता अभियान चलाया जायेगा. हर विधानसभा क्षेत्र में कम से कम दस हजार सदस्य बनाये जायेंगे. इस संगठन के केन्द्र में युवा रहेंगे. युवा का अर्थ खास उम्र से नहीं है. जो उत्साह से भरा हो, जिसमें कुछ सीखने की ललक हो, जिसमें कुछ करने की बेताबी हो, जिसका मन पुराने जड़ संस्कारों से ग्रसित न हो गया हो, जो ताजा हो, वह युवा है. जो भी मित्र इस नयी पार्टी को खड़ा करने के लिए योगदान करना चाहते हों, वे अपना नाम, पता, फोन हमें ई-मेल कर दें.

अप्रैल, 2009

❖

गाँधी का अहिंसा-दर्शन

अहिंसा-दर्शन भारत के लिए कोई नयी दृष्टि नहीं है. यह अनादि काल से चला आ रहा है. आगे चलकर महावीर और बुद्ध ने इसे बड़ी ऊँची प्रतिष्ठा दिलायी. लेकिन इन दोनों महान संतों की दृष्टि धार्मिक रही और उनके प्रयोग व्यक्ति केन्द्रित. इसे जनजीवन में उतार कर नवजीवन का संचार करना था. इसे गाँधी ने पूरा किया. पूरे राष्ट्र की स्वतंत्रता और सामाजिक परिवर्तन के लिए अहिंसा का व्यापक पैमाने पर प्रथम प्रयोग राष्ट्रपिता ने किया. उनकी अहिंसक क्रांति न केवल भारतीय परंपरा में एक अनूठा प्रयोग है, बल्कि आधुनिक विश्व के सामने एक नयी मिसाल है. फ्रांस, रूस, चीन आदि देशों में महत्वपूर्ण क्रांतियाँ हुईं, किन्तु वे सब हिंसक थीं. इसलिए असफल हुईं. हिंसक उपायों से लायी गयी क्रांति में सिर्फ शक्ति और सत्ता का हस्तांतरण हो जाता है. परतंत्रता बनी रहती है. वैसे असफल तो गाँधी की अहिंसक क्रांति को भी कहा जाता है, क्योंकि आजादी के बाद उनके शिष्य सत्ता-सुख में निमग्न हो जनसेवा भूल बैठे. इसके बावजूद क्रांति-मार्ग अहिंसा के गर्भ से ही निकलेगा. गंदे साधनों से प्राप्त होने वाली चीज साफ-सुथरी नहीं हो सकती.

गाँधी का कथन है कि सत्याग्रह एक धर्मयुद्ध है. इस युद्ध का शस्त्र है अहिंसा. उद्देश्य है हृदय परिवर्तन. आरंभ है आत्मशुद्धि. वास्तव में सत्याग्रह आत्मशुद्धि की लड़ाई है. पहले अपनी आत्मा की शुद्धि और इसके माध्यम से अन्यायियों की आत्मा की शुद्धि. अपने को शुद्ध किये बगैर अगर हम युद्ध के लिए निकल पड़े तो चाहे उसे जो नाम दें, गाँधी का धर्मयुद्ध नहीं कह सकते. आत्मशुद्धि का अर्थ है विकाररहित होना. विकार हैं—क्रोध, हिंसा, घृणा, ईर्ष्या, द्वेष, कटुता आदि. इन विकारों से रहित हृदय में ही उत्पन्न होता है—प्रेम, करुणा, क्षमा, सौहार्द, मैत्री, सहयोग, कोमलता, विनम्रता आदि. ऐसे ही शुद्ध हृदय में मनुष्यमात्र ही नहीं प्राणिमात्र—रेंगनेवाले साँप आदि जैसे प्राणियों के प्रति भी—एकात्मकता का अनुभव होने लगता है और आदमी स्वभावतः अहिंसक हो जाता है. शुद्धात्मा में दूसरों को कष्ट पहुँचाने का भाव नहीं

रहता. इसकी जगह दूसरों को सुख पहुँचाने की पूरी तैयारी रहती है. सत्याग्रही असहिष्णु नहीं हो सकते. गाँधी कहते हैं—'असहिष्णुता से अपने ध्येय में हमारे विश्वास की कमी प्रकट होती है.' (मेरे सपनों का भारत, पृ.-91) इस युद्ध में उद्दंडता की जगह विनम्रता होती है. शत्रुओं के नाश की जगह उनकी हित-कामना होती है. गाली-गलौज और कटु वचन की जगह वाणी में मिठास होती है. चित्त में अशांति की जगह शांति विराजती है. विरोधियों के अपमान की जगह उनके प्रति सम्मान का भाव होता है. संक्षेप में, जिस युद्ध में विनम्रता, कोमलता, मिठास, शांति, सम्मान और प्रेम से विरोधियों का दिल जीतने की ख्वाहिश हो, वह धर्मयुद्ध है. इस युद्ध में किसी की हार नहीं होती. दोनों पक्ष जीतते हैं. कम से कम कामना तो यही होती है. प्रयास ऐसा ही होता है. दोनों तरफ जीत तब होती है जब अपने को बदलने की तैयारी दोनों तरफ हो. निम्नतर भावों का उच्चतर भावों में रूपांतरण ही जीत है.

सचाई तो यह है कि जिस हृदय में प्रेम उत्पन्न होता है, वह अनिवार्यतः अहिंसक हो जाता है. प्रेम अपने साथ ही अहिंसा को लिये आता है. दोनों सहजात हैं. लेकिन दोनों शब्दों में एक अंतर भी है. अहिंसा जहाँ नकारात्मक शब्द है, वहाँ प्रेम सकारात्मक. अहिंसा का अर्थ है—हम हिंसा नहीं करेंगे, किसी को पीड़ा नहीं पहुँचायेंगे. जो किसी को सिर्फ पीड़ा पहुँचाने से बचे वह बहुत बड़ी चीज नहीं हो सकती. बहुत बड़ी चीज है, दूसरों को सुख पहुँचाना. प्रेम का मतलब है, दूसरों को सुख देने की कामना; इसलिए नहीं कि हमें मोक्ष पाना है, बल्कि इसलिए कि जो दूसरों को सुख देता है, वह प्रतिपल सुखी होता जाता है. प्रेम में सुख दोनों तरफ बहता है. जो सुख दूसरों को देते हैं, वह तत्क्षण हम पर लौट आता है. गाँधी के अहिंसा-दर्शन के मूल में प्रेम है. इसलिए उनके यहाँ प्रेम और अहिंसा समानार्थक है. उनके शब्दों में—"जब तक सेवा की जड़ में प्रेम या अहिंसा न हो तब तक वह संभव नहीं है." (वही, पृ0 68) प्रेमरहित अहिंसा की परिणति शुष्क नियम-पालन, रूढ़िवाद और पाखंड में हो जाती है. गाँधी की अहिंसा विधायक है, क्योंकि वह प्रेम की संगिनी है.

गाँधी की अहिंसा हृदय का शस्त्र है और इसे प्रत्येक व्यक्ति को तप से पैदा करना पड़ता है. हाथ का शस्त्र होता तो कहीं से हस्तगत भी किया जा सकता था. लेकिन सत्य, अहिंसा और प्रेम को अपने भीतर से अनावृत करना पड़ता है. गाँधीजी अपने जीवन में विविध प्रयोगों के माध्यम से निरंतर इन्हें अनावृत करते रहे. अहिंसा उनका प्रयोगसिद्ध दर्शन है, उधार का विचार नहीं. पर हमने उसे अनुकरण का विषय बना दिया! भीतर हिंसा छिपी रही और ऊपर से हमने अहिंसा का बाना धारण कर लिया! इस तरह हमने एक शक्तिशाली शस्त्र को निष्प्रभावी बना दिया. गाँधी ने इसके प्रति सचेत किया है—"सत्याग्रह शब्द का उपयोग अक्सर शिथिलतापूर्वक

किया जाता है और छिपी हुई हिंसा को भी यह नाम दे दिया जाता है. लेकिन इस शब्द के रचयिता के नाते मुझे यह कहने की अनुमति मिलनी चाहिए कि उसमें छिपी हुई अथवा सभी प्रकार की हिंसा का, फिर वह कर्म की हो या मन और वाणी की, पूरा बहिष्कार है. प्रतिपक्षी का बुरा चाहना या उसे हानि पहुँचाने के इरादे से या उसके बारे में बुरा बोलना सत्याग्रह का उल्लंघन है. सत्याग्रह एक सौम्य वस्तु है, वह कभी चोट नहीं पहुँचाता. उसके पीछे क्रोध या द्वेष नहीं होना चाहिए. उसमें शोरगुल, प्रदर्शन या उतावली नहीं होती. वह जबरदस्ती से बिल्कुल उलटी चीज है. उसकी कल्पना हिंसा से उलटी किंतु हिंसा का स्थान पूरी तरह भर सकने वाली चीज के रूप में की गयी है.'' (वही, पृ. 88)

अप्रैल, 1919 में पंजाब जाते हुए गाँधीजी गिरफ्तार कर लिये गये. प्रतिक्रियास्वरूप बंबई एवं अन्य जगहों में हिंसात्मक उपद्रव शुरू हो गये-लूटमार, आगजनी, हत्या आदि. रिहा करने के बाद जब बंबई वापस आये तो शाम की सभा में गाँधी का संदेश पढ़ा गया जिसका एक अंश प्रस्तुत है–''मेरी गिरफ्तारी पर इतना क्षोभ और इतनी गड़बड़ क्यों हुई, इसका कारण मैं नहीं समझ सका हूँ . यह सत्याग्रह तो नहीं है; इतना ही नहीं यह दुराग्रह से भी बुरा है. जो लोग सत्याग्रह से संबंधित प्रदर्शनों में भाग लेते हैं, वे–उन्हें खतरा हो तो भी हिंसा न करने के लिए, पत्थर आदि न फेंकने के लिए, किसी को किसी भी तरह चोट न पहुँचाने के लिए बँधे हुए हैं. लेकिन बंबई में हमने पत्थर फेंके हैं और रास्ते में रुकावटें डालकर ट्राम-गाड़ियाँ रोकी हैं. यह सत्याग्रह नहीं है. हमने हिंसक प्रवृत्तियों के कारण गिरफ्तार किये गये पचास आदमियों के छोड़े जाने की माँग की है. हमारा कर्तव्य तो मुख्यतः अपने को गिरफ्तार करवाना है. जिन्होंने हिंसा की प्रवृत्तियाँ की हैं, उन्हें छुड़वाने की कोशिश करना धार्मिक कर्तव्य का उल्लंघन है. इस तरह के कामों से मुझे जेल या फ़ाँसी के तख्ते से बचाया जा सकता हो तो भी मैं इस तरह बचाया जाना पसंद नहीं करूँगा.'' (वही, पृ. 89)

जो लोग कहते हैं कि गाँधी चाहते तो भगत सिंह को फाँसी के फंदे पर झूलने से बचा सकते थे, या उन्हें बचा लेना चाहिए; ऐसे लोग न गाँधी को समझते हैं और न उनकी अहिंसा को. उपर्युक्त उद्धरण का अंतिम वाक्य गौर करने योग्य है. जो आदमी हिंसक तरीके से अपने को भी नहीं बचाना चाहेगा उनसे दूसरे को बचाने की माँग कितनी बड़ी नासमझी है!

1976 के उत्तरार्द्ध में जे.एन.यू में एसएफआई के नेतृत्व में एक बहुत महत्वपूर्ण छात्र आंदोलन हुआ. देवी प्रसाद त्रिपाठी, सीताराम येचुरी आदि इसके नायक थे. संगठनात्मक कौशल, एकता, उत्साह, रचनात्मकता आदि दृष्टियों से वह आंदोलन देश के विद्यार्थियों के सामने एक प्रकार से आदर्श ही था; क्योंकि इतना

सुघड़ आंदोलन विद्यार्थियों का अब तक नहीं देखा गया था. छात्रों की मुख्य माँग कुलपति को हटाने पर ठहर गयी थी. अंत में निर्णय हुआ कि विश्वविद्यालय प्रांगण में कुलपति को प्रवेश नहीं करने दिया जायेगा. छात्रों का जत्था गेट पर लेट गया. कुलपति आना चाहें तो हमें रौंदकर आ सकते हैं. कुलपति की गाड़ी लौट गयी. उस समय हमने इसे अहिंसात्मक आंदोलन की सफलता के रूप में पहचाना था. पर जब गाँधी के अहिंसा-दर्शन की गहराई में उतरा तो स्पष्ट हुआ कि वह कृत्य 'जंगलीपन' था. इसी से मिलते आंदोलन को देख गाँधी ने 1921 में लिखा था—''कुछ विद्यार्थियों ने धरना देने के पुराने जंगलीपन को फिर से जिन्दा किया है. मैं इसे 'जंगलीपन' इसलिए कहता हूँ कि यह दबाव डालने का भद्दा ढंग है. इसमें कायरता भी है क्योंकि जो धरना देता है वह जानता है कि उसे कुचलकर कोई नहीं जायेगा. इस कृत्य को हिंसात्मक कहना तो कठिन है, मगर वह इससे भी बदतर जरूर है. अगर हम अपने विरोधी से लड़ते हैं तो कम-से-कम उसे बदले में वार करने का मौका तो देते हैं. लेकिन जब हम उसे अपने को कुचलकर निकलने की चुनौती देते हैं—यह जानते हुए कि वह ऐसा नहीं करेगा, तब हम उसे अत्यंत विषम और अपमानजनक स्थिति में रख देते हैं. मैं जानता हूँ कि धरना देने के अत्यधिक जोश में विद्यार्थियों ने कभी सोचा भी नहीं होगा कि यह कृत्य जंगलीपन है. परन्तु जिससे आशा की जाती है कि वह अन्तःकरण की आवाज पर चलेगा और भारी विपत्तियों का अकेले ही सामना करेगा, वह विचारहीन नहीं बन सकता. इसलिए असहयोगियों को हर काम में पहले से ही सचेत रहना चाहिए. उनके काम में कोई अधीरता, कोई जंगलीपन, कोई गुस्ताखी और कोई अनुचित दबाव नहीं होना चाहिए.'' (वही पृ. 91)

पश्चिम की नकल पर भारत में भी वर्ग-संघर्ष आया. गाँधी इसकी अनिवार्यता स्वीकार नहीं करते. वे कहते हैं—''मजदूरों को अमीरों के खिलाफ भड़काने का अर्थ वर्गद्वेष को और उससे निकलने वाले तमाम बुरे नतीजों को जारी रखना होगा. संघर्ष एक दुष्टचक्र है और उसे किसी भी कीमत पर टालना चाहिए. वह दुर्बलता की स्वीकृति का, हीनतार्ग्रंथि का चिह्न है.'' (वही, पृ0 91) गाँधीजी अच्छी तरह जानते हैं कि धन से बड़ा श्रम होता है. इसलिए जरूरी है कि मजदूरों को उनकी स्थिति के महत्व का ज्ञान कराया जाय. ज्योंही श्रमिक अपनी शक्ति पहचानेंगे त्योंही पूँजीपतियों की बुराई दूर होगी. कैसे? ''अगर वे लोग यह कह दें कि उन्हें सभ्य जीवन की आवश्यकताओं के अनुसार अपने बच्चों के भोजन, वस्त्र और शिक्षण आदि के लिए जब तक काफी मजदूरी नहीं दी जायेगी, तब तक वे जमीन को जोतेंगे-बोयेंगे ही नहीं, तो जमींदार बेचारा कर ही क्या सकता है?'' कोई भी धनवान गरीबों के सहयोग के बिना धन अर्जित नहीं कर सकता. अगर मजदूरों को प्रशिक्षित कर उनमें

एकता लायी जाय तो उनके अहिंसक असहयोग के कारण धनवान अपनी गलती देखने और सुधारने के लिए मजबूर हो जायेंगे या बिल्कुल अलग-थलग पड़ जायेंगे.

वर्तमान समय में भारत सहित विश्व के अनेक देश आतंकवाद की आग से झुलस रहे हैं. गोली का जवाब गोली से दिया जा रहा है. आतंकवादी मारे जा रहे हैं, फिर भी उसकी संख्या घट नहीं रही है, बढ़ रही है. इस आग को गाँधी की अहिंसा से बुझाया जा सकता है. गुंडों की समस्या पर गाँधी ने जो विचार व्यक्त किये हैं वे आतंकवाद की समस्या के लिए भी प्रासंगिक हैं. गाँधी का कथन है-"गुंडे लोग आकाश से नहीं उतरते. भूत की तरह जमीन के पेट से भी नहीं निकलते. उनकी उत्पत्ति समाज की कुव्यवस्था से होती है. इसलिए समाज उसके लिए जिम्मेदार है. गुंडों को समाज का बीमार या एक प्रकार का दूषित अंग समझना चाहिए. ऐसा मानकर उस बीमारी के कारण ढूँढ़ने चाहिए. कारण हाथ लगने पर बाद में इलाज किया जा सकता है." (वही, पृ0 304) आतंकवाद भी समाज की कुव्यवस्था से उत्पन्न हुआ है. सीआरपी के जवान उसका इलाज होते तो बीमारी कब की दूर हो गयी होती. अपराधियों के लिए जेल की जगह मानसिक अस्पताल खोला जाना चाहिए. जेल के कर्मचारियों की दृष्टि अस्पताल के डॉक्टरों और नर्सों जैसी होनी चाहिए. जेल के अफसर उनके दोस्त हों. उनकी नियुक्ति वहाँ इसलिए हो ताकि अपराधियों को दिमागी तौर पर तन्दरुस्त किया जा सके. (वही, पृ0 280-81)

आजकल अहिंसा के नाम पर उपवास और अनशन की संक्रामक बीमारियाँ फैली हुई हैं. कोई छोटी-सी स्वार्थपूर्ण बात हो और हम झट अनशन पर बैठ जाते हैं. यह ब्रह्मास्त्र है. गाँधी के अनुसार शिकायत दूर करवाने के सारे उपाय विफल हो जायँ तब इसके प्रयोग पर सोचना चाहिए. सब कोई इसका प्रयोग कर नहीं सकता, क्योंकि यह यांत्रिक प्रयत्न और अनुकरण का विषय नहीं है. शारीरिक योग्यता इसके लिए कोई योग्यता नहीं है, जिसमें आंतरिक शक्ति न हो उसे इस पर विचार भी नहीं करना चाहिए. सच्चा उपवास तब होता है जब उसकी प्रेरणा अन्तरात्मा की गहराई से मिले और उसमें फलासक्ति न हो. उपवास का उद्देश्य वैयक्तिक स्वार्थ से ऊपर होना चाहिए. कुत्सित स्वार्थ-साधन हेतु उपवास करने वालों के प्रति गाँधी निर्ममतापूर्ण व्यवहार की सलाह देते हैं—जो आदमी किसी उपवास के उद्देश्य को स्वार्थपूर्ण या अन्यथा निंदनीय मानता है, उसे उस उपवास के सामने झुकने से दृढ़तापूर्वक इनकार कर देना चाहिए, चाहे इस कारण उपवास करने वाले की मृत्यु ही क्यों न हो जाये. (वही, पृ0 93)

किसी के विचार की प्रामाणिकता उसके आचार में झलकती है. यहाँ हम गाँधी के अहिंसात्मक विचारों से थोड़ा परिचित हुए हैं. इससे ज्यादा जरूरी है यह देखना कि उनके वैयक्तिक एवं सामाजिक-राजनीतिक जीवन में अहिंसा किस रूप में प्रकट हुई

है. हमारा उद्देश्य उनके विचारों की प्रामाणिकता का परीक्षण भर नहीं है, बल्कि उनके आचार हमारी जिज्ञासा के विषय हैं. हम यह जानने को उत्सुक रहते हैं कि जीवन की किस परिस्थिति में गाँधी किस तरह का आचरण करते थे. वे हमारी प्रेरणा के स्रोत हैं. इसलिए यहाँ हम उनके जीवन से अहिंसात्मक प्रयोग के दो उदाहरण रखकर अपनी आत्मा प्रकाशित करने का प्रयास करेंगे. पहला उदाहरण उनके दाम्पत्य जीवन से.

एक बार कस्तूरबा अनवरत रक्तस्राव से पीड़ित थी. पानी का उपचार कामयाब न हुआ. दूसरी दवा करनी नहीं थी. गाँधी ने अन्नाहार संबंधी पुस्तकों में पढ़ रखा था कि नमक न खाने से आरोग्य की दृष्टि से लाभ होता है. इसलिए नमक और दाल छोड़ने के लिए पत्नी को मनाना शुरू किया; लेकिन उन्होंने नहीं माना. उलटे एक चुभती हुई टिप्पणी कर दी-''दाल और नमक छोड़ने को तो कोई आपसे कहे तो आप भी न छोड़ेंगे.'' (आत्मकथा, पृ0 298) गाँधी को दुख भी हुआ और हर्ष भी. दुख क्यों हुआ? इसे बहुत लोग आसानी से समझ जायेंगे, लेकिन हर्ष हुआ, इसे कम लोग समझ पायेंगे. इसलिए उन्होंने हर्ष का कारण बताया-''मुझे अपना प्रेम उँड़ेलने का अवसर मिला.'' (वही) इसी प्रेम के कारण उनके भीतर संकल्प जगा. उन्होंने हर्षपूर्वक पत्नी से कहा-''तुम्हारा यह ख्याल गलत है. मुझे बीमारी हो, और वैद्य इस चीज को या दूसरी किसी चीज को छोड़ने के लिए कहे तो मैं अवश्य छोड़ दूँ. लेकिन जाओ, मैंने तो एक साल के लिए दाल और नमक दोनों छोड़े. तुम छोड़ो या न छोड़ो, यह अलग बात है.'' (वही) यहाँ पूरा प्रसंग रखना रोचक होगा. गाँधीजी की इस बात से पत्नी को बहुत पश्चाताप हुआ. वह बोल उठी-''मुझे माफ कीजिए, आपका स्वभाव जानते हुए भी मैं कहते कह गयी. अब मैं दाल और नमक नहीं खाऊँगी. लेकिन आप अपनी बात लौटा लें. यह तो मेरे लिए बहुत बड़ी सजा हो जायेगी.'' गाँधी न कहा–''अगर तुम दाल और नमक छोड़ोगी, तो अच्छा ही होगा. मुझे विश्वास है कि उससे तुम्हें लाभ होगा पर मैं ली हुई प्रतिज्ञा वापस नहीं ले सकूँगा. मुझे तो इससे लाभ ही है. मनुष्य किसी भी निमित्त से संयम क्यों नहीं पाले, उसमें उसे लाभ ही है. अतएव तुम मुझसे आग्रह न करो. फिर मेरे लिए भी यह एक परीक्षा हो जायेगी और इन दो पदार्थों को छोड़ने का जो निश्चय तुमने किया है, उस पर दृढ़ रहने में तुम्हें मदद मिलेगी.'' (वही, पृ0 299)

घरेलू अहिंसा का यह एक सुन्दर उदाहरण है. गाँधी इसे सत्याग्रह का नाम देते हैं और इस घटना को जीवन की मधुर स्मृतियों में शुमार करते हैं. ध्यान देने योग्य बात है कि गाँधी को कस्तूरबा की चुनौती भरी बात सुनकर क्रोध नहीं हुआ. शुद्ध हृदय होने के कारण प्रेमजन्य हर्ष हुआ और उनके संयम को दृढ़ता प्रदान करने के लिए अपना व्रत जारी रखा.

दूसरा उदाहरण सामाजिक-राजनीतिक जीवन से लेते हैं. सत्याग्रह का पहला सफल प्रयोग 1917 में चंपारण में हुआ. इस सत्याग्रह में गाँधी के काम करने का ढंग देखना हमारे काम का होगा. एक अपढ़ अनगढ़ परन्तु निश्चयवान किसान राजकुमार शुक्ल और प्रसिद्ध समाजसेवी वकील ब्रजकिशोर बाबू के प्रयास से गाँधी चंपारण गये. वहाँ गोरों के द्वारा गरीब किसानों का भयंकर शोषण हो रहा था. वहाँ के किसान गोरे मालिकों के आदेश से बीघे में तीन कट्ठे की दर से नील की खेती करने को बाध्य थे. तीन कट्ठे में नील बोने की प्रथा 'तिन कठिया' कहलाती थी. मालिक निलहे कहलाते थे. उनके अत्याचार से किसान आक्रांत थे. नील मालिकों के विरुद्ध किसानों की शिकायतों की सचाई जानने के लिए गाँधी वहाँ पहुँचे थे. किसानों से मिलने के पूर्व उन्होंने नील मालिकों और कमिश्नर से मिलना मुनासिब समझा; लेकिन नील मालिकों के मंत्री ने गाँधी को परदेसी ठहराकर उनके और किसानों के बीच दखल देने से मना किया और कमिश्नर साहब ने तो तिरहुत ही छोड़ देने की सलाह दे दी. इस उपेक्षा से गाँधी आहत नहीं हुए. उन्होंने नम्रतापूर्वक सुदृढ़ जवाब दिया—"मैं अपने को परदेशी नहीं मानता और किसान चाहें तो उनकी स्थिति की जाँच करने का मुझे पूरा अधिकार है." (आत्मकथा, पृ0 374) कमिश्नर साहब के तेवर से उन्होंने समझ लिया कि वे निश्चित गिरफ्तार करेंगे. राजनीतिक कुशलता का परिचय देते हुए उन्होंने मोतिहारी या बेतिया को ही गिरफ्तारी के लिए चुना. हाथी से जाते हुए रास्ते में ही पुलिस सुपरिटेंडेंट की चंपारण छोड़ने की नोटिस मिल गयी. गाँधी ने संयत जवाब दिया—"मैं चंपारण छोड़ना नहीं चाहता; मुझे तो आगे बढ़ना है और जाँच करनी है." उन्होंने निर्वासन की आज्ञा का सविनय अनादर किया. इसके कारण कोर्ट में हाजिर होने का सम्मन मिला. सम्मन की खबर जंगल में आग की तरह फैल गयी. मोतिहारी में गाँधी के निवास और कचहरी में अभूतपूर्व भीड़ उमड़ पड़ी. गाँधीजी आत्मकथा में लिखते हैं—"सरकारी नोटिसों को स्वीकार कर लिया और अधिकारियों के साथ निजी व्यवहार में मिठास से काम लिया. इससे वे समझ गये कि मुझे उनका विरोध नहीं करना है, बल्कि उनकी आज्ञा का विनयपूर्वक विरोध करना है. इससे उनमें एक प्रकार की निर्भयता आ गयी. मुझे तंग करने के बदले उन्होंने लोगों को काबू रखने में मेरी और मेरे साथियों की सहायता का प्रसन्नतापूर्वक उपयोग किया. किन्तु साथ ही वे समझ गये कि उनकी सत्ता आज से लुप्त हुई. लोग क्षणभर को दंड का भय छोड़ कर अपने नये मित्र के प्रेम की सत्ता के अधीन हो गये." (वही, पृ0 375)

उपर्युक्त नजारा सविनय अवज्ञा आंदोलन का है जिसे भारत ने पहली बार देखा. नोटिसों के विरुद्ध कानूनी लड़ाई लड़ने लग जाते तो बुद्धिमानी नहीं होती;

क्योंकि तब लड़ाई में धार नहीं आती. अधिकारियों के साथ व्यवहार में मिठास का परिचय देकर यह जता दिया कि हम आपके विरोधी नहीं हैं. सिर्फ आपकी आज्ञा का विनयपूर्वक विरोध कर रहे हैं. आम आंदोलनकारियों से यहीं भूल होती है कि वे विचार के साथ व्यक्ति के भी विरोधी हो जाते हैं. इससे अवांछित रूप से कटुता बढ़ती है और ऊर्जा का अपव्यय होता है. व्यवहार में मिठास सद्भाव का सूचक है और यह प्रतिपक्षियों में भी सद्भाव उत्पन्न करने में सहायक होता है. यही कारण है कि भीड़ को काबू करने में गाँधी एवं उनके साथियों की सहायता ली गयी. आम आंदोलन में हम भीड़ का उपयोग विरोधियों को आतंकित करने में करते हैं. आन्दोलनकारियों का काम होता है भीड़ को उकसाना और विरोधियों का काम होता है उसे नियंत्रित करना. यहाँ कितना अनोखा दृश्य है! दोनों पक्ष मिलकर भीड़ को नियंत्रित कर रहे हैं! साथ ही गाँधी के इस कोमल व्यवहार और किसानों के प्रति अपार प्रेम ने प्रतिपक्षियों को यह बोध करा दिया कि उनकी सत्ता आज से लुप्त हो गयी. अहिंसा का जादू है कि इस बोध के बाद भी उनके भीतर तिलमिलाहट नहीं हुई. उस दिन गाँधी को लगा कि ईश्वर का, अहिंसा का और सत्य का साक्षात्कार हो गया. ''जब मैं इस साक्षात्कार के अपने अधिकार की जाँच करता हूँ, तो मुझे लोगों के प्रति अपने प्रेम के सिवा और कुछ भी नहीं मिलता. इस प्रेम का अर्थ है, प्रेम अथवा अहिंसा के प्रति अविचल श्रद्धा.'' गाँधी के जीवन में यह दिन अविस्मरणीय हो गया. क्यों न हो, गाँधी और किसानों के लिए यह एक उत्सव का दिन जो था! जब आंदोलन उत्सव जैसा लगने लगे तब समझना चाहिए असली अहिंसात्मक आंदोलन का आरंभ हुआ.

उस दिन अदालत में गाँधी ने जो अपना तैयार बयान पढ़ा. उसका एक अंश द्रष्टव्य है—''आप मुझे जो सजा देना चाहते हैं, उसे कम कराने की भावना से मैं यह बयान नहीं दे रहा हूँ. मुझे तो यही जता देना है कि आज्ञा का अनादर करने का मेरा उद्देश्य कानून द्वारा स्थापित सरकार का अपमान करना नहीं है, बल्कि मेरा हृदय जिस अधिक बड़े कानून को—अर्थात् अन्तरात्मा की आवाज को स्वीकार करता है, उसका अनुसरण करना ही मेरा उद्देश्य है.'' (वही, पृ० 377) न सजा कम कराने की चाह, न सरकार को अपमानित करने की इच्छा. यह है गाँधी का अहिंसात्मक आंदोलन. यहाँ अन्तरात्मा की आवाज का अर्थ हृदय की आवाज है और हृदय की आवाज का अर्थ पीड़ितों के प्रति पूर्ण सहानुभूति तथा उन्हें शोषणमुक्त करने का संकल्प है. हर जगह गाँधी की अन्तर्वाणी का एक अर्थ होता है जिसे समझने की कोशिश न कर आलोचकों ने उनकी आलोचना करने में ही समय नष्ट किया है.

इस उत्साहपूर्ण आंदोलन का परिणाम यह हुआ कि मुकदमा गवर्नर की आज्ञा से वापस हुआ और गरीब किसानों की स्थिति जाँच करने का अनुमति-पत्र मिला.

लेकिन सभी निलहों का हृदय-निलय नहीं बदला. कुछ निलहों ने गाँधी का तिरस्कार किया, कुछ उदासीन रहे और कुछ ने नम्रतापूर्वक व्यवहार किया. बीच में व्यवधान आते रहे, लेकिन अंत में सरकार को तिनकठिया कानून रद्द करना पड़ा और सौ साल से चले आ रहे निलहे गोरों के शोषण का अंत हुआ.

गाँधी का सत्याग्रह आंदोलन केवल सविनय अवज्ञामूलक नहीं था. उसके साथ अन्य रचनात्मक काम भी चंपारण में शुरू हुए. शोषण की जड़ में सही शिक्षा का अभाव है. इसलिए उन्होंने अनेक पाठशालाएँ खोलीं और अक्षर ज्ञान के साथ जीवन जीने की कला सिखाना शुरू किया. यह थी आंदोलन की सृजनात्मकता—गलत का विरोध और सही की शुरूआत साथ-साथ. कुछ लोगों का विचार है कि स्वतंत्रता, स्वराज्य, समाजवाद, साम्यवाद जैसी ऊँची चीजें प्राप्त करने के लिए कुछ हिंसा भी करनी पड़े तो क्या हर्ज है? गाँधी कहते हैं कि साध्य और साधन अलग-अलग चीजें नहीं हैं. वे एक ही मार्ग के दो छोर हैं. आरंभ है साधन, अंत है साध्य और असली चीज साधन ही है, क्योंकि वही हमारे हाथ में है और उसी से आगे चलकर मंजिल मिलेगी. गाँधी का कथन है—"हिंसापूर्ण उपायों से लिया गया स्वराज्य भी हिंसापूर्ण होगा और वह दुनिया के लिए तथा खुद भारत के लिए भय का कारण सिद्ध होगा." (मेरे सपनों का भारत, पृ0 70) गाँधी का अनुभव है कि सत्य का प्रचार हिंसा के द्वारा कभी नहीं किया जा सकता. इसलिए केवल साध्य की शुद्धता ही नहीं साधन की शुद्धता भी चाहिए.

गाँधी-मार्ग की कठिनाई को देखते हुए कुछ लोगों के मन में यह धारणा बैठ गयी कि अहिंसा वैयक्तिक गुण है और इसे व्यक्तिगत रूप से ही विकसित किया जा सकता है. सामाजिक तौर पर शुद्ध रूप में इसका विकास संभव नहीं. ऐसा मानने का मतलब है गाँधी के प्रमुख प्रयत्न और प्रयोग को ही खारिज कर देना. यही तो गाँधी की अभूतपूर्व विशेषता है कि अहिंसा सामाजिक धर्म है और सामाजिक धर्म के तौर पर उसे विकसित किया जा सकता है. भारत के महापुरुषों ने सत्य की खोज की, मोक्ष की खोज की, समाधि की खोज की. लेकिन समाज और इस जीवन का मूल्य तो ठीक से गाँधी ने ही समझा. वे पहले हिम्मतवर व्यक्ति हैं जिन्होंने सामाजिक उत्कर्ष का विचार किया. वे पहले संत हैं जो सामाजिक-राजनीतिक जीवन में उठ खड़े हुए और उसे उठाने का नयी दिशा में प्रयोग करते रहे. इसलिए गाँधी के प्रयोग को आगे बढ़ाने की जरूरत है. दुनिया ने अहिंसा को अभी तक उसके अनुरूप मौका ही नहीं दिया है. इसलिए वह उसकी शक्ति से अनभिज्ञ है. आँखें खोलकर देखा जाय तो पता चले कि गाँधी के समय में मिलावटी अहिंसा से भी जनता कितनी बड़ी शक्ति प्राप्त कर सकी थी. गाँधी का दृढ़ विश्वास है कि "पतित से

पतित लोगों को भी मुनासिब तालीम दी जाये तो अहिंसक साधनों द्वारा सब प्रकार के अत्याचारों का प्रतिकार किया जा सकता है.'' (मेरे सपनों का भारत, पृ0 25) जरूरत कठिनाई से भागने की नहीं, सही तालीम की है, जिसके माध्यम से ऐसा वातावरण बने जिसमें पारस्परिक आदर और सद्भाव का विकास हो.

निष्कर्ष के तौर पर कहा जा सकता है कि गाँधी के अहिंसा-दर्शन का सार हृदय की शुद्धता है. इसे पाने के लिए दो स्तरों पर काम करना पड़ेगा. पहला महत्वपूर्ण काम है वर्तमान शिक्षा-पद्धति में आमूल परिवर्तन, क्योंकि इसके केन्द्र में महत्वाकांक्षा है जो हिंसा की जननी है. शिक्षा के केन्द्र में प्रेम को लाना होगा जो अहिंसा का जनक है. केन्द्र बदलता है तो परिधि पर की सारी चीजें स्वतः बदल जाती हैं. दूसरे स्तर पर जन-जीवन में ध्यान का आंदोलन चलाना होगा. गाँधी पतंजलि की सहायता से यम-नियम के साधनों द्वारा हृदय की शुद्धि की बात करते हैं. लेकिन हृदय के शुद्धिकरण के अनेक मार्ग हैं. भारत के अनेक संतों ने उन विविध मार्गों को खोला है. व्यक्ति अपनी-अपनी रुचि और क्षमता के अनुसार मार्ग चुनकर आत्मा की शुद्धता को उपलब्ध हो सकते हैं. ध्यान की गहराई में कुछ थोड़े से लोग उतरेंगे तो वे जन सामान्य की चेतना को ऊँचा उठाये रखने में सफल होंगे. देश को एक नहीं एक हजार गाँधी चाहिए. उनके संक्रामक प्रभाव से जन सामान्य की चेतना ऊपर उठेगी और सामाजिक-राजनीतिक जीवन में उत्कर्ष आयेगा.

सत्याग्रह शताब्दी अंतरराष्ट्रीय समागम
(13-20 नवम्बर, 2007) जे.एन.यू., नयी दिल्ली में आलेख पाठ

❖

गाँधी, राज ठाकरे और बदनसीब बिहार

महात्मा गाँधी दक्षिण अफ्रीका में थे. एक केस के सिलसिले में वे डरबन से प्रिटोरिया ट्रेन से जा रहे थे. उनके पास पहले दर्जे का टिकट था. एक गोरा यात्री कम्पार्टमेन्ट में घुसा और इस भिन्न वर्ण के व्यक्ति को पाकर परेशान हो गया. बाहर निकल कर एक दो अफसर ले आया. एक अफसर ने गाँधी से कहा—तुम्हें आखिरी डिब्बे में जाना है. गाँधी ने पूछा—क्यों, मेरे पास तो पहले दर्जे का टिकट है! अफसर ने कहा—इसकी कोई बात नहीं, तुम्हें उतरना पड़ेगा और न उतरे तो सिपाही उतारेगा. गाँधी ने कहा—मैं तो खुद न उतरूँगा. सिपाही भले उतार दे. सिपाही आया और धक्के मारकर सामान सहित गाँधी को नीचे उतार दिया. वे मेरित्सबर्ग स्टेशन पर रात भर ठंड से काँपते रहे!

अपमान का अंत यहीं नहीं था. आगे चार्ल्स टाउन से जोहान्सबर्ग घोड़े की सिकरम से जाना था. गाँधी को 'कुली' की गिनती में रखते हुए सिकरम के अंदर बैठने की इजाजत नहीं मिली. कोचवान की बगल में उन्हें बैठाया गया और कुछ देर बाद वहाँ से भी उठकर पाँव रखने के पटिये पर बैठने को एक गोरे ने कहा, क्योंकि गाँधी की जगह हवा में बैठकर उन्हें सिगरेट पीनी थी. यह अपमान असह्य था. गाँधी ने इनकार किया. फलतः उनपर गालियों और तमाचों की वर्षा होने लगी. उनकी बाँह पकड़कर गोरा उन्हें खींचने लगा. गाँधी ने पास ही के एक पीतल के सीखचे को पकड़ लिया. उनके भीतर संकल्प बँध गया—'कलाई चाहे उखड़ जाय, पर सीखचे न छोड़ूँगा'.

प्रिटोरिया में प्रेसीडेंट स्ट्रीट के पास फुटपाथ पर चलते हुए उन्हें एक गोरे सिपाही ने धक्का और लात मारकर गिरा दिया. मि. कोट्स ने उधर से गुजरते हुए इस घटना को देखा. वे आहत हुए. गाँधी से कहा—मैंने सब देखा है. आप मुकदमा चलाना चाहें तो मैं गवाही दूँगा. गाँधी का जवाब था—"इसमें खेद का कोई कारण नहीं. सिपाही बेचारा क्या जाने? उसके लिए तो काले-काले सब एक से ही हैं. वह हब्शियों को इसी तरह पटरी पर से उतारता होगा. इसलिए उसने मुझे भी धक्का मारा.

मैंने तो नियम ही बना लिया है कि मुझ पर जो बीतेगी, उसके लिए मैं कभी अदालत नहीं जाऊँगा. इसलिए मुझे मुकदमा नहीं चलाना है.''

वह अपमानजनक कष्ट किसी महारोग का बाह्य लक्षण मात्र था. वह महारोग था-रंग-भेद. गाँधी ने मूल रोग को पकड़ लिया था. इसलिए उन्होंने निश्चय किया—'स्वयं जो कष्ट सहने पड़े सो सब सहने चाहिए और उनका विरोध रंग-भेद मिटाने की दृष्टि से करना चाहिए.' व्यक्ति-पीड़ा समाज-पीड़ा में रूपांतरित हो गयी. यही है गाँधी बनने की प्रक्रिया.

गाँधी को जो अपमान विदेश में गोरों से सहना पड़ा, वही स्वदेश में उत्तर भारतीयों को राज ठाकरे से सहना पड़ रहा है. बिहारी छात्र रेलवे की परीक्षा देने मुंबई जाते हैं. ठाकरे की महाराष्ट्र नवनिर्माण सेना नवविध्वंस सेना की तरह परीक्षार्थियों की पिटाई करती है. पीड़ित परीक्षार्थी बिहार लौटकर मोटरवाहनों और रेलगाड़ियों को जलाते हैं. लूटपाट और तोड़फोड़ की विनाश लीला में राज ठाकरे की सेना को मात करते हैं, क्योंकि राज ठाकरे के लोगों ने उन बिहारियों को पीटा जो उनके अनुसार उनका हक मारने मुंबई गये थे; जबकि बिहारी छात्रों ने उन ट्रेनों और वाहनों को जलाया जो किसी का हक मारने के लिये नहीं चल रही हैं! जो भेदभाव रहित होकर 'अहर्निशं सेवामहे' का व्रत लेकर दौड़ती रहती हैं. छात्रों ने उन यात्रियों को सताया जिनका कोई गुनाह नहीं था!

मैं सोचता हूँ, गाँधी परीक्षा देने गये होते तो क्या करते! वे तत्काल मराठी अस्मिता के नाम पर किये जा रहे अपमान के पीछे छिपे मूल रोग को पकड़ लेते और उसे मिटाने के लिए अहिंसात्मक आंदोलन करते. क्या है वह रोग? वह है सत्ता हथियाने के लिए वोट की अराजक राजनीति, जो निर्धन लोगों की सेवा के माध्यम से नहीं, बल्कि संकीर्ण क्षेत्रवाद और भाषावाद का उन्माद पैदा कर की जाती है. अगर वहाँ की सरकार ठाकरे पर कार्रवाई नहीं कर रही है या उसका नाटक कर रही है तो इसका भी कारण वही है. वह उसी सत्ता का भोग कर रही है जिसे राज 'राजसत्ता' बनाना चाह रहा है.

महाराष्ट्र और बिहार में हिंसा की जो क्रिया और प्रतिक्रिया हो रही है, उनका दोष राजनीति के माथे मढ़कर अपनी जिम्मेदारियों से मुक्त होना खतरनाक है. हमें उक्त रोग का निदान ढूँढ़ना होगा. निदान कहाँ है? मेरी समझ से इस रोग और अन्य तमाम रोगों की जड़ें वर्तमान शिक्षा में हैं जो शिक्षार्थी में समझ पैदा करने और विवेक जगाने की दृष्टि से बनी ही नहीं है. जब तक शिक्षा में आमूल सकारात्मक परिवर्तन नहीं होगा तब तक इस तरह के उपद्रव हमेशा होते रहेंगे. हमारे मनीषियों ने नये भारत के निर्माण के लिए मनुष्य को मनुष्य बनाने वाली जिस शिक्षा की परिकल्पना की

थी, उसे जमीन पर उतारने की कोई कोशिश हमने नहीं की. छोटे पैमाने पर भी कोई प्रयोग नहीं किया. महत्वाकांक्षा का पोषण करने वाली इस शिक्षा से हिंसा नहीं फैलेगी तो क्या अहिंसा फैलेगी? प्रेम फैलेगा? जागरुकता बढ़ेगी?

सही शिक्षा का एक महत्वपूर्ण अंग होना चाहिए जनसंख्या नियोजन. पूरे देश में और विशेषतः बिहार में जनसंख्या का ऐसा भीषण विस्फोट हुआ है जो किसी भी आतंकवादी बम विस्फोट से लाख गुना अधिक विनाशकारी है. अगर बिहार में उत्पन्न सभी लोग बिहार में ही रख दिये जायँ तो जीविका की बात तो करनी ही नहीं उनके रहने के लिए भी भूमि नहीं मिलेगी. भूमि और मनुष्य के उत्पादन में एक समझपूर्ण अनुपात होना चाहिए. क्यों अंधाधुंध आबादी बढ़ाते जा रहे हो भाई? बिहार में मनुष्योत्पादन का घरेलू उद्योग इतना फला-फूला है कि पूरे देश को मनुष्य की सप्लाई यहाँ से होती है और बाहर अगर वे भेड़-बकरी की तरह मारे काटे जाते हैं, तो क्या दोष केवल उन्हीं का है? बिहार का नहीं?

जनसंख्या-नियोजन अभी देश की प्रथम आवश्यकता है. यह हिसाब रखने की जरूरत है कि हमें कितने चिकित्सक, इंजीनियर, वैज्ञानिक, तकनीशियन, मजदूर, कलाकार, शिक्षक आदि चाहिए. उन तकनीकों को विकसित करना होगा जिनके माध्यम से जरूरत के अनुसार आदमी का उत्पादन हो. इस काम के लिए अलग मंत्रालय होना चाहिए. जनगणना दस साल में होती है, प्रतिदिन होनी चाहिए. जैसे शाम में सेंसेक्स के उतार-चढ़ाव का हिसाब होता है, वैसे ही भारत की घटती-बढ़ती आबादी का हिसाब होना चाहिए. आवश्यकतानुसार जब मनुष्य का उत्पादन होगा तो हम सबको शिक्षा और सबको रोजगार देने में सक्षम होंगे. आरक्षण की विघटनकारी राजनीति खत्म होगी. ठाकरे की अराजक राजनीति विदा होगी. अधिक जनसंख्या न सिर्फ दारिद्रय की जननी है बल्कि गंदी राजनीति के लिए भी उर्वर भूमि है.

राज ठाकरे की हिंसा का जवाब आत्मघाती प्रतिहिंसा नहीं है. बिहार का नवनिर्माण ही उसका माकूल जवाब है. इसे आज के नेता स्वप्न में भी नहीं कर पायेंगे. इसके लिए समाज के जागे हुए लोगों को आगे आना होगा. झूठ-फरेब, महत्वाकांक्षा, हिंसा, लूट और फूट की राजनीति का जवाब सत्य, अहिंसा, प्रेम और सेवा की राजनीति है. इसका महारंभ महात्मा गाँधी ने किया था, लेकिन हम उसे विकसित नहीं कर पाये. जिसका विकास नहीं होता उसका ह्रास हो जाता है, क्योंकि स्थितियाँ स्थिर नहीं रहा करतीं, सदा परिवर्तनशील रहती हैं.

नवम्बर, 2008

❖

राहुल की मृत्यु-पूजा

साधो! हमारे देश में जीवन की पूजा नहीं होती, मृत्यु की होती है. किसी के दुख में हम बड़े गौरव के साथ भागीदार होते हैं, उसके सुख को सहना बहुत मुश्किल है. इसलिए सुख में भागीदारी औपचारिक तथा ईर्ष्या मिश्रित होती है. अब राहुल को ही देखिए न! उसकी बेरोजगारी सिर्फ एक राजनेता की कृपा दृष्टि से दूर हो सकती थी. रोजगार की खोज में भटकते एक गुमराह बच्चे को कोई सयाना मिला होता तो उसका जीवन बचाया जा सकता था, उसे सुधारा जा सकता था. उसके भीतर ऐसा गुण भरा जा सकता था कि आत्मतेज जगे और वह ऐसा कदम न उठाये जिसमें जनता का दुश्मन देश में उत्पात मचाता रहे और वह खुद विदा हो जाए. जीते जी उसे कोई ऐसा न मिला, लेकिन मरते ही महाराज मिल गये. बिहार के नये राजे महाराजे उनके दर पर माथा टेकने पहुँचने लगे, उनके परिवारवालों को सहानुभूति और गौरव देने लगे. किसी ने उसे बिहार का 'सुपुत्र' घोषित किया, किसी ने शहीद. जो राजे पूजा में पिछड़ गये थे, समय की नजाकत भाँपते हुए झटपट वे भी माल्यार्पण करने पहुँचे. भावभीनी संवेदनाएँ प्रकट करने लगे. मुझे कविवर सुमित्रानंदन पंत की पंक्तियाँ याद आयीं—

शव को दें हम रूप, रंग आदर मानव का
मानव को हम कुत्सित चित्र बना दें शव का?

आज की राजनीति शव का सम्मान करती है और मानव को शव बनाती है. मैं सोचता हूँ, जीते जी यही राहुल अगर किसी राजनेता को अपना दुखड़ा रोने गया होता तो इसे मिलने का समय भी न मिला होता! लेकिन उन्हीं नेताओं के सर आज राहुल के शव के चरणों पर हैं. राजनीति! तुम कितनी चतुर चालाक हो! तुम्हारी क्षय हो!

आज जो बचे हुए जिन्दा राहुल हैं, उनके भीतर गौरवोन्माद पैदा करने के लिए ये नाटक चल रहे हैं ताकि वे जल्दी जल्दी मुर्दा राहुल में तबदील होने के लिए तैयार रहें. उनके मुर्दा होने की तैयारी से ही राजनेताओं के जीवन पैदा होते

हैं. राजनेताओं के पास उन्माद पैदा करने वाली चार-पाँच नशे की अचूक गोलियाँ हैं—एक गोली है जातिवाद, दूसरी है धर्म और सम्प्रदायवाद, तीसरी है भाषा और प्रांतवाद, और चौथी है राष्ट्रवाद. जब जिस गोली की जरूरत हुई, खिला दी और रेल के नशाखुरानों की तरह लूट लिया. भारत के राजनीतिक क्षितिज पर उगता हुआ कोई ऐसा नक्षत्र नहीं दिख रहा है जो जनता से कहे—जागो, इन नशाखुरानों को पहचानो. तुम्हारे जागने से ही ये भागने लगेंगे, जैसे सूरज के उगने से तारे भागते हैं. जिस राह पर महाराष्ट्र के राजनेता चल रहे हैं उसी पर चलने की तैयारी बिहारी नेता कर रहे हैं. कोई प्रकट राज ठाकरे है, कोई प्रच्छन्न राज ठाकरे. सभी हैं 'राज के ही ठाकुर'!

देखिए तो भला; किसी भी नेता ने यह नहीं कहा कि राहुल तुम्हारा कदम बुद्धिमत्तापूर्ण नहीं था. मैं कायरता का पक्षधर नहीं हूँ तो अविवेक का भी नहीं. हमारे प्रांत के जवानो! तुम बहादुर बनो और बुद्धिमान भी. बुद्धिहीन बहादुरी से तुम केवल अपना ही विनाश करोगे. दूसरे चालाक लोग तुम्हारी मृत्यु-पूजा से लाभ उठायेंगे.

2008

❖

औचक निरीक्षण का अर्थ

जब मैं अपने गाँव में उच्च बुनियादी माध्यमिक विद्यालय, जयरामपुर-नन्हकार का छात्र था तो अक्सर देखा करता था कि कोई न कोई शिक्षा पदाधिकारी विद्यालय का निरीक्षण करने आया करते थे. उनके आने के तीन-चार दिन पूर्व से स्कूल में सफाई एक अभियान की तरह चलती थी. विद्यालय के कमरों की सफाई के साथ विद्यार्थियों की पोशाकों की सफाई देखी जाती थी. उनके बढ़े नाखून काटे जाते थे. सांस्कृतिक कार्यक्रम की तैयारी होने लगती थी. कक्षा में तेज छात्रों को आगे बैठने की हिदायत देकर उन्हें कुछ संभावित प्रश्नोत्तर सिखाये जाते थे. अधिकारी जब निरीक्षण के बाद चले जाते थे, फिर वही गंदगी और पढ़ाई में वही लापरवाही. इसके बाद सांस्कृतिक कार्यक्रमों को कौन पूछता है? चार दिनों की चांदनी, फिर अंधेरी रात!

उस समय मेरा विद्रोही बाल-मन कहता था कि जाकर पदाधिकारी के कान में चुपचाप कुछ कह दूँ कि आपके आने के पहले विद्यालय गंदा था और गंदा ही रहता है. दूसरा मन डर जाता था. हेडमास्टर साहब का तो शायद कुछ न बिगड़े, उनके जाने के बाद तुम्हारा कचूमर निकल जायेगा मटुक. अधिकारी के जाने के बाद ताड़न का अधिकारी तो मुझे ही होना पड़ता. छड़ी की याद कँपा गयी. मैं मौन ही रहा, लेकिन मन में संकल्प बँधा—अगर मैं शिक्षा पदाधिकारी बना तो अचानक निरीक्षण करूँगा. तब वास्तविक स्थिति दिखायी पड़ेगी और हेड सहित सभी मास्टर घेरे में आ जायेंगे. स्कूल में शिक्षाधिकारियों का जो मान-सम्मान होता था, उसे देखकर वही बनने के लिए बाल-मन ललक उठा था.

धीरे-धीरे जब सयाना हुआ तो पता चलने लगा कि वस्तुस्थिति का पूर्ण ज्ञान अधिकारियों को पहले से रहता है. औचक निरीक्षण का कोई अर्थ नहीं है. यह अधिकारियों, मंत्रियों की मानसिकता के आधार पर अलग-अलग समय में अलग-अलग अर्थ ग्रहण करता है. कभी इसका अर्थ खानापूर्ति होता है, कभी यह कमाई का साधन बन जाता है और कभी नाटकीय प्रदर्शन बनकर जनता को भुलावे में डाल देता है.

आप सोचें कि एक शिक्षा मंत्री अगर एक-एक स्कूल का निरीक्षण करें तो उन्हें कितने स्कूलों का निरीक्षण करना पड़ जायेगा? अगर एक रेलमंत्री किसी एक स्टेशन का औचक निरीक्षण करें तो कितने स्टेशनों का निरीक्षण उन्हें करना पड़ जायेगा और अगर नहीं करे तो क्या यह अन्य स्टेशनों के साथ पक्षपात नहीं होगा? ज्ञातव्य है कि औचक निरीक्षण में गाज बेचारे सबसे छोटे अधिकारियों और कर्मचारियों पर ही गिरती है. लोकतंत्र में कर्तव्यों और अधिकारों को लेकर पद के जो सोपान बने हुए हैं, उनके अनुसार बड़े अधिकारियों को अपने से छोटे अधिकारियों पर कार्रवाई करनी चाहिए. उदाहरण के लिए अगर कुलाधिपति औचक निरीक्षण के दौरान विश्वविद्यालय में गड़बड़ी पाये तो कुलपति को सस्पेंड करे, कुलपति पाये तो प्राचार्य को करे और प्राचार्य शिक्षकों, कर्मचारियों एवं छात्रों पर कार्रवाई करे. लेकिन प्रायः देखा जाता है कि अधिकारी बचा लिये जाते हैं और निरीह लोग दंडित होते हैं. एक मंत्री अगर औचक निरीक्षण करते हैं तो उन्हें सबसे बड़े अधिकारी को सस्पेंड करना चाहिए और ऐसा करने में अगर वे असमर्थ हैं, तो औचक निरीक्षण बंद कर देना चाहिए.

क्या विद्यालय, स्टेशन आदि का औचक निरीक्षण करना मंत्री का काम है? उन्हें चाहिए कि ऊपरी अधिकारियों को बुलाकर उन्हें उनके कर्तव्यों के प्रति सचेत करें और अधिक से अधिक दो बार चेतावनी दें. इसके बावजूद सुधार न हो तो ऊपर के अधिकारियों पर कार्रवाई करें. ऐसा न कर गरीब-गुरुवा, किरानियों एवं छोटे अधिकारियों को निलंबित करना एक तमाशा खड़ा करना है. गरीब जनता की आँखों में धूल झोंकना है.

2006

❖

जिम्मेदारी का एहसास है ग्राम-यात्रा

मुख्यमंत्री नीतीश कुमार की ग्राम-यात्रा अनेक दृष्टियों से देखी-परखी जा रही है. कुछ राजनीतिक दलों में इस यात्रा से हड़कंप मच गया है. वे पछताते होंगे कि हमारा हथियार नीतीश ने कैसे अपना लिया? हम पिछड़ कैसे गये? हहरते हुए वे इसे चुनाव-यात्रा, सरकारी धन अपव्यय-यात्रा, दिखावटी-यात्रा, ठग-यात्रा आदि कहते हैं. लेकिन नीतीश कुमार इसे विकास यात्रा बताते हैं. वे कहते हैं—"हम जनता की समस्याओं को निकट से देखने निकले हैं. उनकी शिकायतों को सुनने निकले हैं. उनके व्यंग्य बाणों का धैर्यपूर्वक सामना करने निकले हैं. हम उनकी समस्याओं के समाधान का प्रयास करने निकले हैं." ये दावे और आरोप न तो पूर्णतः सत्य हैं न पूर्णतः असत्य. आंशिक सत्य इनमें जरूर है.

मैं ग्राम-यात्रा के समर्थकों और विरोधियों से भिन्न दृष्टि रखता हूँ. उसके कारण हैं. बताता हूँ. मैं देखता आ रहा हूँ कि राजनीति में घोर महत्वाकांक्षी व्यक्ति प्रवेश करते हैं. किसी ने अपार धन कमा लिया है, अब उसे राजसत्ता चाहिए. किसी ने धन के साथ-साथ फिल्म, खेल या अन्य जगत में अपार नाम भी कमा लिया है. उसे भी अब राजशक्ति चाहिए. किसी के पास अपार बाहुबल है. वह इस ताकत को राजनीतिक ताकत में रूपांतरित कर अधिक सुरक्षित होना चाहता है, क्योंकि राजनीति से बाहर रहने पर पुलिस जिसे पकड़ने जाती है, सत्ता में आने पर उसी को सुरक्षा प्रदान करती है. इसलिए राजनीति बहुत काम की चीज है. जाहिर है, जो धनबल, बाहुबल, चालाकी, ठगी आदि की प्रतिस्पर्द्धा में जितने माहिर होंगे, वे उतने ही सफल होंगे. सत्ता पाकर फिर से अपने संसाधनों को मजबूत कर लेंगे ताकि आजन्म राज कर सकें. नागार्जुन ने 'मंत्र' कविता में लिखा है—

ओं दलों में एक दल अपना दल, ओं
ओं अंगीकरण, शुद्धीकरण, राष्ट्रीकरण
ओं मुष्टीकरण, तुष्टीकरण, पुष्टीकरण

ओं एतराज, आक्षेप, अनुशासन
ओं गद्दी पर आजन्म वज्रासन

राजनीति में काले धन की सुरक्षा है, अपराध की सजा से बचने का उपाय है. पद-रस है, मद-रस है, सर्व रस है. राजनेताओं के पीछे बुद्धिजीवियों, अबुद्धिजीवियों और पूँजीपतियों की एक फौज चलती है, जिन्हें उनकी पात्रता के अनुसार कुछ न कुछ चाहिए. अनपढ़ों को चाहिए ठेकेदारी और पढ़ों को कोई मालदार पद. पूँजीपतियों को अपनी कंपनी के लिए सुविधाएँ चाहिए. इसके बाद उनकी चाल देखिए. उनमें राजनेताओं के प्रति कैसी भक्ति जगती है और वे किस तरह उनके साथ मिलकर शोषण का महाजाल रचते हैं.

इनसे भिन्न समाज में कुछ ऐसे चिंतित लोग हैं जो देश का विकास सच्चे मन से चाँहते हैं, लेकिन राजनीति में आना नहीं चाहते, क्योंकि उनकी नजर में राजनीति घिनौनी चीज है. वे दिन रात राजनेताओं और उनके पिछलग्गुओं को गाली देंगे और हाथ पर हाथ धरे निराश बैठे रहेंगे. देश की दुर्दशा के लिए ऐसे सच्चे लोग भी उतने ही जिम्मेदार हैं. उनकी निष्क्रियता और राजनीति के प्रति गलत दृष्टि खतरनाक है.

समाज में नगण्य संख्या ऐसे लोगों की है जो चाहते हैं कि देश की भलाई के लिए राजनीति में स्वयं आयें. लेकिन उन्हें सात्विक संगी साथी नहीं मिलते. जो भी मिलता है, उनके भीतर गर्हित स्वार्थ छिपा रहता है जो अवसर मिलते ही प्रकट होता है. इस तथ्य का कटु अनुभव अभी हाल में नयी पार्टी बनाकर देश-कल्याण की कामना करने वाले प्रख्यात चिंतक शिव खेड़ा को हुआ. उनकी राजनीतिक पार्टी बनने के पूर्व ही बिखरने लगी. अभी देश के सामने सबसे बड़ा संकट है ऐसे ईमानदार लोगों का अभाव जो एकजुट होकर नयी पार्टी बनाकर ठगी का माकूल जवाब दे सके. आजादी के बाद से ही भ्रष्टाचार निरंतर बढ़ता जा रहा है. ठग का विरोध करने वाला ही महाठग निकल जाता है. बिहार की करोड़ों की आबादी में से अगर एक सौ भी ऊर्जस्वी, सात्विक और समर्पित लोग राजनीति में आ जायँ तो प्रांत और देश का कायाकल्प हो सकता है. जिस प्रांत में सौ आदमी भी ऐसे न हों, उसके विकास की बात भूल जानी चाहिए.

मैं सोचता हूँ कि अगर सौ आदमी नहीं मिलें, दस आदमी भी नहीं मिलें तो क्या उनके इंतजार में जीवन बिता देना चाहिए? अगर नहीं, तब क्या करना चाहिए? वही करना चाहिए जो नीतीश कुमार कर रहे हैं. उसी काजल की कोठरी में घुसकर देश की मंगलकामना की लौ जलाते हुए विकास का प्रयास करते रहना चाहिए. मुझे नहीं दिखाई पड़ता कि नीतीश कुमार बेईमान राजनेता हैं या कि वे घोटालों के द्वारा अकूत धन कमाना चाहते हैं या कि राजनीति की प्रसादी परिवार में बाँटना चाहते हैं. वे वास्तव में प्रांत को ऊँचा उठाना चाहते हैं, लेकिन वे अकेले हैं.

फिर प्रश्न उठता है कि अगर वे ईमानदार हैं तो ग्राम-यात्रा किसलिए? गाँव की समस्याएँ जानने के लिए ग्राम-यात्रा की जरूरत उन्हें पड़ेगी जो किसी दूसरे ग्रह से आये हैं. किसको नहीं मालूम है कि प्रांत को सड़क चाहिए, मनुष्य को मनुष्य बनाने वाली शिक्षा चाहिए, कृषि को उन्नत बनाने की योजना चाहिए, कल-कारखाने चाहिए, बिजली-पानी चाहिए, हर हाथ को काम चाहिए, गरीबी दूर होनी चाहिए. लेकिन इन सबका समाधान करेगा कौन? यहाँ तो हर शाख पे उल्लू बैठा है. मंत्री, पदाधिकारी से लेकर ग्रामीण स्तर के कर्त्ता-धर्त्ता तक खाने के लिए बैठे हैं. विकास योजना को हाथ में रखिये हाथ खा जायेगा, मुँह में रखिये मुँह खा जायेगा.

मेरा सोचना है कि अगर मंत्री ठीक हों तो बड़े पदाधिकारी ठीक हो जायेंगे. बड़े पदाधिकारी ठीक हों तो छोटे पदाधिकारी ठीक हो जायेंगे. सुधार की शुरुआत हमेशा ऊपर से होती है. नीतीश कुमार यही कर रहे हैं. ग्राम-यात्रा न नौटंकी है, न नासमझी. गाँव में पूरे मंत्रिमंडल को जनता के सामने खड़ा कर देना उसे जिम्मेदारी का एहसास कराना है. इसके भीतर प्रच्छन्न भाव यह हो सकता है–'प्यारी जनता! लो, ये रहे तुम्हारे मंत्री और ये रहे तुम्हारे पदाधिकारी. इनसे मिलकर अपना हिसाब चुकता कर लो.' निश्चय ही यह काम हल्ला मचाकर नहीं किया जा सकता है. वरना सभी भ्रष्ट मंत्री विद्रोह कर देंगे! कई भ्रष्ट विधायकों, मंत्रियों के बीच एक ईमानदार मुख्य मंत्री का होना अचंभा है! बहुत बड़ी कला है.

इसलिए मैं मानने लगा हूँ कि ईमानदार साथियों का इंतजार नहीं कर भ्रष्टों के बीच घुसकर ही ईमानदारी पूर्वक जितना बन पड़े, काम किया जाना चाहिए. मुख्य मंत्री नीतीश कुमार यही कर रहे हैं. पदाधिकारियों का मोबाइल नं. जनता को देना उन्हें जिम्मेदारी का एहसास कराने का एक तरीका है. उनकी इस विकास-यात्रा का असर विरोधियों पर गहरा पड़ा है. वे भी जातिवाद और सम्प्रदायवाद के साथ विकास का महत्व समझने लगे हैं. आजकल प्रतिदिन अखबारों में विकास के विज्ञापनों की भरमार इसका प्रमाण है.

मुख्यमंत्री के मन में निश्चय ही और भी दृष्टियाँ काम कर रही होंगी. मसलन, वे चुनाव के पूर्व जनता का रुख भाँपने का प्रयास कर रहे होंगे. लेकिन हमारे काम की चीज इतनी है कि मुख्यमंत्री से प्रेरणा लेकर अन्य अनेक ईमानदार देशप्रेमियों को राजनीति में कूदना चाहिए; क्योंकि अच्छाई के पलायन से बुराई को फलने-फूलने का मौका मिलता है. प्रकाश के अभाव में अंधेरा छाता है.

2.03.09

❖

महादलित की लूट है

कहावत है-तू डाल-डाल, मैं पात-पात. तू एक सेर, मैं सवा सेर. इन कहावतों का अर्थ है कि जो जिस क्षेत्र का माहिर है, उसे उसी क्षेत्र का दूसरा बड़ा माहिर परास्त कर सकता है. किसी पहलवान को उससे बड़ा पहलवान पटक सकता है. किसी खिलाड़ी को उससे बड़ा खिलाड़ी हरा सकता है. किसी विद्वान की बोलती उससे बड़ा विद्वान बंद कर सकता है. किसी क्रिमिनल को उससे बड़ा क्रिमिनल ठंडा कर सकता है. अगर राजनीति धोखेबाजी का खेल है तो बड़ा धोखेबाज ही सत्ता हथिया सकता है. पक्के धोखेबाज की अचूक पहचान है कि उस समय वे बड़े जन-हितैषी मालूम पड़ते हैं. हितैषी का भ्रम पैदा किये बिना धोखा दिया ही नहीं जा सकता. धोखे की पहचान वही कर सकता है जिसकी आँखें खुली हुई हैं. इस समय बेचारा बिहार 'विकास' के एक बड़े धोखे की गिरफ्त में आ गया है. छोटे धोखेबाजों की स्थिति खिसियानी बिल्ली खंभा नोचे जैसी हो गयी है. वह खंभा नोच रही है. क्योंकि उनकी संपत्ति 'महादलित' की लूट मची हुई है. दलित हीरा है, महादलित कोहिनूर. महादलित की लूट है, लूट सको तो लूट. अंतकाल पछतायेगा सत्ता जायेगी छूट.

जिस तरह की चुनाव प्रणाली है, उसके रहते जाति-प्रथा नहीं मिटायी जा सकती. वह वर्तमान राजनीति का सहारा है. इसके बिना राजनीति नहीं चल सकती प्रांत और देश का कल्याण इससे भिन्न राजनीति से ही संभव है. इसलिए मेरा विरोध राजनीतिज्ञों से नहीं, उस राजनीति से है जो दोहन, छल-कपट, और पाखंड पर टिकी हुई है.

मैं मुख्यमंत्री जी को सुझाव देना चाहूँगा कि महादलित की नहीं महागरीब की बात करें. क्यों? कारण यह है कि—(क) महागरीब में वे सारे दलित आ जायेंगे जो महागरीब हैं. (ख) महागरीब में वे अभागे भी आ सकेंगे जो दलित नहीं हैं, लेकिन महागरीब हैं. (ग) महागरीब में वे दलित नहीं आ पायेंगे जो महागरीब तो क्या गरीब भी नहीं हैं बल्कि अमीर हैं.

यह शुद्ध वैज्ञानिक विभाजन है. जातिगत विभाजन घालमेल वाला है. उससे धोखे का व्यापार चलता है. मेरे इस विभाजन से सिर्फ उन्हें मदद मिलेगी जो मदद के काबिल हैं, उन्हें नहीं मिल पायेगी जो नाकाबिल हैं.

हमारा लक्ष्य क्या है? नीचे को ऊपर और ऊपर को नीचे करना या बराबरी पर लाना? अगर धारणा ऐसी है कि हजारों सालों से दलित सताये गये हैं, इसलिए समय आ गया है कि दलित इतना ऊपर उठ जाय कि सतानेवालों को सताना शुरू कर दे तो इससे दुष्ट विचार और कुछ नहीं हो सकता. दलित सताये गये हैं जाति की अमानवीय प्रथा के कारण. इसलिए किसी को भी सताये जाने से बचाना है तो जाति-प्रथा पर कुठाराघात करना होगा, उसे तहस-नहस करना होगा. महादलित आयोग उस प्रथा को और मजबूत करेगा. दलितों को किसी के कब्जे से छीनना कोई बड़ी बात नहीं. अगर आप ज्यादा चतुर हैं तो छीन लेंगे, लेकिन मैं असली चतुर और प्रतिभाशाली व्यक्ति उसे कहता हूँ जो जाति-प्रथा को ही छीन ले.

मैं अगर मुख्यमंत्री होता, जो कि इस राजनीति के रहते संभव नहीं है, तो सबसे पहले महागरीबों के परिवारों की संख्या निर्धारित करता, चाहे वे जिस भी जाति के हों. मान लीजिए कि महागरीब परिवारों की संख्या एक लाख है तो सरकार उन सभी महागरीब परिवारों के बच्चों को गोद ले लेती. उनकी शिक्षा-दीक्षा, खाना-पीना, कपड़ा-लत्ता सब कुछ का भार सरकार पर होता. सरकार उन्हें प्रशिक्षित कर उनकी क्षमता के अनुसार उन्हें काम दे देती. ऐसा करने के बाद महागरीब की श्रेणी से उसे बाहर कर देती. इस प्रकार प्रथम चरण में महागरीबी मिटाता और दूसरे चरण में गरीबी. यहाँ स्पष्ट कर दूँ कि गरीबों के बीच बढ़ती बेतहाशा जनसंख्या पर भी मैं अंकुश लगा देता, क्योंकि इसके बगैर उनकी स्थिति नहीं सुधारी जा सकती. जब किसी परिवार में पढ़-लिख कर बच्चा नौकरी करेगा या बिजनेस करेगा तो गरीबी वहाँ रह जायेगी? वह खुद रेडियो तो क्या टीवी खरीद लेगा, कम्प्यूटर खरीद लेगा. तब आपको खैरात बाँटने की जरूरत नहीं रहेगी. मेरी इस एक योजना से सब कुछ होता, लेकिन मुख्यमंत्री की 21-सूत्री महादलितों के विकास की योजना की घोषणा से कुछ नहीं होने वाला, क्योंकि उनका उद्देश्य क्षुद्र है और वह है—महादलितों के वोट-बैंक को अपने पक्ष में करना. भला आप सोचिए, पाँचवी कक्षा तक पोशाक, कॉपी-किताब देने से क्या होगा, भाई? पाँचवी पास करके वह किस काम के लायक होगा? राजनीति तो वंचितों को उल्लू बनाने का ही धंधा है. मुख्यमंत्री जी, आप कुछ अलग तो नहीं कर रहे हैं!

सरकारी घोषणा के अनुसार महादलित की 500 से 1000 तक की आबादी पर एक विकास मित्र की बहाली होगी, जो महादलित और सरकार के बीच कड़ी का

काम करेंगे. ये सरकारी कर्मचारी न होकर सामाजिक कार्यकर्ता होंगे. लेकिन यह स्पष्ट नहीं है कि ये विकास मित्र बेचारे कड़ी बनने के बदले क्या पायेंगे? वेतन तो मिलेगा नहीं. एक अलिखित कमीशनखोरी ही इनकी वृत्तिका बनेगी. सरकारी नीति किस तरह भ्रष्टाचार की जननी होती है यह हम मुखिया से लेकर डीलर तक अन्य सभी अवैतनिक पदों पर कार्यरत लोगों में देख रहे हैं. सरकारी पार्टी का कार्यकर्ता विकास-मित्र होगा. चुनाव के समय यही विकास मित्र वोट-मित्र में तबदील हो जायेगा और थोक में महादलितों को बूथ पर ले जाकर वोट गिरवा देगा.

महात्मा गाँधी के जीते जी हिन्दू विश्वविद्यालय खुल गया था, तो मुसलमान विश्वविद्यालय भी खुलकर रहा. भला विश्वविद्यालय भी हिन्दू-मुस्लिम का होता है? बौद्धों, जैनों, ईसाइयों और सिक्खों का होता है? वह तो विश्व भर का होता है. सम्प्रदाय के बाद जाति के नाम पर कॉलेज खुले. इन नामों से जाति मिटेगी या और सुदृढ़ होगी? खैरियत तो यह है कि जाति के नाम पर निर्मित कॉलेज और यूनिवर्सिटी नाम से ही थे, काम से नहीं, क्योंकि सभी जातियों और सम्प्रदायों के लोग उनमें पढ़ते रहे. लेकिन मुख्यमंत्रीजी तो हद करने जा रहे हैं. ये तो केवल महादलितों के ही पढ़ने के लिए स्कूल और कॉलेज खोलने जा रहे हैं! इससे समाज बँटेगा या जुटेगा? जब भी विविध जाति के लोग मिलकर एक जगह पढ़ते हैं तो एक दूसरे की खूबियाँ सीखते हैं. किसी जाति में कोई खूबी है तो इसे सीखने का मौका मिलता है. दूसरे, एक साथ रहने से प्रेम बढ़ता है. जातिगत भेदभाव मिटता है, लेकिन जब महादलितों के लिए अलग स्कूल-कॉलेज होंगे तो अन्य जातियों से संवाद न होने के कारण उनका विकास अवरुद्ध होगा. वह पिलपिला रह जायेगा. अन्य जातियों से साहचर्य न होने के कारण भीतर ही भीतर एक द्वेष पलेगा और वह बहुत खतरनाक होगा. यही परिणाम उस रेडियो कार्यक्रम का होगा जो सिर्फ महादलितों के बच्चों के द्वारा ही तैयार किया जायेगा.

लेकिन सरकार की अदूरदर्शिता को कौन दूर करे? सत्ता पाने और उसे बचाये रखने के लिए राजनीति कितने खेल रचती है! सत्ता-रस क्या चीज होती है! तू चीज बड़ी है मस्त मस्त! तू चीज बड़ी है मस्त!

30.07.09

❖

नींद टूटती है तटबंध टूट जाने के बाद

बचपन के दिन. जाड़े की रात. रजाई के अंदर माँ के तन से चिपक जाड़े को ललकारता हुआ सो रहा था कि अचानक मध्य रात्रि में 'हुआ हुआ' के सम्मिलित स्वर सुनाई पड़े. भयभीत होकर पूछा—माँ, क्या बोल रहा है? 'गीदड़', माँ ने कहा. क्यों बोल रहा है? उसे बहुत जाड़ा लग रहा है. इसलिए चिल्ला रहा है. वह अपने घर में माँ के पास रजाई ओढ़कर क्यों नहीं सोता? उसका घर माँद होता है जिसे वह दिन में मिट्टी खोदकर बनाता है. वह हर रात सोचता है कि सुबह होते ही माँद बनाऊँगा. लेकिन ज्योंही सुबह होती है, सूरज की गुनगुनी धूप में वह कुलाँचे भरने लगता है. भूल ही जाता है कि उसे माँद बनानी है. दिन भर भूला मटरगश्ती करता है, खेल करता है और रात होने पर फिर रोने लगता है. पुनः प्रतिज्ञा करता है कि कल माँद बनाऊँगा. उस समय मुझे आश्चर्यजनक पीड़ा हुई कि क्यों भूल जाता है गीदड़? क्यों नहीं उसे याद रहता है? एक दो दिन भूल जाय तो भूल जाय, सब दिन?

जब सयाना हुआ तो सब समझ गया. यह गीदड़ की कहानी नहीं, उसके बहाने मनुष्य की कहानी है. बिहार में हर वर्ष बाढ़ आती है. बाढ़ आते ही अफरातफरी मचती है. तत्काल उच्चस्तरीय बैठक होती है. हेलीकॉप्टर से पहले जाँच टीम, फिर मुख्यमंत्री तथा बाद में अन्य मंत्री-अधिकारी सर्वेक्षण करते हैं. क्विंटल का क्विंटल चूड़ा, दूध, नमक, पानी, माचिस, पॉलीथीन सीट आदि राहत सामग्रियों का वितरण कार्यक्रम शुरू होता है. लोगों की जान बचाने के लिए कई उपाय किये जाते हैं. कितने धन का विनाश होता है, इसका सही आकलन करना भी कठिन. किस परिस्थिति में बाँध टूटा, इसका पता लगाने के लिए जाँच कमिटी गठित होती है. एक अदना आदमी को भी बाँध टूटने का कारण पता रहता है, सिर्फ सरकार को छोड़कर. इसलिए उन्हें कमिटी बनानी पड़ती है. अगर सरकार दस कमिटी बना दे तो दस तरह की रिर्पोटें आ जायेंगी. सीतामढ़ी के जिलाधिकारी का कहना है कि अत्यधिक वर्षा के कारण नेपाल से भारी मात्रा में पानी छोड़े जाने से बागमती का

तटबंध टूट गया. वे यह नहीं कहते हैं कि बाँध कमजोर था, इसलिए टूट गया. नेपाल से आने वाले पानी को आप नहीं रोक सकते तो आपकी जिम्मेदारी तटबंध को मजबूत करने की है. वहाँ 24 घंटे चौकस प्रहरियों की नियुक्ति होनी चाहिए. आपदा प्रबंधन विभाग पटना में मस्ती के लिए नहीं बाँध पर गश्ती के लिए बना है. तटबंध टूटने के बाद जितनी क्षति होती है, उसके अल्पांश खर्च में ही इस विनाश-लीला से बचा जा सकता है. उतने पैसे से तो हिमालय-सा बाँध बनाया जा सकता है. लेकिन कौन देखे, कौन सुने? कहावत है कि जब रोम में आग लगी थी तो नीरो बाँसुरी बजा रहे थे. बड़े मस्त जीव रहे होंगे. पहुँचे हुए फकीर! अपनी सरकार भी कम मस्त नहीं है. जो समय चौकस रहने का था, उस समय को सरकार अपने विरोधियों को पटकनियाँ देने के ख्याल से महादलितों के बीच 'खैरात वितरण समारोह' के आयोजन में लगा रही है.

बाँध टूटने का कारण है सरकार का सोया होना. बाँध टूटने का कारण है भ्रष्टाचार. टीवी-स्क्रीन पर लिखा देखा—'बाँध टूटने के लिए जिम्मेदार ठेकेदार.' और ठेकेदार के लिए कौन जिम्मेदार? इंजीनियर. उसके लिए ऑफिसर, उसके लिए मंत्री, उसके लिए सरकार. जिम्मेदारी कड़ियों में बँटी रहती है. अगर सरकार अपने से जुड़ी कड़ी तोड़ दे तो सारी कड़ियाँ टूट जायँ. दरअसल यह जो बाढ़ है, वह गरीबों के लिए आपदा है लेकिन ठेकेदारों, ऑफिसरों और राजनेताओं के लिए संपदा है. इसी संपदा के लिए हर वर्ष बाढ़ बुलायी जाती है. बाढ़ लक्ष्मी है और राहत सामग्री वितरण लक्ष्मी पूजा! यह पूजा आसिन तक चलेगी. उसके बाद कातिक स्नान कर के लोग अपने-अपने घरों में लौट जायेंगे. फिर इंतजार होगा—अगले साल बाँध टूटने का! **'अइहैं बहुरि बसंत रितु इन डारन वे फूल'**. फिर वसंत ऋतु आयेगी. इन डालों में फिर वही फूल लगेंगे. फिर बाढ़ आयेगी, फिर लूट मचेगी.

यह बात तो साफ होनी ही चाहिए कि जनता और व्यवस्था में भोज्य-भोजक संबंध है. जनता भोज्य पदार्थ है और व्यवस्था से जुड़े लोग भोजन करने वाले. पशुओं में ऐसा ही आचार देखा जाता है. हिरण है भोज्य पदार्थ और शेर है भोजन करने वाला. लेकिन वहाँ मामला सीधा है. किसी को कोई कन्फ्यूजन नहीं है. हिरण को पता है, शेर को पता है. इसलिए शेर को देखते ही भयभीत हिरण भागता है. मनुष्य के पास बुद्धि है. इसलिए वह कन्फ्यूजन क्रियेट कर देता है. भ्रमित जनता नेता और ऑफिसर को देखते ही फूल माला लेकर दौड़ती है. कभी-कभी भ्रम टूटता है तो जूते की माला लेकर भी पहुँचती है.

एक क्रांति की जरूरत है. ज्ञान-क्रांति की. दरअसल वास्तविक ज्ञान ही क्रांति है. वास्तविक प्रेम ही क्रांति है. क्रांति पैदा न हो, इसलिए ज्ञान और प्रेम दोनों

प्रतिबंधित है. यह मत समझिए कि केवल प्रेम प्रतिबंधित है. ज्ञान भी प्रतिबंधित है. जरा दूसरे प्रकार से. नकली स्कूल-कॉलेजों का जो जाल है इसने असली ज्ञान विद्यालय का दरवाजा बंद कर दिया है. सबसे बड़ा दुर्भाग्य है कि लोगों को पता ही नहीं है कि असली ज्ञान विद्यालय क्या चीज है! सिर्फ साधु-संतों की सभा में कभी-कभी सुनाई पड़ जाता है कि असली ज्ञान-संपदा भीतर है, उसे खोलो. लेकिन स्कूल-कॉलेजों को इसका कोई पता ही नहीं है. शिक्षा केवल धन को ही महत्व देगी तो धन के लिए क्या नहीं किया जा सकता है! जब धन ही सबसे अधिक मूल्यवान है तो बाढ़ जो किसी के लिए अभिशाप है, शिक्षित लोग अपने लिए क्यों नहीं उसे वरदान बना लेंगे!

आज अखबार में देखा कि शास्त्रीनगर के एक स्कूल में पारा मेडिकल की परीक्षा में 24 लड़कियाँ किन्हीं अन्य लड़कियों की जगह परीक्षा देते पकड़ी गयीं. किसलिए? वही दो-चार हजार रुपये के लिए. जब धन ही जीवन-मूल्य हो तो इसके लिए कुछ भी किया जा सकता है. समाज के दोहरे मानदंड के कारण उन्होंने मुख ढाँक लिया था. वरना एक दिन आयेगा कि वे शान से कहेंगी—जब आप चारा घोटाला कर सकते हैं, अलकतरा घोटाला कर सकते हैं, बाढ़-राहत घोटाला कर सकते हैं, तो उनके सामने इस भ्रष्टाचार की कीमत क्या है? अभी तो हम रिहर्सल कर रही हैं. पूर्ण शिक्षित हो जाने के बाद देखियेगा. आपके कान न काट लूँ तो नारी जन्म व्यर्थ! तो यह वर्तमान शिक्षा का रंग है. अंग्रजों के द्वारा लायी गयी शिक्षा वर्षों से अपना रंग दिखा रही है. ज्यों-ज्यों इसकी घिसायी हो रही है त्यों-त्यों इसका रंग निखरता जा रहा है ठीक हिना की तरह—

रंग लाती है हिना, पत्थर पर घिस जाने के बाद
नींद टूटती है सर की, तटबंध टूट जाने के बाद

2.08.09

❖

वैचारिक आंदोलन का अर्थ

यू.एन.आई. (यूनाइटेड न्यूज ऑफ इंडिया) की स्थापना के 48 वें वर्ष पर जारी स्मारिका की प्रति ग्रहण करते हुए राष्ट्रपति प्रतिभा पाटिल ने कहा कि देश में आज वैचारिक आंदोलन की जरूरत है. इसका सशक्त माध्यम मीडिया बन सकता है. वह इसके द्वारा समाज में जागृति ला सकता है. वह खबर के साथ समाज का मार्गदर्शन कर सकता है. यह जिम्मेदारी उसे उठानी ही चाहिए.

वैचारिक आंदोलन या क्रांति की बात आम तौर पर सत्ताधारी लोग नहीं करते हैं और अगर करते हैं तो उसका अर्थ नहीं समझते या कुछ और अर्थ समझते हैं. अक्सर क्रांति से उनका तात्पर्य अंग्रेजों को भगाने से होता है. अब तो अंग्रेज हैं नहीं, किसको भगाइयेगा? राष्ट्रपति महोदया कहेंगी सामाजिक कुरीति, कुपोषण, भूख, तथा अशिक्षा को भगाना है. लेकिन अभी भी एक सावधानी बरती गयी है. अशिक्षा को दूर करने की बात कही गयी है, लेकिन कुशिक्षा को नहीं. जबकि वैचारिक सुषुप्ति की जड़ में वर्तमान कुशिक्षा ही है. यह दूसरों के विचारों को अपनाना सिखाती है, लेकिन विचार पैदा करना नहीं सिखाती. इस तरह वर्तमान शिक्षा वैचारिक जड़ता उत्पन्न करती है. कारण क्या है? ज्योंही आदमी विचार करना सीख जायेगा त्योंही सबसे पहले वह वर्तमान राजनीति को उखाड़ फेंकेगा जो शोषण, जात-पाँत, सम्प्रदाय और धोखाधड़ी के सहारे चल रही है. जरा सोचिए तो हमारे मुख्यमंत्री हुनर दे रहे हैं पिछड़ी, दलित, महादलित अल्पसंख्यक समुदाय की लड़कियों को, लेकिन जो इन जातियों को घेरे में नहीं आती हैं और अत्यंत दीन और दलित हैं, उनके मुख्यमंत्री आप नहीं हैं? ब्राह्मणों, भूमिहारों, राजपूतों, कायस्थों एवं अन्य कुछ जातियों में क्या पिछड़ी और महादलित लड़कियाँ नहीं हैं? अगर वैचारिक आंदोलन चलेगा तो राजनेताओं की यह वोटबैंकी राजनीति तहस-नहस हो जायेगी. जातियों के जाल की जगह सिर्फ एक सत्य रह जायेगा महागरीब लड़कियाँ. महागरीब लड़कियाँ चाहे जिस जाति की हों, वे सब एक

जगह आ जायेंगी. लेकिन इस सुलझी बात को राजनीति उलझाती रहती है. कबीर ने ठीक कहा है—

मैं कहता सुरझावनहारी, तू राख्यो अरुझाई रे.

देश को वैचारिक क्रांति की जरूरत इसलिए है कि पहला परिवर्तन विचार जगत में ही होता है. इसके बाद स्वभावतः आचार बदलने लगता है. विचार की खूबी है कि वह आवरण को हटाकर सत्य दिखा देता है. सेवा की आड़ में शोषण, अहिंसा की आड़ में हिंसा और संस्कृति के आवरण में छिपी अपसंस्कृति को विचार उघाड़ देता है. उघड़ने के बाद उनका चलना मुश्किल होता है. स्वतंत्र विचार की क्षमता व्यक्तित्व की बुनियाद है. वैचारिक आंदोलन का अर्थ है विद्रोह और विद्रोह का अर्थ है मूल्यों में क्रांति. वैचारिक क्रांति का अर्थ हुआ मूल्यगत क्रांति. हमें जीवन-मूल्य बदलने होंगे. हमने भौतिक समृद्धि बहुत की है, लेकिन आत्मिक समृद्धि में पिछड़ गये हैं. जहाँ हमारे पास बैलगाड़ियाँ थीं, वहाँ अब विमान हैं, जहाँ झोपड़ियाँ थीं, वहाँ गगनचुम्बी अट्टालिकाएँ हैं. लेकिन हम राम, कृष्ण, बुद्ध, क्राइस्ट, मुहम्मद आदि की वसीयत को आगे बढ़ाने की बात तो दूर उनको सँभालकर भी नहीं रख पाये हैं. उनको छोड़कर हम आगे बढ़ गये हैं. उन सबों की शिक्षा का सार है प्रेम और ध्यान. लेकिन हमने अपनी शिक्षा-प्रणाली में इन दो अमृत-तत्वों को स्थान ही नहीं दिया. इसकी जगह स्थान दिया भय को, लोभ को, ईर्ष्या को, प्रतिस्पर्द्धा को और महत्वाकांक्षा के बुखार को. इस शिक्षा ने ही हमें बरबाद कर दिया है. ऐसी शिक्षा मनुष्य को मुक्त नहीं कर सकती. ज्ञान प्रसार की जगह इसने घातक रोगों का प्रसार किया है.

इस महत्वाकांक्षी शिक्षा के कारण ही हमने विजय को सर्वाधिक मूल्य दे रखा है. जब मैं कुछ महीने पहले लोकसभा चुनाव लड़ने के लिए खड़ा हुआ तो एक सवाल उठा—क्या आप जीतेंगे? यह सवाल उसी पुराने सड़े मूल्य से पैदा हुआ है. जब जीतना ही जीवन का सबसे बड़ा मूल्य हो तो आदमी किसी भी हालत में जीतना चाहेगा. इसीलिए तो राजनीतिक दल अपराधी को टिकट दे देता है, धनपति को दे देता है. जब वैचारिक क्रांति की चिनगारी छिटकेगी तो उस रोशनी में पता चलेगा कि विजय और पराजय अर्थहीन है. अर्थपूर्ण है मोर्चा. यानी किस मोर्चे की तरफ से आप लड़ रहे हैं? आप सत्य के साथ हैं या असत्य के? प्रेम के साथ हैं या घृणा के? न्याय के साथ हैं या अन्याय के? संक्षेप में, आप मानवता के साथ हैं या दानवता के? वैचारिक क्रांति का अर्थ है कि सत्य की अगर पराजय भी हो रही हो तो भी हम उसके साथ रहने में अपने को धन्य समझेंगे. ऐसा व्यक्ति हारकर भी जीत का स्वाद चखता है. मिट कर भी अमृत पा लेता है. 'सत्यमेव

जयते' का यही अर्थ है. यह महासूक्ति दीवार पर टाँगने और रुपये पर छापने के लिए नहीं है, दिल में उतारने के लिए है. आज का भयभीत राजनेता सत्य नहीं सुरक्षा खोज रहा है. संतोष और शांति खोज रहा है. लेकिन गहरी बात तो यह है कि सत्य के अतिरिक्त न तो कोई सुरक्षा है, न संतोष है और न शांति. इसी सत्य के साथ गांधी जी प्रयोग कर रहे थे. उन्होंने प्राण गँवा दिये, लेकिन सुरक्षा नहीं चाही. सत्य के लिए जो साहस दिखा सकता है, वही वैचारिक आंदोलन का अग्रदूत बन सकता है.

7.08.09

❖

मीरा कुमार की चिंता

मैला ढोने वालों के जीवन में परिवर्तन पर आधारित किताब 'अलवर की राजकुमारियाँ' का विमोचन करते हुए लोकसभा अध्यक्षा मीरा कुमार ने चिंता व्यक्त की कि 'कालचक्र सब कुछ बदल देता है, लेकिन जाति-प्रथा को नहीं बदल सका. मैं अक्सर सोचती हूँ कि इस देश से जाति-प्रथा कब जायेगी और इसे इतिहास का घिनौना पन्ना समझकर दफना दिया जायेगा.'

अपने देश में जितनी राजनेत्रियाँ हैं, उनमें सोनिया गाँधी और मीरा कुमार को मैं पसंद करता हूँ. मीरा कुमार के चेहरे से एक गहन शालीनता बरसती है. उनकी मुस्कान अमोघ है और वाणी से शहद झड़ता है. विपरीत परिस्थिति में भी कभी उन्हें क्रोध करते नहीं देखा. चेहरे पर चिंता की लकीरें देखीं, लेकिन किसी पर प्रत्याक्रमण करते नहीं देखा. जब मायावती जैसी धुंधकारी और ममता जी जैसी उग्र और सुषमा स्वराज जैसी फोकसबाज राजनेत्रियों की पृष्ठभूमि में उन्हें रखकर देखता हूँ, तो उनकी शोभा और बढ़ जाती है. ऐसी शालीन और सहज स्त्री ही इस प्रकार की चिंता व्यक्त कर सकती है. उनकी चिंता में अपने को शामिल करते हुए इस चिंतन को थोड़ा और आगे बढ़ा रहा हूँ.

मैं सोचता हूँ कि कालचक्र ने और कई चीजों को नष्ट नहीं किया. उसने दुष्ट राजनेताओं की अटूट शृंखला को नष्ट नहीं किया. कोई भी युग ऐसा नहीं है जहाँ राजनेताओं ने तांडव नहीं किया है. दुनिया में जितने युद्ध हुए हैं और हो रहे हैं, उन्हें कौन जनता पर थोप रहा है? अनेक पृथ्वियों को एक ही बार में स्वाहा कर देने वाले परमाणु हथियार किसने बनवाये हैं? चाहे महाभारत का महाविनाशकारी युद्ध हो या रामायण का युद्ध, राजाओं ने किये थे. यह कहना गलत है कि महाभारत का युद्ध द्रोपदी के कारण हुआ और राम-रावण युद्ध सीता के कारण हुआ. वास्तविकता है कि एक में दुर्योधन और दूसरे में रावण की लिप्सा का हाथ था. कहते हैं, सम्राट अशोक एक अच्छे राजा हुए. वे थे तो बड़े क्रूर, लेकिन उनका हृदय बदल गया था. परन्तु

उनके हृदय-परिवर्तन के पीछे भगवान बुद्ध का हाथ था. भगवान कृष्ण और भगवान बुद्ध जैसे व्यक्तियों को काल-चक्र नहीं नष्ट कर सका—'सम्भवामि युगे युगे' वे भी हर युग में पैदा होते रहे. संत का सही माने में विपरीतार्थक शब्द असंत नहीं होता है, जैसा कि हम व्याकरण की पुस्तकों में देखते हैं. असंत का तो इतना ही मतलब हुआ जो संत नहीं है, जैसे हम और आप सरीखे लोग. संत का उलटा शब्द है राजनेता. कालचक्र इन दोनों को पैदा करता जा रहा है. संत मनुष्य को एक कर देता है और राजनेता उसे टुकड़े-टुकड़े कर देता है. जाति न रहेगी तो वोट बैंक कहाँ से बनेगा? 'आरक्षण' जाति को तोड़ने का नहीं, जाति को मजबूत करने का हथियार है!

हमारे यहाँ जो चार वर्णों का जन्म हुआ था—वह किसी महान् ऋषि की उपज थी. उसका आधार ऊँच-नीच नहीं था. ऋषि एक महान् मनोवैज्ञानिक सत्य का उद्‌घाटन कर रहे थे. दुनिया में जितने भी प्रकार के मनुष्य हैं, उनकी मनोवृत्तियों को चार वर्णों में बाँटा गया था—ब्राह्मण, क्षत्रिय, वैश्य और शूद्र.

ऐसा आदमी जो मस्तिष्क का, हृदय का उपयोग ज्यादा करता है, जो अध्ययन-मनन, पठन-पाठन, योग-साधना, भक्ति आदि के द्वारा परमात्मा तक पहुँचना चाहता है, वह है ब्राह्मण. जिसमें वीरता कूट कूट कर भरी हो, उद्दाम शौर्य उछाल ले रहा हो, युद्ध में जिनकी प्रतिभा खिल उठती हो, ऐसा व्यक्ति केवल वीरता प्रदर्शन के द्वारा ही परमात्मा तक पहुँच सकता है. रावण ने अच्छी तरह अपनी प्रवृत्ति पहचान ली थी. वह जान गया था कि भक्ति उसके वश की बात नहीं है—'होइहि भजनु न तामस देहा'. युद्ध के द्वारा ही उसने मोक्ष हासिल किया. अर्जुन जब युद्ध से विमुख हो रहा था तो उनकी मूल प्रवृत्ति की ओर कृष्ण ने इशारा किया था. जहाँ भी जिस क्षेत्र में वीरता प्रदर्शन की बात हो, वहाँ क्षत्रियत्व है. फिर तीसरे प्रकार के मनुष्य वे हैं जिनकी रुचि धनोपार्जन में है. पद का उपयोग भी वे धन के लिए करते हैं. उनकी नजर में पढ़ना भी है तो धन के लिए. सारे क्रिया-कलापों के पीछे धन की लिप्सा रहती है. अभी समाज में 90 प्रतिशत लोग इसी श्रेणी के हैं. धन की प्यास जब चरम पर पहुँचेगी, तब ऐसे आदमी के जीवन में धन की व्यर्थता का बोध होगा और परमात्मा में गति होगी. चौथी श्रेणी है शूद्र की, जिसे सेवा में रस मिलता हो. पीड़ितों की सेवा द्वारा जो परमात्मा तक पहुँचना चाहते हैं, वे हैं शूद्र. इस युग में दो महान् शूद्र हुए महात्मा गाँधी और मदर टेरेसा.

वर्ण-विभाजन मनोविज्ञानगत था, लेकिन जिन लोगों के हाथ में राज-पाट रहा, सत्ता रही, उन्होंने इसे ऊँच-नीच में बदल दिया. उन्होंने अपने को श्रेष्ठ साबित किया और अत्याचार का सिलसिला शुरू हो गया. ब्राह्मणों के हाथ में वेद था, क्षत्रियों के हाथ में तलवार, वैश्यों के हाथ में धन, हाथ खाली था तो केवल शूद्रों का और

महिलाओं का. इसलिए वही पीसे गये. आज भी जिनका हाथ खाली है, वे पीसे जा रहे हैं, चाहे वे किसी जाति के हों. ऊँच-नीच का यह विभाजन शक्ति के कारण है. अत्याचार इतना बढ़ गया कि कालचक्र ने भगवान बुद्ध को भेज दिया. जाति-प्रथा पर जोरदार आक्रमण हुआ, लेकिन टूटते-टूटते उसे फिर सँभाल लिया गया. दूसरा बड़ा प्रहार मध्यकाल में कबीर, रैदास आदि संतों ने किया. लेकिन मुस्लिम शासकों, अंग्रेजों और वर्तमान राजनेताओं ने उसे सँभाल लिया.

किसी तरह की गलतफहमी न हो इसलिए मैं स्पष्ट कर दूँ कि राजनेता से मेरा तात्पर्य जाति नहीं प्रवृत्ति से है. एक प्रवृत्ति है मनुष्य को मनुष्य से जोड़ने वाली, दूसरी प्रवृत्ति है मनुष्य को मनुष्य से तोड़ने वाली और फायदा उठाने वाली. इस प्रवृत्ति के लोग जहाँ भी जिस पेशे में हैं, वे राजनेता हैं. देखते नहीं, राजनेता भी कभी-कभी एक दूसरे को कहते हैं—इस बात में राजनीति नहीं होनी चाहिए, हमें मिलकर काम करना चाहिए. यद्यपि ऐसा कहने में भी राजनीति होती है.

इसलिए माननीया मीरा जी, अपने और दूसरे दलों के राजनेताओं के अंतःकरण टटोलिये और उनसे पूछिये कि क्या सचमुच आप लोग जाति-प्रथा मिटाना चाहते हैं? वे तो प्रकट नहीं बोलेंगे, लेकिन उनकी प्रेतात्मा बोलेगी—भूलकर भी इस तरह का प्रश्न न कीजिए. जाति-प्रथा तो हमारा जीवन है. उसके मिटने से हम जीयेंगे कैसे? अपने पाँव पर खुद कुल्हाड़ी मत मारिये. एक तो दुष्ट संत हम पर प्रहार करते ही हैं और आप भी जात भाय होकर...?

11.08.09

❖

राजनीति ही मनोरोग है!

भ्रष्टाचार को मनोरोग कहना मुख्यमंत्री जी का समझ की दिशा में उठाया गया पहला कदम है. दूसरा कदम तब माना जायेगा जब उन्हें पद-लिप्सा भी मनोरोग मालूम पड़ने लगेगी. प्रतिष्ठा पाने की प्रबल प्यास तीसरा मनोरोग है. तीन कदम चलने पर ये तीनों मनोरोग दिख जाते हैं—पैसा, पद और प्रतिष्ठा. राजनीति इन्हीं तीन मनोरोगों के चक्कों पर चल रही है, इसलिए राजनीति ही मनोरोग है!

जीवन पैसे के बिना नहीं चल सकता. हमें भोजन चाहिए, वस्त्र चाहिए, आवास, शिक्षा और औषधि चाहिए जो पैसे के बिना संभव नहीं है. पैसे से हमारी सेवा होती है. पैसा हमारे लिए है, लेकिन जब हम पैसे के लिए हो जाते हैं तब यह मनोरोग हो जाता है. पैसे की अनंत भूख रोग है. पैसे की गुलामी रोग है. जो पैसे के पीछे पागल है वह भूल जाता है सुस्वादु भोजन का स्वाद. वह हड़बड़ में कुछ निगलेगा और काम पर भागेगा या भागते हुए मुँह में कुछ डालता जायेगा. धनरोगी भूल जाता है विश्राम का सुख, भूल जाता है सगे संबंधियों, इष्ट-मित्रों से बातचीत का रस. उसके पास ध्यान के लिए समय नहीं है, अच्छी पुस्तकें पढ़ने के लिए समय नहीं है, सत्संग के लिए समय नहीं है, बच्चों के साथ खेलने के लिए समय नहीं है, संगीत में डूबने के लिए समय नहीं है. इस तरह सारे महत्वपूर्ण सुखों से वंचित धन्ना सेठ मनोरोगी नहीं तो और क्या है? ऐसे धनरोगी के पास धन तो बहुत आ जाता है, लेकिन निर्धनता नहीं मिटती है. बाहर धन का जितना बड़ा पहाड़ खड़ा हो जाता है, भीतर निर्धनता की घाटी उतनी ही गहरी हो जाती है!

एक बुजुर्ग आदमी ने कहा—मैं अकूत बैंक-बैलेंस, जमीन-जायदाद, जेवर-गहने आदि के लिए घूस नहीं लेता. दहेज के बिना बेटी का ब्याह संभव नहीं है और उनका दहेज वेतन से संभव नहीं है, इसलिए घूस लेता हूँ. भ्रष्टाचार मेरी मजबूरी है. मैंने कहा—आप अपनी जिम्मेदारी समाज पर डालकर अपराधमुक्त नहीं हो

सकते. आज की परिस्थिति में आधा दर्जन से अधिक संतान पैदा करना ही अपराध है. आपके इस अपराध में समाज ने आपका साथ नहीं दिया है. अगर एक गलती हो गयी तो बच्चियों को प्रेम-विवाह की छूट देकर आप सुखी हों और दूसरी गलती से बचें. लेकिन आपको यह प्रतिष्ठा के विरुद्ध मालूम पड़ता है. आप एक नकली प्रतिष्ठा पाने के रोगी हैं, क्योंकि आपको चिंता है कि लोग क्या कहेंगे. मालूम है न वह प्रसिद्ध सूक्ति–**सबसे बड़ा है रोग क्या कहेंगे लोग.** अगर आप स्वस्थ होते तो कह पाते–**कुछ तो लोग कहेंगे, लोगों का काम है कहना.**

प्रतिष्ठा की ऐसी मानसिक महामारी राजनीति में फैली है कि जहाँ देखिये राजनेता ने अपनी पूजा का पुख्ता प्रबंध कर रखा है. अखबार में वही छाया रहेगा, रेडियो-टेलीविजन में उन्हीं का वर्चस्व रहेगा. यहाँ तक कि साहित्यिक एवं धार्मिक सभाओं का भी उद्‌घाटन वही करेगा. राजनीति में व्यक्ति-पूजा को इतना महत्व है कि लोकतंत्र खतरे में आ गया है. हर राजनेता मानसिक रोग से ग्रसित है. वह शब्दों में लोकतंत्र की दुहाई देगा, लेकिन उनके मन में राजतंत्र बैठा मिलेगा. वह अपनी मूर्तियाँ बनवायेगा. अपनी पूजा, माल्यार्पण आदि के लिए पैसा खर्च करेगा. यह रोग नहीं तो और क्या है?

पद-लिप्सा धन-लिप्सा से भी ज्यादा भयानक बीमारी है. हर राजनीति करने वाला कुछ न कुछ बनना चाहता है. एम.एल.ए., एम.पी. बन गये तो चिंता है मिनिस्टर बनने की. मिनिस्टर बन गये तो मुख्यमंत्री, प्रधानमंत्री, राष्टपति की कुर्सी पर ध्यान टिका है. जितनी बड़ी कुर्सी वे प्राप्त करते जाते हैं, उतना भीतर का छोटापन प्रकट होता जाता है. दबी इच्छाओं के विस्फोट का समय आ जाता है. जैसे जमीन के नीचे कई तरह के बीज पड़े होते हैं और वर्षा ऋतु आते ही अंकुरित होने लगते हैं. वैसे ही सत्ता की वर्षा होने पर राजनेताओं की दमित वासनाएँ अंकुरित होने लगती हैं और घास-पात की तरह लहराने लगती हैं. आदमी की क्षुद्रता का पता तब चलता है जब वह कोई बड़ा पद पा लेता है.

हर पद के साथ-साथ उसकी व्यर्थता उद्‌घाटित होती जाती है, लेकिन पागल मनुष्य फिर भी उसके लिए आजीवन दौड़ता रहता है. यही पद-रोग है. ज्यों-ज्यों उमर बढ़ती है त्यों-त्यों यह बीमारी बढ़ती जाती है. अस्सी साल, नब्बे साल का बूढ़ा हो गया है लेकिन पद छोड़ना नहीं चाहता है. हिन्दुस्तान में सबसे अधिक वृद्ध को लोकसभा भेजने का इस बार बिहार ने रिकॉर्ड बनाया है. इस वर्ष डगमग चलते एक पद-पीड़ित वृद्ध को मुख्यमंत्री ने राज्यसभा भेज दिया है!

मैं अच्छा मुख्यमंत्री उन्हें मानता हूँ जो अधिक से अधिक दो टर्म के लिए

मुख्यमंत्री बने और इसी बीच एक नयी पीढ़ी भी तैयार कर दे जो उनके द्वारा किये गये अच्छे कामों को आगे बढ़ाये. हमारे मुख्यमंत्री सत्ता भोगने में लीन हैं, कोई पीढ़ी तैयार नहीं कर रहे हैं. इसका मतलब है, आजन्म गद्दी पर ब्रजासन जमाये रखने की मानसिक बीमारी उनके पास भी है.

इस बीमारी ने महामारी का रूप ले लिया है. इस पर काबू पाने का एक ही उपाय है—शिक्षा में परिवर्तन, जो हमारे मुख्यमंत्री के मन में कहीं भी नहीं है. बीमारी जहाँ से उत्पन्न होती है, रोकथाम वहीं से करनी होगी. बीमारी को जड़ से उखाड़ने के लिए भीतरी इलाज चाहिए. कोर्ट में स्पीडी ट्रायल बाहरी इलाज है, यह बुखार दबाने के लिए क्रॉसिन टेबलेट है. बुखार किस कारण से है, इसके मूल-स्रोत तक जाना होगा और उसका वहीं से इलाज करना होगा. इसके बिना सुशासन एक नया धोखा होकर रह जायेगा.

17.08.09

❖

भाजपा की वैचारिक कट्टरता

भाजपा के वरिष्ठ नेता और पूर्व मंत्री जसवंत सिंह पार्टी से निकाल दिये गये हैं. कारण है कि उन्होंने भारत-विभाजन का मुख्य दोषी नेहरू और पटेल को माना है, जिन्ना को नहीं. जिन्ना को वे गैर-साम्प्रदायिक मानते हैं. जसवंत सिंह की शिकायत है कि निष्कासन जल्दबाजी में कर दिया गया. जो पुस्तक उनके निष्कासन का आधार बनी है, वह पढ़ी तक नहीं गयी. उनसे कोई प्रश्न तक नहीं पूछा गया; उन्हें अपना पक्ष रखने का मौका तक नहीं दिया गया. केवल फोन से सूचित कर दिया गया, मिलकर कहने की जरूरत भी नहीं समझी गयी. जसवंत सिंह इस बात से दुखी हैं. दुखी तो भाजपा भी है. लेकिन मजबूरी है. व्यक्ति चाहे कितना भी बड़ा क्यों नहीं हो, पार्टी से बड़ा नहीं होता! माना कि जसवंत सिंह कभी भाजपा के संकटमोचन रहे हैं, लेकिन आज तो वे स्वयं संकट बन गये हैं! इस संकट से तो उबरना ही होगा. संकट है भाजपा की जनता में बनायी गयी छवि. भाजपा ने माना है कि जिन्ना साम्प्रदायिक हैं. एक बार मान लिया तो मान लिया; वह अंतिम है, उसमें कोई परिवर्तन नहीं हो सकता. सत्य चाहे जो हो, उससे हमें कुछ लेना-देना नहीं है. सत्य से हमारा भोजन नहीं चलता. सत्य से हमारे सांसदों की संख्या नहीं बढ़ती, सत्य से सत्ता नहीं मिलती. फिर हम क्यों पुस्तक पढ़ें, अनावश्यक उधेड़बुन में पड़ें और सत्य के निर्णय में समय नष्ट करें. हमारा यही सत्य है, हमारी यही नियति है, हमारी यही पहचान है कि हम हिन्दू हैं, मंदिर हमारी दुकान है, राजनीति हमारा पेशा है, वोट हमारी फसल है, हिन्दुत्व की कट्टरता बीज है. इनकी पुस्तक हमारी लहराती फसल के लिए पाला है. उनको समेटने में हम स्वयं बिखर जायेंगे. भाजपा ही न रहेगी तो जसवंत के रहने से क्या होगा?

मेरा ऐसा देखना है कि आम जनता साम्प्रदायिक नहीं होती, जातिवादी नहीं होती. उनके पास निजी संकीर्णताएँ होती जरूर हैं, लेकिन राजनीतिक

संकीर्णता नहीं होती. परंपरा से प्राप्त संकीर्णताएँ भी उनमें किन्हीं के द्वारा डाली गयी होती हैं. कुछ व्यक्ति संकीर्ण होते हैं और अगर वे प्रभावशाली रहे तो अपनी संकीर्णता जनता के भीतर प्रवेश करा देते हैं. जनता तो जल की तरह रंगहीन होती है. समाज के प्रभुत्वशाली लोग उसमें अपना-अपना रंग भरकर उसे रंगीन बनाते हैं. हर प्रभावशाली व्यक्ति जनता में अपना रंग छोड़ता है. कट्टर हिन्दूवादी अपने जैसे लोगों को रँग देता है. उदारवादी अपने जैसों को उदार बना देता है. सबसे प्रभावशाली गाँधी हुए, तो पूरे देश में सादगी के साथ सर पर गाँधी टोपी लग गयी. इस तरह जनता के अनेक रंग होते हैं. जब देश आजाद हुआ तो सत्ता कांग्रेस के हाथ में आयी और उसने उसे स्थायित्व प्रदान करने के लिए कई तरह के हथकंडे अपनाये. उनमें एक है मुस्लिम तुष्टीकरण की नीति. कुछ अन्य राजनीतिक बुद्धिजीवियों ने देखा कि मुट्ठी भर मुसलमानों को बरगला कर अगर सत्ता पर काबिज हुआ जा सकता है, तो विशाल हिन्दू समुदाय को क्यों नहीं इसी आधार पर अपने पक्ष में किया जा सकता है! फलतः 1951 में जनसंघ पार्टी बन गयी. उनके नीति-निर्धारकों ने मुस्लिम तुष्टीकरण के विरुद्ध जनता में प्रतिक्रिया पैदा कर लाभ उठाने का मन बनाया. चुनावी हिन्दुत्ववादी राजनीति चल पड़ी. खास लाभ न मिला. इसी बीच ईश्वर ने सुमति दी और उसने चुनाव में देश का प्रमुख मुद्दा अयोध्या में राम मंदिर निर्माण बनाया. जादू चल गया. वोट की फसल लहलहा उठी. सांसदों की संख्या 2 से 80 के करीब हो गयी. इस लंबी छलांग ने आँख की पट्टी खोल दी. दिख गया सत्ता तक जाने का रास्ता. सत्ता पायी भी, लेकिन ज्यादा टिकाऊ नहीं हो पायी. इस बार भी लोकसभा चुनाव में आशाओं पर तुषारापात हुआ. पार्टी हार के कारणों को खोजने में लगी ही थी कि इसी बीच जसवंत की पुस्तक नया बखेड़ा लेकर आ गयी.

भाजपा की आस्था अगर लोकतंत्र में होती, तो इतना ही कहना काफी था कि हम अपने विचारों पर अटल हैं. पुस्तक में जसवंत के निजी विचार हैं, उससे पार्टी को कुछ लेना-देना नहीं है. लेकिन विचार बड़ा संक्रामक होता है. उससे सबसे ज्यादा भय कट्टरता को ही होता है. पार्टी को लगा कि अगर जसवंत की उदारवादी एक भी किरण उतरी तो हमने जो अँधेरा फैला रखा है, उसका अस्तित्व मिट जायेगा. इसलिए इस रोशनी को बाहर करो और दरवाजे बंद करो.

आज देश में सबसे बड़ा संकट नेतृत्व का है. कोई भी ऐसा राजनीतिक नेता नहीं है जिसमें दूरदर्शिता हो, सत्य का संबल हो और जनता से दो कदम आगे चलने की हिम्मत हो. सभी जनता के पीछे-पीछे चल रहे हैं, जनता का रुख देख कर चल रहे हैं. पहले तो जनता को अपना रंग दे दिया है. अब उस रंग को

बदलने में असमर्थ हैं. उसे ढोना ही उनकी विवशता है. आप जिसको गुलाम बनाते हैं, उसकी गुलामी आपको करनी होती है. किसी को बाँधने में आप स्वयं बँध जाते हैं. भाजपा अपनी वैचारिक प्रतिबद्धता से बँधी हुई है. वैचारिक गुलामी अधिक खतरनाक होती है. विचार से गुलाम पार्टी देश को आजादी कैसे दिला पायेगी? आज सभी पार्टियों की स्थिति उस अश्वत्थामा की तरह है जो ब्रह्मास्त्र चलाना तो जानता है, लेकिन वापस करना नहीं. पार्टियाँ जनता को भरमाना तो जानती हैं, रास्ते पर लाना नहीं जानतीं. इसलिए कोई क्रांतिकारी कार्यक्रम किसी पार्टी के पास नहीं है. देश को एक क्रांति की जरूरत है. आज का सारा राजनीतिक संघर्ष बुरे और बुरे के बीच चल रहा है, बुरे और अच्छे के बीच नहीं. अच्छे और बुरे की लड़ाई होगी तभी कभी अच्छा भी जीतेगा, लेकिन जब लड़ाई बुरे और बुरे के बीच हो तो हमेशा बुरा ही जीतेगा. इसलिए अच्छे आदमी राजनीति में कूदकर देश को इस दुर्भाग्य से बचा सकते हैं.

20.08.09

❖

राजहिंसा हिंसा न भवति!

भोलाराम को लोकतंत्र की रक्षा की चिंता सताती रहती है. आज उसने कहा—देखिये सर, हत्यारे विजय कृष्ण को जेल में भी वीआईपी वार्ड दे दिया गया है. अलग कमरा, चौकी, तोशक, तकिया, टेबल-कुर्सी, अखबार, टीवी, रसोइया कौन-सी सुविधा नहीं दी गयी! आश्चर्य तो यह है कि जेल मैनुअल के अनुसार पूर्व मंत्री होने के नाते वे इन विशेष सुविधाओं के हकदार हैं! क्या एक मंत्री के द्वारा की गयी हत्या और एक अपराधी के द्वारा की गयी हत्या में भेद होता है? क्या यह कथन धोखा है कि लोकतंत्र में कानून की दृष्टि में सब समान होते हैं?

मटुक : तुमने पढ़ा है न भोलाराम कि 'वैदिकी हिंसा हिंसा न भवति'. इसी तरह राजपुरुषों के द्वारा की गयी हिंसा हिंसा नहीं होती. हिंसा उनका धर्म है, स्वभाव है. जब तक हिंसा न होगी, सत्ता कैसे मिलेगी? सत्ता पाने के लिए और पायी सत्ता की रक्षा के लिए हिंसा अनिवार्य है. इसलिए तुम कह सकते हो 'राजहिंसा हिंसा न भवति'! वैसे तुम्हारा प्रश्न उचित है वत्स. मगर आदर्श और यथार्थ में बड़ा फर्क होता है. तुमने जो कहा, वह लोकतंत्र का आदर्श है. तुम जो देख रहे हो, वह लोकतंत्र का यथार्थ है. तुम जैसे लोग इस तरह की बात करके आदर्श और यथार्थ में एक द्वन्द्व पैदा कर देते हैं. लोग सोचने लगते हैं कि जब लोकतंत्र ऐसा होता है, तो इसका माने है कि अभी लोकतंत्र आया नहीं है. इस विचार को जगाये रखो, वरना लोकतंत्र का अर्थ वही रह जायेगा जो हमारे नेतागण अपने आचरण से प्रकट कर रहे हैं.

भोलाराम : सोचिए सर, क्या जेल मैनुअल का यह विशेष नियम हमारे संविधान की मूल भावना के विरोध में नहीं है?

मटुक : सोचा हुआ है भोलाराम, सब सोचा हुआ है. संविधान बनाया था, डॉ. अम्बेदकर, राजेन्द्र प्रसाद जैसे महान तेजस्वी और त्यागी नेताओं ने और उसमें संशोधन करते हैं आज के महामंद भोगी नेता. फर्क तो पड़ेगा. पूर्व मंत्री अगर राजनीतिक कारणों से जेल जाते तो उक्त सुविधाएँ उचित होतीं. अगर दैवयोग से

सामान्य आपराधिक मामले में फँस जाते तो भी शायद उचित होतीं, लेकिन हत्या जैसे जघन्य अपराध में ऐसी सरकारी सुविधाएँ मुझे भी उचित नहीं जँचती. लेकिन भोलाराम, विजय कृष्ण को कम सजा नहीं मिल रही है. सजा की पीड़ा हमेशा सापेक्ष होती है. सुख-सुविधा में, रोब-दाब में रहने वाले ऐसे नेता की जो दुर्गति हो रही है, वह अपने आप में बहुत बड़ी सजा है. लेकिन गंदे नाले पर गुजर करने वाले किसी अपराधी को यही सजा मिलती तो सजा ही मजा हो जाती. सृष्टि में सब कुछ सापेक्ष है. मगर मूल समस्या भोलाराम, यह नहीं है कि उन्हें कुछ सुविधाएँ मिल रही हैं. मूल समस्या है कि आज की राजनीति हिंसा की जमीन पर खड़ी है. यह हिंसा उजागर इसलिए हो गयी भोलाराम, कि जो मारा गया, वह भी मुख्यमंत्री के निकट का आदमी था. पढ़ा नहीं आज के अखबार में, फोटो भी छपा है, मुख्यमत्री जी 2 अप्रैल की रात में दो घंटे तक सत्येन्द्र सिंह के घर पर विजय कृष्ण को जदयू में शामिल करने के लिए रुके थे. 3 अप्रैल को वे शामिल भी हो गये थे. अगर सत्येन्द्र सिंह एक अदना आदमी होते तो किसी को हत्या का पता नहीं चलता और मामला रफा-दफा हो जाता.

भोलाराम : बिल्कुल सच कह रहे हैं सर, मुन्ना नामक एक मामूली मनुष्य का मामला उजागर नहीं हुआ. 2002 में विजय कृष्ण की बेटी पूनम के बुलावे पर मुन्ना विजय कृष्ण के घर पर गया था और तब से लौटा नहीं. बाप रे बाप! ऐसे घातक राजनेता से डर लगता है सर.

मटुक : डरो नहीं भोलाराम, मृत्यु अवंश्यभावी है. कुछ दिनों के लिए इस धरती पर आये हो. कुछ लीला करो. अपना पक्ष निर्धारित करो और पूरी ताकत से लड़ो. पांडव अभी वनवास में हैं. कौरवों का एकछत्र अकंटक राज्य है. इस राज्य को जनता का साथ लेकर जनता के लिए छीनो. डरो मत, क्योंकि डरने वाले भी मरते हैं और उनकी मौत बड़ी दुखद होती है. मौत आनंददायी होती है बहादुरों की, हिम्मतवालों की, जनता से प्रेम करने वालों की. मरो गाँधी की तरह, गोडसे की तरह नहीं. मरते समय भी मुँह से आह और कराह न निकले, निकले तो केवल 'हे राम'. राम जनता से प्रेम का सूचक शब्द है.

भोलाराम : अकेला चना कैसे भाड़ फोड़ेगा सर?

मटुक : पहले आत्मवान बनो भोलाराम! सत्य के लिए किये गये संघर्ष में आत्मा निखरती है. निखरी हुई आत्मा के पास निखरे हुए लोग स्वतः आकृष्ट होते हैं. उसकी चिंता मत करो. गाँधी अकेले बढ़ते गये और उन्हें सहयोगी मिलते गये. सहयोगियों की नहीं, सत्य की फिकर करो.

भोलाराम : आपकी बात अबूझ होने लगी. सत्य माने क्या?

मटुक : सत्य माने तुम. सत्य माने यह संसार. तुम अपने लिये जीयो. तभी

तुम दूसरों के लिए भी जी पाओगे. इस जीने में जो बाधक बने उनके साथ सारी शक्ति लगाकर लड़ो. लेकिन इतना भर ध्यान रखना कि तुम्हारे जीने में किसी का शोषण न हो. तुम अपनी स्वतंत्रता हासिल करो; लेकिन किसी की स्वतंत्रता में बाधक मत बनना. अभी तुम्हारा सत्य इतना ही है. ज्यों-ज्यों ध्यानपूर्वक जीना शुरू करोगे, सत्य अपनी परतें तुम्हारे सामने खोलता चला जायेगा.

22.08.09

❖

जनता दरबार में मुख्यमंत्री

भोलाराम आज मायूस है. उसने कल एक टीवी चैनल पर देख लिया कि जनता दरबार में मुख्यमंत्री के आश्वासन के बाद भी जनता का काम नहीं हो पा रहा है. आदमी अब किसके पास जाय? किसलिए जनता दरबार वे लगाते हैं? प्रश्नवाचक मुद्रा में वह मेरा मुँह ताकने लगा.

मटुक : यह पुरानी परंपरा है भोलाराम. पहले राजा प्रजा के दुख-दर्द को स्वयं अनुभव करने के लिए तरह-तरह के नुस्खे आजमाते थे. वे वेश बदलकर अक्सर रात में प्रजा के बीच चले जाते थे और स्वयं उनकी पीड़ा की जानकारी लेकर निदान निकालते थे. उस समय लोग राजा का नाम ही जानते थे. उनका चेहरा देखने का उपाय नहीं था. आज तो टीवी-अखबार के माध्यम से बच्चा-बच्चा राजा को पहचानता है! वेश बदलने के बाद भी पूरी संभावना है कि लोग उन्हें पहचान लें और सहसा उन्हें अकेला पाकर उन पर अपना गुस्सा उतार लें. इसलिए युग बदलने के साथ जनता का दुख-दर्द जानने का तरीका भी बदल गया है. पहले राजदरबार लगता था, जहाँ खास लोग बुलाये जाते थे. अब राजतंत्र नहीं जनतंत्र है, इसलिए 'राज' शब्द की जगह 'जनता' आ गया. लेकिन दरबार अभी भी बचा हुआ है! हमारे आज के राजा उस शब्द का मोह नहीं छोड़ सके हैं! मुख्यमंत्री ने बड़ी नेकनीयती से यह कार्यक्रम शुरू किया है. उन पर शक नहीं करना चाहिए, भोलाराम.

भोलाराम : मुझे इस बात पर यकीन नहीं होता कि जनता का दुख-दर्द जानने और उसे दूर करने के लिए दरबार लगाने की जरूरत है. पहले के राजा राजघराने से आते थे. सुख-सुविधा और ऐशो आराम में उनका लालन-पालन होता था. अभाव, गरीबी, भुखमरी आदि उनके लिए सुनी सुनायी कहानियाँ हुआ करती थीं. इसलिए वे गरीब प्रजा के बीच उनका दुख जानने जाते थे, लेकिन जो झोपड़पट्टी में पैदा हुआ है, गाँव में जन्मा है, गरीबी में पला है, जिसने गरीबी को निकट से देखा है, अगर वह गरीबी को जानने के लिए जनता दरबार लगाता है, तो तमाशा नहीं.

मटुक : निश्चित ही वे डरावने हैं, क्योंकि अगर वे जान जायँ कि आप उनके विरोधी हैं और मुँह पर भी विरोध कर देते हैं, तो आप उनकी नजर पर चढ़ जायेंगे. समय आते ही वे आपको पटकनिया दे देंगे, लेकिन आपको पता नहीं चलेगा, क्योंकि उस समय भी वे मुस्कुराते रहेंगे. ऐसी मुस्कान से डरियो! किन्तु तुम्हारा गुरु भी कुछ अलग धातु का बना हुआ है भोलाराम. वह किसी से डरता नहीं है. कारण सिर्फ एक है कि वह जानता है कि इस संसार में खोने के लिए कुछ नहीं है, लेकिन पाने के लिए पूरा का पूरा परमात्मा धरा हुआ है. तुम्हारी जिज्ञासा देखकर आगे की बात बताता हूँ. मुझे ऐसा लगता है कि मुख्यमंत्री निश्चय ही विकास चाहते हैं, विकास के साथ अपना नाम जुड़ा देखना चाहते हैं और उसके माध्यम से सदा सत्ता में बने रहना चाहते हैं. लेकिन मंत्री और अफसर तो विकास नहीं चाहते. वे केवल अपनी कमाई चाहते हैं. इसलिए मुझे ऐसा प्रतीत होता है कि अन्य मंत्रियों एवं अफसरों को जनता के सामने खड़ा कर जन दबाव के द्वारा वे उनमें दायित्वबोध पैदा करना चाहते हैं. इससे एक साथ दो काम सधेंगे. पहला, उन मलिन मंत्रियों और पदाधिकारियों के बीच उनकी छवि चमकेगी और दूसरा, उन्हें सीधे जनता से रू-ब-रू कराकर थोड़ा कर्तव्यनिष्ठ बनाया जा सकेगा. मुझे तो ऐसा ही अनुमान होता है भोलाराम. अनुमान से ही कह सकता हूँ. मुख्यमंत्री का अंतरंग तो हूँ नहीं कि उनके दिल की बात तुम्हें बता सकूँ.

भोलाराम : आप जो कह रहे हैं, उसमें एक सच्चाई हो सकती है, लेकिन फिर भी मुझे संतोष नहीं हो रहा है. वे काम न करने वाले मंत्रियों को बदल दें, ईमानदार अफसरों को लायें. इसमें उन्हें कौन रोकता है?

मटुक : एक-दो मंत्री नाकाम होते तो बदला जा सकता था. यहाँ तो पूरी की पूरी टीम ही एक समान है—**को बड़ छोट कहत अपराधू.** मैं मानता हूँ, ऐसे मंत्रियों के बीच मुख्यमंत्री होना और बना रहना एक चमत्कार है. सबको संतुष्ट रखना पड़ता है भाई! सबको कमाने-खाने की छूट देनी पड़ती है, नहीं तो एक दिन में विद्रोह हो जायेगा और वे तुरत टॉप से बॉटम में आ जायेंगे.

भोलाराम : ओऽ इसीलिए विरोधी दल भ्रष्टाचार-भ्रष्टाचार चिल्लाते हैं?

मटुक : हाँ, लेकिन उनके राज को भी समझ लो. वे इसीलिए चिल्लाते हैं कि यह भ्रष्टाचार-यज्ञ केवल उन्हीं के कर-कमलों से संपादित हो. दूसरा न करे. अभी भी विरोधियों से कम खराब हैं ये. फिलहाल इनका विकल्प नहीं है और यही सबसे अधिक खतरनाक बात है.

भोलाराम : कुछ बातें स्पष्ट हुईं, फिर भी पता नहीं, क्यों लगता है कि जनता दरबार एक नाटक है—**जमा करते हो क्यों रकीबों को, इक तमाशा हुआ, गिला न हुआ.**

मटुक : तुमने गलत नहीं समझा है, भोलाराम. नाटक खेलते हैं अभिनेता जनता के मनोरंजन के लिए. उन्हीं के मनोरंजन से उन्हें आनंद मिलता है. एक ही क्रीड़ा से दोनों आनंदित होते हैं. नेता बड़े महत्वाकांक्षी और अहंकारी होते हैं. उस घड़ी में उनका अहंकार सजता है, महत्वाकांक्षा मँहक उठती है! उस समय वे देने वाले की भूमिका में होते हैं! उच्चता का एहसास होता रहता है! जनता दरबार की क्रीड़ा बड़ी क्रूर है, क्योंकि उसमें सिर्फ राजाओं का मनोरंजन होता है!

भोलाराम : यह बात समझ में नहीं आयी. जनता के दुख से मनोरंजन?

मटुक : जनता के दुख से नहीं. दुखियों की भीड़ से, उनकी जयजयकार से. किसी नेता को एकांत में रख दो, रुग्ण हो जायेगा. भीड़ में खड़ा कर भाषण दिलवा दो, माला पहना दो, चेहरे पर रौनक आ जायेगी. रोगी है, तो स्वस्थ हो जायेगा. गाल चिपका है, तो फूल जायेगा, बूढ़ा है, तो जवान हो जायेगा. एक कविता सुनोगे, भोलाराम!

भोलाराम : कैसी कविता? सुनाइये—

मटुक : भीड़ नेताओं की जान होती है. इसी भाव पर एक कवि ने लिखा है—

एक भूतपूर्व एम.एल.ए.
बस स्टॉप पर
खड़ा हुआ आकर
और थोड़ी देर बाद
गिर पड़ा गश खाकर.
उसकी चेतना उड़ गई
और उसके आस-पास
अच्छी-खासी भीड़ जुड़ गई.
एक आदमी ने लोगों से
अनुरोध किया
कि आप ये भीड़ हटा लीजिए
बेचारे को हवा आने दीजिए.
तब मैंने कहा,
''नहीं. ये भीड़ रहने दीजिए
आपको शायद मालूम नहीं है
कि यह बेहोश पड़ा व्यक्ति
एक हारा हुआ विधायक है
हाल-फिलहाल ये भीड़

इसके लिए लाभदायक है
आप भीड़ हटाने की नादानी
क्यों कर रहे हैं
अरे, भीड़ ने साथ छोड़ दिया था
इसीलिए तो ये दौरे पड़ रहे हैं.''

25.08.09

❖

जूनियर डॉक्टरों की हड़ताल

हड़ताल सरकार से लड़ने का ऐसा जनतांत्रिक हथियार है जिससे जन की हत्या होती है और जिससे लड़ा जाता है, उसका कुछ नहीं बिगड़ता है. इसलिए जिसने भी इस हथियार का ईजाद किया है, वह जनविरोधी और सरकार समर्थक रहा होगा. प्रत्यक्षं किं प्रमाणं! उदाहरण सामने है. पीएमसीएच के जूनियर डॉक्टर अचानक हड़ताल पर चले गये हैं. फलतः एक ही दिन में पाँच मरीज मर गये. गरीब मरीजों को न डॉक्टर मारना चाहते हैं और न सरकार, फिर भी वे मरते हैं. कारण क्या है? कारण सिर्फ गरीबी है. सरकार अमीर है, ताकतवर है. डॉक्टर भी साधन-सम्पन्न हैं, उनके पास भी विद्या की ताकत है. कहावत है-भैंसा-भैंसा की लड़ाई में झाड़-पात की दुर्गति होती है. दो भैंसे जब लड़ते हैं तो वे भी घायल होते हैं; परन्तु सरकारी भैंसे और अस्पताली भैंसे में किसी की कोई हानि होने वाली नहीं है. जूनियर डॉक्टरों को स्टाइपेंड के रूप में पच्चीस हजार रुपये मिलते हैं, जो जीवन यापन के लिए कम नहीं हैं फिर भी अगर सरकार के पास क्षमता हो तो इसे अवश्य बढ़ाया जाना चाहिए और बढ़ाने के लिए हड़ताल का इंतजार नहीं किया जाना चाहिए. ईमानदार सरकार वह कही जायेगी जो सेवाकर्मियों को उचित वेतन पहले ही दे दे और उनके सामने कर जोड़ कर कह दे कि आपको सरकार जितना दे सकती थी, दे दिया है. अब आप आनंदपूर्वक जनता की सेवा करें. ऐसी ईमानदार सरकार पर कर्मचारी भरोसा करेंगे और हड़ताल नहीं करेंगे. दुर्भाग्य है कि सरकार क़भी भी नौकरी करने वालों को विश्वास में नहीं लेती. सरकार अपनी सुविधा और सुरक्षा के लिए जनता के पैसों को पानी की तरह बहाती है. इसका वैसा ही असर नौकरी करने वालों पर भी पड़ता है. वे भी लूट में भागीदार होना चाहते हैं. इसी की देन है हड़ताल. इसके बाद सरकार और हड़तालियों के बीच शतरंज जैसा खेल चल पड़ता है और बीच में निर्धन जनता मारी जाती है. सरकार भाव-मोल और दंड-भेद की नीति अपनाती है.

उधर डॉक्टरों की माँग का आधार भी कम रोचक नहीं है. उनकी माँग का

आधार यह नहीं है कि उनका स्टाइपेंड उनकी मूलभूत जरूरतों की पूर्ति नहीं कर पा रहा है. उनकी माँग का आधार अपनी जरूरत नहीं, दूसरों की आमदनी से तुलना है. दिल्ली के मेडिकल कॉलेजों के जूनियर डॉक्टरों को पैंतालीस हजार मिलते हैं, तो इन्हें भी मिलने चाहिए. उनकी तुलना में पच्चीस हजार बहुत कम हैं. मेरा सवाल है कि अगर दिल्ली के मेडिकल कॉलेजों में स्टाइपेंड एक लाख कर दिया जाय तो क्या आपको दिया गया पैंतालीस हजार बहुत कम नहीं हो जायेगा? बहुत कम ही नहीं, बहुत दुखदायी भी हो जायेगा! इस युग की बड़ी से बड़ी पीड़ा यह है कि आदमी अपनी जरूरतों के अनुसार नहीं जी रहा है, दूसरों को देख कर जी रहा है. कितने धन की जरूरत है, इसका निर्धारण मनुष्य कभी नहीं कर पाता, इसका निर्धारण इस बात से होता है कि दूसरे के पास जितना धन है, उससे अधिक उनके पास होना चाहिए. इसके पहले सुखी होना संभव नहीं है. डॉक्टरों ने यह पेशा धन की भूख के कारण ही चुना है. सेवा का रस उन्होंने नहीं जाना है. अगर जान पाता तो अपनी माँग के लिए ऐसे अस्त्र का आविष्कार करता जिसमें उनकी सेवा के लिए लालायित मरीजों की मृत्यु नहीं होती. ऐसे हथियार का आविष्कार करता जो सीधे अपने लक्ष्य पर चोट करता. जिससे उनकी लड़ाई है, उनको प्रभावित करता. लेकिन यह तभी होता जब हड़तालियों की आत्मा शुद्ध होती, मरीजों की पीड़ा उनकी अपनी पीड़ा होती. मरीज और डॉक्टर के बीच सम्पर्क सेतु करुणा नहीं, धन है. प्रायः हर क्षेत्र में मनुष्य से मनुष्य का तादात्म्य टूटा है. कभी-कभी सीनियर डॉक्टर भी शह देकर हड़ताल करवाते हैं ताकि प्राइवेट क्लीनिक में मरीजों की वर्षा हो और धन की बाढ़ आ जाय. मनुष्य भटक गया है. वह जहाँ सुख खोज रहा है, वहाँ कभी नहीं मिलेगा. सुख तो आत्मस्थ होने में है और जो आत्मस्थ होगा, वह धन के लिए अपने ही समान मनुष्य को कभी नही मारेगा या मरने देगा.

28.8.09

❖

लेकर छियालीस की जान हड़ताल देवी गयी मान

जूनियर डॉक्टरों की हड़ताल 5 दिनों के बाद समाप्त हो गयी है. समझौता हो गया है. सरकार 25 हजार रुपये स्टाइपेंड प्रतिमाह डॉक्टरों को देगी और रेजिडेंसी स्कीम लागू करने के लिए एक कमिटी बनायी जायेगी. रेजीडेंसी स्कीम के अंतर्गत स्टाइपेंड की जगह वेतन और अन्य सुविधाओं का प्रावधान है. स्टाइपेंड बढ़ाने की माँग सरकार सिद्धान्ततः पहले ही मान चुकी थी. हड़ताल के तुरत बाद उसे लागू करने पर तैयार भी हो गयी थी, लेकिन रेजीडेंसी स्कीम के कारण हड़ताल कुछ आगे चली. इसे सरकार ने कमिटी पर छोड़ा है.

जब हड़ताल शुरू हुई थी तो मैंने लिखा था कि इसमें जो भी दुर्गति होनी है, गरीब मरीजों की होगी. सरकार और डॉक्टर लड़ते हुए दिखाई पड़ेंगे. नुकसान गरीबों का होगा. इस तरह की लड़ाई में लड़ने वालों का कोई नुकसान नहीं होता. इसीलिए मैंने हड़ताल को जनविरोधी कहा था. अब सच सामने है. अखबार में जो फोटो छपा है उसमें डॉक्टरों के बीच स्वास्थ्य मंत्री हँस रहे हैं, जूनियर डॉक्टर हँस रहे हैं और जिनकी जानें गयी हैं, उन परिवारों से चीत्कारें उठ रही हैं. जिन जनों की जानें गयी हैं, उन्हीं की रक्षा के लिए जनतंत्र अपनाया गया था! इसकी जगह अगर इसका नाम 'धनतंत्र' रख दिया जाय तो सार्थक होगा. धन के लिए जन की हत्या हुई है. 46 मरीजों में बहुत संभव है कि कुछ मरीज इलाज के बाद भी मरते, लेकिन जो बचाये जा सकते थे, वे अगर नहीं बचे हैं, तो इसे हत्या नहीं तो क्या कहा जायेगा? इन हत्याओं के लिए दोषी निश्चय ही डॉक्टर और सरकार हैं. डॉक्टर हड़ताल छोड़कर दबाव बनाने का क्या कोई अन्य रास्ता नहीं अपना सकते थे? और क्या सरकार ने कसम खा रखी है कि जब तक उस पर दबाव नहीं पड़ेगा तब तक वह जरूरी सुविधाएँ किसी सेवाकर्मी को नहीं देगी? यह जनतंत्र किस कमी के कारण दबाव तंत्र बन गया है?

सुनने में आया है कि जापान में सरकार पर दबाव बनाने के लिए कर्मचारी निर्धारित समय से ज्यादा ड्यूटी करना शुरू कर देते हैं. इससे एक तरफ सेवा कार्य

ठप्प नहीं पड़ता, दूसरी तरफ सरकार पर अमानवीय होने का भी भारी दबाव पड़ता है. लेकिन जहाँ सेवाकर्मी मन से नहीं, मजबूरी में सेवा दे रहा हो और सरकार भी थेथर हो, वहाँ इस पद्धति का कौन अनुकरण करेगा? अपने यहाँ भी कभी-कभी काला बिल्ला लगाकर विरोध प्रदर्शन किया जाता है, लेकिन वह पूर्णतः प्रभावहीन है.

मैं हड़ताल की जगह कोई अन्य विधि अपनाने की बात बार-बार सोचता रहता हूँ. अंदर से हर बार एक ही जवाब आता है कि विधि चाहे जो भी अपनाओ, मानवीयता जब तक सुसुप्त पड़ी है, कारगर नहीं होगी. जहाँ हड़ताली और सरकार दोनों संवेदनशून्य हों, वहाँ दूसरा खेल चलता है. एक-दूसरे को कमजोर करने की कोशिश की जाती है. जो कमजोर पड़ता है, वह झुक जाता है और समझौता हो जाता है. इस लड़ाई में कमजोर कुछ-कुछ डॉक्टर ही पड़ गये. पढ़ने को मिला है कि पीएमसीएच में इतने डॉक्टर तैनात कर दिये गये कि उनका बुलंद हौसला लदबदाकर गिर गया. लेकिन इस तरह के खेल लोकतंत्र के लिए नुकसानदेह हैं. क्या इसी खेल में राष्ट्र का निर्माण होगा?

समस्याओं की जड़ में संवेदनहीनता है और इसे पैदा कर रही है हमारी शिक्षा जो प्रेम केन्द्रित नहीं, प्रतियोगिता केन्द्रित है. दूसरों से आगे निकलने की होड़ को जन्म इसी शिक्षा ने दिया है. दूसरों से अधिक धन कैसे हो जाय, दूसरों से बड़ा पद कैसे मिल जाय, टॉप कैसे कर जायँ? जिस तंत्र में धनवानों और पदवानों को आदर मिलेगा, आदमी को नहीं, वहाँ कौन आदमी होना चाहेगा? विश्वविद्यालय में फिर दीक्षांत समारोह का नाटक चालू हुआ है. वहाँ टॉप करने वाले गोल्ड मेडल पाते हैं. कुलपति, कुलाधिपति, राष्ट्रपति, मंत्री और मुख्यमंत्री जैसे पद वाले अपने हमराही को अपनी उपस्थिति से महिमामंडित करते हैं. डिग्री का तमगा देकर अलंकृत करते हैं. क्या शिक्षा ऐसी नहीं हो सकती है कि आदमी अपने से आगे निकलने की होड़ में पड़े, दूसरों से आगे निकलने का क्या अर्थ? जब शिक्षा के भीतर प्रेम को स्थान मिलेगा, तो दूसरों के सुख में सुखी होने का भाव पैदा होगा. अभी तो हम दूसरों का सुख देखकर दुखी हो जाते हैं.

इस शिक्षा ने हममें सत्य, सौन्दर्य और शिव के मूल्यों के प्रति लालसा पैदा नहीं की है. यह शिक्षा असत्य, कुरूपता और अकल्याण बाँट रही है. ऐसी शिक्षा से निकले हुए डॉक्टर कैसे इतने संवेदनशील हो सकेंगे कि मरीजों को मरने न दें और सरकार कैसे इतनी समझदार होगी कि दबाव से पहले ही जो दे सकती है, उनका भाग उन्हें दे देगी!

01.09.09

❖

मोकर से होकर आ रहा दैवी आंदोलन

जितने भी प्रकार के आंदोलन होते हैं, उन्हें मुख्य रूप से तीन श्रेणियों में रखकर परखा जा सकता है—दैवी आंदोलन, राक्षसी आंदोलन और मानवीय आंदोलन. जिस आंदोलन में मांग को सृजनात्मक रूप दिया जाय, वह दैवी आंदोलन है. जिस माँग के लिए सार्वजनिक अथवा व्यक्तिगत संपत्ति का नुकसान न किया जाय, किसी मनुष्य, जीव अथवा वनस्पतियों का नुकसान न हो, इसके विपरीत फायदा ही हो, उसे दैवी आंदोलन कहा जायेगा. जिसमें जानमाल की बड़ी हानि हो और कुछ लाभ न हो, वह राक्षसी आंदोलन कहा जायेगा. जो आंदोलन मूलतः सृजनात्मक हो, लेकिन थोड़ा नुकसान भी जिससे हो जाता हो, उसे मानवीय आंदोलन कहा जायेगा.

दैवी आंदोलन के सर्वश्रेष्ठ पुरोधा महात्मा गाँधी थे. सत्य उनका साध्य था और अहिंसा साधन. गाँधी के तल पर वह दैवी था, लेकिन जनसामान्य के धरातल पर उतरकर वह मानवीय हो गया था. दैनिक 'हिन्दुस्तान' में एक छोटे से अभियान की खबर छपी है, जिसे दैवी आंदोलन कह सकते हैं. सासाराम और आरा के बीच एक 'मोकर' नामक हॉल्ट है. वहाँ के ग्रामीणों की इच्छा है कि यह हॉल्ट स्टेशन में तबदील हो जाये. इसके लिए जो अभियान वे चला रहे हैं, वह नायाब है, सृजनात्मक है और सराहनीय है. मोकर निवासी भगवान शर्मा और मुंशी महतो प्रतिदिन प्लेटफॉर्म की सफाई करते हैं, किनारे लगे पौधों को सींचते हैं. टिकट घर के पास तैनात राजनाथ प्रसाद प्रत्येक यात्री को टिकट लेकर यात्रा करने का आग्रह करते हैं. सभी ग्रामीण टिकट लेकर यात्रा कर रहे हैं. इस तरह प्लेटफॉर्म को सजाना-सँवारना और वहाँ की आय को बढ़ाने का प्रयत्न करना बिहार के लिए एक दुर्लभ उदाहरण है और है अत्यंत गौरव की बात. आमतौर पर स्टेशन और ट्रेन को गंदा करने वाले लोगों की भरमार रहती है. कम लोग होते हैं जो उसे गंदा होने से बचाते हैं, लेकिन दुर्लभ हैं वे लोग जो उसे साफ करते हैं, निखारते हैं. यह खबर रेलमंत्री तक जानी चाहिए और नियमानुसार मोकर हॉल्ट को स्टेशन में बदलने की कार्रवाई की जानी चाहिए, इसके

लिए नियम को थोड़ा शिथिल भी करना पड़े तो ऐसे ग्रामीणों को पुरस्कार दिया जाना चाहिए. कम से कम दानापुर रेल प्रमंडल के प्रबंधक को समय निकाल कर वहाँ पहुँचना चाहिए और सच्चाई का पता लगाकर ऐसे दिव्य पुरुषों को सार्वजनिक रूप से सम्मानित किया जाना चाहिए.

ट्रेन जलाना राक्षसी आंदोलन है. विद्यार्थियों के ज्यादातर आंदोलन ऐसे ही होते हैं, उस काली पृष्ठभूमि में इस तरह का उज्ज्वल आंदोलन और महत्वपूर्ण हो जाता है. अभी हाल में पीएमसीएच और डीएमसीएच के जूनियर डॉक्टरों की हड़ताल हुई और महज पाँच दिनों में पचपन मरीज मारे गये. इससे बड़ा राक्षसी आंदोलन और क्या होगा? धनपशुओं ने इस पावन पेशे को अपावन कर दिया है. जो मरीजों का दोहन कर अपना घर भरने के लिए ही पढ़ाई करते हैं; वे ही इतने संवेदनशून्य हो सकते हैं कि मरीजों के लहू से सना हुआ स्टाइपेंड लें. एक ग्रामीण सृजनात्मक आंदोलन के बारे में सोच सकता है, लेकिन एक पढ़ा-लिखा मेधावी डॉक्टर ऐसा न सोच सकता है, न कर सकता है. इसका कारण क्या है? इसका कारण है वर्तमान अंग्रेजी शिक्षा जिसने आदमी को राक्षस बना दिया है. उन ग्रामीणों के पास यूनिवर्सिटी शिक्षा की दूषित हवा उतनी नहीं पहुँची है, इसलिए वे आदमी बने हुए हैं और देवतुल्य होने जैसा उपर्युक्त काम कर रहे हैं.

मटुक नाथ चौधरी ऐसे दिव्य आंदोलनकारियों को सलाम करता है और ईश्वर से प्रार्थना करता है कि उनकी सृजनात्मकता दिन-दिन बढ़ती जाये और एक दिन वे अपने लक्ष्य को पा लें.

3.09.09

❖

रेड्डी के गम में आत्महत्या का सवाल

बिहार के अखबारों में यह खबर प्रमुखता से छपी कि आन्ध्रप्रदेश के मुख्यमंत्री वाई. एस.राजशेखर रेड्डी की हेलीकॉप्टर दुर्घटना में हुई मौत के आघात को नहीं झेल सकने के कारण कई लोग हृदयाघात के शिकार हुए. कई लोगों ने आत्महत्या कर ली. उनके गम में मरने वालों की संख्या 70 से 122 तक बतायी गयी. 'प्रत्यूष नवबिहार' ने 70, 'सन्मार्ग' ने 80 और 'हिन्दुस्तान' ने 122 की संख्या बतायी. सारी खबरें एजेंसियों से आयी हैं. 122 की संख्या का आधार तेलगु टीवी चैनल है. आत्महत्या की इतनी बड़ी ऐतिहासिक घटना घटे और दूसरे दिन के अखबारों में इस पर कोई चर्चा न हो, कोई विश्लेषण न हो, तो बात रहस्यमय हो जाती है. मेरी जिज्ञासा हुई कि यह सनसनी केवल बिहारी अखबारों की विशेषता है कि बाहरी अखबारों की भी. 'जनसत्ता' में आठ आदमी के हार्ट अटैक से मारे जाने की खबर है. दैनिक भास्कर में कुल 122 आदमी के द्वारा आत्महत्या की खबर है.

मैं सोचने लगा हूँ, तेजी से उड़ी यह खौफनाक खबर एकाएक शांत कैसे हो गयी? इतनी बड़ी त्रासदी पर दूसरे दिन विचार क्यों नहीं हुआ? ऐसा क्यों होता है कि कभी-कभी एक की मौत मीडिया में कई दिनों तक सुर्खियों में छायी रहती है और कभी 122 की मौत पर चुप्पी लग जाती है? क्या ये खबरें झूठ हैं? क्योंकि मीडिया में कुछ भी संभव है! वही खबर देने वाला, वही खबर लेने वाला और वही खबर डूबोनेवाला! यह किसी राजनेता की लोकप्रियता दिखाने के लिए मीडिया का आयोजन तो नहीं? लेकिन इसमें थोड़ी भी तो सच्चाई होनी चाहिए! थोड़ी देर के लिए मैं मान लेता हूँ कि यह खबर सही है, तब विचार करता हूँ कि क्या रेड्डी की पत्नी, पुत्र, पुत्री और परिवार के लोगों से ज्यादा सदमा उन लोगों को पहुँचा जो उनसे सीधे जुड़े नहीं थे? अगर हार्ट अटैक का कारण सदमा है, तो सबसे पहले उनकी पत्नी को हार्ट अटैक होना चाहिए क्योंकि मेरी समझ से विपत्ति का पहाड़ उन्हीं पर ज्यादा टूटा है. जितना स्वार्थ उनके परिवार का रेड्डी से सधता, उतना किसी भी व्यक्ति का

नहीं सध सकता है. उनके निकटतम मित्रों, सीधे लाभान्वित लोगों में अगर किसी ने आत्महत्या नहीं की है और निरीह जनता ने की है तो मेरे अनुसार इसके लिए वर्तमान घिनौनी राजनीति जिम्मेदार है!

पता करने पर यह मालूम हुआ कि दक्षिण भारतीय अधिक भावुक और धार्मिक प्रवृत्ति के होते हैं. सवाल वहीं का वहीं है. रेड्डी परिवार भी दक्षिण भारतीय है! याद आया—हमलोग भक्ति साहित्य के उद्भव में पढ़ा करते हैं—'भक्ति द्राविड़ ऊपजी, लाये रामानंद'. भक्ति साहित्य का उदय दक्षिण भारत में हुआ जिसको रामानंद उत्तर भारत लाये. उत्तर भारत को भी उतना भावुक होना चाहिए, लेकिन नहीं है. जलवायु को भी दोष नहीं दे सकते. फिर क्या कारण है? यह भी मालूम हुआ कि दक्षिण के लोग फिल्मी सितारों और नेताओं को भी भगवान का दर्जा दे देते हैं. इसका प्रमाण है कि उत्तर भारत में अमिताभ बच्चन के एकाध मंदिर होंगे, कुछ फैन्स क्लब होंगे, लेकिन रजनीकांत के सैकड़ों फैन्स क्लब हैं और पचासों मंदिर हैं!

असली कारण तब पता चलता है जब हम देखते हैं कि एन.टी.रामाराव जब धार्मिक फिल्मों से राजनीति में आये तो अपनी भगवान वाली छवि लेकर आये. उन्होंने चालाकी से अपनी रील लाइफ को रीयल लाइफ में मिक्स कर दिया. वे जनसभाओं में भी फिल्मी भगवान वाली वेशभूषा पहनते थे. उन्होंने जमकर जनता को बेवकूफ बनाया. कहना चाहिए उनकी बेवकूफी का फायदा उठाया. राजशेखर रेड्डी भी गरीबों के मसीहा कहे जाते हैं. नरेगा आदि कार्यक्रम उन्होंने जमकर चलाये. गरीब लोगों के मन में अपनी ऐसी छवि उतारी कि उनके सिवा उनका कोई पालनहार नहीं है. अब समझ में आता है कि वर्तमान राजनीति क्यों जनता को शिक्षित नहीं करना चाहती है. क्यों उसके भीतर अंधविश्वास को और गहरा करती है? क्यों समझ-बूझ पैदा करने वाली शिक्षा नहीं लाना चाहती है? क्यों बीमार भावुकता को भुनाने के लिए उसे बनाये रखना चाहती है? क्या एक मुख्यमंत्री का यह दायित्व नहीं है कि जनता को बीमार मानसिकता से मुक्त करने के लिए शैक्षिक अभियान चलाये? बिहार में भी गरीबी, अशिक्षा, कुशिक्षा, अंधविश्वास को बरकरार रखने की हर संभव कोशिश राजनीति के द्वारा हो रही है! इसको देख-सुनकर जो चुप बैठते हैं, उन्हें कैसे बुद्धिजीवी कहा जाय? बिहार में सभी चुप हैं, धरती चुप है, आसमान चुप है.

6.09.09

❖

क्यों पिटते हैं बिहारी छात्र?

महाराष्ट्र, असम, सिक्किम, हर जगह बिहारी छात्रों के पीटे जाने से भोलाराम दुखी है. वह मुझसे जानना चाहता है कि आखिर क्यों बिहारी छात्रों के साथ अपने ही देश में इतना दुर्व्यवहार होता है?

मटुक : तुम्हीं बताओ भोलाराम, तुम्हें क्या लगता है?

भोलाराम : मुझे तो लगता है सर, कि यहाँ के छात्रों में कुछ विशेष बात होनी चाहिए. यह भी हो सकता है कि यहाँ के छात्रों का कल्चर, बातचीत का ढंग, रहन-सहन आदि वहाँ के लोगों को पसंद न हो! कुछ उसमें भद्दापन, कुछ गँवारपन, कुछ बदमाशी दिखती हो!

मटुक : मान लेता हूँ, थोड़ी देर के लिए कि ऐसा है. लेकिन श्रेष्ठ कल्चर का लक्षण क्या मारपीट करना है? या बाहरी छात्रों के साथ नम्र व्यवहार के द्वारा उन्हें अपने रंग में रँग लेना है? श्रेष्ठ सभ्यता कभी इस तरह से प्रतिक्रिया नहीं करती, जिस तरह से बिहारी छात्रों के साथ व्यक्त की जा रही है. अगर यहाँ के लोग गँवार हैं, तो वे भी तो अच्छे नहीं कहे जा सकते!

भोलाराम : तो मुख्य कारण क्या यह है कि दूसरे राज्यों का हक मारने बिहारी वहाँ पहुँच गये हैं?

मटुक : पूरा भारत एक है. हम सभी पहले भारतवासी हैं, तब बिहारी, असमी, सिक्किमी या मराठी हैं. राज्यों का विभाजन शासन की सुविधा के लिए होता है. राज्य की अपनी कोई संप्रभुता नहीं है कि किसी का हक मारने कोई पहुँच गया है! इसलिए हक मारने की बात ही गलत है.

भोलाराम : आखिर कुछ तो कारण होगा, आपको जो सही मालूम पड़ता है, वह बतायें.

मटुक : इसका एकमात्र कारण है भोलाराम, बिहार का पिछड़ापन. देखते नहीं, आम जीवन में धनी आदमी किसी के घर जाता है तो घर वाला गर्व महसूस करता

है. धनी आदमी के आने से लगता है कि कुछ मिल जायेगा, गरीब के आने से लगता है कि कुछ ले जायेगा. एनआरआई को बुलाने के लिए हमलोग कितने लालायित रहते हैं. क्यों? इसलिए कि कुछ मिल जायेगा.

भोलाराम : तब बिहार के पिछड़ेपन का कारण क्या है?

मटुक : पिछड़ी राजनीति. राजनीति जनहित से जुड़ी नहीं है. हर राजनेता जनता की अज्ञानता का फायदा उठाने के लिए चालाकी का सहारा लेता है. सभी राजनीतिक दलों के लोग थोड़े-बहुत अंतर के साथ मूलतः एक हैं. सबका उद्देश्य है जनता को भुलावे में रखकर राज करना. अभी नीतीश कुमार का भुलावा कारगर है. लालू-रामविलास का पिट चुका है. कांग्रेस का भुलावा घिसा-पिटा है. विरोधी दल का स्तर इतना गिर गया है कि सूखे का कारण सूर्यग्रहण के समय मुख्यमंत्री का बिस्कुट खाना बताया जाता है. रामविलास जी को एक तरकीब सूझी थी कि मुसलमानों को मुख्यमंत्री बनाने की बात करेंगे तो मेरी गोटी फिट बैठ जायेगी. इस समय कांग्रेस कह रही है, आपने इन लोगों को देख लिया, अब हमें देखिए. अरे भाई, आपको देखा नहीं है जो देखेंगे? देखे हुए को क्या देखना है? केन्द्र में देख ही रहे हैं. जब विरोधी इतने खतम हों, तो सत्ताधारियों के मजे ही मजे हैं. कभी उन्होंने 2010 तक बिहार बनाने का सपना दिखाया था. अब 2015 तक विकसित बिहार बनाने का सपना दिखा रहे हैं और 2015 में 2020 का सपना दिखायेंगे. वास्तविक विकास से विमुख राजनेताओं की स्वार्थपरता से पिछड़ापन बना हुआ है.

भोलाराम : नीतीश सरकार कुछ तो काम कर रही है.

मटुक : हाँ, ऐसा है, क्योंकि इसके पहले सत्यानाशी सरकार थी. हर साल पीछे की तरफ लौट रही थी. इसने पीछे लौटना बंद कर दिया. लँगड़ी चाल से शनैः शनैः आगे बढ़ रही है. अगर कोई अच्छी सरकार आ जाय, तो इसकी पोल खुल जायेगी. इस सरकार के पास विकास की ठीक-ठीक अवधारणा नहीं है. पंचायत में महिला को आरक्षण दे देना, लड़कियों को साइकिल बाँट देना, कुछ टूटी-फूटी सड़कों की मरम्मत कर देना विकास का मानदंड नहीं होता. लेकिन कुछ नहीं होने से जितना ही हो रहा है, वह शुभ है.

भोलाराम : आप विकास के लिए सरकार को क्या सुझाव देना चाहेंगे.

मटुक : सुझाव देना बहुत आसान होता है, भोलाराम. इस देश में सारे आदमी सुझाव दे रहे हैं. लेकिन जब उन्हें मौका मिलेगा, उन्हीं के पीछे चलेंगे. जिनके लिए तुम सुझाव माँग रहे हो, वे तो इस सुझाव को पढ़ तक नहीं पायेंगे. पालन की तो बात ही नहीं है.

भोलाराम : हमें ही जानकारी के लिए बताइये, और उन लोगों को ध्यान में

रखकर बताइये जो आपके स्तंभ को नियमित रूप से पढ़ते हैं.

मटुक : इस मुल्क को क्रांति की जरूरत है. अनेक क्षेत्रों में क्रांति चाहिए. लेकिन फिलहाल एक ही क्षेत्र चुन लीजिए-शिक्षा में क्रांति. यह सारी क्रांतियों की जननी है. एकै साधे सब सधे. मगर समस्या यह है कि यह करे कौन? जो सक्रिय हैं, वे राजनेता हैं, क्रांति के विपरीतार्थक; क्योंकि क्रांति होने पर सबसे पहले इस प्रकार के राजनेता विदा हो जायेंगे. कुछ लोभी निजी संपत्ति बनाने में हैं. कुछ पेट की जुगाड़ में जिस-तिस के आगे-पीछे कर रहे हैं. कुछ लोग पद पाने के लिए सत्ता से गुप्त समझौता कर लेते हैं. बाकी सब निष्क्रिय हैं. बिहारी छात्रों के अपमानित होने का बड़ा कारण है बिहार और देश की दशा बदलने के भाव का अभाव.

9.09.09

❖

राजनीति की दिशा

बेचारे नर कंकाल सरीखे गरीब रामानंद दो पाटों के बीच में पड़ गये हैं. आपको क्या लगता है सर, कि नीतीश कुमार ने गोली चलवायी होगी? भोलाराम ने पूछा.

मटुक : नीतीशजी ने गोली चलवायी थी या नहीं, यह तो उस गाँव के प्रत्यक्षदर्शी जानें. इतना सच है कि विरोधी नीतीशजी को गद्दी से उतारने के लिए किसी भी सीमा तक जा सकते हैं. भोलाराम, जो सत्ता-रस पी चुके हैं और आज वंचित हैं वे पागल की तरह दिन-रात उस नुक्स को खोजने में लगे हैं जिससे पुनः सत्ता-रस-पान का अवसर मिले. लेकिन जो अभी सत्ता का रस पी रहे हैं, उनकी ताकत बन गयी है. मुश्किल है उन्हें धकेलना. कमजोर मजबूत को कैसे धकेलेगा?

भोलाराम : लेकिन सत्ता तो साधन है, गरीबों का कल्याण साध्य है. नीतीश सरकार तो गरीबों, दलितों, महादलितों, स्त्रियों के उत्थान के लिए सत्ता में आयी है. विकास इनका साध्य है, सत्ता साधन है.

मटुक : गलत बात, बिल्कुल गलत. पिछड़ों के उत्थान की बात कर सत्ता पायी जा सकती है. विकास की बात सत्ता की प्राप्ति और रक्षा में सहायक होती है. साध्य तो सत्ता ही है.

भोलाराम : लेकिन इसके ठीक पहले की सरकार तो विकास की बात नहीं करती थी; फिर भी पन्द्रह साल टिकी रही?

मटुक : यहीं उससे चूक हो गयी और गद्दी छिन गयी, क्योंकि अनंतकाल तक एक ही भ्रम से काम नहीं चलता, भ्रम पुराना पड़ता है. नया भ्रम लाना पड़ता है. लालू सरकार पिछड़ों के हाथों सत्ता सौंपने का एक विराट भ्रम लेकर आयी थी. जब उन्होंने परिवार के हाथों सत्ता सौंप दी तो लोग चौकन्ने हुए. लालूजी को एक ही कारगर सूत्र पकड़ाया जिसके द्वारा उन्होंने सदियों से प्रताड़ित पिछड़ों का साथ देकर उसे सवर्णों के समानांतर खड़ा कर दिया. उनके प्रतिशोध को बल दिया. इससे पिछड़े इतने खुश हुए कि लालूजी को सत्ता में बनाये रखने के लिए अपनी अशिक्षा, गरीबी, भुखमरी,

बेरोजगारी सबको भुला दिया! पहली बार उसे अपमान का बदला लेने का मौका हाथ आया था. लेकिन इसके बाद उनकी मूलभूत समस्या हल होनी चाहिए थी, जो लालू के हाथों संभव नहीं थी, क्योंकि इस गरीब के पास धनार्जन की अपार प्यास थी. इनसे टूटकर अलग हुए शकुनी चौधरी ने गाँधी मैदान की एक सभा में कहा था—'मैंने सोचा था कि गरीब का बच्चा है, गरीबों की पीड़ा को समझेगा लेकिन इस ग्वाले के बेटे ने पूरे बिहार को दूह के रख दिया!' लालू-भ्रम का अंत यहाँ हो गया. नीतीशजी ने उस चीज का वादा किया जो लालूजी नहीं दे पाये थे. उन्होंने परिवारवाद के खिलाफ विकासवाद का नारा दिया. अराजकता के विरुद्ध सुशासन का प्रलोभन दिया और सत्ता हासिल की. फिलहाल इनको चुनौती देने वाला कोई दल नहीं है. अगला विधानसभा चुनाव भी ये जीतेंगे और 2015 तक निष्कंटक राज्य करेंगे. इस बीच अगर कोई इनके तथाकथित विकास की पोल खोलने में कामयाब हुआ तो 2015 में ये सत्ता गँवा सकते हैं. अगर बेहतर लोग राजनीति में आ पायें तो बिहार आगे निकल सकता है, वरना कोल्हू के बैल की तरह प्रगतिहीन यात्रा चलती रहेगी.

भोलाराम : आप तो सर एक ज्योतिषी की तरह बात करने लगे. कौन जानता है कि 2010 में क्या होगा और 2015 में क्या होगा?

मटुक : ज्योतिषी-सी बात नहीं. निरीक्षण की बात है. अभी बिहार में नीतीश का विकल्प पैदा नहीं हुआ है. इसलिए कह रहा हूँ. यही बिहार का दुर्भाग्य भी है. नये प्रकार की राजनीति की कहीं सुगबुगाहट तक नहीं है. इसके लिए कुछ हिम्मती लोगों को आगे आना होगा और सत्ता का लोभ त्यागकर जनजागरण की राजनीति करनी होगी. ऐसे लोग ही सत्ता को साधन बना पायेंगे और लोकहित को साध्य. अभी तो समाज के तमाम गलत किस्म के लोग राजनीति की ओर उन्मुख हैं. साधुओं का राजनीति में कोई रस नहीं. वे अपने निजी संसार में मग्न हैं. कौन झमेले में पड़े!

भोलाराम : आपका मतलब बाबा रामदेव जैसे साधुओं से तो नहीं है?

मटुक : इधर से बाबा रामदेव जरूर उछल कूद कर रहे हैं. मुझे लगता है कि वे राजनीति में आयें तो इनसे बेहतर हो सकते हैं. लेकिन वे अपनी ब्रह्मचर्य वाली बीमारी को भी लादना शुरू करेंगे. उनकी गलत नैतिकता का दुराग्रह सहन करना कठिन होगा. उनका संकीर्ण राष्ट्रवाद भी हावी होगा. साधु से मेरा मतलब दाढ़ी, बाल और गेरुआ वाले साधु से नहीं. जो स्वभाव से साधु हों; सरल, सहज, निश्छल और परदुखकातर.

भोलाराम : मैंने रामानंद की बात उठायी थी और आप दूर चले गये?

मटुक : रामानंद तो खिलौना हैं भोलाराम. खिलाड़ी महत्वपूर्ण हैं. मेरा ध्यान फुटबॉल पर नहीं, उन पैरों की कुशलता पर है जो गोल तक उसे पहुँचाने के लिए

अपनी-अपनी कलाबाजी और शक्ति-प्रदर्शन कर रहे हैं. इन राजनेताओं के पदतल में करोड़ों जनता फुटबॉल की तरह इधर-उधर हो रही है और निर्जीव होने के कारण सब सह रही है. उन्हें जरा सजीव बनाने का प्रयास करो भोला. तब देखो कैसे खेल का नजारा बदल जाता है!

11.09.09

❖

नेताओं का ग्रेडिंग

भोलाराम ने पूछा—आप शिक्षक हैं और छात्रों का मूल्यांकन करते रहे हैं. मैं चाहता हूँ कि कुछ नेताओं का मूल्यांकन करें.

मदुक : भोलाराम, छात्रों को मैं पढ़ाता रहा हूँ. निकट से उनका विकास या ह्रास देखता रहा हूँ. उनके बहुत सारे क्रियाकलाप मेरी नजरों के सामने रहे हैं, इसलिए स्वाभाविक है कि उनका ठीक-ठीक मूल्यांकन मुझसे हो जाय. लेकिन जिन नेताओं को मैंने निकट से नहीं देखा, कभी उनके करीब नहीं रहा, उनकी एक-एक गतिविधि पर सतत नजर नहीं रखी और न कोई नेता ऐसा है, जिसका समग्र साहित्य मैंने पढ़ा हो, फिर कैसे उनका मूल्यांकन करूँ?

भोलाराम : अभी तो आपने बेबाकी से अपना ही मूल्यांकन प्रस्तुत कर दिया. जो अपना मूल्यांकन ठीक-ठीक कर सकता है, वही दूसरों का भी कर सकता है, इसीलिए पूछ रहा हूँ. दूसरी बात यह है कि आप ही कहा करते हैं—मेढक कमल की जड़ों के पास रहता है, लेकिन सुगंध से अवगत नहीं है, भौंरा बहुत दूर रहता है, लेकिन उसी के पास उसकी पहचान है. इसलिए दूरी और पास की बात नहीं है, पकड़ की बात है, पहचान की बात है और मैं समझता हूँ कि यह क्षमता आपमें हैं.

मदुक : यह तो सही है भोला कि मूल्यांकन की एक विशिष्ट क्षमता होती है जो सबके पास नहीं होती. पहचान मूलभूत गुण है मूल्यांकन का, लेकिन, पूर्ण जानकारी के बगैर वह अधूरा है.

भोलाराम : मोटा-मोटी जितनी जानकारियाँ हैं उन्हीं के आधार पर कीजिए न.

मदुक : तो पहले बटखरा समझ लो. जिस बटखरे से किसी को तौला जाता है उसकी पक्की समझ पक्के मूल्यांकन के लिए आवश्यक है. किसी भी आदमी को तीन श्रेणियों में रखा जा सकता है. तीन की संख्या लगता है अस्तित्व की मूलभूत इकाई है. तीन लोक हैं-धरती, आकाश और पाताल. तीन देव हैं—ब्रह्मा, विष्णु और महेश. तीन काल हैं-भूत, वर्तमान और भविष्यत्. परमाणु के तीन खंड हैं—इलेक्ट्रॉन,

प्रोटॉन और न्यूट्रॉन. तीन नाड़ियाँ हैं—इड़ा, पिंगला और सुषुम्ना. तीन गुण हैं—सत्, रज और तम. इस तरह जितनी भी खोज करते जाओ, अस्तित्व में तीन रूप तुम्हें मिलते जाएँगे. इसलिए कोई भी मनुष्य हो, उनके तीन प्रकार होंगे-उत्तम, मध्यम और अधम. इन्हें संक्षेप में चाहो तो ए, बी और सी कह लो. और सूक्ष्मता में जाने के लिए प्रत्येक के तीन-तीन टुकड़े कर सकते हो—ए-1, ए-2, ए-3, बी-1, बी-2, बी-3, और सी-1, सी-2, सी-3. इस तरह मनुष्य के नौ प्रकार हुए. नेताओं का मूल्यांकन भी इन्हीं तीन श्रेणियों में रखकर किया जा सकता है. इन श्रेणियों को हम ग्रेड कहेंगे.

भोलाराम : बिल्कुल निर्दोष और वैज्ञानिक बटखरा तैयार हो गया है. अब सबसे पहले बतायें कि महात्मा गाँधी को आप कौन-सा ग्रेड देंगे? अन्य नेताओं को कौन-सा ग्रेड देंगे और क्यों?

मटुक : भोलाराम, मुझे विकट स्थिति में डाल दिया तुमने. अपने से ऊपर के आदमी का मूल्यांकन नीचे का आदमी नहीं कर सकता है. लेकिन लोक में यह सब चलता रहता है. उसी चलन का सहारा लेकर मैं चलनी चला रहा हूँ. निःसंदेह महात्मा गाँधी ए-1 ग्रेड के नेता हैं. उनका कोई जोड़ नहीं है. आजादी की लड़ाई के सौ वर्षों में सैकड़ों महान् नेता हुए, उनमें महात्मा महानतम हैं. यही ग्रेड मैं नेताजी सुभाष चन्द्र बोस और भीमराव अम्बेदकर को भी दूँगा. कारण बताने पर फिर आगे नहीं बढ़ पाऊँगा और इनके भी पूरे कारण नहीं बता पाऊँगा. सिर्फ इतना ही कहूँगा कि कुछ परिस्थितियाँ ऐसी भी आयी थीं, जहाँ इन दोनों नेताओं ने अपने को महात्मा गाँधी से भी श्रेष्ठ साबित किया था.

भोलाराम : शहीद भगतसिंह को सुभाष वाला ग्रेड नहीं देंगे?

मटुक : बिल्कुल नहीं, क्योंकि उनमें संगठन-कौशल नहीं था. वे क्रांतिकारियों की फौज नहीं बना पाये. नेहरू, पटेल, जयप्रकाश, लोहिया आदि को मैं ए-2 ग्रेड दूँगा.

भोलाराम : इंदिरा गाँधी, अटल बिहारी बाजपेयी आदि को?

मटुक : ये दोनों ए ग्रेड के नेता हैं. लेकिन कुछ काम इन्होंने ऐसे किये जिनके कारण इन्हें बी ग्रेड में भेजने का मन करता है. लेकिन बी ग्रेड में इन्हें बी-1 निश्चय ही मिलेगा. परन्तु मैं ग्रेड देने में उदार हूँ. इसलिए इन दोनों नेताओं को ए-3 दूँगा.

भोलाराम : इंदिराजी में तानाशाही के गुण थे, लेकिन वाजपेयी में क्या कमी थी?

मटुक : वाजपेयीजी दो जगह पिछड़ गये हैं. एक तो नरेन्द्र मोदी के मामले में उन्होंने गलत से समझौता कर लिया. दूसरे सोनिया गाँधी को सत्ता से दूर रखने के लिए उन्हें विदेशी महिला कहकर अपने ओछेपन का परिचय दिया. तुम्हें आश्चर्य न हो अगर मैं कहूँ कि सोनिया गाँधी ने अपने को ए-3 ग्रेड के लायक नेता सिद्ध कर दिया है.

भोलाराम : और मायावती?

मटुक : दलितों के कुछ प्रत्यक्ष दुश्मन रहे और कुछ अप्रत्यक्ष. कुछ लोगों ने दलितों को दुश्मन बनकर सताया और कुछ लोगों ने दोस्त बनकर. जिन्होंने दोस्त बनकर दलितों को दूहा—उनमें मायावती अग्रगण्य हैं. ये अधम कोटि में भी अधम यानी अधमाधम नेत्री हैं. जन्म-जन्मांतर की सँजोयी अपनी महत्वाकांक्षा को वे इसी जन्म में पूरा कर लेना चाहती हैं. इनको सी-3 ग्रेड मिलेगा, भोला.

भोला : नीतीश, लालू और रामविलास के बारे में क्या ख्याल है?

मटुक : ये तीनों तो सी-ग्रेड के नेता हैं. लेकिन नीतीश इनमें श्रेष्ठ हैं. इसलिए इन्हें बी-3 ग्रेड दिया जा सकता है. लालूजी सी-1 और रामविलासजी को सी-2 ग्रेड मिलेगा. अलग-अलग विश्लेषण करने का अभी समय नहीं है. बाद में कभी शेष नेताओं का ग्रेड पूछ लेना. कारण विस्तार से जानना चाहोगे तो अधिक समय लेकर आना होगा. आज इतना ही रहने दो.

12.09.09

❖

कैटल क्लास

जैसे रेलगाड़ी में कई क्लास होते हैं—जेनरल, स्लीपर, एसी-3, एसी-2, एसी-1 इत्यादि, उसी तरह हवाई जहाज में भी क्लास होते हैं. सबसे सस्ता इकोनॉमी क्लास कहलाता है. बड़े-बड़े उद्योगपति, नेता, मंत्री आदि इसमें सफर नहीं करते. वित्तमंत्री प्रणव मुखर्जी ने कम खर्च करने का अभियान चलाया है. कांग्रेस अध्यक्षा सोनिया गाँधी इकॉनोमी क्लास में यात्रा करके उदाहरण प्रस्तुत कर चुकी हैं. राहुल गाँधी ने एक कदम और बढ़कर ट्रेन से यात्रा की है. इस बात से बिहार के कुछ नवधनाढ्य नेता विचलित हो गये हैं. उनको लगा कि इन लोगों के चलते कहीं फिर से भैंस की सवारी न करनी पड़ जाय. इसलिए उन्होंने कुछ उटपटाँग सलाह दे मारी. देश को अगर बचाना है और उसे उन्नति के शिखर पर चढ़ाना है तो सबसे पहले धूर्त नेताओं से देश को बचाना होगा. यह तभी संभव होगा जब सच्चे और ईमानदार इंसान राजनीति की दुनिया में पैर जमायें.

राजनीतिक पाखंड के प्रचलन से बेचारे शशि थरूर कष्ट में पड़ गये हैं. मितव्ययिता अभियान ने पहले उनसे पंच सितारा होटल छीना और अब हवाई जहाज का लग्जरी क्लास भी छीन रहा है! क्या यही दिन देखने के लिए वे राजनीति में आये थे और विदेश राज्य मंत्री बने थे? सुख-सुविधा, ऐश्वर्य और ऐश में जीने वाले व्यक्ति को एक चीज और चाहिए और वह है पावर. तभी पूर्णता का बोध हो सकता है! इसलिए बड़े-बड़े पूँजीपति पार्टी को पैसों से खरीदकर सांसद बनते हैं, मंत्री बनते हैं. राजनीति में आने के दो कारगर तरीके हैं—पहला तरीका है गरीब जनता की आँखों में धूल झोंकने की कला में आप माहिर हों तो गरीबों के मसीहा, दलितों के देवता बन जायेंगे. आपके पास जनशक्ति आ जायेगी और आप नेता-मंत्री बन जायेंगे. दूसरा रास्ता इससे भिन्न है. उसमें जनता से आपको कुछ लेना-देना नहीं है. आपने अपार धनोपार्जन की राक्षसी-कला हासिल की. आप हो गये अरबपति-खरबपति. जनशक्ति वाले नेता को पैसा चाहिए और धनशक्ति वाले पूँजीपति को पावर चाहिए. दोनों में

आदान-प्रदान हो जाता है. इन्हीं लोगों के लिए हवाई जहाज का लग्जरी क्लास बना है. वित्त मंत्री से पूछना चाहिए कि अगर ये लग्जरी क्लास में सफर नहीं करेंगे तो वह किसके लिये बना है?

चक्रवर्ती सम्राट दशरथ के पुत्र राम को वन में जमीन पर सोते और कंद-मूल खाते देख वनवासियों का हृदय फटने लगा था. वे कहते हैं कि विधाता के सब काम उलटे होते हैं. जब विधाता ने इनको वनवास दिया तो नाना प्रकार के भोग-विलास व्यर्थ ही बनाये. ये नंगे पाँव पैदल चलेंगे तो अनेक वाहन व्यर्थ बने. जब ये जमीन पर कुश और पत्ते बिछाकर सोयेंगे तो सुंदर सेज किसलिए बनी है. जब ये पेड़ों के नीचे निवास करेंगे तो विधाता ने महलों को बनाने में क्यों श्रम किया? इस तरह से वन के स्त्री-पुरुष राम की इस दशा को देखकर बहुत ही पछताते हैं और मन ही मन दैव को दोष देते हैं. मेरी भी हालत शशि थरूर को देखकर उन्हीं वनवासियों की तरह हो रही है! भला जिनका जन्म ही लंदन में हुआ हो. जिनकी मातृभाषा अंग्रेजी हो. अपने प्रांत केरल की भाषा मलयालम जिनकी जुबान पर चढ़ नहीं पाती हो. जिनकी शिक्षा ज्यादातर अमेरिका और इंगलैंड में हुई हो, जो अंग्रेजी के लेखक और पत्रकार हों, जो 23 साल तक संयुक्त राष्ट्र संघ में विभिन्न राजनयिक पदों पर रहे हों, उनको आप बुलाकर जनप्रतिनिधि बना देते हैं! जो राजसी ठाट-बाट में जीया है उसे मितव्ययी बनाना चाहते हैं! यह पाखंड अपने तक रखिये. शशि को प्रामाणिक व्यक्ति बने रहने दीजिये. अभी उन पर विदेशी रंग सवार है इसलिए उनमें एक सच्चाई है. भारतीय राजनीति में पले-बढ़े होते तो वे भी कपट-कला में कुशल होते. उन्होंने सच ही कहा—इकॉनोमी क्लास जानवर (कैटल) क्लास है. सभी बड़े नेताओं के लिये भी वह जानवर क्लास ही है. लेकिन वे बोलते नहीं हैं, क्योंकि उनकी दो छवियाँ हैं—एक जनता में दिखाने के लिए और दूसरी अपने जीने के लिए. मैं एक दरिद्रनारायण व्यक्ति हूँ और मुझे भी ट्रेन की जेनरल बॉगी कैटल क्लास जैसी ही लगती है जहाँ आदमी पर आदमी ठूँसे रहते हैं. इसीलिए मैं स्लीपर क्लास में चलता हूँ.

सोनियाजी और राहुलजी से मैं कहना चाहूँगा कि सादगी जीने की चीज है, दिखाने की नहीं और आरोपित करने की तो बिल्कुल ही नहीं. सादा जीवन था महात्मा गाँधी का और देशरत्न डॉ. राजेन्द्रप्रसाद का. राष्ट्रपति का वेतन था उस समय दस हजार. देशरत्न का काम सत्रह सौ रुपये में चल जाता था. वे इतना ही वेतन उठाते थे, शेष देश के नाम पर छोड़ देते थे. सादगी से जीना किसी का स्वभाव होना चाहिए, सादा जीवन जीने में आनंद का अनुभव होना चाहिए. तब तो सादगी सुंदर है. वरना दिखावटी और आरोपित सादगी खतरनाक होती है. वह एक धोखे की दीवार निर्मित करती है. जैसे सोनिया गाँधी ने सोमवार (14.09.09) को दिल्ली से मुंबई की यात्रा

विमान की इकॉनोमी क्लास में की. इसकी अच्छी कीमत एअर इंडिया को चुकानी पड़ी. उनकी सुरक्षा के मद्‌देनजर उनके आगे-पीछे और अगल-बगल की कुछ सीटों को खाली रखना पड़ा.

मैं वित्तमंत्री को सलाह देना चाहूँगा कि अगर वास्तव में आप खर्च पर किफायत करना चाहते हैं तो हर महीने जितने भी मंत्री और नेता हैं उनके संपूर्ण खर्च का एक ब्यौरा बुलेटिन के माध्यम से जनता के सामने रखने की कृपा करें. जनता जब देखेगी कि एक-एक मंत्री का मासिक खर्च करोड़ में पहुँच जाता है तो उनकी आँखें फटी की फटी रह जायेंगी. वे फटी आँखें ही अगले चुनाव में अपना हिसाब चुकता कर लेंगी. इसके लिये आपको माथापच्ची करने की जरूरत नहीं. या लग्जरी क्लास ही खत्म कर दीजिये, क्योंकि जब तक वह क्लास रहेगा, तब तक उसमें चढ़ने के लिए प्रभुत्वशाली वर्गों में होड़ रहेगी. मगर शशि थरूर बेचारे को तंग मत कीजिये. जिस समय आप उन्हें सांसद बनाकर विदेश मंत्री बना रहे थे, क्या उस समय उनको नहीं जान रहे थे?और विदेश राज्य मंत्री से मैं कहूँगा कि प्यारे शशि थरूर, प्रामाणिक बने रहना जरूर!

17.09.09

❖

भारतीय लोकतंत्र का भविष्य

उपर्युक्त विषय पर पटने के माध्यमिक शिक्षक संघ भवन, जमाल रोड में गुरुवर नामवर का भाषण होनेवाला था. मैं जब पहुँचा तो हॉल लगभग भर चुका था. नामवरजी को सुनने बक्सर से मोकामा तक और गया से वैशाली तक के लोग आते हैं. संघ का हॉल छोटा है, नामवर के लायक नहीं है. उस समय डॉ. खगेन्द्र ठाकुर का भाषण चल रहा था. ठाकुरजी बातचीत की शैली में भाषण करते हैं. सहजता उनके भाषण की खूबी है. प्रसंगवश उन्होंने कहा ''केन्द्रीय राज्यमंत्री ने विमान के 'इकॉनॉमी क्लास को भेड़-बकरी क्लास कहा. हवाई जहाज जब भेड़-बकरी क्लास है तो बस और ट्रेन के डिब्बों को तो वे कीड़ा-मकौड़ा क्लास ही कहेंगे और उनको क्या कहेंगे जिन्हें ट्रेन भी नसीब नहीं होती. पैदल चलते हैं, कहीं खा लेते हैं और फुटपाथ पर या गाँधी मैदान में सो जाते हैं?'' मुझे आक्रमण का यह ढंग भाया.

मैंने भी 'कैटल क्लास' पर लिखा है, पर मेरी दृष्टि कुछ दूसरी चीज खोजने में लगी थी. मैं थरूर के दर्द को भी समझ रहा था और आकलन कर रहा था कि धन कितनी जल्दी व्यर्थ हो जाता है. मटुकनाथ को हवाई जहाज पर चढ़ने का बहुत शौक है. उसके लिए इकॉनोमी क्लास भी एक सपना है, लेकिन थरूर के लिए यह दुर्घटना है. हाय रे धन, पाते ही तुम्हारी कीमत इतनी घट जाती है! इसी को पाने के लिए आदमी जान, मान और ईमान बेच देता है!

इसके बाद बोलने डॉ. मुरली मनोहर प्रसाद सिंह आये. कितना बड़ा नाम है! एक मुरली काफी थी! मुरली से जो फूँक निकली वह बहुराष्ट्रीय कंपनी तक चली गयी. अपनराम को अर्थशास्त्र समझ में नहीं आता. सेंसेक्स कैसे उछलता है, कैसे लुढ़कता है, मेरे लिए शब्द मात्र है. लेकिन इतना जरूर मैंने समझा कि अरबों-खरबों रुपये जो निर्माण में, उत्पादन में लग सकते थे, वे दलालों के बीच उलटफेर में लगते हैं. पैसा लगाकर पैसा कमाया जाता है! 48 प्रतिशत राशि इसी में उमड़ती-घुमड़ती रहती है.

अब डॉ. नामवर सिंह की बारी थी. श्रोता उन्हीं के लिए आये थे. विषय बुद्धिमत्तापूर्ण नहीं था, क्योंकि किसका भविष्य कौन जानता है? केवल वर्तमान को जाना जा सकता है. वर्तमान ही भविष्य के जन्म की खबर देता है. अतीत और वर्तमान ये दोनों मिलकर भविष्य का निर्माण करते हैं. इसलिए स्वाभाविक था कि डॉ. साहब आजादी के साठ सालों में भारतीय लोकतंत्र की विकास-यात्रा पर प्रकाश डालते. उन्होंने अपने भाषण में दिखाया कि भारतीय लोकतंत्र निरंतर अधःपतन की ओर जा रहा है. पहली लोकसभा के सांसद का व्यवहार क्या था, रहन-सहन क्या था और अब क्या है, आपके सामने है. आजादी के बाद जो कम्युनिस्ट सांसद बने थे, वे पैदल संसद भवन जाते थे, अबके कम्युनिस्ट सांसदों का हाल लगभग सामंती सांसदों के जैसा हो गया है. समाजवादी लोकतंत्र की बात करने वाले प्रतिनिधियों का यह हाल है तो बुर्जुवा लोकतंत्र के समर्थकों का क्या हाल होगा? आज एक नया राजनीतिक वर्ग पैदा हो गया है जिसकी विचारधारा करीब-करीब एक है. डॉ. शत्रुघ्न प्रसाद सिंह, पूर्व सांसद, की तल्ख टिप्पणी का उल्लेख करते हुए उन्होंने अनुमोदन किया कि वास्तव में आज का लोकतंत्र धन का, धन के द्वारा और धन के लिए होकर रह गया है. आजादी के बाद 1947-48 में भारतीय गरीब और अमीर की आय में जो फासला था, वह काफी बढ़ गया है. न्यूनतम और अधिकतम आय का अंतर बहुत बढ़ा है. अब तो राज्य सभा और विधान-परिषद में कवि-कलाकारों के स्थान पर कैसे-कैसे लोग आ रहे हैं! संसद में बहस करने वाले लोग भी अब नहीं बचे हैं. जिस विधेयक पर बहुत बहस होनी चाहिए, वह बिना बहस के पास हो जाता है! एक समय था जब संसद में लोहिया के एक सवाल पर संसद-भवन हिल जाता था. उन्होंने कभी एक छोटा-सा सवाल पूछकर संसद को सन्न कर दिया था—'कृपया बतायें कि एक आम भारतीय की आमदनी क्या है?'

लोकतंत्र का एक खंभा न्यायपालिका है. सुप्रीम कोर्ट के जजों पर भी भ्रष्टाचार के आरोप हैं. अभी के दौर में हमलोग पारदर्शी शीशे के घरों में रह रहे हैं. कुछ भी छिपाव नहीं. सारे भ्रष्टाचार दिखते हैं.

अब तो समाज सुधारक नहीं मिलता, पहले हुआ करते थे. उनकी जगह एनजीओ आ गया है. भारत की समस्याएँ विकराल हैं. धन कमाने के चक्कर में प्रकृति के साथ बलात्कार हो रहा है. इतना प्राकृतिक असंतुलन पहले नहीं था. पहले गाँव के जमींदार खेत के मजदूरों को भूखों मरने नहीं देते थे. अब गाँवों से ऐसी आत्मीयता गायब है. इस देश में सैकड़ों भाषायें हैं, नस्लें हैं, जातियों का जाल है. इन सबको लेकर भीषण समस्याएँ हैं. अमेरिका में इतनी समस्याएँ नहीं हैं. वहाँ तो सिर्फ काले और गोरे का भेद है. हमें अनेक मोर्चों पर समस्याओं का सामना करना

है और करने वाले नशे में हैं. जिस प्रांत का मैं हूँ उस यूपी में मायावती जो निर्माण कार्य कर रही हैं, क्या वह लोकतांत्रिक है? क्या जनता से पूछकर उन्होंने इसे शुरू किया है? लोकतंत्र का ढाँचा भर रह गया है, उसकी अन्तर्वस्तु गायब है! हमलोग साहित्य के आदमी हैं, देखते हैं कि कुछ कविताओं का छंद ठीक है, हरिगीतिका में है, तुक-ताल सब ठीक है मगर उसमें कवित्व नहीं है. वही हाल हमारे लोकतंत्र का है. विधानसभा है, चुनाव है, सबकुछ है, पर लोकतंत्र की आत्मा नहीं है. इसे देखते हुए लग रहा है कि भारतीय लोकतंत्र का भविष्य अंधकारमय है. इस अंधेरे से निकलने की राह एक है—पहले समाज में लोकतंत्र कायम करना होगा, क्योंकि लोकतांत्रिक समाज में ही राजनीतिक लोकतंत्र की कल्पना की जा सकती है. लोकतांत्रिक समाज हमें बनाना पड़ेगा. लोकतांत्रिक अधिकार माँगने की चीज नहीं है, उसे हमें छीनना पड़ेगा.

30.09.09

❖

अरुण कमल के वक्तव्य पर विचार

'भारतीय लोकतंत्र का भविष्य' विषय पर पटने के माध्यमिक शिक्षक संघ भवन में डॉ. नामवर सिंह का भाषण 25 सितंबर, 2009 को हुआ. डॉ. साहब ने पूरे साठ वर्षों में निरंतर हो रहे राजनीतिक अधःपतन का चित्र खींचते हुए अंत में कहा कि चारों तरफ अंधेरा है. सभी पार्टियों की विचारधाराएँ लगभग एक-सी हो गयी हैं. इस सभा के अध्यक्ष अरुण कमल ने नामवरजी से थोड़ी असहमति जताते हुए कहा कि पूरा अँधेरा कभी नहीं रहता. आशा के दीप अभी भी टिमटिमा रहे हैं. जाहिर है, उन्हें इसके लिए उदाहरण प्रस्तुत करना पड़ता. इसके उदाहरण स्वरूप उन्होंने दो बातें कहीं—आदिवासियों में राजनीतिक जागरण आया है. वे मतदान का महत्व समझने लगे हैं. दूसरे, बिहार में महिला आरक्षण लागू होने से जनजीवन में परिवर्तन आ रहा है जो शुभ दिशा की ओर संकेत कर रहा है.

मेरे मन में प्रश्न उठ रहा है कि जो आशादीप अरुण कमलजी को दिखाई दिया, क्या नामवरजी उसे नहीं देख रहे थे? यह तो अरुण कमलजी भी मानेंगे कि 'चमकती दूर तारायें ज्यों हों कहीं पार' को लक्षित किये बगैर नामवरजी नहीं रह सकते. राजनीति में अगर कुछ भी प्रकाश है तो उसे बेहतर ढंग से देखनेवाले डॉ. नामवर सिंह हैं. फिर भी उन्होंने केवल अँधेरे का जिक्र किया ; साथ ही यह कहना भी न भूले कि जनतांत्रिक अधिकार माँगने से नहीं मिलता, छीनना पड़ता है. मेरी दृष्टि में यह 'छीनना' उनका आशादीप है. अरुण कमल के आशादीप 'महिला आरक्षण' और 'आदिवासी जागरण' में कितना प्रकाश है और कितना धुआँ है, यह विचारणीय विषय है. मेरे देखे कुछ आदिवासी नक्सलवादी विचारधारा के द्वारा शोषित हैं, तो कुछ बुर्जुवा विचारधारा के द्वारा. इन दोनों से परे सही राजनीतिक चेतना का जागरण कहाँ हुआ है? यह अगर दिखाया जा सके तो उसे आशादीप के रूप में देखा जा सकता है.

बच गयी महिला आरक्षण की बात. इसके संबंध में प्रश्न है कि क्या महिलायें पुरुषों से भिन्न स्त्रियोचित राजनीति कर रही हैं? या वे पुरुष-मार्ग पर चल पड़ी हैं?

अगर उसी मार्ग पर हैं तो अँधेरा बढ़ाने वालों की संख्या में ही केवल वृद्धि होगी. पुरुष राजनीति ने दुनिया को युद्धोन्माद की तरफ ढकेला है. नामवरजी की 'छीनना' क्रिया आशादीप है, क्योंकि यह हमें सक्रिय कर सकता है, जगा सकता है, लेकिन महिला आरक्षण अगर आशादीप है तो सक्रिय होने की जरूरत क्या है . किसी ने लागू कर ही दिया है. अब हमें क्या करना है?

अंधेरे में बिलबिलाने वाला प्रकाश की खोज करेगा, लेकिन जिन्हें प्रकाश दिख ही रहा है, वह तो समझौता कर लेगा. वह कोई क्रांति करने नहीं जायेगा. अगर कोई जायेगा भी तो उन्हें लगेगा कि यह फालतू काम कर रहा है! जो अंधेरा देखेगा, वह उसे दूर करने के लिए छटपटायेगा. उनका छटपटाना मटुक को प्यारा लगता है. इसी छटपटाहट ने 1958 में डॉ. नामवर सिंह को एमपी का चुनाव लड़वा दिया था. उनका लड़ना सुंदर था. साधनहीनता के कारण उनकी लड़ाई को कई तथाकथित शाब्दिक क्रांतिकारियों ने उचित नहीं माना होगा. लेकिन नामवरजी की तरह ऐसा साहस दिखाने वाले कितने साहित्यकार इस देश में हैं? एक रेणु थे, एक बेनीपुरी थे. दिनकर लड़े नहीं थे. मनोनीत हुए थे. क्रांति सही विचारधारा से लैस होकर लड़ने में है. निरंतर जनता के सामने एक विकल्प रखने में है. जो व्यक्ति लड़ने की निंदा कर रहा है, वह परोक्ष रूप से बुर्जुवा लोकतंत्र को ही मजबूती प्रदान कर रहा है.

मैं भी 1980 में खगड़िया संसदीय क्षेत्र से लड़ने के लिए गाँव-गाँव पैदल घूमा था. अमानिशा गगन घन अंधकार उगल रहा था और मैं दिशा का ज्ञान खो चुका था. सामने मृत्यु दिखाई पड़ने लगी. मैं बैठ गया. फिर 2009 में पटना साहिब लोकसभा क्षेत्र से लड़ने के लिए कमर कसी. इस बार परिस्थिति अनुकूल नजर आ रही थी. मेरे खड़े होने मात्र से सत्ता-पक्ष घबरा गया और गैर-कानूनी ढंग से जबर्दस्ती मेरा नामांकन-पत्र रद्द करवा दिया. जब मैं खड़ा हुआ था, तो अनेक परिचितों से वोट माँगा. अरुण कमलजी से भी माँगा था. उनका जवाब था—आपका चुनाव लड़ना गलत है. आप शिक्षक हैं. आपको अध्ययन-अध्यापन का काम करना चाहिए. सुनकर मैं दंग रह गया! पहली बार अरुण कमलजी का यह एक नया आयाम मेरे समक्ष उद्‌घाटित हुआ. मेरे जैसा क्रांतिकारी मुश्किल से मिलता है. एक बार सत्ता हाथ में आ जाय तो स्थिति को उलट कर रख दूँ. कवियों के बारे में कहा जाता है कि 'जहाँ न जाय रवि वहाँ जाय कवि.' लेकिन हमारे प्रिय कवि अरुण कमल मुझ तक भी नहीं आ सके! मुझे भी न पहचान सके. अब समझता हूँ, क्रांति क्यों ठहरी हुई है. बुर्जुवा से ज्यादा वामपंथियों ने उसे अपने घरों में कैद कर रखा है. वर्षों तक जो वामपंथी दल पिछली पतनशील सरकार की पालकी ढोते आ रहे थे, उनसे कोई कैसे आशा कर सकता है क्रांति की? वैसे अरुणजी की एक बात मुझे अच्छी लगी थी.

उन्होंने कहा था—मैं आपको स्पष्ट कर दूँ, मेरी पार्टी की संधि माले से हुई है. वह हारे या जीते, मैं वोट उसी को दूँगा. इस तरह के स्पष्टवादी समाज में नगण्य हैं. लेकिन मैं भौंचक रह गया जब इसी सभा में अरुणजी ने कहा कि 'मैं किसी पार्टी का सदस्य कभी नहीं रहा हूँ.' विचारधारा से तो साथ रहे न? सदस्य न बनने से क्या फर्क पड़ता है!

अरुण कमल का मैं प्रशंसक हूँ, इसलिए कि वे बड़े सुलझे हुए आदमी हैं, संवेदनशील हैं, राग-द्वेष से बाहर होकर आचरण करते हैं. ये अत्यंत दुर्लभ मानवीय गुण हैं. मुझ पर उनकी विशेष सहानुभूति और कृपा रहती है. ये सारी चीजें उन्हें बड़ा मनुष्य बनाती हैं. लेकिन खेद है, मैं उन्हें क्रांतिकारी नहीं कह पाऊँगा. भले ही वे किसी आंदोलन और जुलूस में सक्रिय दिखाई पड़ जायँ. उनके अध्यक्षीय भाषण के बाद उनसे मिलकर कई लोगों ने उनके चमत्कारी भाषण की तारीफ की थी. कुछ ने तो यहाँ तक कहा कि आज आपका भाषण नामवरजी से भी अच्छा था. मैं भी उनसे मिला. प्रणाम किया. और उनकी भाषण की तारीफ करने वालों के चेहरों को गौर से देखने लगा!

31.09.09

❖

अध्याय : तीन

लागे बिटप मनोहर नाना

सूर्यग्रहण की माया

आकाश मुझे परम रहस्यमय मालूम पड़ता है. चाहे सुबह हो या रात आकाश के नीचे बैठकर उसे निहारते रहने में एक अनिर्वचनीय आनंद मिलता है. लगता है, कोई रहस्य देखते देखते उद्घाटित होने वाला है. कभी मेघों के बीच सैर करता हूं, कभी तारों के बीच. कभी लगता है कि एक छोटी-सी पृथ्वी होती तो उस पर बैठकर सौरमंडल घूम आता. अंतरिक्ष में अजब गजब तमाशे देखता. मैं पाँच बजे सुबह प्रायः छत पर शिथिल होकर बैठ जाता हूं. आज तो सूर्यग्रहण देखना था. इसलिए कुतूहल अधिक था. पशु तो आस पास नहीं थे. पक्षियों की हरकतों को देखने में रुचि ले रहा था. आसमान में लाली छिटकी थी. आकाश में ऊपरी तल के सफेद मेघ ऊपर-ऊपर आती सूर्य की रोशनी में सुनहले हो रहे थे. बस उसके नीचे आठ-दस बाँस की दूरी पर काले मेघ हवा में पूरब से पश्चिम चुपचाप बहे जा रहे थे. शून्य में उनका तैरना मन को लुभा रहा था. कुछ चीलें आसमान में चक्कर काट रही थीं. कुछ कौवे दाना चुगने निकल पड़े थे और काँव-काँव कर रहे थे. 5 बजकर 15 मिनट पर बूँदा-बाँदी होने लगी. हल्की तेज बारिश शुरू हुई. 5.27 से धीरे-धीरे शाम होने लगी थी. आस पास कौवे नहीं थे. नजर इधर-उधर दौड़ायी तो पाया कि एक पेड़ पर सब इकट्ठे हैं. लेकिन कहीं कोई शोर गुल नहीं कर रहे हैं—सभी स्तब्ध हैं कि क्या हो रहा है! धीरे धीरे अंधेरा बढ़ रहा है. 6.13 पर कुछ और बढ़ा. 6.24 पर पूर्ण अंधेरा छा गया. एक सुंदर रात मेरे सामने थी! अहा! कैसी अद्भुत करामात! कितनी प्यारी बात! दिन में रात! लगता है विराट प्रकृति सुन्दरी ने आँखों में काजल लगा लिया है. क्या एक गीतकार की पंक्तियाँ इसी दृश्य को साकार नहीं कर रही हैं?

छिप गये सारे नजारे ओय क्या बात हो गयी!
तूने काजल लगाया दिन में रात हो गयी.

सौ साल से भी ज्यादा दिनों के बाद आयी है ये रहस्यमयी रात! सड़क पर चलती गाड़ियों की बत्तियाँ जल चुकी हैं. रिमझिम बारिश हो रही है. इस चिरस्मरणीय रात

के लिए फिर एक गीत याद आ रहा है—**जिंदगी भर न भूलेगी ये बरसात की रात.**

जरा पक्षियों को देखूँ. अब वे नहीं दिखाई पड़ रहे हैं. वे क्या सोच रहे होंगे? ध्यान उनकी तरफ गया. मैंने सुना उनके बीच कुछ गुपचुप बातें चल रही हैं.

कौवे ने अपनी कौवी से पूछा—ए जी, मेरा मन कैसे कैसे तो कर रहा है. बड़ा अनहोनी-सा लग रहा है. अभी अभी तो सुबह हुई थी. दाना चुगने निकली ही थी कि फिर अचानक शाम कैसे होने लगी?

कौवा—लगता है मनुष्य किसी विध्वंस की तैयारी में लगा है. बम विस्फोट, गोली, आँसू गैस, धूल, धुआँ आदि से वह अंधेरा करता ही रहता है. आज न जाने क्या करने वाला है. मुझे बहुत डर लग रहा है.

पति पत्नी की बातें एक ज्ञानी कौवा सुन रहा था. उसने मुस्कुराते हुए कहा—डरो नहीं, मनुष्य कृत अंधेरा तरह-तरह के प्रदूषणों से होता है और वह वास्तव में बहुत खतरनाक होता है. परन्तु यह प्राकृतिक अंधेरा है. इसे महसूस करो. कितना शीतल, कितना कोमल, कितना निर्मल! एक अजनबी रात आ रही है. न कभी कानों सुना न आँखों देखा! समझ में नहीं आता कि ये दृश्य क्या है, क्यों है, पर है परम मनोरम!

एक कौवा ध्यानमग्न था. उसके भीतर पूर्वजन्म की कोई स्मृति जाग रही थी. उसने कहा—मित्रो, यह पूर्ण सूर्यग्रहण का दृश्य है, जो पृथ्वी पर शताधिक वर्षों के बाद दिखाई देता है. तुम्हें यह बताने में मुझे शर्म आ रही है कि पिछले जन्म में मैं एक ज्योतिषी था. भारत की अंधविश्वासी जनता को उल्लू बनाकर खूब पैसा ऐंठा करता था. ऐसे ऐसे अवसरों पर तो मेरी माँग बढ़ जाती थी. चमकदार वस्त्र, टीका, कंठी माला धारण कर मैं टीवी पर शोभायमान रहता था. 'समय का सहारा' लेते हुए 'आजतक' मैं '24 आवर्स' 'सब टीवी' पर छाया रहा. 'इंडिया के टीवी' पर मैं विशेष रूप से मेहरबान था. बिहार-झारखंड तो अपना ही था. टीवी पर तो वैज्ञानिक भी आते थे, लेकिन वे क्या खाकर मेरा मुकाबला करते. उनका प्रभाव जनता पर कम पड़ता था. एक तो उनका लिबास सादा था. दूसरे वे जनता के लोभ और भय को भुनाने में असमर्थ थे. रुद्राक्ष, धातु, पत्थर आदि के द्वारा मैं जनता का ग्रह काटा करता था और उनके धन से अपना घर भरता था. मैं लोगों को भूत और भविष्य का ज्ञान कराता था. लेकिन मैं खुद अंधेरे में था. मुझे अपने ही भविष्य का पता नहीं था. लोगों को ठगने के कारण मैं कौवा बना. लेकिन इसमें केवल मेरा ही दोष नहीं था. वे लोग भी कम दोषी नहीं थे जो आ-आकर मेरे जाल में फँस जाते थे.

अचानक उजाला आ गया. देखते ही देखते रात कहाँ चली गयी? उजाला आते ही महाभारत की याद आ गयी. अर्जुन को अपने पुत्र अभिमन्यु के हत्यारे जयद्रथ

से बदला लेना है. उन्होंने भीषण प्रतिज्ञा कर रखी है. आज सूर्यास्त के पूर्व तक जयद्रथ का वध करूँगा या मैं जल मरूँगा. जयद्रथ छह महान् महारथियों के मध्य में छिपा दिया गया है. उस भारी किलेबंदी के बीच उसे मार पाना असंभव-सा लग रहा है. दिन बीता जा रहा है. कृष्ण माया से अंधेरा रचते हैं. जयद्रथ सूर्य को डूबता हुआ देखता है. वह हर्षित होकर घेरे से बाहर आता है कि अचानक उजाला प्रकट होता है. अर्जुन के बाण उसका सर काटकर उसके तपस्यारत पिता वृद्धक्षत्र की गोद में डाल देते हैं. जयद्रथ को पिता का वरदान था कि जिसके द्वारा जयद्रथ का सर कटकर धरती पर गिरेगा उस आदमी के सौ टुकड़े हो जायेंगे. उनके हड़बड़ा कर खड़े होने से जयद्रथ का सर उन्हीं की गोद से गिरा. कृष्ण की माया ने एक ही चाल में पिता-पुत्र दोनों का काम तमाम कर दिया.

आज का सूर्यग्रहण मुझे माया ही लगा. कुराजनीति और कुशिक्षा रूपी पिता-पुत्र का काम तमाम करने की सदी है यह. अगर अभी प्रयास नहीं होगा तो फिर कभी नहीं होगा. इसलिए मटुक 'प्रेम पार्टी' रूपी कृष्ण तैयार करो. नया समाज लाओ.

22.07.09

❖

वसंत में बरसात

हर चीज का अपना मोल होता है, लेकिन जब वक्त पर हो तो वह अनमोल हो जाता है. यानी चीज अपना अधिकतम मूल्य वक्त के साथ जुड़कर ही हासिल करती है. वक्त ही आदमी को आदमी बना देता है. वक्त की पहचान जीवन में सबसे बड़ी चीज है. डाल से चूका हुआ बंदर और वक्त से चूका हुआ मनुष्य कहीं का नहीं रहता. शेक्सपीयर कहते हैं कि हर आदमी के जीवन में वक्त आता है, अगर वह पकड़ में आ गया तो जीवन का बेड़ा पार हो जाता है. वक्त की अपनी माँग होती है. जो उसे पूरा करता है, वक्त उसे अंततः अपने से बाहर कर देता है. यानी समय की सीमा के ऊपर उठा देता है. आदमी की सारी परेशानियों के मूल में वक्त की नजाकत को न पहचानना ही है. वक्त पर पाहुन आने से घर में कितनी ख़ुशी छा जाती है! वही पाहुन जब बेवक्त आते हैं तो परेशानी का सबब बन जाते हैं. घर में आदर घट जाता है. बरसात ऐसे ही पाहुन की तरह आ धमकी है. इतनी जल्दी भी क्या थी रानी? इतनी आतुरता किसलिए? समय का थोड़ा भी ख्याल रखा होता! माना कि तुम बहुत तृप्तिदायिनी हो, बहुत कीमती हो! लेकिन तुम्हारी सारी कीमत मेरी प्यास पर निर्भर है. **'भयो क्यों अनचाहत को संग?'**

यही बरसात ग्रीष्म के बाद आती है तो कालिदास की प्रतिभा के पट खोल जाती है और उससे 'मेघदूतम' निकाल लेती है और अभी सिर्फ बदनामी लेकर जायेगी. कौन ऐसा कवि होगा जो बेवक्त की बरसात का आदर करेगा? अभी तो बूंदों के आघात को उन्हें पत्थर बनकर सहना पड़ेगा, जैसे खल के वचन संत सहते हैं. शंका तो इस बात की जतायी जा रही है कि वसंत का प्रेमोत्सव उसे ईर्ष्यावश देखा नहीं गया. वसंत आनंद मनावे और मैं किसी कोने में पड़ी रहूँ. यह नहीं हो सकता. मैं सुखी नहीं हूँ तो वसंत को भी सुखी नहीं रहने दूँगी. उसकी गुनगुनी धूप को मैं पी जाऊँगी. हँसते फूलों को मैं ठिठुरा दूँगी. उसके आकाश रूपी चमकते ललाट पर बादल की कालिख पोत दूँगी.

वसंत हाजत में बंद है. उसे जेल भेजने की तैयारी चल रही है. उसका दाना पानी बंद किया जा रहा है. उससे स्पष्टीकरण माँगा जा रहा है कि जब सारा जगत शिशिर में सिसिया रहा था, तुमने क्यों फूलों को खिला दिया? हवा में नशा क्यों भर दिया? किस परिस्थिति में तुम्हें फूलों को साथ लेकर जाना पड़ा धरती पर? वसंत क्या जवाब दे कि फूलों को हँसाना मेरा स्वभाव है. मेरा स्वभाव मेरे साथ ही जायेगा. लेकिन इसमें बरसात का भी कोई कसूर नहीं है. वह अतृप्त है. इस बार वक्त पर झमाझम बरसने का कोई मौका उसे नहीं लगा. इसलिए बेवक्त आ गयी. वह पानी गिरा कर अपनी भड़ास भी निकाल लेगी और वसंत को दंडित कर ईर्ष्या की आग भी बुझा लेगी. वसंत कुछ समय के लिए भले ही बरसात की घेराबंदी में आ जाय, लेकिन बरसात को जाना पड़ेगा. वसंत रह जायेगा. अपना कार्यकाल पूरा करेगा. फिर चमन में फूल महकेंगे. फिर से महफिल में सम्मएँ जलेंगी. मैं सोचता हूँ जब तक वसंत के चारों तरफ काली-काली घटा घिरी रहेगी, तब तक क्या मायूस रहा जाय? अंदर से उत्तर आता है, एक पल भी नहीं. अस्तित्व में अगर अभी वसंत की जगह बरसात है, तो हमें वह भी स्वीकार है. हम उसका भी मजा लेने की कला सीखेंगे. यह कला कृष्ण जानते थे, राम जानते थे. राज्याभिषेक के समय राम को वन मिला. उन्होंने सहर्ष स्वीकार लिया. उसी में अपना परम हित देखने लगे-वन में मुनियों से मिलन होगा. प्राणप्रिय भरत राज्य पायेंगे और माता-पिता की आज्ञा पालन का श्रेय मिलेगा. विधाता आज हर तरह से मेरे अनुकूल है.

मुनिगन मिलनु बिसेषि बन सबहि भांति हित मोर
तेहि महँ पितु आयसु बहुरि संमत जननी तोर
भरतु प्रानप्रिय पावहिं राजू। बिधि सब बिधि मोहि सनमुख आजू ।।

जीवन की विषम परिस्थिति के प्रति भी विरोध न रहे, स्वीकार भाव आ जाय तो इतने मात्र से उसका दंश समाप्त हो जाता है और विषम सम हो जाता है. जिसने यह कला सीख ली है, उसे अब कुछ सीखना बाकी नहीं रह गया, उसने सबसे बड़ी कला सीख ली.

इसलिए अगर आज वसंत की जगह बरसात है तो कोई बात नहीं, हम उसका भी मजा ले लेंगे.

13.2.07

❖

बस में संस्कृति

किसी भी शहर में दौड़ने वाली बसें वहाँ की संस्कृतियों की झलक दिखलाती चलती हैं. किसी भी राज्य या शहर की बसों पर सवार होइये, वहाँ की विपन्नता-सम्पन्नता, आचार-व्यवहार, मानसिकता सब कुछ आपके सामने प्रकट हो जायेगा. हाल ही मैंने पुणे की यात्रा की. वहाँ की बसों पर थोड़ा घूमा और मुझे पटना और दिल्ली की बसें याद आ गयीं. पटने में तो सड़क ही नहीं, इसलिए सरकारी बस भी नहीं. यहाँ की खास-खास सड़कों पर प्राइवेट मिनी बसें चलती हैं, जिनमें मनुष्य लदे रहते हैं, लटके रहते हैं. जिस सीट पर एक भी आदमी आराम से न बैठ पाये, उस पर दो बैठाये जाते हैं. ठिगने हैं तो ठीक, लंबे हैं तो आपकी टाँगें अगली सीट में अटक जायेंगी. टाँगें तिरछी करके बाहर निकाल लें, तभी किसी तरह बैठा जा सकता है. जिन यात्रियों को सीट नहीं मिल पाती है, उन्हें कंडक्टर-खलासी की कड़क आवाज—आगे बढ़ते जाइये, बढ़ते जाइये—बोरे की तरह एक दिशा में चाँक देती है.

पुणे की बसों में भीड़-भाड़ नहीं होती. केवल ऑफिस टाइम में थोड़ी भीड़ देखी जाती है. चूँकि अधिकांश कामकाजी लोगों के पास अपनी गाड़ियाँ होती हैं, इसलिए बसों की संख्या भी वहाँ कम है. बस में दोनों तरफ की सीटों के बीच जहाँ लोग खड़े होते हैं, उनकी सुविधा के लिए ऊपर की पाइप से 'हथपकड़ा' लटका रहता है जो देखने में सुंदर और हाथों के लिए आरामदेह है. यात्री आराम से यात्रा करते हैं, कोई धक्का-मुक्की नहीं, बकझक नहीं, गरमागरम बहसें नहीं.

बिहार और पटने की बसों में टिकट या किराये के पैसे के लिए यात्री और कंडक्टर के बीच जो जद्दोजहद चलती है, वह कभी-कभी जंग में बदल जाती है. यात्री चाहता है पैसा न लगे तो अच्छा. अगर देना ही पड़ जाय तो कम से कम. उधर कंडक्टर मूंछों पर ताव फेरता है कि पैसे तो लेकर रहेंगे. उनकी 'रफ' आवाज दहशत पैदा कर पैसे वसूलती है और कभी-कभी अनाड़ी आदमी से ज्यादा भी. किराये को लेकर घोर किचकिच.

पुणे की बसों में इसके ठीक विपरीत माहौल दिखायी पड़ता है. ऐसा तो दिल्ली की बसों में भी नहीं देखा जाता है. वहाँ भी कंडक्टरों को चिल्लाकर टिकट के लिए कहना पड़ता है. लेकिन पुणे की बसों में एक शांति रहती है, कोई चिल्लाहट नहीं. कंडक्टर को टिकट के लिए किसी को कहना नहीं पड़ता है. यात्री स्वयं लेते हैं. जो पास होल्डर हैं, वे यह नहीं कहते कि पास है, बल्कि पास निकालकर दिखला देते हैं. 'हस्त कम्प्यूटर' से टिकट देने की व्यवस्था तो मैंने पुणे में ही देखी. ऐसी व्यवस्था दिल्ली में भी नहीं है. पुणे की किराया-दर वैज्ञानिक है, दिल्ली की अवैज्ञानिक और पटने का तो कहना ही क्या! कभी निश्चित, कभी अनिश्चित. दिल्ली में किराया-दर है—2,5,7 और 10 रुपये. इसका रहस्य मेरी समझ में न आया, क्योंकि कोई दूरी 3 रुपये की भी हो सकती है, कोई 4 की, कोई 6 की, कोई 8 और 9 की भी, फिर ऐसा क्यों? पुणे में किराया दर 2, 3, 4, 5... 15 है. दूरी के अनुसार 'हस्त कम्प्यूटर' से टिकट निकल आता है. संभवतः प्रति किलोमीटर किराया एक रुपया है. कोई शिकवा-शिकायत नहीं. जितने किलोमीटर चलिये, उतने का किराया दे दीजिये, हिसाब साफ है. पटने में डी.एम. जो किराया निश्चित कर देते हैं, उसमें भी बसवाला कभी-कभी यात्री का चेहरा देखकर,उन्हें 'अनभुआर' समझकर घालमेल करता रहता है.

पुणे की बसों में रफ्तार है, जबकि पटने में बसें ठेलों और रिक्शों के पीछे रेंगती चलती हैं. हनुमाननगर से पटना जंक्शन की दूरी लगभग 5 किमी है जिसे तय करने में मिनी बस को 30 से 40 मिनट लगते हैं. यह दूरी एक पदयात्री 45 मिनट में तय कर सकता है. यह तो पुणे में ही देखा गया कि एक मेन रोड पर बस के लिए अलग लेन है. उस पर केवल बसें चल सकती हैं. स्वाभाविक है कि बस में गति होगी.

एक अंतिम बात और जो पटने और दिल्ली की बसों में दिखाई पड़ती है लेकिन पुणे की बसों में नहीं, वह है स्त्रियों के साथ छेड़छाड़. पटने में बसों से ज्यादा टेम्पुओं में इस तरह की घटनाएँ आहिस्ते से घटती रहती हैं, क्योंकि उनमें स्त्रियों के लिए अलग सीटें नहीं होतीं. कुछ पुरुष यात्री इस कोशिश में लगे रहते हैं कि किसी बहाने छू-छा का मौका मिले. अगर न मिल सके तो घूरने से उन्हें कौन रोक सकता है? अनवरत घूरना उनका जन्मसिद्ध अधिकार है. कोई कैसे टोके? कोई क्या कहकर रोके? रोकने वाली जो उनके अंदर हया थी उसका तो पहले ही हरण हो चुका होता है! कभी-कभी कड़क मिजाज की स्त्रियाँ ऐसे उचक्कों पर इस कदर फुफकारती हैं कि उनकी घिग्घी बँध जाती है. लेकिन जो संकोची, भीरू और भीड़ भरे स्थानों में नरवस रहती हैं, उन स्त्रियों को तो भुगतना ही पड़ता है.

कटहल की तरह बसों पर लटके यात्रियों के दृश्य बतलाते हैं कि बिहार की आबादी नियंत्रण से बाहर है. इसे सँभालो, नियंत्रित करो. किरायों को लेकर

किचकिच कहती है कि बिहार में गरीबी बेहिसाब है. इसका हल कब निकालोगे? बिहार के नगरों में बसों का रेंगना पुकारता है-सत्ताधारियो, अपने दिल की तरह सड़कों को संकीर्ण और ऊबड़-खाबड़ न रहने दो. उदार बनो और सड़कों को उदार बनाओ. स्त्रियों के साथ छेड़छाड़ कानों में कहती है कि कैद में रहते-रहते काम रुग्ण हो गया है. छेड़छाड़ और घूरने की घटनायें उसके लक्षण हैं. इस लक्षण को नैतिकता, उपदेश और शासन से न दबाओ. बीमारी का इलाज करो. काम को आजाद करो. उसे एक सुशिक्षा के साथ बहने दो—बहता पानी निर्मला. जो शिक्षा चल रही है, वह कुशिक्षा है. सुशिक्षा से यहाँ मेरा तात्पर्य एक ऐसी शिक्षा से है जो जवान होते ही लड़के-लड़कियों को करीब आने दे, एक-दूसरे को पूरी तरह जानने दे और एक-दूसरे को जानने में उचित मार्ग-दर्शन करे. सेक्स के तथ्य को ठीक-ठीक जानना ही उसकी बीमारियों से बचने का उपाय है. इसके बगैर सारे उपदेश, सारी नैतिक शिक्षाएँ केवल बीमारी को ढँकेंगी. इससे बीमारी और बढ़ेगी.

मित्रो! बसें केवल यात्रियों को नहीं ढोती हैं, वे आपकी सभ्यता-संस्कृति को भी अपने साथ लिये चलती हैं. उनके आईने में अपने को निहार कर जरा अपना रूप सँवार लें ताकि लोगों को आप सुंदर दिखें. आपका आचार-व्यवहार और बोली **औरन को सीतल करै, आपहुं सीतल होय** .

दिसंबर, 2008

❖

स्वाइन फ्लू

मेरा चेला भोलाराम घबड़ाया आया और बोला—सर, मेरे टेलीविजन को स्वाइन फ्लू हो गया है. जिस चैनल को खोलिये वही छींक रहा है, खाँस रहा है. उलटी-दस्त सब शुरू है. मेरे घर में कोई आइसोलेशन वार्ड नहीं है, जहाँ इसे रख दूँ.

मटुक : भोलाराम चिंता मत करो, तुम्हारे टेलीविजन को कुछ नहीं होगा. वह अपने आप में एक महामारी है. कहीं रोग को रोग होता है? देखते नहीं, कोई भी खबर महामारी की तरह हर चैनल पर फैल जाती है. यह कोई नयी बात है? इस खबर पर तुम्हें इतनी आपत्ति क्यों है?

भोलाराम : आपत्ति होगी नहीं? बाबा रामदेव कह रहे थे, सन् 2001 की गणना के अनुसार भारत में कैंसर से प्रतिदिन डेढ़ हजार से अधिक लोग मरते हैं. वह खबर क्यों नहीं बनती? फ्लू तो जब से फैला है एक दिन में एक मौत का अनुपात भी नहीं है. इससे अधिक अन्य बीमारियों से, हत्या से, सड़क दुर्घटना से, न जाने कितनी चीजों से लोग मरते हैं, उसको लेकर हड़कंप नहीं मचता, सरकार में खलबली नहीं मचती. आखिर क्या बात है? क्या यह मीडिया का भयादोहन नहीं है?

मटुक : शांत हो जाओ, भोलाराम, शांत हो जाओ. कैंसर से चाहे जितने आदमी मर जायँ, वह संक्रामक नहीं है. स्वाइन फ्लू संक्रामक है. घर में किसी को कैंसर है, दूसरों को खतरा नहीं है, स्वाइन फ्लू एक को हुआ तो सबको होगा. पटापट पूरा परिवार खत्म हो जायेगा, पड़ोस पकड़ में आ जायेगा, शहर मसान बन जायेगा. लोग सजग हो जायँ, सावधानी बरतें, मरने से बचें, इसलिए दहशत फैलायी जा रही है. पशु और मनुष्य में ज्यादा अंतर नहीं है. पशु के पास समझ नहीं होती, इसलिए डरा कर काम लिया जाता है, पशुतुल्य मनुष्य भी भय की भाषा समझता है.

भोलाराम : तो दहशत फैलाने को आप सही समझते हैं?

मटुक : उनके लिए जो नासमझ हैं. जिसको समझ में आता है कि यह साँप है, वह उससे बच जायेगा, लेकिन एक शिशु उस अजनबी जंतु को पकड़ना चाहेगा,

उसके साथ खेलना चाहेगा. तो सयाना शोर मचाकर उसे सुरक्षा सिखायेगा.

भोलाराम : स्वामी रामदेव कहते हैं कि आयुर्वेद में तो स्वाइन फ्लू का इलाज है. गिलोय और तुलसी के पत्ते का सेवन कीजिए तो स्वाइन का कीटाणु आपके पास नहीं आयेगा और आयेगा तो मर जायेगा.

मटुक : स्वामी नहीं, बाबा कहो; क्योंकि बाबा रामदेव जिस मार्ग पर हैं, उसमें स्वामी बनना कठिन है, बहुत कठिन. हाँ, वे बाबा बन सकते हैं और बने ही हुए हैं. बाबा जरा दावा बढ़कर करते हैं. वे तो यह भी दावा करते हैं कि कैंसर का इलाज उनके पास है. दरअसल बाबा के जन्म से हजारों वर्ष पहले से आयुर्वेद गाँव-गाँव में प्रचलित है. गिलोय और तुलसी शरीर की प्रतिरोधक क्षमता बढ़ाते हैं. लेकिन स्वाइन फ्लू अगर आपको हो गया तो ये विशेष काम नहीं आयेंगे. बीमारी उन्हें ही पकड़ती है जिनके शरीर की बीमारी से लड़ने की क्षमता कम होती है. इसलिए आयुर्वेद वह पद्धति है जो आपको बीमार होने ही नहीं देगी, अगर अनजाने में हो गये तो उसकी दवा है. कई बीमारियों की तो अचूक दवा है.

भोलाराम : बाबा कहते हैं कि गिलोय और तुलसी विज्ञान से सिद्ध नहीं हैं, इसलिए लोगों का ध्यान इस तरफ नहीं जाता है.

मटुक : विज्ञान आखिर प्रयोग से ही तो सिद्ध करता है. जिस अस्पताल में स्वाइन फ्लू के मरीज हैं वहाँ आप गिलोय और तुलसी का पत्ता लेकर बैठ जाइये. वहाँ प्रमाणित कीजिए, लेकिन आप गिलोय का पत्ता लेकर टीवी चैनल पर चले जाते हैं. बाबा के काम से ज्यादा उनकी जुबान बोलती है. जबकि कवि शमशेर कह गये हैं—**बात बोलेगी हम नहीं, भेद खोलेगी बात ही.** आप न बोलिये, अपने काम को ही बोलने दीजिए.

भोलाराम : ठीक कहते हैं सर! प्रयोग करने के लिए देश में हजार मरीज हैं और वे टीवी पर हवा बाँध रहे हैं! अच्छा सर, फिर भी आपको नहीं लगता है कि टीवी वाला, अखबार वाला इसके पीछे कुछ ज्यादा ही पड़ गया है. मरीज खोजने में संवाददाता लगा हुआ है. अभी जाँच भी पूरी नहीं हुई है और मोटे-मोटे अक्षरों में अखबार छापता है-'हाजीपुर में स्वाइन फ्लू'. कारण क्या है?

मटुक : तुम समझदार हो भोलाराम. अब तुमने सही प्रश्न पूछना शुरू किया है. स्वाइन फ्लू अमीरों की बीमारी है. यह हवाई जहाज पर चढ़कर विदेश से आयी है और सारे चैनल और सारे अखबार अमीरों के हैं; इसीलिए.

भोलाराम : बीमारी क्या अमीरों और गरीबों की होती है?

मटुक : होती है भोलाराम, होती है. गरीबों की बीमारी है भूख. जो संवाददाता स्वाइन फ्लू के मरीज खोजने हाजीपुर या अन्य कहीं गये होंगे, उन्हें रास्ते में भुक्खड़,

भिखारी, कुपोषण के शिकार अस्थिपंजर, फटेहाल, मैले-कुचैले वस्त्रों में लिपटे अनेक मनुष्य मिले होंगे. कोई संवेदनशील संवाददाता होगा तो वहीं ठहर जायेगा. उनकी अंतरात्मा कहेगी—सबसे बड़ी बीमारी तो यही है बाबा; कहाँ बढ़े जा रहे हो?

भोलाराम : गरीबी, भुखमरी इन सबको भी तो टीवी पर दिखाया जाता है. अखबार में नरकंकाल का फोटो निकलता ही रहता है.

मटुक : उतने से नहीं न होता है भोलाराम. वह पहला कदम है. दूसरा कदम है उसके कारणों की तलाश और तीसरा कदम है उसे दूर करने का सत्प्रयास. ये दो काम नहीं होते हैं.

भोलाराम : इसका कारण?

मटुक : अमीरों और नेताओं की साँठ-गाँठ. चुनाव के लिए नेताओं को पैसे अमीर देते हैं और अमीरों को पैसों से पैसे उत्पन्न करने की छूट राजनेता देते हैं. गरीब भी चूँकि नेता को वोट देता है, इसलिए उसे भी कुछ देना पड़ता है. गरीबों को वे सपना देते हैं-समाजवाद का सपना.

भोलाराम : इसका उपाय क्या है?

मटुक : जनता के बीच जाओ, उन्हें जगाओ भोलाराम. सभी राजनेता अपने-अपने स्वार्थ के लिए उसे जगाना चाहते हैं. तुम उसके लिए उसे जगाना. यह काम मेरा चेला कर सकता है. इसलिए उठो भोलाराम, जागो और जन-जन को जगाओ. यही समय की माँग है.

12.08.09

❖

गोलघर का भाग्य

1971 ई. में पहली बार मैंने पटना गोलघर को आश्चर्यचकित होकर देखा था. उस समय मैंने पटना कॉलेज में इंटरमीडिएट में नाम लिखाया था. ज्यों-ज्यों गोलघर की सीढ़ियों पर चढ़ता गया, त्यों-त्यों पटना शहर अपना रूपाकार खोलता गया. शीर्ष पर चढ़कर नीचे देखा—हदास लगा. नीचे जमीन पर चलते आदमी और चरती गायें बिल्कुल छोटी-छोटी मालूम पड़ने लगीं. इस ऊँचाई को पहली बार छुआ था. सर्पाकार गंगा के किनारे बसे पटना का पूरा नजारा सामने था. मन आह्लाद से भरा था और इस रोमांचकारी दृश्य की मन ही मन रिर्पोटिंग अपने ग्रामीण मित्रों से कर रहा था. नीचे उतरा तो जिज्ञासा हुई, इसके अंदर क्या है? क्या यह ठोस गोल पहाड़ है या अंदर कोई आकाश है? उसका एक दरवाजा दिखाई पड़ा. उससे अनुमान हुआ कि अंदर आकाश होगा. उस छोटे आकाश को देखने के लिए मन मचलने लगा. मालूम हुआ कि इसमें अनाज रखा जाता है. अंग्रेजों ने इसे अकाल का सामना करने के लिए गोदाम के रूप में बनाया था. तो क्या अंग्रेज दयालु भी थे?

गोलघर को गोदाम बनाये रखना मुझे पसंद नहीं था. सोचा जब मैं पढ़-लिखकर मुख्यमंत्री बनूँगा, तब इसे सुसज्जित करूँगा और देखने लायक बनाऊँगा—अंदर से 'हू' करने पर कैसा गूँजेगा! मजा आयेगा. बड़ा हुआ. पढ़-लिखकर साहित्य का प्रोफेसर हो गया. कल्पना में गोल-गोल गप रचने वाला! कल जब राज्यपाल महोदय गोलघर पर चढ़े तो मुझे कुतूहल हुआ. मेरी स्मृति के अनुसार देबानंद कुँअर पहले राज्यपाल हैं जो गोलघर देखने गये. सुबह खबर आ गयी कि गोलघर का भाग्य खुलेगा. उप मुख्यमंत्री सुशील कुमार मोदी को साधुवाद जिनके प्रयास से किशोरावस्था से ही मन में संजोयी गयी लालसा पूरी होने जा रही है. खबर है कि इस परिसर में प्रकाश और ध्वनि की व्यवस्था के साथ कैफेटेरिया और हैंडीक्राफ्ट की दुकानें भी खुलेंगी. जैसे लालकिले में मुगलों का इतिहास दिखाने का रोचक कार्यक्रम प्रकाश और ध्वनि के सहारे चलता है, वैसे ही पटना के इतिहास की दिलचस्प जानकारी देने

की व्यवस्था यहाँ भी की जायेगी. आखिर 62 वर्षों के बाद किसी सरकार को सूझा कि यह भी एक काम है जो करने लायक है. सरकारें आयीं और गयीं, लेकिन विकास का सेहरा इन्हीं के सर पर बँधने जा रहा है. अगर ईमानदारी से यह सरकार काम करती रही, तो अवश्य ही इतिहास में नाम छोड़ जायेगी. इतना ही नहीं, बहुत संघर्ष के बाद भी प्रेमचंद रंगशाला में रौनक नहीं लौटी थी, वह लौटेगी. भारतीय नृत्य कला मंदिर में जब-जब जाड़े की रात में कोई कार्यक्रम देखता तो लगता कि क्या यह प्रान्त अनाथ है? कोई मुख्यमंत्री इतना भी नहीं कर सकता है कि इसको ऐसा बना दे ताकि जाड़े की रात और गरमी के दिन भी इसका उपयोग थोड़े आराम से किया जा सके? भला हो, उप मुख्यमंत्री का, अब मुक्ताकाश मंच का भी भाग्य पलटेगा. इसको भी पैराशूट के कपड़ों से ढँका जायेगा. इसमें कैफेटेरिया और कॉन्फ्रेंस हॉल भी बनाया जायेगा. मेरी जानकारी में पटने में कोई कॉन्फ्रेंस हॉल नहीं है.

आज भोलाराम पटने से बाहर है, अन्यथा इस संबंध में मुझसे बहुत प्रश्न करता और इस बात से खुश होता कि मैं पहली बार सरकार की पीठ ठोंक रहा हूँ. कारण कुल इतना ही है कि इन चीजों के जीर्णोद्धार की इच्छा मेरे अंदर तभी से पल रही थी, जब से मैंने इन्हें देखा था.

01.09.09

❖

मंदार पहाड़ पर रज्जुमार्ग

न जाने कितने वर्षों से यह सुनता आ रहा हूँ कि बिहार में पर्यटन उद्योग की असीम संभावनाएँ हैं, लेकिन सरकारें सोयी रहीं. पहली बार कोई सरकार नींद से जागी है. इस दिशा में हरकतें शुरू हो गयी हैं. सरकार मंदार पर्वत (भागलपुर) और मुंडकेश्वरी भवानी मंदिर (कैमूर) में रज्जुमार्ग बनाने को राजी हुई है. मंदार पर्वत प्राकृतिक सौन्दर्य की दृष्टि से और उससे ज्यादा धार्मिक दृष्टि से महत्वपूर्ण है. कुछ ऐसे धार्मिक स्थल हैं जो मृतप्राय हैं और लाखों लोग प्रतिवर्ष वहाँ पहुँचते हैं. लेकिन मंदार की खूबी कुछ और है. यह एक जैन तीर्थंकर की साधना भूमि रही है. उस साधना की ऊर्जा हजारों वर्षों के बाद भी अभी वहाँ के वातावरण में है. ध्यान की दृष्टि से पर्वत की चोटी पर एक गुफा अत्यंत उपयोगी है. कहते हैं, इस गुफा में जैन मुनि कभी ध्यान किया करते थे. यह गुफा अन्य गुफाओं की तरह सूर्य की रोशनी और हवा से वंचित नहीं है. यहाँ पर्याप्त रोशनी है और इतनी तेज शुद्ध हवा आती है कि ध्यान की गहराई में उतारने के लिए इतना भर ही काफी है. वैसे, आम लोगों को उसके अंदर जाने की मनाही है. किन्तु उसका आकर्षण इतना तीव्र था कि किसी तरह रक्षक को मनाकर मैं वहाँ पहुँच गया और आधे घंटे में ही लगा कि जैसे किसी दिव्य लोक के दरवाजे पर हूँ. जो लोग ध्यान की गहराई में उतरते हैं, उन्हें एक बार उस स्थल पर अवश्य ध्यान के लिए जाना चाहिए. मेरे अनुभव में उस गुफा की दिव्यता प्रकट हुई है. एक आध्यात्मिक झटका तो नीचे के बड़े से चट्टान के टुकड़े को देख कर ही लग चुका था. उस झटके के लोभ में मैं दो साल बाद फिर वहाँ गया. पर, वह तो अपने वश की चीज नहीं थी, जो दुबारा पायी जा सके.

जिनको ध्यान में कोई रुचि नहीं है, ऐसे ही लोग वहाँ जाते हैं. उस पर्वत की विशेषता है कि वह जैनियों का ही नहीं, हिन्दुओं का भी तीर्थ-स्थल है. वहाँ नीचे एक तालाब है. उसके बीच में एक मंदिर है. वह सुंदर है. तालाब के एक किनारे से जहाँ चढ़ाई शुरू होती है, समुद्र मंथन की कथा को प्रकट करने वाली मूर्तियाँ हैं.

कहा जाता है कि अमृत के लिए पौराणिक काल में जो समुद्र मंथन हुआ था, उसमें मथानी का काम इसी पर्वत ने किया था. वे मूर्तियाँ आकर्षक हैं. उस मथानी में शेषनाग रज्जु का काम कर रहा है. उसके एक तरफ देवता हैं और दूसरी तरफ राक्षस जो रज्जु को पकड़े समुद्र को मथ रहे हैं. बच्चों और धार्मिक विश्वास वाले लोगों को ये मूर्तियाँ ज्यादा खींचती हैं. सबसे ऊपर जैन मंदिर है, जहाँ हिन्दू पुजारी रहते हैं.

इस पहाड़ पर 'रस्सी राह' बनेगी तो पर्यटकों को एक अतिरिक्त आनंद मिलेगा. बिहार में यह केवल राजगीर में है. रस्सी राह की चाह न जाने कितने पर्यटकों के मन में उठती होगी जिसे पूरी करने की व्यवस्था की जा रही है. खबर है कि बिहार पर्यटकों को लुभाने में गोवा से होड़ ले रहा है. मरे हुए बिहार के लिए यह एक जिंदा खबर है. खबर में आँकड़ा दिया गया है कि गत वित्तीय वर्ष में गोवा 3.51 लाख विदेशी पर्यटक पहुँचे थे, जबकि बिहार में 3.45 लाख. मेरा ख्याल है कि अगर बिहार में पर्यटक स्थलों के विकास पर पूरा ध्यान दे दिया जाय तो यह विदेशी पर्यटकों को खींचने में काफी आगे निकल जायेगा. कारण है, यहाँ की संस्कृति. गोवा में क्या है, प्राकृतिक सौन्दर्य और विदेशी संस्कृति. विदेश के लोग ज्यादातर भारत की संस्कृति को जानना चाहते हैं, जो बिहार में उन्हें मिलेगी. बिहार इस दृष्टि से उन्नत है.

धार्मिक दृष्टि से भी बौद्ध, सिक्ख और हिंदू धर्मावलंबियों के लिए सर्वाधिक महत्वपूर्ण तीर्थ-स्थल हैं यहाँ. बिहार आगे निकल सकता है, निकलना शुरू हो गया है. बिहार नींद से जाग रहा है.

2.09.09

❖

उत्तमाजी के चित्रों पर एक नजर

जिस तरह का मनुष्य परमात्मा ने बनाकर धरती पर भेजा है उसमें सौन्दर्य है. उस सौन्दर्य में कुछ लोग और निखार ले आते हैं और कुछ अभागे उसे और कुरूप कर देते हैं!

आज तक मैंने नहीं देखा कि परमात्मा ने वस्त्र पहनाकर किसी मनुष्य को धरती पर भेजा हो. वस्त्र मनुष्य पहनाता है. ऐसा भी वस्त्र हो सकता है जिससे सुन्दरता निखरे और ऐसा भी हो सकता है जिससे सुंदरता बिखरे और नष्ट हो जाय. लेकिन जिस रूप में परमात्मा के घर से मनुष्य आता है, वह तो सदा सुंदर होता है. इसलिए वस्त्र तो मेरी समझ में आता है, नग्नता नहीं आती. मैं ढूँढ़कर भी इन चित्रों में नग्नता नहीं खोज पाया.

नग्नता और निर्वस्त्रपन में अंतर होता है. इन चित्रों में वस्त्र नहीं हैं, क्योंकि उस समय वस्त्र बने ही नहीं थे, मृगछाल अवश्य लोग पहनते थे अपने कटि प्रदेश को ढँकने के लिए. कामायनी में श्रद्धा निर्वस्त्र नहीं है. परिधान धारण किये हुए है. कामायनीकार उसका मनोरम सौन्दर्य खींचते हैं-

नील परिधान बीच सुकुमार
खिल रहा मृदुल अधखुला अंग;
खिला हो ज्यों बिजली का फूल
मेघ-वन बीच गुलाबी रंग.

गांधार देश के नीले रोम वाले मेषों के मसृण चर्म उनके कांत वपु को ढँक रहे थे. लेकिन उत्तमाजी ने अपने चित्रों में श्रद्धा को वस्त्र नहीं पहनाया. यह उनकी इच्छा! इसलिए हम यह तो कह सकते हैं कि उनके चित्र निर्वस्त्र हैं, आवरणरहित हैं, लेकिन उन्हें हम नग्न नहीं कह सकते. नग्नता की परिभाषा क्या है? नग्नता का एक लक्षण श्री रूपचंद्र शास्त्री मयंक जी की टिप्पणी से प्रकट होता है. जिसे आदमी ढँकना चाहता है और ढँके हुए है, वही अगर उघड़ जाय तो उसे नग्न कह सकते

हैं. मयंकजी अपनी यौन-कुंठा को ढँके हुए हैं, उनकी टिप्पणी से वह उघड़ गयी और वे नग्न हो गये! इसको नग्नता कहेंगे! जो व्यक्ति नग्न होगा, उसे पूरा संसार नग्न ही दिखायी पड़ेगा. वह तो कपड़े के भीतर भी वही देख लेगा!

निर्वस्त्र होने के बावजूद इन चित्रों में कामोत्तेजना नहीं है. वैसे कामोत्तेजना जगने में बुरा क्या है, यह मैं आज तक नहीं समझ पाया! चित्रों में स्त्री के सुडौल स्तन खुले हैं,ठीक है, लेकिन स्त्री के हाथ कटि प्रदेश के नीचे चिकुर-जाल के पास क्या करने गये हैं?

मैं कला की बारीकी नहीं समझता हूँ, फिर भी कला मुझे आकृष्ट करती है. उत्तमाजी के ये चित्र सुंदर हैं, लेकिन इनमें वह कहीं नहीं दिखायी पड़ा जिसे चित्रित करना उनका उद्देश्य है. उत्तमाजी कहती हैं कि मुझे मनु के माध्यम से मन और श्रद्धा के माध्यम से दिल दिखाना है. मन का स्वभाव क्या है? मन का लक्षण है चंचलता. जो कभी स्थिर न रहे उसे मन कहते हैं. मुझे मनु के चित्र में कहीं भी कोई चंचलता नहीं दिखाई पड़ती. दिल का अर्थ है भाव विभोर अवस्था. श्रद्धा में थोड़ा-थोड़ा यह उतरा है, लेकिन उल्लेखनीय रूप में नहीं. मेरे पास साधारण आँखें हैं. उन आँखों से मुझे ये चित्र साधारण मालूम पड़े. लेकिन इन साधारण आँखों ने राधा-कृष्ण के कई रेखा-चित्रों में गजब की भाव-भंगिमाएँ देखी हैं. स्वभावतः अंदर-अंदर तुलना चलने लगती है.

मुख्य बात यह है कि चित्र हमेशा विशेष का होता है, सामान्य का नहीं. 'मन' और 'दिल' एक सामान्य अवस्था का नाम है. विशेष अवस्था में मन और दिल की अनेक विशिष्ट भंगिमाएँ होती हैं. उन विशिष्ट भंगिमाओं को चित्रित करना चित्रकार और कवि-कलाकार का काम होता है. कामायनी एक श्रेष्ठ चित्रकाव्य है. कुछ चमकते हुए बिम्बों के कारण ही यह आधुनिक हिन्दी महाकाव्यों में सर्वश्रेष्ठ स्थान पर है. मुझे इनके चित्र मोहित करते हैं. आरंभ से अंत तक न जाने कितने सुंदर चित्र हैं! अगर उन्हीं चित्रों में से किसी खास भंगिमा को पकड़कर उत्तमाजी कूँची से उसे उकेरतीं तो चित्रों में एक विशिष्टता आ जाती. चित्र देखकर ही कोई कुहुक उठता कि हाँ-कामायनी से है! तब खासियत की बात है. अभी तो संदर्भ बताना होगा तब जाकर कोई खोजेगा, हो सकता है कोई ठीक पाये, कोई ठीक न पाये. कामायनी का प्रथम छंद ही देखिये, कैसा विशिष्ट और अनुपम है—

हिमगिरि के उत्तुंग शिखर पर बैठ शिला की शीतल छाँह
एक पुरुष भींगे नयनों से देख रहा था प्रलय-प्रवाह

इस चित्र की मार्मिकता को समझना और फिर उसे चित्र कला में उद्घाटित कर देना एक असाधारण बात है. 'पुरुष' के लिए 'एक' विशेषण बतलाता कि वह एकाकी है. 'एक' शब्द मनु के अकेलेपन की पीड़ा की पूरी टीस है. वह पीड़ा गलकर

'भींगे नयनों' से बह रही है. सामने अथाह विनाशकारी समुंदर लहरा रहा है जिसने उसका सबकुछ लील लिया है. स्वयं वह उस प्रलय के गर्भ से बाहर अगर हो पाया है तो हिमगिरि के उत्तुंग शिखर के कारण ही. इसीलिए उसकी छाँह को 'शीतल' बताया गया है.

मैं उत्तमाजी से निवेदन करूँगा कि एक बार फिर से जो चित्र उन्हें पसंद आये, उन्हें रेखाओं और रंगों से एक नया रूप देने की कोशिश करें. उसके नीचे संबंधित पंक्तियाँ डाल दें, ताकि दर्शकों को भी पता चले कि जो उन्होंने उतारा है, वह कहाँ से उतारा है. और कितना उतरा है.

चित्र अगर शार्प हो तो पंक्ति कलाकार न भी लिखे तो भी वह भीतर-भीतर गूँजने लगती है. या कहना चाहिए चित्र देखकर अगर कामायनी की कोई पंक्ति याद आ जाय तो समझना चाहिए कला सफल हो गयी. उत्तमाजी के चित्रों के साथ ऐसा नहीं है

कलाकार से निवेदन करना समझपूर्ण नहीं है, क्योंकि वह तो उनके हृदय की उमड़न है. कब किस बात पर मन उमड़ेगा कौन जानता है. लेकिन ज्योंही कला सार्वजनिक होती है, लोग अपनी अपेक्षाएँ लादना शुरू करते हैं. मैं कुछ लाद नहीं रहा हूँ. सिर्फ दिशा-संकेत कर रहा हूँ. उत्तमाजी की कूँची से एक से एक श्रेष्ठ चित्र बाहर आये.

मेरी असीम शुभकामनायें.

1.11.09

❖

***नोट** : हमारे ब्लॉग (matukjuli.blogspot.com) पर भी यह लेख है. उसके शीर्षक पर क्लिक करके उत्तमाजी के चित्र देखे जा सकते हैं.*

❖❖❖